더불어
행복한
민주공화국

| 공공부문연구총서 7 |

더불어 행복한 민주공화국

자유와 진보의 연대를 위한 정책 보고서

1판1쇄 | 2012년 6월 27일

엮은이 | 김상곤

펴낸이 | 박상훈
주간 | 정민용
편집장 | 안중철
책임편집 | 최미정
편집 | 윤상훈, 이진실
제작·영업 | 김재선, 박경춘

펴낸 곳 | 폴리테이아
등록 | 2002년 2월 19일 제300-2004-63호
주소 | 서울 마포구 합정동 413-7번지 1층 (121-883)
전화 | 편집_02.739.9929 제작·영업_02.722.9960 팩스_02.733.9910
홈페이지 | www.humanitasbook.co.kr

인쇄 | 천일_031.955.8083 제본 | 일진_031.908.1407

값 25,000원

ⓒ 김상곤, 2012
ISBN 978-89-92792-32-5 03300

이 도서의 국립중앙도서관 출판시도서목록(CIP)은 e-CIP홈페이지(http://www.nl.go.kr/ecip)와
국가자료공동목록시스템(http://www.nl.go.kr/kolisnet)에서 이용하실 수 있습니다.(CIP제어번호: 2012002810)

더불어
행복한

자유와 진보의
연대를 위한 정책 보고서

민주공화국

김상곤 엮음

폴리테이아

제1부 더불어 행복한 민주공화국을 위하여 | 김상곤 9

제2부 대한민국 분야별 혁신 전략

교육 01 교육 혁신과 사회 개혁 | 강남훈 45

일자리 02 사회통합을 위한 고용정책 개혁 | 정원호 85

중소기업 03 대기업과 중소기업의 상생을 위하여 | 홍장표 123

재벌 04 재벌 개혁과 경제민주화 | 김상조 157

복지 05 지속 가능한 복지국가 건설과 복지 주체 형성 | 오건호 195

인권 06 인권과 사법정의는 민주 · 평화 · 복지의 전제 조건 | 김인재 225

농업 07 협동과 계약으로 농업의 길을 연다 | 최영찬 257

지역 08 선先지역균형발전, 후後수도권 규제완화 | 정준호 283

부동산 09 토지보유세 강화, 토지공개념 실현을 위한 조세 전략 | 전강수 315

생태 10 생태세와 생태기본소득으로 원자력발전에서 벗어나자 | 강남훈 351

남북관계 11 윈-윈하는 남북한 경제 | 김기원 381

공공부문 12 공공 부문을 사회통합의 거점으로 | 김윤자 409

제3부 대한민국 혁신의 힘과 방향

13 연대 위에 선 자유로운 개인의 시대 | 이건범 443

14 지속 가능한 복지와 평화를 추구하는 민주적 시장경제 | 박도영 479

15 복지와 성장이 선순환하는 사회적 합의 | 안현효 507

참고문헌 · 529

제1부

더불어 행복한
민주공화국을 위하여

더불어 행복한
민주공화국을 위하여

김상곤

1. 교육문제와 사회문제

나는 2009년 선거를 한 달여 앞두고 시민사회단체의 권유로 경기도 교육감 선거에 출마를 했고, 많은 분들의 도움으로 당선되었다. 당선 다음 날 나의 대표 공약이었던 '무상 급식'을 실천하기 위해 제일 먼저 수원의 한 초등학교 급식 현장을 찾았다. 학교에 손님이 올 거라고 선생님들이 미리 이야기했을까, 운동장이나 복도에서 마주친 2·3학년 학생들이 한편 긴장하고 한편 호기심이 가득한 눈망울로 "안녕하세요?"하며 깍듯이 인사를 한다. 그 반짝이는 눈동자들, '아, 이 아이들을 위해 뭔가 의미 있는 일을 할 수 있게 된 거구나', 당선의 기쁨과 의미가 한꺼번에 밀려왔다. 열심히 하리라는 각오로 가슴이 터질 것 같던 당선 첫날의 감동이 지금도 새롭다.

무상 급식은 한때 '복지 포퓰리즘'이라고 비난을 받기도 했지만 결국은 우리 사회에 보편 복지 이념을 널리 확산시키는 계기가 되었다. 2010년 경기도에서 처음 '학생인권조례'를 제정할 때에는 철 지난 색깔 논쟁까지 벌어졌다. 그러나 2011년 대구의 한 중학생의 자살 이후 학교 폭력에 대한 사회적 관심이 집중되면서 이제는 학생 인권을 존중하고 민주주의에 대한 감수성을 키우는 것이 학교 폭력을 예방하는 길이라는 인식이 확산되고 있다. '혁신학교' 역시 경기도에서 시작했는데, 이는 교사들이 앞장서 창의·지성 교육으로 학교를 개혁하자는 운동으로 혁신학교 주변 집값·전세값이 뛰어 걱정이 될 정도로 학부모들의 호응이 뜨겁다.

　　2012년 신년 기자회견에서는 암기형 평가를 창의 논술형 평가로 바꾸는 등 "행복한 교육 공화국을 만들자"고 제안했다. 학교는 학생들이 공부만 하는 곳이 아니다. 학생들이 생활하는 곳이다. 학생들이 학교에서 행복해야 부모들이 한시름 놓고 사회 갈등도 줄어든다. 입시 외에 게임, 스마트폰, 아이돌스타, 개그콘서트 등 꿈 많은 아이들의 관심사가 학교 안에서 아이들의 생활과 어우러져야 한다. 친구들과 함께 뛰는 운동회, 다 같이 노래 부르는 학급별 합창 대회, 함께 땀 흘리는 체험학습 등 이런 시간은 줄어들고 서열 경쟁에 떠밀려 가해자 혹은 피해자로 이런저런 폭력에 아이들이 무너지면 우리 사회도 무너진다.

　　2010년 2월 한 시민 강좌에서 나는 "대학 입시의 종속변수였던 초·중등 교육을 암기 위주에서 창의·지성 교육으로 바꾸어 대학들로 하여금 '학교가 저런 아이들을 길러 내니, 우리도 새로운 인재를 선발해야겠구나'하는 생각을 갖게 하자"는 말씀을 드린 바 있다.[1] 그런데

1_"오마이뉴스 10만인 클럽 특강"(2010/02/04). 이에 대해서는 "무상 급식이 독버섯이라고? 퇴

고등학교 고학년으로 올라갈수록 혁신학교 운동은 어려움을 겪는다. 대학 서열과 치열한 입시 경쟁 때문에 고교 고학년일수록 창의·지성 교육이 설 땅은 좁아진다.

그래서 2012년 2월 기자회견을 열어 '대학 체제 혁신을 통한 공교육 정상화'를 제안한 바 있다. 서열 위주 대학 체제를 바로잡아야 초·중등 교육이 정상화된다는 취지로서, 총선과 대선을 앞둔 정치권에 관심을 촉구하기 위해서였다. 여기서 국공립 대학의 비중을 50% 이상으로 늘리고, 권역별로 국립대학을 중심으로 혁신대학 네트워크를 형성해 서울대학교 수준으로 육성하자고 제안했다. 나아가 지방의 균형발전을 위해 서울대학교 등에서 실시하고 있는 지역균형선발을 모든 대학으로 확대해 신입생의 25% 이상을 지역할당제로 선발하고, 공무원과 공기업의 직원 채용에서도 지역별 할당제를 실시하자고 제안했다.

또 '국가교육위원회'를 신설해 교육 관련 당사자들이 함께 모여서 교육정책을 수립하는 방안도 제시했다. 특히 전문대학의 경우에는 국가교육위원회 내에 고용노동부 장관을 위원장으로 하고 한국경영자총협회와 중소기업협회 등이 참여하는 '국가직업교육위원회'를 설치해 구인·구직난을 함께 해결하자고 제안했다. 특히 모든 대학의 등록금을 반값으로 낮추되, 전문대학의 등록금은 고등학교 교육 무상화에 따라서 점차 무상화해 나가자고 제안했다.[2]

이날 기자회견에서도 강조했듯이, 초·중등 교육의 정상화와 함께 권역별 혁신대학 네트워크는 지역사회 발전의 거점으로서 수도권과 지방의 균형발전, 대기업과 중소기업의 동반성장, 지역의 일자리 창출

행적 공격!"(『오마이뉴스』 2010/02/05) 참조.

2_이 기자회견에 대해서는 "대학 체제 혁신 공론화, 더는 미룰 수 없다"(『한겨레』 2012/03/14) 참조.

등을 도모할 수 있는 대안이다. 따라서 정치권을 비롯한 사회 각계의 논의가 확대되기를 기대하고 있다. 지역균형발전이나 대기업과 중소기업의 상생, 일자리 창출이 효과를 거둠에 따라 많은 교사들이 땀을 쏟고 있는 교육 혁신도 가시적인 성과를 거두면서 선순환하는 구조로 갈 수 있을 것이다.

이상에서와 같이, 교육문제를 제대로 해결하기 위해서는 나라의 경제구조, 나아가 정치 문제, 남북한 평화 문제 등등이 바로잡혀야 한다는 깨달음이 내게는 매우 자연스럽게 다가왔다. 우리 국민을 고통스러운 절망의 늪에 가둬 놓고 있는 각 영역의 문제점들이 어떤 사슬 구조를 맺으며 우리 국민을 옥죄고 있는지 짚어 보고 희망을 찾아가는 일은 단지 정치인만의 몫이 아니라 교육 혁신을 맡고 있는 나에게도 너무나 절실했다. 이 책은 그런 고민을 짚으려는 무수한 토론의 결과물이다.

2. 한반도: 평화와 복지가 살찌는 땅으로

역사는 때로 돌아눕는 듯 보여도 굼실굼실 굽이를 돌며 결국은 바다에 이르는 큰 강물처럼 더 나은 세상을 향해 발전해 왔다. 1980년대 ME Micro-Electronics(극소 전자)혁명이 가져온 지식정보사회는 이전의 굴뚝산업과는 다른 정보기술IT, Information Technology 네트워크의 세계화를 촉진했고 1970년대 경기 침체로 갈 곳을 찾지 못하던 국제금융자본은 국경을 넘나들며 세계화를 주도했다. 새로운 IT와 BT Bio-technology(생명공학) 벤처기업들이 개성과 창발성으로 새로운 세상을 열어 가고 있다. 이제 사람들은 아프리카 오지에서도 한국산 스마트폰으로 뉴욕과 런

던의 오페라 공연을 실시간으로 볼 수 있다.

그런 기술혁신은 한편으로 뉴질랜드에서 시작해 지구 한 바퀴를 도는 반전 촛불 시위의 글로벌 직접민주주의를 가능하게도 하고 다른 한편으로 권력의 민간인 사찰과 같은 '빅브라더'의 전체주의를 가능하게도 한다. 그래서 시장에 너무 많은 것을 맡겨 버린 시장 맹신적 세계화는 사회적 유대를 이완시키고 지구촌이라는 말이 무색한 약육강식의 정글 경쟁을 불러옴으로써 오히려 시장 본래의 활력을 거세시키고 유례없는 빈부 격차를 초래했다.

양극화는 세계 곳곳에 소통의 평화와 관용의 연대 대신 과도한 증오와 분열, 대립을 조장했다. 이제 '20 대 80의 사회'라는 말을 넘어 '1% 특권층의 부패와 탐욕에 항의하는 99%'의 세계 금융가 점령 운동이 곳곳에서 전개되고 있다. 그러자 더불어 살지 않으면 부자의 행복도 어렵다는 인식으로 워런 버핏Warren Buffett을 비롯한 세계의 부호들이 나서서 부자 증세를 요구하고 있다. 정치를 바꾸고 경제 권력을 교체하자는 경제민주화의 염원이 높아지고 있다.

2008년 촛불 시위에서부터 퍼져 나간 〈헌법 제1조〉 노래는 이런 염원을 간결하면서도 힘차게, 그리고 4박자의 발랄한 낙관주의로 노래하고 있다.

대한민국은 민주공화국이다
대한민국은 민주공화국이다
대한민국의 모든 권력은 국민으로부터 나온다

돌이켜 보면, 대한민국의 현대사는 근대화를 염원하던 평민들의 동학혁명이 한반도를 전장 삼은 청나라와 일본의 개입으로 좌절되면서 시작되었다. 청일전쟁 당시부터 한반도는 동아시아 평화의 시험대이자 나아가 세계 평화의 요충지였다. 우리의 근대는 일제강점기의 긴 식민지 지배에 의해 왜곡되었고 종전과 함께 이번에는 남북으로 진주한 외국 군대에 의해 세계적인 이념전의 대리 전장이 되었다. 해방 공간의 좌우 대립은 한국전쟁의 동족상잔으로까지 이어졌고 남북 분단의 질곡은 과잉의 이념 대립을 조장해 왔다. 선거철마다 등장하는 치졸한 색깔 논쟁에서 보듯, 우리 사회를 지배하는 '이념 과잉'은 일그러진 근현대사가 여전히 남기고 있는 어두운 그림자로서 우리의 정치경제적 운신의 폭과 사회문화적 상상력 모두를 위축시키고 있다. 다른 한편, 식민지 지배에 저항하면서 강고해진 우리의 민족주의 역시 자긍심의 원천이면서 때로 배타적 편협성을 조장하는 양면성을 지니고 있다.

우리 사회 이념 과잉의 이면에는 근대 시민사회의 미성숙이라는 역사적 질곡이 가로놓여 있다. 근대로 넘어가는 과정에서 서구의 시민사회가 겪었던 개인과 사회, 개인의 자유와 공동체적 유대 간의 건강한 긴장 관계는 한국 사회에서 제대로 천착되지 못했다. 그리하여 한국 사회에는 근대화 이전 봉건사회의 전근대적 유대가 여전히 혈연적·지역적 유대 등의 공동체적 전통으로 남아, 때로 연고주의적 집단주의 혹은 시장주의 버전의 개인주의와 공존하고 있다. 다른 한편 비대해진 경제 권력이 정치권력과 유착하면서 정치경제적 의사 결정을 독점하는 상황에서 전제적 시장주의와 불구화된 자유주의는 민주주의를 껍데기를 만들어 민의를 제대로 담아내지 못하게 한다. 한편으로 자유주의의 적극적 가치인 '사상과 양심의 자유', '개인의 존엄'과 '공정한 경쟁'에 기초를 두되, 다른 한편으로 시장주의로 귀결된 자유주의의 한계를 뛰어넘는 사회의 개입과 조정을 요구하는 것이 오늘 우리의 역사적 상황이다.

그러나 관점을 달리해 보면 그간의 현대사는 앞선 세대의 희생과 용기로 역사상 유례가 드문 급속한 산업화와 민주화를 함께 일구어 낸 과정이기도 했다. 역사의 굽이에 부딪칠 때마다 앞선 세대가 보여 주었던 용기와 희생은 우리에게 고난을 뚫고 나아갈 수 있다는 자부심과 희망의 메시지를 전해 주는 유산이다. 그렇다면 세계 유일의 분단국이라는 현실은 오히려 소통의 평화와 관용의 연대를 전파하는 거점일 수도 있지 않을까.

　　2010년 연평도 포격 당시 교실 창문이 부서지고 학생들의 학용품이 나뒹구는 사진이 보도되는 가운데 북한은 연일 경기도 접경 지역에도 포격을 가하겠다고 위협했다. 그 후 경기도 교육감으로서 비무장지대의 대성동초등학교에 다녀와서 나는 "우리 아이들에게 이런 대립의 역사를 물려줄 수는 없다"는 간절한 생각으로 '적극적 평화'를 가르치자고 제안한 바 있다(김상곤 2011a).[3]

　　연평도 사건은 역설적으로 한반도에서 전쟁이 일어나서는 안 된다는 사회적 합의를 더욱 강화시켰다. 한반도 돌발 사태에서 막상 한국 정부가 취할 수 있는 선택지 역시 극히 제한적이라는 것도 드러났다. 연평도 피격 당시 우리 정부는 확전까지 염두에 둔 '단호한 대응'을 할 수도 없고, 그렇다고 소극적으로 대응할 수도 없는 난감한 상황을 노출했다. 국제적 맥락에서도 그동안의 한미 공조는 북한의 피해 의식과 도발을 부추겼고 중국 역시 북한의 움직임을 견제하는 데에는 한계가 있음이 드러났다. 누구도 전쟁을 불사할 수 없는 상황인데 평화 구축을 위한 적극적 노력은 여전히 부족한 상황이다.

3_전쟁과 대립의 공포를 벗어나는 소극적 평화를 넘어 경제적 궁핍과 문화적 차별을 극복하는 적극적 평화, 곧 포괄적 안보와 포괄적 평화를 가르칠 때 미래 세대의 상상력이 훨씬 더 건강하고 풍요로우리라고 생각했기 때문이다.

지구본을 거꾸로 놓고 우리의 상황을 생각해 보자. 한국은 대륙 세력과 해양 세력의 가교 역할을 할 수 있는 지정학적 위치를 가지고 있으며 그동안 미국, 중국, 일본, 북한, 러시아 각각과 서로의 평화 이익을 위한 교류를 다방면으로 진척시켜 왔다. 또 한국은 압축적인 경제 성장과 함께 자력으로 민주화를 달성함으로써 '동북아시아의 평화와 민주주의'를 고취하는 데 매우 적합한 위치에 있다. 한반도는 미국과 중국이라는 세계 양 강대국 G2가 경제적으로 군사적으로 첨예한 이해 관계를 가지고 직접적으로 맞부딪치는 전략 요충지다. G2가 겨루는 한반도는 역으로 차이를 수용하는 관용과 대립을 극복하는 평화를 선도함으로써 인류의 발전에 기여할 수 있다. 이를 기반으로 국제적 균형 감각을 갖춘 한국형 인재를 키워 낼 수도 있다.

남북정상회담의 길을 연 김대중 전 대통령은 군사독재하에서 받은 고문의 후유증으로 지팡이에 의지해 걸어야 했다. 그는 권력의 칼을 쥐고서도 자신을 죽음의 문턱으로 몰아넣었던 이들을 용서했다. 그는 자신에게 사형을 선고했던 전두환 전 대통령을 사면 복권했고 논란 속에서도 자신을 납치해 수장하려 했던 박정희 전 대통령의 기념관 건립을 지원했다. 사람들은 그의 화해와 용서, 그것이 이 땅에 갈등과 내전 대신 평화와 민주주의의 새싹을 틔웠다고 회고한다.[4]

김대중 전 대통령에 이어 두 번째 남북정상회담을 했던 노무현 전 대통령은 2002년 그의 대통령 후보 수락 연설에서, "야 이놈아 계란으로 바위 치기다, 그만두어라, 너는 뒤로 빠져라, 이 비겁한 교훈을 가르쳐야 했던 우리 600년의 역사, 이 역사를 청산해야 한다"고 말했다. "권력에 맞서서 당당하게 권력을 한번 쟁취하는 우리의 역사가 이루어

4_blog.naver.com/bokyeong23/30067845837

져야만 비로소 우리의 젊은이들이 떳떳하게 정의를 얘기할 수 있고 떳떳하게 불의에 맞설 수 있는 새로운 역사를 만들어 낼 수 있다"고 역설했다. 대통령 선거에 당선되던 날 그는 지지자들과 함께 〈타는 목마름으로〉를 열창했었다.

그렇게 해서 우리 사회는 민주주의, 평화, 복지, 지역균형발전과 같은 가치를 내걸 수 있었다. 그러나 외환 위기 이후 국제금융자본 주도의 몰아치는 세계화 공세 앞에서 이런 가치들은 시장주의적 경제정책에 부속되는 것이었으며 외환 위기 이후 양극화에 지친 민생 문제를 해결하는 데에는 이르지 못했다.

뒤이어 등장한 이명박 정부는 감세와 규제완화 등 시장주의를 확대한 결과 양극화를 더욱 심화시켰다. 특히 남북 관계에서는 6·15 공동선언과 9·19 공동성명[5] 등 어렵사리 이어 오던 한반도 평화 노력에 찬 물을 끼얹으면서 대립과 갈등을 증폭시켰다. 이는 개성공단에 진출한 중소기업의 생존을 위협하고 북한 지역 부존자원 개발의 상호 이익을 상실하는 등 유·무형의 사회적 비용을 증가시킬 뿐만 아니라 한국의 외교적 입지를 축소시키는 것이었다. 남북 관계가 유례없이 경색되면서 한반도 안팎에서 소통의 평화와 관용의 연대는 그 어느 때보다 소중한 가치가 되고 있다.

화해와 평화의 시대정신은 보편 복지를 통한 사회적 연대의 정치문화와 상통한다. 개인이든 국가든 자신을 지키는 궁극적 안보는 복지와 평화이기 때문이다. 보편 복지를 위한 보편 증세나 북한 어린이를

5_특히 9·19 공동성명은 제4차 6자회담 중 2005년 9월 19일 제1단계 회담에서 북한이 모든 핵무기를 파기하고 NPT, IAEA로 복귀한다는 약속을 한 것이다. 또한 한반도 평화협정, 단계적 비핵화, 북한에 대해 핵무기 공격을 하지 않는다는 약속, 북미 간의 신뢰 구축 등을 골자로 하는 선언이다.

돕는 국가의 지원 프로그램은 당장에는 일방적인 '퍼주기' 같이 보이지만 결국은 그것이 개인도 나라도 자신을 지키는 지름길이다.

3. 자유와 진보의 조화

근대화 과정이 굴곡지다 보니 한국의 이념 지형은 복합적이고 개혁의 과제 역시 부문별로 세밀한 접근을 요구한다. 자유민주주의적인 법과 질서만 잘 준수해도 해결될 수 있는 과제가 있는 반면, 사회적 연대와 국가의 적극적 개입을 통해 새로운 제도를 건설해야만 해결될 수 있는 과제도 있다. 예를 들어 재벌의 비자금 조성과 같은 비리 척결은 공정거래법이나 형법만 제대로 지켜도 상당 부분 해결될 수 있지만, 보편 복지는 시장 제도만으로는 달성할 수 없는 새로운 복지 제도를 만들어야 실현 가능하다.

이 책의 필자들은 한국 사회가 시장의 역동성에 기초하되, 민주주의 정부의 적극적 역할을 통해 시장의 실패와 관료주의의 폐해를 조정함으로써 장기적 효율성과 지속 가능한 성장 동력을 견지할 수 있다는 큰 틀의 공감대를 가지고 있다. 우리는 시대적 과제들이 불균등한 수준에 있다는 점을 고려해, 이념적으로 일관성 있는 대안을 제시하기보다는, 현재의 상태에서 더불어 행복한 세상을 향해 한 걸음 더 나아가는 정책을 제시하기로 했다. 물론 이 한 걸음 속에는 자유주의적인 것과 공동체주의적인 것, 온건한 것과 다소 급진적인 것, 단계적인 것과 비약적인 것이 공존한다. 우리가 제시하는 대안들 중에서 독자들이 보기에 자유주의적 성격과 개혁 진보적 성격을 가진 것들이 공존하는 것은 바로 이런 이유 때문이다. 자유주의의 한계와 그것을 넘어서는 우리 사회의 역사적 지향에 대해서는 이 책의 제3부에서 포괄적으로 짚어 볼 것이다.

자유주의적 정책이라고 해서 실현하기 쉬운 정책이라고 생각하면 큰 오산이다. 낮은 수준의 자유주의적 정책임에도 불구하고 아직까지 실현되지 못한 데에는 나름대로의 이유가 있는 것이다. 재벌 개혁을 예로 들어보자. 재벌에게 상속세를 제대로 걷는 것은 자유주의적인 정책으로 보이고, 출자총액제한이나 금산분리(금융과 산업의 분리)는 중간쯤 되어 보이고, 재벌 해체는 매우 급진적인 정책으로 보일 것이다. 그러나 상속세 징수는 결코 간단한 문제가 아니다. 공정거래위원회의 발표에 따르면 대재벌 총수 일가의 지분율은 5% 이하다. 이 정도의 지분으로 그룹 전체의 경영권을 유지하는 것은 쉽지 않은 일이다. 만약 상속세 50%를 제대로 걷는다면 상속을 한 뒤의 새로운 총수 일가의 지분율은 2.5% 이하가 될 것이므로 아무리 상호출자와 순환출자를 활용한다고 할지라도 그룹 경영권을 유지하는 것은 쉬운 일이 아니다. 이처럼 자유주의 수준의 개혁처럼 보이는 상속세 완전 징수도 실제로는 재벌의 존립을 위협할 것이기에 거센 저항을 넘어서야 하는 매우 급진적인 개혁 정책이 될 수도 있는 것이다.

낮은 수준의 정책이 지금까지 실현되지 못한 것은 이해관계자 사이의 사회적 합의가 쉽지 않았음을 의미한다. 본래 사회적 합의란 힘이 상당 정도 대등할 때에 가능한 것이다. 한쪽 당사자의 힘이 두드러지게 우월하면 굳이 합의를 모색할 필요성을 느끼지 않을 것이다. 또 기왕의 이득을 어떻게 취득했든 성자가 아닌 한 기득권을 포기한다는 것은 쉬운 일이 아니다. 따라서 개혁의 공감대를 모으고 기득권을 포기할 수 있는 명분을 마련하면서 사회적 합의를 도출해 나가는 지혜가 필요할 것이다. 옳은 일이라는 자신들의 정치적 신념과 도덕적 당위성만으로 개혁에 임한다면 오히려 커다란 저항에 부딪쳐 개혁이 형해화되거나 좌초될 수 있다.

개혁에 대한 저항은 크게 보면 세 가지 형태로 나눌 수 있다. 첫째는 정치적 저항이 있다. 반대 의견을 표명하고, 언론을 통해서 선전을 하고, 정치인들에게 적극적으로 로비해 개혁 정책이나 법안의 통과를 저지하는 것들이 그것이다. 둘째는 경제적 저항이다. 세금을 내지 않고, 고용을 줄이고, 투자를 줄이고, 공장을 해외로 이전하는 등의 행위를 말한다. 정치적 저항도 대응하기 쉽지 않지만, 경제적 저항은 더욱 대응하기 힘들다. 개혁으로 인해서 경제가 어려워진다면 개혁에 반대하는 국민들이 늘어나게 되기 때문이다. 셋째는 이념적 저항이다. 이것은 정치적 저항에 포함시킬 수도 있지만 별도로 취급해도 좋을 만큼 중요하다. 시장에 대한 작은 비판도 색깔을 덧칠해 생산적인 논쟁을 차단하면서 과도한 시장 맹신을 부추기는 재계 일부의 과잉 방어, 그들과 이해관계를 같이하는 일부 지식인 그룹의 비이성적인 이념 공세는 사실상 공정한 시장경제 자체의 발전을 저해하고 있다.

개혁은 장기적으로 우리 사회에 발전을 가져와 모두에게 이익이 되지만 단기적으로는 이익을 보는 집단과 손해를 보는 집단이 있을 수 있다. 소수의 사람들이 부담을 지게 되는 정책이라고 해서 결코 가볍게 보면 안 된다. 부담이 소수에게 집중될수록 저항도 강력하게 결집될 수 있다. 참여정부 시절의 종합부동산세가 그런 예에 해당할 것이다. 종합부동산세는 극히 일부의 사람들에게만 부담이 되었음에도 불구하고, 이들의 저항은 매우 강력했다. 이해관계가 첨예한 정책들일수록 개혁의 혜택을 피부로 직접 느낄 수 있도록 한다든지, 부담을 지는 집단의 명예를 살리고 자부심을 느낄 수 있도록 한다든지 하는 등 여타의 장치를 세밀하게 강구해야 할 것이다.

반면에, 많은 사람에게 조금씩 부담이 되는 정책도 결코 실행하기 쉽다고 할 수 없다. 다수의 사람들이 조금씩 분노하는 것도 정치적으로는 큰 부담이 된다. 특히 많은 사람들의 행동 양식이 바뀌어야 성공할 수 있는 개혁은 치밀한 설계가 필요하다. 예를 들어서 친환경 에너지 시스템을 만들려면, 승용차를 과도하게 이용하고 전기를 낭비하는 사람들의 생활 습관이 바뀌어야 한다. 또 그들의 생활 습관이 바뀔 수 있도록 근무 환경이나 통근 환경이 바뀌어야 할 것이다. 이런 정책은 충분한 설득과 교육의 과정이 선행되어야 하고, 사람들에게 실질적인 혜택이 될 수 있는 정책과 결합시켜야 한다.

이런 고민 속에서 우리는 사회적 합의와 공익적 개입이 필요한 분야, 즉 교육·노동·복지·부동산 등의 분야에서는 국가의 개입과 규제를, 공정한 규칙의 집행이 필요한 분야, 즉 재벌 개혁과 금융 개혁, 대기업과 중소기업 간 양극화 등의 분야에서는 공정한 규칙의 제정과 집행을 제안했다. 그리고 개혁 정책을 뒷받침하기 위한 재정 개혁과 함께 보편 증세를 통한 재원 마련을 제안했다. 아울러 공공 부문 개혁 등 정부 개입의 민주화를 통해 사회적 합의의 동력을 실어 주고자 했다.

우리는 연구를 시작하면서 우리의 부모 세대들이 고단한 근현대를 헤쳐 오면서 간난을 극복하고 오늘의 민주화와 산업화를 이룩했듯이 우리 세대가 소통과 조화를 통해서 더 나은 세상을 우리 아이들에게 물려줄 수 있으리라고 믿었다. 분석을 진행하고 한 걸음 더 나아가기 위한 과제들을 만들어 가면서 이런 자신감을 다시 확인할 수 있었다.

우리는 개성과 창의력을 북돋는 시장의 역동성을 신뢰하지만 또한 민주주의를 통해 표출되는 사회적 요구에 의해 시장이 조정될 수 있다는 큰 틀의 공감대에서 출발했다. 우리는 이상의 공동 작업에서 교육 개혁과 사회경제 개혁을 통해 더 좋은 일자리를 더 많이 만들어 내자고 제안했다. 우리는 재벌 개혁을 통해 대기업의 경영 효율을 높이고 대기업과 중소기업의 동반성장을 도모하며 보유세를 부과해 토지공개념을 확립하고자 했다. 이런 과제를 통해 농업을 비롯한 내수산업과 수출산업의 조화, 대기업과 중소기업의 조화, 수도권과 비수도권의 조화를 도모하고자 했다. 신체의 자유를 넘어 표현의 자유를 보장하고, 노동권·생존권·건강권·교육권·주거권 등 사회권을 실현하는 국가의 책임을 강조했다. 사회적 약자와 소수자의 인권 보장, 사법 정의의 실현을 위한 검찰 개혁과 법원 개혁 방안 등을 모색했다. 복지를 통한 지속 가능한 성장, 성장을 통한 지속 가능한 복지를 추구했다.

우리는 보편 복지가 '1%의 탐욕으로 인한 99%의 절망'을 넘어 100%의 삶을 유대하게 만든다고 믿는다. 모험과 도전의 혁신을 가져와 기업의 경영 효율성을 향상시킨다고도 믿는다. 일정한 사회안전망의 보편 복지는 모험에 실패했을 때에도 좌절하지 않게 해줌으로써 혁신의 과제에 도전할 수 있는 용기를 북돋는다. 또한 새로운 산업의 출현과 기술의 발전에 의해 구조조정이 필요할 때에 공장을 점거해 생존권을 건 극단 투쟁으로 맞서는 대신 평생교육 시스템에 의거해 새로운 창의성과 직업훈련으로 충전해 노동에 복귀할 수 있도록 도와준다. 그리하여 보편 복지는 상위 1% 계층에게도 경쟁의 위험과 불확실성을 줄여서 존엄한 삶을 보장해 준다.

4. 더불어 행복한 민주공화국을 위한 제안

1) 교육 혁신과 사회 개혁의 상호작용

교육과 사회는 흔히 생각하는 것 이상으로 밀접하게 연결되어 있다. 대기업과 중소기업의 양극화, 정규직과 비정규직의 일자리 양극화, 수도권 명문 대학과 지방대학의 양극화, 이런 양극화의 벽을 허물지 않는 한 입시 위주 교육은 달라지지 않는다. 그러나 부모의 경제력에 관계없이 교육 기회가 균등하도록 교육 복지가 보편화된다면 계층 간 이동이 활발해지고 사회 양극화는 그만큼 해소될 수 있을 것이다.

사교육비를 쏟아 부어야 명문 대학에 가고, 대기업 정규직에 취직해야 좋은 배우자와 결혼할 수 있고, 다시 자녀들을 좋은 대학에 보낼 수 있다면, 공교육은 붕괴되고 '개천에서 용 난다'는 우리 사회의 역동성은 옛말이 된다. 특별한 부존자원이 없어 사람이 자원인 나라, 사회의 발전을 위해 한 사람의 '달란트'talent(자질)도 포기할 수 없는 나라에서 교육이 사회적 역동성을 상실하고 양극화의 주범으로 지탄받고 있다.

그래서 우리는 서열 위주 입시제도와 대학 체제를 권역별 혁신 대학 네트워크로 개혁하고자 했다. 구체적인 대학 개혁의 과제로서는 보편적 반값 등록금, 정부 책임형 사립대학으로의 전환을 통한 사립대학의 공공성과 투명성 강화, 직업교육의 정상화 등을 제안했다. 특히 '반값 등록금'은 교육 복지의 차원에서뿐만 아니라 대학 개혁의 차원에서도 중요한 의미를 갖는다. 이에 소요되는 재원을 학생들에게 국가 장학금으로 나누어 주는 것이 아니라 대학에 직접 지원함으로써 등록금 자체를 낮추는 한편, 지역균형선발, 권역별 혁신 대학 네트워크 등 대학 개혁을 추동하는 지렛대로 삼을 수 있기 때문이다.

2) 노동이 존중받는 품격 있는 사회

일자리와 민주주의의 상관관계는 우리 세미나의 일관된 관심 주제였다. 그래서 우리는 교육에 이어 제일 먼저 일자리 문제를 다루기로 했다. 여기서 우리가 말하는 노동 존중이란, 노동기본권이 보장되는 것뿐만 아니라 정규직과 비정규직, 대기업과 중소기업의 노동, 남성과 여성의 노동 사이에 차별이 없는 것, 비자발적 실업자가 없는 것, 최저임금이 보장되는 것, 임금노동뿐만 아니라 자영업자의 노동, 가사노동, 사회적 노동, 봉사 노동 등이 함께 존중받는 것 등등을 포함한다.

인간의 역사는 자신의 존재를 이어가기 위해 자연에 작용해 생존에 필요한 물자를 확보하는 과정, 곧 노동으로부터 시작되었다. 노동은 우주의 이치를 깨닫는 자연과의 교류이면서 생존을 걸고 연대하는 동료 인간과의 교류다. 따라서 노동은 사회를 유지하기 위한 구성원으로서의 의무이기도 하지만 그 전에 오히려 인간된 존재의 권리이기도 하다.

최근 심화되고 있는 우리 사회의 빈곤과 사회적 양극화의 일차적 원인은 열악한 고용 상황에 있다. 비록 실업률은 세계적으로 낮은 3%대에 머물러 있지만, 고용률은 아직 외환 위기 이전 수준(60%)도 회복하지 못하고 있다.[6]

더 좋은 일자리를 더 많이 만들기 위해서는 먼저 연장 근로를 규제해 실노동시간을 단축하고 비정규직 남용을 막는 사용 사유 제한 규정을 도입해야 한다. 저임금 해소를 위해 최저임금의 현실화도 서둘러야할 과제다. 이런 방안들을 현실화시키기 위해서는 특히 노동조합의 보

6_실업률과 고용률에 대해서는 이 책 2장 정원호의 글을 참조.

호 밖에 방치되어 있는 취약 노동자들을 조직화하는 사업이 시급하다.[7]

이와 함께 궁극적으로는 경제발전에 맞추어 노동시간을 줄여 나가고 자유 시간을 확보해 '삶의 업그레이드'를 지향해야 할 것이다. 경제가 발전하고 노동생산성이 올라가면 똑같은 식량이나 물건을 생산하는데 드는 노동시간은 줄어들게 마련이다. 실제로 농업을 비롯해 모든 산업에서 기계화·자동화가 진행되면서 좀 더 적은 노동의 투입으로 좀 더 많은 생산이 가능해졌다. 그렇다면 현대 경제의 생산성 증가에 맞추어 노동시간을 단축하고 노동의 기회를 공정하게 분배해 일자리를 갖는 것, 그리고 여가의 자유 시간은 휴식을 통한 생산성 증가로 이어지게 하는 것이 사회 발전의 방향이 아니겠는가. 과도한 노동에 따른 질병이 감소하고 직무 스트레스도 줄어들어 각종 사회적 비용도 절감할 수 있을 것이다.

3) 대-중소 기업의 상생과 재벌 개혁: 경제민주주의의 시작

앞에서 살펴본 일자리 개혁은 우리 사회가 정치경제적 권력관계의 균형을 갖추지 않으면 추진력을 갖기 힘들다. 우리는 그 힘의 균형 갖추기를 재벌 개혁과 대-중소 기업의 상생 관계에서 시작했다. 우리 사회의 고용 불안과 양극화는 수출 대기업 위주의 경제발전 과정에서 구조화된 측면이 많다. 따라서 양극화 문제는 특정 부문에 자원이 집중되고 이익이 독점되는 수출 대기업 위주의 성장 해법으로는 해결할 수

7_마침 2012년 2월 대법원이 현대자동차의 사내하청을 불법파견이라고 최종 판결했다. 전문가들은 대기업의 사내하청, 불법파견 등 비정규직 남용만 해소해도 우리나라 일자리 문제의 상당 부분을 해결할 수 있다고 말한다. 또 주유소나 커피 전문점 등의 아르바이트생의 최저임금을 개선하고 체불임금을 없애는 등 기본적인 근로 기준을 확립하는 일은 법 개정 이전에 정부의 의지와 정부에 힘을 실어 주는 사회적 합의만 있으면 가능한 일이다.

없다. 세계시장이 하나로 연결되는 오늘날 수출 시장 개척은 여전히 중요하지만 그럴수록 전략적 구심으로서 내수 기반을 다져야 한다.

그런데 반도체, 자동차, 휴대전화 등 대기업의 주요 생산 품목은 이미 내수 판매보다 수출 판매 비중이 높고 생산도 해외 생산의 비중이 압도적으로 높다. 스마트폰의 해외 생산 비중은 70%이고 자동차도 절반이 넘는다. 인건비와 물류비용을 절감하려는 목적 외에 무역 장벽을 회피하려는 목적도 있어서 해외 생산의 비중은 앞으로도 늘어날 것으로 보인다. 이 경우 이들의 생산은 우리나라가 아니라 현지의 부가가치 생산 및 소득 증대에 기여한다. 이 때문에 이들 기업의 실적이 좋아도 국민경제는 실감을 못하는 괴리가 발생하고 있다.

이 간극을 메우려면 주로 중소기업이 담당하는 부품과 소재의 국산화율을 높여서 완제품 생산의 외화가득률을 높여야 한다. 특히 소재산업의 생산성 제고를 지원해야 한다. 이를 위해서는 대기업과 중소기업의 기여도에 따라 공정하게 배분받는 '협력과 공존의 건강한 기업 생태계', 공정한 시장경제 질서의 구축이 요구된다. 대기업의 압도적인 힘의 우의를 생각할 때 동반성장 정책은 민간에 맡길 것이 아니라 정부가 직접 나서야 한다. 대기업, 중소기업, 노동자, 시민사회 등 이해당사자를 포괄하는 합의체를 구성해 이해관계 조정에 나서야 한다.

대기업과 중소기업의 동반성장은 재벌의 개혁을 요구한다. 한국은 다국적기업이 공업화를 주도한 동남아나 중남미의 국가들과 달리 국가와 민간 대기업이 결집해 산업 기반 구축을 주도함으로써 급속한 공업화를 이룩할 수 있었다. 그러나 특히 외환 위기 이후 심화된 경제력 집중은 한국 경제의 동태적 효율성을 저하시키고 양극화를 초래해 민주주의 자체를 위협하고 있다. 예컨대 감독 당국의 법 집행 소홀로 재벌의 금융 지배력이 증가했고 재무구조가 취약한 언론사들이 재벌 광고주의 압력을 견디지 못해 언론의 독립성이 훼손되고 있다.

우리는 재벌 개혁의 가장 중요한 전제 조건으로 엄격하고 공정한 법 집행을 들었다. 한국 경제의 미래상을 둘러싸고 주주자본주의 모델과 이해관계자 자본주의 모델 간에 논쟁이 벌어지기도 했지만 법치주의가 확립되지 않는다면 각각 천민자본주의 혹은 정실 자본주의로 전락할 수도 있다. 공정한 시장 질서조차 담보되지 못하는 한국 경제의 현실에서 '법 앞에 평등한 자유주의의 과제'야말로 재벌 개혁의 가장 근본적인 과제다.

최근 주로 서비스업 분야의 일감 몰아주기(회사 기회 유용)를 통해 재벌 3세로의 불법 상속이 진행되고 있는데 이 역시 2007년 개정된 공정거래법 시행령의 부당 지원 행위 규제, 2011년 개정된 상법상의 규정을 준수함으로써 대응할 수 있을 것이다. 또 재벌이 다수의 계열사로 이루어진 기업집단이므로 그 실체에 걸맞게 독일식의 '기업집단법'을 제정해 합당한 권리와 의무를 부여하는 방안도 검토할 만하다.

4) 지속 가능한 복지와 복지 재정 확충

복지는 단순히 사후적 시혜가 아니라 성장을 위한 전제 조건이다. 복지는 성장을 지속 가능하게 하고 성장은 또한 복지를 지속 가능하게 하기 때문이다. 2009년 '무상 급식'이 우리 사회의 보편 복지 논쟁을 불 지핀 이후 복지는 이제 여야를 막론한 대표적인 선거공약이 되었다.

전문가들의 추정 계산에 의하면, 2011년 우리나라 복지 지출 비중은 GDP의 약 9%에 불과하다. 이는 OECD 평균 수준인 GDP의 약 19%에 비해 무려 10%p가 낮아서 절반에도 못 미치는 수준이다. 따라서 우리가 OECD 평균의 복지 지출에 이르려면 GDP의 약 10%, 즉 약

130조 원의 복지 지출이 증가해야 한다. 이를 한꺼번에 따라잡을 수는 없을 것이므로, 만약 향후 5년 내에 지금보다 65조 원의 복지 재정을 늘릴 수 있다면, 이는 GDP 5%에 해당되므로 우리나라 복지 재정 부족분의 절반을 따라잡는 역할을 할 것이다. 그리고 그 이후 5년 내에 다시 65조 원, 즉 GDP 5%의 복지 재정을 늘린다면 지금부터 10년 후에 우리나라도 OECD 평균 수준의 복지에 도달하게 될 것이다.

전문가들은 하나의 예시로서 먼저 지출 개혁을 통해 약 13조 원, 그리고 국민연금기금 재원 7조 원 등 재정지출 부문에서 20조 원을 마련하고, 사회복지세 도입, 국민건강보험료 인상 등 증세를 통해 45조 원을 추가로 마련해 총 65조 원의 재정을 확충하는 방안을 제안한다 (오건호 2011).

이와 더불어 조세부담률도 점차 OECD 평균 수준으로 올려서 재원이 마련되는 만큼씩 복지 혜택을 체감해 나간다면 큰 틀에서 보편 복지의 방향과 원칙이 사회적으로 합의되어 나갈 것으로 본다.

이런 복지 재정 확충과 함께 복지 공급 체계의 공공화, 일자리 안정화 등 넘어야 할 산들이 많지만 이 모든 일을 수행할 복지 주체의 형성도 빼놓을 수 없는 과제다. 특히 시민·노동자들이 복지 재정 확충에 직접 참여하는 '능력별 증세' 운동을 통해 복지국가 재정을 마련하고 복지 주체로도 성장하는 복지국가 주권 운동이 전개되고 있는 것은 매우 고무적인 일이다.

5) 인권 신장과 사법 정의는 민주·평화·복지의 전제다

인권 신장은 다른 개혁 과제의 목표임과 동시에 민주·평화·복지를 실현하는 전제이며 초석이다. 나아가 검찰권과 사법권의 행사에서 사법 정의가 실현될 때 우리 사회의 인권 신장과 민주주의는 실질적으로 완성된다.

4년 전까지만 해도 국제사회는 사형제도, 국가보안법, 양심적 병역 거부, 표현의 자유와 노동권 등 일부 미흡한 분야가 있지만 한국을 인권 신장의 모범 국가로 평가했다. 그러나 이명박 정부가 들어선 이후 촛불 시위, 미네르바 사건, 〈PD수첩〉 사건 등에서 보는 바와 같이 표현의 자유가 심각하게 위협받고 있는 것으로 평가된다. 이는 프랭크 라 뤼Frank La Rue 유엔 특별보고관의 보고서(2011/06/03)에서도 상세히 지적되고 있다. 또 비정규직 문제 등 사회 양극화의 심화에서 보듯이 노동권과 사회보장권 등 사회권의 후퇴 현상도 지적되고 있다.

그뿐만 아니라 이명박 정부가 들어선 이후에 검찰의 수사와 법원의 재판에 대한 우리 사회의 불신이 도를 넘어서고 있다. 검찰과 법원의 사법 권력이 국민에 의해 통제되지 않은 무소불위의 권력으로 비쳐지고 있다. 검찰은 많은 정치적 사건들을 '아니면 말고'식으로 무리하게 기소하고, 그중 대부분은 법원으로부터 무죄판결을 받았다.

민주·평화·복지 사회를 실현하기 위해서는 개별 개혁 과제와 더불어 인권 신장과 사법 정의 실현이 필수적이다. 일상의 생활 현장뿐만 아니라 인터넷에서도 언론·집회·결사·양심·사상 등 표현의 자유가 충분히 보장되어야 하며, 노동권·사회보장권·건강권·교육권·주거권 등 사회권 분야에서의 국가의 책임이 강화되어야 한다. 여성·장애인·아동·이주자 등 사회적 약자와 소수자의 인권 보장을 위한 노력이 계속 되어야 한다. 이를 통해서 민주·평화·복지 사회의 시대적 과제인 환경과 생태의 보전, 사회 양극화 해소, 사회적 연대 등의 가치가 실현될 수 있을 것이다.

한편 사법 정의의 실현을 위해서는 먼저 검찰권 행사의 공정성과 투명성 등이 확보되고 민주적 통제력이 확보되어야 한다. 이를 위해서는 검찰의 정치적 중립성을 확보하고 공정하고 엄정한 감찰권을 강화하는 것이 가장 중요하다. 구체적으로 법무부 장관의 검찰총장에 대한 수사지휘권과 검사동일체의 원칙을 폐지하고, 법무부의 탈검찰화와 전문화가 필요하다. 또 대검찰청 중앙수사부를 폐지해야 한다.

법원을 주권자인 국민에게 더 가깝게 하기 위해서는 사법부 관료화를 지양하고 국민의 사법 접근권을 강화할 수 있도록 법원 개혁이 이루어져야 한다. 구체적으로 법관 인사 체제의 중앙집권주의를 완화해 사법 상층부로부터 개별 법관의 독립성을 보장해야 하고, 법관 인사 체제의 계층구조를 해체 내지 완화해야 한다. 나아가 국민의 사법 접근권이 제대로 확보될 수 있도록 법원 및 법관 수를 증가시켜야 한다.

6) 농업은 생태·전통문화·식량안보를 아우르는 전략산업이다

우리는 애그플레이션agflation이라는 신조어가 나오는 세계적 식량 위기의 상황에서 농업을 생태와 전통문화, 식량안보를 두루 아우르는 전략산업으로 위치짓고자 그 가능성을 타진했다. 하나의 경로로서 최영찬(7장)은 협동농업과 계약농업에서 우리 농업의 미래를 전망하고 있다. 농업은 생산의 계절성과 장기 저장의 어려움으로 인해 수급의 불균형이 상존하는 전형적인 시장 실패의 특성을 가지고 있다. 따라서 시장경제 체제로의 전환은 무엇보다도 농민들에게 큰 고통을 안겨 준다. 배추·한우 파동 등에서 보는 것처럼 매년 특정 농산물시장에서 가격의 급등락을 경험하는 것이 그 예다.

가격의 급등락에서 오는 시장의 불확실성은 식품 가격의 안정을 바라는 소비자들에게도 어려움을 준다. 1960~70년대에 우리 정부가 주요 농산물의 수매 정책을 통해 농업 발전과 식량 자급을 도모하려한 것은 그 때문이었다. 1980년대에 이르러 수매 정책을 포기한 이후 대규모 도매시장과 대형 할인점들을 중심으로 하는 농식품의 거래 방식은 대규모 주기적 거래의 형태로 전환되어, 대다수 소규모 농업인들은 시장 진입이 원천적으로 봉쇄되었다. 농식품의 구매에서 가공식품과 외식이 차지하는 비중이 크게 늘어나고 이들 시장에서 외국산이 대부분을 차지하는 것은 당연한 귀결이다.

이 책 7장에서는 농업인들이 조직한 생산과 가공, 유통을 통합하는 대규모 계열화 협동조합이 우리 농업에서 생산지와 소비지의 직거래 구조를 키워 갈 것으로 기대한다. 친환경 무상 급식은 이들 조합들과 학교와의 직거래를 확산시켜 농업인들의 외식 및 가공식품 시장 진입을 도와주고 있다. 그뿐만 아니라 농가와의 계약재배를 확산시켜 농산물 가격 및 수급을 안정시키고 시장 실패를 보완하는 중요한 정책 수단이되어 준다.

7) 선先지역균형발전, 후後수도권 규제완화

농업 및 농촌의 홀대와도 밀접한 관계에 있는 지역 격차는 우리 사회 양극화의 또 다른 표현이다. 인구 절반이 수도권에 모여 사는 우리나라에서 지역 간 격차는 수도권과 기타 지역 간의 소득 양극화로 요약된다. 특히 2000년대 이후 재벌 대기업의 수출산업화는 "서울(수도권)—본사 경제, 지방—분공장 경제"라는 공간 배치를 추구해 왔는데 이는 지방에서 수도권으로 소득의 역외 유출을 조장했다. 지역에서 생산된 소득이 지역 내로 배분되지 않고 지역 외로 유출되기 때문에 지역의 생산과 소득 사이에는 커다란 괴리가 발생하는 것이다(박경 2011).

그리하여 수도권이 소득과 소비의 집중지가 되는 '일극 집중 구조'는 우리나라의 지역 격차를 특징짓는 공간구조다. 지방의 균형발전은 이런 공간구조를 해소해야 가능하다. 지역 간 격차는 공간 분포 이상으로 권력의 행사와 지배의 문제를 제기한다는 점에서 민주주의의 왜곡 혹은 위축으로 이어진다.

우리나라에서 그동안 지역 정책은 중앙 부처 간 칸막이식의 정책 전달 체계, 중앙 부처 중심의 사업 체계, 지역 사정을 감안하지 않는 획일적인 사업 방식 등 고질적인 중앙 주도의 정책 수행 때문에 성과를 내기 힘들었다. 따라서 대기업과 중소기업 간의 상생적 네트워크 등 여타 부문 정책과 지역 정책의 상호 연계를 모색할 필요가 있다. 특히 지역 정책에서 광역권은 기초단위의 중소 도시들과 농촌 배후지들 간의 수평적 네트워크로 구축됨으로써 현재와 같은 단일 중심지와 배후지의 수직적 공간구조를 탈피해야 한다.

지역 정책의 목표는 공간 계층구조 간의 균형을 통해 중앙 권력에 대한 지방의 정치적 견제, 성장의 공간적 다극화를 추구하고 아울러 국민경제의 건전성과 경제 권력 행사의 공간적 균형을 도모하는 것이다. 그러므로 '선先지역균형발전,' '후後수도권 규제완화'의 정책 기조가 확인되어야 할 것이다.

아울러 서구의 대도시권처럼 도시 확산의 방지와 농경지 및 녹지 보전을 위한 도시 개발의 경계 설정, 기반 시설 연동제, 그리고 삶의 질 향상을 위한 환경 및 건축 규제 수준의 강화 등 다양한 계획적 통제 수단을 도입함으로써 무분별한 수도권 집중을 억제해야 한다.

8) 토지보유세 실효세율 1%

수도권을 중심으로 한 부동산 투기는 지역 격차의 원인이자 결과이기도 하다. 그 근본적인 해법으로 우리는 토지의 공개념 강화 방안을 검토했다. 토지는 일반 재화나 자본과는 다른 특수성을 갖기 때문에 많은 나라에서 그 공공성을 인정하고 있다. 특히 토지의 천부성과 공급 고정성은 소유 측면에서 토지의 공공성을 인정하게 만드는 특성들이다. 우리나라도 헌법에 토지공개념 조항(제122조)이라 불리는 조항을 둘 정도로 상당히 강하게 토지의 공공성을 인정하고 있다. 토지의 수익권을 제한하는 토지 관련 조세 및 준조세는 토지공개념의 알맹이에 해당한다.

토지 관련 조세 및 준조세로서는 토지 자본이득세와 토지 관련 부담금, 그리고 토지보유세를 꼽을 수 있다. 앞의 두 가지는 자체 결함이 있을 뿐만 아니라 우리나라에서 토지 불로소득 환수 효과가 미미했다는 문제점이 있다. 반면에 토지보유세는 불로소득을 미리 차단할 뿐만 아니라 앞의 두 가지에 수반되는 부작용을 낳지 않는다는 점에서 매우 중요한 정책 수단이다.

우리나라의 토지보유세는 1970년대 이래 점진적으로 강화되어 왔는데, 특히 참여정부는 본격적으로 보유세 강화 정책을 추진했다. 과세표준 현실화, 시가 상응 과세, 종합부동산세 도입, 보유세 장기 강화 계획 입법화 등 획기적 조치들이 참여정부 임기 중에 시행되었다. 그러나 종합부동산세를 둘러싼 논란이 확대되자 이명박 정부는 집권 1년 만에 참여정부가 어렵사리 궤도에 올려놓은 토지보유세 강화 정책을 무력화시켜 버렸다. 토지보유세의 강화 기조를 복원하되 특히 보유세 실효세율 1%라는 장기 정책 목표를 복원하는 일이 중요하다.

9) 원자력발전의 전면 재검토와 생태세

일본 후쿠시마 원자력발전소 사태 직후 2011년 5월 방사능비를 우려해 사전예방원칙precautionary principle 차원에서 학교장 재량 휴업 조치를 내렸다가 일부 언론으로부터 '호들갑'이라는 비아냥거림을 받은 일이 있다. 당시 나는 교육청 전체 직원이 참석한 월례 조회에서 원자력발전 정책의 전반적인 재검토와 환경세의 필요성을 밝힌 바 있다.

당시 독일 보수 연정은 독일 원자력발전소 17곳을 2022년까지 전면 폐쇄하기로 결정하는 등 각국이 원자력발전 정책에 대해 전면적인 재검토에 나서고 있었다. 따라서 에너지 문제 전반에 대한 국가정책이 바로 세워져야 하고 에너지 절약을 비롯한 환경 교육이 강화돼야 한다는 취지에서 "미래 세대의 건강과 안녕을 위해 원자력발전 확대 등 에너지 정책 기조를 전반적으로 재검토할 필요가 있다"고 말했다. 이와 함께 탄소세와 유사한 개념의 환경세 부과를 제시했다. 우리나라는 환경 관련 세금이 GDP 대비 1.5~2%에 불과하므로 환경세로 확보된 세수를 환경 기본소득으로 분배하거나 에너지 빈곤층 지원, 대체에너지 개발을 위한 투자 등으로 사용하면 화석연료와 원자력발전 의존도를 줄이는 것은 물론 에너지 소비를 줄이는 효과와 함께 소득재분배 효과도 기대할 수 있을 것으로 보았다.[8]

최근 생태세를 도입한 나라들의 경우 현금 지급을 실시한 나라는 생태세 도입에 성공했지만, 현금 지급이 없었던 나라들은 실패했다고 한다. 소득세 공제를 선택했던 오스트레일리아는 거우 성공했지만 제

8_이에 대해서는 김상곤(2011b) 참조. 이런 제안은 전력 산업 민영화에 대한 연구 과정에서 일찍부터 제기되어 온 것이었다. 중장기적으로 에너지산업 체제를 '재생 가능 에너지' 중심으로 바꾸기 위해 범국민적 협의체 형태의 대통령 직속 기구를 설치해야 한다는 대안도 제시된 바 있다(김상곤 2004a; 2004b 참조).

도의 유지가 불투명한 상태다. 특히 우리나라는 상당수의 사람들이 소득세를 내지 않고 있기 때문에 소득세 공제 방식은 바람직하지 못하다는 것이 전문가들의 의견이다.

우리는 이 책에서 유해 물질, 에너지, 자원 등을 모두 고려해서 제품별로 생태세를 결정하고 부가가치세 방식으로 운용할 것을 검토했다. 이렇게 함으로써 최적의 생태적 효과를 낳을 수 있고, 조세 저항을 줄이며, 수출 경쟁력의 저하 없이, 필요한 계층의 사람들에게 생태세를 감면해 주면서도 도덕적 해이 현상이 일어나지 않는 제도를 만들수 있을 것으로 기대했다. 또 생태기본소득은 현금 기본소득과 무상 대중교통이라는 두 가지 형태로 지불되는 것이 바람직한데, 무상 대중교통은 지방 거주자의 생태세 부담을 줄여 주면서 그 자체로서 생태적인 효과를 가지고 있다. 현금 기본소득은 모든 사람이 자연 자원의 공동 소유자라는 관점이나 모든 사람이 생태 파괴로 인한 공동 피해자라는 관점에서도 정당화할 수 있지만, 생태세 부과에 대한 정치적 저항을 줄이기 위해서도 검토할 만 하다고 본다.

10) 윈-윈의 남북경협을 모색하자

이상의 개혁 과제에 더해 우리는 남북 관계와 통일이 한국 사회에 미치는 영향을 검토했다. 사실 남북한의 통일이 급진적으로 닥쳐올지 점진적으로 진행될지는 아무도 자신 있게 예측할 수 없다. 그러나 그 방식에 따라 통일 비용은 달라진다. 통일 이전에 북한이 본격적으로 중국식 개혁·개방의 길로 나아갈 수 있다면 양적인 통일 비용을 최소화할 수 있을 뿐만 아니라 북한 경제 재편의 질적인 애로도 크게 완화할 수 있다.

그러나 이때까지 북한의 개혁·개방 속도가 부진했던 데에는 여러 가지 이유가 있을 것이다. 세습 정권인 탓에 노선 변경이 쉽지 않을 수도 있다. 북한에 대해 공공연하게 체제 변혁을 부르짖는 미국 등 외부 여건 탓에 개혁과 개방의 부작용을 과도하게 우려하고 있는지도 모른다. 그러므로 남한이 나서서 이런 정치적 외부 여건을 개선할 필요가 있을 것이다. 아울러 통일 비용을 최소화하고 북한 경제 재편시의 애로를 완화하는 남북 교류와 대북 지원 방식을 확대하면 급진적 통일이 닥칠 경우뿐만 아니라 북한의 중국식 개혁·개방에도 도움이 될 것으로 본다. 예컨대 개성공단 같은 윈-윈win-win 사업, 수송·통신·전력과 같은 SOC 사업, 러시아 가스관 사업 등이 그런 예에 해당할 것이다. 이 밖에도 남한의 지원으로 북한에 발전소를 신설하거나 설비를 개보수하면 북한 산업 발전의 주요한 애로가 해소되고 나아가 대북 사업을 추진하는 한국 기업에게도 도움이 될 것이다.

11) 공공 부문은 사회통합의 거점이다

사회화의 속도와 범위가 비약적으로 확대된 오늘날 사회적 안정성은 경제사회 발전을 가늠하는 잣대가 되고 있다. 1930년대 자본주의 시장의 실패가 정부의 개입을 요구했다면 정부의 실패는 사회적 개입을 요구하고 있다. 그래서 개혁 과제의 마무리에서 우리는 공공 부문의 역할을 점검했다. 우리 사회는 시장의 한계를 보완하기 위해 공공 부문의 사회적 개입이 더욱 요구되고 있기 때문이다.

권력형 국가기구의 위세 때문에 한국 공공 부문이 과대하다는 착시 현상을 일으키고 있지만 양적 규모를 비교할 때 한국 공공 부문의 규모는 OECD 평균 수준에 크게 뒤진다. 지속 가능한 균형성장을 위해서는 한국의 사회통합 수준이 높아져야 하는데, 이를 위해 그동안 산업화 지원에 치중했던 한국 공공 부문의 역할과 기능이 사회통합적 기능을 중심으로 재편되어야 한다. 특히 교육, 복지 등 사회정책을 중심으로 공공 부문의 역할이 확대되어야 한다. 이를 위해서는 지출 개혁과 보편 증세 등 재정 개혁도 필요하다.

그동안 관치 논쟁을 중심으로 수동적으로 전개되어 온 공공 부문 개혁은 이제 관치냐 시장이냐를 벗어나 사회의 보편적 이익에 부합하도록 민주적 참여와 사회적 효율을 지향하는 방향으로 나아가야 할 것이다(김상곤 2009 참조).

또 한국의 민간이 재벌 대기업을 중심으로 공공 부문 못지않은 경직된 서열 구조와 관료주의를 가지고 있다는 점에서 공기업 민영화가 과연 공공 부문 개혁의 수단이 될 수 있을지를 신중하게 검토할 필요가 있다.

12) 연대하는 개인이 사회를 바꾼다

우리가 다룬 분야별 과제가 우리 사회의 산적한 과제들을 다 포괄하는 것은 아니다. 그래서 우리는 이 책의 제3부에서 우리의 개혁 과제들이 어떤 역사적 회고와 미래의 전망하에서 추진되어야 하는지 검토함으로써 산적한 과제들의 역사적 의미를 포괄적으로 짚어 보았다.

시장의 자유를 민주주의의 근본 요소라고 보는 이른바 자유민주주의로부터 개인들 사이의 근본적인 평등을 추구하는 사회적 자유주의에 이르기까지 자유주의의 이념적 스펙트럼은 매우 넓다. 아마도 민주정부 10년은 자유주의(시장주의)와 민주주의를 등치시킴으로써 시장과 민주주의를 융합하려 했으나 번번이 안팎의 시장주의 흐름에 압도되면서 양극화의 부작용을 낳았다고 볼 수 있을 것이다. 그런데 이명박 정부는 자유민주주의를 아예 '시장 만능주의적 반민주 체제'로 끌어내림으로써 오히려 자유주의와 민주주의 사이의 긴장과 간극에 대해 국민들의 주의를 환기시켜 준 셈이다. 일자리, 교육, 주거, 노후, 의료의 5대 불안에 내몰린 국민들은 이제 "성장이 고른 분배를 보장하는 것이 아니라 오히려 양극화를 심화시켰다"는 데 인식을 같이하고 있다.

나아가 민주적 절차를 통해 시장에 대한 통제를 제도화하고, 대기업-중소기업 간, 기업-노동자 간 사회적 합의를 통해 새로운 성장의 기틀을 마련하며, 동시에 보편 복지를 통해 성장의 잠재력을 키우자는 공감대가 확산되고 있다. 야만적 경쟁 대신 보편 복지를 선택하고 이를 위한 증세를 기꺼이 받아들이는 '희망의 연대 의식'이 보편적 소비를 통해 내수 시장의 활성화로 연결되면 복지와 성장의 선순환이 이루어질 수 있으리라 기대하는 것이다.

이제 사회구조적 문제에 대해 자각을 시작한 시민들은 네트워크에 기초한 연대를 구축하며 자신의 자유를 지키기 위해서는 기꺼이 남을 위해 싸워야 한다는 사실을 깨달아 가고 있다. 무상 급식 의제의 승리로 표출되기 시작한 이 흐름을 '사회적 개인'의 탄생이라고 불러도 좋을 것이다. 자신을 위해서라면 기꺼이 남을 위해 싸워야 한다고 생각하는 개인, 그것이야말로 보편 복지의 심리적 기초이자 능력별 조세의 심리적 기초이며 남북 평화 체제의 심리적 기초다. 발랄하고 낙관적인 기운으로 가득 찬 그들의 마음이 '연대 위에 선 자유로운 개인의 시대'를 열어 가고 있다는 것이 우리들의 낙관이다.

5. 역사의식, 용기, 지혜, 소통과 공감: 개혁의 성공을 위한 덕목

한 세대를 휩쓸었던 시장 만능주의에 대한 성찰에 이어 협동에 기초한 창의·지성 교육, 대기업과 중소기업의 동반성장, 노동을 존중하는 더불어 존엄한 세상, 연대에 기초한 복지, 생태적으로 지속 가능한 사회가 새로운 흐름으로 등장하고 있다. 이런 시대적 가치를 향한 우리의 제안들이 실현되고 더불어 행복한 세상으로 나아가기 위해서는 무엇보다도 정치적 실천 과정이 중요하다. 흔히 정치는 사람들이 원하는 것을 현실로 만드는 예술이라고 한다. 아름다운 예술 작품을 만들기 위해서는 다양한 요소들이 필요한 것처럼 개혁이 성공하기 위해서는 여러 가지 덕목이 필요할 것이다. 우리는 역사의식과 용기, 지혜, 소통과 공감의 네 가지 덕목을 제시하고자 한다.

먼저 필요한 것은 시대적 과제를 올바로 인식하는 역사의식이다. 검증된 비전 없이 권력만을 추구하는 정치로는 집권을 하더라도 국민들을 매우 불행하게 만들 수 있다. 외환 위기 이후 민주 정부 아래에서 시장에 대한 적절한 규제가 이루어지지 못해 경제 권력이 오히려 비대해지고 양극화가 심해졌다는 비판은 새겨들어야 한다. 일단 성장을 해야 분배도 많아진다든지(선성장 후분배), 부자가 잘되면 서민들도 저절로 잘살게 된다(낙수효과)는 등의 관념은 현실 타당성을 상실했다. 이제는 복지가 잘되어야 성장도 가능하고, 서민이 잘살아야 부자도 잘살게 되는 시대가 되었다.

이제는 합리적 보수층에서도 증세가 불가피하다고 생각하고 있는데 개혁적이라는 정당의 일부에서도 여전히 증세를 금기시하고 있다. 증세 없이 제대로 된 보편 복지는 불가능하다. 노동권을 보장하면 경제가 후퇴한다는 생각에 사로잡혀 있으면 비정규직 문제를 해결할 수 없다. 사립학교는 누구도 손댈 수 없는 사유재산이라는 생각만으로는 올바른 교육개혁을 할 수 없다.

두 번째 덕목은 용기다. 시대적 과제를 해결하는 데에는 이해 당사자들의 저항이 있을 수밖에 없다. 남북 간 평화를 정착시키려면 일부 냉전 세력의 비판을 견뎌 내야 한다. 증세를 하려면 일부 기득권층의 압력을 이겨내야 한다. 재벌 개혁을 하려면 재벌들의 정치적·경제적·이념적 저항을 극복해야 한다. 교육개혁을 위해서는 백년지대계를 위해 일부 비리 사학의 압력을 견뎌 내야 한다. 이런 과정에서 일시적으로 여론이 나빠지고 국민들의 지지율이 떨어지더라도 용기를 갖고 추진하는 것이 필요하다.

세 번째 덕목으로 지혜가 필요하다. 시대의 과제를 철저하게 인식하고, 용기가 있는 것만으로는 충분하지 않다. 저항을 최소화하면서 국민들이 인내하고 있는 기간 동안에 가능한 한 빠르게 눈에 보이는 성과를 낼 수 있도록 지혜를 짜내야 한다. 예를 들어 종합부동산세가 좋은 세금이라는 것만으로는 충분하지 않다. 소득이 없는데도 종합부동산세를 내야 하는 사람들에 대한 대책이 있어야 한다. 보편 복지를 위한 증세라고 해서 무조건 좋은 것이 아니다. 납세 계층의 저항은 결집시키고 수혜 계층의 혜택은 분산시키는 잘못을 저지르지 않도록 주의해야 한다. 사립대학을 개혁할 때에는 종교 사학에 대한 존중과 별도의 대책이 있어야 한다.

마지막으로 소통과 공감을 들고 싶다. 흔히 진보 세력은 자신들을 도덕적으로 우월하다고 생각하는 오만함에 빠지는 경향이 있다. 그러나 서로 다르기 때문에 소통하고 연대하는 것이 아닌가. 차이에 대한 관용이 없이는 개혁을 성공시키기 힘들다. 개혁을 추진하는 사람은 상대방의 이견을 이해하고 공감하는 능력을 키워야 한다. 재벌 개혁을 추진할 때에는 우리 국민경제에서 재벌 대기업이 갖는 사회적 책임의 중요성을 강조하면서 투명하고 효율적인 기업이라야 경쟁력을 갖고 국민의 사랑을 받을 수 있음을 설득할 수 있어야 한다. 남북 평화를 추진할 때에는 전쟁을 몸소 겪은 세대의 불안과 우려를 불식시킬 수 있는 안보 신뢰감을 주어야 한다. 보편 복지를 실시할 때에는 경제성장이 지체될 것을 걱정하는 이들과 소통하면서 복지가 지속 가능한 성장의 조건이 되고 성장이 지속 가능한 복지의 조건이 되는 선순환 구조를 만들 수 있다는 공감대를 마련해야 한다.

● ● ●

우리는 지난 1년여에 걸쳐 월 두 차례, 때로는 세 차례의 집중적인 세미나를 진행했다. 오전에 시작해 점심을 먹고 다시 오후 늦게까지 진행되는 세미나에 대해 연구자들은 대입 시험 준비할 때를 빼고는 이렇게 집중적인 학습을 해본 적이 없다고 농담을 하기도 했다. 바쁜 가운데서도 이 작업에 의미를 부여하고 시간을 함께 한 연구자들께 감사하다는 말씀을 꼭 전하고 싶다. 함께 한 시간 덕분에 이견을 좁히고 더 구체적이고 현실적인 정책 대안을 마련할 수 있었다.

이 과정에서 후마니타스의 박상훈 대표는 따뜻한 응원자이자 비판자로서 필자들을 독려해 주었다. 그는 책을 내는 작업이 독자라고 하는 매우 비판적 평가자들을 만족시켜야 하는 고통스러운 일이라는 것을, 게다가 여러 사람의 공동 작업은 두 배, 세 배 어려운 일이라는 것을 잘 이해하고 있었다. 그는 필자들을 위한 책이 아니라 독자를 위한 책, 독자들에게 인상적인 독서 경험을 갖게 하면서 인식의 변화를 이끌 수 있는 책을 만들자고 우리를 독려했다. 독자들에게 얼마나 인상적인 독서 경험을 줄 수 있을지 두려운 생각이 들지만 우리들의 진솔한 이야기로 들어주셨으면 좋겠다.

아무쪼록 이 책이 우리 사회가 시대적 과제를 정확하게 인식하고, 용기를 가지고, 지혜롭게 소통하면서 관용을 가지고 더불어 행복한 세상을 만드는 데 작은 도움이나마 줄 수 있기를 간절히 소망한다.

제2부

대한민국
분야별 혁신 전략

교육

일자리

중소기업

재벌

복지

인권

농업

지역

부동산

생태

남북관계

공공부문

01
교육 혁신과
사회 개혁

강남훈

1. 머리말

우리나라에서 교육은 가장 고통스러운 문제 가운데 하나다. 유치원 때부터 치열한 경쟁을 해야 한다. 한 줄로 세우는 경쟁이어서 소수의 아이만 승자가 된다. 아이가 행복하게 자라날 수 없다. 아이가 잠을잘 시간도 없다. 막대한 사교육비가 든다. 부자가 아니면 제대로 공부시키기 힘들다. 주입식 암기 교육을 해야 한다. 창의·지성 교육은 불가능하다. 일류 대학을 나오지 않으면 사회적 차별이 심하다. 일류 대학에 갈 확률은 매우 낮다. 누군가 다음과 같이 말할 만하다. 대학 입시는 한국에서 가장 치열한 계급투쟁이다. 고통은 대학 입학으로 끝나지않는다. 대학의 등록금은 매우 비싸다. 대학생들 주거비가 폭등한 상태다. 대학을 나오면 더 절망적인 상황이 기다리고 있다. 대학을 나와도 취직하기 힘들다. 정규직 비율은 점점 줄어든다. 일류 대학을 나와도 대기업이나 공기업 등 그럴듯한 직장에 취직하기 힘들다.

교육개혁은 가장 시급하면서도 가장 실천하기 힘든 과제다. 그런데 초·중등 교육은 2009년 김상곤 경기도 교육감 당선에 이어서 2010년 모두 여섯 명의 진보 교육감들이 당선되면서 무상급식, 혁신학교, 학생인권조례 등 상당한 개혁이 이루어지고 있다. 이런 개혁은 심지어 자립형사립고등학교나 특수목적고등학교 대신 혁신학교를 선택하는 사례가 늘어나는 것으로부터 확인할 수 있듯이, 학부모들의 확고한 지지를 얻고 있다. 그러나 우리나라 현실에서는 초·중등 교육이 대학 입시에 종속되어 있다. 대학 서열 체제가 유지되는 한 고등학교에서의 서열 경쟁과 주입식 암기 교육은 사라질 수 없다. 대학 교육이 정상화되어야 초·중등 교육이 정상화될 수 있다. 따라서 이 글에서는 정부의 교육개혁 과제 가운데 대학 교육개혁에 집중해서 살펴보려고 한다.

노무현 정부는 집권 초기 국립대학 공동학위제를 검토했지만, 적지 않은 비판이 제기되자 포기하고 말았다. 집권 후기 교육 단체들의 요구로 사립학교법 개정을 시도했지만 사학 재단들이 저항할 때마다 후퇴해 결국은 시작 안 하느니만 못한 수준에서 마감했다. 이명박 정부는 대학의 공공성을 완전히 무시했다. 보수 성향의 위원들이 장악한 사학분쟁조정위원회는 비리 재단을 속속 복귀시켰다. '서울대학교 법인화 법'을 날치기로 통과시켜 서울대학교를 관료들의 완벽한 지배하에 놓이게 만들었다. '국립대 총장 직선제'를 폐기시켜 대학의 자치와 자율을 없앴다. 아무런 장기 계획 없이 마구잡이로 구조조정을 함으로써 지방대학과 지방 경제를 죽이고 있다. 비정년·비정규 교수들이 급속도로 늘어났다. 시간강사를 포함시키면 전체 대학 교원의 절반 이상이 최저생계비 이하의 소득을 벌고 있다.

정부는 대학 개혁을 통해 위와 같은 문제들을 해결해야 한다. 이 글에서는 새 정부에서 해야 할 대학 개혁의 과제로서 ① 보편적 반값 등록금, ② 사립대학의 정부 책임형 사립대학으로의 전환, ③ 지역균형선발, ④ 국립대 균형발전, ⑤ 직업교육의 정상화, ⑥ 지방을 살리는 대학 정원 조정, ⑦ 국가연구교수제, ⑧ 방송대 등 평생교육 체제 강화, ⑨ 국가교육위원회 설치, ⑩ 교양대학·공동학위제도 등 열 가지를 제시하려고 한다.

2. 등록금 자체를 반값으로 낮추자

1) 세계에서 가장 비싼 등록금

최근 OECD에서 출판한 『한눈에 보는 교육 2011』*Eduaction at a Glance 2011*에 의하면, 한국의 대학 등록금은 미국 다음으로 두 번째로 비싸다. 그러나 미국은 68%가 국공립 대학에 다니고 한국은 76%가 사립대학에 다니는데, 한국 사립대학이 미국 국공립 대학보다 비싸기 때문에, 중위수(등록금 순위 50%의 학생이 내는 등록금)를 기준으로 할 때에는 한국이 세계에서 등록금이 가장 비싼 나라다.

더욱 심각한 문제는 이렇게 비싼 등록금을 내면서도 가장 질이 낮은 교육을 받고 있다는 것이다. OECD 국가들의 교수 1인당 학생 수는 평균 14.9명인데, 한국은 31.2명이다. 미국의 명문 대학들은 대부분 10명 이하이고, 심지어 러시아도 12.7명이다.

한국의 대학 진학률이 너무 높아서 교육의 질이 떨어지는 것은 아닐까? 아니다. 최근 몇 년 동안 세상이 많이 바뀌었다. 4년제 대학의 진학률은 오스트레일리아(94%)가 가장 높고, 한국(71%)은 OECD 국가 중 7위로서, 러시아(72%)나 미국(70%)과 유사한 수준이다. 등록금이 비싸면서도 교육의 질이 떨어지는 가장 큰 이유는 정부의 고등교육비 부담률이 너무 낮기 때문이다. OECD 정부들은 평균적으로 고등교육비의 68.9%를 부담하고 있는 데 반해서, 한국 정부는 22.3%만 부담하고 있다. OECD 국가 중 한국보다 더 작게 부담하는 나라는 칠레 한 나라뿐이다(OECD 2011. 이 책은 2008년도의 통계를 기초로 작성된 것이다).

2011년은 반값 등록금을 요구하는 학생들의 촛불 시위가 이어졌던 해였다. 촛불 시위에 밀린 이명박 정부는 2012년 예산으로 1조 7,500억 원을 확보해 7,500억 원은 모든 대학에 소득 3분위까지, 1조 원은 대응 투자(자구 노력)를 하는 대학에 한해서 소득 7분위까지 국가 장학금을 지급하기로 했다. 그러나 이런 국가 장학금은 진정한 반값 등록금이라고는 할 수 없다. 등록금이 반값으로 인하되려면 4~5조 원의 예산을 마련해야 한다.

그런데 등록금 인하의 폭 이상으로 중요한 두 가지 쟁점이 남아 있다. 하나는 등록금을 소득에 따라 선별적으로 낮출 것인가 아니면 소득에 관계없이 보편적으로 낮출 것인가다. 다른 하나는 학생들에게 직접 지원할 것인가 아니면 대학에 지원함으로써 등록금 고지서 자체를 낮출 것인가다. 이론적으로 보면 이 두 가지 기준에 따라 모두 네 가지의 정책 조합이 가능하지만, 현실적으로 보면 선별적으로 낮추면서 학생들에게 장학금 형식으로 지급하는 방법과 보편적으로 낮추면서 대학에 지원해 등록금 고지서 자체를 낮추는 두 가지 방법 중의 하나가 될 가능성이 많다. 여기서는 전자를 '차등 장학금'이라고 부르고 후자를 '반값 등록금'이라고 부르려고 한다. 반값 등록금을 실시하기 위해서는 대학 예산 가운데 일정 비율을 대학에 지원하도록 하는 '고등교육재정교부금법'을 제정할 필요가 있다.

2) 반값 등록금의 형평성

형평성의 관점에서 '반값 등록금'과 '차등 장학금'을 비교해 보자. 얼핏 보면 차등 장학금이 하위 계층에게 더 유리한 것처럼 보이지만 실제로는 그렇지 않다. 반값 등록금도 차등 장학금과 똑같은 분배 효과를 가지도록 설계할 수 있다. 예를 들어, 가난한 순서대로 1·2·3번 세 명의 학생이 있다고 가정해 보자. 1번에게는 장학금 300만 원을 주고, 2번에게는 200만 원을 주고, 3번에게는 아무런 혜택도 주지 않는 차등 장학금을 생각해 보자. 이런 차등 장학금을 위해서 500만 원의 재원이 필요하다. 1번 부모에게는 세금을 걷지 않고, 2번 부모에게는 200만 원을 걷고, 3번 부모에게는 300만 원을 걷는다고 해보자. 세금과 차등 장학금을 합한 효과는, 1번은 300만 원의 순수혜자가 되고, 2번은 중립적이고, 3번은 300만 원의 순부담자가 된다.

반값 등록금으로도 똑같은 효과를 내려면 다음과 같이하면 된다. 1·2·3번 모든 학생에게 등록금 반값을 똑같이 지원해서 300만 원씩 혜택을 준다고 가정하자. 필요한 재원은 900만 원이다. 1번 부모에게는 세금을 걷지 않고, 2번 부모에게는 300만 원을 걷고, 3번 부모에게는 600만 원을 걷는다고 해보자. 세금과 반값 등록금을 합한 효과는, 1번은 300만 원의 순수혜자가 되고, 2번은 중립적이고, 3번은 300만 원의 순부담자가 된다. 이와 같이, 차등 장학금이 저소득층에게 더 유리하다거나, 반값 등록금이 무조건 부유한 대학생들에게 더 유리한 것은 아니다.

차등 장학금이 형평성 차원에서 문제가 되는 것은 먼저 소득 역전

표 1 | 동일한 재분배 효과를 낳는 차등 장학금과 반값 등록금

단위: 만 원

	차등 장학금			반값 등록금		
	1번	2번	3번	1번	2번	3번
지급	300	200	0	300	300	300
세금	0	200	300	0	300	600
순편익	300	0	-300	300	0	-300

현상을 지적할 수 있다. 20%, 40%, 60%, 80% 구간별로 200만 원씩 차이를 두는 차등 장학금을 생각해 보자. 2010년 가계 동향 조사에 의하면 20% 가구의 연소득 13,818,240원이었다. 여기에 200만 원을 더하면, 22% 가구의 연소득인 15,286,692원을 초과한다. 20% 구간에서 차이가 나는 차등 장학금은 20~22% 구간에 있는 가구에게 불공정하게 되는 것이다. 장학금 차이가 나는 구간별로 이런 문제가 생겨서, 전체적으로 8~10% 정도의 가구, 대략 450만 명 정도가 불공정하게 된다. 물론 장학금 지급 액수를 조세 징수나 근로장려세제처럼 한계 비율 공식을 정밀하게 만들면 소득 역전 현상은 막을 수 있지만, 이 경우에는 막대한 행정 비용이 들어가므로 효율성 차원에서 문제가 생긴다. 현재 기초 생활 수급자에게 상당한 각종 혜택이 주어지고 있으므로 여기에 400여만 원의 국가 장학금까지 추가되면 바로 위의 차상위계층에 비해 상당한 소득 역전 현상이 일어날 것으로 추정된다.

소득 역전 현상 이외에도 차등 장학금은 다음과 같은 경우에 형평성 차원에서 더 큰 문제가 된다. 먼저 소득만으로 장학금 액수에 차등을 두는 것은 불공평하다. 소득이 없더라도 자산이 많은 가구가 있기 때문이다. 그리고 아빠와 엄마가 함께 일해서 4천만 원을 버는 가구와 아빠 혼자 일해서 4천만 원을 버는 가구에 똑같은 장학금을 지원하는 것도 불공평하다. 맞벌이 부부는 자녀 양육비가 훨씬 더 들어가기 때

문이다. 야근을 많이 해서 4천만 원을 버는 사람과 정상 근로만으로 4천만 원을 버는 사람도 똑같이 취급하면 억울할 것이다. 행정 비용 때문에 소득과 자산에 대한 조사가 불철저할수록 이런 불공평은 더욱 심해진다.

반값 등록금이 대학생이 아닌 전체 인구를 포함한 소득분배에 미치는 영향에 대해 생각해 보자. 하위 15%의 가구 자녀는 대학에 가지 않고, 나머지 85%의 가구 자녀가 대학에 간다고 가정해 보자. 반값 등록금이 전체 인구의 소득분배에 미치는 영향에는 양면성이 있다. 일단 하위 15%의 인구에게 도움이 되지 않기 때문에, 소득분배를 악화시킨다. 그러나 나머지 85%의 인구들 사이에서는 소득분배를 개선시킨다. 소득이 많든 작든 1인당 똑같은 액수를 지원하기 때문이다. 따라서 전체적으로 소득분배가 개선될지 악화될지는 구체적인 자료를 가지고 실증적으로 판단할 수밖에 없다. 2010년 가계 동향 조사를 기초로 지니계수를 계산해 보면, 반값 등록금은 가구소득분배를 다소 개선시킨다. 만약 반값 등록금을 소득세 부과를 통해 확보된 재원을 이용해서 실시하면 가구소득분배는 더욱 개선된다.

3) 반값 등록금의 행정 비용

반값 등록금과 차등 장학금 중에서 어떤 것이 더 행정 비용이 적게 들 것인가? 반값 등록금과 차등 장학금 실시에 들어가는 행정 비용은 조세 징수 비용, 지급 비용, 감시 비용 등이 있다. 조세를 징수하는 비용은 반값 등록금이나 차등 장학금이나 마찬가지다. 그런데 반값 등록금은 등록금 자체를 낮추기 때문에, 지급 비용이 거의 들지 않는다. 재학생 수에 비례해서 지급한다고 하면, 재학생 수만 조사하면 된다. 재학생 수 조사는 이미 해오고 있는 조사다.

차등 장학금은 장학금 다음과 같은 이유에서 지급 비용이 많이 든다. 일단 학생이 속한 가구의 소득을 조사해야 한다. 저소득층의 경우에는 의료보험료만 보아도 소득을 짐작할 수 있지만, 고소득층으로 갈수록 소득의 원천이 다양해진다. 근로소득 이외에도 자영업자의 경우 종합소득을 조사해야 한다. 금융 소득(이자 및 배당)은 4천만 원 이하일 경우 분류 과세되므로, 소득 증명서에 나오지 않아서 별도로 조사할 필요가 있다. 아빠뿐만 아니라, 엄마 소득, 할아버지나 할머니, 따로 사는 형이나 누나가 공부하는 데 필요한 돈을 부담하는 경우도 있다. 대학들은 매학기 대학생 집안 소득을 모두 조사해서 학생마다 몇 만 원짜리 장학금 대상자인지를 결정해서 교육과학기술부에 신고해야 한다. 교육과학기술부는 신고 서류를 검증해야 한다.

형평성을 높이기 위해서는 소득 이외에 자산 조사를 할 필요가 있다. 『2006 가계자산조사 보고서』(통계청)를 분석하면, 소득과 부동산 자산 사이의 상관계수는 0.36이었다. 소득과 부동산 사이의 상관관계가 크지 않기 때문에 별도의 자산 조사가 필요하다. 소득만 조사하면, 수십억 원의 부동산을 소유한 가구의 대학생이 전액 장학금을 받게 될 수도 있다. 이상을 종합해 보면 차등 장학금은 모든 식구의 모든 소득과 자산을 다 조사하는 행정 비용이 들어가는 것이다. 그리고 할아버지가 부자인데 지원을 해주는 경우도 있고 안 해주는 경우도 있어서, 조사를 하더라도 판단을 하기 힘든 경우도 있다.

정책에 따르는 행정 비용은 시스템 구축 비용, 운용 비용, 감시 비용 등으로 나눌 수 있다. 현재 차등 장학금에 활용할 수 있는 시스템으로서는 보건복지부의 보육료 지원 시스템이 있다. 보건복지부는 가족 구성원들의 소득과 자산을 포괄적으로 조사해 소득 인정액을 계산하고 이것을 기준으로 하위 70%의 가구에 대해 보육료를 지급하는 시스템을 만들었다.

이 시스템을 조금 고쳐서 차등 장학금 시스템으로 사용하면, 시스템 구축 비용은 그렇게 많이 들지 않는다고 생각할 수도 있다. 그러나 보육료 지원 시스템은 70% 이상인지 아닌지만을 가려내는 시스템이고 1인당 지급 액수가 동일하지만, 차등 장학금은 여러 소득 구간 중 어디에 속하는지를 가려내야 하고 구간별로 지급 액수가 달라지므로, 차등 장학금에 사용하려면 적지 않은 수정이 필요하다. 무엇보다 많은 비용이 드는 것은 운용 비용이다. 현재 보육료의 경우 처리 기간이 30~60일로 되어 있다(보건복지부 홈페이지). 이렇게 처리 기간이 긴 것은 소득 인정액을 계산하기 위해 조사해야 하는 사항들이 매우 많고 그에 따르는 운용 비용이 매우 크다는 것을 의미한다. 대체적인 추정을 해보면, 장학금의 5% 이상이 운용 비용으로 낭비되게 된다.

차등 장학금은 사람들의 잘못된 행동도 유발할 수 있다. 사람들은 장학금을 신청하기 전에 부모의 금융 재산을 친지의 계좌에 옮겨 놓고 나서 신청할 것이다. 소득이나 자산을 속이면 수백만 원의 이득이 생긴다고 할 때 유혹에 빠져들지 않을 중산층이 얼마나 될까? 사람들이 소득이나 자산을 숨기는 것이 관행이 되면, 다른 조세 징수 행정마저도 장애가 생길 수 있다. 그리고 가족관계에도 영향을 끼칠 수 있다. 예를 들어 헌법재판소가 종합부동산세 위헌 판결을 내릴 때 사용했던 결혼 중립성 논리에도 어긋난다. 부부가 이혼한 상태이면 아이에게 장학금이 지불되지만 결혼한 상태이면 지불되지 않을 수도 있다. 결혼뿐만 아니라 조부모와 동거 여부도 영향을 끼친다. 차등 장학금은 주택을 소유한 조부모나 형제자매와의 별거를 조장하게 된다. 결혼 중립성뿐만 아니라 가족 구성 중립성에 위배된다.

4) 반값 등록금과 복지 동맹

반값 등록금은 복지와 조세를 함께 증가시키는 복지 동맹의 수단이 될 수 있다. 반값 등록금은 지출 전환을 통해서 실시할 때보다 조세를 징수해서 실시할 때 소득재분배 효과가 더 커진다. 조세를 징수해서 실시하면, 등록금을 낮추는 것 이외에, 소득분배 개선이라는 효과가 하나 더 생기기 때문에 증세에 대해 국민들의 동의를 받는 명분이 하나 더 생긴다. 물론 재정 건전성도 더 커진다. 우리나라는 증세에 대한 저항감이 너무 크기 때문에 반값 등록금과 같이 대다수 중산층들이 바라는 보편 복지 정책을 시행하면서 증세를 추진하는 것이 복지국가를 앞당기는 가능한 방법이다.

이 문제는 소위 재분배의 역설과 관련이 있다. 재분배의 역설이란 가난한 계층에게 선별적으로 복지를 시행할수록 재분배 효과가 나빠지고, 중산층을 포함해 보편적으로 복지를 시행할수록 재분배 효과가 좋아지는 현상을 말한다(Korpi and Palme 1998). 재분배의 역설 현상이 생기는 이유는, 중산층을 포함한 보편 복지를 시행하면 중산층이 복지 동맹에 참여(증세에 찬성)해 복지 규모가 늘어나고, 선별 복지를 시행하면 중산층이 반복지 동맹에 참여(증세에 반대)해 복지 규모가 작아지기 때문이다. 복지의 규모 자체가 고정된 값이 아니라 정치적 동맹에 의해서 영향을 받는 변수라는 것이다. 뫼네과 월러스틴은 이것을 다음과 같이 서술하고 있다. "급부가 작고 대상이 좁게 설정되고, 유권자가 이기적이라면, 대다수는 복지 급부를 완전히 없애는 것을 선호한다. 많은 사람들이 이상적으로 생각하는, 가장 가난한 사람에게만 급부를 하는 제한된 복지국가는, 이타적 투표가 없는 한, 정치적으로 지속불가능하다"(Moene and Wallerstein 2001).

이것은 정치적인 관점에서 설명할 수 있다. 현재 상위 8분위, 9분위, 10분위 학생들 중 상당수가 반값 등록금 운동에 앞장서고 있다. 수도권 사립대학 학생들이 대부분 상위 50% 안에 해당된다. 이들을 반값 등록금 수혜 대상에서 배제하는 것은 선거를 앞둔 정당으로서는 어리석은 선택이다. 중상 계층이 서민 기반 정당을 찍으면 서민 기반 정당이 집권할 가능성이 커진다. 이와 같이 모든 계층을 수혜 대상에 포함시키는 반값 등록금 정책이 정치적으로 더 유리하고, 증세를 통한 복지 확대라는 사회 개혁의 목표에도 적합하다.

5) 반값 등록금의 대학 개혁 효과

차등 장학금의 가장 큰 문제점은 대학 개혁을 어렵게 한다는 것이다. 장학금은 기본적으로 국가와 학생 사이의 문제다. 대학은 직접적인 관련이 없다. 따라서 차등 장학금으로 학생들을 도와주면, 대학에 대한 통제력이 약해진다. 대학이 등록금을 결정하면 정부는 소득에 따라 반값을 지원하는 형식이 되기 때문이다.

이와 반대로 반값 등록금은 '고등교육재정교부금'으로 대학에 직접 재정 지원을 하게 된다. 따라서 국립대학뿐만 아니라 사립대학의 재정 일부를 정부가 책임지게 된다. 대학의 예산과 결산 자체가 정부의 통제를 받지 않을 수 없게 되는 것이다. 일부의 사람은 사학 비리가 걱정이 되므로 반값 등록금은 학생에게 지원해야 한다고 주장한다. 그러나 학생에게 지원한 돈은 다시 사학에 들어가게 되므로 사학 비리는 어차피 뿌리 뽑지 않으면 안 된다. 오히려 사학에 직접 지원을 할 때에, 정부의 엄격한 감시와 통제를 통해서 사학의 공공성과 투명성이 높아지게 된다. 사립대학은 정부 독립형 사립대학에서 정부 책임형 사립대학으로 성격이 변하게 된다. 사립대학이 개인 사유물이 아니라는 것이 모든 국민들에게 투명하게 알려지게 된다.

사립대학이 국가 재정으로 운영되면 여러 가지 측면에서 대학 개혁이 가능해진다. 첫째로, 사학 재정 비리의 큰 부분은 사라지게 된다. 그리고 사립대학 법인으로 하여금 법정 전입금 등 법인의 의무를 강제하고, 의무를 다하지 못하는 경우 공익 이사의 비율을 높이게 하는 등의 방법으로 사학의 지배 구조를 개선할 수 있다(3절 참조). 둘째로, 학생을 입시 지옥에서 벗어나게 할 수 있는 공공성 있는 입시 및 대학 정책에 순응하도록 강제할 수 있다. 예를 들어, 모든 대학으로 하여금 지역할당 선발 제도를 요구할 수 있다(4절 참조). 셋째로, 대학의 통합과 네트워크 형성 등 대학 체제 개편도 추진할 수 있다(5절 참조). 넷째로, 전문대학에 대해서도 국가적인 관리가 가능해진다(6절 참조). 반값 등록금의 일부를 가지고 국가연구교수를 뽑고, 국가연구교수를 대학에 지원함으로써 등록금을 낮추는 동시에 학문의 재생산구조를 만들 수 있다(7절 참조).

3. 사립대학을 정부 책임형 사립대학으로 전환시키자

1) 사학의 비리와 부정

감사원이 2012년 2월 3일 발표한 바에 따르면, 감사를 실시한 대학 중 무려 50개의 대학에서 학교 구성원이 횡령 등으로 학교에 손해를 끼치거나 관련 법령을 위반한 사실 적발했다. 비리 행위자도 이사장 등 경영 주체에서부터 교수, 직원까지 다양하며, 이를 단속해야 할 감독 부서가 비리를 묵인하거나 유착한 사례도 발생했다. 감사원은 대학 자율성의 근간인 대학의 투명성, 책임성을 훼손하는 각종 불법과 비리에 대해 관계 법령에 따른 엄중한 처벌을 하도록 교육과학기술부 등 관계 기관에 통보(공무원에 대해서는 징계 요구)했다. 감사원은 2011년 11월 7일과 11일 두 차례에 걸쳐서 불법·비리 행위자 104명을 검찰에 수사 의뢰했다.

다른 한편으로 감사원이 2011년 12월에 발표한 대학 등록금 및 재정 운용 실태에 따르면, 사학은 다음과 같은 방법으로 방만한 예산 운영을 하고 있었다.

- 예산 편성 시 지출을 실제 소요(결산액)에 비해 많이 잡거나 등록금 외 수입을 실제 수입(결산액)에 비해 적게 계상, 등록금 비중 확대 요인.
- 특별한 사유 없이 등록 예상 학생 수를 전년도보다 적게 잡아 등록금 예상 수입(등록금 인상률 적용 전)을 적게 산정하고 세입 부족액을 크게 잡은 후 등록금 인상 근거로 제시.
- 특별회계 수입을 등록금 산정시 포함되는 교육 관련 수입에 계상해야 하는 데도 등록금 산정시 제외되는 교육 외 수입에 계상하고, 특별회계 지출은 교육 관련 지출에 계상, 등록금 부담 요인으로 작용.
- 등록금을 공정하고 투명하게 산정하기 위해 설치된 등록금 심의 위원회가 유명무실하게 운영.
- 대학에서 등록금 인상률 상한제를 위반해 등록금을 과도하게 인상하거나 등록금 인상에 대해 의견을 제시하기 어려운 신입생 수업료를 재학생보다 많이 인상.

- 국가 및 지방자치단체 간 장학금 이중 지원 제한 규정이 미비해 장학금이 일부 학생에게 편중 지원되는 등 국가 및 지방자치단체의 장학 사업이 비효율적으로 추진.
- 경제적 곤란자를 먼저 선발하지 않고 등록금 감면을 받고 있는 교직원 자녀에게 장학금을 지급하는 등 부당하게 장학금 지급 대상자 선발.

2) 선진국의 사립대학 지배 구조

미국의 사학 법인은 이사의 수가 많아, 편법과 불법 운영이 불가능하며 담합이 어렵다. 하버드대학교와 스탠퍼드대학교는 각각 32명씩이고, 코넬대학교는 64명이다. 스탠퍼드대학교와 하버드대학교 이사회에는 설립자 가족이 아예 포함돼 있지 않다. 이사들도 한 4~5년 이사직을 수행하다 퇴임하기 때문에, 종전 이사라고 주장하면서 권리 분쟁을 일으키는 일도 없다. 미국 대부분의 사학들이 이사진을 비슷하게 구성하고 있다. 보통 대학의 이사들은 본교와 타교의 교수들, 직원 대표와 학생 대표, 지역의 고용주 대표, 시민사회단체 대표 등으로 구성되어 있다.

이사회 구성에서 모범적이라 할 수 있는 코넬대학교의 이사진은 정관에 따라 다음의 원칙에 따라 구성된다. ① 당연직(4인, 임기 내): 뉴욕 주 지사, 주 상원의장, 주 하원의장, 총장, ② 종신직(1인): 설립자 에즈라 코넬Ezra Cornell의 최고령 직계 종손 1인, ③ 임명직(3인, 임기 3년): 주지사가 상원의 동의를 얻어 임명, ④ 선출직(56명): 뉴욕 주의 농업계, 경제계 및 노동계 대표 각 2인, 대학 총동문회에서 선출된 8명, 교수 대표 2인(이타카Ithaca와 코넬대학 제네바Geneva 캠퍼스별 1인씩 선출), 총학생회에서 선출된 2인, 교직원이 선출한 이사 1인 등이 선출직 56명 가운데 반드시 포함되어야 한다(박정원 2011).

3) 정부 책임형 사립대학

모든 사립대학에 대해 정부가 반값 등록금 지원을 할 때에 정부와 대학 사이에 재정 지원 협약을 맺도록 한다. 협약의 내용에는 사학의 투명성을 담보하고 비리를 방지할 수 있는 제도적 장치가 들어가도록 한다. 구체적으로는 등록금 액수 및 예산과 결산을 승인, 감사 등 회계에 관련된 사항과, 개방 이사의 임명, 대학평의원회의 구성과 실질적 운영 등 투명한 재정 운영에 관련된 사항 및 입시 정책 준수 등 법률과 명령을 준수하는 것에 관련된 사항이 포함될 수 있다.

다음으로 현재의 사립대학과 구분되는 범주로서 정부 책임형 사립대학 범주를 신설한다. 정부 책임형 사립대학이란 공익 이사(국가교육위원회나 지방자치단체에서 임명하는 이사) 및 구성원 선출 이사(교수, 직원, 학생, 동문 등 대학 구성원에 의해서 선출된 이사)가 이사회의 과반수를 구성하는 사립대학, 또는 이사회의 결의에 의해서 학사 및 재정 등 대학의 실질적 운영을 대학운영위원회에 위임하고 공익 위원(국가교육위원회나 지방자치단체에서 임명하는 운영 위원) 및 구성원 선출 위원(교수, 직원, 학생, 동문 등 대학 구성원에 의해서 선출된 운영 위원)이 대학운영위원회의 과반수를 차지하는 사립대학을 의미한다. 정부 책임형 사립대학은 한편으로는 법인의 구조를 유지하고 사립대학의 명칭을 사용하고 건학 이념을 존중해 자율적으로 교육한다는 점에서 사립대학의 성격을 갖지만, 다른 한편으로는 정부에서 재정과 운영을 책임진다는 점에서 준국공립 대학이라고 할 수 있다. 정부 책임형 사립대학의 등록금은 국공립

대학 수준으로 한다. 정부 책임형 사립대학이 아닌 사립대학은 독립형 사립대학이 된다.

정부 책임형 사립대학은 세 가지 경로로 만들어진다. 첫 번째 경로는 비리 사학이 정부 책임형 사립대학으로 전환되는 것이다. 중대한 사학 비리가 발견될 경우, 이사 승인을 취소하고, 임시 이사가 아닌 정 이사로서의 공익 이사를 파견해 정부 책임형 사립대학으로 전환시킨다. 이때 비리 재단에는 재산을 되돌려 주지 않고, 비리 이사는 교육계에서 영구히 퇴출시킨다. 두 번째 경로는 학생 수의 감소로 경영 위기를 맞이한 한계 사학 또는 경영 개선 대상 사학이 전환하는 것이다. 경영 개선 대상 대학으로 선정되면, 일정한 기간 자구 노력을 하되 여의치 않을 때에는 스스로 퇴출하거나 정부 책임형 사립대학으로 전환하는 것을 선택할 수 있게 한다. 퇴출할 경우에는 투자한 금액의 범위 내에서 재산 환원을 해준다. 세 번째 경로는 비리 사학도 아니고 경영 개선 대상 사학도 아니지만 스스로의 선택에 의해서 정부 책임형 사립대학으로 전환하는 것이다. 정부 책임형 사립대학이 되면 등록금도 국공립대 수준이 되고 안정적인 교육을 할 수 있을 것이다. 장기적으로 전체 대학의 80% 정도가 국공립 대학 또는 정부 책임형 사립대학이 되도록 한다.

노무현 정부의 사립학교법 개정 운동이 사실상 실패하면서 정치권에서는 사학 재단을 두려워하는 흐름이 생겼다. 그러나 정치권의 이런 두려움은 위장된 것이다. 정치권이 사학 재단을 두려워하는 것이 문제가 아니라 정치권에 사학 재단과 연결된 사람들이 많다는 것이 문제다. 정치권 스스로 사학에 이권을 가지고 있고 사학 비리와 연관되어 있는 것을 숨기고 사학 재단이 무섭다는 핑계를 대고 있는 것이다. 반값 등록금 정책을 재정 교부금 형태로 대학에 직접 지원하는 방식으로 실시하게 되면, 정부가 대학의 예산에 대한 승인권과 결산에 대한 감사권을 가지게 되는 것이 당연하다. 예산을 승인하고 결산을 감사하는 과정에서 등록금 뻥튀기가 있었는지 법정 전입금을 냈는지, 등록금으로 적립금을 쌓았는지 등을 얼마든지 살펴볼 수 있다. 감사원을 통해서 모든 대학에 대해 전수 감사를 실시, 그 결과를 발표하면 사립학교법 개정에 대해 얼마든지 국민들의 동의를 얻을 수 있을 것이다. 비리가 드러난 대학의 임원은 모두 취소시키고 비리 사학부터 정부 책임형 사립대학으로 전환시킬 수 있다. 특히 비리 대학이 아닌 대학의 정부 책임형 사립대학으로의 전환은 스스로의 선택에 의한 것이므로 다른 구조조정 방식과 비교해 마찰이 훨씬 적을 것이다. 이런 모든 과정에서 종단 소속 종교 사학에 대해서는 종단의 설립 이념이 훼손되지 않도록 세심히 주의할 필요가 있다.

4. 지역할당제 선발을 의무화하자

1) 서울대학교 지역균형선발의 효과

서울대학교는 몇 년 전부터 지역균형선발을 통해 신입생의 24% 내외를 선발함으로써 지방 교육의 발전에 상당한 기여를 해왔다. 지역균형선발 제도는 서울대학교에서 2005학년도부터 시행한 전형 방식으로 대학 수준에서 시행하고 있는 사회적 약자를 고려한 입시 방식이다. 2013년도 지역균형선발의 경우 748명 모집으로, 전년도에 비해 38명이 증가했다. 전형 방법은 전년도와 동일한 입학 사정관 전형으로, 서류와 면접을 통해 수험생을 선발한다. 학교당 추천 인원도 2명으

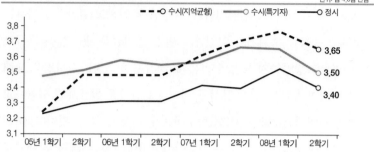

그림 1 | 서울대 지역균형선발 입학생 성적

단위: 점 4,3점 만점

- - ○- - 수시(지역균형)   ─○─ 수시(특기자)   ─●─ 정시

3.65
3.50
3.40

05년 1학기 2학기 06년 1학기 2학기 07년 1학기 2학기 08년 1학기 2학기

*분석 대상: 2005학년도 입학생 중 2009년 2월 졸업자 702명
  (지역 균형 84명, 특기자 102명, 정시 일반 전형 516명)
* 자료: 『중앙일보』(2009/10/29)

로 2012년도와 동일하다. 2012학년도 서울대의 발표에 따르면 이 제 도에 의해 합격한 학생 중 서울시 출신은 21%, 광역시 출신은 32%, 시 출신은 41%, 군 출신은 6%였다. 이 제도가 아니었으면 서울대에 거의 입학할 수 없는 소도시와 군과 읍의 시골 출신 학생들이 수 백 명씩 서 울대에 입학할 수 있게 된 것이다.

양정호 교수는 2005학년도 서울대 입학생 중 올 2월 졸업한 702명 의 4년간 평균 학점을 전형 유형별로 분석해 29일 공개했다. 분석 대 상은 수시 지역균형선발 전형(84명), 수시 특기자 전형(102명), 정시 일 반 전형(516명)이다. 그 결과 지역균형선발 입학생의 첫 학기 평균 학 점은 정시 일반 전형보다 0.01점 높은 3.24점으로 비슷한 수준이었다. 외국어고등학교나 과학고등학교 출신이 많은 특기자 전형(3.47점)과는 차이가 컸다. 그러나 지역균형선발 학생들은 1학년 2학기부터 본격적 으로 특기자 출신과의 차이를 좁혀 나갔고, 3학년 1학기에 역전에 성 공해 3.6점으로 특기자 학생(3.57)들을 앞섰다. 자기 주도 학습 능력이 대체로 우수한 지역균형선발 출신들이 장기적으로 학업 성취도가 높게 나타나는 것이다(『중앙일보』 2009/10/29).

2) 모든 대학 신입생의 30%를 지역할당제로

모든 대학으로 하여금 서울대의 지역균형선발 방식을 참조하되 이것보다 다소 강화된 지역할당제 방식으로 신입생의 30% 이상을 선발하도록 제도화하는 것이 바람직하다. 지역할당제란 시군구 또는 몇 개의 시군구를 합한 것을 선발 단위로 하고, 선발 단위별로 고등학생 수에 비례해서 선발 인원을 배정하는 것을 말한다. 선발 기준은 내신을 중심으로 하되, 대학의 자율에 따라 면접이나 논술을 추가할 수도 있고, 입학사정관제도를 활용할 수도 있다. 반값 등록금 정책으로 막대한 정부 지원을 받게 되면 대부분의 사학이 이런 선발 방식에 동의할 수 있을 것이다.

이렇게 함으로써 지역별로 초·중등 교육의 정상화 길이 열리고, 지역별 교육 불균형을 해소할 수 있을 것이다. 초·중등 학교는 주입식 교육에서 벗어나서 창의·지성 교육을 할 수 있게 되고 학생들은 충실하게 학교 교육을 받는 것만으로도 원하는 대학에 진학할 수 있는 길이 열리게 된다. 학부모들이 희망하는 교육을 하는 혁신학교들을 전국에 얼마든지 만들 수 있을 것이다. 교육문제뿐만 아니라 수도권 집중, 부동산 투기 등의 경제문제도 해결하고, 지방의 균형발전도 도모할 수 있을 것이다.

5. 권역별로 하나씩 서울대를 만들자

1) 서울대학교 법인화의 문제점

한나라당은 2010년 12월 서울대 법인화법을 날치기 통과시켰다. 서울대 법인화법에는 "대학의 자율성과 사회적 책무를 제고하고 교육 및 연구 역량을 향상시킴을 목적"으로 한다고 규정되어 있다. 그러나 이사회 구성을 보면, 이사회에 의해서 직접적으로든 간접적으로든 선출되지 않은 이사는 단 두 명, 기획재정부 차관과 교육과학기술부 차관뿐이다. 나머지 모든 이사는 이사회에서 직접 혹은 간접적으로 이사회에서 선출된다. 결국 서울대 법인화법의 본질은 교육과학기술부 차관과 기획재정부 차관에 의해서 서울대를 완전하게 지배하는 것이라고 할 수 있다.

법인화된 서울대는 재정적으로도 종속되게 된다. 법인화된 서울대는 재정적으로 독립적인 책임을 지게 된다. 비록 법률에는 정부가 서울대에 재정을 지원할 의무가 명시화되어 있기는 하지만, 시행령에 보면 타당하다고 인정될 때에만 지원을 하도록 분명하게 규정되어 있다. 관료들이 타당하다고 인정하지 않으면 지원을 하지 않아도 된다는 뜻이다. 그리고 정부가 재정을 책임지는 것과 재정 지원 의무를 갖는 것 사이에는 본질적인 차이가 있다. 일반적으로 정부기관이 산하기관으로 분리되면 재정적 종속성은 커질 수밖에 없다. 예산을 협의하고 조정하던 처지에서, 예산을 구걸하고 선처를 호소하는 처지로 바뀌게 되는 것이다. 이와 같이 서울대 법인화는 서울대를 관료들에게 재정적으로 완전히 종속되게 만드는 것이다.

법인화된 서울대는 정부에 재정적으로 종속되고, 행정적으로 정부의 직접적인 명령을 받게 된다. 국립대 법인화의 진정한 의도가 국립대학에 대한 행정적 지배라는 것은 다른 국립대학에 대해 총장 직선제 철폐를 무리하게 강요하는 것을 보아서도 알 수 있다. 이런 상태에서 국립대학의 교육적·학문적 질이 결코 높아질 수 없다. 서울대 법인화 법안은 폐기되어야 한다. 대학의 생명은 자치에 있다. 대학은 학문과 언론의 자유뿐만 아니라 총장 직선제 등 행정적인 자율성도 최대한 보장되어야 한다.

2) 대학 네트워크의 형성

국립대 법인화가 아니라면 어떤 방법으로 국립대학을 발전시킬 수 있을까? 권역별로 국립대학을 중심으로 국립대학과 사립대학이 대학 네트워크를 만들어서 공동 운영한다. 대학 네트워크란 각각의 대학이 독립성을 유지하면서 연구와 강의를 협력해서 진행하는 것을 말한다. 대구 경북, 부산 경남, 전북, 광주 전남, 전북, 대전 충남, 충북, 강원, 인천, 경기, 제주 등에 하나씩의 권역별 대학 네트워크를 만들 수 있다. 처음에는 단순한 협력 관계에서 시작해서 나중에는 공통된 대학의 명칭을 사용하고 학과를 통합 배치하는 단계까지 발전해 나가도록 한다. 사립대학 교원이 국립대학 강의를 담당하면 의무 시간으로 인정해 주고 그에 해당하는 인건비를 사립대학에 지원한다.

대학 네트워크는 대학원부터 공동으로 운영하는 것으로 시작하는 것이 바람직하다. 권역별 대학원을 국립대학·사립대학 교수가 함께 운영하도록 한다. 이렇게 되면 대학원 유지에 필요한 학생들의 수가 확보되어 대학원 교육이 정상화될 수 있다. 학생들은 수십 명의 교수들과 만날 수 있게 되어 자기가 원하는 다양한 분야의 학문을 공부할 수 있게 된다. 교수들은 자신의 전공 분야를 공부하기 원하는 대학원생과 만나서 연구를 발전시킬 수 있게 된다. 특히 실력이 있더라도 대학원생을 만날 수 없어서 좋은 연구 성과를 내기 힘든 상태에 있는 지방 사립대학 교수들에게는 큰 도움이 될 것이다. 실험 실습 설비가 많이 필요한 학과부터 통합 운영을 해나가면, 시설비를 절약하면서도 좋은 시설을 갖출 수 있다. 이렇게 되면 지방의 권역별 네트워크가 빠른 시간에 수도권 사립대학 수준으로 발전해 서열 체제 완화에 기여할 수 있다.

박정원(2006)은 스코틀랜드 대학원들이 네트워크 체제를 만들어 크게 성공한 사례들을 제시하고 있다. 스코틀랜드에서 6개 대학원의 물리학과가 연합을 형성해 대학원을 운영한 결과, 대학원 인지도 향상, 좋은 교수진 확보, 연구에 필요한 충분한 수의 학생 및 교수와 자금 확보, 실험·실습 시설의 현대화, 연구 업적 증가 같은 긍정적인 효과들이 나타났다. 권역별 대학 네트워크는 나중에 교양대학이나 공동학위제를 실시하는 기초 단위가 될 것이다(10절 참조).

3) 대학 네트워크에 대한 서울대 수준의 지원

우리나라 대학 체계에서 가장 큰 문제 중의 하나는 대학이 지나치게 서열화되어 있다는 것이다. 대학의 서열화 문제는 권역별로 서울대을 하나씩 만든다면 상당히 완화될 수 있다. 여기서 서울대를 만든다는 것은 비유적인 표현으로서, 지방의 국립대학을 중심으로 해서 만들어진 대학 네트워크를 서울대 수준으로 끌어올린다는 것을 의미한다.

대학 네트워크를 서울대 수준으로 끌어올린다는 것은 쉬운 일이 아니지만 절대로 불가능한 일도 아니다. 이미 교수들의 수준은 과거에 비해서 상당히 평준화되어 있다. 다음과 같은 여러 가지 수단들을 함께 활용하면 충분히 가능하다.

가. 권역별로 대학 네트워크에 대해 서울대 수준이나 그 이상으로 재정을 지원한다.

나. 권역별로 대학 네트워크 사이에 학과를 통합 집중한다. 예를 들어 물리학과는 서울대·전남대·충북대에 집중하고, 화학과는 부산대·경북대·인천대에 집중하도록 한다.

다. 각종 공무원, 공기업, 공사 등의 채용에서 권역별 TO를 배정한다.

라. 박사 학위자를 국가연구교수로 임명하거나 교수 채용을 할 때 권역별로 TO를 배정한다.

마. 국립대학 교수들을 일정한 기간씩 순환 근무하도록 한다. 예를 들어 승진할 때에는 반드시 다른 국립대학으로 이전하도록 하는 방안이 있다.

바. 법대, 의대 등과 같은 전문대학원을 권역별로 배정한다.

대학 네트워크를 서울대 수준으로 끌어올리는 가장 중요한 수단은 예산 지원이다. 대학 알리미에 따르면, 2010년 32개의 국공립대에 대해서 8,485억의 재정 지원 사업이 실시되었다. 그중에서 서울대에 대해서는 1,995억 원이 지원되었다. 서울대 전임 교수는 1,814명이었으므로, 대략 1인당 1억 원 정도의 지원이 이루어진 셈이다. 나머지 국공립대에 대해서도 계산해 보면 대략 전임 교수 1인당 5천만 원의 지원이 이루어졌다. 나머지 국공립대에 대해서 서울대 수준으로 1인당 5천만 원씩을 더 지원한다고 하면, 6천억 원 정도의 추가 재원이 필요하다. 재정 지원 사업 이외에 기타 국고 지원이 있다는 것을 고려하면,

지방의 대학 네트워크에 대해 경상비를 제외하고 대략 1조 원 정도의
추가 지원을 하면 서울대 수준의 재정 지원이 될 것이다.

6. 전문대학을 '국가직업교육위원회'에서 관리하자

1) 전문대학의 어려운 현실

고등교육법에 따르면 전문대학은 "사회 각 분야에 관한 전문적인
지식과 이론을 가르치고 연구하며 재능을 연마해 국가 사회의 발전에
필요한 전문 직업인을 양성함을 목적으로 한다." 그러나 현재의 전문
대학은 직업인 양성기관으로서의 역할을 제대로 수행하지 못하고 있
다. 대체로 고등학교에서 성적이 좋은 학생들은 일반대학에 가고, 성
적이 뒤떨어지는 학생들은 전문대학으로 간다. 전문대학에 간 학생들
중에서 상당 부분은 다시 일반대학으로 편입한다. 전문대학을 졸업하
더라도 취업이 보장되지 않는다. 학생 수가 줄어드는데도 국가 차원에
서 대학 정원에 대한 계획적인 조정이 없기 때문에 전문대학 충원율이
급격히 떨어지고 있다. 지방의 상당수의 전문대학에서 사실상 정상적
인 수업이 이루어지지 않고 있다. 2011년 교육과학기술부의 성화대학
폐교 조치가 부당한 이유 중의 하나는 대부분의 전문대학에 공통된 문
제를 성화대학만의 문제인 것처럼 선전하면서 폐교시킨 것이다.

이렇게 전문대학 교육이 위기에 놓이게 된 근본적인 원인은 전문
대학과 일반대학 졸업자 사이의 임금격차와 사회적 차별 때문이다. 전
문대학 졸업생이 사회적 차별을 받기 때문에 우수한 학생들은 전문대
학에 가지 않는다. 우수한 학생들이 전문대학에 가지 않으면, 전문대

학에 가는 학생은 열등한 학생이라는 평판이 생긴다. 학생들이 가능한 한 일반대학에 가려는 것은 우수한 학생이라는 신호를 보내기 위해서다. 전문대학 학생들이 열등하다는 평판이 생기면 전문대학 출신들의 임금격차가 커지고 사회적 차별이 심화된다. 오늘날 전문대학은 이와 같은 악순환의 고리 가운데에 놓여 있다.

2) 급변하는 직업, 적극적 노동시장정책

오늘날 정보통신 혁명이 가속화되면서 직업이 급변하고 있다. 다트머스대학교 김용 총장의 인터뷰에 의하면 2011년 현재 다트머스 대학에 2005년에 입학했던 동기생들이 가지고 있는 직업의 40%는 그들이 입학할 당시에는 존재도 하지 않았던 것이라고 한다. 불과 6년 만에 직업의 40%가 새로 생겨난 것이다(⟨백지연의 피플인사이드⟩). 미국 에라노바연구소의 리처드 샘슨Richard Samson은 과거에는 한 사람이 평생 1개의 직업을 가졌지만 앞으로 10~15년 후에는 한 사람이 평균 29~40개의 직업을 가지게 될 것이라고 전망했다. 이렇게 직업이 급변할 때에는 제대로 된 직업교육이 매우 중요한 역할을 할 수 있다.

오늘날 세계 모든 나라에서 가장 큰 경제사회 문제 가운데 하나는 청년 실업이다. 청년 실업은 안정적인 정규직 일자리가 부족한 것이 근본 원인이다. 그러나 다른 한편으로 중소기업의 경우에는 심각한 인력난을 겪고 있다. 중소기업이 우리나라 고용의 90% 가까이를 차지하고 있기 때문에 경제성장을 위해서는 중소기업 인력난 해결이 필수적인 과제다. 일자리 창출 정책을 기본으로 하면서도, 직업교육을 하고, 직업 정보를 제공하고, 중소기업에 직접 연결시키는 등의 적극적 노동시장정책도 소홀히 할 수 없다. 전문대학 교육은 이런 적극적 노동시장정책의 핵심적인 요소로서 재정립되어야 한다.

3) 국가직업교육위원회

전문대학의 학과들도 전국 단위 및 지역 단위에서 이런 기술혁신에 따라 끊임없이 변하고 조정되어야 한다. 현재의 교육과학기술부는 일자리를 창출하거나 중소기업과 직업교육을 연관시키는 역할을 하기에 부적합하므로, 고용노동부 장관을 위원장으로 하는 '국가직업교육위원회'를 설치해서 전문대학을 체계적으로 관리하는 것이 바람직하다. 국가직업교육위원회는 10절에서 제안할 국가교육위원회의 산하기구의 하나다. 이 과정에서 산업대학, 기술대학, 전문대학 등으로 나누어져 있는 직업교육 체제도 기술대학 등의 이름으로 통합할 수 있을 것이다. 국가직업교육위원회에는 중소기업협회 등 경제계에서도 당연하게 참여하도록 한다. 국가직업교육위원회는 전국적 및 지역적 조직을 갖추고 직업의 변화와 중소기업의 수요에 맞추어서 교과과정을 개편하고, 정원을 조정하고, 교육 내용을 바꾸도록 한다. 현재와 같이 전문대학 학과가 무정부적인 상태에서 개설되도록 방치되면 안 된다. 현재는 앞으로 어떤 분야가 유망하다는 전망이 나오면 모든 전문대학에서 너도나도 개설하기 때문에, 학생들이 졸업할 때쯤에는 과잉 공급 문제로 인해 취업이 어려워지는 현상이 반복되고 있다. 직업교육은 농업보다 긴 2~3년이 걸리는 과정이므로 장기적인 국가계획 아래에서 이루어져야 한다. 교수들은 산업 수요 변화에 따라 유사 분야에서 직업교육을 계속할 수 있도록 재교육과 연수를 보장한다.

전문대학에 가서 웬만큼 공부하면 취직할 수 있는 길이 열리게 만들면 지금처럼 과도하게 일반대학에 진학하는 것도 줄어들고, 아이들도 각자의 적성을 살려서 행복한 초·중등 학교 생활을 할 수 있게 될 것이다. 전문대학도 당연히 반값 등록금으로 시작하지만 고등학교가 무상교육이 되고 난 뒤에는 전문대학도 무상교육이 되는 것이 바람직하다고 생각한다. 2011년 전문대학 등록금 총액은 3조 원 정도이므로, 반값 등록금을 실시하다가 중장기적으로 무상교육으로 전환하는 데에는 1조5천억 원 이내의 예산이 추가될 것이다. 고등교육법에 나와 있는 (일반)대학은 설립 목적에 적합하도록 운영할 필요가 있다. 고등교육법에 따르면 (일반)대학의 설립 목적은 직업교육이 아니라, "인격을 도야하고, 국가와 인류 사회의 발전에 필요한 심오한 학술 이론과 그 응용 방법을 가르치고 연구하며, 국가와 인류 사회에 이바지"하는 것이다. 따라서 일반대학에는 직업교육의 목적인 전문대학 고유 분야의 학과 설치를 금지해야 한다. 이것은 대기업의 골목 상권 진출을 금지하거나 중소기업 고유 영역을 설정해야 하는 것과 같은 이유다.

7. 국가연구교수제를 도입하자

1) 대학원 교육의 현실

우리나라에서는 기초 학문이나 이공계를 전공하려는 학생 수는 줄어드는 반면, 법대·의대·치대·한의대 등 돈을 벌 수 있는 분야에 우수한 학생들이 집중되고 있다. 심지어 기초 학문이나 이공계에 진학한 학생들도 전공 공부를 제쳐 두고 자격증 공부에 집중하고 있다. 대학원 과정에는 우수한 학생들이 진학하지 않고 있으며, 순수 학문을 전공하려는 사람들이 점점 사라져 가고 있다.

혼히 이런 현상을 놓고서 요즈음 학생들이 힘든 일을 싫어하고 돈만 밝혀서 그렇다는 식으로 매도해 버린다. 그러나 이 문제는 개인의 도덕심 문제로 환원될 수 없는 구조적인 원인을 가지고 있다. 가장 중요한 원인은 대학원에 진학해서 연구를 계속하려는 학생들에게 아무런 생계가 보장되지 않는다는 것이다. 박사 학위를 따도 취업할 자리가 없어서 박사 실업자가 넘쳐 나고 있다. 기껏해야 최저임금에도 미달하는 시간강사 임금으로 살아가야 한다. 심지어 국내 대학에서 박사 학위를 받고도 그나마 경쟁력 있는 외국 박사 학위를 취득하러 외국에 다시 나가는 경우까지 있다. 국내 대학의 박사 과정은 학생에게는 완전한 낭비에 불과하고, 대학원 과정은 대부분 실업자 양성소가 되고 있다. 이런 상태에서 학문의 길을 선택하는 것은 매우 어리석은 일일 것이다(강남훈 2011).

우수한 학생이 대학원에 진학하지 않는 현상이 계속되는 한 절대로 대학의 경쟁력이 높아질 수 없다. 이공계의 경우 실험을 같이 할 대학원생이 없으므로 외국에서 공부한 우수한 교수라고 할지라도 국내에서 좋은 논문을 쓸 수가 없게 된다. 기초 인문사회과학의 경우에는 교수가 아무리 창조적인 사상을 개발했다고 하더라도 그것을 계승 발전시킬 제자가 없기 때문에 그대로 사장될 수밖에 없는 것이다.

2) 국가연구교수 제도 개요

국가연구교수 제도를 다음과 같이 도입한다. 일단 3만 명의 시간강사를 국가연구교수로 순차적으로 임명한다. 이들에게 최저생계비를 보장하고, 대학은 이들을 별도의 예산 추가 없이 강사로 쓰면서 등록금을 낮추도록 한다. 대학이 국가연구교수를 전임교원으로 채용하면 지원하던 금액을 그대로 계속 지원하도록 한다. 전임교원 충원을 대학에 강제하면서 전임교원 인건비 일부를 국가가 지원하는 것이다.

국가연구교수 제도는 단순한 박사 실업자 구제책이 아니라 다음과 같은 이유에서 학문 발전과 국가 경쟁력 확보를 위해 핵심적인 제도다.

가. 국가가 생계를 보장함으로써 안정적인 학문 연구 종사가 가능해진다.

나. 실력 있는 박사들을 제대로 선발함으로써 박사 수준을 높인다.

다. 우수한 학생들에게 학문을 연구할 수 있는 유인을 제공한다. 가장 우수한 학생들이 학문 영역에 종사하는 나라에 희망이 있다.

라. 전임 교수 채용을 장려함으로써 대학 교육의 질을 높일 수 있다.

마. 학문 정책이 가능해진다. 기초 학문이나 인문학, 혹은 전략적 연구 분야에 대한 국가연구교수 TO 늘리는 방식으로 학문을 장려할 수 있다.

바. 권역별 국가연구교수 TO를 할당함으로써 지방의 균형발전을 도모할 수 있다.

사. 대학원에서 교수와 학생이 함께 연구하는 학문 자율적 재생산 구조를 만들 수 있다.

3) 예산과 관리

국가연구교수 제도를 시작하는 데에는 별도의 예산이 들지 않는다. 반값 등록금 재원 중에서 7,000억 원 정도를 사용하면 3만 명의 시간강사를 국가연구교수로 순차적으로 임명할 수 있다. 국가가 이들에게 최저생계비 보장하고, 대학은 이들을 공짜로 강사로 쓰면서 등록금을 낮추도록 하면 마찬가지가 된다. 등록금은 낮아지고, 시간강사들의 기초 생활이 보장되고, 강의의 질이 높아지게 되면서 학문의 재생산구조를 갖추는 것이다. 중장기적으로 국가연구교수 중에서 전임교원으로 채용되는 수가 늘어남에 따라 필요한 예산이 증가하게 된다. 국가연구교수의 선발과 관리는 10절에서 제안할 국가교육위원회 산하 기구인 학문정책위원회에서 관리하도록 한다(10절 참조).

8. 고등교육 질을 높이는 대학 정원 조정을 실시하자

1) 시장 만능주의적 구조조정의 문제점

교육과학기술부는 2012년 대학 구조조정을 시작했다. 학생 수가 줄어들기 때문에 정원 조정은 불가피하다. 그러나 교육과학기술부의 구조조정 방식에는 많은 문제가 있다. 첫째로, 현재의 대학 정원 과잉 문제는 교육과학기술부의 잘못된 정책에서 비롯된 것인데 아무런 반성도 하지 않고 있다. 교육과학기술부는 1995년 김영삼 정부 시절 대학 설립 준칙주의와 정원 자율화 등을 핵심으로 하는 5·31 교육개혁을 실시했다. 그러나 그때는 이미 신생아 출생률이 급감하고 있어서 10~20년 뒤에는 심각한 대학 정원 과잉이 나타날 것이라는 점이 명확한 상태였다. 둘째로, 교육과학기술부는 구조조정에 대한 장기 계획이 전혀 없는 상태에서 실시하고 있다. 교육이 백년지대계라면 적어도 20년 뒤에는 권역별로 대학과 전문대학 정원이 어떻게 되고 국립대학과 사립대학의 비율이 어떻게 될지에 대한 청사진을 먼저 마련해야 할 것이다. 셋째로, 교육과학기술부는 정원 축소가 아니라 대학 퇴출 방식을 선택함으로써 지역경제를 죽이고 있다. 넷째로, 교육과학기술부는 국공립 대학의 비중을 높이거나 대학 교육의 질을 높이는 정원 조정 방식을 전혀 고려하지 않고 있다. 다섯째로, 대학 평가 지표가 대학 교육의 목표에 부합되지 않는다. 여섯째로, 대학구조개혁위원회 구성에 교육 주체들이 거의 배제되고, 기업인들이 다수 포함되어 시장 만능주의적인 관점에서 대학을 평가하고 있다. 일곱째로, 교육과학기술부의 대학 퇴출은 결국 재단에게 재산을 되돌려 주면서 대학 구성원들만 피해를 보게 하고 있다.

2) 대학의 정원 조정

대학의 정원 조정은 다음과 같이 일단 권역별 정원을 조정하는 것으로 시작한다.

가. 대학별 정원 이외에 권역별 정원을 설정한다. 전국을 16개 시도별로 권역으로 나누고, 기존의 대학별 정원을 합한 값에서 10%를 줄여서 2013년 권역별 정원을 정한다.

나. 2013년 이후에도 인구 감소에 비례해서 매년 2~3%씩 권역별 정원을 계속 줄여 나가도록 한다.

다. 교수 확보율을 매년 2~3%씩 늘려 가서 2020년까지 100%가 되도록 한다.

다음으로 권역 내에서의 정원 조정은 다음과 같이 한다.

가. 비리 사학은 즉각 국공립화하고, 학생에게는 통합된 국공립대 졸업장을 수여한다. 이 과정에서 정원을 감축하고, 교수와 직원은 국공립대에 소속시킨다. 교수에게는 재교육 기회를 제공하고, 2~3년 뒤 국공립대 재임용 기준에 따라 재임용한다. 다른 대학으로 배치되는 학생들을 전원 기숙사에 수용할 수 있도록 기숙사 시설을 확충한다.

나. 한계 사학의 경우, 선택지를 제공한다. 하나는 국공립화다. 여기서 공립화란 위의 '가'와 동일한 절차로 국공립 대학이 되는 것이다. 이때 설립자에게 학교 재산의 일정 범위 내에서 보상금을 지급하고, 캠퍼스 이름도 설립자의 명예를 존중할 수 있도록 명명한다. 다른 하나는 공공 법인화다. 공공 법인화란 법인 이사회의 과반수가 공익 이사로 채워지도록 이사회의 구성이 바뀌는 것을 말한다. 공공 법인이 되면서 학생 정원을 감축하고 정부의 지원으로 국공립 대학에 준하는 방식으로 운영한다. 설립자 자신이나 그 가족 중의 1인을 이사로 임명할 수 있다.

다. 한계 사학이 없거나 한계 사학 청산 이상으로 정원 조정을 해야 하는 경우에는, 전임교원 확보율, 교지 확보율 등의 기준에 따라 대학별로 일률적으로 축소한다.

라. 수도권 정원 외 모집은 폐지한다.

정원 조정은 권역별로 대학의 정원이 비슷하게 감소하면서 국공립 대학 내지 공공 법인화된 대학의 비중이 50% 이상으로 늘어나게 되는 것을 목표로 한다.

9. 방송통신대학과 평생교육 체제를 강화하자

대학 교육을 받지 못하고 직장을 다니는 사람들에게 대학 교육을 받을 기회를 제공하는 국립 한국방송통신대학에 대한 국가 지원을 대폭 늘려서 평생교육 체제를 강화한다. 고등학교 졸업 후뿐만 아니라, 직장 근무 중이나 직장 퇴직 후에도 대학 입학의 기회를 부여하는 등 평생교육에 대한 체계적인 육성책을 마련하도록 한다. 전문대학에도 야간 과정이나 주말 과정을 설치함으로써 직장인들이 제대로 된 교육을 받을 수 있도록 한다.

10. 국가교육위원회를 설치하고 교육과학기술부를 해체하자

1) 사학 비리를 조장하는 교육과학기술부

감사원의 2012년 2월 3일 발표에 따르면, 이사장의 횡령과 직원의 금품 수수 등 대학 재정 운영에 각종 탈법과 비리가 만연한 것은 교육과학기술부의 허술한 관리 감독 때문이었다. 충북의 한 학교법인 이사장은 지난 2002년 교비 70억 원을 횡령한 전력이 있었으나 교육과학기술부가 당시 임원 취임을 취소하지 않아 150억 원을 추가로 횡령해 적발됐다. 나아가 교육과학기술부는 이사장이 횡령액을 갚지도 않았으나 다시 이사장에 취임하는 것을 승인했고 결국 수년간 교비를 여러 차례 횡령할 수 있었다. 교육과학기술부 직원들은 직접 뇌물을 받는 등 도덕적 해이도 심각했다.

교육과학기술부와 더불어서 사학분쟁조정위원회(이하 사분위)는 사학 비리를 옹호하고 있다. 사분위는 퇴출된 사학 비리자들에게 종전 이사라는 이유로 학교를 다시 돌려주었다. 사분위의 결정에 따라 사학 비리자들이 복귀한 학교는 중고등학교 16곳, 전문대 8곳, 대학 10곳 등 34개 학교에 이르고 있다. 사분위는 무소불위의 권한을 남용하며 사학 비리자들을 예외 없이 복귀시키고 있다(〈사학비리척결과 비리재단 복귀저지를 위한 국민행동〉 보도자료, 2012/01/17). 사분위가 앞장서서 사학 비리자들을 복귀시키면 교육과학기술부는 이것을 사실상 승인하는 듯한 양상이다.

2) 국가교육위원회의 설치

사학 비리를 방조하고 교육정책의 실패를 되풀이해 온 교육과학기술부를 해체하고 국가교육위원회를 설치하도록 한다. 국가교육위원회는 위원장을 부총리급으로 하고, 교원(교사+교수), 대학생 대표, 학부모 대표, 공익적 사회단체 추천인, 정부 추천인(교육 전문가), 교육감, 교육부 장관(교육부를 남겨 놓을 경우), 노동부 장관 등을 위원으로 구성한다. 국가교육위원회는 국가의 교육정책과 입시제도 등을 결정한다. 국가교육위원회는 유·초·중등위원회, 대학교육위원회, 직업교육위원회, 학문정책위원회, 평생교육위원회 등의 조직을 가질 수 있다. 유·초·중등위원회는 교육 자치(교육감)들로 구성해 유·초·중등 교육을 완전하게 교육감에게 맡긴다. 직업교육위원회는 고용노동부 장관을 위원장으로 하고 전문대학 등 직업교육 관련 정책을 총괄한다(6절 참조). 학문정책위원회는 학문 정책을 수립하고 국가연구교수를 선발 관리하는 역할을 하며, 교육과학기술부가 독립할 경우, 교육과학기술부 장관도 참여한다(7절 참조).

현재의 교육과학기술부에 대해서는 완전히 없애는 방법과 기능을 축소해서 남겨 놓는 방법이 있다. 완전히 없애는 경우에는, 유·초·중등 교육은 완전하게 교육감에게 위임하고, 직업교육은 직업교육위원회로, 대학 교육은 대학교육위원회 등으로 이관한다. 과학기술 부분은 과학기술부를 신설하도록 하고, 학문정책위원회에 교육과학기술부 장관이 참여하도록 한다. 교육부를 남겨 놓는 경우에는, 교육부를 국가교육위원회에서 결정된 정책을 집행하는 기능을 하는 기구로 위상을 재조정하도록 한다. 사분위는 완전히 폐지하고 그 기능은 국가교육위원회에서 수행한다.

11. 교양대학·공동학위제

지금까지 서술한 대학 개혁들이 실시되어 권역별로 서울대가 하나씩 생겨나서 학부모들의 확실한 평가를 받고, 지역할당제를 통한 지역균형선발이 확산되면, 노무현 대통령이 검토했던 국립대학 공동학위제와 2007년 대선에서 정동영 후보가 검토했던 교양대학을 합친 교양대학·공동학위제를 중·장기적으로 실시할 수 있을 것이다.

1) 제도의 개요

교양대학·공동학위제는 다음과 같은 내용을 갖는 안이다.

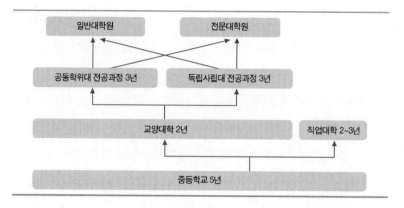

가. 중학교와 고등학교를 합해서 중등 과정 5년으로 하고 대학 교
   육은 교양과정(교양대학) 2년과 전공 과정(일반대학) 3년으로 한다.

나. 일반대학(전공 과정)은 공동학위대학과 독립 사립대학으로 구분
   한다. 공동학위대학은 국립대학 및 공동학위제에 참여하기를
   원하는 사립대학으로 하고, 독립사립대학은 별도의 학위를 수
   여한다.

다. 고교 졸업 시 자격고사와 내신을 기초로 교양대학 입학생을 선
   발한다. 공동학위대학은 일정한 기준을 넘는 학생들을 한꺼번
   에 선발해서 지역별 캠퍼스에 배정한다.

라. 전공 과정 진학할 때에는 교양대학 내신을 기본으로 해 선발
   배치한다.

마. 서울대는 학문 분야별로 분할해서 수도권에 분산 배치하고, 서
   울에 있는 국공립 대학들과 함께 공동학위대학 서울 캠퍼스가
   된다.

바. 공동학위대학은 동일한 졸업장을 수여하며, 권역별로 대학 네
   트워크 방식으로 운영한다.

사. 경영대, 의대, 법대, 약대, 사대 등은 전문대학원 과정으로 한다 (전문대학원 과정은 1년에서 4년). 전문대학원은 후불제로 운영한 다. 전문대학원도 권역별로 균형 있게 배치한다.

2) 제도의 목적과 효과

(1) 교양교육 강화를 통한 대학 교육의 혁신

교양교육은 자립적이고 창의적인 인간으로 성장해 자유로운 자아 실현을 하도록 하는 데 필수적인 지식과 지혜를 쌓고, 민주 시민으로 대화와 협력의 자세를 확고하게 만드는 교육을 의미한다(심광현 2011). 교양교육과 기초 학문 강화 방안은 단순히 과거와 같이 분절화된 형태 의 인문학과 사회과학적 지식을 다시 재주입하는 방식으로 이루어져 야 하는 것이 아니라 분야와 영역을 가로질러 재구성된 통합적 형태의 새로운 교양교육과 새로운 기초 학문을 통해 창의적이고 민주적인 역 량을 촉진하는 교육으로 발돋움해야 할 것이다(심광현 2009).

21세기에 들어와서 교양교육의 필요성이 인식되어 세계 각국에서 교양교육을 강화하고 있는 추세다. 경희대학교 후마니타스 칼리지는 교양교육의 목표를 다음과 같이 설정하고 있다. "교양교육의 궁극적 목표는 한 인간이 삶의 불확실성 앞에서도 의미 있고 행복한 방식으로 자신의 한 생애를 이끌어 나갈 수 있게 할 내적 견고성의 바탕을 길러 주는 데 있다. 삶이 안길 수 있는 온갖 어려움과 영욕의 순간에도 한 인간의 삶을 지탱해 주고 의미와 가치를 공급해 주는 것이 내적 견고 성이라는 바탕이다. 이 바탕이 '교양'culture이다"(경희대학교 후마니타스 칼 리지, "교양교육의 최종목표," hc.khu.ac.kr/01/02.php).

(2) 대학 서열 구조 철폐 내지 완화

교양대학·공동학위제 아래에서는 서울대를 포함한 국공립 대학과 정부 책임형 사립대학을 묶어서 공동학위를 수여함으로써, 서열 체제를 획기적으로 완화시키게 된다. 장기적으로는 소수의 독립 사립대학을 제외하고는 대부분의 사립대학이 공동학위대학에 속하도록 유도한다.

(3) 초·중등 공교육의 정상화와 창의·지성 교육의 실시

고등학교 학생들은 자격시험을 거쳐서 전문대학(직업 대학)에 진학하거나 교양대학에 입학하게 된다. 현재의 진학 비율이 유지된다고 가정하면, 50%의 학생들은 교양대학에 입학하고, 30%의 학생들은 전문대학에 입학할 것이다. 고등학교 교사들이 입시 압력에서 해방되어, 창의·지성 교육을 자율적으로 함으로써, 공교육이 정상화될 것이다. 인격을 수양하고, 교양을 형성하고, 사회성을 증진시키고, 체력을 단련해서 건강하게 살아가는 교육이 되살아나게 될 것이다. 학생들을 암기식·주입식 교육, 입시 경쟁 교육으로부터 해방시키고 올바른 지덕체 교육, 즐거운 학교교육, 질문과 토론식 수업으로의 전환이 가능하게 된다.

(4) 초·중등 사교육비 부담 완화

교양대학·공동학위제 아래에서는 교양대학에서 공부를 잘하는 것이 가장 중요하기 때문에, 초·중등 과정에서의 사교육을 상당히 줄일 수 있다. 물론 고등학교 때 공부를 잘하는 학생이 대학교 때 잘할 가능성이 높기 때문에 학부모들은 고등학교부터 공부를 잘하기를 원할 것이다. 그러나 대학교에서 공부를 잘하기 위해서는 주입식 교육이 아니라 스스로 공부하는 습관을 들여야 한다. 고등학교 때까지 성적이 비숫한 학생들의 대학교 때 성적은 과외를 많이 했을수록 나빠지는 경향이 있다. 서울대 지역균형선발 학생들의 사례에서 확인할 수 있듯이 과외는 자기 학습 능력을 떨어뜨린다. 공부 시간의 생애 배분도 문제가 된다. 너무 많은 공부 시간을 어린 나이에 배치하면 대학교에 가서 지치게 될 수 있다. 어렸을 때 체육 활동을 많이 시켜서 신체를 튼튼하게 만들어 놓는 것도 중요하다.

초·중등 과정에서 사교육이 완전히 없어지지는 않을 것이지만, 그 성격은 완전히 변할 것이다. 암기 위주가 아니라 논리력과 창의력 개발을 위주로 하게 될 것이다. 고전을 많이 읽혀서 창의력을 키운다든지, 토론한다든지, 스스로 생각한 것을 글로 쓴다든지, 체육 활동을 시키는 형태의 사교육으로 변할 것이다. 반복해서 문제 풀이를 시키는 주입식 사교육은 거의 사라질 것이다.

12. 맺음말

대학 개혁은 지금까지 모든 정부에서 실패했던 것이다. 교육으로 인한 국민들의 고통은 극에 달해 있다. 이 글에서는 새 정부에서 해야 할 대학 개혁의 과제로서 보편적 반값 등록금, 사립대학의 정부 책임형 사립대학으로의 전환, 지역균형선발, 국립대 균형발전, 직업교육의 정상화, 지방을 살리는 대학 정원 조정, 국가연구교수제, 방송통신대학 등 평생교육 체체 강화, 국가교육위원회 설치, 교양대학·공동위제 등을 제안했다.

정부에서 해야 할 대학 개혁의 과제는 참으로 방대하고 난해하다. 그러나 대학 교육개혁에 관한 정확한 목표를 가지고 장기적인 계획을 세워서 하나씩 실천해 나가면 얼마든지 해결할 수 있다. 대학 개혁의 가장 큰 수단은 반값 등록금 실시를 위한 재원이다. 이 재원을 학생들에게 국가 장학금으로 뿌리는 것이 아니라 대학에 직접 지원함으로써, 등록금 고지서 자체를 낮추면서 다른 많은 대학 개혁을 할 수 있게 되는 것이다. 그런데 반값 등록금 예산을 편성할 때에 예산 사용에 대해서도 결정해야 한다. 따라서 교육개혁의 대강은 이때 가닥이 잡혀 버린다. 즉, 반값 등록금을 실시할 때에 대학 개혁을 할 수 있는지 없는지가 판가름 나는 것이다. 대학 개혁을 시작하려는 정치 세력은 특히 이 점에 유의해야 한다.

02

사회통합을 위한
고용정책 개혁

정원호

1. 머리말

2012년 새해 벽두에 나라 안팎으로부터 한국의 고용 상황과 관련한 낭보가 들려왔다. 먼저 2011년도에 취업자가 41만5천 명 증가해 2004년 이후 증가폭이 가장 컸으며, 2008년 이후 고용률(59.1%)은 가장 높고, 실업률(3.4%)은 가장 낮았다는 통계청의 발표가 있었다(2012년 1월 11일).[1] 이를 근거로 재정경제부 장관은 "지난해 고용 실적은 고용 없는 성장 추세를 반전시킬 수 있는 희망의 불씨"라는 희망찬 논평을 내놓았다. 그 며칠 뒤에는 2011년 11월 기준으로 한국의 실업률은 3.1%로 OECD 34개 회원국 가운데 최저치를 기록했다는 보도도 있었

1_고용률=(취업자/15세 이상 생산가능인구)×100, 실업률=(실업자/경제활동인구)×100

다(『연합뉴스』 2012/01/22). 이 정도라면, 고용에 관한 한 별로 걱정하지 않아도 될 것 같기도 하다.

그런데 뒤에서 자세히 살펴보겠지만, 고용 상황을 나타내는 또 하나의 대표적 지표인 고용률을 보면 사정이 좀 다르다. 2011년에 고용률이 다소 개선되었다고는 하지만, 외환 위기 이전인 1997년의 60.9%는 물론 글로벌 금융 위기 이전인 2007년의 59.8%도 회복하지 못하고 있다. 이로 인해 우리나라에서도 소위 '고용 없는 성장'이 본격적으로 거론되고 있다. 국제적으로도 한국의 고용률은 좋은 편이 아니어서 2010년의 경우 63.3%(15~64세 기준)로 OECD 회원국 가운데 23위에 불과했다. 이렇게 본다면, 낮은 실업률에도 불구하고 양적인 측면에서도 고용 사정은 결코 걱정하지 않아도 될 형편이 아니다.

게다가 질적인 측면에서의 고용 사정은 더욱 심각한데, 몇 가지 예만 들면, 각종 차별에 시달리는 비정규직 비율이 절반을 넘은 지 이미 10년이 넘었고, 저임금 근로자의 비중이 OECD 회원국 가운데 제일 크며, 최근에는 취업 중이면서도 빈곤 상태에 빠진 근로 빈곤층이 확대되고 있기도 하다. 소득 불평등의 심화라든가 사회적 양극화 등 최근에 발생하는 많은 사회적 문제들은 바로 이런 고용의 질 저하가 일차적인 원인이며, 그로 인해 취약 계층들의 사회적 배제가 발생한다. 따라서 이런 사회적 배제를 방지하고 진정한 사회통합을 달성하기 위해서는 더 많은 고용의 창출과 동시에 고용의 질 제고가 반드시 필요하다.

이런 관점에서 이 글에서는 먼저 최근의 고용 상황을 양적인 측면과 질적인 측면에서 자세히 파악하고(2절), 이런 고용 상황이 발생하게 된 원인을 살펴본 후(3절), 그에 기초해 '더 많고 더 좋은 일자리 창출'과 '더욱 큰 사회통합'을 목표로 고용 사정을 개선하기 위한 고용정책의 개혁 과제를 제시하고(4절), 끝으로 이를 실현시키기 위한 실천적 과제를 간략히 언급하고자 한다(5절).

2. 최근의 고용 상황

1) 양적 측면

양적인 측면에서 고용 상황을 나타내는 전통적인 지표인 실업률 추이를 보면, IMF 외환 위기로 인해 1998년에 7.0%까지 급등한 이후 점차 하락해 불과 4년 만인 2002년부터 3%대에서 등락을 거듭하다가 2011년에는 3.4%(실업자 85만5천 명)를 기록했다(〈그림 1〉 참조). 이 정도면 가히 '완전고용' 상태라고 말할 수도 있다.

그러나 이런 실업률 지표는 현실을 제대로 반영하지 못하고 있다. 그것은 실업자의 정의가 "경제활동인구 중 조사 대상 주간에 수입이 있는 일을 하지 않았고, 지난 4주간[2] 일자리를 찾아 적극적으로 구직 활동을 했던 사람으로서 일자리가 주어지면 즉시 취업이 가능한 사람"(통계청)인 데서 비롯된다. 즉, 이 정의에 따르면, 구직 의사가 있지만 '적당한 일거리가 없을 것 같아서' 등의 일정한 이유로 조사 대상 주간에 구직을 하지 않은 '구직 단념자', 구직 의사를 갖고 취업을 준비하느라 조사 대상 주간에 구직을 하지 않은 '취업 준비자', 근로 능력이 있음에도 불구하고 취업 의사가 없는 '취업 무관심자'(소위 NEET[3]족) 등

2_통계청의 공식 실업률 산정 기준은 1999년 5월까지는 "구직 기간 1주일"이었으며, 그 이후 "구직 기간 4주일"로 변경되어 연간 기준으로는 2000년부터 구직 기간 4주 기준으로 발표되고 있다.

3_NEET = Not in Education, Employment or Training

그림 1 | 경제성장 및 고용 추이

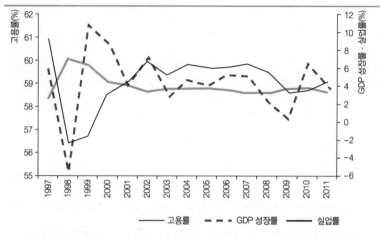

자료: 국가통계포털(kosis.kr)

이 실제로는 실업자이면서도 공식 실업자로 파악되지 않는 것이다.

따라서 공식 실업자뿐만 아니라 이들 실제 실업자까지 모두 포함할 경우 2011년의 '체감실업률'(또는 '실질실업률')은 무려 11.3%(사실상 실업자 309만4천 명)에 달한다(이준협·김광석 2012). 여기에다 단시간(36시간 미만 또는 18시간 미만) 취업자로서 추가 취업을 희망하는 사람들까지 포함할 경우 많게는 13.4%(2011년 8월 기준)까지 올라갈 수도 있다(김유선 2011b).

이처럼 공식 실업률 지표는 현실을 크게 과소평가하고 있기 때문에, 최근에는 생산가능인구 가운데 실제로 취업한 사람의 비율을 나타내는 고용률을 더욱 중요한 지표로 활용하고 있다. 그런데 그동안의 고용률 추이를 보면, 1997년에 60.9%를 초과했으나, 1998년 IMF 경제 위기로 인해 성장률이 -5.7%로 급락하자 고용률도 56.4%로 급락했다. 그 이후 2000년대 들어 성장률 회복과 더불어 고용률 역시 꾸준히

표 1 | 청년(15~29세) 고용 추이

연도	2000	2001	2002	2003	2004	2005	2006	2007	2008	2009	2010	2011
청년실업률	8.1	7.9	7.0	8.0	8.3	8.0	7.9	7.2	7.2	8.1	8.0	7.6
청년체감실업률[1]									20.7	22.2	22.2	21.9
청년고용률	43.4	44.0	45.1	44.4	45.1	44.9	43.4	42.6	41.6	40.5	40.3	40.5

주: 1) 현대경제연구원 추산(이준협·김광석 2012)
자료: 국가통계포털(kosis.kr)

회복되어 왔지만, 최근의 글로벌 금융 위기로 말미암아 2009년에 다시 하락했고, 2011년에 59.1%로 증가했지만, 아직 IMF 위기 이전인 1997년 수준을 회복하지 못하고 있다(〈그림 1〉). 2012년에도 고용 상황은 크게 개선되지 못할 것으로 보이는데, 유럽 재정 위기의 심화 등 대외 여건의 악화로 경제성장이 둔화될 것으로 예상되는 가운데 실업률은 다소나마 증가하고, 고용률은 2011년 수준을 유지할 것으로 전망된다(한국은행 2011).

한편, 이처럼 전반적으로 저조한 고용 상황을 성별, 연령별, 학력별, 산업 부문별 등등으로 세부적으로 구분해 살펴보면 다양한 특징과 문제점들을 발견할 수 있지만, 여기서는 특히 심각한 사회문제가 되고 있는 청년 실업에 대해서만 살펴보자. 〈표 1〉을 보면, 공식적인 청년(15~29세) 실업률은 전체 실업률의 두 배나 되는데, 이마저도 현실을 제대로 반영한 것이 아니다. 청년층 체감실업률은 공식 실업률의 거의 세 배에 달하는 20%를 상회하고 있어 청년층 5명 가운데 하나는 사실상 실업자라고 할 수 있다. 고용률 또한 전체 고용률보다 약 20%p 정도나 낮은데다가 2000년대 중반 이후 하락 추세를 보이고 있다.[4]

4_남재량(2011)은 청년층 가운데서도 국민들이 피부로 가장 많이 느끼는 '신규 대졸자'의 실업률이 글로벌 금융 위기 이후 급격히 높아져 2009년(2월)에 33.7%, 2010년(2월)에 41.8%, 2011년(2월)에 38.3%까지 증가한 것으로 파악하고 있다.

이상과 같이 양적인 측면에서 한국의 실업 및 고용 상황이 저조하기는 하지만, OECD 국가들과 비교하면, 최악은 아니다. 2010년의 경우 공식 실업률은 3.7%로 노르웨이(3.5%)에 이어 두 번째로 낮아 아주 양호하고, 고용률(15~64세)도 63.3%로 OECD 34개 회원국 평균(64.6%)보다는 조금 낮지만 23위로 최하위 집단은 아니다. 청년(15~24세) 고용률이 23.0%로 OECD 평균 39.5%의 절반을 약간 넘는 수준으로 하위 집단에 속하고 있기는 하지만, 청년실업률은 9.8%로 OECD 평균인 16.7%에 비해 훨씬 낮다(OECD 2011). 이에 반해 질적인 측면에서 한국의 고용 상황은 거의 최악의 상태를 보여 주고 있다.

2) 질적 측면

무엇보다도 먼저 고용 형태와 관련해 비정규직[5]의 규모가 매우 크다는 점을 들 수 있다. 비정규직의 규모는 1990년대 말 IMF 경제 위기 이후 급격하게 증가해 2000년대 초·중반까지 55~56%를 유지하다가 최근에 다소 감소해 2011년 8월에는 49.4%를 기록했다(〈표 2〉). 즉, 근로자의 절반이 비정규직인 셈이다.[6]

5_고용 형태 가운데 직접고용, 무기계약, 전일제 근로를 특징으로 하는 고용 형태를 '정규직'이라고 하는 반면, 정규직이 아닌 모든 고용 형태를 '비정규직'이라 하는데, 이것은 다시 고용계약의 기간이 제한된 임시 근로(장기 임시 근로, 한시 근로(계약 기간을 정한 기간제 근로 + 계약 기간을 정하지 않았으나 계속 근무를 기대할 수 없는 형태)), 근로시간이 전일제가 아닌 시간제 근로(파트타임), 다양한 근로 제공 방식에 따라 호출 근로, 특수 고용, 파견 근로, 용역 근로, 가내 근로 등으로 구분된다. 물론 이들 형태는 서로 중복되기도 한다(예를 들면, 임시 근로이면서 동시에 시간제 근로를 하는 경우).

6_정부는 비정규직 추계에서 통계청이 발표하는 임시·일용직 가운데 일부를 정규직으로 판단해 비정규직에서 제외함으로써 2011년 8월 정부의 공식적인 비정규직 비율은 34.2%에 불과하다. 이에 관한 자세한 설명은 김유선(2012a) 참조.

표 2 | 비정규직 규모(2011년 8월)

	수(천 명)				비율(%)			
	상용	임시	일용	전체	상용	임시	일용	전체
임금노동자(1)	10,710	5,031	1,769	17,510	61.2	28.7	10.1	100.0
정규직(2=1-3)	8,857			8,857	50.6			50.6
비정규직(3=①+~+⑧, 중복 제외)	1,853	5,031	1,769	8,653	10.6	28.7	10.1	49.4
고용계약	임시 근로	1,640	5,031	1,769	8,440	9.4	28.7	10.1	48.2
	장기 임시 근로 ①		3,554	1,397	4,951		20.3	8.0	28.3
	한시 근로 ②	1,640	1,477	372	3,489	9.4	8.4	2.1	19.9
	(기간제 근로)	1,574	925	168	2,667	9.0	5.3	1.0	15.2
근로시간	시간제 근로 ③	134	986	582	1,702	0.8	5.6	3.3	9.7
근로 제공 방식	호출 근로 ④			962	962			5.5	5.5
	특수 고용 ⑤	17	546	51	614	0.1	3.1	0.3	3.5
	파견 근로 ⑥	131	59	7	197	0.7	0.3	0.0	1.1
	용역 근로 ⑦	412	203	58	673	2.4	1.2	0.3	3.8
	가내 근로 ⑧	5	12	58	75	0.0	0.1	0.3	0.4

자료: 김유선(2012a)

이를 좀 더 세부적으로 구분해 살펴보면, 대부분의 비정규 고용 형태는 고용계약의 기간이 정해져 있는 임시 근로(48.2%)의 형태를 취하고 있는 가운데, 장기 임시 근로가 28.3%, 한시 근로가 19.9%(이 가운데 기간제 근로 15.2%), 시간제 근로가 9.7%, 기타 14.3%로 구성되어 있다(중복 포함).

그런데 이들 비정규직은 근로조건에서 정규직에 비해 커다란 차별을 받고 있는데, 첫째, 임금과 관련해 2011년(8월) 비정규직의 월평균 임금은 정규직의 48.6%(시간당 임금은 51.3%)에 불과하다. 또한 중위 임금의 3분의 2 이하의 임금을 받는 저임금 계층이 전체적으로 26.7%인데, 정규직은 6.8%만이 저임금 계층인 데 반해, 비정규직은 47%가 저임금 계층으로 2명 중 1명이 저임금 계층에 속한다. 나아가 법정 최저 임금(2011년도 시간당 4,320원)에도 못 미치는 임금을 받는 근로자가 190만 명이나 되는데, 그 가운데 정규직은 5.7%에 불과하고 나머지 94.3%가 비정규직이다.

둘째, 고용의 안정성을 나타내는 근속연수를 보면, 전체 근로자의 근속연수가 5.1년인 가운데, 정규직은 8.02년인 반면, 비정규직은 2.10년에 불과하다. 또한 1년 미만의 단기 근속자 비중은 정규직은 16.3%인 데 반해, 비정규직은 56.0%나 되어 비정규직의 고용 불안이 월등히 심하다는 것을 알 수 있다.

셋째, 주요 사회안전망인 사회보험(국민연금, 건강보험, 고용보험)에 가입한 비율을 보면, 정규직은 각각 97.3%, 98.6%, 82.8%인 데 반해, 비정규직은 각각 32.2%, 37.3%, 35.8%에 불과하다.[7] 이 밖에 퇴직금, 상여금, 시간외수당, 유급휴가 등 기타 근로조건 적용률도 정규직은 70~99%나 되는 데 반해, 비정규직은 17~33%에 불과하다(김유선 2012a).

한편, 최근에는 비정규직 중에서도 간접 고용의 비중이 커지고 있는데(은수미 2008), 2010년 현대자동차 사내하청에 대한 대법원의 불법 파견 판결과 뒤이은 사내하청 노동자들의 파업을 계기로 간접 고용의 한 형태인 사내하도급(사내하청)이 큰 문제로 부각되고 있다. 사내하도급 근로자는 하청업체 소속이면서도 원청업체의 지휘명령을 받음으로써 위장 도급 또는 불법 파견의 가능성이 커서 법적으로도 복잡한 문제를 야기할 뿐만 아니라 하청업체 변경에 따른 고용 승계 문제로 격렬한 노동쟁의가 발생하기도 한다. 이런 사내하도급은 제조업과 서비스업, 민간·공공 부문을 막론하고 광범위하게 확산되어 있다. 2008년도의 300인 이상 대기업에 대한 노동부의 조사에 의하면, 사내하도급을 활용하는 기업은 54.6%에 달했고, 원청업체 근로자 대비 사내하도급 근로자의 비중은 28.0%에 달했다. 또한 사내하도급을 활용하는 공

7_국민연금과 건강보험은 직장 가입 외에 지역 가입이 가능한데, 이를 포함해도 비정규직의 국민연금 가입률은 43.6%에 불과하다. 다만, 건강보험의 경우 지역 가입 이외에 의료 수급권자와 직장 가입 피부양자까지 합하면, 적용률은 95.1%에 달한다.

기업이 75.8%로 민간기업의 58.0%에 비해 많고, 원청업체 근로자 대비 사내하도급 근로자의 비중도 공기업이 27.9%로 민간기업의 16.9%보다 높았다(은수미 2012).

이제 한국의 고용의 질을 몇 가지 측면에서 국제적으로 비교해 보면, 거의 최악의 상황임을 알 수 있다. 먼저 비정규직 규모[8]와 관련해 살펴보면, 2010년도 한국의 시간제 근로는 10.7%로 OECD 평균인 16.6%에 미달하며, 순위는 23위에 해당한다. 반면에 임시 근로는 19.2%로 OECD 평균 12.4%를 상회해 전체에서 6위에 해당한다(OECD 2011). 이렇게 볼 때, 한국의 비정규직 규모가 최악이라고 할 수는 없지만, 문제는 한국의 비정규직이 처한 열악한 근로조건이 중요한 원인이 되어 전체적인 고용의 질이 국제적으로 최악인 상황이 초래되고 있다는 것이다.

고용의 질을 나타내는 대표적인 지표의 하나인 임금과 관련해 보면, 2009년도의 경우 저임금 계층이 전체 근로자의 25.7%로 OECD 평균인 16.3%를 훨씬 상회하는 1위를 기록하고 있다. 또한 임금(소득) 격차도 최상위를 기록하고 있는데, 10분위 소득 배율(10분위 소득/1분위 소득)은 4.69로서 OECD(27개국) 평균 3.34를 훨씬 넘어 이스라엘(5.19)과 미국(4.98)에 이어 3위를 기록하고, 남녀 간 임금격차[9]는 39%로 압도적인 1위(OECD 평균 16%)를 기록하고 있다(OECD 2011).

다음으로 근속 기간을 국제적으로 비교해 보면, 2009년의 경우 한국의 평균 근속연수는 4.9년으로 OECD 21개 회원국 평균인 9.7년의 절반에 불과한 최하위를 기록했고, 10년 이상 장기 근속자의 비중도

8_OECD에 제출된 한국의 비정규직 규모는 물론 정부 기준에 의해 작성된 것이다.

9_남성의 중위 임금 대비 남성의 중위 임금과 여성의 중위 임금의 차이.

16.5%로 OECD 23개 회원국 평균인 33.4%의 절반에 불과한 최하위에 그쳤다. 반면에, 1년 미만의 단기 근속자 비중은 37.2%로 OECD 평균인 17.0%의 두 배를 상회하는 압도적 1위를 기록했다. 이를 종합해 보면, 한국은 국제적으로 '초단기 근속의 나라'라고 할 수 있는데, ILO 등에서 고용 안정의 대위 변수로 근속연수를 사용하고 있는 점에 비추어 볼 때, 한국은 고용이 가장 불안정한 나라라고 할 수 있다(김유선 2010b).

이와 같은 저임금과 고용 불안은 소득 불평등을 심화시켜 관련 지표인 노동소득분배율이나 지니계수 등을 악화시키고 있는데,[10] 특히 그로 인해 최근 들어 큰 문제로 대두되고 있는 것은 소위 '근로 빈곤'[11]의 심화다. 즉, 1990년대 이후 한국의 빈곤층 비중이 점점 증가하고 있는 가운데 노령, 장애, 실직 등의 전통적인 빈곤 요인 이외에 일을 하고 있음에도 빈곤한 근로 빈곤이 새로운 빈곤 요인으로 대두되고 있는 것이다. 즉, 근로 연령층(15~64세)의 빈곤율은 1990년 6.5%에서 2010년 10.2%로 증가했고, 취업 상태에 있음에도 불구하고 빈곤층에 속하는 취업 빈곤율은 같은 기간 4.7%에서 7.5%로 증가했다. 또한 빈곤층 내에서 근로 빈곤층의 비중을 보면, 2009년 말 현재 전체 빈곤층 약 650만 명 가운데 근로 능력 빈곤층은 250만 명으로 전체 빈곤층의 38.5%에 달하고, 이 가운데 유급 취업 경험자는 152만 명이며, 다시 그중에 절반은 1년 내내 취업 중인 사람이었다(이병희 2011).

10_이런 소득 불평등의 심화에 대해서는 이병희(2008) 참조.

11_근로 빈곤층은 '근로 능력이 있는 빈곤층', 구체적으로는 '가구소득이 빈곤선에 미치지 못하는 가구에서 근로 능력이 있거나 취업 상태에 있는 개인'으로 정의되는데, 이때 빈곤선은 가구소득이 최저생계비에 못 미치는 절대빈곤을 의미하는 것이 아니라 중위소득의 50%에 미달하는 상대 빈곤을 의미함(이병희 2010).

이런 한국의 근로 빈곤은 국제적으로 비교해 보아도 심각한 상황에 있음을 알 수 있다. 2000년대 중반 한국의 빈곤율은 14.6%로서 OECD 평균 10.6%보다 높은 7위를 기록하고 있는데, 이 가운데 가구주가 근로 연령인 가구의 빈곤율은 10.9%로 OECD 평균 10.1%보다 높고, 근로 연령 빈곤층 가운데 취업 빈곤층이 차지하는 비중도 OECD 평균인 62.8%보다 높은 71.1%나 된다(이병희 2010).

마지막으로 고용의 질과 관련한 한 가지 지표만 더 살펴본다면 노동시간을 들 수 있는데, 이 또한 세계 최장을 기록하고 있다. 2004년 이후 주 40시간 노동의 단계적 도입으로 노동시간이 점차 단축되어 왔음에도 불구하고, 2010년도 한국의 연간 노동시간은 2,193시간(취업자 기준)으로 OECD 34개 회원국 평균인 1,749시간보다 444시간이나 긴 압도적인 1위를 기록하고 있다(OECD 2011).[12]

3. 고용 상황 악화의 원인

이처럼 한국의 고용이 최근에 양적으로 정체되고 질적으로 악화된 원인은 무엇인가? 거기에는 수많은 원인들이 상호 복잡하게 연관되어 있겠지만, 여기서는 주요한 몇 가지만 양적인 측면과 질적인 측면으로 구분해(물론 엄밀하게 구분되지 않을 수도 있지만) 살펴보고자 한다.

12_그런데 이마저도 한국 정부가 OECD에 축소 보고한 것이라는 분석도 있다. 즉, 김유선 (2012b)에 따르면, OECD에 보고된 위의 수치는 통계청 '경제활동 인구조사'의 수치보다 161시간(취업자 기준; 노동자 기준으로는 208시간)이나 작다.

1) 양적 측면

먼저, 고용은 경제성장의 파생 변수이기 때문에 경제성장이 고용 증가에 결정적인 영향을 미치는데, 〈표 3〉에서 보듯이, 최근 들어 경제성장률 자체가 과거에 비해 침체되고 있다. 즉, 과거의 고도성장기는 지나가고, 소위 '저성장 시대'에 접어듦에 따라 고용 증가도 정체되고 있는 것이다.

게다가 경제성장이 고용을 창출하는 능력 자체도 저하되었는데, 1%의 경제성장이 고용을 몇 %나 증가시키는가를 나타내는 고용탄력성(고용증가율/경제성장률)이 1970년대에는 0.5 안팎이었으나, 2000년대 들어서는 0.2 정도로 하락했다. 이리하여 경제가 성장하더라도 고용이 증가하지 않는 소위 '고용 없는 성장'이 이루어지고 있는 것이다.

이런 고용 없는 성장은 무엇보다도 기술 진보(생산성 증가)로 인해 제품 생산에 필요한 노동력 자체가 감소함으로써 발생한다. 그러나 다른 한편으로 생산성 증가는 소득 증가를 초래해 새로운 수요를 창출하고 그것이 고용을 창출하는 기능을 하기도 한다. 따라서 기술 진보의 특성이나 노동시장의 조정 기능 등에 따라 고용 없는 성장은 장기간 지속될 수도 있고, 단기간에 끝날 수도 있다.

이렇게 볼 때, 최근의 고용 없는 성장의 배후에는 또 다른 요인이 놓여 있다고 할 수 있다. 그것은 크게 보아 한국 자본주의의 축적 방식의 변화에서 찾을 수 있다. 과거 고도성장기에 기업들이 국가의 보호하에 부채에 의존해 장기 투자를 하던 방식에서 1997년 IMF 외환 위기 이후 부채비율을 낮추고 주주 이익의 극대화를 위해 단기적 시각의 투자에 집중하는 신자유주의적 축적 방식으로 전환되었다. 기업의 인수합병(M&A)이 활발해지면서 경영권 방어를 위해 이윤을 재투자하는

표 3 | 저성장 및 고용 없는 성장

연도	경제성장률(%)	고용증가율(%)	고용탄력성
1971~1975	7.6	4.0	0.53
1976~1980	7.0	3.2	0.46
1981~1985	7.8	1.8	0.23
1986~1990	9.6	3.3	0.34
1991~1995	7.8	2.5	0.32
1996~2000	4.6	1.9	0.41
2001~2005	4.5	1.2	0.27
2006~2009	3.1	0.7	0.23

주: 고용탄력성=고용증가율/경제성장률
자료: 윤진호(2010)

대신 사내 유보금을 엄청나게 적립하게 되어 전체적으로 투자가 저하되고 고용 창출이 저조해진 것이다. 또한 1998년 정리해고의 합법화를 계기로 기업들은 단기 수익 극대화 내지는 주주 이익의 극대화를 위해 노동력을 비용 요인으로 간주해 핵심 기간 인력을 제외하고는 주변 단순 인력에 대한 정리해고(소위 '구조조정')를 광범하게 진행했다. 이런 고용 배제적 축적 방식으로의 변화가 고용 없는 성장의 중요한 요인으로 작용하고 있는 것이다.

한편, 심각한 사회문제가 되고 있는 청년 실업의 배후에는 위와 같은 전반적인 요인 이외에 특수한 요인들이 놓여 있다. 먼저, 공급 측면에서 청년층의 고학력화를 들 수 있다. 1995년 대학 설립 및 정원 자유화 조치 이후 대학 진학률이 급격히 증가해 2000년대 중후반에 80%를 상회하다가 최근에 다소 하락했지만 2011년에도 72.5%를 기록할 정도로 여전히 매우 높은 수준을 보이고 있다. 하지만 기업이 원하는 일자리가 모두 대졸 일자리는 아니기 때문에 학력별 수급 불일치가 발생하는 것이다. 반면, 수요 측면에서는 시장 경쟁이 격화되는 가운데 기업들의 인력 채용이 단기적 성과를 낼 수 있는 경력직 채용을 선호하는 방향으로 바뀌면서[13] 청년층에게는 청년 인턴 등의 비정규, 저임금 일자리만 제공되는 경향이 커지고 있다. 그런데 잘 알려져 있듯이, 우리나라에서 비정규 일자리는 정규 일자리로의 가교架橋가 아니라 비정규 함정을 의미하기 때문에(장지연·양수경 2007), 청년 구직자들이 (정치인이나 사용자들의 주장대로) '눈높이를 낮추어서' 비정규, 저임금 일자리를 찾기보다는 양질의 일자리를 구할 때까지 장기간 구직(실업) 상태를 유지하는 경향이 커지고 있는 것이다. 이렇게 볼 때, 청년 실업의 궁극적인 원인은 양질의 일자리 부족이라고 할 수 있다.

2) 질적 측면

다음으로 과도한 비정규직, 저임금, 장시간 노동, 고용 불안(단기 근속) 등으로 특징지어지는 열악한 고용의 질은 어디서 비롯되었는가? 이 또한 한 가지 원인에 의해서만 발생된 것이 아니라 다양한 구조적·제도적·정책적 원인들의 상호작용의 결과다.

이와 관련해서는 고용의 질 악화가 주로 비정규직의 열악한 근로조건에 기인하는 만큼, 비정규직 확대의 원인에 대해 가장 먼저 지적해야 할 것이다. 비정규직은 최근의 문제만이 아니라 사실은 '임시·일용직'이라는 이름으로 1960년대 경제발전 초기부터 존재해 왔다. 1960년대에는 50%대로 상당히 많았지만, 이후 꾸준히 감소해 1980~90년대에는 30~40%대에 머물렀다. 그러다가, 앞에서 살펴본 바와 같이, 1990년대 말부터 급격하게 증가해 최대의 고용 문제로 등장했는

13_주요 기업(30대 대기업, 4대 공기업 및 금융기관)의 경력직 채용 비율은 외환 위기 이전인 1997년에 39.3%였으나, 위기 이후 1998년에는 54.7%, 2002년에는 81.8%로 급격하게 증가했다(전병유 외 2006).

데, 그 원인은 역시 IMF 외환 위기를 계기로 기업들의 유연화 전략, 그 것도 주로 외부적 유연화 전략[14]이 크게 확대된 것이다. 위에서 잠깐 언급한 바와 같이, IMF 위기 이후 기업들은 일상적인 구조조정(정리해 고)을 단행했는데, 이후에는 필요 인력을 정규직으로 충원하기보다는 열악한 근로조건으로 비정규직을 사용하는 방식을 채택했다.

이와 관련해 사용자들은 흔히 정규직에 대한 과도한 고용 보호로 말미암아 비정규직을 사용할 수밖에 없다고 강변하고 있으나, OECD 고용 보호 지수로 볼 때, 2003년도 한국의 종합적 고용 보호 수준은 28개국 가운데 17위로 중간보다 낮은 수준이다(OECD 2004). 그렇다면 결국 기업들이 비정규직을 사용하는 이유는 기업 환경의 불확실성에 대응하는 유연성 확보(쉽게 말해, 채용과 해고를 쉽게)와 비용 절감(쉽게 말해, 저임금)에 있다고 할 수 있다(장지연·양수경 2008).

이렇게 비정규직이 급증하고 사회적 쟁점이 되자 2000년대 중반 엄청난 사회적 논란 속에 비정규직 보호를 위한 법률들(비정규 3법)[15]이 제·개정되어 시행되고 있다. 그 주요한 내용은 차별 금지 및 차별 시 정, 사용 기간 규제[2년 초과시 고용의제(기간제) 또는 고용의무(파견)] 등인 데, 비정규법 시행의 효과로 일부 비정규직의 정규직 전환이 이루어져 비정규직 규모가 소폭 감소하기도 했다(기간제 근로의 감소와 시간제 근로

14_시장 상황에 따라 노동력 투입을 탄력적으로 조정하는 것을 노동시장 유연성이라고 할 때, 그것은 크게 외부적 유연성과 내부적 유연성으로 구분된다. 전자는 해고와 채용, 비정규직 의 일시적 활용 등 기업 내·외부로 고용을 조정하는 방식(외부적-수량적 유연성)이나 제품 의 생산 자체를 외부로 위탁하는 외주화(아웃소싱, 외부적-기능적 유연성)를 말하며, 후자 는 고용 조정 없이 기업 내부에서 노동시간을 조정하는 방식(내부적-수량적 유연성)이나 노 동자의 다기능을 토대로 작업 조직 변경 내지 전환 배치 등을 통하는 방식(내부적-기능적 유연성)을 말한다.

15_"기간제 및 단시간 근로자 보호 등에 관한 법률", "파견 근로자 보호 등에 관한 법률", "노동 위원회법" 등이 있다.

의 증가). 그러나 동시에 제도적인 허점과 노동시장적인 요인으로 인해 차별 시정이 제대로 이루어지지도 않고, 법적 규제가 없는 파견, 용역, 사내하도급 등 간접 고용 비정규직이 확대되었으며, 임금 및 근로 조건 격차는 여전한 등 비정규 법률들이 비정규직 보호에 큰 효과를 거두지 못하고 있는 실정이다(자세한 내용은 후술). 결국 비정규직을 보호하기 위한 제도적 기반은 여전히 취약한 것이다.

그런데 이런 비정규직의 존재가 전체적인 고용의 질 악화의 주요한 원인이기는 하지만, 그것이 전부라고 할 수는 없다. 또 하나의 원인은 대기업과 중소기업 간의 양극화에서 찾을 수 있다.[16] 재벌/대기업의 경제력 집중은 최근의 일만은 아니다. 예를 들면, GDP 대비 30대 재벌의 자산 비중은 1980년대 말 50%대에서 외환 위기 직전에는 90%까지 증가했다. 그러나 위기 이후 혹독한 구조조정으로 인해 다시 50%대로 하락했으나, 이후 다시 급증해 2010년에는 외환 위기 직전과 거의 같은 수준에 도달했다.[17] 이런 재벌/대기업의 경제력 집중의 심화는 상대적으로 중소기업의 약화를 의미하는데, 문제는 대표적인 양질의 일자리라 할 수 있는 대기업의 고용 비중은 10%도 안 되고, 근로조건이 열악한 중소기업의 고용 비중이 90%를 넘는다는 것이다. 이런 대기업의 고용 비율은 OECD 국가들 중 최하위다(황덕순 2011). 게다가 추세적으로 보면, 대기업의 고용 비중은 점차 감소해 왔고, 대기업과 중소기업 간의 임금격차는 점점 확대되어 왔다. 즉, 전체 취업자 가운데 300인 이상 대기업의 취업자 비중은 1993년에 9.5%에서 2011년에

16_물론 기업 규모가 작을수록 비정규직 비중이 크기 때문에 다소 중복되는 문제일 수는 있다. 예컨대 2011년의 경우 300인 이상 대기업에서 비정규직 비율은 17%인 데 반해 5인 미만 사업체에서는 81.6%가 비정규직이다(김유선 2012a).

17_이 책의 4장 김상조의 글을 참조.

는 8.2%로 1.3%p나 저하된 반면, 중소기업의 월평균 급여 대비 대기업의 월평균 급여는 1995년 1.35배에서 2010년에는 1.59배(2006년 1.66배)로 증가했다(통계청). 심지어 2011년 300인 이상 대기업 비정규직의 시간당 임금(17,621원)이 300인 미만 중소기업 정규직의 임금보다 많을 정도로 사업체 규모에 따른 격차가 심각하다(금재호 2012). 이런 대기업과 중소기업 간의 양극화 심화가 전체적으로 고용의 질을 악화시킨 원인으로 작용한 것이다.[18]

한편, 장시간 노동은 새로운 고용 창출의 기회를 잠식함으로써 고용의 양적 확대에도 부정적인 영향을 미치는데, 그것이 고착화된 원인은 무엇보다도 저임금을 들 수 있다. 즉, 정상 근로로부터 받는 임금으로 생활을 유지하는 데 불충분하기 때문에, 노동자들은 초과 근로(연장·야간·휴일 근로)에 따르는 할증임금을 받기 위해 적극적으로 초과 근로를 하게 되는 것이다. 실제로 월평균임금이 낮은 노동자들이 주로 주 48시간 이상의 장시간 노동을 하는 것으로 나타났다. 반면, 기업의 입장에서는 주로 '수요 증가에 대한 탄력 대응'을 가장 큰 이유로 들고 있는데, 이는 곧 수요 증가에 대해 인력 충원으로가 아니라 기존 인력의 장시간 노동으로 대처한다는 것을 말한다(배규식·홍민기 2012). 이리하여 과거 고도성장기뿐만 아니라 최근까지도 저임금이 장시간 노동을 초래하는 소위 '저임금·장시간 노동 체제'가 여전히 온존하고 있다고 할 수 있다.

그런데 이런 장시간 노동이 초래된 데에는 법·제도적인 미비점도 중요한 역할을 하고 있다. 먼저 2004년부터 주 5일(40시간) 노동이 단계적으로 실시되어 2011년 7월부터는 5인 이상 사업장으로까지 확대

18_대기업과 중소기업의 양극화에 관한 자세한 분석은 이 책의 3장 홍장표의 글을 참고.

되었는데, 근로기준법상 5인 미만 사업장에는 적용되지 않음으로 인해 아직까지(2011년 8월) 주 5일제 적용 비율은 53.5%에 불과하다. 게다가 주 5일제가 적용되는 경우에도 사업장 규모가 작거나, 저임금 업종이거나, 비정규직의 경우에는 실제로 잘 실시되지 않고 있다(김유선 2012b).

또한 장시간 노동을 방지하기 위해 근로기준법상 연장근로는 주 12시간을 초과하지 못하도록 되어 있는데, 그동안 노동부는 행정 해석을 통해 휴일 근로(특근) 시간을 연장근로시간에서 제외하는 것으로 해석하고 있다. 이로 인해 극단적인 경우 휴일 특근이 법적으로 허용된 주간 총근로시간(정규 40시간+연장 12시간=52시간)보다 많은 경우도 발생하는데, 실제 금속노조 산하 11개 부품업체의 경우 2010년 상반기 월평균 특근 시간이 52.9시간이었고, 2009년도의 연간 노동시간은 무려 2,752.7시간이나 되었다(이상호 2010).

게다가 근로기준법 제59조는 특정 업종에 대해 노사 합의를 전제로 연장근로를 12시간 이상 초과하도록 허용하는 근로시간 특례를 인정하고 있는데, 여기에 해당하는 업종이 26개 업종이나 되고, 이 특례 업종의 고용 비중은 1993년 37.7%에서 점점 증가해 2010년 현재 52.9%나 된다(배규식 외 2011).[19] 예외가 이렇게 절반이나 될 정도라면, 법률을 통한 장시간 노동의 규제는 별 의미가 없는 실정이다.

그런데 고용의 질에 영향을 미치는 법·제도의 미비점은 비단 노동시간에만 국한되는 것이 아니다. 먼저 위에서 언급했듯이, 5인 미만 사

19_이 비율은 산업 분류 기준의 변화 등으로 조사 기관에 따라 차이가 나는데, 노동부의 사업체 노동력 실태 조사에서는 2008년도의 경우 특례 업종 사업체가 전체의 54.5%, 종사자 비중은 37.9%로 조사되었고, 통계청 조사에서는 2009년의 경우 사업체 비중 68.6%, 종사자 비중 52.3%로 나타났다.

업체의 근로자에 대해서는 근로기준법과 기간제법의 일부 조항이 적용되지 않는다. 예를 들면, 근로기준법상의 '해고제한' 규정을 적용받지 못하고, 기간제·단시간법상의 '기간제 사용 기간 제한(2년)' 규정과 '단시간 근로자의 초과 근로 제한(12시간)' 규정을 적용받지 못한다. 또한 감시 근로자(아파트 경비 등) 또는 단속적斷續的 근로자[20]는 최저임금도 적용받지 않는다. 이로써 가장 열악한 조건에 있는 근로자들이 법적 보호의 바깥에서 방치되고 있는 것이다.

게다가 부실한 법조차도 제대로 준수되지 않는 경우도 있는데, 직접적으로 저임금을 규제하는 제도인 법정 최저임금제도가 제 기능을 다하지 못하고 있는 것이 대표적이다. 먼저, 현재 한국의 최저임금수준은 평균임금의 25~29% 수준으로 매우 낮으며, 국제적으로도 최하위권에 속하고 있다(김유선 2011a). 더더욱 문제는 2011년의 경우 이 법정 최저임금(시간당 4,320원)조차 받지 못하는 최저임금 미달자가 무려 190만 명(전체 취업자의 10.8%)이나 된다는 사실이다. 그마저도 2009년(3월)의 220만 명(13.8%)에 비해서는 감소한 것이다(김유선 2012a). 최저임금에 관해서는 이만큼 법 위반이 발생하는 것이고, 정부가 근로 감독 의무를 다하지 않고 있는 것이다. 그것이 결국 저임금구조를 온존시키는 한 원인이 되고 있는 것이다.

한편, 근로 빈곤의 일차적인 원인은 고용 불안과 저임금이라 할 수 있지만, 그 외에도 근로 빈곤층 대부분이 사회보험(특히 고용보험)이 적용되지 않는 사각지대에 존재함으로써 취업과 실업을 반복하는 동안 소득 보상을 받지 못하는 것도 중요한 원인이다. 이처럼 사회보험 미

20_근로가 간헐적으로 이루어져 실제 근로시간보다 휴게시간이나 대기시간이 많은 보일러 기사나 전용 운전원 등을 말한다.

가입 근로를 '비공식 근로'라 정의할 때, 2009년도 빈곤층의 비공식 근로 부문 취업률은 73.9%나 되어 비빈곤층의 35.4%보다 두 배를 상회한다. 이런 사회보험의 사각지대는 법적으로 적용이 제외되는 경우, 적용 대상임에도 사업주의 의무 불이행으로 미가입하는 경우, 가입했더라도 수급 요건이 엄격해 보장을 못 받는 경우, 수급하더라도 급여 수준이 낮거나 수급 기간이 짧아 보장이 미흡한 경우 등에서 발생하는데, 이 가운데 사각지대 발생의 가장 큰 원인은 적용 대상임에도 불구하고 가입하지 않는 경우다(이병희 2011).

이 밖에도 고용의 질을 악화시키는 수많은 원인들이 있을 수 있겠지만, 마지막으로 한 가지만 더 언급하자면, 좀 더 근원적인 차원에서 사용자나 정부와 더불어 노동시장 규제자의 하나인 노동조합의 역량이 미미한 것을 들 수 있다. 노동조합은 노동자들의 자주적 이익 대변 조직으로서 임금과 기타 근로조건의 향상을 위해 사용자나 정부를 대상으로 대립·투쟁하는(때로는 협조·타협하기도 하는) 것이 그 본질적인 역할이다. 따라서 노동조합이 강력할수록 노동자들의 근로조건을 향상시킬 가능성도 커지는 것이다. 예컨대 한국의 노동조합운동은 1987년 노동자 대투쟁 이후 1980년대 말~1990년대 초 노동조합 조직률이 20%나 되고 세계적으로도 전투적 노동조합운동의 대명사로 불릴 정도로 비교적 강력했던 적이 있었고, 이 당시 실제로 근로조건의 개선에 큰 기여를 한 것도 사실이다. 그러나 그 이후 계속 침체를 거듭해 2010년에는 조직률이 34년 만에 10% 이하로 하락했고, 임금 인상이나 법·제도의 개선에서도 과거만큼 영향력을 발휘하지 못하고 있다. 또한 노조의 사회적 영향력이 미미함으로 인해 노사 간에 근로조건을 규정한 단체협약의 적용률도 거의 조직률과 유사한 수준에 불과하다.[21]

게다가 조직된 노동조합도 대기업·공공부문/정규직 중심이고, 중소·영세기업/비정규직의 조직률은 매우 낮다. 이런 사실은 노동조합이, 아무리 '연대'를 기치로 내걸더라도 본질적으로 이익 대변 조직이라는 점을 감안하면, 가뜩이나 심각한 두 부문 사이의 격차를 해소하는 데 큰 역할을 하지 못하거나 심지어는 그런 격차를 확대하는 한 원인일 수도 있다는 추론을 가능하게 한다.[22] 이런 추론은 실증적으로도 입증되는데, 노조조직률과 저임금노동자의 관계를 분석한 연구(황덕순 2011)에 따르면, 노동조합이 임금을 높이는 효과는 있지만, 임금수준을 평준화시키는, 그리하여 저임금노동을 낮추는 효과는 매우 약하다. 1990년대에는 그 효과가 약하게나마 있었지만, 2000년대 들어서는 그마저도 사라지는 것으로 분석되고 있다.

4. 고용정책 개혁 과제

이상에서 살펴본 바와 같이 양적으로 정체되어 있고, 질적으로 열악한 고용 문제를 해결하기 위한 정책 방안은 무엇인가? 사실 고용 문제는 단지 노동시장에서만의 문제가 아니라 모든 경제적 과정들의 상호작용의 결과인 만큼 어떤 단편적인 처방만으로 해결할 수는 없다. 크게는 거시경제정책, 산업정책으로부터 작게는 세세한 노동시장정책

21_ 다른 나라의 경우 조직률보다 단체협약 적용률이 높은 경우가 많은데, 대표적으로 프랑스의 경우 노조조직률은 10% 미만이지만, 협약 적용률은 80%나 된다.

22_ 실제로 대기업·공공부문/정규직 위주의 조합원으로 구성된 민주노총이나 한국노총이 공식적으로 '비정규직 투쟁'을 매우 중요한 사업으로 전개하고 있지만, 노조 내부의 호응이나 사회적 반향이 그리 크지 않은 것이 솔직한 현실이다.

에 이르기까지 종합적인 정책의 수립과 집행이 필요하다. 이때 고용정책의 목표 내지 방향성은 단순히 일자리를 많이 창출하는 것이 아니라 고용의 질을 보장하는 양질의 일자리를 많이 창출하는 것, 즉 '더 많고 더 좋은 일자리 창출'과 취약 계층의 사회적 배제를 방지하고 '더욱 큰 사회통합'을 달성하는 것이어야 할 것이다.[23]

아래에서는 이런 고용정책의 목표를 염두에 두면서 지금까지 살펴본 고용 상황을 해결하기 위한 몇 가지 개혁 방안들을 제안하고자 한다. 그런데 지금까지 고용 상황을 양적인 측면과 질적인 측면으로 구분해 살펴본 것과 같은 맥락에서 정책 과제들도 고용 창출 방안과 고용의 질 제고 방안으로 구분해 살펴볼 것이다.

다만, 그 전에 현재 이명박 정부의 고용정책을 간략하게라도 평가하고 넘어갈 필요가 있다. 이명박 정부 출범 직후인 2008년 말 글로벌 금융 위기가 발생해 2009년부터 고용 문제가 급격하게 대두되었고, 그에 따라 자칭 '일자리 정부'(2010년 대통령 신년사)라고 칭할 정도로 나름대로 고용정책에 노력을 기울인 바 있기 때문이다.

1) 이명박 정부의 고용정책 평가

소위 '비즈니스 프렌들리'를 표방하고 출범한 이명박 정부의 고용(노동) 철학은 '성장=고용', 즉 성장이 곧 고용을 창출한다는 과거의 성장주의와 '규제완화(유연화)=고용창출'이라는 시장 근본주의를 내용으로 하고 있다. 이에 따라 고용정책도 재벌 대기업(건설업자) 위주의 성

23_이 두 가지는 2000년대 10년간 유럽연합(EU)의 발전 전략인 리스본 전략(Lisbon Strategy)의 목표였기도 한데, 지금의 우리 현실에서도 필요한 목표인 것으로 판단된다. 유럽 차원의 고용전략의 전개에 대해서는 정원호(2011a) 참조.

장 정책과 노동시장 유연화 정책을 핵심 내용으로 하고 있다.

이런 측면에서 지난 4년간 이명박 정부의 고용정책을 먼저 고용 창출의 관점에서 몇 가지 살펴보자. 거시적으로는 수출 대기업의 성장이 중소기업의 성장과 고용 창출을 초래한다는 (근거 없는) 낙수효과에 근거해 각종 친대기업 정책(대표적으로 대기업의 수출 확대를 위한 고환율정책)을 실시했는데, 그 결과는 수출과 내수의 연관 관계 단절로 대기업과 중소기업의 양극화만 심화시키고, 앞에서 살펴본 대로, 고용 창출에는 전혀 기여하지 못했다. 96만 개의 일자리를 창출한다던 4대강 사업은 당초부터 거짓말이었다. 그런가 하면, 공공 부문 선진화라는 미명하에 모든 공공 기관에 10% 인원 감축을 강요한 것은 오히려 고용 창출에 역행한 것이었다. 그나마 2009년도 고용 위기를 맞아 직접 일자리 창출 사업으로 실시한 희망 근로나 청년 인턴제는 일시적으로 고용을 다소 늘리기는 했지만, 그 자체가 저임금의 한시적인 일자리여서 고용효과는 극히 제한적이었다. 2011년 말부터 그동안 고용 창출을 위해 노동계가 요구해 오던 실노동시간 단축을 위한 몇 가지 조치를 추진하고 있는데(후술), 결과는 지켜봐야 할 것이다.

고용의 질과 관련해서도 이명박 정부의 정책은 퇴보적이라고 할 수 있는데, 예를 들면, 기간제 사용 기간 제한 2년을 4년으로 연장하려고 시도한 것, 60세 이상의 최저임금을 삭감하고, 적용 제외인 수습 기간을 연장하는 등의 최저임금법 개악을 시도한 것, 소위 일자리 나누기를 통해 고용을 창출하자고 하면서 엉뚱하게 대졸 초임을 삭감한 것 등등이 그러하다(김유선 2010a). 2011년 9월에는 비정규직에 대한 보호를 강화하겠다는 "비정규직 종합 대책"을 발표했는데, 이 가운데에는 비정규직에 대한 사회보험료 지원 등 일부 진전된 대책도 있기는 하지만, 여전히 매우 미흡하거나 실효성이 없거나 방향성 자체가 잘못된

것들이 많다.[24]

이런 가운데 한 가지 특기할 만한 것은 2009년 말 고용 상황이 악화되자 2010년 1월부터 대통령이 주재하는 국가고용전략회의를 매월 개최했고, 그 결과로 10월에 이명박 정부의 종합적 고용 전략이라 할 수 있는 "2020 국가고용전략"을 발표한 것이다. 그 내용은 2020년까지 고용률 70%를 목표로 4대 전략(① 고용 친화적 경제·산업 정책, ② 공정하고 역동적인 일터 조성, ③ 청년·여성·고령 인력의 활용과 직업 능력 개발 강화, ④ 근로 유인형 사회안전망 개편)과 5대 과제(① 지역·기업이 주도하는 일자리 창출, ② 공정하고 역동적인 노동시장 구축, ③ 일·가정 양립 상용형 시간제 일자리 확대, ④ 생애 이모작 촉진, ⑤ 일을 통한 빈곤 탈출 지원)를 제시한 것이다(고용노동부 2011).

이 "2020 국가고용전략"은 고용 문제의 심각성을 인식하고 장기적·종합적인 대응 전략을 제시했다는 점에서는 긍정적으로 평가할 수 있다. 그리고 세부 정책을 일일이 거론할 수는 없지만, 몇몇 대책들은 성과가 기대되는 것들도 있다. 그러나 대체로 추상적인 방향을 제시한 것이 많고, 특히 예산 조달 방안이 결여된 것이 많아 현실성이 의심되기도 한다. 이보다도 더 문제가 되는 것은 역시 보수 정부로서의 노선 그 자체인데, 그로 인해 현재의 고용 문제를 해결하는 데는 한계가 있을 수밖에 없다. 구체적으로는 다음의 측면을 지적할 수 있을 것이다(정이환 2011).

첫째, 국가의 역할 강화에 소극적인 대신 시장주의적 입장을 분명하게 천명하고 있다. 고용 창출은 민간이 주도하겠다는 것을 강조함으로써 공공 부문 일자리 창출 노력을 적극적으로 하지 않겠다는 점을

24_이에 대한 자세한 평가는 권두섭(2011) 참조.

분명히 밝히고 있고, 일자리 중개도 민간에 맡기겠다는 의사를 천명했다. 또한 보수 정권답게 노동시장 유연화를 통해 고용 창출을 하겠다는 입장도 밝히고 있다. 임금·고용·노동시간을 유연화하고, 비정규 노동에 대한 규제도 완화하겠다는 계획이다.

둘째, 고용량을 늘리는 것만이 관심 사항이며, 노동시장 불평등이나 고용의 질 문제에 대한 고려가 약하며, 도리어 이를 악화시킬 전망이다. "2020 국가고용전략"에 천명된 것처럼, 비정규직 사용에 대한 규제를 완화하면 비정규 노동자가 더 늘어날 것이며, 노동시간 유연화도 고용의 질을 악화시킬 가능성이 있다.

셋째, 복지 탈출을 유도하는 것이 정책 목표로 제시되어 복지 정책의 후퇴가 우려된다. 복지 의존층에 대해 복지 수급을 축소하는 대신 근로나 직업훈련으로 유도하는 것은 많은 나라에서 채택하는 정책이기는 하다. 그러나 기본적으로 복지가 취약한 한국의 상황에서 국민기초생활보장 수급자의 탈·수급을 촉진하는 것이 주된 고용·복지 정책이 될 수는 없다. 반면, 사회복지를 강화하는 정책, 예를 들어 특수 형태 근로자나 영세 업체 근로자에게 사회보험을 적용하기 위한 대한 대책은 모두 '검토'에 머물고 있다.

넷째, 서비스업 규제완화, 시장 개방 등이 주요 과제로 설정되어 있는데, 실제 고용 창출 효과가 면밀히 검토되지 않은 채 장밋빛으로 그려져 있다. 고용 창출이라는 명분하에 서비스업에 대한 거대 자본과 외국자본의 지배력이 커지고 최소한의 공공성마저 위협받을 우려가 크다.

이런 국가고용전략의 방향은 전면 수정되어야 한다.

2) 고용 창출 방안

고용의 양은 거시 경제에 의해 영향을 받는 측면이 강한데, 앞에서 본 바와 같이, 최근 거시 경제의 특징이 '고용 없는 성장'으로 나타남에 따라 고용량이 정체되고 있는 것이다. 그렇다면 고용 확대를 위해서는 이와 같은 고용 없는 성장의 추세를 멈춰야 한다. 이를 위해서는 혁신 역량 강화를 통한 저성장 추세의 전환, 신자유주의적 축적 방식의 전환을 통한 투자 확대(성장 잠재력 확충) 및 고용 친화적 성장 전략의 추구, 재벌/대기업의 지배력 완화로 중소기업의 고용 창출력 제고 등이 필요한데, 이런 것들은 사실 매우 구조적이고 장기적인 과제다.

그 대신 단기적으로라도 거시적 차원에서 고용 창출을 촉진하는 몇 가지 정책 방안들은 가능한데, 먼저 양질의 일자리를 많이 창출할 수 있는 대기업과 공공 부문에서 일자리를 확대하는 것이 일차적으로 필요하다. 왜냐하면 OECD 국가들 가운데 한국의 대기업 및 공공 부문의 고용 비중이 가장 낮은 상태이기 때문이다. 즉, 앞서 잠깐 언급했듯이, 2000년대 후반 한국의 대기업 고용 비중은 10% 정도인 데 반해 가장 높은 미국의 그것은 50%나 되며, 공공 부문의 고용 비중도 북유럽 국가들에서는 30% 안팎인 데 반해 한국에서는 5% 남짓에 불과해 역시 가장 낮다(황덕순 2011). 따라서 가뜩이나 독점 이윤과 각종 특혜를 누리는 대기업 및 공공 부문에 고용에 관한 책임을 부과하는 것은 사회적 설득력을 가질 수 있다.

그리하여 예를 들면, 가장 심각한 사회문제 중의 하나인 청년 실업을 해소하기 위해 대기업과 공공 기관에 벨기에의 '로제타 플랜'(Rosetta Plan)[25]과 유사한 청년고용할당제를 실시한다면 큰 효과가 있을 것이다. 이와 관련해, 사실 2013년까지 한시적인 '청년고용특별

법'에 "매년 공공 기관과 지방 공기업 정원의 3% 이상씩 청년 미취업자를 고용하도록 노력해야 한다"는 권고 조항이 있는데, 이는 사실 실효가 없다. 따라서 이 조항의 대상을 공공 기관뿐만 아니라 300인 이상 대기업까지로 확대하고, 고용을 권고하는 것이 아니라 "고용해야 한다"로 의무화할 필요가 있다.[26] 물론 법의 시한도 연장해야 한다.[27]

이 밖에 (대)기업에 대해서는 정부 조달 계약에 기업의 고용 성과를 반영하는 방안, 자본시장에서 사회책임투자(SRI, Socially Responsible Investment)를 활성화하는 방안,[28] 고용 우수 기업에 세제·금융·사회보험상 인센티브를 제공하는 방안, 고용보험료 가운데 실업급여에 대한 보험료를 현재와 같이 일률적으로(노사 각 0.55%) 부과하는 것이 아니라 경험요율 개념을 적용해 고용을 유지·확대할 경우 보험료율을 인하하는 방안 등을 고려해 볼 수 있다(장홍근 2011).

또한 현 단계에서 고용 창출에 관한 공공 부문의 역할은 사실 대기업보다 더 크다고 할 수 있다. 왜냐하면 양극화의 심화로 사회적 보호가 필요한 배제 계층이 확대되고, 고령화·저출산 추세로 인해 노인 부양과 아동 보육 등 돌봄 서비스 수요가 증가하는 등 전체적으로 복지 확충을 위한 사회 서비스 수요가 증가하고 있기 때문이다. 그런데 이

25_벨기에 정부가 2000년부터 50인 이상 기업에 대해 인원의 3%를 청년 구직자로 충원할 것을 의무화한 제도다.

26_현재 실시되고 있는 청년인턴제도 일종의 청년고용할당제라 할 수 있지만, 그것은 정규직으로의 가교가 아니라 임시적인 저임금 일자리에 불과하기 때문에 폐지하는 것이 타당하다.

27_이 밖에 청년 실업의 해소를 위해서는 대학 교육제도의 대폭적인 개혁, 청년층 대상의 직업 교육 훈련 강화 등 공급 측면의 조치들도 필요하다.

28_사회책임투자(SRI)는 투자의 요소로 사회와 환경을 고려하는 것으로 기업의 재무적 성과뿐만 아니라 인권, 환경, 노동, 지역사회 공헌도 등 다양한 사회적 성과를 잣대로 기업에 투자하는 금융 활동을 말한다. 이런 사회책임투자가 활성화될 경우 고용 성과가 좋은 기업들은 자본 조달이 용이해질 수 있다.

런 사회 서비스나 보건·의료·사회복지 부문의 고용 비중도 OECD 중에서 가장 낮고, 특히 이 부문의 비중이 개인 서비스업보다 낮은 유일한 국가다(김유선 2011b). 즉, 지금까지는 사회복지 서비스 수요가 사회적으로 충족되기보다는 개인(가정)과 민간에 전가되어 온 것이다. 이제는 이들 사회 서비스 수요를 사회(공공 부문)가 담당할 때가 되었으며, 게다가 이 부문의 고용 효과는 제조업이나 건설업보다 큰 것으로 알려져 있다. 따라서 최근의 사회적 화두 가운데 하나가 복지국가인 만큼, 사회복지 서비스를 공공 부문이 담당하도록 재정지출을 크게 확충할 필요가 있다.

그런데 이때 유의해야 할 것은 개인 서비스업은 물론 사회 서비스 업종도 대표적인 저임금·고용불안 업종의 하나라는 점이다. 그것은 정부가 사회 서비스 제공을 고용 위기에 즈음해 일시적으로 실시하는 일자리 정책으로 간주해 공공 근로와 같은 한시적 저임금 일자리로 제공한 측면과 함께 사업을 주로 민간 위탁을 통해 집행한 데 기인하는데, 그 결과 이 부문에서의 고용 창출은 주로 비정규 일자리로 이루어지고 있는 것이다(김혜원 2011). 따라서 사회 서비스 투자를 확대하되, 그 집행을 공공 부문이 직접 담당하고, 근로조건도 지금보다 대폭 개선할 필요가 있다. 이렇게 해야만 사회 서비스의 품질도 제고될 수 있는 것이다.

한편, 세계 최장의 노동시간을 단축해 고용을 창출하자는 주장은 일찍이 노조 내부에서부터 제기되어 왔다(예를 들면, 이상호 2010). 그러다가 2010년 노사정위원회가 2020년까지 연평균 노동시간을 1,800시간으로 단축하는 방안을 논의하기 시작하고, 특히 2011년 말 고용노동부가 자동차 완성 업체의 장시간 노동을 단축해 고용 확대 방안을 모색하자고 나서면서 초미의 관심사가 되고 있다. 고용노동부는 2012

년 초 현재, 앞에서 언급한 바 있는 연장근로 허용 시간에 휴일 특근을 포함시키는 방안과 연장근로 특례 업종을 26개에서 10개로 축소하는 방안을 추진하고 있는데, 이것만으로도 상당한 고용 창출 효과가 있을 것으로 추정된다. 예컨대 주 52시간(정상 근로 40시간 + 연장근로 12시간)을 초과하는 근로만 해소해도(특례 업종 폐지 포함) 75만 개의 새로운 일자리가 창출될 것으로 추정되고 있다(김유선 2012b).

따라서 이런 방안은 그대로 추진하되, 여기서 그쳐서는 안 된다. 먼저, 특례 업종을 10개로 축소하더라도 특례 적용 노동자가 여전히 140만 명 정도나 된다(현재 약 400만 명). 따라서 특례 업종을 모두 폐지하고, 긴급 재난 등 특수 상황에 대해서만 별도의 노동시간 특례 규정을 두어야 한다.

나아가 이리하여 실노동시간이 단축되면 현재 시급제 임금 체계 아래에서 초과근로수당으로 임금을 보전 받던 노동자들의 총액임금이 감소할 수밖에 없는 문제를 해결해야 한다. 이 문제의 해결을 위해서는 먼저 임금 체계를 시급제에서 월급제로 전환해야 하는데, 이때 월급이 과거의 총액임금보다 감소할 가능성이 있다. 이 경우에 임금 감소분에 대해 노·사·정이 각각 3분의 1씩 부담을 공유하는 '고용 연대 방안'(이상호 2010)을 적극적으로 고려해 볼 필요가 있다. 또한 노동시간 단축은 필연적으로 교대제의 개편을 수반할 것인데, 예컨대 2조 2교대에서 3/4조 2교대나 주간 연속 2교대 등으로의 개편과 그에 따른 작업 조직의 개편 등도 동시에 해결해야 할 과제들이다. 이때 '일자리 함께하기 지원'[29] 등 고용보험 사업을 확충해야 하는 것은 물론이다.

29_기업이 일자리 순환제, 교대제, 실노동시간 단축제 도입으로 새로 만든 일자리에 실업자를 고용해 근로자 수가 증가하는 경우 지원하는 제도다.

이와 아울러 초과 근로 규제 이전에 주 5일(40시간)제의 전면적 실시부터 시행해야 하는데, 이를 위해서는 5인 미만 사업장에도 주 5일제를 적용하도록 근로기준법 시행령을 개정하고, 또 실제로 실시되지 않는 사업장에 대한 근로 감독도 강화해야 할 것이다.

끝으로 한 가지 더 언급할 것은 고용 확대를 위해서는 새로운 고용을 창출하는 것도 중요하지만, 사실은 기존의 고용을 유지하는 것이 선행되어야 한다. 이를 위해서는 먼저 정리해고(경영상 이유에 의한 해고)의 요건을 강화해야 한다. 현재 근로기준법상 정리해고 요건은 '긴박한 경영상의 필요'인데, 그 구체적인 내용은 없이 오히려 '경영 악화를 방지하기 위한 사업의 양도·인수·합병'도 긴박한 경영상 필요가 있는 것으로 보고 있다. 그런데 이런 예방적 규정은 자의적인 해석이 가능해 정리해고를 남발할 우려가 있기 때문에 삭제하고, 도산, 폐업 등 사업 계속이 불가능할 정도의 경영상의 필요로 엄격히 제한해야 한다. 특히 적용이 배제된 5인 미만 사업장에도 이 정리해고 제한 규정을 적용시켜야 한다.

다른 한편, 고용보험의 고용 안정 사업 중 하나인 고용 유지 지원금은 일시적인 경기변동이나 산업구조 변화에 따라 해고가 불가피한 사업주가 해고 대신 고용을 유지할 경우 일정한 지원을 하는 제도인데, 그 지원 금액과 기간을 확대해 고용을 유지하는 것이 매우 중요하다.[30]

30_2009년 글로벌 금융 위기로 세계적으로 실업이 급증한 가운데 유독 독일은 거의 실업이 증가하지 않아 소위 "고용 기적"이라고 불리고 있는데, 그 배경 중의 하나가 바로 이 고용 유지 지원금과 유사한 조업 단축 수당(Kurzarbeitergeld)의 확대 지원이다. 자세한 것은 정원호(2011b).

3) 고용의 질 제고 방안

고용의 질 제고와 관련해 가장 중요한 문제는 역시 비정규직 문제다. 그런데 비정규직 문제를 둘러싸고는 너무나 많은 쟁점들이 복잡하게 얽혀 있기 때문에, 여기서는 규모 축소(남용 규제)와 차별 시정이라는 커다란 두 가지 방향에서 핵심적인 방안 몇 가지만 제시하고자 한다.[31]

비정규직 문제 해결의 일차적인 방향은 전체 노동자의 절반이나 될 정도로 확대된 비정규직의 규모를 축소하는 것이다. 이를 위해서는 첫째, 무분별한 남용을 규제하기 위해 원천적으로 비정규직 사용 자체를 제한해야 한다. 현재는 비정규법상 기간 제한(2년)으로 비정규직 사용을 규제하고 있는데, 이 경우 상시적·지속적인 업무에 대해서도 일단 비정규직을 사용하게 되는 것과 같은 남용을 피할 수 없다. 게다가 2년 직전에 해고하고 다른 비정규직으로 대체(소위 회전문 효과)할 수가 있기 때문에 비정규직의 제한에 별 효과가 없다. 따라서 기간 제한 대신 비정규직 사용이 반드시 필요한 사유가 있을 때(예를 들면, 정규직 노동자의 출산·육아, 일시적인 생산 급증, 기간이 정해진 사업 등)에만 비정규직 사용을 허락하는 사용 사유 제한 규정을 도입해야 한다. 그 외의 상시적·지속적 업무에 대해서는 정규직을 사용해야 한다.

둘째, 기간제법의 경우 5인 미만 사업장에는 적용되지 않는데, 2011년(8월)의 경우 5인 미만 사업장에 종사하는 비정규직이 전체 비정규직의 31.6%나 되는 것을 감안하면, 이들에 대한 적용 제외를 폐지하지 않는 한 비정규직의 남용 규제는 힘들 것이다.

31_전병유·은수미(2011), 이병희·은수미(2011) 참조.

셋째, 비정규직법(기간제법, 파견법) 자체가 기간제, 단시간 및 파견 근로자에게만 적용되고, 용역·호출·가내 근로 및 특수 고용자 등은 적용되지 않음으로 인해 직접 고용 비정규직(기간제, 단시간 등) 대신에 간접 고용, 특히 사내하도급이 확산되고 있는데(소위 풍선 효과), 이를 규제하기 위해서는 사내하도급 관련 쟁점인 원청의 지휘명령 유무 및 경영상의 독립 등을 명확히 해 불법파견과 위장 도급 등을 규제하고, 합법 도급에 대해서는 원청의 사용자성을 인정할 수 있도록 파견법을 개선하거나 사내하도급 특별법을 제정할 필요가 있다.

넷째, 기간제 근로는 2년을 초과할 경우 무기 계약으로 간주하는 '고용의제' 조항이 있지만, 파견 근로는 과거에 존재하던 2년 초과시(또는 불법파견시) 고용의제 조항이 2006년 개정에서 '고용의무' 조항으로 개악되었는데, 파견 근로에 대해서도 고용의제 조항을 적용해야 한다.

이 밖에도 비정규직의 정규직 전환에 대해 전환 지원금을 지급한다든지 하도급 비중이 민간 부문보다 높은 공공 부문이 과도한 외주화를 지양하고 모범적 사용자로서 정규직 전환을 선도하는 것도 정규직 축소에 기여할 수 있을 것이다.

다음으로 비정규직에 대한 차별을 시정하기 위해서는 무엇보다도 동일한 노동을 하는데도 임금(및 기타 근로조건)에서 차별을 받는 것을 방지하기 위해 '동일(가치)노동 동일임금' 원칙을 법적으로 명확히 해야 한다. 현재에도 기간제법에 동종·유사 업무의 정규직에 비한 차별적 처우를 금지해 기간제·단시간·파견 노동자들에게 적용하고 있는데, 후술하는 바와 같이 동종·유사 업무의 기준이 불명확하기도 하고, 또 위 세 가지 비정규직 외에는 적용되지 않고 있다. 따라서 일반법인 근로기준법의 균등 처우 조항에 현재의 성, 국적, 신앙, 사회적 신분 이외에 고용 형태를 이유로도 차별 처우를 하지 못하도록 규정함으로써 비정규직 전체에 차별 처우 금지를 적용하도록 해야 한다.

둘째, 차별 시정을 노동위원회에 신청하는 주체가 개별 노동자이기 때문에 신청시 사용자로부터 불이익을 받을 우려가 있어서 실제로 차별 시정 실적은 매우 미미한데, 이를 방지하기 위해 노동조합에 신청 자격을 부여해야 한다.[32]

셋째, 차별 처우의 비교 집단이 해당 사업장의 동종·유사 업무에 종사하는 정규직으로 국한되어 있기 때문에 정규직이 없을 경우 또는 특정 직무를 모두 비정규직에게만 담당시킬 경우 등은 차별 판정을 할 수가 없는데, 이를 방지하기 위해 동종·유사 업무가 아니더라도 동일 가치 업무를, 해당 사업장이 아니더라도 동종 업종의 사업장을 비교 기준으로 삼을 수 있어야 한다. 외주화가 확산될 경우에 외주화된 노동자들은 차별 시정 대상에서 제외되기 때문에 간접 고용에 대한 별도의 차별 시정 방안도 필요하다.

넷째, 차별 시정 신청 기간이 차별 처우가 있은 날부터 3개월인데,[33] 차별 처우는 예컨대 부당해고와 달리 차별을 인지하는 데 시간이 걸릴 수 있기 때문에 시정 신청의 기산일을 차별 처우를 인지한 날부터로 변경해야 한다.

마지막으로 학습지 교사, 골프장 캐디, 레미콘 기사, 보험 모집원 등 소위 특수고용노동자의 노동삼권 보장도 중요한 과제다. 현재 이들은 실질적으로 특정 사업주에게 종속되어 노동의 대가를 받고 있음에

32_그동안 정부가 근로 감독을 통해 직권으로 제소하는 방안도 요구되어 왔는데, 이 요구는 반영되어 2012년 8월 1일부터 고용노동부가 시정을 요구하고 응하지 않을 경우 노동위원회에 통보하는 방안이 시행될 예정이다.

33_신청 기간을 3개월에서 연장하자는 요구들이 있었는데, 이 요구도 어느 정도 수용되어 2012년 8월 1일부터 6개월로 연장될 예정이다.

도 불구하고, 법적으로 이들의 근로자성이 인정되지 않아 노동삼권조차 부정되는 신분상의 차별을 받고 있다. 따라서 이들의 근로자성과 노동삼권을 인정하는 방향으로 법 개정이 이루어져야 한다.

이상과 같은 비정규직 문제의 해결 이외에도 전반적인 고용의 질 제고를 위한 정책 과제는 매우 많은데, 먼저 거시적 차원에서 3절에서 살펴본 대기업과 중소기업의 양극화를 완화하는 것이 근본적으로 중요하다. 이를 위해서는 재벌에 대한 규제 강화, 공정한 원·하청 관계 확립뿐만 아니라 수출 대기업에 편중된 거시(환율) 정책의 시정 등이 필요할 것이다.

다음으로 저임금 해소를 위한 미시적 방안의 하나로 최저임금의 대폭적인 인상과 적용률 제고가 필요하다. 현재 평균임금의 30%에도 못 미치는 최저임금을 적어도 평균임금의 50%를 목표로 단계적으로 인상해야 한다. 이 과정에서 연도별 인상률의 기준을 최소한 '경제성장률(생산성 증가율)+소비자물가상승률' 이상으로 하여 실질임금의 하락을 방지할 뿐만 아니라 노동소득분배율을 개선하도록 해야 한다. 또한 사회적으로 최저인 임금보다 더 낮은 임금이 사회적으로 용인되어서는 안 되기 때문에, 현재 적용 제외자인 가사 사용인, 수습 중인 자, 감시·단속적 근로자 등에게도 모두 적용되어야 한다. 아울러 그 어느 법보다 지켜지지 않는 것이 바로 최저임금법인 만큼, 모든 사업체가 최저임금을 준수하도록 충실한 정책 홍보와 근로 감독 및 위반시 엄격한 처벌 등 행정적·사법적 노력을 배가해야 할 것이다.

한편, 앞에서 근로 빈곤의 중요한 원인이 사회보험 사각지대, 특히 보험료 미납에 의한 사각지대라는 것을 살펴보았는데, 이를 해소하기 위한 한 가지 방안이 사회보험료를 지원하는 것이다. 이 방안은 2011년 9월의 비정규직 종합 대책의 일환으로 제시된 바 있는데, 2012년

2~6월의 시범 사업을 거쳐 7월부터 전국적으로 10인 미만 사업장에 대해 고용보험과 국민연금의 보험료 일부(월평균 보수가 35~105만 원인 경우 보험료의 2분의 1, 105~125만 원인 경우 보험료의 3분의 1)를 지원할 예정이다. 사각지대 문제의 해소를 위한 첫 발자국을 내디뎠다는 점에서 이 자체는 의미가 있는 방안이지만, 지원 대상과 지원 금액이 너무 낮아 소기의 목적을 달성할지는 미지수다. 따라서 지원 대상과 지원 금액의 상향 조정을 위한 정책적 노력을 계속할 필요가 있다.[34]

그런데 이런 지원을 통해서도 고용보험에 가입할 수 없는 집단이 존재하는데, 앞에서 언급한 특수고용노동자가 근로자성을 인정받지 못해 가입 대상에서 제외되어 있는 것이다. 따라서 이들에 대해서는 근로자성 인정이 우선된 후 고용보험에 가입시키도록 해야 한다.

하지만 고용보험을 확대한다고 해도 원천적으로 보험 가입의 대상이 아닌 계층이 광범하게 존재하는데, 대표적으로 자영업자, 노동시장 최초 진입자(청년층), 장기 미취업자 등과 실업급여 소진자나 수급 요건 미충족자 등이 그들이다. 따라서 이들에 대해서는 보험료가 아니라 국가 재정으로 지원하는 (한국형) 실업 부조 제도의 도입을 고려할 필요가 있다.

5. 맺음말: 실천적 과제

이상에서 최근 고용 상황을 양적인 측면과 질적인 측면으로 구분해 살펴보고 그 원인을 분석한 후 고용 창출과 고용의 질 제고를 위한

34_사회보험료 지원의 여러 시나리오에 대해서는 장지연 외(2011) 참조.

몇 가지 정책 방안들을 제시했다. 물론 세부적으로는 이 밖에도 더 많은 정책 방안들이 필요할 것이다.

그런데 문제는 이런 정책 방안들을 어떻게 현실화시킬 것인가다. 솔직히 위의 방안들은 (자세히 논하지는 않았지만) 거시적으로도 현재의 신자유주의적 자본축적 방식이나 보수 정부의 경제·산업 정책과 노선을 달리하는 것이며, 미시적으로도 시장 근본주의 입장에서 노동시장 유연화에 주력하는 정책들을 개혁하자는 것들이다. 따라서 이에 대해 사용자들은 당연히 반대할 것인데, 왜냐하면 (최소한 단기적으로는) 기업의 이윤을 침해할 것이기 때문이다. 또한 사용자의 이해를 먼저 대변하는 보수 정부라면, 이상과 같은 고용정책 개혁 방안들에 더 많은 재정을 투입하는 것을 달가워하지 않을 것이다.

그렇다면 이런 반대를 극복할 수 있는 힘을 갖는 것이 핵심적인 관건이다. 한 가지 확실한 방법은 노동자들의 이해를 대변할 수 있는 정부를 구성하는 것일 텐데, 그에 관한 논의는 이 글의 범위를 벗어난다. 대신 여기서 언급하고자 하는 것은 당사자인 노동자들이 직접 자신의 이해를 관철시킬 수 있는 수단을 가져야 한다는 것이다. 그 핵심은 역시 노동조합이다. 강력한 노동조합을 통해 노동 현장에서든 사회적으로든 자신의 이해관계를 쟁점화하고 그 정당성을 인정받을 때 비로소 노·사, 노·정 또는 노·사·정 간에 대화나 협상도 되고, 타협도 되며, 부분적인 개선이라도 달성할 수 있는 것이다. 이것은 원칙일 뿐만 아니라 현실이기도 하다.

그런데 문제는, 앞서 잠깐 언급했듯이, 현 시기 열악한 고용 현실의 핵심 당사자인 중소·영세기업, 저임금, 비정규 노동자(취약 노동자)들은 노동조합으로 조직되어 있는 정도가 낮을 뿐만 아니라 고용 불안, 즉 잦은 이동으로 인해 노동조합을 조직할 여건 자체가 열악하다는 것이다. 고용 불안이 자신을 해소할 수단을 스스로 제약하고 있는 것이다. 여기에서 고용 문제 해결의 실천적 과제, 즉 취약 노동자의 조직화 문제가 절박하게 대두된다.

어렵고 장기적인 문제일 수는 있지만, 그렇다고 길이 전혀 없는 것은 아니다. 먼저 (정규직 위주의) 기존 노조들과의 결합 또는 연대가 필요하다. 여기서 결합이라 함은 최근 확대되고 있는 산별노조에 동일 산업 내 취약 노동자들을 직접 가입시켜 하나의 노동조합으로 조직하는 것을 말한다. 그런데 이것이 산별노조의 본래 모습이기는 하지만, 현재 많은 산별노조들이 처음부터 산업별로 조직되었다기보다 주로 기업별 노조들이 조직 형태 변경을 통해 산업별노조로 전환되는 과정을 밟아 왔기에 상당 부분 기업별노조의 전통이 남아 있고, 그런 상황에서 기업 내 비정규직들을 산별노조로 가입시키는 데에는 많은 제약이 있다. 예컨대 제도적 측면에서는 노조 가입 대상을 정규직으로만 국한하는 규약이나 단체협약이 많고, 조직 문화적으로는 정규직이 비정규직을 자신들의 고용 안전판으로 생각해 비정규직과의 노조 통합을 원치 않는 경우도 많다.

따라서 이것은 장기 과제로 둘 수밖에 없는데, 그렇다고 해서 기존의 노조들이 취약 노동자와의 연대까지 방기할 수는 없다. 왜냐하면 연대는 단지 그들을 도와준다는 문제만이 아니라 그들을 방치할 경우 그 폐해는 점점 확산되어 정규직 노동자들에게까지 미칠 수밖에 없기 때문에 다름 아닌 자신의 문제인 것이다. 따라서 기존의 노조들이 미조직 취약 노동자들의 투쟁을 지원하거나 나아가 함께 투쟁해야 할 필요가 있는 것이다.

그렇지만 역시 가장 근본적인 문제는 취약 노동자 스스로의 조직화다. 하지만 조직화 여건이 어려운 상황에서 대안적 방안들을 모색하는 것도 필요한데, 예를 들면 '노동과 복지의 연계' 전략(전병유·은수미 2011)으로서 취약 노동자들 간의 공제회나 상호부조 제도를 만들고, 이를 토대로 장기적으로는 노동조합으로 발전시켜 가는 것도 하나의 예가 될 수 있을 것이다. 이런 취약 노동자 조직화를 위한 다양한 시도와 부단한 노력이 무엇보다도 중요한 실천적 자세라 할 수 있다.

03

대기업과 중소기업의
상생을 위하여

홍장표

1. 머리말

IMF 금융 위기 이후 한국 사회에 몰아친 세계화의 파고와 시장 규율을 강화하는 시장 만능주의적 개혁이 한국 사회를 양극화된 모래시계 사회로 내몰았다. 한국 경제에서 양극화는 재벌과 중소기업 사이의 양극화, 제조업과 서비스업 사이의 양극화, 정규직과 비정규직 사이의 고용 양극화, 소득 계층 간 양극화 등 다양한 영역에서 진행되어 왔다. 양극화란 경제성장 초기 단계 성장 부문과 지체 부문 간 성장 격차가 나타나는 이중경제와 달리 부문 간 격차가 성장 자체에 의해 더욱 확대되는 현상이다. 이는 소수 대기업의 성장을 위한 비용은 다른 부문으로 전가되어 사회화되지만 그 성과는 공유되지 않음에 따라 나타나는 현상이다.

이명박 정부는 경제가 성장하면 소득분배와 양극화 문제도 해결된다는 '성장 우선주의'를 내세워 집권했다. 소득분배 악화와 양극화는 성장률 저하에서 비롯된 것이고 경제가 성장하면 분배도 자연스럽게 해결될 수 있다는 것이다. 집권 초기 이명박 정부는 '비즈니스 프렌들리'를 내세워 재벌에 대한 규제를 풀었으며 개발 시대 고환율 수출드라이브 정책을 부활시켰다. 그리고는 재벌 대기업과 수출 기업의 성장이 내수 시장과 중소기업의 성장을 유발한다는 낙수효과에 기댔다. 하지만 기대한 낙수효과는 나타나지 않았다. 재벌은 비대해졌지만 중소기업의 사정은 나아지지 않았고, 치솟은 물가로 서민들의 생계는 더욱 빠듯해졌다.

재벌의 문어발식 확장으로 중소 상공인과 서민들의 골목 상권까지 위협받고 이에 대한 사회적 비판의 목소리가 높아지자, 친기업을 표방한 대통령이 대기업 때리기에 직접 나섰다. 그리고 기업 정책의 기조를 '비즈니스 프렌들리'에서 '동반성장'으로 수정했고, 2010년 하반기에는 동반성장 종합 대책을 내놓았다. 이와 같은 기업 정책의 수정은 성장 우선주의와 친기업 정책의 실패를 사실상 자인한 것이고, 성장이 양극화의 해법이 될 수 없다는 것을 보여 주었다. 그리고는 친기업, 친시장을 표방해 온 이명박 정부는 동반성장위원회를 중심으로 하는 자율적인 민간 합의 방식의 동반성장 정책을 추진하고 있다. 이명박 정부는 과연 대기업의 협력과 지원을 이끌어 내면서 민간 자율의 동반성장 정책을 순항시키고 있는가?

우리나라 기업 간 양극화의 이면에는 삼성 동물원, LG 동물원에 중소기업들이 갇혀 있는 약육강식의 약탈적 기업 생태계가 자리 잡고 있다. 이런 기업 생태계 속에 노동시장은 대기업과 중소기업, 정규직과 비정규직으로 뚜렷하게 양분되어 있다. 기업 간 양극화는 어디서 비롯된 것이고 또 어떻게 풀어야 하나? 자율적인 민간 합의로 과연 양극화 문제가 해결될 수 있는가? 이 글에서는 재벌 위주 경제성장 속에서 나타나는 기업 간 양극화의 근원을 찾아보고 이명박 정부 동반성장 정책의 한계와 그 대안을 모색해 보기로 한다.

2. 재벌 위주의 경제성장과 기업 간 양극화

기업의 성장 전략은 인적 자원 관리와 시장 전략 면에서 고진로high road 전략과 저진로low road 전략으로 구분된다. 고진로 전략이란 노동자의 경영 참여와 조직 헌신을 토대로 혁신을 도모하고 제품 차별화를 통해 품질 경쟁력을 확보하는 전략이다. 이에 비해 저진로 전략이란 해고와 고용 불안 등 노동자 위협 효과를 통해 비용을 삭감하고 노동 강화를 통해 시장에서 비용 경쟁력을 확보하는 전략을 말한다(Becker & Huselid 1998; Gil & Mayer 2008). 이 두 전략은 단지 미시적 차원에서 기업이나 작업장 수준에 한정되지 않는다. 기업의 전략을 뒷받침하는 사회경제 제도들과 조응하며 거시 경제 성장 체제의 특성으로 나타난다. 고진로 성장 체제는 기업 수준에서는 고용 안정성과 노동자의 경영참가, 거시 수준에서는 높은 수준의 사회복지 지출과 같은 사회안전망을 배경으로 조직 구성원 간 장기적 협력과 상호작용을 바탕으로 조직적 집합적 혁신collective innovation을 추구한다. 이 성장 체제에서는 고용의 안정성과 노동자의 경영참가를 토대로 신기술·신제품 개발을 위한 혁신이 수행된다. 이에 비해 저진로 성장 체제는 시장 규율에 의존하며 노동자 참가보다는 배제, 당근보다는 채찍에 의존한다. 노동시장의 유연화와 사회복지 지출 축소를 배경으로 한 높은 직장 상실 비용을 이용해 임금 비용 삭감과 노동강도 강화를 실현함으로써 시장에서 가격경쟁력을 확보하고 집합적 혁신보다는 개별적 혁신individual innovation을 통해 성장을 추구하는 것이다.[1]

이 기준에 따르면 우리나라 경제는 저진로 성장 체제로부터 시작되었다. 개발 시대 초기에 등장한 재벌 위주의 경제성장 과정에서 성립된 저진로 성장 체제는 1987년 노동자 대투쟁과 1997년 IMF 외환 금융 위기를 겪으면서 양극화 성장 체제로 진화해 왔는데, 다음에서 이를 살펴보기로 한다.

1) 재벌 위주의 경제성장과 양극화 성장 체제

개발 시대 한국 산업의 성장은 선도 부문 재벌 대기업 중심의 불균등 성장 방식이었다. 선제 투자로 대기업이 먼저 새로운 산업으로 진입하고 그 뒤를 이어 중소기업이 진입하면서 성장이 확산되는 패턴이다. 이에 따라 개별 산업이 고르게 성장한 것이 아니라 선도 산업이 상대적으로 높은 성장을 보이면서 다른 산업의 성장을 주도하는 역할을 했다. 수출산업과 대기업 등 선도 부문 성장을 통해 내수 부문과 중소기업의 성장을 유발했다.

이와 같은 대기업 위주의 불균등 성장으로 최종재 가공 조립 부문 위주의 산업구조가 성립되었다. 대기업이 투입 요소 확대를 통해 새로

1_미국, 영국, 캐나다 등 저진로 성장 전략을 구사하는 앵글로 색슨 국가에서는 분산화된 시장적 노사 관계, 비용 삭감, 사회복지 프로그램의 감축이 지속적으로 진행되었고 이로 인해 소득분배의 불평등성이 심화되었다. 이에 반해 스웨덴, 덴마크, 네덜란드 등 고진로 성장 전략을 구사해 온 국가에서는 세계화의 압력 속에서도 강한 노조와 중앙 집중화된 노사 관계, 차별화된 고품질의 제품 생산과 고임금, 높은 수준의 사회보장제도를 유지하면서 소득 불평등화를 방어한다(Saez 2004; Milberg & Houston 2008).

운 성장산업의 최종재 생산에 진출하고 자본재와 핵심 부품은 수입에 의존했다. 최종재 가공 조립 부문에 편중된 산업구조로 말미암아 중간재와 생산재 부문의 발전은 지체되었는데, 이로 인한 성장의 한계는 새로운 성장 주도 산업의 발굴과 육성으로 대응해 왔다.

한편, 개발 시대 한국 산업은 노동과 자본 투입을 중심으로 한 요소 투입형 성장 패턴을 보였으며 산업의 경쟁력은 제품 차별화나 품질 경쟁력보다는 비용 우위에 의존했다. 이는 노동자의 고용 안정성 보장과 공동체적 협력을 통한 제품 차별화와 제품 경쟁력을 추구하는 고진로 성장 방식이 아니라 대규모 설비투자에 의한 규모의 경제 효과와 상대적 과잉인구와 저임금노동력의 활용에 의해 비용 경쟁력에 의존하는 저진로 성장 방식이었다. 이와 같은 저진로 성장에서 중소기업의 성장 기반은 대기업과의 하도급거래에서 주어지고, 하도급거래가 확대되면서 중소기업은 대기업과의 수직적 분업 관계 속에서 성장한다.

(1) 양극화 성장 전략의 성립

1987년 이전 한국의 노사 관계는 저임금·장시간 노동 체제와 국가의 병영적 통제를 특징으로 했으며, 이는 대량생산과 대량 수출, 고생산성과 저임금을 결합시킨 '주변부 포드주의'를 지탱했다. 1987년 민주 항쟁에 의해 촉발된 노동자 대투쟁은 이와 같은 성장 체제에 일정한 변화를 가져왔다. 1987년 노동자 대투쟁을 계기로 한 대기업 노동자의 조직화와 임금 상승은 장시간·저임금 노동에 의존하는 기존 저진로 성장 체제의 위기 가져왔으며, 대기업은 이에 대응해 수정된 성장 전략을 모색한다.

대규모 사업장에서 대립적 노사 관계가 등장하자 재벌 대기업은 조직노동자에 대해서는 상대적 고임금과 고용 안정성을 제공해 일정

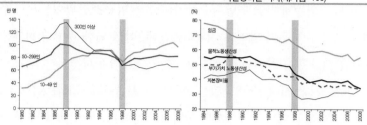

그림 1 | 제조업 기업 규모별 고용 추이

그림 2 | 대-중소 기업의 임금, 노동생산성, 자본장비율 격차(대기업=100)

주: 1) 부가가치 노동생산성은 종사자 1인당 부가가치 생산액
   2) 물적 노동생산성은 기업 규모별 이윤 마진율[(부가가치 생산액−급여액)/생산비+급여액]이 동일하
      다는 조건에 따라 추정
자료: 통계청, 광공업통계조사

한 양보를 하는 한편, 노동시장의 계층화를 통해 저임금노동자를 활용하는 분할-지배 전략을 구사했다. 대기업은 자본 집약적 생산 방식으로 전환해 직접 고용을 줄이고, 외주 하청의 확대를 통해 외부 저임금 노동력 활용도를 높였다. 이와 같은 대응은 기존의 저진로 전략을 달라진 환경 속에서 변형한 것으로서, 대기업은 고기술 자본 집약적 고부가가치 부문, 중소기업은 저기술 노동 집약적 저부가가치 부문으로 이원화하고 이를 수직적 하도급 관계를 통해 통합 관리하는 것이다. 이로 인해 대기업 노동시장은 고임금과 고용 안정성이 높은 1차 노동시장, 중소기업은 저임금과 낮은 고용 안정성이 낮은 2차 노동시장으로 분화되었고, 중소기업의 저임금노동력 활용으로 원가 경쟁력을 추구하는 양극화 성장 전략이 등장하게 되었다.

대기업은 노동 집약적인 품목을 중소기업에 이양해 외주를 확대하는 한편, 자동화를 수반하는 대규모 설비 자본 투자를 통해 고용을 축소했다. 〈그림 1〉에서 보듯이 1987년 이후 제조업 대기업과 중규모 기업의 고용은 급속히 줄어든 반면, 소규모 기업의 고용과 영세 자영업자가 증가했으며, 대기업에서 방출된 노동력은 중소기업과 저부가 가치의 생계형 서비스 부문으로 이동했다. 이를 바탕으로 기업 간 격차 확대 메커니즘이 작동했다. 1990년대 대기업이 대규모의 설비투자로 자본장비율이 높아지면서 대기업과 중소기업 간 노동생산성 격차가 확대되었다. 이로 인해 노동시장의 분단화가 급속히 진행되면서 기업 규모 간 노동장비율 격차 확대 → 물적 생산성 격차 확대 → 부가가치 생산성 격차 확대 → 임금격차 확대의 메커니즘이 본격적으로 작동하기 시작했다(홍장표 2010).

2) 양극화 성장 체제의 성립

1997년 외환 금융위기 이후 IMF 세계화 규범에 따른 시장 규율의 도입은 재벌 대기업의 분할 지배 전략을 강화시키면서 양극화 성장 체제를 확립시켰다. 대기업에서는 주주 가치 경영의 도입으로 비정규직 고용 확대, 외주 확대를 통한 단기 수익성 위주의 비용 삭감 전략이 강화되었다. 그런가 하면 구조조정에 성공한 대기업들은 강화된 시장 지배력을 토대로 연구개발 투자를 확대하고 개별적 혁신을 추구했으며, 요소 투입(자본 투입) 위주의 양적 성장 방식에서 기술 진보(총요소생산성 증가) 위주의 질적 성장 방식으로의 전환을 모색했다. 이에 반해 기술 개발 투자 여력이 취약한 중소기업은 대기업의 강화된 비용 절감 요구와 시장 개방 및 저임금 국가로부터의 수입 확대에 따른 글로벌 경쟁이라는 이중의 압력에 대해 재하청으로 대응하면서 저임금노동력에 대한 의존성은 더욱 커졌다. 이로 인해 2000년대 이후 대기업과 중소기업 간 생산성 격차는 더욱 확대되었으며, 총요소생산성 격차가 생산성 격차를 초래하는 요인으로 등장했다.

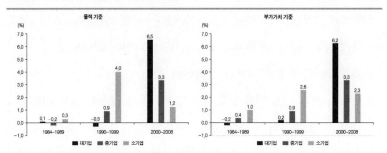

주: 1) 물적 기준은 기업 규모별 이윤 마진율[(부가가치 생산액−급여액)/(생산비+급여액)]이 동일하다는 조
　　 건을 부가해 추정한 총요소생산성 증가율
　 2) 대기업은 종사자 수 300인 이상, 중기업은 50~299인, 소기업은 10~49인
자료: 홍장표(2010)

〈그림 3〉에서 기업 규모별 총요소생산성 증가율을 보면, 1990년
대까지만 하더라도 50인 미만 소기업의 총요소생산성 증가율이 가장
높았으나, 2000년대 이후에는 500인 이상 규모와 50~499인 규모의
생산성 증가율이 크게 높아진 반면, 50인 미만 규모의 생산성 증가율
은 오히려 낮아졌다. IMF 외환 위기 이전 기업 간 생산성 격차는 주로
자본장비율 격차의 확대에서 비롯되었으나, 외환 위기 이후에는 총요
소생산성 격차가 이에 가세해 대기업-중기업-소기업으로 이어지는 계
층적 생산구조에 대응해 기업 규모별 격차가 고착화되었다.

3) 양극화 성장 체제와 중소기업

과거 개발 시대에만 해도 중소기업은 대기업과의 격차가 확대되는
와중에도 어느 정도 성장할 수 있었다. 중소기업들은 대기업들은 수직
적 하도급 관계를 통해 성장했는데, 그 결과 1980년대 이래 국민경제
에서 중소기업이 차지하는 비중이 지속적으로 높아졌다. 하지만 1997

그림 4 | 제조업 중소기업의 비중 추이

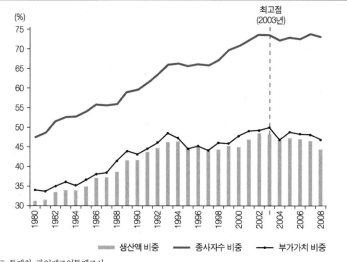

자료: 통계청, 광업제조업통계조사

년 외환 금융 위기 이후 재벌 대기업이 중국, 동남아시아 등 해외 생산 공장을 확대하면서 중소기업의 성장 기반은 크게 훼손되었다. 대기업의 글로벌 아웃소싱으로 핵심 부품에 대한 일본 의존도가 높아지고 범용 부품의 중국, 동남아시아 조달이 확대되면서 대기업 성장의 낙수효과는 현저히 약화되었고, 급기야 2000년대 중반 무렵부터 제조업 전체에서 중소기업이 차지하는 비중이 줄어들기에 이르렀다.

〈그림 4〉에서 제조업 생산액과 부가가치 비중에서 중소기업이 차지하는 비중이 2003년 최고점에 이른 뒤 2004년부터 하락했다. 제조업 전체 종사자 수에서 중소기업이 차지하는 비중도 2003년 최고치를 기록한 이후 정체된 모습을 보였다. 2000년대 중반 이후 제조업 중소기업의 성장이 둔화되었으며 제조업에서의 중소기업 생산 비중이 저하되고 있는 것이다.

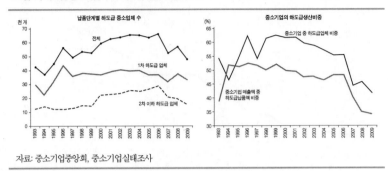

그림 5 | 하도급 중소기업 수와 하도급 생산 비중 추이

자료: 중소기업중앙회, 중소기업실태조사

한때 중소기업의 양적 성장을 이끌었던 하도급거래의 확대도 위축되고 있다. 글로벌 아웃소싱이 늘어남에 따라 하도급 중소기업의 수가 줄어들게 된 것이다. 〈그림 5〉에서 나타나듯이 2007년 이후 중소 하도급 업체 수가 감소하고 있으며, 이 가운데 특히 하도급 생산구조의 최하층에 위치한 2차 이하 하도급 업체 수가 가장 많이 줄었다.

이런 가운데 대기업과 중소기업 간 생산성 격차는 더욱 확대되었다. 〈그림 6〉에서 보듯이 1980년대 중반까지만 하더라도 중소기업의 노동생산성은 대기업의 50% 수준으로 일본과 비슷한 상황이었다. 그러나 1980년대 후반 생산성 격차가 확대되었고 2008년에 이르면 중소기업의 생산성은 대기업의 30% 수준으로 하락했다. 생산성 격차와 더불어 임금격차도 확대되었는데, 중소기업의 인건비는 대기업의 거의 절반 수준까지 하락했다. 이는 경제성장에 중소기업이 중요한 역할을 한 대만은 물론 한때 기업 간 격차가 확대되었지만 오늘날 대기업과 중소기업이 동반성장하고 있는 일본과도 전혀 다른 양상이다. 한국의 대기업과 중소기업 간 격차는 세계에서 그 유래를 찾기 힘들 정도로 극심하다.

그림 6 | 한국과 일본 대-중소기업의 노동생산성 및 임금격차

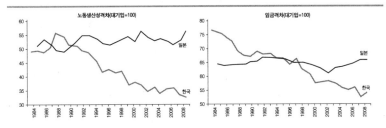

주: 1) 대기업은 종사자 수 300인 이상, 중소기업은 10-299인
　　 2) 노동생산성은 종업원 1인당 부가가치 생산액, 임금은 종업원 1인당 연간 급여액 기준
자료: 통계청, 광업제조업통계조사; 日本經濟産業省, 工業統計表

　그렇다면 이처럼 격차가 확대되는 상황에서 중소기업이 성장할 수 있는 기반은 어디에 있는가? 양극화 성장 체제에서 중소기업의 성장 기반은 저임금노동력을 활용한 원가 경쟁력에 있다. 이 성장 체제에서 저임금노동력이 지속적으로 공급되어야만 중소기업이 존립할 수 있다. 그리고 중소기업이 일정 수준 이상으로 노동생산성을 높일 수 있을 때 성장이 담보될 수 있다. 중소기업의 노동생산성이 대기업보다 지나치게 낮다면 저임금의 이점이 상쇄되어 원가 경쟁력이 유지될 수 없다. 1997년 외환 금융 위기 전까지는 이 두 조건이 어느 정도 충족될 수 있었으며, 대기업-중기업-소기업으로 이어지는 계층적 생산 분업 구조의 하단에서 소기업의 신규 진입이 이루어지면서 중소기업의 확장 국면이 나타났다.

　하지만 이와 같은 중소기업의 확장 국면은 노동시장에서 저임금노동력이 소진되고 중소기업의 노동생산성 향상이 둔화되면 더 이상 지속되기 어렵다. 실제로 2000년대 이후 중소기업의 확장 국면을 지탱해 온 기반이 약화되고 있다.

　먼저 저임금노동력 공급 부족이다. 2000년대 중반 이후 2차 노동

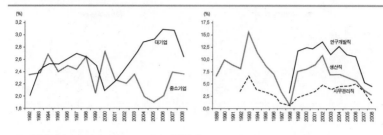

그림 7 | 대-중소 기업의 R&D 투자/매출액   그림 8 | 중소기업 인력 부족률

주: 매출액 대비 R&D 투자 비중은 R&D 투자 기업 대상
자료: 한국과학기술기획평가원, 연구개발활동조사; 중소기업중앙회, 중소기업실태조사

시장에서 노동력 공급 부족 현상이 나타났다. 대기업으로부터 인력 방출이 줄면서 2차 노동시장에서 노동력 공급 부족이 현실화되었다. 취업 대란 속의 극심한 중소기업 기술 인력난이 심화되었다.

다음으로 중소기업의 생산성 증가 둔화다. 개도국 해외 생산 공장 설립으로 글로벌 생산 네트워크를 구축한 재벌 대기업이 글로벌 아웃소싱으로 대기업과 중소기업 간 국내적 분업 연관 관계가 이완되었다. 이처럼 생산의 세계화로 대기업의 성장이 중소기업의 성장을 유발하는 낙수효과가 감소했다. 이에 더해 수직적 하도급 관계에서 중소기업의 기술투자 부진으로 중소기업의 생산성 증가 둔화와 대기업과 중소기업의 기술 능력 격차가 확대되었다.

재벌 대기업의 독과점적 시장 지배는 중소기업의 성장 잠재력을 약화시키는 중요한 요인이다. 대기업의 독과점적 시장구조 속에서 중소기업이 중견 기업이나 대기업으로 상향 이동은 저지된 가운데 성장이 정체된 기업들이 늘어났다. 〈그림 9〉에서 제조업 중소기업의 규모별 업력 분포 변화(1994~2008년)를 보면, 2000년 이후 고성장 중소기업의 비중은 감소하고 성장 정체 중소기업의 비중이 증가했다. 전체 중

그림 9 | 고성장 중소기업과 저성장 중소기업의 비중 추이

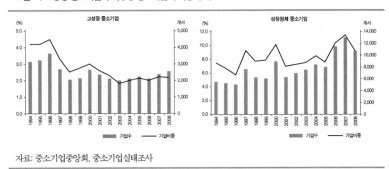

자료: 중소기업중앙회, 중소기업실태조사

소기업 중 업력이 10년 미만이면서 종업원 수 50인 이상의 중기업으로 성장한 고성장 중소기업은 1994년 3,150사(4.1%)에서 2008년 2,531사(2.1%)로 감소했다. 이에 비해 창업 이후 20년이 경과한 뒤에도 종업원 수 20인 미만에 머물고 있는 성장 정체 기업은 1994년 5,488사(7.1%)에서 2008년 10,688사(9.9%)로 크게 증가했다.

대기업 성장의 낙수효과가 약화되는 가운데 중소기업의 성장 둔화 추세는 2000년대 중반 이후 새로운 국면으로 접어든다. 〈그림 10〉에서 외환 위기 이후 2001년까지 중소 사업체가 증가했지만 이후 사업체 증가가 둔화되었고 2006년 이후 감소 추세로 반전되었다. 부품의 중국, 동남아시아 조달이 확대되면서 계층적 분업 구조의 최하층에 위치한 소기업은 상향 이동이 제약된 가운데 해외 이전이냐 퇴출이냐의 기로에 놓여 있다. 산업의 저변을 구성하는 이와 같은 하위 중소기업층의 감소는 지역경제의 위기를 낳는다. 저임금노동력 공급의 소진과 중소기업 생산성 둔화로 중소기업의 성장 국면은 마감되고 쇠퇴 국면으로 진입하게 된다. 요컨대 양극화 성장 체제의 핵심은 재벌 대기업이 저임금에 기반하고 있는 중소기업에 부담을 전가하고 비용 경쟁력

그림 10 | 연도별 제조업 중소 사업체 수와 고용자 수 증감

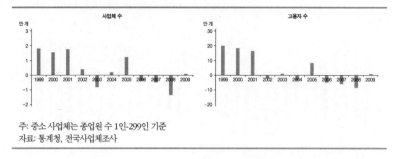

주: 중소 사업체는 종업원 수 1인-299인 기준
자료: 통계청, 전국사업체조사

을 높이는 데에 있으며 2000년대 중반에 이미 그 한계점에 도달한 것
이다.

3. 이명박 정부의 친재벌 정책과 기업 간 양극화

이명박 정부는 '경제 살리기'라는 이름으로 '747공약'을 내걸고 집
권했다. 매년 7%씩 성장해 10년 안에 1인당 국민소득 4만 달러를 달
성하고 세계 7위의 경제 대국으로 도약한다고 장밋빛 미래를 약속했
다. 지금은 정부의 그 어느 누구도 이 공약에 대해 말하지 않는다. 하
지만 당시 이 공약은 김대중 정부와 노무현 정부를 '잃어버린 10년'으
로 몰아붙이고, 과거 고도성장에 대한 국민들의 향수를 자극하는 데
유용하게 사용되었다.

이명박 정부는 집권 초기 '비즈니스 프렌들리'를 외치며 기업 규제
완화에 드라이브를 걸었다. 대불 공단의 전봇대를 뽑아 버리는가 하면
규제 일몰제와 감세정책도 내놓았다. 시장의 자유를 내세우면서 재벌
총수의 황제 경영과 선단 문어발 경영을 막는 출자총액제한제도 폐지

를 주장하는 전국경제인연합회의 요구를 수용했다. 그런가 하면 재벌의 지배 구조 개선을 위한 지주회사 제도를 무력화시켰고, 재벌이 은행을 갖지 못하도록 한 금산분리 원칙도 훼손시켰다. 외국자본의 은행 소유를 방치할 수 없다는 명분하에 은행을 재벌의 사금고로 만들고 산업자본과 금융자본 사이의 견제 기능을 허물어뜨렸다. 재벌 총수와 대기업에 대한 규제완화에 주력했던 만큼 친기업 정책은 친재벌 정책이다. 그리고는 국민경제에 물가 상승 부담을 떠안기면서 저금리·고환율 등 수출 대기업을 지원하는 경제정책에 주력했다.

물론 친재벌이라고 해서 무조건 나쁘다고 말할 수는 없다. 세계에서는 대기업 위주의 성장 전략을 통해 성공한 나라들이 있고 우리나라도 그중의 하나다. 과거 개발 시대에는 재벌 대기업이 정부의 지원으로 새로운 산업으로 진입하고 그 뒤를 이어 중소기업이 진입하면서 경제성장이 확산된 것은 부정할 수 없다. 이명박 정부가 재벌 대기업을 키워 경제를 살리겠다고 한 것도 국민들의 기억 속에 남아 있던 이런 과거의 추억을 되살렸다. 이명박 정부의 친재벌 정책은 재벌이 잘되면, 중소기업과 자영업도 잘되고, 국민도 잘살게 된다는 '낙수효과'에 철저히 기댔다. 재벌을 지원해 투자가 늘고 성장률이 높아지면, 고용도 늘고 서민 경제가 좋아진다는 논리였다.

하지만 2008년 몰아닥친 글로벌 금융 위기 이후 기업들은 투자를 중단했고 경기와 고용 상황이 악화되면서 친재벌 정책의 성과는 참담했다. 재벌의 몸집과 이익이 늘어났지만, 고용 투자 세금 등에서 기대했던 국민경제에 대한 기여는 나타나지 않았다. 감세로 대기업과 부자들의 지갑은 두툼해졌지만, 예상했던 투자와 소비 증대 효과는 없었다. 감세로 가장 많은 혜택을 받은 고소득자의 가처분소득이 늘어났지만 소비 증대로 이어지지 않았다. 법인세 인하로 대기업의 부담도 크게 줄었다. 국세청 발표에 의하면, 과세표준 2억 원 초과 기업의 법인세 실효세율(=총부담세액/과세표준)은 2008년 20.9%에서 감세가 시작된 20.1%로 하락했다가 2010년에는 17.0%로 크게 하락했다. 2년 새 대기업의 법인세 부담이 7조4천억 원이나 줄었다. 하지만 기대했던 대기업의 투자는 나타나지 않았으며 재정수입만 그만큼 감소했다. 감세 정책의 실패는 그 원조라 할 수 있는 1980년대 미국 로널드 레이건 정부의 실패에서 이미 예견되었다. 레이건 정부는 세금을 내리면 사람들이 더 열심히 일해 세수가 늘어날 것이라고 믿고 세율을 인하했지만, 조세수입 감소로 미국 역사상 평화기 최대의 국가채무 누적을 초래한 것으로 끝났다.

2008년 글로벌 경제 위기로 해외 경쟁사들이 주춤한 사이 우리나라 재벌 대기업들은 큰 이익을 올렸다. 재벌 대기업은 고환율과 저금리에 힘입어 큰 이익을 냈고, 규제완화로 재벌의 영향력은 더욱 커졌다. 30대 재벌의 계열사는 2006년 731개였는데, 2011년 말에는 1,150개로 5년 새 무려 420여 개나 증가했다. 이 가운데 10대 그룹의 계열사는 2008년 405개에서 2011년 617개로 늘어났다. 계열사가 5일마다 하나씩 새로 생겨난 셈이다. 이런 재벌의 사업 확장은 전통적으로 소상공인과 중소기업의 영역이던 소모성 자재 구매 대행MRO, 기업형 슈퍼마켓SSM, 웨딩 사업, 외식 사업으로 무차별적으로 이루어졌다.

대-중소기업·영세자영업 간 양극화 현상은 이명박 정부에 들어와 더욱 심해졌다. 글로벌 경제 위기 이후 우리나라는 OECD 회원국 가운데 가장 빠른 속도로 회복한 나라에 속했다. 재벌 대기업들은 2009년 하반기 이후 사상 최대의 경영 실적으로 올렸으나 중소기업의 회복세는 미미했다. 중소기업들은 원자재값 상승, 납품 단가 인하로 수익률이 하락하면서 2008년 글로벌 경제 위기 이전 수준을 회복할 수 없

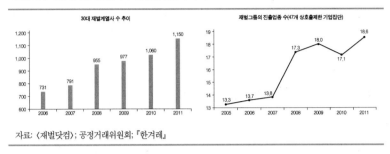

그림 11 | 재벌 대기업의 계열사 수 및 진출 업종 수 추이

30대 재벌계열사 수 추이

재벌그룹의 진출업종 수(47개 상호출제한 기업집단)

자료: 〈재벌닷컴〉; 공정거래위원회; 『한겨레』

었다. 중소 협력사에 대한 납품 단가 후려치기, 기술 탈취, 인력 탈취로 대변되는 대기업의 불공정 하도급거래 행위는 좀처럼 줄어들지 않았으며, 그사이 재벌의 문어발 경영은 극심해졌다. 대형 마트들은 초저가 PB^Private Brand 상품과 기업형 슈퍼마켓을 앞세워 시장을 잠식했다. 재벌들은 그룹 계열사의 구매 비용을 절감한다는 명분으로 소모성 자재 구매 대행업체를 설립했고, 이들이 외부 거래 비중을 높이고 취급 품목을 늘리면서 중소기업들은 설 자리를 잃었다.

재벌의 사업 확장은 재벌 2~3세에 부를 대물림하는 방편으로 활용된다. 개인회사를 만들고 그 회사의 지분을 2세나 3세에게 물려준 뒤 내부 거래로 몸집을 키운 다음 상장한다. 〈재벌닷컴〉에 따르면, 30대 재벌 가운데 총수 자녀가 대주주로 있는 20개 비상장사의 매출액 중 내부 거래가 차지하는 비중이 거의 절반에 이르고 있다. 세금 없이 부를 대물림하기 위한 '일감 몰아주기'는 시스템통합^SI, 물류 운송업, 유통업 분야에서 전형적으로 나타났다. 중소기업 고유 업종 제도의 폐지는 이런 재벌의 사업 확장에 날개를 달아 준 격이었다. 이 제도는 중소기업이 영위하는 소규모 업종의 경쟁력 확보를 위해 대기업의 진입을 금지하는 제도였지만, 2006년 노무현 정부 때 폐지되었다. 그리고 이

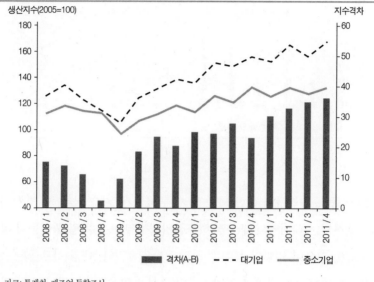

그림 12 | 제조업 대-중소 기업의 생산지수(2008년 1/4분기~2011년 4/4분기)

자료: 통계청, 제조업 동향조사

명박 정부에 들어 재벌들은 제조업은 물론, IT 서비스업, 운송업, 유통업 등 서비스 업종에서 중소기업이 영위하던 업종에 진입과 사업 확장에 본격적으로 나섰다. 재벌의 무분별한 사업 확장으로 빵, 커피, 떡볶이, 순대, 두부, 막걸리 등 골목 상권까지 잠식하며 중소기업과 영세자영업의 밥그릇까지 빼앗고 있다.

중소기업의 성장 둔화 현상은 2008년 글로벌 금융 위기 이후에도 계속되었는데, 수출 대기업이 경기회복을 주도하는 가운데 중소기업의 생산 비중은 더욱 낮아졌다. 2008년 금융 위기 직후 대기업의 생산지수가 더 큰 폭으로 하락했지만 위기 이후 대기업이 중소기업보다 더 빠르게 회복하면서 대기업과 중소기업의 생산 격차, 출하액 격차, 가동률 격차가 확대되었다.

표 1 | S전자 무선 사업부의 단가 인하

단위: 억 원, %

		2002	2003	2004	2005
정보통신 총괄 사업부 매출액		124,046	142,041	189,359	188,246
·원자재 구입액(A)		57,392	78,356	111,667	112,151
·영업이익		30,270	27,039	28,111	22,955
·영업이익률		24.4	19.0	14.8	12.2
무선 사업부 단가 인하	국내 협력사(B)	3,387	6,141	9,264	11,236
	(B/A)	(5.9)	(7.8)	(8.3)	(10.0)
	외국 협력사(C)	6,739	6,104	6,579	6,067
	(C/A)	(11.7)	(7.8)	(5.9)	(5.4)
	계(D)	10,126	12,245	15,843	17,303
	(D/A)	(17.6)	(15.6)	(14.2)	(15.4)

자료: 공정거래위원회(2008a)

글로벌 금융 위기 이후 대기업은 사상 최대의 실적을 기록했으나, 협력 중소기업들은 납품 가격 인하, 원자재값 상승으로 수익률이 하락했다. 제조업 대기업과 중소기업 간 매출액 영업이익률 격차를 보면, 대기업은 2008년 5.60%에서 2010년 7.22%로 늘어났지만, 중소기업은 4.77%에서 4.80%로 격차는 더욱 벌어졌다(기업은행경제연구소 2010; 대중소기업협력재단 2011).

기업 간 양극화는 '갑을 관계'로 표현되는 대기업과 중소기업 간 하도급거래에서 전형적으로 나타난다. 수직적 하도급거래에서 대기업은 중소기업 성과의 대부분을 가져가는 반면, 대기업들은 경기가 나빠지거나 손해가 나면 납품 단가를 내려 협력 업체에 손해를 전가한다. 단가 인하는 대기업이 사전에 단가 인하 목표 금액을 설정하고 이 계획에 따라 단가 인하를 실시하는 것인데, 중소기업의 수익성을 심각하게 악화시킬 만큼 납품 단가가 큰 폭으로 인하되고 있다.

〈표 1〉에서 S전자 무선(휴대폰) 사업부의 단가 인하 사례를 보면, 영업이익 감소, 매출 신장세 둔화 등 대기업이 직면한 위험이 단가 인하를 통해 국내 협력사로 전가된다.[2] 또 H자동차는 협력사 영업이익

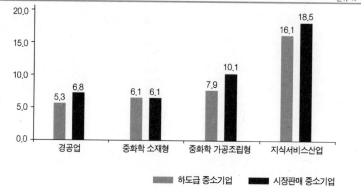

주: 경공업(산업분류번호 10, 11, 13, 14, 15, 16, 17, 18, 32, 33, 38), 중화학공업 소재형(19, 20, 21, 22, 23, 24), 중화학공업 가공조립형 (25, 26, 27, 28, 29, 30, 31), 지식서비스산업 (58, 62, 63, 70, 72)
자료: 중소기업협동조합중앙회, 중소기업청

률을 기준으로 원가절감 목표치를 할당했는데, 고수익 업체(영업이익률 5% 이상)는 5%, 정상 수익 업체는 2.52%, 저수익 업체(3% 이하)는 1%의 단가 인하율을 적용했다(공정거래위원회 2008b).

대기업 성장의 낙수효과가 사라진 상황에서 등장한 이명박 정부의 친재벌 정책은 산업 전반에 걸친 역동성을 약화시키고 중소기업의 위기를 심화시켰다. 재벌 대기업의 시장 지배력이 높을수록 중소기업의 기술 개발 투자는 취약해진다. 교섭력이 높은 대기업이 기술 개발의 이익을 가져가면 수익률이 낮아진 중소기업이 기술 개발에 투자할 동기는 사라진다. 중소기업의 연구개발 투자는 대기업의 수익성을 개선시키지만 중소기업 자신의 수익성 개선에는 도움이 되지 못하고 있다(이규복 2009). 교섭력이 취약한 중소기업 기술 개발의 성과가 제대로

2_S전자 무선 사업부가 2003년 1월부터 2005년 5월간 국내 협력사에 대한 연평균 단가 인하율은 14.7%에 이른다(공정거래위원회 2008a).

보호되지 않고 대기업으로 유출되어 중소기업의 투자 유인은 감퇴된다. 〈그림 13〉에서 보듯이 제조업 하도급 중소기업과 시장 판매 수출기업 간 연구개발 집약도 격차가 나타나고 있다. 중소 제조업체의 절반이 부품을 제조·납품하는 하도급 기업인 상황에서 대기업의 납품가격 인하 → 기술 개발 투자 유인과 여력 악화 → 경쟁력 악화의 악순환이 발생하고 있는 것이다(홍장표 2011b).

이명박 정부는 과거 개발 시대 성장 모델을 부활시키려 했지만 결과는 전혀 딴판이었다. 친재벌 정책으로 재벌은 비대해졌지만 기대한 낙수효과는커녕 양극화만 심화되었다. 이명박 정부가 부활시키려 했던 개발 시대 경제성장 모델이 한국이 빠른 시간 안에 세계경제의 주류로 편입할 수 있는 길을 터준 것은 부정할 수 없지만 이윤 독식, 약육강식의 기업 생태계를 주조해 낸 것이다. 이런 점에서 역사 속으로 사라지고 있던 낙수효과의 신화에 의지했던 이명박 정부 친재벌 정책의 실패는 예정된 것이었다. 성장은 양극화의 해법이 될 수 없다.

4. 이명박 정부 동반성장 정책의 한계

1) 동반성장 정책, 친재벌 정책의 포기?

이명박 정부는 친재벌 일변도의 정책이 양극화 심화로 귀결되자, 궤도 수정이 불가피해졌다. 심각한 수준에 도달한 사회 양극화가 민심 이반과 정권 안정을 위협하자 비지니스 프렌들리 정책의 기조를 바꾸기 시작했다. '중도실용 친서민'(2009년), '공정 사회(2010년)', '공생 발전'(2011년)으로 정책 전환의 수위를 점차 높여가는 반전 드라마를 연출해 왔다. 2009년 '중도실용 친서민'에서 서민 경제의 위기 대책으로 보금자리 주택과 미소금융을 내놨고, 2010년 6·2 지방선거 패배 후 '공정 사회'에서는 대기업과 중소기업 동반성장 대책을 국정 과제 중의 하나로 내걸었다. 이런 정책 기조의 전환을 배경으로 2010년 9월 29일 "대-중소 기업 동반성장 종합 대책"이 발표되었다. 이 종합 대책에는 공정거래 질서 확립, 중소기업의 사업 영역 보호 및 동반성장 전략 확산을 포함한 4개 전략, 15개 정책 과제가 포함되었다.

이명박 대통령은 30대 재벌의 최고 경영자를 불러 놓고 추진 대책을 공동 발표했다. 대기업들은 동반성장이 산업 생태계로 자리 잡을 수 있도록 노력하겠다고 약속했고, 삼성·현대차·SK·LG·포스코 등 5대 대기업은 자사 협력 업체를 지원할 동반성장 기금 1조 원을 2012년까지 조성하겠다고 약속했다. 재벌의 1조 원 동반성장 기금 조성 약속은 이명박 정부가 추진했던 친재벌 정책에 대한 일종의 보답이었고, 이에 정부는 '7% 투자세액공제'로 화답했다. 정부는 하도급거래 개선을 위한 법·제도 정비에 나섰는데, 2011년 3월 11일 하도급법 개정안이 국회를 통과했다. 대기업이 중소기업의 기술을 탈취하면 손해액의 최대 세 배까지 배상하도록 하는 징벌적 손해배상제, 원자재 가격이 올랐는데도 대기업이 납품 단가를 올려 주지 않으면 중소기업 협동조합이 대신 요청하는 '납품 단가 조정 신청제'도 신설되었다. 그리고 2010년 12월 동반성장위원회를 설치해 56개 대기업의 사회적 책임 corporate social responsibility을 평가하는 동반성장지수와 중소기업 적합 업종 선정 작업을 맡도록 했다. 종합 대책은 그간 재벌의 성장과 낙수효과에 기댄 '성장 우선주의' 정책의 실패를 사실상 자인한 것이고 친재벌 정책 일변도에서 탈피해 양극화 문제를 주요 정책 의제로 삼았다는 점에서 주목할 만하다. 그리고 종합 대책 가운데 재벌의 일감 몰아주기

표 2 | 동반성장 종합 대책 주요 내용

구분	항목	내용
하도급법 개정	효율적 납품 단가 조정 체계	중소기업 협동조합에 조정 협의 신청권 부여
		신속한 납품 단가 조정을 위한 '패스트 트랙제' 도입
	자의적 납품 대금 감액 금지	하도급대금 감액 원칙 금지, 감액 경우 대기업이 그 정당성을 입증하도록 의무화
		하도급대금 감액 경우 사유·기준 등을 명시된 서면 교부 의무화
	중소기업 기술 보호	기술자료 요구시 권리 귀속·대가 등이 명시된 서면 교부 의무화
		대기업의 기술 탈취에 대한 징벌적 손해배상제 도입(손해액의 최대 3배까지 배상 책임)
		기술 탈취 입증 책임을 대기업으로 전환
	하도급법 적용 확대	원사업자 매출액이 수급 사업자보다 크면 적용
	기타	동반성장 협약의 법적 근거 마련
		하도급 서면 실태 조사 결과 공표 의무화
		공정위의 전속 고발권 통제 장치 도입 (중대하고 명백한 위법행위에 대해서는 고발 의무)
대규모 소매업 거래 공정화에 관한 법률 제정	법 제정 추진	백화점·할인점 등 대형 유통 업체들이 입점 업체나 납품 업체들에 판매수수료 부당 인상, 부당 반품 등 불공정 행위를 하는 경우 입증 책임을 대형 유통 업체들이 지도록 의무화
동반성장위원회 신설	동반성장지수 평가	56개 대기업 대상으로 한 기본 시행안 확정, 보완 작업 거쳐 2012년 초 결과 발표
	중소기업 적합 업종 선정	2011년 6월 안으로 선정기준 마련, 하반기 선정
조세특례제 한법 개정	동반성장 확산	동반성장 프로그램 투자세액공제(7%) 신설

자료: 공정거래위원회, 지식경제부, 동반성장위원회

에 대한 과세 방침과 하도급법 개정안 중 대기업의 중소기업 기술 탈취에 대한 '징벌적 손해배상제'의 도입도 긍정적으로 평가할 부분이다.

규제완화, 감세와 같은 이명박 정부의 초기 친재벌 정책은 시장 만능주의가 뒷받침해 주었다면, 동반성장 정책은 시장 만능주의와 충돌하는 측면이 없지 않다. 정운찬 동반성장위원장이 제시한 초과이익공유제는 그동안 노동계에서 주장해 온 '원하청 이윤 공유제'와 맥을 같이하는 것으로 대기업들이 얻은 이윤이 정당한 것인지에 대한 논란을 촉발시켰다(이상호 2011). 초과이익공유제에 뒤이어 곽승준 미래기획위원장이 연기금의 주주권 행사 방안을 제시하면서 정권의 지지 계층을 당혹스럽게 만들었다. 그런가 하면 2011년 8·15 경축사에서 대통령이 '탐욕 경영', '자본의 자유', '부익부 빈익빈'의 시장경제로부터 '윤리 경영', '자본의 책임', '상생 번영'의 새로운 시장경제로의 진화를 말할 때 마치 시장 만능주의와 결별하는 듯한 모습을 보여 주기도 했다.

재계는 친재벌 정책이 주춤하고 정책 기조가 동반성장·공생발전으로 바뀌자 불만을 노골적으로 드러냈다. 전국경제인연합회(이하 전경련)와 한국경제연구원에서는 동반성장위원회가 추진 중인 동반성장지수, 중소기업 적합 업종 및 품목 제도 도입, 초과이익공유제를 모두 싸잡아서 재벌을 규제하는 반시장적 조처라고 비판했다(한국경제연구원 2011; 전경련중소기업협력센터 2011). 전경련에서도 중소기업 적합 업종, 초과이익공유제 등으로 자유경쟁 원리를 훼손하고 참여정부 때보다 더 좌파라고 강변하는 상황도 연출되었다. 이명박 정부에서 가장 큰 혜택을 보았던 재벌이 친재벌 일변도 정책에서 물러서는 조짐을 보이자 이에 대해 반발하는 것은 어쩌면 당연한 일이었다.

그렇지만 이런 재계의 반발이 이명박 정부가 친재벌 정책을 포기했다거나 시장 만능주의와 결별했음을 뜻한다고 볼 수는 없다. 이명박 정부의 동반성장 대책은 어디까지나 친기업/친재벌 정책이 낳은 폐해를 재벌의 사회적 책임과 윤리 경영을 통해 보완한다는 차원에서 나왔다는 점에 주목할 필요가 있다. 동반성장 대책의 핵심은 동반성장지수 평가이며, 민간 부문이 기업의 사회적 책임 이행 사항을 자율적으로 평가하는 것이 주된 내용이다. 이때 평가 주체인 민간 부문은 곧 재벌의 영향력 아래에 있는 영역이다. 지수 평가를 주관하는 기관도 민간 위원으로 구성된 동반성장위원회에 맡겼다. 극심한 양극화로 민심이 이반하면서 양극화 대책이 불가피한 상황에서 정부가 재벌과의 사전 합의와 협조 속에 동반성장 대책을 추진한다면, 재벌로서도 수용할 만한 것이었다. 이런 식으로 재벌에 의해 그 수위가 통제되고 조절되는 동반성장 정책을 두고 '친기업', '친재벌' 정책과 결별했다고 단언하기는 어렵다.

2) 동반성장 정책의 한계

집권 후반기 추진 중인 동반성장 정책을 두고 친기업 친재벌이라는 이명박 정부의 태생적 기반이나 시장 만능주의라는 이념적 토대로부터 벗어났다고 볼 수는 없다. 시장 만능주의에서는 양극화란 개방과 세계화에 따른 불가피한 현상이며, 재벌 대기업의 사회적 책임과 윤리 경영이라는 틀 속에서 완충시킨다는 것이다. 개방과 규제완화, 노동시장 유연화는 불가피하고 그로 인한 문제점은 정부의 직접적인 시장 개입보다는 시장 자율 기능으로 해결하도록 맡겨 두는 것이다.

이명박 정부 동반성장 정책은 '기업의 사회적 책임' 이행의 일환이며, 책임 이행은 어디까지나 기업의 자율에 따라야 한다는 자유지상주의적 관점에서 크게 벗어나지 않는다.[3] 이런 관점에서는 자율 이행이 강조되고, 정부를 포함한 시장 외부의 개입은 '반시장'이라는 이름으로 부정된다. 양극화나 동반성장 문제를 재벌의 경제력 집중이나 시장 독과점 문제와 같은 '시장의 실패' 문제로 보기보다는 기업의 사회적 책임 문제로 접근하는 입장은 종합 대책에서도 잘 드러나 있다.

우선 중소기업 적합 업종·품목 정책을 보자. 중소기업 적합 업종·품목을 동반성장위원회에서 선정 발표하고, 선정된 업종이나 품목에 대해 대기업의 자율적인 진입 자제와 사업 이양을 유도하는 것이다.

3_기업의 사회적 책임에 대한 자유지상주의(libertarianism)적 관점과 달리 롤스의 사회적 자유주의적 관점에서는 기업이 수행해야 할 사회적 책임 문제는 단지 기업의 자율 결정에 의존하는 것이 아니라, 공정 사회를 실현하기 위해 사회적으로 합의된 사항을 법제화해 시장을 규제할 수 있다고 파악한다(문근찬 2011; Joe & Lim 2011).

적합 업종에 진출한 대기업이 퇴출하면 동반성장지수에 가점을 주어 자발적인 퇴출을 유도한다는 것이다. 하지만 중소기업 적합 품목 선정에서 대기업과 중소기업 사이에 이해관계가 첨예하게 대립되는 가운데 자발적인 합의란 쉽지 않고 그렇다고 합의를 강제할 수단도 마땅하지 않다. 게다가 설령 합의에 이르더라도 대기업의 합의 이행을 강제하기도 어렵다. 적합 업종 선정 후 동반성장위원회가 대기업의 이행 여부를 조사해 공표할 계획이지만, 대기업이 합의 사항을 어겨도 제재할 수단이 마련되지 않았다.[4]

하도급거래 문제의 핵심은 수요 독점적 시장구조와 대기업과 중소기업 간 교섭력 격차 문제다. 그런데 동반성장 종합 대책에는 독과점 시장의 폐해를 시정하고 중소기업의 취약한 교섭력을 보완하는 방안이 빠져 있다. 게다가 노동시장 개혁 방안도 제시되지 않았다. 양극화란 노동시장의 계층화와 유연화를 추구하는 데에서 비롯된 것이기 때문에, 노동시장 개혁 없는 동반성장 대책은 실효성이 떨어질 수밖에 없다. 고용 형태 간, 기업 간 노동조건 격차를 줄이지 않고서는 양극화는 해소되지 않는다. 단기적 인건비 삭감 경쟁과 노동시장의 계층화를 초래하는 관행과 구조가 타파되어야 하지만, 정작 정부는 불법 파업에 대한 법치만 내세울 뿐 노동자 간 격차 확대를 유발하는 노동시장 유연화 정책의 틀 속에 머물고 있다.

4_2011년 12월 대기업과 중소기업 상생 협력법 개정안이 국회를 통과하면서 이와 같은 문제점은 부분적으로 개선되었다. 적합 업종 선정시 합의가 이뤄지지 않을 경우 사업 조정 권한이 동반성장위원회에 부여되었다. 그리고 적합 업종에 대기업 진출시 처벌 규정과 대기업의 사업 이양을 권고하는 내용을 담았으며 중소기업 적합 업종 논의 대상을 제조업에서 서비스업으로 확장되었다. 이와 같은 법 개정으로 동반성장위원회의 권한과 위상이 높아졌지만, 그렇다고 민간이 자율적으로 동반성장 방안을 마련한다는 시장 자율의 정책 기조가 달라진 것은 아니다.

동반성장위원회에서 다루는 주요 정책 의제가 적합 업종, 동반성 장지수 산정으로 한정되었던 것은 정부가 재계와 사전 합의하에 의제를 설정하고 민간 자율로 추진한다는 기본 방침에 따른 것이다. 그렇다고 동반성장위원회가 재계와 정부가 사전 합의한 사안만 다룬 것은 아니다. 초과이익공유제는 사전에 합의된 의제가 아니었다. 2011년 초에 정운찬 동반성장위원장이 대기업의 초과 이익 중 일부를 협력사에게 나누어 주는 초과이익공유제라는 파격적인 안을 제시했다. 그러자 삼성 이건희 회장의 '자본주의 제도인지, 사회주의 제도인지 모르겠다'는 발언을 신호탄으로 재계에서 초과이익공유제는 시장경제를 위협하는 반시장적 제도라고 공격했다. 이에 최중경 지식경제부 장관이 가세해 초과이익공유제는 실현 불가능한 비현실적인 제도라고 비판하면서 재계와 보조를 맞추었다. 사전에 합의되지 않은 돌출적 의제에 대해 재벌과 정부가 '동반 비판'하면서 안건으로 상정되지 못하도록 차단에 나선 것이다.

정운찬 동반성장위원장이 제기한 초과이익공유제는 재벌 대기업의 부담 전가-이익 독점 구조에서 대기업이 실현한 이익 중에는 납품단가 인하 등 중소 협력사의 기여분이 포함되어 있기 때문에 협력사에게도 배분되어야 한다는 것이 취지였다(곽정수 2011). 사실 대기업의 이익을 협력사에 배분하는 이익공유제는 미국, 영국 등 선진국에서 이미 오래 전부터 시행되어 온 것으로, 반시장적이거나 비실현적인 제도로 비판받을 내용이 아니다(대중소기업협력재단 2011; 홍장표 2011a). 하지만 이익공유제는 정부와 재벌의 사전 합의 사항이 아니었을 뿐더러 대기업이 누리는 이윤의 정당성에 의문을 제기하고 안정적인 이윤 수취를 훼손할 만한 잠재력을 지녔기 때문에 재벌과 정부 관료로부터 집중적인 공격을 받았다.

재벌과 전경련은, 이익공유제는 논의의 대상조차 될 수 없다며 회의 참석을 보이콧해 자율적 민간 합의 방식으로 추진한다는 합의를 스스로 부정하면서 강하게 반발했다. 그러다 재벌 개혁에 대한 사회적 요구가 확산되는 가운데 2012년 2월 초 대기업 측은 마지못해 회의에 참가했으며, 명칭 변경과 자율 시행이라는 조건을 요구했다. 이익공유제는 이런 재벌의 반발과 수정을 거쳐 '협력 이익 배분제'라는 이름으로 동반성장위원회를 통과했지만, 이 역시 동반성장지수 산정에 들어가는 수많은 항목 중의 하나에 불과하기 때문에 원래의 취지와 내실을 확보하기란 어려울 것으로 보인다. 이익공유제를 둘러싼 논란은 이명박 정부의 동반성장 정책은 제아무리 개혁적인 방안이 논의되더라도 민간 자율 시행이라는 틀 속에서 벗어날 수 없음을 잘 보여 주었다.

대기업이 눈앞의 이익을 포기하고 중소기업 업종에서 자발적으로 철수하거나 대기업이 불공정 행위를 자제하고 중소기업과 공생의 길을 스스로 선택하기를 기대하기란 현실적으로 어렵다. 대기업으로서는 단기적 수익을 극대화하는 데 현재와 같은 이윤 독식의 기업 생태계가 가장 유리하기 때문이다. 기업의 사회적 책임은 어디까지나 재벌 총수의 손에 달려 있기 때문에 이를 거부하면 정책의 실효성은 기대할 수 없다.

과거 노무현 정부에서도 '상생 협력 지수'라는 이름으로 추진하다가 결국 재벌의 반대로 무산된 이유도 여기에 있다. 사정이 그럼에도 불구하고 이명박 정부는 민간의 자율 보정으로 시장 스스로 문제를 해결한다는 입장을 고수하고 있다. 이명박 정부의 동반성장 정책은 결국 소리만 요란했고, 실효는 거두지 못할 것이라는 비판을 피하기 어렵다. 대기업과 중소기업의 동반성장 대책에도 불구하고, 중소기업 쪽에서는 여전히 '바뀐 것이 없다', '힘들어 죽겠다'는 하소연은 계속되고 있

표 3 | 대기업과 협력사의 매출액 영업이익률 격차

구분	2006	2007	2008	2009	2010
현대자동차	5.6	6.4	5.8	7.0	9.5
현대차 부품	3.1	2.8	1.9	1.9	3.1
삼성전자	13.4	9.4	5.7	8.2	13.3
삼성전자 부품	5.4	6.3	5.0	2.8	5.2

주: 현대자동차와 삼성전자 협력사 775개
자료: 『한겨레21』; 곽정수(2011)

다. 중소 협력사의 수익성은 동반 정장 대책에도 불구하고 별로 나아지지 않았다. 우리나라의 대표 기업인 삼성전자와 현대자동차의 협력사 영업이익률은 나쁠 때는 2%, 좋을 때라고 해봐야 5~6%에 그치고 있다. 더욱이 1차 협력사의 부담까지 떠안으면서 극심한 인력난에 허덕이는 2·3차 협력사의 현실은 더욱 절실하다.

기업 간 양극화 문제는 대기업 총수들의 인식이 바뀌기를 기대하거나 대기업의 시혜적 조치에 의존해 해결하기는 어렵다. 양극화의 근원지인 성장 체제를 바꾸는 것은 고사하고, 정책의 지속성이나 일관성조차 확보되지 않는다. 재벌 위주의 양극화 성장 구조 속에 깊이 뿌리내린 양극화의 근원이 치유되지 않는다면, 중소기업이나 비정규직 노동자 문제는 해결의 실마리조차 구할 수 없다. 그렇다고 양극화 해소의 부담을 복지 정책이 짊어지도록 하는 것은 재벌과 부유층이 반발할 증세 논란을 불러올 것이 분명한 상황에서 기대하기 어려운 일이다. 이명박 정부 동반성장 정책의 딜레마는 재벌 위주 성장 과정에서 주조된 약탈적 기업 생태계라는 시장의 결함을 교정하는 해법을 재벌이 지배하고 있는 시장에 맡기는 데에 있다.

5. 양극화 해소를 위한 정책 대안

　시장에서 개별 주체의 사익 추구가 경제 전체의 효율성을 자동적으로 보장하는 것은 아니다. 개별 기업은 거래 관계에서 단기적인 이익을 추구하고 이 행동이 결과적으로 산업 전체의 효율성을 약화시킬 수 있다. 개별 기업의 단기적 사적 이익 추구가 경제 전체의 효율성을 저하시킬 때 시장의 실패market failure가 발생한다. 시장 실패가 발생할 때 비록 사적 계약의 영역일지라도 불공정거래를 규제하고 공정한 시장 질서를 만들기 위해서는 규제가 불가피하다. 과거 일본에서도 납품 단가 인하, 대금 결제 지연 등 하도급의 불공정성 문제가 심각해지자 정부가 강력한 법 시행과 행정 조치 발동으로 대기업의 불공정 행위를 규제한 덕분에 오늘날과 같은 공존공영의 동반성장 체제가 성립될 수 있었다. 양극화가 시장 실패의 결과로 나타난 만큼, 시장의 자율적인 조정이나 재벌 대기업의 자선에 맡겨서는 될 일이 아니다. 양극화의 진정한 해법은 시장 만능주의의 틀로부터 벗어날 때 가능하다. 양극화 성장 체제를 극복하는 시장 제도 개혁에서 답을 구해야 할 것이다.

　무엇보다도 낙수효과의 신화를 버리고 재벌 개혁에 나서야 한다. 재벌에 좋은 것이라고 해서 더 이상 한국에 좋은 것이 아니다. 재벌 개혁 과제는 그동안 등한시되었던 경제력 집중 문제에 초점을 맞추어야 한다. 그동안은 총수 일가의 전횡을 막는 지배 구조 개선만 강조되었다. 1997년 외환 위기 이후 김대중 정부의 재벌 정책은 기업지배구조 개선에 초점이 맞추어졌으며, 경제력 집중 억제책은 재벌이 성장하는 데 발목을 잡으면 안 된다는 이유로 등한시되었다(김상조 2011). 그리고 이명박 정부에 들어 글로벌 무한 경쟁의 시대에 대기업은 성장해야 되고 이를 정책적으로 지원해야 한다는 인식이 자리 잡았다. 하지만 지배 구조가 아무리 건전해도, 재벌의 지배력이 계속 커지면 중소기업들은 설 자리를 잃게 된다. 경제력 집중으로 인해 양극화가 심화되고, 재벌이 사회 전반에 과도한 영향력을 행사하면서 민주주의를 위협하고 있다. 재벌의 경제력 집중을 완화하는 대안을 마련할 때다.

동반성장 대책 역시 지금처럼 기업 자율에 맡기고 총수들의 인식이 바뀌기를 기다릴 것이 아니라 정부가 나서 법과 제도로 재벌의 탐욕을 막아야 한다. 하도급거래의 불공정성 문제는 자율 시정을 넘어 법적 규제와 사회적 규제 장치가 급선무이다. 대기업과 중소기업 기업 간 하도급거래 문제는 약자에 대한 사회적 배려라는 기업의 사회적 책임을 따지기에 앞서 불공정거래행위에 대한 엄정한 법적 규제가 우선이다. 대기업과 중소기업 간 상생 협력의 핵심은 불공정한 거래 관행을 개선하고 협력 이익의 공정한 배분 규칙을 확립하는 데에 있다. 대기업의 부당한 단가 인하와 부담 전가 행위를 차단하고 갑-을의 관계를 파트너십 관계로 전환시키려면 법과 제도의 정비가 불가피하다. 현행 하도급법에서 권장 사항으로 되어 있는 표준 계약서 작성을 의무화하고, 징벌적 손해배상제 적용 범위를 대기업의 기술 탈취에 한정시키지 않고 계약 기간 중 대금을 부당 감액하는 단가 인하, 부당 물품 수령 거부 등 하도급거래법과 공정거래법상의 불공정 행위로 확대해야할 것이다. 불공정거래에 대한 사회적 감시 체제를 마련하는 것도 필요하다. 노·사·민·정 합동 감시단을 구성하고 법위반 의심 업체에 대해서는 감시단에 조사권을 부여하는 방안도 강구될 수 있다. 물론 불공정거래행위를 규제하는 시장의 평판 기능도 활용할 수 있다. 도급단가 결정에서 낮은 납품 단가나 임금률 문제는 기업 간 양극화 유발요인인 만큼, 납품 단가, 임금률과 같은 정보를 공개함으로써 양극화요인을 사전에 예방하는 효과를 얻을 수 있다.

불공정 하도급거래는 대기업의 수요 독점적 시장구조를 바탕으로 한다. 불공정 하도급거래도 일 대 일의 교섭 구조를 그대로 두고 대기업의 시혜적인 조치에 의존해서는 해결될 수 없다. 대기업과 중소기업 간 불평등한 교섭 구조를 바꾸는 작업에 나서야 한다. 중소기업의 취약한 교섭력은 다수의 중소기업이 공동으로 대기업과 협상하도록 교섭 구조를 바꾸면 개선될 수 있다. 원가 상승분이 납품 단가에 반영되도록 하기 위해선 중소기업 협동조합이 단가 협상이나 조정에 나설 수 있도록 해야 한다. 중소기업에 적정 수준의 납품 단가가 보장되도록 공정거래법상의 담합 금지 규정에 예외를 인정하고 협동조합에 납품 단가 협상권을 부여하는 것이다.

중소기업 적합 업종 선정도 지금처럼 대기업과 중소기업의 합의에만 맡겨 놓아서 될 일이 아니다. 법적 강제력 없이 자율 시정에 의존하는 방식으로는 실효성을 담보하기 어렵다. 위반 대기업에 과징금을 부과하는 등 강제 조항이 필요하다. 기업들이 문어발식 확장을 넘어 지네발식 확장으로 중소 상공인과 서민의 밥그릇까지 뺏는 것을 막으려면 중소기업 고유 업종 제도를 부활시키는 방안도 검토될 수 있다.

양극화 성장 체제의 중심에 노동시장의 양극화가 자리 잡고 있다. 노동시장은 대기업 정규직을 중심으로 하는 1차 노동시장과 중소기업, 비정규직을 중심으로 한 2차 노동시장으로 분단되어 있는 만큼, 노동시장의 교정과 근로조건 격차 해소가 시급하다. 대기업의 성과급과 종업원 지주제와 같은 종업원 이익공유제의 적용 범위를 사내(외) 협력사로 확대 적용하는 한편, 대기업이 격차 해소를 위한 기금을 출연하고 비정규직과 중소기업 인력 개발 투자와 임금 보전에 활용하도록 할 필요가 있다.

중장기 과제로 현행 대기업과 중소기업 간 성과배분제도를 개편하는 작업이 필요하다. 대기업이 납품 단가를 결정할 때 협력사의 이익 마진은 원가의 일정 비율로 정하고 계약 기간 중 원가에 연동해 단가가 변경되는 원가연동 가격 방식cost-plus pricing이 주로 이용되고 있다. 이 방식에서는 중소 협력사는 기본 이익 마진만 얻고, 대기업은 불확실성과 위험을 부담하는 대가로 혁신 이익을 독식한다. 게다가 단가 인하 관행으로 중소 협력사들은 기본 이익 마진조차 얻기도 어렵다. 이런 가격결정과 이익배분제도에서는 사업이 성공하면 대기업은 막대한 이익을 내지만, 중소기업은 이로부터 배제된다. 협력사가 기술 개발에 성공해도 혁신 이윤은 제대로 보상받을 수 없다. 이와 같은 제도 관행 속에서는 중소 협력 업체들은 기술 개발과 품질 개선에 대한 동기가 약해 기술 개발 투자는 위축될 수밖에 없다(홍장표 2011b). 중소기업의 기술 개발 투자를 촉진하고 상생 협력의 기업 생태계를 만들기 위해서는 중소 협력사에 지불되는 보수를 대기업의 이익에 연동시키는 이익 공유제profit sharing의 도입, 성과공유제benefit sharing의 개선 등 성과배분제도의 개혁을 통해 중소 협력사의 기여분이 정당하게 보상받도록 해야 할 것이다(대중소기업협력재단 2011).

동반성장 정책의 비전은 양극화 성장 체제를 해소하고 상생 협력의 새로운 성장 체제를 구축하는 데 맞추어져야 할 것이다. 특정 부문에 이익이 독점되고 자원이 집중되는 수출 대기업 위주의 성장이 아니라 수출 기업과 내수 기업, 대기업과 중소기업 간 균형을 이루는 성장으로 경제적 성과가 전 부문에 골고루 확산되는 새로운 성장 체제가 요구된다. 이와 같은 성장 체제는 공정한 시장경제 질서와 대기업과 중소기업이 기여도에 따라 공정하게 배분받는 협력과 공존의 기업 생태계 조성 없이는 이룩될 수 없다.

동반성장을 위한 시장 제도 개혁은 정부의 적극적인 의지와 노력

없이는 가능하지 않다. 공공 부문과 공기업이 건강한 기업 생태계 조성에 앞장서고 민간기업의 변화를 유도하는 정부의 적극적인 역할이 무엇보다도 중요하다. 물론 정부가 직접 개입하기 어려운 민간 부문의 이해관계 조정에 이해 당사자들의 합의체를 활용할 수 있다. 하지만 합의체는 어디까지나 이해 당사자의 의견을 수렴하고 이해를 조정하는 것이지 정부가 할 일을 대신할 수는 없다. 이명박 정부는 한국 경제에서 수출 대기업 지원 위주의 정책으로는 양극화가 해소될 수 없고 오히려 심화시킨다는 것을 명백히 보여 주었다. 또 재벌의 지배로 왜곡된 시장구조 속에서 시장이나 기업의 자율 교정에 맡겨서는 문제가 해결될 수 없다는 것도 보여 주었다. 이명박 정부의 실패는 무엇이 잘못되었고 어디서 시작해야 하는지를 반면교사해 주고 있다.

04

재벌 개혁과
경제민주화

김상조

1. 머리말: 신화가 된 낙수효과

'비즈니스 프렌들리'는 이명박 정부를 상징하는 구호였다. 그러나 2010년 하반기에 이명박 대통령의 '대기업 때리기'로부터 시작된 기업 정책 기조의 전환이 시간이 지날수록 정치권과 사회 전반으로 확산되고 있다. 2011년에 들어서는 동반성장위원회의 초과이익공유제 제안 및 미래기획위원회의 연기금 주주권 행사 강화 제안 등이 나오면서 그동안 성역으로 간주되었던 자본의 독점적 이윤 전유 및 경영권 행사에 대해서도 문제 제기가 이루어졌다. 또한 최근에는 대기업의 중소기업

● 이 글은 김상조, "재벌 개혁의 필요성과 정책방안"(재벌 개혁과 대·중소기업 양극화 해소방안 정책토론회 자료집, 2011년 7월 22일)을 기초로 수정·보완한 것이다.

사업 영역 침투, 그리고 세금 없는 부의 대물림 수단으로 새롭게 등장한 '일감 몰아주기' 관행에 대해서도 비판의 목소리가 높다. 2012년 총선과 대선 국면에서 이런 분위기는 더욱 강화될 것이다. 다시 한 번 재벌 개혁의 시대가 도래했다고 해도 과언이 아니다.

이런 분위기 반전의 배경에는, 대기업 위주의 정책 기조로는 대다수 국민의 먹고사는 문제를 해결할 수 없다는 절박한 현실 인식이 깔려 있다. 낙수효과trickle-down effect, 즉 "대기업의 선도적 성장의 과실이 중소기업과 서민으로까지 흘러넘치게 한다"는 2007년 대선 당시 이명박 후보의 공약이 공수표가 되었음이 확인된 것이다. 그러나 정치적 슬로건 또는 경제적 당위성만으로는 재벌 개혁에 성공할 수 없다는 것도 과거 정부의 실패 경험을 통해 분명히 알 수 있다. '재벌 공화국'의 실상을 정확하게 파악하고 이를 개혁하기 위한 합리적 정책 수단을 고민할 필요가 있다.

재벌은 한국 경제의 명과 암을 동시에 드러내는 야뉴스적 존재다. 다수 계열사로 이루어진 '기업집단으로서의 재벌'(삼성그룹, 현대차그룹 등)은 제품 생산능력은 물론 연구개발 및 디자인 역량, 나아가 브랜드 이미지 등의 측면에서도 이미 글로벌 기업으로 성장했다. 즉, 재벌은 독점자본으로서 한국 경제의 근대성을 상징한다.

한편, 이런 기업집단을 지배하는 '총수 일가로서의 재벌'(이건희·정몽구 회장 일가 등)은 5% 미만의 지분을 보유한 소액주주임에도 불구하고 '오너'처럼 독단 경영을 일삼고 나아가 각종 불법행위로 사익을 추구하고 있다. 즉, 재벌은 천민자본으로서 한국 경제의 후진성을 상징한다.

그런데 1997년 외환 위기 이후 재벌 정책의 초점은 총수 일가의 전횡을 제어하는 기업지배구조 개선 정책으로 이동했다. 재벌 그룹의 경제력 집중을 억제하는 문제는 관심 대상에서 멀어졌으며, 심지어 '국경 없는 무한 경쟁의 시대에 대기업의 규모는 더 커져야 하고, 이를 정책적 차원에서 지원해야 한다'는 인식이 자리 잡게 되었다. 이것이 올바른 인식인가? 재벌의 지배 구조는 개선되었는가? 지배 구조가 건전하기만 하다면, 재벌의 규모가 아무리 커도 문제가 없는 것인가? 재벌의 경제력 집중 심화와 후진적 지배 구조 문제는 한국 경제의 지속 가능한 성장 및 한국 사회의 민주적 발전에 어떤 장애를 일으키고 있는가? 재벌 공화국의 폐해를 개선하기 위한 방안은 무엇인가? 이상의 질문들에 대해 답을 찾아보도록 한다.

물론 재벌 개혁 자체가 한국 사회의 진보를 보장하는 것은 아니다. 재벌 개혁은 자유주의적 과제이고 부르주아의 과제라고 할 수 있다. 그러나 재벌 개혁의 성공 없이는 그 어떤 진보적 과제도 심대한 장애에 봉착할 것이라는 점은 분명하다. 밑으로부터의 요구, 대중적 에너지를 바탕으로 한 재벌 개혁이 한국 사회에서 진보적 과제인 이유가 여기에 있다.

2. 재벌 공화국의 실상 및 폐해

1) 재벌의 경제력 집중 심화

먼저, 30대 재벌의 경제력 집중도 추이를 살펴보자. 〈그림 1〉에서 GDP 대비 30대 재벌의 자산 비중 추이를 보면, 1997년 외환 위기를 전후로 급격한 상승과 하락의 불안정한 양상을 나타내고 있다. 이는 김영삼 정부 시절 규제완화와 대외 개방이라는 환경 아래에서 무분별

그림 1 | GDP 대비 30대 재벌의 자산 비중 추이

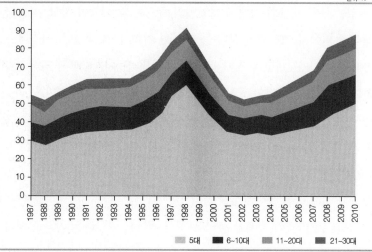

한 외형 확장을 추구하던 재벌들이 심각한 부실에 직면했던 사정을 그대로 반영하고 있다. IMF 구조조정 프로그램이 일단락된 2002년 이후에는 그 비중이 다시 크게 상승해 2010년의 경우 외환 위기 직전과 거의 같은 수준에 도달했다. 외환 위기 당시 30대 재벌 중 절반 이상이 법정관리·화의·워크아웃 등의 혹독한 구조조정을 경험했고, 또 생존한 재벌 중에서도 상당수는 계열 분리 과정을 거쳤음을 감안하면, 최근 30대 재벌로의 경제력 집중 정도는 외환 위기 이전 수준을 능가한다고 할 수 있다.

〈그림 2〉는 경제성장의 기본 동력인 설비투자 관련 지표를 정리한 것이다. 먼저, GDP 대비 30대 재벌의 설비투자 비중(ⓐ)을 보면, 외환 위기 직후 급락했다가 2002년 이후 상당 정도 회복되었으나 여전히 외환 위기 이전 수준에는 미치지 못함을 알 수 있다. 외환 위기 이후 국민경제 전체의 평균 투자율 하락을 반영하고 있다. 그러나 국민 계

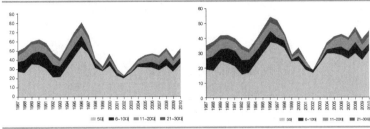

그림 2 | 30대 재벌의 설비투자 추이

단위: %

ⓐ 30대 재벌 투자 / GDP

ⓑ 30대 재벌 투자 / 총설비투자

정상의 총설비투자에서 차지하는 30대 재벌의 비중(ⓑ)을 보면, 1980 년대 후반 3저 호황기의 수준을 넘어 1990년대 후반 외환 위기 직전의 수준에 거의 근접했다. 이는 외환 위기 이후 30대 재벌의 설비투자의 절대적 비중은 줄었지만, 국민경제 전체의 설비투자에서 차지하는 상 대적 점유 비중은 이른바 중복·과잉 투자라 일컬어지는 외환 위기 직 전 수준에 이르렀음을 의미한다. 즉, 30대 재벌 그룹의 투자는 침체되 었다고 할 수 없다. 따라서 외환 위기 이후 이른바 '투자 부진' 문제의 핵심은 '평균 투자율의 저하'에 있는 것이 아니라, 대기업과 중소기업 간 또는 수출·내수 산업 간 '투자율의 양극화'에 있다고 보는 것이 좀 더 정확한 판단일 것이다. 이는 재벌에 대한 규제완화를 통해 투자를 활성화함으로써 그 성장의 과실을 중소기업과 서민으로 확산시킨다는 낙수효과에 기초한 이명박 정부의 비즈니스 프렌들리 기조가 잘못된 진단 속에서 잘못된 처방을 내린 것임을 의미한다.

한편, 30대 재벌 중에서도 상위 거대 재벌로의 경제력 집중이 더욱 심화되고 있다. 기존의 5대 재벌 중에서 해체된 대우그룹을 제외하고, 나머지 4대 재벌을 대상으로 경제력 집중 정도를 나타낸 것이 다음 〈그림 3〉이다. 다만, 이들 중 삼성·현대·LG 그룹은 외환 위기를 전후

그림 3 | 범4대 재벌의 경제력 집중 추이

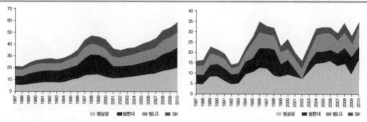

주: 계열 분리된 친족 그룹 중에서 상호출자제한 기업집단에 포함된 그룹만 포함
　　범삼성 = 삼성·CJ·신세계 그룹
　　범현대 = 현대자동차·현대중공업·현대·현대백화점·현대산업개발 그룹
　　범LG = LG·GS·LS 그룹

한 시기에 계열 분리가 이루어졌기 때문에, 일관성 있는 비교를 위해 계열 분리된 친족 그룹까지를 합한 범4대 재벌을 대상으로 했다. 그 결과 범4대 재벌 자산의 GDP 대비 비중은 외환 위기 이전 수준을 훨씬 초과(2010년 58.6%)했으며, 국민 계정상 설비투자 점유 비중 역시 외환 위기 직전 수준에 도달(2010년 34.3%)했음을 확인할 수 있다.

범4대 재벌 중에서도 특히 범삼성그룹의 경제력은 놀라울 정도로 팽창했다. 1987년의 경우 범삼성그룹의 자산은 GDP의 5.7%였으나, 2010년에는 무려 20.0%로 증가했다. 그중 CJ·신세계 등의 친족 그룹을 제외한 삼성그룹 단독으로도 GDP 대비 17.4%의 자산을 보유하고 있다. 설비투자 점유 비중도 마찬가지다. 2010년의 경우 범삼성그룹은 우리나라 총설비투자의 16.9%, 삼성그룹 단독으로도 15.3%를 담당하고 있다. 외환 위기 이전에 삼성그룹은 '5대 재벌 중의 하나'였으나, 이제는 경쟁 재벌들조차도 근접하기 어려운 존재가 된 것이다. 재벌 공화국을 넘어 삼성 공화국이 되었다고 할 만하다.

재벌 개혁이 어려운 이유가 여기에 있다. 2010년 우리나라의 총설비투자에서 30대 재벌이 2분의 1(45.1%), 범4대 재벌이 3분의 1(34.3%), 삼성그룹 단독으로도 7분의 1(15.3%)을 차지한 상황에서, 어느 정권이 이들의 요구를, 특히 삼성의 요구를 무시할 수 있겠는가? 오히려 그렇기 때문에 재벌 개혁이 더욱 필요한 것이다.

물론 재벌이 경쟁력 제고를 기반으로 국내외 시장에서 점유율을 높여 나가는 것 자체는 비판의 대상이 아니며, 오히려 칭찬받아 마땅하다. 그러나 재벌의 경제력 집중이 '시장 지배력 남용'의 결과이거나 또는 이를 부추길 가능성이 있다면, 이야기는 전혀 다르다. 재벌의 경제력 집중이 중소기업의 존립을 위협하고 중소기업이 대기업으로 성장하는 길을 막고 있다면, 국민경제의 지속 가능한 성장을 위한 선순환 구조를 깨뜨릴 수 있기 때문이다.

이런 우려는 이미 현실이 되었다. 한국은행의 산업연관표 분석 결과에 따르면, 1997년 외환 위기 이후 우리나라의 산업간 연관 관계가 크게 약화되었고, 2008년 글로벌 금융 위기로 인해 더욱 악화되었다. 산업연관표에서 '최종 수요계'의 부가가치 유발 계수 추이를 보면, 1995년 0.804에서 2000년 0.767, 2005년 0.763, 2009년 0.710으로 크게 낮아졌다. '부가가치 유발 계수=1-수입 유발 계수'임을 감안하면, 예컨대 2009년의 부가가치 유발 계수 0.710은, 국내의 최종 수요가 1,000원 증가할 때 그중 290원은 수입으로 유출되고 국내의 부가가치는 710원만큼만 증가한다는 뜻이다. 최종 수요 항목별로 보면, 소비(2009년의 경우 0.803), 투자(0.773), 수출(0.561) 순서로 부가가치 유발 계수가 낮으며, 악화되는 정도 역시 더 크다. 내수에 기반을 두지 않은 대기업 위주의 수출·투자 중심 성장 전략이 안고 있는 한계가 분명하게 드러난다.

산업별로 보면, 제조업의 부가가치 유발 계수가 크게 하락했다. 특히 우리나라의 주력 수출산업으로서 전기 전자·자동차·조선 등을 포괄하는 조립 가공 업종의 경우 1995년 0.718에서 2000년 0.652, 2005년 0.641, 2009년 0.595로 크게 악화되어 일본(2005년 0.832)에 비하면 매우 낮다. 그중에서도 전기·전자 업종은 1995년 0.653에서 2009년에 0.501로 수직 하락했다. 1,000원짜리 전기·전자 제품에 대한 최종 수요가 발생하면 국내의 부가가치로 남는 것은 501원에 불과하다. 그만큼 수입 소재·부품에 의존하는 정도가 크다는 뜻인데, 이래서야 국산이라고 할 수 있겠는가? 소재·부품 생산을 담당하는 중소기업 부문의 성장이 뒷받침되지 않았기 때문이다. 이처럼 산업 간 연관 관계가 약화된 결과, 2008년 글로벌 금융 위기 이후 수출 대기업들은 사상 최대의 실적을 기록하고 있음에도 불구하고 내수 중소기업과 자영업자들은 생존조차 장담하기 어려운 상황에 처하는 양극화 현상이 더욱 심각하게 나타난 것이다.

2) 재벌의 금융 지배력 추이

재벌의 금융 계열사는 경제력 집중을 심화시키고 총수 일가의 사익 추구 행위를 유발하는 요인이 된다. 따라서 재벌의 금융 지배력을 완화하는 금산분리 규제 문제는 언제나 뜨거운 논란의 대상이 되었다.

다음 〈그림 4〉는 30대 재벌의 금융 계열사 수 추이를 보여 준다. 먼저, 금융 계열사 수 총계 추이를 보면, 1986년 43개사(그룹당 평균 1.43개사)에서 1996년 105개사(그룹당 평균 3.50개사)로 급격하게 증가했다. 이후 1997~99년간의 외환 위기 과정에서 70여 개 수준으로 감소했고, 2003~04년간의 카드 대란의 충격을 경과하면서 다시 50여 개 수준으로 감소해 일정하게 유지되다가 2010년에는 71개사(그룹당 평균

그림 4 | 30대 재벌의 금융 계열사 수 추이

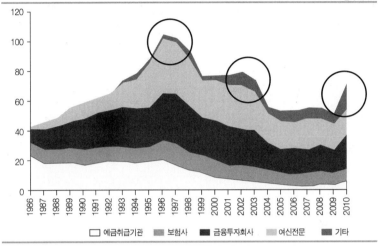

단위: 개사

범례: 예금취급기관 / 보험사 / 금융투자회사 / 여신전문 / 기타

2.37개사)로 늘었다.

1980년대 말 미국의 금융시장 개방 압력이 가중되자 한국 정부는 대외 개방에 앞서 국내 진입 규제부터 완화했는데, 이때 재벌의 금융업 진출이 크게 증가했다. 그러나 개별 그룹 차원에서의 금융회사 경영 능력 및 금융 감독 당국 차원에서의 감독 능력이 제대로 갖추어지지 않은 상태에서 이루어진 재벌의 무분별한 금융업 진출은, 결과적으로 해당 그룹은 물론 국민경제 전체의 불안정성을 야기했다. 1997년 외환 위기와 2003년 카드 대란은 그 직접적인 후유증이다. 한편, 카드 대란 이후 안정적으로 유지되던 재벌의 금융 계열사 수가 2010년에 크게 늘어난 것은 주로 투자회사와 보조기관의 증가에 기인한 것으로 아직 우려할 만한 단계는 아니지만, 이명박 정부의 금산분리 완화 기조에 따라 재벌들이 다시 금융업 신규 진출에 관심을 갖게 된 것으로 볼 수 있다.

표 1 | 주요 그룹의 금융 계열사 수 추이

단위: 개사

	1986	1988	1990	1992	1994	1996	1998	2000	2002	2004	2006	2008	2010
(범)삼성	2	4	4	5	6	16	16	17	17	13	13	11	11
삼성	2	4	4	5	6	12	10	9	11	10	10	10	10
한솔						4	3	4	3	0	0	0	0
CJ							3	4	3	3	3	1	1
신세계								0	0	0	0	0	0
(범)현대	4	5	5	6	6	7	11	10	11	7	7	12	12
현대	4	5	5	5	6	7	11	8	3	1	1	2	2
현대산업								1	1	1	1	1	1
현대차								1	4	2	2	4	4
현대백								0	0	0	0	0	0
현대중									3	3	3	5	5
(범)LG	6	7	7	6	8	9	9	5	5	1	1	2	3
LG	6	7	7	6	8	9	9	5	5	1	0	0	1
LS										0	1	1	1
GS										0	1	1	1
(범)대우	3	3	2	2	3	5	6	-	0	0	0	0	0
대우	3	3	2	2	3	5	6	-	-	-	-	-	-
대우조선									0	0	0	0	0
GM대우									0	0	0	0	0
대우건설										0	-1)	-1)	-1)
SK	0	0	0	2	2	3	4	4	5	3	1	1	1
롯데	3	3	3	3	3	1	1	1	2	2	2	3	10
한화	4	4	4	4	4	3	3	4	6	5	7	9	10
동부	3	3	4	4	5	8	8	7	7	7	7	7	10
동양			6²⁾	6	8	10	9	9	8	8	7	7	7
태광산업								3²⁾	3	4	6	6	7

주: 1) 금호아시아나그룹에 인수됨.
   2) 동양그룹은 1991년 4월에, 태광산업그룹은 2001년 4월에 대기업집단으로 지정.

    금융 계열사의 업종별 구성을 보면, 예금 취급 기관(지방은행, 종금사, 상호저축은행)의 비중은 크게 하락한 반면, 금융투자회사(증권사, 선물회사, 자산 운용사, 투자 자문사, PEF)와 여신 전문 금융회사(카드사, 리스사, 할부금융사, 벤처 캐피탈)는 각각 3분의 1 정도의 비중을 안정적으로 유지하고 있어, 이들 업종이 30대 재벌의 주력 금융 업종임을 확인할 수 있다. 자산 측면에서 압도적인 비중을 차지하고 있는 보험사는 그 숫자 측면에서는 10%대의 비중을 보이고 있다.

    한편, 〈표 1〉에서는 삼성, 현대, LG, SK, 대우 등 이른바 5대 재벌과 롯데, 한화, 동부, 동양, 태광산업 등 상대적으로 금융 부문의 비중이 큰 주요 그룹들의 금융 계열사 현황을 정리했다. 외환 위기를 전후해 많은 그룹에서 계열 분리가 이루어졌기 때문에, 계열 분리 이전의 모태 그룹을 중심으로 정리했다.

먼저, 기존 5대 재벌의 경우 특히 외환 위기 직전인 1995~97년간 금융 계열사 수가 크게 늘어났다가, 이후 삼성을 제외한 나머지 그룹들에서는 금융 부문의 중요성이 크게 퇴색했다. 현대·대우 그룹은 그룹 자체의 부실에 따른 구조조정 과정에서, 그리고 LG그룹은 지주회사 체제 전환 및 LG카드의 부실에 따른 금융업 포기 선언의 결과 금융 계열사 수가 급감했다. 그리고 SK그룹은 1990년대 말 이후 금융업 확대를 꾀했으나, 소버린과의 경영권 분쟁을 거치면서 경영 역량을 집중할 수 없어 결국 금융업에서 사실상 철수했다. 그 결과 5대 재벌 가운데 삼성그룹의 금융 계열사가 갖는 영향력은 거의 독보적이라고 할 수 있다.

한편, 이들 5대 재벌 중에서 SK그룹을 제외한 나머지 그룹들은 외환 위기를 전후해 자발적(삼성, LG) 또는 비자발적(현대, 대우)인 이유로 다수의 친족 그룹으로 계열 분리가 이루어졌다. 이들 친족 그룹 대부분은 아직까지는 금융업 진출이 활발하지 않거나 이미 보유하고 있던 금융 계열사도 매각하는 양상을 보이고 있다. 다만, 최근 현대자동차와 현대중공업 등 범현대그룹이 금융 계열사를 확대하고 있는 것이 눈에 띄는 정도다. 이처럼 기존 거대 재벌에서 계열 분리된 친족 그룹들이 자산 총액 규모 면에서는 대부분 30대 그룹에 포함되지만, 이들의 금융업 진출이 아직까지는 두드러지지 않는 것이 외환 위기 이후 30대 재벌의 금융 계열사 숫자가 크게 줄어들게 된 또 다른 요인이라고 할 수 있다.

반면에 한화, 동부, 동양, 태광산업 등 과거부터 금융업 비중이 컸던 그룹들은 최근에도 금융 계열사 수를 그대로 유지하거나 더 늘리고 있다. 2010년에 롯데그룹의 금융 계열사 수가 크게 늘어난 것은 교통 카드 결제 서비스 등의 보조 기관 회사 수의 증가에 기인한다. 결국 금융 계열사 수를 기준으로 하면, 과거의 5대 재벌에 비해 이들 중견 그룹들이 더 두드러지는 것이 외환 위기 이후의 가장 큰 변화라고 할 수 있다.

결론적으로, 외환 위기 이후 다수 재벌의 구조조정 및 계열 분리라는 비자발적 요인으로 인해 30대 재벌 소속 금융 계열사의 수가 급감하는 결과를 낳게 되었다. 그러나 최근 이명박 정부의 금산분리 규제 완화 정책에 따라 법제도적 환경이 크게 변화하면서 각 그룹들의 금융업 진출 욕구가 다시 강화되고 있는 조짐이 나타나고 있다. 이런 움직임이 해당 그룹은 물론 국민경제 전체의 안정성을 해치지 않도록 세심한 정책적 보완 노력이 필요하다.

3) 지배 구조 개선 실패 원인

1997년 외환 위기를 초래한 주요 원인 가운데 하나가 재벌의 후진적 지배 구조에 있다는 인식에서 지배 구조 개선을 위한 수많은 조치들이 취해졌다. 그중에서 가장 극적인 부분은 이사회 구성의 변화일 것이다. 먼저, 사외이사제도를 도입함으로써 상장회사의 경우는 이사 총수의 4분의 1 이상을, 특히 자산 2조 원 이상의 대규모 상장기업의 경우에는 이사 총수의 과반수를 사외이사로 선임하는 것이 의무화되었다. 또한, 일본식의 단독 감사 제도 이외에 감사위원회 제도가 도입되었는데, 자산 2조 원 이상의 대규모 상장기업의 경우에는 감사위원회 설치가 의무화되었다. 감사위원회는 사외이사가 3분의 2 이상을 차지하도록 했으며, 감사위원장은 반드시 사외이사가 맡도록 했다.

이처럼 이사회 제도가 영미식 주주자본주의 모델에 따라 크게 변화했지만, 그 실질적인 기능은 기대에 미치지 못하고 있다. 주주 대표소송 등의 책임 추궁 수단이 미흡한 데도 그 원인이 있지만, 좀 더 근본적으로는 재벌 총수가 자신이 원하는 사람을 사외이사로 선임할 수 있을 정도의 의결권을 주주총회에서 행사하기 때문이다. 즉, 총수 일가가 직접 보유한 지분은 5%에도 미치지 못하는 사실상의 소액주주임에도 불구하고, 계열사 출자를 통해 주주총회를 완전히 장악하는 소유 구조가 온존하는 한 이사회 구성의 외형적인 변화가 갖는 의미는 극히 제한적일 수밖에 없다.

독립성을 갖지 못한 사외이사는 거수기에 불과하거나, 인적 네트워크를 통해 대정부 로비를 담당하는 역할에 머물 뿐이다. 그 대표적인 사례가 삼성그룹의 사외이사들이다. 참여연대(2005년 8월 3일)에 따르면, 1998년 이후 2005년까지 삼성그룹의 사외이사를 역임했거나 역임 중인 사외이사 총 109명 가운데 관료 출신(전직 판검사 포함)이 53명(48.6%)인데, 그 상당수가 재경부·국세청·금감위·공정위 등 규제 감독 관련 정부 부처 출신이었으며, 심지어 법원 고위 판사나 검찰 특수부 출신 법조인도 여럿 있었다. 이들은 삼성그룹의 경영권 승계 및 지배 구조와 관련한 법률적 현안이 발생했을 때 대거 영입되었다.

집중된 소유 구조로 인해 사외이사·감사위원회 등 기업 내부의 통제 장치가 제 기능을 발휘하기 어려운 상황에서는 외부 통제 장치를 강화하는 것이 지배 구조 개선의 유일한 대안이다. 즉, 적대적 M&A 시장 활성화 등을 통한 '시장 규율', 금융위·공정위 등 감독 기구에 의한 '행정 규율', 주주대표소송 등을 통한 '사법 규율' 등을 강화해야 한다. 물론 이것도 결코 쉬운 일이 아니다.

지배 구조 개선을 위해서는 '사외이사·감사위원회 등 기업 내부의 통제 장치 → 회계법인·법무법인·신용평가회사·애널리스트 등의 평판중개기관reputational intermediaries → 증권거래소·업종별 협회 등의 자율 규제 기구 → 공적 규제 감독 기구 → 법원·검찰 등의 사법 기구'로 이어지는 긴 연쇄의 법적·제도적 장치들이 상호 보완적으로 작동하는 것이 필요한데, 이 모두를 단기간 내에 이식하는 것은 불가능에 가까울 정도로 어려운 일이다(Black 2001). 외환 위기 이후 한국의 경험은 이런 어려움을 실증하고 있다. 몇 가지 대표적 사례를 들어본다.

먼저 시장 규율의 현황을 보면, 1997년 이래 경제개혁연대의 소액주주운동이 지배 구조 개선의 필요성에 대한 인식을 확산시키는 데 크게 기여했다. 이에 따라 주주 행동주의shareholder activism가 서서히 개별 기업의 소액주주 모임에 의해 모방되어 시장 내부에서 자율적으로 전개되는 등 한국의 자본시장이 질적인 변화의 와중에 있음을 보여 주는 사례들도 나타나고 있다. 최근에는 최대 기관투자가인 국민연금이 의결권 행사 지침을 정하고 이를 실행에 옮김으로써 새로운 전기를 마련하기도 했다.

그럼에도 불구하고, 지배 구조 문제에 대한 시장의 압력은 여전히 미약한 수준에 머물러 있다. 그 주된 이유는, 자본시장에서 기업에 대한 감시 기능을 주도해야 할 기관투자가의 위상이 너무나 취약하기 때문이다. 한국의 금융 산업은, 소유 규제가 엄격하게 시행되고 있는 은행 부문을 제외하면, 나머지 비은행 금융 부문은 사실상 재벌의 지배 하에 있다고 해도 과언이 아니다. 특히 기관투자가의 핵심이라고 할 수 있는 투자신탁회사와 생명보험사는 거의 대부분 재벌의 계열사다. 따라서 이들이 자신의 모그룹은 물론 (지배 구조 문제에서 암묵적 담합 관계에 있는) 여타 재벌의 지배 구조 문제에 대해 적극적으로 개입하지 못하는 것은 당연한 현상이다. 또한 이들 투자신탁회사와 생명보험사는 대부분 비상장 회사이기 때문에, 자신의 지배 구조 문제에 대해서도 시장의 압력을 전혀 느끼지 못하는 상황이다.

다음으로, 감독 기구에 의한 행정 규율의 실상을 보여 주는 사례를 들어본다. 외환 위기 직후 부도난 재벌에서는 예외 없이 천문학적 액수의 분식회계가 드러났으며, 그 외에도 주가조작, 내부자거래 등의 불법행위가 끊임없이 발생했다. 이에 따라 투명성을 제고하기 위한 회계·공시 제도의 개선은 외환 위기 이후 주요한 정책 과제가 되었다. 특히 미국이 엔론·월드콤 등의 대규모 회계 부정 사건을 계기로 2002년에 대대적인 회계 제도 개혁(사베인스-옥슬리 법Sarvanes-Oxley Act)을 단행함에 따라, 우리나라에서도 2003년에 유사한 내용의 법 개정이 이루어졌다.

그러나 회계·공시 제도의 결함 자체보다도 더 심각한 문제는 감독 당국의 법 집행 의지를 신뢰하기 어렵다는 점이다. 한국의 민사소송 절차법에는 원고가 피고로부터 필요한 자료를 징구하는 '증거개시제도'discovery가 없기 때문에, 감독 당국이 분식회계 등의 불법행위를 엄정하게 적발·제재하지 않으면 개개의 투자자가 소송에서 이기기 어려울 뿐만 아니라, 좀 더 근본적으로 불법행위의 발생 사실 자체를 인지하기도 어렵다. 그런데 우리나라의 감독 당국은 투자자 및 소비자의 권익 보호를 위해 설립된 것인지, 아니면 피감기업의 기득권을 유지하기 위해 존재하는 것인지 헷갈리게 하는 경우가 비일비재하다.

개혁을 위해서는 정부의 적극적 역할이 요구된다. 특히 규제·감독 기구의 엄정한 법 집행은 재벌 개혁의 성공을 위한 필수 조건이라 할 수 있다. 그러나 '공공선을 담보하는 관료 기구'라는 가정은 현실적으로 대단히 충족되기 어려운 조건이다. 이 사실을 망각한다면, 어떤 개혁 노력도 실패에 이를 수밖에 없다. 우리나라의 관료 기구는 개혁의 유력한 수단임과 동시에 개혁의 대상임을 잊어서는 안 된다.

마지막으로, 사법 규율의 문제를 보자. 지배주주·이사·경영진 등의 의사 결정자가 주의 태만 또는 사익 추구로 인해 회사에 손해를 끼쳤을 경우에는 이를 배상할 책임이 있다. 효율적인 소송 제도를 구축함으로써 이런 민사적 책임을 엄격하게 묻는 것이 지배 구조 개선의 마지막 보루다. 주주가 회사를 대신해 소송을 제기하는 주주대표소송이 대표적인 형태다.

우리나라 주주대표소송의 역사에서 기념비적 사건으로 기록되는 것이, 경제개혁연대가 이건희 회장 등 삼성전자의 전·현직 이사들을 상대로 제기한 소송이다. 대법원 확정판결까지 6년 걸렸다. 그런데 주주대표소송의 현실적 문제는, 오랜 시간을 요한다는 데 있는 것이 아니라, 소송을 제기하는 사람이 없다는 데 있다. 외환 위기 이후 소수주주권 강화 차원에서 주주대표소송 제기 요건이 많이 완화되었지만, 주주대표소송은 여전히 활성화되지 않고 있다. 1997년 이후 10년 동안 총 44건의 주주대표소송이 제기되었을 뿐인데, 그중에서도 시민단체가 재벌 개혁 운동 차원에서 제기한 소송, 그리고 최대 주주와 2대 주주 간의 경영권 분쟁과 관련된 소송을 제외하면, 소액주주들이 자발적으로 제기한 소송은 14건에 불과하다.

주주대표소송이 활성화되지 못한 것은, 승소하더라도 배상금이 회사에 귀속되는 일종의 공익 소송이기 때문에 주주가 원고로 나설 경제적 유인이 크지 않다는 데 기인한다. 그래서 미국에서도 주주대표소송은 주로 성공 보수를 목적으로 하는 전문 법무법인이 주도하는 것이 현실이다. 그런데 한국에서는 기업을 대리하는 법무법인은 많으나, 기업을 상대로 주주대표소송을 기획하는 전문 법무법인은 없다. 한국의 법률 시장은 이런 법무법인이 존속하는 것 자체가 불가능한 환경이라고 할 수 있다.

결론적으로, 영미식 주주자본주의 모델에 입각한 지배 구조 개선 노력이 소기의 성과를 내지 못한 것은 분명하다. 그렇다면 다른 모델, 예컨대 유럽 대륙식 이해관계자 자본주의 모델을 선택했더라면 좀 더 나은 결과를 가져왔을 것인가? 이에 대해서는 수많은 논쟁이 진행되고 있다. 다만, 제도 개혁의 경로 의존성 및 상호 보완성 문제를 감안하면, 섣부른 예단은 금물이다. 어떤 모델을 선택하든 간에, 지배 구조 개선은 법·제도 도입만으로 완성되는 것이 아니라, 개개 경제주체의 인식과 행동을 바꾸는 지난한 과정이 필요하기 때문이다. 이런 과도기적 혼란과 갈등을 통제할 수 있는 역량을 축적하는 것이 바로 진보 진영의 성공을 위한 필수 요건이다. 지배 구조 개선은 혁명이 아니라 진화다.

한편, 재벌의 후진적 지배 구조가 초래하는 가장 대표적인 폐해는 '세금 없는 부의 대물림'이다. 좀 더 정확하게 표현하면, 부의 상속보다는 경영권 승계 문제다. 경영권은 주식 소유에서 연유하는 것이므로, 핵심 계열사 주식을 헐값에 2세에게 넘기는 방법을 찾는 재벌과 이를 막는 세법 사이의 치열한 게임이 전개된다. 물론 세법의 발전은 더디기만 하다.

재벌의 불법 상속 방법은 3단계 진화 과정을 거쳤다. 1단계는 지극히 단순한 방법, 즉 그냥 싸게 넘기는 것이다. 대표적인 예로, 삼성그룹은 공익 재단 출연에는 증여세가 면제된다는 점을 악용했다. 한국 재벌에 대한 전문가인 일본 경제학자 핫토리 다미오服部民夫에 따르면, 1977년 삼남 이건희 씨를 후계자로 선정한 이후 이병철 회장은 공익 재단에 주식을 출연하고 공익 재단이 다시 이건희 씨에게 되파는 방법으로 세금 없이 경영권을 이전했다. 반면, 정주영 회장의 현대그룹은

'물타기 증자' 방법을 주로 이용했다. 비상장 계열사가 증자를 실시하면서 액면가로 2세에게 주식을 배정하고, 상장을 통해 시세 차익을 거두게 하는 방법이다. 이후 세법상으로 공익 재단 출연 및 물타기 증자에 대한 규제가 이루어졌으나, 때늦은 조치였다.

2단계는 전환사채^{CB} 및 신주인수권부사채^{BW} 등을 이용하는 방법이다. 주식을 바로 넘기는 것은 금방 드러나니까, 주식으로 바꿀 수 있는 회사채로 위장하는 것이다. 지난 10여 년 동안 한국 사회를 떠들썩하게 만들었던 삼성그룹 이재용 씨 사건이 고전적인 예다. 삼성에버랜드와 삼성SDS가 이재용 씨에게 주식을 헐값에 넘긴 이 사건은 우리나라 상속증여세법이 완전 포괄주의로 진화하는 데 결정적인 공헌을 했다.

2단계는 많은 변종을 낳았다. 예컨대 CB나 BW를 발행할 때, 주가가 하락하면 주식인수 가격도 떨어지지만, 나중에 주가가 다시 상승하더라도 주식인수 가격은 따라 올라가지 않는 옵션을 붙이는 것이다(이른바 리픽싱옵션부채권). 2003년 경제개혁연대가 조사한 바에 따르면, 45개 상장사가 56건의 이런 기묘한 채권을 발행했다. 그중에는 채권은 빼고 옵션만 넘긴 경우도 있었고, 해외 발행 신고를 하고 국내에서 전부 소화한 경우도 있었다. 경제개혁연대의 문제 제기 이후 많은 기업들이 해당 옵션을 자진 소각했고, 감독 당국도 제재를 가했다.

3단계는 최근 뜨거운 논란이 되고 있는 '회사 기회 유용' 및 '일감 몰아주기' 방법이다. 수익 전망이 좋은 사업 기회를 기초로 새로 회사를 설립하면서 그 주식을 2세들에게 넘기고, 이후 계열사들이 일감을 몰아주어 매출과 수익을 올리게 하는 것이다. 현대차그룹 정의선 부회장의 글로비스 사례가 대표적이지만, 이에 해당하는 사례는 광범위하게 확인되고 있다.

채이배(2011)에 따르면, 2010년 말 기준으로 35개 민간 기업집단의 1,085개 계열사를 대상으로 조사한 결과 총 90개사(8.3%)에서 의심 사례가 발견되었고, 이를 통해 총수 일가들이 얻은 부당이득은 총 9조 9천억 원에 이르는 것으로 추정된다. 이 조사 결과는 총수 일가의 직간 접 보유 지분이 30% 이상이고 계열사에 대한 매출 비중이 30% 이상을 차지하는 경우만을 포함한 것인데, 조건을 완화한다면 의심 사례의 수와 부당이득의 규모는 더욱 늘어날 것이다.

특히 문제가 되는 것은, 회사 기회 유용 및 일감 몰아주기가 발생하는 영역이 주로 서비스업이라는 데 있다. 앞서 언급한 총 90건의 의심 사례를 업종별로 구분해 보면, 제조업은 16건뿐이고, IT 서비스업 20건, 건설업 16건, 중개업 8건, 운송업 8건 등이었으며, 그 외에도 부동산업, 광고 대행업, 유통업 등에서 의심 사례가 다수 발견되었다.

제조업 분야에서는 기존 재벌계 대기업의 독과점 구조로 인해 젊은 제조업체가 대기업으로 성장하는 예를 찾아보기 어렵게 되었는데, 이제는 서비스업마저도 똑같은 상황에 봉착하게 되었다. 특히 서비스업은 영세기업과 영세 자영업자들이 밀집해 있는 영역이다. 최근 재벌계 대형 마트와 기업형 슈퍼마켓SSM이 골목 상권을 잠식하고, 재벌계 MRO업체(소모성 자재 구매 대행 사업)들이 소상공인의 영역까지 침범해 논란이 되었던 예에서 보듯이, 계열사의 지원을 등에 업은 재벌 3세들의 서비스업 진출은 양극화 문제를 더욱 심화시킬 수 있다.

4) 기업 사회의 등장과 민주주의의 후퇴

재벌의 경제력 집중 심화와 후진적 지배 구조 문제는 단지 경제 영역의 문제만은 아니다. 총수 일가의 사익을 위해 경제력을 오남용하게 된다면, 이는 경제 영역을 넘어 정치·사회·문화·이데올로기적 지배력으로까지 확장되는, 이른바 경제 권력에 의한 민주주의의 위협 문제를 우려하지 않을 수 없다. '삼성이 하면 다르다' 내지 '재벌에 좋은 것은 한국에 좋은 것이다'라는 관념이 국민들의 경제 인식을 지배하게 될 때, 우리의 현실 진단은 심각하게 왜곡될 것이고, 미래를 위한 대안 선택의 폭은 매우 좁아질 수밖에 없을 것이기 때문이다.

무엇보다, 법치주의에 대한 불신이 심각한 상황에 이르렀다. 경제개혁연대가 2000년 1월~2007년 6월간 "특정경제범죄 가중처벌 등에 관한 법률"상의 배임·횡령 혐의로 기소된 기업인들에 대한 판결문 내용을 분석한 내용에 따르면, 1심에서 유죄가 선고된 피고인 149명 중 106명(71.1%)이 집행유예를, 43명(28.9%)이 실형을 선고받았다. 항소심까지 고려하면, 1심과 2심의 종합적 집행유예 선고 비율이 83.9%(125명)에 이른다.

"특정경제범죄 가중처벌 등에 관한 법률"상의 배임·횡령죄는 법정형이 징역 3년 이상(이득액이 5억 원 이상 50억 원 미만인 경우)이거나 무기 또는 징역 5년 이상(이득액이 50억 원 이상인 경우)으로 정해져 있을 만큼 중범죄임에도 불구하고, 사실상 징벌의 효과를 갖지 못하는 집행유예의 선고 비율이 83.9%에 이른다는 것은 우리나라의 법원이 화이트칼라 범죄, 특히 기업인 범죄에 대해 지나치게 관대하게 처벌하고 있다는 것을 입증하는 것이다.

또한 법원이 집행유예를 선고하는 사유로 제일 많이 거론하는 것이 '회사의 손해 변제'(63.2%)와 '개인적 이득 없음'(56.5%) 등이었는데, 이 역시 일반 국민의 법 감정에 배치되는 것이다. 범죄를 저지르고도 자신의 재력을 이용해 사후적으로 회사의 손해를 변제했다는 이유로, 또는 총수 일가의 입장에서는 그룹에 대한 지배권을 유지하는 것이 가장 큰 사적 편익임에도 회사 돈을 '개인적 용도'로 유용하지 않았다는 이유로 집행유예를 선고한다면, 이것이야말로 '유전무죄 무전유죄'라는 일반 국민의 사법부에 대한 불신의 현실적 근거라고 할 수 있다.

나아가, 기업인 범죄에 대해 검찰이 불구속 기소에 그치고, 법원은 집행유예를 선고하고, 곧이어 대통령의 특별사면으로 다시 경영 일선에 복귀하는 관행이 되풀이되는 법치주의의 이중 잣대 속에서는 경제 성장은 물론 민주주의의 발전도 기대할 수 없을 것이다.

재벌의 언론 장악 문제도 심각하다. 우리나라 언론사의 재무구조는 매우 취약하다. 특히 신문사의 경우, 극소수를 제외하고는, 정상 기업으로서의 존속 여부가 불투명한 상황이다. 더구나 광고 수입에 대한 의존도가 높기 때문에, 광고주의 직간접적 압력에 의해 언론사의 독립성이 훼손될 가능성이 매우 높다. 최근 TV 광고 시장 및 신문광고 시장의 절대 규모가 축소되는 상황을 감안하면 더욱 그렇다.

삼성·현대·LG·SK 및 이들로부터 계열 분리된 친족 그룹을 합친 범4대 재벌은 TV·라디오·신문·잡지 등 4대 매체의 광고비 총액에서 대체로 20% 안팎의 비중을 차지하고 있으며, 그중 삼성그룹이 가장 높은 비중을 차지하고 있다. 이른바 진보 신문의 경우 삼성을 비롯한 대기업 광고에 대한 의존도가 훨씬 더 높았던 것으로 알려지고 있다. 따라서 대형 광고주의 광고 중단 위협은 해당 언론사의 사활을 좌우하는 요소가 되는 것이 현실이다. 삼성그룹의 전 법무팀장 김용철 변호사의 양심 고백 이후 『한겨레』와 『경향신문』이 처했던 상황이 이를 대변한다.

언론사는 사회의 공기公器로서 모든 권력으로부터 독립된 위상을 유지해야 한다. 그러나 우리나라 언론사들은 광고를 무기로 한 경제 권력의 요구에 매우 취약한 모습을 드러내고 있다. 특히 최근 방송법 개정에 따라 재벌과 신문사가 방송사의 대주주가 될 수 있게 되었고 4

개 종합편성채널이 출범함으로써 언론의 독립성은 더욱 흔들리게 되었으며, 이는 민주주의에 대한 심각한 위협이 될 수 있다.

마지막으로, 재벌의 경제 연구소들이 정부의 경제정책과 국민의 경제 인식에 절대적인 영향력을 행사함으로써 다양한 대안을 모색하는 시도 자체를 불가능하게 하는 문제도 지적하지 않을 수 없다. 과거 경제개발 시대에 설립된 한국개발연구원KDI, 산업연구원KIET, 대외경제정책연구원KIEP 등의 국책 연구소들이 경제정책 방향을 설정하고 그 구체적인 프로그램을 마련하는 데 중요한 역할을 수행해 왔다. 그런데 1990년대 들어 재벌들이 설립한 경제 연구소가 그 활동을 강화하기 시작했으며, 외환 위기 이후에는 국책 연구소를 능가하는 영향력을 행사하고 있다. 특히 삼성그룹 산하의 삼성경제연구소SERI는 압도적인 언론 보도 건수를 기록하면서 정부의 경제정책, 나아가 일반 국민의 경제 인식에 지대한 영향을 미치고 있다. 이들 재벌 경제 연구소들은 과거 김대중·노무현 정부의 개혁 정책을 비판함은 물론 이명박 정부 들어서는 규제완화 정책을 옹호하는 보고서들을 쏟아 냈고, 보수 신문들이 이를 여과 없이 그대로 보도함으로써 경제정책을 둘러싼 이데올로기 논쟁에서 절대적 우위를 점하게 되었다.[1]

진보 진영이 '무능'이라는 낙인을 벗지 못하고 있다면, 그 원인은 정책적 대안의 부족에 있는 것이 아니라, 그 진보적 대안의 실현 가능성에 대한 믿음을 대중에게 전달하는 데 실패했기 때문이다. 보수 진영이 '수구'라는 낙인을 벗지 못하고 있다면, 그 원인은 시장은 애초부

1_필자가 강연에서 자주 사용하는 표현이 있다. "삼성전자의 생산력도, 삼성생명의 자금력도 두려워하지 않는다. 그 힘이 아무리 막강하더라도 충분히 대응할 수 있는 합법적 수단이 있기 때문이며, 궁극적으로는 국민경제 전체의 소중한 자산이 될 것이기 때문이다. 그러나 삼성경제연구소의 이데올로기적 지배력은 정말 두렵다. 저렇게 막무가내로 나가면 대책이 없다."

터 기득권 세력만을 위한 것이기 때문이 아니라, 공정하고도 따뜻한 시장경제 질서가 가능하다는 믿음을 대중에게 전달하는 데 실패했기 때문이다. 한국의 진보 진영과 보수 진영은 모두 재벌의 이데올로기적 지배력에 종속되어 있다. 약육강식의 시장 만능주의 이외에 다른 대안은 존재하지 않는 것처럼 강변하는 재벌의 이데올로기적 선전에 한국의 진보 진영과 보수 진영 모두 피해자가 된 것이다.

3. 재벌 개혁을 위한 정책 대안[2]

1) 법치주의 확립: 현행 법제도의 엄정한 집행

이명박 정부가 출범한 이래 재벌 개혁 정책은 크게 후퇴했는데, 이는 보수 정권의 특성상 당연히 예상된 것이었다. 그런데 이명박 정부는 나름대로의 논리를 내세우고 있다. 즉, '글로벌스탠다드에 비해 과도한 사전적 규제는 완화하되, 상대적으로 느슨한 사후적 감독은 강화한다'는 것이다.

이런 논리 자체의 합리성은 부정하기 어렵다. 1987년 이후 도입된 재벌 정책의 상당 부분이 행정 편의적 발상에 근거한 사전적 규제의 성격을 띠고 있었기 때문이다. 출총제 등 공정거래법상의 규제가 그 대표적인 예다. 특히, 사전적 규제의 기준이 경제적 합리성을 결여한 경우가 많은데, 이는 재벌들로 하여금 규제를 준수하기보다는 규제완

2_재벌 개혁은 하도급거래 공정화 정책도 포괄하는 것이나, 이는 이 책의 3장 홍장표의 글에서 다루고 있으므로, 여기서는 생략한다.

화를 위한 로비 활동에 몰두하게 하는 심각한 인센티브 구조 왜곡의 문제를 발생시켰다는 것도 부정할 수 없다. 따라서 한국 경제의 성숙에 따라 재벌 정책의 중심을 사전적 규제에서 사후적 규율로 전환하는 것은 자연스러운 진화 과정이라고 할 수 있다.

그러나 사후적 규율, 특히 영미식 주주자본주의 모델에 기초한 사후적 규율을 효과적으로 작동시키는 것은 그렇게 간단한 일이 아님은 이미 앞에서 언급했다. 더구나 이명박 정부는 그 표면적 언술과는 달리 사실상 '일단 사전적 규제를 완화하고, 나중에 문제가 발생하면 사후적 감독을 보완하자'는 방향으로 흘러갔다. 이런 기조는, 감독 당국 및 사법부에 대한 신뢰가 형성되어 있지 않는 현실을 감안할 때, 자칫 외환 위기 이전과 같은 규율의 공백 상태로 후퇴할 위험을 안고 있다. 특히 글로벌 금융 위기 상황에서 강행된 출총제 폐지, 금산분리 완화 등의 성급한 규제완화가 초래할 경제력 집중 심화와 지배 구조 왜곡의 위험은 아무리 강조해도 지나치지 않을 것이다.

재벌의 문제는 현행법의 엄정한 집행으로도 상당 부분 해결할 수 있다. 따라서 법치주의의 확립은 재벌 개혁을 위한 가장 중요한 전제 조건이라고 할 수 있다. 한국 경제의 미래상과 관련해 주주자본주의 모델 대 이해관계자 자본주의 모델 사이에 뜨거운 논쟁이 진행되고 있다. 그러나 법체계와 현실 관행 사이의 괴리가 좁혀지지 않는 한, 감독 당국과 사법부가 이런 괴리를 방조·조장하는 상황이 계속되는 한, 그 어떤 모델을 설계한다고 하더라도 그것은 사상누각일 뿐이다. 법의 엄격하고도 공정한 집행이 담보되지 않으면, 주주자본주의 모델은 천민 자본주의로, 이해관계자 자본주의 모델은 정실 자본주의로 전락할 뿐이다.

서구 역사의 관점에서 보면, 법치주의 확립은 자유주의적 과제이고 부르주아의 과제다. 그러나 법치주의의 확립이 자신의 역사적 책무라는 사실조차 제대로 인식하지 못했던 우리나라 보수 진영의 현실을 감안하면, 대중의 요구에 의해 '법 앞의 평등한 정의'Equal Justice under Law를 실현해 나가는 것이 역설적으로 한국 사회에서는 가장 진보적인 과제일 수 있다. 투명성과 책임성을 강조하는 재벌 개혁 운동이 한국 사회에서 진보 운동으로 평가되는 이유도 여기에 있다.

이에 비추어 보았을 때, 최근 이명박 정부를 비롯한 보수 진영에서 '법치주의' 내지 '공정 사회' 슬로건을 주도적으로 제기하고 있는 것은 한국 사회의 발전에서 매우 중요한 의미를 갖고 있다. 물론 보수 진영 주도의 공정 사회론이 대중의 신뢰를 얻기 위해서는 아직 갈 길이 멀지만, 이에 대해 진보 진영이 '쇼하지 마라'는 식의 냉소적 태도로 무대응한다면 이 역시 대중의 불신을 자초하는 결과를 초래할 것이다.

이와 관련해, 2011년 국세청이 '공정 사회 구현을 위한 조세 정의 실천 방안'의 하나로 '일감 몰아주기'에 대한 과세를 추진한 것이나, 곽승준 미래기획위원장이 연기금의 주주권 행사 활성화 방안을 내놓은 것에 대해, 그 정치적 배경이 무엇이든 간에, 이를 적극적으로 견인·실현해야 한다.

앞서 본 바와 같이, 회사 기회 유용 또는 일감 몰아주기는 재벌 3세로의 새로운 불법 상속 수단으로 널리 악용되고 있다. 특히 이런 관행은 제조업보다는 주로 서비스업 분야에서 집중적으로 나타나고 있는데, 해당 업종의 중소기업이나 자영업자에게 치명적인 타격을 입히고 있어, 세금 없는 부의 대물림 근절 차원에서뿐만 아니라 동반성장의 관점에서도 이에 대한 규제 체계를 확립하는 것은 매우 중요한 의미를 갖는다.

2007년 공정거래법 시행령의 개정으로 일감 몰아주기 행위가 부당 지원 행위의 한 유형으로 규정된 바 있으며, 2010년에는 그 집행을 위한 심사 지침도 마련되었다. 더욱이 2011년 3월에는 상법 개정을 통해 회사 기회 유용 금지 규정이 마련되었다. 이로써 일감 몰아주기 및 회사 기회의 유용으로 얻은 총수 일가의 이익은 부당이득으로 확정되었다. 과세를 위한 실체법적 근거 규정들은 모두 정비된 상황인 것이다. 따라서 국세청이 조속히 부당이득에 대한 과세 근거를 마련해 집행할 것이 요구된다.

연기금의 주주권 행사 활성화 방안도 매우 중요한 과제다. 시민단체가 주도하는 소액주주운동만으로는 많은 한계가 있음을 이미 언급했다. 재벌의 지배 구조 개선을 통해 직접적으로 이익을 얻는 시장의 경제주체들, 특히 기관투자가들이 주주 행동주의의 적극적 주체로 나설 때에만이 실효성을 확보할 수 있다. 무엇보다, 국민연금은 국민의 연금 자산을 관리하는 기관으로서 보유 주식에 대한 주주권을 적극적으로 행사하는 것은 국민에 대한 책무라고 할 수 있다. 2008년 글로벌 금융 위기 이후 주요 선진국에서는 기관투자가의 주주권 행사와 관련해 더욱 강화된 가이드라인을 새로 도입하는 움직임을 보이고 있다는 것도 주목해야 한다(예컨대 영국의 기관투자가 모범 규준Stewardship Code 제정에 대해서는 강정민·이지수(2011) 참조).

다만, 주주권 행사의 의미를 1년에 한 번 있는 주총에서의 의결권 행사 또는 사외이사 후보 추천 등으로 좁게 해석하는 경향이 있는데, 이는 인식의 전환을 요한다. 주주권 행사의 좀 더 중요한 측면은, 평상시에 피투자회사의 경영진과 주기적으로 대화하면서 경영 상황을 파악하고, 또 문제의 조기 포착과 그 해결 방안의 모색을 위해 공동으로 노력하는 '협의 과정'consultation process에 있음을 잊지 말아야 한다. 나아가 협의 과정을 포함한 광의의 주주권 행사의 원칙과 절차를 상세하게 규정한 가이드라인을 제정하고, 그 이행 내역을 투명하게 공시하는 시스템을 구축해야 한다.

2) 단기적 과제: 현행 법제도의 보완

여기서는 재벌 개혁의 구체적 대안을 경쟁법(공정거래법), 회사법(상법), 금융 관련법으로 나누어 살펴본다.

우리나라의 공정거래법은 시장의 경쟁 질서를 제고하는 좁은 의미의 경쟁법적 요소 이외에도 재벌의 경제력 집중을 억제하고 지배 구조를 개선하기 위한 재벌 정책적 요소도 담고 있다. 물론 한국 경제의 성숙에 따라 사전적 규제 성격의 재벌 정책은 완화하고 시장 주체에 의한 사후적 규율을 강화하는 것은 당연한 진화 과정이라고 할 수 있다. 하지만, 재벌 공화국의 심각한 폐해를 감안한다면 공정거래법상의 재벌 규제 조항들을 단기간 내에 폐기하기는 어렵고, 그 합리성과 실효성을 높이는 방안을 강구해야 할 것이다.

먼저, 재벌의 과도한 경제력 집중 또는 시장 지배력 남용 행위에 대한 구조적 시정 조치 수단을 조속히 도입해야 한다. 산업 조직론의 전통적인 이론인 '구조-행위-성과 모델'Structure-Conducts-Performance Model에 따르면, 독과점 등에 의해 바람직하지 못한 시장의 성과가 나타날 때에는 부당행위에 대해 과징금 부과 등의 사후적 제재 수단behavioral remedy을 먼저 적용하지만, 그것만으로는 문제가 해결되지 못하는 상황에서는 기업 분할 등의 구조적 시정 조치structural remedy를 발동하게 된다. 미국의 경쟁 당국이 장거리전화 시장을 독점한 AT&T사에 대해 기업 분할 명령을 내린 것이 그 대표적인 예다.

그런데 우리나라의 현행 공정거래법에는 제7조에 따른 기업 결합

심사 단계를 통과한 이후에는 이를 다시 경쟁 상태로 원상회복할 수 있는 구조적 시정 조치 수단이 존재하지 않는다. 따라서 공정위가 독과점 기업에 대한 최종적인 시정 조치 수단으로서 '기업 분할 명령'을 발동할 수 있는 권한을 조속히 제도화해야 한다. 나아가 우리나라 재벌의 사업 확장 전략이 동일 업종 기업의 합병보다는 이업종 기업의 (주식)인수로 나타나는 경우가 많기 때문에, 이업종 간 혼합 결합에 따른 경제력 집중 심화 내지 시장 지배력 남용 행위를 교정하기 위해서는 '계열 분리 명령제'의 도입도 필요하다.

한편, 총수 일가의 사익 추구 행위는 계열사의 부당 지원을 통해 이루어지는 경우가 대부분이다. 현행 공정거래법은 부당 지원 행위 규제를 '제5장 불공정거래행위의 금지'에서 다루고 있는데, 이는 규제의 실효성을 떨어뜨리는 요인이 된다. 규제를 위해서는 단순히 '지원 행위'가 있었다는 사실만으로는 부족하고, 그것이 해당 시장의 경쟁을 제한한다는 '부당성'까지 입증되어야 한다. 그러나 경쟁 제한성을 입증하는 것은 쉽지 않기 때문에, 공정위가 제재를 하지 못하거나 제재를 한 경우에도 행정소송에서 패소하는 경우가 많다.

그런데 재벌 계열사가 총수 일가 등 특수 관계인을 지원하는 행위는 제삼자에 대한 불공정거래행위와는 본질적으로 성격이 다르다. 이는 단순한 불공정거래행위가 아니라 재벌의 경제력을 오남용하는 것이기 때문에 공정거래법의 '제3장 기업 결합의 제한 및 경제력 집중 억제'로 이관해야 한다. 그렇게 되면, 경쟁 제한성에 대한 입증 없이 지원 행위 사실 자체만으로도 규제할 수 있었을 것이다.

한편, 외환 위기 이후 우리나라의 지배 구조 개선 조치는 주로 영미식 회사법(상법)을 모델로 한 것이었다. 보통법common law에 기반한 영미식 회사법 체계가 제대로 작동하기 위해서는 오랜 기간 동안의 진화 과정이 필요하지만, 여기서는 재벌 개혁을 위해 시급히 보완되어야 할 상법 규정 두 가지만을 제시하고자 한다.

먼저 앞서 언급한 바와 같이, 회사에 손해를 끼친 지배주주·이사·경영진 등에게 주주대표소송을 제기해 민사적 책임을 묻는 것이 지배 구조 개선의 최후의 보루다. 문제는, 우리나라 재벌들이 비상장 가족 기업을 중심으로 지배 구조와 승계 구도를 구축하고 있으며, 불법행위도 주로 비상장 계열사에서 발생한다는 데 있다. 그런데 비상장 회사에는 정의상 독립적 외부 주주가 존재하지 않기 때문에, 주주대표소송 제기 자체가 불가능하다. 이런 규율 공백 상태를 해소하기 위해서는 상장 모회사의 주주가 비상장 자회사의 이사 등에게 소송을 제기할 수 있도록 하는 이중(다중) 대표소송 제도를 조속히 도입해야 한다.

한편, 재벌의 경제력 집중을 심화시키는 주요 경로가 (특히 대형 구조조정 기업의) 인수합병이다. 한국 경제의 성숙에 따라 이윤의 내부 축적을 통한 유기적 성장 방식 이외에 인수합병 방식이 기업 성장의 주요 경로로서 부각되는 것은 당연한 흐름이다. 그러나 대형 인수합병에 대한 내외부의 견제 장치가 제대로 작동하지 않을 때 경제력 집중 심화는 물론 이른바 '승자의 저주'를 통해 해당 그룹은 물론 국민경제 전체에 불안정성 문제를 야기하는 경우가 많다. 대우건설을 무리하게 인수했다가 그룹 전체가 부실 상황에 처한 금호아시아나 그룹이 그 대표적인 사례다.

현행 상법상 영업양수도의 경우에는 주총 특별 결의(참석 주식 수의 3분의 2 이상 찬성)를 필요로 하나, 주식인수는 이사회 결의만으로 가능하도록 되어 있다. 인수합병의 실질은 동일한데, 그 형식에 따라 절차가 전혀 다른 것이다. 반면, 영국의 상장 규정은 피인수 기업의 규모가 일정 기준을 초과하면 반드시 인수 기업의 주주총회에서 사전 승인을 받도록 하고 있다. 우리나라도 상장회사가 일정 규모 이상의 기업을 인수하는 경우에는, 신중하게 의사 결정이 이루어질 수 있도록 주주총회 사전 승인 등 절차적 요건을 강화해야 할 것이다.

마지막으로, 금산분리 원칙은 시장경제 질서의 근본이라고 할 수 있고, 따라서 쉽게 완화하거나 폐기할 수 없다. 그러나 그렇다고 해서 금산분리 원칙을 모든 경우에 획일적·경직적으로 부과하는 것은 결코 바람직하지 못하다. 너무 엄격한 규제를 획일적으로 적용하는 경우 이미 시장에 진입한 재벌계 금융회사나 외국 금융회사에 주도권을 넘김으로써 금융 산업 발전의 동력을 상실하거나, 또는 반대로 하나의 규제를 모든 경우에 적용하기 위해 규제를 느슨하게 하는 경우 그 실효성을 상실할 수도 있기 때문이다. 따라서 은행과 비은행 등의 업종에 따라, 그리고 금융 그룹의 규모와 구조에 따라 규제 방식 및 강도를 합리적으로 조정하는 것이 필요하다. 이와 관련해 다음 세 가지 기본 방향을 제시하고자 한다.

첫째, 규제·감독의 초점을 개별 금융회사가 아닌 금융 그룹으로 전환해야 한다. 글로벌 금융 위기 이후의 국제적 논의에서 가장 핵심이 되는 개념 중의 하나가 바로 '시스템적으로 중요한 금융회사'SIFI, Systemically Important Financial Institution에 대한 규제·감독의 강화다. 중요한 것은, 은행과 비은행의 구분이 아니라, 시스템적 중요성의 정도다. 투자은행, 보험사 등의 비은행 금융회사(그룹)도 그것이 규모가 크고 구조가 복잡하다면 얼마든지 시스템 리스크를 유발할 수 있다는 것이 실증되었다. 따라서 산업자본이 개별 금융회사(그것이 은행이 아닌 한)를 계열사로 편입하는 것 자체에 주목하기보다는, 금융 계열사의 수나 규모가 일정 기준을 초과하는 경우 그 시스템적 중요성을 엄밀히 평가하고 그에 따라 규제·감독을 강화하는 방향으로 기본 틀을 전환해야 할 것이다.

둘째, 금융 그룹의 조직 형태에 따른 규제 격차를 해소해야 한다. 현재 우리나라에는 은행 지주회사와 비은행 지주회사 사이에, 그리고 금융 지주회사와 재벌 구조 사이에 심각한 규제 격차가 존재한다. 예컨대 2011년 3월 말 현재 삼성생명은 삼성전자 주식 7.21%(공정가액 기준 9조9천억 원 상당)를 보유하고 있고, 이것이 삼성그룹의 출자 구조에서 핵심적인 고리 역할을 하고 있지만, 이런 엄청난 액수의 비금융 계열사 주식 보유가 삼성생명의 자본 적정성 비율 산정에는 아무런 부담이 되지 않는다. 만약 계열사 지배를 위한 주식 보유는 자본 적정성 지표 산정시 공제 항목에 포함되어야 한다는 금융 감독의 원칙을 엄격히 적용한다면, 삼성생명의 자본 적정성 지표는 심각한 수준으로 하락할 것이다. 이는 삼성그룹이 지주회사로 전환하지 않고 재벌 구조를 고수하는 주요 배경 가운데 하나다. 이런 규제 격차는 공정 경쟁 질서를 저해할 뿐만 아니라, 결국 지주회사에 대한 규제완화 압력으로 작용해 우리나라의 지주회사를 '무늬뿐인 지주회사'로 전락시킨다.

셋째, 금산분리 원칙의 실현에 있어 소유 규제에 못지않게 중요한 것이 대주주·임원 등에 대한 적격성 심사 제도의 강화다. 적격성 심사는 ① 신규 설립이나 대주주 변경 등을 통해 금융업에 진입할 때의 심사와 ② 진입 이후 자격 요건의 유지 여부를 주기적으로 심사하는 것(즉, 동태적 적격성 심사)으로 구성된다. 2003년 노무현 정부 출범 당시 제2금융권에도 동태적 적격성 심사 제도를 도입할 것을 공약했으나, 업계의 반대와 감독 당국의 주저 속에 계속 지연되었다. 결국 현재로는 은행과 저축 은행에만 동태적 적격성 심사 제도가 도입되어 있어, 업권별 규제 격차와 사각지대 존재의 문제가 심각한 상황이다. 예컨대 론스타는 주가조작 혐의로 유죄가 확정되어 외환은행 대주주의 자격을 상실했는데, 이건희 회장은 삼성 특검 재판 결과 배임과 조세 포탈 혐의에 대해 유죄가 확정되었으나 삼성생명 대주주의 지위를 계속 유지하고 있다. 최근 입법 예고된 금융회사 지배 구조법(안)에 따르면, 모든 금융권에 동태적 적격성 심사 제도가 도입될 예정이다. 조속히 입법해야 할 뿐만 아니라, 심사 대상 대주주의 범위를 확대하는 등의 구체적 내용에서 허점을 보완해야 할 것이다.

3) 장기적 과제: 가칭 '기업집단법'의 제정

재벌은 기업집단이다. 다수의 계열사가 공통의 지배권 아래에서 선단식으로 경영되고 있다. 기업집단 체제는 다수 계열사 간의 시너지 효과를 내부화하면서 대규모 투자에 따른 위험은 분산하는 등 많은 장점을 가진 기업 조직 형태다. 문제는, 우리나라의 경제법은 기업집단의 존재를 인정하지 않고 오직 개별 기업만을 규율 대상으로 하고 있다는 것이다. 비유하자면, 선수는 기업집단인데 심판은 개별 기업만을 상대하는 것이다. 그 결과 재벌은 자신의 이익을 주장할 때는 기업집단을 전면에 내세우면서, 자신의 행동에 책임을 져야 할 때는 개별 기업 차원으로 도피해 버리는 모순된 행태를 보인다. 바로 그렇기 때문에 기업집단의 권리와 의무 사이에 심각한 괴리가 발생하고, 수많은 이해관계자에게 부당한 피해가 발생함에도 불구하고 이를 신속하게 회복할 수 있는 합법적 수단이 존재하지 않는 것이다.

법인이 다른 법인의 주식을 소유함으로써 기업집단이 만들어지기 시작한 것은 1890년대부터다. 따라서 기업집단이 경제활동의 핵심 주체로 등장한 것은 이제 100여 년 정도밖에 되지 않은 새로운 현상이며, 이에 대한 규율 체계는 여전히 미완성이고, 나라마다 다르다.

영미 등의 보통법 국가들은 개별 법인을 단위로 하는 회사법 체계를 유지하고 있지만, 법원의 판례를 통해 법인격부인의 법리piercing the corporate veil, 이중대표소송제도double derivative suit, 증거개시제도discovery 등 예외적이지만 매우 강력한 구제 수단들을 발전시켰다.

한편, 독일 등의 일부 유럽 대륙 국가에서는 아예 성문법을 통해 기업집단 자체를 법적 권리와 의무의 주체로 인정하고 있다. 물론 그 전제 조건은 그룹 경영의 편익에 상응하는 법적인 의무를 동시에 부과하는 것이다. 예컨대 독일[3]의 경우 콘체른(기업집단) 내의 한 계열사의 주주는 다른 계열사와의 거래 관계에 대해서도 정보 청구권을 가지며, 각 계열사의 집행 이사회는 회계연도 종료 후 3개월 이내에 다른 모든 계열사와의 거래 관계에 대한 보고서를 작성해 감독 이사회에 제출해야 한다. 모회사가 기업집단 전체에는 이익이 되나 특정 자회사에는 손해가 되는 거래를 지시하는 경우 그 자회사의 손해를 보상해 주어야 하며, 보상이 이루어지면 모회사 이사의 손해배상 책임은 면책된다. 다만, 이사의 선관주의 의무 위반에 대한 입증 책임은 (영미의 회사법 체계와는 달리) 원고가 아닌 이사에게로 전환된다. 또한 자회사의 노동자가 모회사의 감독 이사회에 대표를 파견할 수 있도록 하고 있다. 한마디로, 개별 법인의 경계를 뛰어넘어 기업집단의 실체를 인정한 것이다.

독일의 1965년 주식회사법으로부터 발원한 이런 기업집단법적 접근은 다른 유럽 국가들로 확산되는 추세에 있다. EC 또는 EU 차원에서 회원국 전체에 적용되는 '기업집단법 지침'Group Law Directive을 제정하

3_독일의 주식회사법 제3편(The 3rd Book of German Stock Corporation Act)이 기업집단 (콘체른)에 대한 성문 법규다. 지배 회사가 하나 이상의 종속회사를 공동 경영할 때 기업집단이 성립되는데, 그 형태에 따라 사실상의 기업집단(de facto group of companies)과 계약에 의한 기업집단(contract-based group of companies)으로 구별된다.

려는 시도도 있었으나, 각 회원국의 회사법 체계가 워낙 다르고, 현실적 이해관계의 충돌도 쉽게 해결될 수 없었기 때문에 공식 채택되지는 못했다. 그러나 그 기본적인 내용은 포르투갈, 이탈리아, 스페인, 슬로베니아, 체코, 헝가리 등 개별 회원국 차원의 회사법에 상당 정도 반영되었으며, 유럽사법재판소European Court of Justice의 판례를 통해서도 발전하고 있다. 유럽의 '기업집단법' 제정 시도에서 특징적인 것은 그룹의 실체를 인정하고 그룹 차원의 공시, 지배 회사의 지시권 및 이에 따른 종속회사의 소액주주·채권자 보호 책임 등을 명문화하려고 했다는 것이다.

그렇다면 원칙적으로는 개별 법인의 차원에서 규율하되 예외적으로만 판례법의 원리에 따라 개별 법인의 한계를 넘는 영미식 접근 방법과, 애초부터 기업집단의 실체를 인정하고 그 권한과 의무를 명확히 하는 유럽 대륙 국가들의 접근 방법 가운데 어느 것이 더 우월한가? 물론 정답은 없다. 그러나 우리나라의 대륙법적 전통, 사법부의 능력과 관행 등을 감안할 때, 우리나라에는 후자가 좀 더 유효한 접근 방법일 것으로 판단된다.

그래서 가칭 '기업집단법'의 제정을 새로운 재벌 정책의 과제로 제안한다. 즉, 기업집단의 법적 실체를 인정함으로써 실질적 의사 결정자(총수)와 참모 조직(비서실), 그리고 각 계열사 이사회 간의 관계를 명확히 규정해, 기업집단의 장점을 실현할 수 있도록 함과 동시에 그에 상응하는 책임을 지도록 하는 것이다. 물론 이는 단기간 내에 이룰 수 있는 과제가 아니다. 저항도 만만찮을 것이다. 그러나 영미식이든 유럽 대륙식이든 간에, 개별 법인만 들여다보는 현행 법체계와 엄연한 현실로 존재하는 기업집단 사이의 괴리를 마냥 방치해서는 안 된다는 것은 분명하다.

기업집단법적 접근이 필요한 또 다른 이유가 있다. 영미 등의 보통법 국가에서는 기업과 시장 사이의 경계선이 비교적 분명하다. 반면 일본, 독일 등 관계형 경제 질서 국가에서는 이른바 '준내부 조직'quasi-internal organization적 관계라고 불리는 중간 영역이 광범위하게 존재한다. 하도급거래 관계, 주거래은행 관계 등이 대표적인 예로서, 거래의 양 당사자가 법 형식적으로는 독립된 별개의 법인이지만 실질적으로는 내부자에 준하는 정도의 관계를 장기간 유지한다. 여기에 '대등한 자들 간의 자유로운 시장 거래'라는 사적 자치의 원리를 액면 그대로 적용하면 생각지도 못한 문제가 발생할 수 있다. 우리나라에서 대기업과 중소기업 간 불공정 하도급거래 관행, 은행과 차입 기업 간의 기회주의적 행동 등의 문제가 심각하게 발생하는 이유가 여기에 있다.

따라서 기업집단법적 접근은 대기업(집단)이 준내부 조직적 관계에 있는 거래 상대방에 대한 권리와 의무를 명확히 하는 장점도 갖고 있다. 그럼으로써 대기업과 하도급 기업 사이의 협력 관계를 강화해 중소기업의 발전을 도모하고, 나아가 중소기업에 고용된 노동자의 근로 조건을 개선하는 등 동반성장의 선순환을 이끌어 내는 데도 기여할 수 있다. 물론 약속된 것은 아무것도 없다. 기업집단법적 접근 방법을 준내부 조직적 관계에도 확대 적용하는 것은 많은 전제 조건들을 필요로 하는 장기적 과제다.

4. 맺음말: 재벌 개혁 정책의 기본 원칙

다이내믹한 경제 질서를 구축하고 그 성과를 다수의 국민이 공유하기 위해서는 기업 정책, 노동 정책, 복지 정책이 유기적으로 결합되어야 한다. 여기서는 재벌의 경제력 집중 억제 및 지배 구조 개선을 위한 기업 정책에 한정해 살펴보았다. 결론에 대신해 다음 세 가지 기본 원칙을 제시한다.

첫째, 무엇보다 먼저, 낙수효과의 허구적 신화를 극복해야 한다. "대기업의 선도적 성장의 과실이 중소기업과 서민으로까지 확산되도록 한다"는 2007년 이명박 후보의 대선 공약은 21세기 한국 경제에서는 더 이상 작동하지 않는다. 이를 증명한 사람이 바로 이명박 대통령이다. 2010년 하반기 이래 이명박 대통령이 모든 사람들을 헷갈리게 하면서 서민 대책, 대기업과 중소기업 동반성장을 들고 나오는 이유가 무엇이겠는가? 이명박 대통령도 깨달은 진리를 이른바 진보 진영이 의심하는 것은 어불성설이다. 이를 구체적 정책 대안으로 체계화하면서 대중을 설득할 때 재벌 개혁 정책, 나아가 대안적 기업 정책이 성공할 수 있을 것이다.

둘째, 법 집행의 엄정성과 공정성을 확립해야 한다. 법치주의의 확립 없이는 그 어떤 경제 모델도 성공할 수 없다. 새로운 법제도의 도입에 못지않게 중요한 것이 법제도의 집행 과정에 대한 신뢰를 구축하는 것이다. 최근 보수 진영에서도 법치주의 확립을 핵심 과제로 내세우고 있으나, 기득권 세력의 저항 및 부패 문제로 인해 신뢰를 얻기 어려운 상황에 있다. 그런 의미에서 대중의 힘을 토대로, 아래로부터의 요구에 의해 법치주의를 진전시키는 것이야말로 한국 사회가 달성해야 할 가장 핵심적인 과제라고 할 수 있다.

셋째, 경제 현실에 부합하는 새로운 법제도의 틀을 확립해야 한다. 재벌 개혁은 어느 하나의 규제 수단만으로는 달성할 수 없다. 따라서 상법, 공정거래법, 하도급법, 금융법, 노동법 등이 상호 보완적으로 작용하는 경제법 체계를 구상해야 한다. 특히 재벌은 하나의 기업이 아니라 다수의 계열사로 이루어진 기업집단이라는 엄연한 사실을 전제로, 다양한 영역의 법적 요소들을 망라한 '기업집단법'을 제정할 필요가 있다. 집단화된 조직이 실체로서 존재하는 경우에는 그 집단에 합당한 권리와 함께 의무를 부여해야 한다.

05

지속 가능한 복지국가 건설과
복지 주체 형성

오건호

1. 머리말

대한민국 역사에서 복지국가 논의가 등장했다. 처음에는 초등학교 어린이 점심 급식을 둘러싸고 논란을 벌였으나, 곧이어 무상 급식, 보편 복지 담론으로 발전했고, 급기야 '복지국가'가 핵심 주제가 되었다. 과거에는 '복지'를 이야기하면 '비효율'이나 '복지병' 딱지가 따라붙곤 했는데, 이제는 많은 사람들이 '우리 아이들이 누리길 바라는 것'으로 생각한다.

● 이 글은 오건호, 『복지국가 실현을 위한 복지 재정전략』(사회공공연구소 연구보고서, 2011); "사회 임금으로 복지국가 상상하기"(『리얼 진보』, 2010), 그리고 『한겨레21』 등에 실린 언론 기고글 등을 재구성한 것이다.

실제 우리나라 복지는 OECD 회원국으로서 부끄러운 수준에 있다. 2011년 기준 우리나라 공공복지 지출은 GDP의 약 9%로서 OECD 평균 약 19%의 절반에 불과하다. 다른 회원국들이 재정의 절반을 복지에 지출하고 있는 데 반해, 우리나라는 겨우 30%에 육박하고 있다. 서민들의 전반적 빈곤화가 진행되는 상황에서 이런 복지로는 대한민국이 존립하기조차 어려울 수 있다. 이제 복지는 누구도 거스를 수 없는 시대의 물결인 것이다.

이는 지난 반세기 성장 우선주의가 지배했던 대한민국에서 의미심장한 변화다. 2008년 촛불 광장에서 외친 "함께 살자 대한민국", 2010년 지방선거를 강타했던 '무상 급식' 등에서 확인되듯이, '성공과 경쟁'을 넘어 '공존과 연대' 가치가 확산되고 있다. 대한민국 민심의 진보화가 진행되고 있는 것이다. 시장 만능주의에 지쳐 있던 국민들은 지난 촛불 광장에서 정의의 잠재력을 확인했고, 이제 무상 급식을 계기로 미래를 향한 적극적인 제안으로 복지국가를 꺼내 들고 있다. 초등학생 점심 급식이 보편 복지를 향한 진보적 상상력을 확산시킨 것이다.

보수 세력조차 요사이는 '맞춤형'을 내세우며 자신도 복지 대열에 동참한다. 일찍이 박근혜 새누리당 비대위원장은 "아버지가 우리나라의 경제성장을 이룩하셨지만, 경제성장 자체가 목적이 아니었다. 아버지의 궁극적인 꿈은 복지국가 건설이었다"며 복지국가를 자신의 역사적 과제로 선언했다. 『조선일보』마저 대대적으로 복지 자본주의를 지향하는 '자본주의 4.0'을 기획해 알리고 있다. 이 논리는 자유방임 자본주의(1.0) → 정부 주도 수정자본주의(2.0) → 시장 주도 신자유주의(3.0)를 넘어 이제 '따뜻한 자본주의 혹은 복지 자본주의(4.0)'로 나가자는 것이다. 이는 시민사회에서 전개되는 복지국가 운동을 자본주의 2.0 구버전으로 평가절하하고 '자본주의 4.0'이라는 시장 중심 복지로

복지국가 담론에 대응하려는 의도를 담고 있다.[1]

이런 변화는 대한민국에서 복지국가의 정당성이 확산되고 있음을 말해 준다. 이제는 여야 가릴 것 없이 주요 정치 세력들이 '복지국가'를 당 정강 정책에 명시하고 총선을 맞아 복지 공약을 쏟아 내고 있다. 그렇다면 이제부터 본격적으로 논의할 주제는 복지국가에 대한 선호 여부를 넘어 '어떻게' 복지국가를 만들 것인가에 있다. 구체적인 건설 경로, 수단 등에 대한 논의로 나아갈 때다.

이에 이 글은 2013년 이후 대한민국이 맞아야 할 복지국가에 대한 인식 폭을 넓히고, 복지국가 건설을 위해 필요한 조건들을 따져 보려한다. 먼저 2절에서 복지국가를 바라보는 필자의 입장을 밝힌다. 보편 복지 논의가 '복지국가' 담론으로 발전하는 것의 의미, 복지국가를 상징적으로 보여 주는 핵심어로 사회 임금과 잠정적 유토피아를 다룰 것이다. 3절에서는 복지국가 논의를 폭넓게 이해하기 위해 복지국가가 지속 가능한 체제로 구현되기 위해 필요한 조건들을 살펴본다. 이를 통해 복지국가가 '재분배' 혹은 '복지 재정'만을 다루는 것이 아니라 복지 공급 체계, 일자리와 경제민주화 등으로 확장된 논점을 지닌다는 점이 확인될 것이다. 4절에서는 복지국가 건설의 주체로서 대한민국에서 전개될 복지 동맹의 특수성을 주목한다. 복지 주체 형성의 계기로서 시민들이 직접 복지 재정 확충에 참여하는 재정 주권 운동이 가지는 의의를 강조하며 글을 마무리한다.

1_ '자본주의 4.0'은 미국 저널리스트인 아나톨 카레츠키(Anatole Kaletsky)가 펴낸 *Capitalism 4.0: The Birth of a New Economy in the Aftermath of Crisis*(Bloomsbury Publishing, 2010)에서 유래한다.

2. 복지국가와 잠정적 유토피아

근래 복지국가 담론에서 논의 초점이 '복지'에서 '복지국가'로 확장되고 있다. 복지국가 담론은 단순히 복지 제도의 도입이 아니라 복지가 지속 가능하기 위한 사회경제적 토대로서 국가 체제를 다룬다. 이는 우리나라 복지 정책이나 복지 운동의 역사에서 획기적인 일이다. 이 장에서는 대한민국 복지 논의 지형에서 복지국가 담론이 지니는 의의를 살펴보고 이어 복지국가를 상징적으로 설명해 줄 수 있는 핵심어로 '사회 임금'과 '잠정적 유토피아'를 제안한다. 사회 임금은 가구 생활 차원에서 사회 구성원의 필수 서비스를 제공하는 복지국가를 의미하고, 잠정적 유토피아는 역사적 차원에서 인류가 꿈꾸는 유토피아를 향해 가는 정거장으로서 복지국가를 가리킨다.

1) '복지'를 넘어 '복지국가'로

자본주의 역사를 보면, 어느 사회든 시장적 거래 관계에 의거하지 않고 취약 계층에게 부여되는 서비스로서 복지가 존재해 왔다. 특히 자본주의가 발전하면서 계층화가 심화됨에 따라 이런 복지는 공공 부조 형식을 넘어 사회제도적 양식을 띠기 시작했다. 20세기 들어 산재보험·연금보험·실업보험·의료보험 등이 국가 복지로 제도화되었고, 제2차 세계대전 이후 서구에서 '복지국가'라는 새로운 범주가 등장했다.

학문적으로도 서구에서 복지국가의 형성이 일반화되면서 복지국가론이 전후 자본주의를 분석하는 이론 틀의 하나로 자리 잡았다 (Esping-Andersen 1990). 복지국가의 기본 특징은 칼 폴라니, 에스핑 앤더슨 등이 강조하듯이, '탈상품화'로 정의될 수 있다. 폴라니는 자본주의 발전을 노동력의 상품화로 파악하면서도 이런 상품화에 반하는 탈상품화, 즉 복지가 동시에 진행된다는 사실을 역사적으로 보여 주었다. 폴라니에 의하면, 노동력 상품은 노동자와 분리될 수 없는 것이기에 노동시장 원리에 의해서만 결정되지 않는 '의제적 상품 형태'라고 평가한다. 이 의제적 상품이 현실에서 기능하기 위해서는 반드시 비상품화된 보조 체계가 요구되는데 이것이 바로 '복지'다. 복지 제도가 자본주의하에서 노동력 상품화가 진행되기 위한 필요조건이 되는 셈이다(Polanyi 1944).

대표적 사민주의 학자인 에스핑 앤더슨 역시 복지국가의 본질을 탈상품화로 정의한다. 탈상품화는 개인이 시장에 대한 의존 없이 기본적 생활을 유지할 수 있는 상태를 말한다. 즉, 사람들이 자신들의 생활 수준을 순수한 시장의 힘으로부터 얼마나 독립적으로 만드는가, 상품으로서의 시민의 지위를 얼마나 축소시키는가의 문제다.

탈상품화는 기여와 수혜가 일치하지 않는 '부등가교환'인데, 이것은 언뜻 생각하면 불공평한 것처럼 보이지만, 현실에서 존재하는 불평등을 완화하는 사회 연대 교환이다. 따라서 개인들이 '인간으로서 보편적 권리가 존중되는 상태'에 이르기 위해서는 등가교환의 상품 원리에서 가능한 벗어나는 탈상품화를 필요로 한다. 이것이 지금 과도한 시장 만능 경쟁에 노출된 대한민국에서 '복지'로 나타나고 있다.

우리나라에서도 '보편 복지' 논의가 복지국가 영역으로 확장되고 있고, 2010년 지방선거 이후로는 많은 정치인과 사회단체가 나름의 복지국가론을 내세우고 있다. 이 복지국가 담론들은 기존 선별 복지와 구별되는 보편 복지를 중심으로 한다는 점에서 공통점을 지니지만, 아직 뚜렷한 형태를 갖춘 것은 아니다. 하지만 2012년 대통령 선거를 거치면서 각 복지국가 담론이 자신의 정체성을 갖추어 갈 것으로 기대된다.

2) 복지국가와 사회 임금

복지국가는 지금까지 스웨덴, 프랑스 등 남의 나라 이야기로 여겨졌기에 아직까지 우리에게 익숙한 대상은 아니다. 이에 필자는 복지국가를 구체적으로 이해할 수 있는 용어로 사회 임금을 널리 사용하자고 제안한다.

자본주의사회에서 대부분의 사람들은 노동자로 산다. 노동자는 회사에서 일한 대가로 임금을 받는다. 하지만 여전히 노동자의 삶은 불안하다. 지불 능력이 있는 기업에서 일하는 노동자들을 제외하고는 대부분이 제대로 된 임금을 받지 못하고 있다. 특히 한국에서는 IMF 경제 위기 이후 구조조정이 빈번히 일어나면서 노동자의 고용도 불안하다. 이제 한국 사회에서 어떤 노동자도 고용 위기로부터 자유롭지 않은 상태다.

구조조정에 따른 고용과 생계의 불안은 모두에게 중대한 것이지만, 나라마다 심각성은 다르다. 똑같이 실업을 당해 임금 소득이 중단되는 경우라 하더라도, 그것이 가계에 미치는 위험의 정도가 동일하지 않다. 유럽 선진국들에서는 구조조정이 발생하더라도 그 폐해를 줄일 수 있는 사회적 완충 장치가 있다. 하지만 한국 사회에서는 노동자가 일자리를 잃는 것은 대부분의 경우 곧바로 가계의 파탄을 의미한다. 2009년 쌍용자동차 사태는 시장 임금에만 의존해 살아가는 한국 사회가 얼마나 구조조정에 취약한지를 여실히 보여 주었다.

자본주의사회에서 노동자의 가계 운영은 크게 두 가지 경로로 이루어진다. 하나는 노동자가 자신의 노동력을 판매한 대가로 받는 임금이고, 다른 하나는 사회적으로 얻는 급여다. 노동력 재생산의 재원을 모두 '임금'이라고 부른다면, 전자는 노동자가 고용주로부터 직접 얻는

그림 1 | 자본주의의 가계 재생산구조

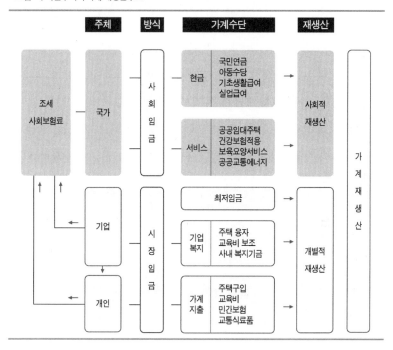

시장 임금market wage이며, 후자는 국가를 통해 제도적으로 얻는 사회 임금social wage이다. 전자가 노동자 스스로 생활을 책임져야 한다는 의미에서 개별적 재생산이라면, 후자는 사회가 노동자의 가계를 제도적으로 지원한다는 점에서 사회적 재생산이다.

〈그림 1〉은 시장 임금과 사회 임금으로 이루어지는 가계 재생산 과정을 정리한 것이다. 시장 임금을 통한 재생산은 우리에게 익숙한 방식으로, 노동자가 임금 소득을 가지고 집을 얻고 아이들을 교육시키며 민간 보험에 가입하는 것을 의미한다. 이에 비해, 사회 임금을 통한 가계 운영은 다소 복잡하다. 국민들이 세금이나 사회보험 기여금(보험료)을 국가에 납부하면, 국가는 이 재원으로 국민들에게 필수적인 서

비스를 제공한다.

사회 임금이 시장 임금과 구별되는 중요한 차이점은 교환 원리에 있다. 시장 임금에서 적용되는 원리는 '등가교환'이다. 민간 보험을 예로 들어보자. 민간 보험의 경우, 보험료에 포함되어 있는 관리 운영비를 제외하면, 나머지 보험료를 가입자에게 급여로 돌아올 것이다. 민간 보험은 가입자가 보험료를 납부해 미래의 위험에 대응하는 '상품'으로, 가입자가 받게 되는 보험금은 시장 원리에 따라 기여분만큼 되돌아온다. 그래서 암보험의 경우, 납입 보험료가 높은 상품에 가입하면 다양한 종류의 암 치료에 보험금이 지급되고, 보험료가 낮은 상품에 가입하면 몇몇 질환에만 보험금이 지급된다.

반면에, 사회 임금은 기여분과 급여가 서로 다른 '부등가교환'에 뿌리를 둔다. 내는 돈은 소득에 비례하고 받는 급여는 가구별 복지 필요에 따라 지급된다. 언뜻 보기에 낸 만큼 받는 등가교환이 공평한 것 같지만, 이는 불평등한 사회경제적 지위를 전제로 하기 때문에 기존의 불평등 구조를 재생산한다. 반면에 사회 임금이 기초하는 부등가교환은 서민의 필수적 삶을 보장하면서 시장이 낳은 '부익부 빈익빈'을 줄인다는 점에서 평등 지향적이다.

각국의 사회 임금은 어느 수준인가? 필자가 OECD의 사회복지 통계자료를 재구성해 가구의 총운영비 중 사회 임금이 차지하는 비중을 추정했다. 〈그림 2〉를 보면, 2010년 한국의 평균 가구에서 가계 운영비 중 사회 임금이 차지하는 비중은 15.0%에 불과하다. 반면, 2000년대 중반 OECD 회원국의 평균 사회 임금 비중은 31.9%로 우리나라의 네 배에 달함을 알 수 있다(오건호 2009).

사회 임금은 OECD 국가 중 미국과 영국에서 상대적으로 낮고 유럽 대륙과 북유럽 국가들에서 높다. 비서구 국가 중에서는 일본의 사

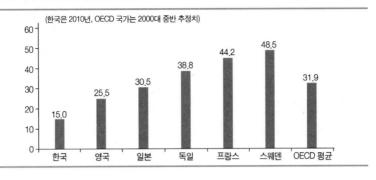

그림 2 | 가계 운영비 중 사회 임금의 비중

(한국은 2010년, OECD 국가는 2000대 중반 추정치)

회 임금 비중이 30.5%로 OECD 평균에 도달해 있다. 이는 미국, 영국보다 높은 수준인데, 고령화가 상당히 진전되어 연금 급여가 발달되어 있기 때문이다. 서구에서 사회 임금이 특히 높은 나라는 북유럽 복지 국가인 스웨덴이다. 스웨덴에서 사회 임금의 비중은 가계 운영비의 절반에 육박하는 48.5%를 기록했다. 스웨덴 노동자는 시장 경쟁을 통해 얻는 소득만큼 사회적으로 급여를 받고 있는 셈이다. 게다가 사회 임금이 하위 계층에 우호적으로 지급되는 것이기에 하위 계층의 가계 운영에서 사회 임금이 차지하는 비중은 절반을 훨씬 넘을 것으로 판단된다.

사회 임금이 클수록 일반 가계의 생계는 노동시장의 위험으로부터 완충지대를 가지게 된다. 사회 임금이 제공되는 영역들이 실업, 노후, 의료, 주거, 보육 등 인간의 기본적 생활 필요를 충족하는 것이기에 사회적 안전판 역할을 할 수 있다. 한국에서 구조조정을 둘러싸고 왜 격렬한 갈등이 발생하는가? 다양한 사회정치적 이유들이 존재하지만, 사회 임금이 전체 가계의 운영에서 10%대에 불과한 것도 중요한 요인이다. 가계가 전적으로 시장 임금에 의존하고 있는 현실에서, 회사에서 내쫓기면 당장 생계가 막막한 게 우리나라 노동자들의 현실이다. 시장 임금으로만 살아가야 하는 한국에서 구조조정은 곧 가족 생존의 위기를 의미하고 그만큼 사회적 갈등을 증폭시킨다.

또한 낮은 사회 임금은 우리나라에서 만연하고 있는 정규직 노동자들의 초과 노동 현상도 설명해 준다. 왜 한국의 노동자들은 그토록 무리하게 초과 노동에 몰입하는가? 노동시장의 위기를 완화해 줄 수 있는 사회 임금에 대한 기대가 없기 때문이다. 일감이 있을 때 한 푼이라도 더 벌어야 하는 것이다. 이는 개별적으로 보면, 언제 닥칠지 모르는 어려움에 대비해 조금이라도 더 시장 임금을 모아 두려는 '합리적' 경제행위인 셈이다.

복지국가란 사회 구성원들에게 충분한 사회 임금을 지급하는 사회를 의미한다. 개별적으로 시장에서 소득이 부족하거나 실업을 당하더라도 기본적인 필수 서비스는 사회 임금으로 보장되는 사회다. 가구 지출의 절반 정도는 노동 행위 유무와 무관하게 사회로부터 지급받는 스웨덴이라는 나라, 괜찮지 않은가?

3) 복지국가와 '잠정적 유토피아'

사회운동적 시각에서 복지국가를 상징적으로 드러낼 수 있는 핵심어가 잠정적 유토피아다. 1980년대 이후 전통적으로 최대 강령 중심의 대안 담론에 익숙한 우리나라 진보 운동은, 1990년대 동구 사회주의권의 역사적 실패 이후, 미래 비전에 대한 논의를 거의 벌이지 못해 왔다. 이에 필자는 지금 부상하는 복지국가 담론에 잠정적 유토피아라는 적극적인 역사적 위상을 부여할 필요가 있다고 생각한다. 잠정적 유토피아는 스웨덴 사민주의자인 에른스트 비그포르스Ernst Wigforss 가 제시한 개념으로, 진보적 최대 강령과 현실의 사회 비전을 조화시키

고, 복지국가 담론을 진보적 비전 체계에 배치하기 위한 작업의 결과다.[2]

20세기 초·중반에 살았던 비그포르스에게 사회주의는 인류의 최고 가치들을 담은 유토피아다. 그런데 그는 유토피아와 현실 세계를 잇는 '정거장'에 해당하는 새로운 범주로 설정했다. 유토피아를 향한 사회운동은 현실 문제를 해결하려는 열망에서 비롯되고, 유토피아를 향해 가는 과정에서 끊임없이 좌표를 조정해야 하는데, 지금의 눈에서 설정하는 그 중간 지점이 바로 '잠정적 유토피아'다. 그래서 그에게 유토피아는 정형화된 체제가 아니라 현실의 변화와 끊임없이 조응하면서 조정되는 '잠정적 유토피아'로 구체화되는데, 결국 유토피아는 경직된 청사진이 아니라 임시 스케치 혹은 길잡이로만 구현되는 셈이다.

한국에서 1980년대를 거치며 형성된 진보 세력에게도 유토피아는 사회주의였다. 그런데 정작 사회주의를 지향하면서도 사회주의에 대한 논의를 거의 벌이지 못했다. 강력한 냉전 체제의 영향으로 사회주의에 대한 정보와 자료의 한계도 있었지만, 사실상 '미래 준거'로 삼았던 동구 사회주의가 무너진 것이 핵심 원인이다. 그 결과 지금은 사회주의가 지니는 권위가 크게 훼손된 상태이고, 활동가들도 사회주의를 '인간 해방' '평등 사회' 같은 가치나 신념 수준에서 지니고 있을 뿐이다.

'지금 여기' 현실을 주목하자. 비그포르스가 활동하던 시기와 달리, 진보 운동은 현재 사회주의의 실패라는 역사적 상처를 안고 있다. 시장을 넘어 계획의 효용을 우선시하는 실험이 좌초된 상황에서 진보 세력에게 유토피아는 더욱 '잠정적'일 수밖에 없고, 그만큼 열린 실천이 필요하다. 이제 유토피아는 특정 가치를 선언하는 방식으로는 역사적

2_비르포르스의 잠정적 유토피아론에 대해서는 홍기빈(2011)을 참조.

권위를 지니기 어렵다. 새로운 사회 운영 원리를 곳곳에서 실험하고 그 유의미성을 검증하는 기나긴 과정이 더욱 필요하다.

예를 들어, 호혜와 연대를 사회 운영의 최고 가치로 체화해 가기 위해서는, 공공 소유인 서울대병원이 경쟁 지상주의를 구현하는 삼성병원과 다르다는 것을 보여 주어야 하고, 공공 기관이 권력의 하수 기관에서 시민에게 좋은 공공서비스를 제공하는 시민의 벗으로 거듭나는 데부터 시작해야 한다.

이런 시대적 한계를 직시할 때, 복지국가 담론은 한국 진보 운동이 새로운 길을 찾는 과정에서 중요한 정거장 역할을 할 수 있을 것이라고 필자는 생각한다. 생활고에 지친 대한민국 시민이 겪는 좌절을 정치적 열망으로 이끌 수 있는 잠정적 유토피아로서 말이다. 2008년 촛불 운동에서는 '목적지'가 불분명했다면, 지금 민심은 '복지국가'라는 구체적 봉우리를 말한다. 복지국가는 민생에 허덕이는 시민에게는 일종의 유토피아다.

요약하면, 복지국가는 진보 세력이 일군 역사적 성과물이면서 지금 민심이 주목하는 담론이며, '대안 부재 상황'을 오랫동안 겪는 한국 진보 세력에게 현실과 이상을 잇는 다리 구실도 할 수 있다. '지금 여기서' 민심과 함께하는 희망 담론으로 복지국가를 주목하자. 비그포르스가 스웨덴에서 그러했듯이, 우리는 복지국가를 향하고 또 복지국가를 넘어 나아가야 한다.

3. 복지국가 실현을 위한 여섯 가지 물음

복지국가를 정의하는 방식은 학문마다 다르다. 사회복지학자는 '시민들의 기본 삶이 보장되는 보편 복지 체제'라고 말할 것이다. 그에게는 복지 정책이나 제도가 큰 관심이다. 경제학자는 '성장과 분배가 조화를 이루는 케인스주의 경제체제'라고 답할 것이고, 정치사회학자는 복지국가가 형성·유지되는 정치과정에 주목하므로 '복지 확대를 공통 이해로 지닌 세력들의 복지 동맹 체제'로 설명할 것이다.

20세기 중반을 지나 복지국가가 자리를 잡은 이후에는 비판적 목소리도 이어졌다. 여성학자는 정통적 복지국가가 남성 가구주를 생계 모델로 삼고 있기에 남성 부양자 체제라 비판하고, 생태주의자는 복지국가가 여전히 인간 중심의 성장주의 체제라고 비판할 것이다. 이처럼 복지국가에 대해 학문마다 다양한 정의가 존재한다는 것은 그만큼 복지국가가 자리 잡기 위한 조건이 복합적임을 뜻한다. 복지국가 담론을 둘러싼 논점은 크게 '복지 인식', '복지 재정 방안', '복지 공급 체계', '일자리와 복지의 결합', '복지 주체 형성', '복지국가 이행 경로' 등 여섯 가지로 꼽을 수 있다.

1) 복지 인식 변화: 보편 복지 vs. 선별 복지

복지국가 실현을 위한 물음에서 첫 번째 논점은 '보편 복지 vs. 선별 복지'라는 복지 인식 틀의 대결이다. 2009년 경기 교육청 보궐선거에서 당선된 김상곤 교육감은 '보편 복지'의 입장에서 '무상 급식' 전면화를 추진했고, 이에 한나라당과 보수 세력은 제한된 재원으로 부잣집 아이들까지 무상 급식을 줄 필요가 없다면서 저소득계층에 한정된 '선별 복지'를 주장했다. 일반 시민의 보편적 복지 체험을 강조하는 보편 복지와 제한된 재원에서 저소득계층 중심으로 복지를 제공하자는 선별 복지 간의 논쟁이다.

저소득계층이나 취약 집단에게만 제공되는 복지는 일종의 공공 부조에 해당한다. 일반 시민들이 복지를 자신과 관련된 것이자 보편적인 권리로 받아들이지 않기에, 선별적 복지에 기반을 둔 공공 부조의 확대를 통해서는 복지에 대한 대중적 에너지가 만들어지기 어렵다. 실제로 상당수의 시민들이 자신은 공공 부조의 대상이 아니며, 대상이 되어서도 안 된다고 생각한다. 오히려 공공 부조가 증가하면 내 세금이 늘어날까 우려하며, 복지에 대한 부정적인 이미지를 강화시켜 간다.

사회단체에서 일하던 시절, 필자는 '복지는 시혜가 아니라 권리'라고 여러 번 성명서에 적었다. 그런데 솔직히 스스로 이 문구를 체감하기가 어려웠다. 시민들은 복지를 부끄러운 것으로 여겼다. 국민기초생활보장 수급자라는 것은 자신이 시장 경쟁에서 패했다는 것을 방증했고, 공공 임대주택 단지에 산다는 이유로 자식들은 기가 꺾였다. 선별 복지 체제가 낳는 낙인 효과다

다행히 근래엔 보편 복지 담론이 부상하고 무상 급식과 무상 보육이 확대되면서 사람들이 복지를 적극적인 것으로 인식하기 시작했다. 2010년에 경기도 교육청 예산 갈등과 지방선거를 거치면서 무상 급식은 국민적 지지를 얻게 되었고, 이 과정에서 '보편 복지' 주장도 확산되었다. 보편 복지라는, 대학 강단에서나 들을 법한 용어가 일반 시민의 이야깃거리로 등장했다. 보편 복지가 한국 사회에서 멀리 있는 것으로 보였는데, 이제 시민들의 가질 수 있는 꿈으로 다가오고 있다. 복지국가를 본격적으로 이야기할 수 있는 보편 복지 담론이 자리를 잡은 것이다.

2) 복지 재정 확충 방안: 비非증세 vs. 증세

보편·선별 복지 논쟁은 복지를 바라보는 인식 틀에 관한 것이지만, 그 밑바닥에는 복지 재정 규모에 대한 상이한 가정이 깔려 있다. 선별 복지론은 현재의 '제한된 예산'을 전제하고, 그래서 선택형·맞춤형의 용어를 동원하며 예산의 '합리적 배분'을 강조한다. 사실 예산이 충분하지 않은 상황에서 부잣집 아이들에게까지 급식을 제공할지, 이것을 학습 준비물에 배정할 지는 쉽게 답할 수 있는 질문이 아니다. 따라서 보편 복지론이 선별 복지론의 '합리적 예산 분배' 논리를 근본적으로 넘어서기 위해서는 재정 규모 가정 자체를 바꾸어야 한다.

2011년 초부터 보편 복지 진영 내부에서 복지 재원 확충 방안을 두고 논의가 전개되었다. 대략 비과세 감면 축소와 재정지출 개혁 등으로 재원을 확보하자는 '소극적 증세론'과 복지 재정 확보를 위해서는 대대적인 증세가 불가피하다는 '적극적 증세론'으로 의견이 나누어진다.[3] 민주당은 2011년 8월 향후 연 33조 원의 보편 복지 재원 방안을 내놓았는데, 2012년 4월 총선에서도 이 기조가 유지되고 있다(총선에서는 32조 원). 반면, 진보 진영은 적극적 증세론의 입장에 서 있다. 진보 정당들은 현재 제기되는 복지 민심을 제대로 반영하려면 50~70조 원의 재정이 필요하다고 판단한다.

민주당, 진보 정당의 입장은 각각 강약점을 지닌다. 소극적 증세론

3_한편 2011년부터 복지국가 논쟁이 복지 재정 확충으로 옮아가면서 보편 복지 세력이 복지 담론을 주도하게 되었다는 점은 주목할 만한 일이다. 선별 복지 세력은 '제한된 재원'을 강조하기에 복재 재원 확충 의제에 개입하기 어렵다. 이런 면에서 복지 재원 논쟁은 대한민국 주류 세력을 수세적 포지션으로 몰아넣고, 복지국가 세력을 주도적 방향으로 끌어가는 역할을 하고 있다. 2011년까지 민주당은 사실상 '비증세론' 입장에 서 있었으나, 2012년으로 접어들면서 버핏세((Buffett Rule) 도입이 사회적 관심사로 떠오르자 소득세·법인세 최고 세율 인상 등 증세론 일부를 수용하게 된다.

은 국민들의 조세 저항을 피해 갈 수 있겠지만 복지 재정 규모가 크지 않아, 이 재원으로 정말 보편 복지를 대변할 수 있을지 논란에 휩싸일 개연성이 크다. 적극적 증세론 시민사회의 보편 복지 요구를 충족하는 강점을 지니지만 역으로 대규모 증세를 실현해야 하는 과제를 안고 있다. 여전히 증세 방안이 일반적이고 추상적인 부자 증세론에 머물 경우 미래 집권 세력으로서 신뢰를 얻는 데 성공하지 못할 수 있기 때문이다.

3) 복지 공급 체계: 시장 복지 vs. 공공 복지

복지국가를 둘러싼 세 번째 논점은 복지 공급 체계 개혁이다. 아직까지 이 논점이 본격적으로 떠오른 것은 아니지만, 향후 지속 가능한 복지를 위해서는 복지 인프라 정비 과제가 제기될 수밖에 없다. 현재 우리나라 복지 서비스 공급은 지나치게 민간 부문에 의존하고 있어, 이 상태에서는 복지 재정이 제대로 쓰이기 어렵다. 예를 들면, 지금과 같이 지료 세부 항목별로 진료비를 보상해 주는 '행위별 수가제'는 과잉 진료를 조장한다. 더 근본적으로는 수익을 목적으로 설립된 민간 병원들의 의료 공급 체계를 주관하는 것은 곤란하다. 나아가 무상 보육, 무상 장기 요양이 현행처럼 민간 시설에 의해 제공되는 것이 적절한가? 등 질문이 꼬리를 문다.

외국 복지국가들을 살펴보면, 최소한 복지 영역에서는 시장 이윤을 지급하지 않는 공공 인프라의 강점이 경험적으로 입증되고 있다. 예를 들어, 민간 병원이 의료 서비스를 제공하는 미국이 총의료비에 GDP 17%를 쏟고 있는 데 비해, 공공 병원이 주축을 이루는 영국은 GDP 10%로 더 알찬 의료 서비스를 제공하고 있다.

우리나라에서 공공복지 인프라의 비율은 보육 20%, 의료 8%, 주거 4%, 요양 2%에 그친다. 이제부터 일정한 수익을 보장해야 하고 통합적 관리가 수월하지 않은 민간 복지 인프라를 공공복지 중심으로 전환해 가야 한다. 복지 인프라의 공공화는 복지 재정 관리뿐만 아니라 사회 서비스 일자리를 확충하는 사회통합적 효과도 거둘 수 있다. 글로벌 재정 위기 상황에서 북유럽 국가들이 남유럽 국가들에 비해 안정적 복지국가 체제를 유지하는 비결 중의 하나가 공적 사회 서비스 복지 덕택임을 주목해야 한다.

4) 일자리와 복지의 결합: 사회경제 개혁

네 번째 논점은 복지국가의 지속 가능성을 위한 조건으로 제기되는 안정된 일자리 확보 문제다. 보통 '노동 중심 복지'라고 불리는데, 복지국가 논의가 어떻게 노동시장 개혁과 결합해 나갈 수 있는가가 논점이다.

애초 20세기 중반 유럽에서 복지국가가 시작됐을 때의 전제는 완전고용에 가까운 노동시장이었다. 시민들이 자신의 일자리를 통해 기본 생활을 영위하는 토대 위에서 이들이 낸 세금으로 재분배 기능을 가진 복지를 마련하자는 것이다. 그래야 복지 재원이 안정적으로 확보되고 복지 지출도 지속 가능한 수준에서 관리될 수 있다는 기획이다.

현재 우리나라는 절반의 노동자가 비정규직 처지에 있다. 불안정한 노동시장에서는 다수가 빈곤에 시달리고, 사회보험의 사각지대까지 겹쳐져 복지 수요가 커질 수밖에 없다. 복지국가가 지속 가능한 체제로 작동하려면 양적으로는 고용률을 높여야 하고, 질적으로는 정규직·비정규직의 이중 시장구조를 해소해야 한다. 이를 위해선 노동자 사이에서 노동시간 단축을 통한 일자리 나누기가 필요하고, 복지국가의 사회 서비스 부문도 일자리 확충에 순기능을 할 것이다. 특히 비정규직 다수가 중소기업에서 일한다는 점을 고려하면 일자리 안정화의 관건은 중소기업의 지급 능력 강화에 있다. 결국 비정규직 해법은 경제적 성과를 독과점하는 재벌 대기업 체제를 혁신하는 과제가 된다.[4]

5) 복지 주체 형성: 보편 복지 시민의 참여 계기 마련

다섯 번째 논점은, 필자가 복지국가 담론에서 가장 주목하는 '복지 주체 형성'이다. 보편 복지를 위해선 돈이 필요하고, 이 돈이 제대로 쓰이려면 복지 공급 체계를 정비해야 하지만, 정작 이 모든 일을 추진하려면 대중적 복지 세력이 존재해야 한다.

지금까지 복지국가 논쟁은 어떤 복지국가를 원하느냐에 관심을 가졌다. 물론 한국의 특수성을 반영한 복지국가 모델을 구상해야 한다. 가능한 탈상품화 수준이 높아 사회 구성원들이 시장 위험에서 벗어날 수 있는 '강한 복지국가'일수록 좋다.

그런데 더욱 주목해야 할 것은 복지국가 유형이 계급 관계의 결과물이라는 점이다. 복지국가는 자신을 건설하고 운영할 세력들의 동맹

4_노동계 일부에서 '노동(일자리) 없는 복지는 허구이다'라는 주장도 있지만, 이는 과도한 비판이다. 물론 지속 가능한 복지를 이루기 위해서는 일자리 안정화가 매우 중요하다. 하지만 복지와 일자리는 선후를 다투는 문제가 아니라 동시에 추진해야 할 수레의 두 바퀴다. 무상 급식, 무상 보육, 무상 의료, 공공 주거, 공적 연금, 국민기초생활보장 등 복지는 노동시장에서 거둔 '공적 재원(세금)'을 토대로 노동시장 외부에서 사용되는 '사회 임금'이다. 반면, 일자리는 노동시장 내부 의제로 시장 임금에 속하는데, 불안정 고용의 경제적 토대를 이루는 기업 간 격차, 불안정 고용을 조장하는 고용 관련법 문제 등이 복합적으로 작용하는 '생산' 영역의 의제다. 그래서 지금 비정규직이 정규직으로 전환되지 못한다고 무상 보육과 무상 의료가 의미 없는 것은 아닌 것처럼, 복지는 일자리 개혁과 독립적으로 그 자체로 의미를 지니고 있다. 실제 복지는 누구보다 불안정 노동자에게 더욱 절실한 과제다.

을 만들어야 하는 정치적 프로젝트다. 서구의 경험을 보면 진보 정당, 노동조합, 풀뿌리 시민 네트워크 등이 복지 동맹의 핵심 주체였다. 우리나라에서는 진보 정당이 약하고 노동조합은 복지 운동에 소극적이며, 약 60만 명의 사회복지사가 존재한다지만 지역사회의 복지 활동은 형식적인 복지 전달 수준에 머물고 있다. 보편 복지 열풍이 불자 지난해 '복지국가만들기국민운동본부', '복지국가실현연석회의' 등이 결성됐지만 의미 있는 활동은 선보이지 못했다.

국내 복지국가 연구자일수록 대한민국의 복지국가 진입에 회의를 표한다. 아직 우리나라에서는 복지 동맹의 가능성이 희박하다고 판단하기 때문이다. 이것이 우리가 넘어야 할 과제다. 대통령 선거에서 복지국가 후보가 승리하는 것이 대한민국 복지 발전에 큰 계기가 되겠지만, 집권 이후 복지 프로그램을 실제로 집행하려면 단순히 득표수의 우위를 넘어 대중적 복지 운동을 밑거름으로 당선돼야 한다. 대중적 '복지 주체 세력'을 형성하기 위한 구체적 사업들이 필요한 이유다.

6) 한국의 복지국가 구현 경로: 도약 vs. 점진

복지국가는 인류의 최종 유토피아는 아니지만 그곳을 향해 가는 정거장으로서 시대적 장벽을 헤쳐 나가는 실험장이다. 우리나라에서는 이런 과정이 어떻게 펼쳐질까? 2012년 대통령 선거를 앞두고 있는 대한민국에서 선보일 수 있는 복지국가 경로는 대략 다음 두 가지로 구분될 수 있다.

하나는 비증세 지출 개혁을 통해 복지 재원을 마련하고 이를 통해 차기 정권에서 유의미한 복지 체험을 공유한 뒤, 이것을 에너지로 본격적인 복지국가로 발전해 가자는 '점진 경로'다. 또 하나는 올해 복지 확충을 위한 증세, 복지 인프라 개혁, 경제민주화 요구 등을 전면화하고 집권 초기부터 복지를 대폭 확장하자는 '도약 경로'다. 후자에는 보편 복지를 바라는 시민, 복지 전달인 사회복지사, 하루가 힘든 비정규 노동자와 자식의 미래가 걱정스러운 정규직 노동자까지 복지국가 운동의 주체로 나서게 하자는 대중적 복지 동맹 운동의 문제의식이 담겨 있다.

많은 사람들이 다녀야 등산로가 생기는 법이다. 아직 어떤 경로라고 정하기는 이르지만, 이를 위한 논의가 치열하게 진행되기를 바란다. 필자는 대통령 선거가 실시되는 올해처럼 복지 민심이 팽창하고 그것을 구현할 정치적 계기가 존재하는 시기에는 '도약 경로'가 힘을 얻으면 좋겠다. 증세 없이 지출 개혁만으로 복지국가 길을 개척하겠다며 큰소리를 치다가 최근 소비세 인상으로 내홍을 겪고 있는 일본 민주당의 사례가 예사롭게 느껴지지 않는다. 우리나라도 당장은 점진 경로가 무난해 보이지만, 지출 개혁마저 만만치 않은 상황에서 사회적 합의를 이룬다는 논의로 임기를 허송해 버릴까 우려되기 때문이다. 올해 1년, 막연한 복지국가 공약을 넘어 구체적인 조건과 실행 경로에 관한 논의가 만개하길 바란다.

4. 지속 가능한 복지국가 건설과 복지 주체 형성

이 장에서는 복지국가 조건들을 구현하는 데 나설 주체, 복지국가 건설 주체를 다룬다. 앞에서 보았듯이, 전통적인 복지 동맹 이론에서 보면 한국은 복지 주체가 뚜렷이 발견되지 않는다. 현재 우리나라 복지 논쟁에서 노동운동이 주도적 역할을 못하고 있다. 노조조직률이 낮은데다 핵심 노동조합들은 기업 복지 틀에 갇혀 있는 게 현실이다. 진보 정당 역시 취약하다. 그런데도 일반 민심은 복지국가를 요구하고 있고, 정치권은 보수와 진보를 가리지 않고 친복지 행보를 보이고 있다. 이런 환경에서 복지 주체는 어떻게 형성될 수 있을까? 그것은 가능한 일일까? 복지 재정 확충을 소재로 복지 주체 형성의 과제를 살펴보자.

1) 복지동맹 형성의 '연성 권력 자원'

필자는 우리나라 복지 동맹 세력을 논의할 때 '연성 권력 자원'에 주목하길 제안한다. 이 개념을 제안한 김영순 교수에 의하면 경성 권력 자원이란 노조의 조직률과 중앙 집중도, 사민주의 정당의 의석수 등 초기 권력 자원론에서 다루었던 범주를 말하고, 연성 권력 자원은 정치적 행위자들의 상호 과정에서 만들어지는 내적 응집력, 연대망 구축 능력, 대중의 지지도, 정책 모델과 전략을 만들어 내는 정책 혁신가 policy entrepreneurs 등의 결합된 권력 자원을 가리킨다. 김 교수는 "어떤 중요한 정치적 국면에서는 행위자들의 전통적인 '경성 권력 자원'이 부족해도 '연성 권력 자원'을 잘 이용해서 복지 연합welfare coalition을 구성할 수 있다면 현상의 돌파가 가능하다는 것을 시사한다"고 역설한다(김영순 2011).[5] 이는 진보 정당, 노동조합 등 전통적인 권력 자원이 부족한 대한민국 현실에서도 전통적 방식과 다른 복지국가 동맹 경로가 열릴 수 있다는 점을 시사한다. 기존 전통적 조직 대신 무상 급식, 반값 등록금, 복지 재정 확충, 보육 공공화, 일자리 안정화 등 의제별로 구성

5_이런 연성-경성의 구분은 힉스·미쓰라(Hicks and Misra)와 리코(Rico)의 권력 자원 세분화 논의를 참고해 김영순이 분류한 것이다. 한국의 시민운동은 연성 권력 자원의 효율적 동원에 탁월한 능력을 보여 왔다.

된 네트워킹 주체들의 활동이 적용 가능한 사례가 될 것이다.

물론 연성 권력 자원은 내재적 한계를 지니고 있다. 다양한 자원을 활용한 대중적 응집력을 만들어 내더라도 복지국가가 지속 가능한 체제로 자리 잡기 위해서는 조직화된 경성 권력 자원의 뒷받침이 필요하기 때문이다. 따라서 연성 권력 자원론은 경성 권력 자원론과 상충하는 개념이기보다는 경성 권력 자원이 취약한 곳에서 복지 동맹의 계기를 마련하고 이후 경성 권력 자원과 결합하는 특수한 경로 모델로 이해되는 게 바람직하다.

현재 정치권을 중심으로 복지국가 논의가 무성하다. 이에 정치권의 복지국가 논의에 방향을 제시하고, 복지국가를 위한 대중 활동을 만들어 내는 한국형 '연성' 권력 자원 전략이 요청된다. 이런 활동이 성과를 낸다면, 이를 토대로 '경성' 권력 자원도 본격적으로 기지개를 펼 수 있을 것이다.

2) 복지국가 증세 원칙

지금 한국에서 복지국가 건설에 필요한 대중 주체를 형성하기 위한 활동에는 어떤 것이 있을까? 복지 재정, 복지 인프라 공공화, 일자리 안정화 등 여러 영역에서 관련 계기를 찾아야 한다. 이 글은 복지 재정 영역에서 대중적 복지 주체 형성의 계기를 부각시키고자 한다.

필자는 보편적 복지국가가 지속 가능한 체제로 구현되기 위해서는 재정지출 개혁만으로는 필요 재정을 모두 충당할 수 없기에 증세는 불가피한 선택이라고 판단한다. 그런데 여전히 시민들의 증세 저항이 만만치 않다. 이에 복지국가 재정 확충을 위해 시민이 직접 참여하는 재정 주권 운동을 제안한다. 먼저 재정 주권 운동이 토대로 삼는 세 가지

그림 3 | 복지국가 재정 주권 3대 증세 원칙

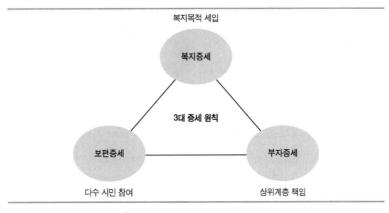

증세 원칙을 살펴보자.

첫째, '복지 증세'. 복지 지출 목적으로 한정된 증세를 하자. 우리나라에서는 재정지출에 대한 국민들의 불신을 감안할 때, 세입과 복지 지출을 결합하는 '복지 증세'가 효과적이다. 내가 낸 세금이 '4대강 사업'에 유용될지 모른다는 우려를 불식시켜야 한다. 이에 사회복지세, 사회보험료 등 지출 목표가 복지로 정해진 복지 목적세를 적극적으로 검토하자.

둘째, '부자 증세'. 복지 재원은 소득재분배 효과가 극대화되도록 상위 계층이 실질적으로 책임지도록 해야 한다. 현재 다수가 빈곤에 시달리는 상황에서도 상위 계층은 오히려 부를 더욱 축적하는 사회 양극화가 심화되고 있다. 어느 때보다도 상위 계층의 재정 책임이 요청된다.

셋째, '보편 증세'. 근래 부상하는 보편 복지 흐름에 맞추어, 가능한 많은 사람이 증세에 참여하는 것이 바람직하다. 필자가 보편 증세를 강조하는 이유는, 증세 활동을 통해 일반 시민들이 복지 운동의 주체로 나서기를 바라기 때문이다. 중간 계층이 복지 재원 마련에 상징적으로 참여하면서 부자들에게 더 많은 책임 이행을 압박할 수 있어야 한다.

이런 증세 원칙을 잘 보여 주는 세목이 '사회복지세'다. 지금까지 우리나라에 선보인 사회복지세로는, 2010년에 진보신당이 발의한 사회복지세와 2007년 대통령 선거에서 민주노동당이 조세 공약으로 발표한 사회복지세가 있다. 두 세목에서 3대 증세 원칙이 어떻게 적용되고 있는지 살펴보자.

진보신당의 사회복지세는 소득세, 법인세, 상속증여세, 종합부동산세 등 직접 세목에 다시 누진세율을 적용하는 일종의 부가세surtax로 상위 5% 부유 계층과 1%의 대기업을 과세 대상으로 삼아 매년 15조 원을 확보한다(조승수 2011). 민주노동당의 2007년 사회복지세 역시 진보신당 사회복지세와 유사하게 소득세, 법인세, 상속증여세, 특별소비세 등에 누진적 부가 세율을 적용하는데, 진보신당과 달리 과세 대상을 직접세를 내는 모든 납세자로 삼아 매년 13조 원의 세수를 기대했다(민주노동당 2007).

두 사회복지세를 비교해 보면, 모두 복지 지출과 세입을 연계하는 '복지 증세'이고, 정도의 차이는 있지만 사회복지세로 확보되는 13~15조 원 대부분을 상위 계층이 책임지는 '부자 증세' 원칙을 따르고 있다.[6] 하지만 진보신당 사회복지세는 과세 대상을 소수 상위 계층으로 한정하는 데 반해, 민주노동당의 사회복지세는 직접세를 내는 모든 과세자가 과세 대상이라는 점에서 보편 증세 원칙도 담고 있다. 필자는

6_민주노동당의 사회복지세도 전체 사회복지세의 80~90%를 상위 10%의 소득자가 납부하도록 설계되어 있다(민주노동당 2007).

민주노동당의 사회복지세 원리를 지지하는데, 2012년 기준 금액으로 약 20조 원이 세수가 사회복지세를 통해 마련될 수 있다(오건호 2011).

3) 복지 재정 목표: 10년 후 OECD 평균 도달

필자는 개인적으로 향후 5년간 보편 복지 재정 확보를 위해 연 65조 원을 확충하는 것을 목표로 삼고 있다. 〈표 1〉에 요약되어 있듯이, 먼저 재정지출 영역에서, 토목 지출 절감 10조 원, 국방비 절감 3조 원, 국민연금 급여 자연 증가분 7조 원 등 재정지출 영역에서 총 20조 원을 마련한다. 토목 지출에서 현재 약 40조 원의 4분의 1을, 국방 지출에서는 약 30조 원의 10%를 줄이고 국민연금 기금 추가 지출분을 합친 금액이다.

그러면 세입 영역에서 총 45조 원이 마련돼야 하는데, 먼저 대기업에 집중되는 비과세 감면 폐지로 5조 원, 보유세 등 자산 세제 개혁으로 5조 원 등 약 10조 원을 확보한다. 여전히 35조 원이 부족하다. 이 금액이 새로운 증세 몫이다. 필자는 '복지 지출 목적과 연계된 20조 원 규모의 사회복지세 도입'과 '국민건강보험료를 지렛대로 삼은 무상 의료 재원 15조 원 확보'를 제안한다. 전자는 2007년 민주노동당 사회복지세 공약에, 후자는 '건강보험 하나로 시민회의' 재원 방안을 토대로 삼은 것이다. 필자는 복지국가 재원을 확충하는 핵심 기둥이면서 보편 증세 원칙에 따라 복지국가를 실현할 대중 주체 형성과 관련을 맺고 있기에, 사회복지세와 국민건강보험료를 총괄해 '복지국가세'로 부르고자 한다.

필자의 추정 계산에 의하면, 2011년 우리나라 복지 지출 비중은 약 GDP 9%이다. 이는 OECD 평균 약 GDP 19%에 비해 무려 10%p 부

표 1 | 1차 5개년 복지국가 재정 확충 내역(예시)

	방안	규모	내용
지출	토목 분야 절감	10조 원	토목 지출 4분의 1 축소
	국방 분야 절감	3조 원	국방비 10% 축소
	국민연금 자연 증가	7조 원	국민연금 기금 재원
	소계	20조 원	
세입	비과세 감면 축소	5조 원	대기업, 사행 산업 감면 등 폐지
	기존 조세 개혁	5조 원	자산세 강화
	사회복지세 도입	20조 원	복지 목적세와 재정 주권 방식
	국민건강보험료 상향	15조 원	
	소계	45조 원	
	계	65조 원	

족한 금액이다. 만약 지금보다 65조 원의 복지 재정을 늘릴 수 있다면, 이는 GDP 5%에 해당되므로 우리나라 복지 재정 부족분의 절반을 따라잡는 역할을 할 것이다. 만약 차차기 5년에 다시 GDP 5% 복지 재정을 늘린다면 지금부터 10년 후에 우리나라도 OECD 평균 수준의 복지에 도달하게 될 것으로 기대된다.

4) 복지국가 재정 주권 운동과 대중적 주체 형성

위와 같은 복지 재정 확충 과정에서 논란이 되는 것은 '보편 증세' 원칙이다. 복지 증세, 부자 증세는 진보 진영이나 시민사회에서 공감대가 형성되어 있는 원칙이지만, 보편 증세는 시민의 조세 저항에 직면할 수 있다는 지적이 제기된다. 그럼에도 필자는 왜 보편 증세 방식을 제안하는가?

첫째, 이제 시민들은 대한민국과 자식들의 미래를 위한 건설적인 제안을 바라고 있다. 시민들이 복지국가를 열망하는 것은 자신의 힘겨운 삶의 고통을 완화하기 위한 것이지만 더욱 중요하게는 자식의 미래에 관한 것이다. 복지국가에 대한 여론조사를 보면 중간 계층, 화이트칼라의 선호도가 오히려 높다. 이들은 대략 정규직 중간 계층으로 부족하나마 자신의 생활 기반은 가지고 있는 사람들이지만 자식의 미래는 책임지지 못한다. 이들은 개인적으로 착하고 성실한 자식과 그 친구들의 처지를 보면서 대한민국이 크게 잘못 가고 있다는 것을 절감한다. 이들에게 지금 필요한 것은 미래에 대한 긍정적이고 건설적인 제안이다.

종종 '복지 체험'이 쌓여야만 보편 증세를 논의할 수 있다는 '선복지 후증세' 주장이 있지만, 복지 체험을 양적인 범주로만 이해하는 것은 곤란하다. 이미 일반 시민들은 급식, 보육, 반값 등록금, 건강보험 등을 통해 복지를 '적극적인 희망'으로 바라보기 시작했다. 복지가 자신의 실패를 보여 주는 '부끄러운 혜택'에서 서로 함께 만들어 가는 '자랑스러운 연대'로 전환되고 있다. 이제 그들과 함께 미래를 이야기해야 한다.

둘째, 근래 보편 복지에 필요한 증세 필요성에 대한 국민들의 인식이 전향적으로 바뀌고 있다. 과거와 비해 '복지 확대를 위해서는 세금을 낼 용의가 있다'는 의견에 동의하는 국민의 수가 늘고 있다. 이는 특정인이나 정책에 대한 일반적 선호 조사와 달리 자신의 증세 참여 여부에 대한 질문으로 국민들이 자신의 증세 행위의 필요성을 적극적으로 생각하기 시작했다는 점에서 주목할 만한 일이다.

셋째, 실제 보편 증세 방식에서 중간 계층이 부담하는 추가 세금은 그리 많지 않다는 점을 확인하자. 이명박 정부가 세율을 인하했을 때, 국민 감세가 아니라 부자 감세로 불렸듯이, 거꾸로 직접세 증세는 부자 증세 성격을 띠게 된다. 종종 보수 세력들이 모든 국민이 막대한 세금을 내야 하는 것처럼 '세금 폭탄론'을 내세우지만, 추가 재정은 대부분 상위 계층에서 나온다. 전체 근로소득자와 자영자 중 약 40%를 차

표 2 | 복지국가 증세 방안 비교

	부유세 방식	재정 주권 방식
과세 대상	상위 계층, 대기업	중간 계층 포함 (누진율 적용)
사례	진보신당 사회복지세 민주노동당 무상 의료 재원 방안	구민주노동당 사회복지세 건강보험 하나로 시민회의 재원 방안
슬로건	내라!	내자! (낼 테니 내라!)
강점	조세 저항 우회 부자 책임론 부각	복지 증세 운동 주체 형성 보편 복지와 보편 증세의 결합

지하는 소득세 면세자는 사실상 사회복지세 부과 대상에서도 제외되므로 하위 계층의 추가 부담이 없고, 이미 누진 구조를 지닌 직접세를 대상으로 사회복지세가 다시 누진적으로 부과되기에 상위 계층 부담액이 훨씬 크다.

넷째, 대한민국 복지국가 운동에서 드러나는 연성 권력 자원의 역동성에 보편 증세가 적절히 결합한다면 대중적 복지 주체 형성에도 중요한 계기가 만들어질 수 있다. 현재 보편 복지를 바라는 시민들은 복지국가가 실현될 수만 있다면 자신이 어떤 역할을 담당할 책임 의식도 지니고 있다. 이들을 복지국가 운동의 주체로 나서게 해야 한다. 복지 재정 확충 과정에서도 이들이 의미 있는 관계를 가지도록 해야 한다.

정리하면 〈표 2〉와 같이 복지국가를 위한 증세 운동은 부자들의 책임을 강조하는 '부유세' 방식과 보편 증세를 포함하는 '재정 주권' 방식으로 구분될 수 있다. 전통적으로 진보 진영이 주장하는 복지 재정 확충 방안이 '부유세' 방식이라면 필자는 보편 복지 시민들이 스스로 책임 의식을 강화하는 '재정 주권' 방식을 지지한다.

재정 주권 방식의 증세 운동은 보편 복지를 바라는 다수 시민들을 복지 재정 확충에 참여하도록 하는 운동이다. 이제는 부자들에게만 '내라!'고 요구하는 것을 넘어 우리도 '내자!(낼 테니 내라!)'는 운동이고, 이를 통해 대중적 복지 주체를 형성하는 데 기여하겠다는 운동이다.

일반 시민들이 재원 마련 참여를 통해 복지국가 논의에서 '관람자'observer 에서 '행위자'actor로 스스로 자신의 역할을 전환하고, 여기서 마련된 자긍심을 바탕으로 부자들을 압박하는 에너지를 만들어 가자는 것이다.

5. 맺음말

올해 대통령 선거를 맞아 과거 1987년 체제를 비유해 '2013년 체제'론이 회자되고 있다. 그만큼 2013년에 대한 기대가 어느 때보다 높다. 당연히 2013년 체제가 만들어 낼 바구니에는 복지국가라는 알찬 열매가 담겨야 한다. 사회 구성원들이 노동시장의 지위와 무관하게 인간의 존엄성을 유지할 수 있는 사회 임금을 누릴 수 있어야 하고, 인류가 염원하는 유토피아를 향한 열정을 북돋을 수 있는 희망의 메시지가 넘실거려야 한다.

앞에서 보았듯이, 복지국가를 이루기 위해선 넘어야 할 조건들이 많다. 점차 보편 복지 담론은 자리 잡아 가고 있으나, 복지 재정, 복지 인프라, 일자리 안정화, 복지 주체 형성, 복지국가 건설 경로 등에서는 아직도 갈 길이 멀다. 특히 복지국가 조건들을 구현하는 세력으로서 대중적 복지 주체의 형성은 매우 중요한 과제다. 필자는 복지 재정 확충 과정에서 대중적 복지 주체 형성의 계기를 마련하자는 취지에서 복지국가 증세를 제시했다.

복지국가 논의에서 민심의 에너지를 위력적으로 분출시키는 경로는 무엇일까? 시민들이 스스로 수행할 수 있는 역할이 구체적으로 부여될 때다. 이제는 복지 증세를 위한 대중적 압박을 만들어 낼 수 있는 보편 증세 방식의 재정 주권 운동을 적극적으로 검토할 때가 되었다.

지금까지 논의 지형을 볼 때, 유력한 정치 세력이나 노동운동과 같은 대중조직이 '보편 증세 재정 주권 운동'을 수용하기는 쉽지 않을 것으로 보인다. 따라서 지금 요구되는 것은 이런 세력들이 보편 증세를 적극적으로 인식할 수 있는 사회적 여건을 만드는 일이다. 증세는 사회적 공론화 잠재력이 매우 큰 의제이며, 보편 복지를 바라는 적극적인 민심과 소통한다면 위력적인 운동으로 성장할 수 있을 것이다. 대한민국에서 복지국가를 향한 대중적 재정 주권 운동이 펼쳐지기를 기대한다.[7]

7_최근 이런 움직임이 조금씩 나타나고 있다. 대표적으로 지난 2012년 2월, 풀뿌리 복지국가 운동을 주창하며 발족한 "내가만드는복지국가"는 '능력별 증세'를 주창하며 사회복지세 신설, 국민건강보험료와 고용보험료 인상 등을 제안한다(내가만드는복지국가 2012).

06

인권과 사법정의는
민주·평화·복지의 전제 조건

김인재

1. 민주·평화·복지의 전제로서 인권과 사법정의

4년 전까지만 해도 국제사회에서 한국은 여러 후발 국가 중에서 드물게 '산업화와 민주화에 성공하고 인권을 신장시킨 모범 국가'라는 평가를 받아 왔다. 비록 국제연합[UN] 등으로부터 사형제도, 국가보안법, 양심적 병역거부, 표현의 자유와 노동삼권 등에 대해 계속적인 개선 권고를 받기는 했지만, 절대적 빈곤의 극복과 정치 민주화를 이룩하고 국가 폭력으로부터 시민적·정치적 권리(자유권)가 상당 부분 개선되었다.[1] 나아가 정치 민주화와 자유권의 개선을 넘어서서 경제민주화와

---

[1]_국제인권법에서는 UN의 "시민적·정치적 권리에 관한 국제 규약"(자유권 규약)에 열거된 인권 목록을 보통 '자유권'이라 부르고, "경제적·사회적·문화적 권리에 관한 국제 규약"(사회권 규약)에 열거된 인권 목록을 보통 '사회권'이라 부른다. 일반적으로 제1세대 인권이라 불리는

경제적·사회적·문화적 권리(사회권)의 신장을 위해서도 나름대로 법·제도를 정비하고 소요 재정을 확충하려는 노력을 기울여 왔다. 물론 이런 성과는 노동자·농민 등 민중의 피와 땀이 밑거름이 되었고 시민 사회의 부단한 노력의 결실이었다는 것은 주지의 사실이다.

이렇게 진전되어 오던 우리 사회의 인권과 민주주의 상황은 이명박 정부가 들어선 이후에 상당히 후퇴했다는 평가를 받고 있다. 선진화 이데올로기와 기업 친화적 정권 이념을 앞세운 이명박 정부에서 촛불 시위 등 평화적인 집회·시위와 노동자 파업에 대한 과도한 공권력 투입과 형사처벌, 방송통신위원회와 낙하산 인사를 통한 언론 장악, 인터넷과 사회관계망서비스SNS에 대한 과도한 규제와 처벌 등으로 표현의 자유와 민주주의가 위협받아 왔다.

또 부자 감세를 통한 이른바 낙수효과의 허구성은 사회 양극화의 심화로 확인되었고, 무리한 4대강 사업은 국토와 생태계를 교란시키고, 오직 개발이익만 노린 뉴타운 사업과 재개발사업은 세입자의 생활 터전과 주거권을 위협했다. 무한 경쟁 교육은 사교육비 증가를 가져와 서민들의 생활을 위협하고 청소년의 자살과 학교 폭력을 심화시켜 아동 인권을 침해하고 있다. 한미 쇠고기 협상, 자유무역협정FTA 타결, 공공 부문 민간 매각 등은 국민의 생존권을 위협하고 중소기업과 자영업·농업 및 내수 경제의 기반을 약화시켰다. 노동 유연성의 극대화와 노동 배제 정책은 노동자들의 생존권과 노동권을 위협해 노동자들의 삶의 수준을 떨어뜨리고 최저생계비에도 미달하는 저임금과 고용 불안에 허덕이는 수많은 비정규직을 양산했다. 결국 중산층의 붕괴와 사

자유권은 기본적 인권 보장의 근본이자 출발점이다. 여기에 2세대 인권이라 불리는 사회권은 인간다운 생활의 확보를 위해 비교적 나중에 정립된 인권 범주다. 그러나 자유권과 사회권은 모두 보편적이며 불가분의 상호 의존적이며 상호 연관적 관계에 있다.

회 양극화 심화, 그로 인한 인권과 민주주의 후퇴 현상은 심각한 수준에 이르고 있다.

한편, 권위주의 정권이 종식된 이후 인권 신장과 민주주의 발전의 평가 지표이며 인권과 민주주의 최후의 보루이어야 할 검찰과 법원의 사법 권력은 국민에 의해 통제되지 않은 무소불위의 권력이 되었다. 얼마 전에 상영된 영화 〈도가니〉, 〈부러진 화살〉, 〈범죄와의 전쟁〉 등은 검찰의 수사와 법원의 재판에 대한 우리 사회의 불신 현상이 얼마나 뿌리 깊은지 보여 주고 있다. 유전무죄 무전유죄의 사법 병리 현상, 전관예우의 폐습, 살아 있는 권력에 약하고 죽은 권력에 강한 검찰의 행태 등에서 보듯이 오래 전부터 주권자인 국민 위에 군림하는 사법 권력은 개혁의 대상이었다.

이명박 정부가 들어선 이후 사법 권력의 퇴행적인 현상이 더욱 심화되었다. 검찰은 정권의 입맛에 맞는 편파적 수사와 기소를 남발하고, 국민의 기본권을 억압하는 무리한 수사를 벌였다. 한국방송공사KBS 사장 정연주 사건, 촛불 시위 수사, 미네르바 수사, 〈PD수첩〉 제작진에 대한 기소, 김상곤 경기도 교육감의 시국 선언 교사 징계 유보에 대한 직무유기 사건, 한명숙 수사 등이 대표적인 사례이며 이 사건들은 전부 무죄판결을 받았다. 인터넷에서 대통령을 풍자하는 동영상을 올린 네티즌을 내사하는 등 검찰이 무리한 수사를 이용해 정치적인 대립자들을 전방위적으로 탄압한다는 비판이 지속적으로 제기되었다. 과거 정권에서도 검찰의 정치적 중립성이 문제되었지만, 이명박 정부에서는 특히 그 정도가 심하다는 비판을 받고 있다.

인권 신장은 민주·평화·복지 사회를 구현하기 위한 다른 개혁 과제의 목표임과 동시에 민주·평화·복지 사회를 실현하는 전제이며 초석이다. 나아가 검찰권과 사법권의 행사에서 사법 정의가 실현될 때 우리 사회의 인권 신장과 정치적·경제적 민주주의가 실질적으로 완성된다. 아래에서는 '더불어 행복한 민주공화국', 즉 민주·평화·복지 사회를 구현하기 위한 전제 조건으로서 인권 신장과 사법 정의 실현을 위한 자유권과 사회권의 개선 과제 및 검찰과 법원의 개혁의 과제를 모색하고자 한다.

2. 자유권의 과제: 신체의 자유를 넘어 표현의 자유의 실질적 보장

1) 신체의 자유의 진전과 표현의 자유의 위기

우리나라는 해방과 정부 수립 이후 민주주의 정착 과정에서 불법적인 공권력에 의해 많은 시민들의 자유권이 제한당하거나 심지어 목숨까지 잃은 등 자유권 보장을 둘러싸고 국가권력과 시민들 간에 첨예한 갈등과 이해의 대립이 있었다. 결국 지난한 민주화 투쟁과 1987년 민주 항쟁 이후에 반민주적인 악법과 제도가 개폐되면서 우리 사회의 인권 보장의 수준은 상당 부분 향상되었다. 특히 국가인권위원회가 설립되고 형사소송 절차와 구금 시설에서 인권이 개선되는 등 신체의 자유 영역에서 의미 있는 진전이 있었다.

그러나 다른 한편에서 여전히 인권침해적인 제도와 관행이 존재하고 있다. 집회·시위의 자유 제한, 인터넷의 사용 규제, 국가보안법상 찬양·고무죄, 양심적 병역거부자 처벌, 공무원과 교수의 노동기본권 제한 등 표현의 자유 영역이 그것이다. 유엔 자유권위원회에서도 여러 차례 한국 정부에 대해 자유권의 침해 상황에 대한 많은 우려와 권고

를 표명한 바 있다.[2]

최근에도 제17차 유엔 인권이사회는 프랭크 라 뤼[3] 유엔 특별보고 관이 작성한 "한국에서의 의사 표현의 자유에 대한 특별보고관 보고 서"(2011/06/03)를 채택했다. 라 뤼 특별보고관은 2010년 5월 한국을 방문해 표현의 자유와 인권침해에 관한 사례들을 조사한 바 있다. 보 고서는 2008년 촛불 시위, 문화방송MBC 〈PD수첩〉 제작진 기소, 박원 순 희망제작소 상임이사에 대한 국가정보원 기소, 전기통신기본법과 방송통신위원회, 방송통신심의위원회 등 표현의 자유 규제법과 규제 기관, 미네르바 사건, 천안함 사건, 전교조 시국 선언 교사 징계, 한국 방송과 YTN 등 주요 언론기관의 낙하산 인사 등 한국에서의 인권과 표현의 자유의 침해 사례와 특별보고관의 권고 의견을 담고 있다.

이와 같이 표현의 자유가 위기 상황에 처함으로써 우리 사회의 민 주주의는 심각한 위협을 받고 있다. 대한민국의 민주적 기반을 공고히 하기 위해서는 사회의 주요 현안에 대해 모든 개인이 다양한 의견을 표명할 수 있는 집회·시위의 자유, 인터넷상 표현의 자유, 사상·양심 의 자유 등이 전면 보장될 수 있도록 법제도가 개선되어야 한다.[4]

2_중요한 것으로 자유권 규약의 결사의 자유 유보 문제, 비정규직 여성 고용 실태 및 고위직 여 성 비율 저조, 부부 강간을 포함한 가정 폭력에 대한 국내 입법의 부재, 이주노동자들의 사업 장에서의 차별적 대우, 정신병원을 포함한 구금 시설에서의 고문 및 부당한 대우, 병역법에 의한 양심적 병역거부 문제, 국가보안법 제7조(찬양·고무죄) 문제 등이 그것이다.

3_프랭크 라 뤼(Frank William La Rue)는 과테말라 출신으로 현재 유엔의 자유특별보고관이 다. 과테말라 국적인 그는 과테말라의 산카를로스대학에서 학사 학위를 받고, 미국 존스홉킨 스대학에서 석사 학위를 받았다. 1981년부터 인권 변호사로 활동한 그는 과테말라 최초로 미 주 인권 기구에 인권침해 진정을 제기하기도 했다. 특히 2004년에는 인권 활동에 대한 공적 으로 노벨 평화상 후보로 추천되기도 했다.

4_자유권의 실태와 개선과제에 대해서는 국가인권위원회(2008), 채형복(2011), 라 뤼(2011), 김종서(2011), 문병효(2011), 이호중(2011), 장여경(2011), 최관호(2011), 권정순(2012), 김 옥신(2012), 김종철(2012), 오동석(2012)을 주로 참조해 서술했다.

2) 집회·시위의 자유 보장

집회·시위의 자유는 권위주의 정권에서뿐만 아니라 민주 정부에 들어와서도 시종일관 규제의 대상이 되어 왔다. 이에 따라 유엔 자유권 위원회는 여러 차례 한국 정부에 대해 "평화적인 집회 권리의 이행에 대한 제한을 더욱 축소하기 위한 조치들을 취하도록" 요구하고, "서울의 주요 도로에서 모든 집회를 금지하는 것은 광범위한 권리 제한"이라는 견해를 밝힌 바 있다.[5]

그러나 유엔의 권고에도 불구하고 한국 정부는 오히려 집회에 대한 규제를 더욱 강화했다. 1991년에 개정된 "집회 및 시위에 관한 법률"(집시법)에서는 질서 유지 제도를 신설하고, '타인의 주거지역이나 이와 유사한 장소'를 새로운 금지 통고의 대상으로 추가하고, 금지 통고 등에 대한 이의신청 기관을 시·도 지사에서 직근 상급 경찰서장으로 변경해 민간 기구에 의한 통제를 무력화했으며, 해산명령의 대상이 되는 집회의 범위를 확대했다. 또 2004년 개정 집시법에서는 금지 통고의 대상을 더욱 확대하고, 초·중등 학교 주변 지역과 군사시설의 주변 지역을 금지 통고 및 해산명령의 대상에 포함시켰다. 도로 집회의 금지를 확대하는 한편, 소음 규제 및 처벌 조항을 신설했다. 18대 국회에서는 복면의 소지 및 착용 금지, 소음 기준에 의한 확성기 사용 제한, 영상 촬영 등의 위헌적 요소를 담은 집시법 개정안이 상정되기도 했다. 나아가 이명박 정부에서는 2008년 5월 촛불 시위 이후 집회와 시위 가담자에 대한 공권력을 남용하고 경찰이 시위대를 검거할 때 과감한 면책특권을 부여하기도 했다. 그뿐만 아니라 집회와 시위 가담자들

5_유엔자유권위원회 1992년 제1차 최종 견해(CCPR/C/79/Add. 6, 25 Sep. 1992)와 1999년 제2차 최종 견해(CCPR/C/79/Add. 144, 1 Nov. 1999) 참조.

에 대해 일반 교통방해죄를 적용해 형사처벌을 강화하고 있다.

이와 같은 집시법의 개악과 남용의 당연한 결과로 유엔은 한국의 집회의 자유 보장 상황에 대한 우려를 계속 표명하고 있다. 특히 유엔 인권이사회는 2008년 이명박 정부 출범 이후 후퇴하고 있는 집회 및 시위의 자유에 대한 우려를 제기했다. 따라서 집회·시위의 자유에 대한 과도한 제약을 폐지하고 다양한 의견을 자유롭게 표출할 수 있도록 집시법이 개정되어야 한다.

3) 인터넷상 표현의 자유 보장

디지털 시대를 맞이한 오늘날 인터넷과 SNS의 확산과 더불어 인터넷상 표현의 자유와 그 한계가 문제되고 있다. 인터넷상에서 표현의 자유는 어디까지 허용되고 또 정도를 넘어 개인의 인격권까지 침해하는 경우에는 어떻게 해야 하는지 등이다. "전기통신기본법"과 "정보통신망 이용촉진 및 정보보호 등에 관한 법률"(정보통신망법)은 제한적 본인 확인제(인터넷 실명제)[6], 인터넷 게시물 차단 임시 조치[7] 및 명예훼손죄[8]를 통해 인터넷상 표현의 자유를 규제하고 있다.

6_인터넷 이용자의 실명과 주민등록번호가 확인되어야만 인터넷 게시판에 글을 올릴 수 있는 제도를 말한다. 2004년 3월 12일 개정 공포된 "공직선거 및 선거부정방지법"에서 도입되고, 2007년 정보통신망법 개정(제44조의5)으로 2008년에 확대 시행되고 있다. 이에 따라 하루 평균 방문자 수가 10만 명 이상인 사이트는 가입자들의 실명을 확인하도록 되어 있다.

7_인터넷 게시물이 자신의 명예를 훼손하거나 사생활을 침해했다는 근거를 제시할 경우에 인터넷 사업자가 게시물에 대한 접근을 잠정적으로 제한(일정 기간 차단)할 수 있도록 한 정보통신망법 제44조의2(정보의 삭제요청 등) 규정을 말한다.

8_정보통신망법상의 명예훼손죄(제70조)는 형법 제307조의 명예훼손죄의 형량보다 훨씬 가중되어 있다. 사실(1항): 3년 이하의 징역이나 금고 또는 2천만 원 이하의 벌금 v. 2년 이하의 징역이나 금고 또는 500만 원 이하의 벌금. 허위의 사실(2항): 7년 이하의 징역, 10년 이하의 자격정지 또는 5천만 원 이하의 벌금 v. 5년 이하의 징역, 10년 이하의 자격정지 또는 1천만

그러나 악성 게시글이나 댓글을 막자는 취지에서 도입된 '제한적 본인 확인제'의 효과는 불투명하다는 게 중론이다. 실명제 실시 뒤에 악성 게시글이나 댓글이 크게 줄었다고 볼 근거가 없으며, 오히려 인터넷 이용자를 잠재적 범죄자로 취급함으로써 이용자들의 심리적 위축과 개인 정보 유출 등 부작용이 적지 않은 것으로 지적되고 있다. 2012년 2월 정보통신망법을 개정해 정보통신 서비스 제공자에게 '이용자의 주민등록번호를 이용하지 아니하고 본인을 확인하는 방법'(대체수단)을 제공하도록 했으나 그 실효성이 의문시되고 있다. 라 뤼 특별보고관의 보고서에서는 "신원 확인 대상자가 이미 범죄를 저질렀거나 저지르려 한다는 상당한 근거나 합리적인 의심이 있는 경우에 한해 (본인 확인제를) 사용할 것"을 권고하고 있다.

'게시물 임시 차단 조치' 또한 인터넷상 비판을 검열하려는 정치인과 권력자에 의해 남용되고 자의적이고 과도한 제한을 막을 방법이 없어 표현의 자유를 위축시키고 있다. 조·중·동 3개 신문광고주 기업 명단 불매운동, 최병성 목사의 발암물질 시멘트 폭로 사건 등을 명예훼손 혐의로 수사한 사건이 그 대표적 사례다.

또 방송통신위원회나 방송통신심의위원회와 같은 대통령 직속 기구에 의해 이루어지는 인터넷 콘텐츠 규제가 표현의 자유를 심각하게 침해하고 있다. 대표적인 사례가 이른바 '미네르바' 사건이다. 다행히 필명 '미네르바'로 알려진 박대성 씨를 체포한 근거가 된 "전기통신기본법" 제47조 제1항이 헌법재판소에 의해 2010년 12월 28일 위헌으로 결정되었다.[9]

원 이하의 벌금.

9_헌법재판소는 2010년 12월 28일 재판관 7(위헌) 대 2(합헌)의 의견으로, 공익을 해할 목적으로 전기통신설비에 의하여 공연히 허위의 통신을 한 자를 형사처벌하는 전기통신기본법 제

더 큰 문제는 인터넷을 통한 평화적 또는 공익적 의견 표현이나 정보 배포가 형법상 일반 명예훼손죄보다 형량이 무거운 명예훼손죄로 형사처벌되고 있다는 점이다. 대표적으로 MBC 'PD수첩' 제작진에 대한 기소 사례를 들 수 있다. 형법에서도 명예훼손에 대한 형사처벌은 표현의 자유를 부당하게 위축시키는 효과를 낳기 때문에 폐지해야 한다는 의견이 제기되고 있다. 특히 정부와 정치인 및 공직자들은 일반 시민보다 더 높은 수준의 비판을 감당해야 하기 때문에 명예훼손 소송을 제기하는 것을 금지해야 한다. 라 뤼 특별보고관의 보고서에서도 "(한국에서) 다수의 명예훼손 형사소송이 진실이고 공익을 위한 표현에 대해 제기되고 있으며, 정부를 비판하는 개인을 처벌하기 위해 사용되고 있다"고 우려를 표시하면서 "형법에서 명예훼손죄를 삭제할 것"을 권고했다.

　이와 같이 인터넷상의 표현의 자유와 개인 프라이버시의 충돌문제에 대해 공익을 내세워 과도한 규제를 가하고 있으며 규제하는 법규정의 내용이 애매모호하며 방통위 등의 자의적인 권한행사로 인해 표현의 자유를 위축시키고 있다. 따라서 인터넷상 표현의 자유를 보장하기 위해서는 전기통신기본법과 정보통신망법에 의한 제한적 본인 확인제, 게시물 차단 임시조치 및 명예훼손죄 규정 등이 삭제되거나 개정되어야 한다.

　47조 제1항은, '공익' 개념이 불명확하여, 수범자인 국민에 대하여 일반적으로 허용되는 '허위의 통신' 가운데 어떤 목적의 통신이 금지되는 것인지 고지하여 주지 못하고 있으므로 명확성의 원칙에 위배해 헌법에 위반된다고 결정했다. 재판관 3인 보충 의견은 '허위의 통신' 부분 또한, 구체적 부연 내지 체계적 배치가 부재해 명확성 원칙에 반한다고 하며, 재판관 5인 보충 의견은, 허위의 통신에 의하여 언제나 법익 침해의 실질적 위험 내지 결과가 발생하는 것이 아님에도 이 사건 법률 조항은 '공익을 해할 목적'과 같은 모호하고 주관적인 요건을 동원하여 이를 금지하고 처벌하므로 과잉 금지 원칙에 반한다고 했다.

4) 사상·양심의 자유 보장

(1) 국가보안법상 찬양·고무죄

국가보안법은 유엔 자유권위원회와 사회권위원회가 일관되게 그 폐지를 권고한 사항이다. 유엔의 '표현의 자유 특별보고관'도 1995년과 2011년에 반국가단체 찬양·고무·선전·동조 행위의 처벌을 규정하고 있는 국가보안법 제7조(찬양·고무죄)의 폐지를 권고한 바 있다.

국가보안법 제7조의 범죄 구성요건은 포괄적·추상적이어서 언제든지 자의적 적용의 가능성이 있으며, 정권의 성향이나 성격에 따라 그 적용이 남용될 수 있다. 또 사법부의 엄격한 판단 기준에도 불구하고 국가보안법의 무리한 적용으로 수사 과정에서의 인권침해가 빈발하고 있다.

이와 같이 국가보안법 제7조는 표현의 자유 중 특히 사상·양심의 자유를 침해할 소지가 다분하다는 측면에서 문제가 있다. 법원은 국가보안법 제7조가 법의 일반 원칙인 죄형법정주의 원칙에 위배 소지가 있다고 인정하고 좀 더 엄격한 기준을 적용할 것을 주문하면서도 국가보안법 제7조로 인해 침해되는 사익과 공익의 비례관계를 충분히 설명하지 못하고 있다.

라 뤼 특별보고관의 보고서에서도 "자유권규약위원회는 적성 단체 사상과 일치하거나 그 단체를 위한 동정심을 유발하는 것으로 간주된다는 이유로 사상의 자유를 제약하는 것을 허용하지 않는다"라고 전제하며 "국가보안법 제7조가 자유권 규약과 일치하도록 신속하게 개정해야 한다"고 권고했다.

(2) 양심적 병역거부와 대체 복무제

2003년 병역법 개정으로 현역 복무 거부자는 3년 이하의 징역형을 받으며, 처벌된 이후에 재소집을 거부하는 경우에는 다시 처벌을 받게 되고 그 횟수에 제한이 없다(동법 제88조). 이 현역 복무 거부자 중에 '종교 또는 양심을 이유로 병역을 거부하는 자'(양심적 병역거부자)가 있다. 병역법상 1년 6개월 이상의 실형을 선고받은 자는 병역의무가 면제되는데, 법원은 양심적 병역거부자에게 1년 6개월의 실형에 가까운 판결을 선고함으로써 계속 병역의무를 요구받게 만들고 있다.

유엔 자유권위원회는 한국 정부에 대해 양심적 병역거부자의 병역의무를 면제하고 대체 복무제를 도입하는 입법 조치를 취할 것 등을 권고했다. 이에 대해 한국 정부는 남북 분단 상황과 국방력의 급격한 약화 우려에 따라 양심적 병역거부자에 대한 대체 복무 제도를 인정할 수 없다고 한다.

그러나 양심적 병역거부자는 대부분 소수 종교 교단 소속으로 매년 약 600명 내지 700명에 불과하며 이들에 대해 대체 복무를 인정한다고 해서 국방력의 약화가 초래된다고 보기 어렵다. 대법원과 헌법재판소는 병역법상 양심적 병역거부자의 처벌 규정은 위헌이 아니라고 판시하면서도 입법자에게 대체 복무제를 마련하는 등 대안 마련에 숙고해야 한다는 취지의 판결을 한 바 있다.

그리하여 참여정부에서는 유엔 자유권위원회와 국가인권위원회의 권고를 수용해 대체 복무제를 도입하기로 계획했다. 그러나 이명박 정부에서는 대체 복무제 도입을 위한 병역법 개정을 계속 미루어 오다가 대체 복무제 도입 계획을 공식적으로 폐기했다. 양심적 병역거부자에 대한 형사처벌 규정을 삭제하고 대체복무제를 도입하는 방향으로 병역법이 개정되어야 한다.

5) 사상·양심·표현의 자유와 민주주의의 관계

집회·시위의 자유와 인터넷상 표현의 자유에 대한 과도한 규제와 처벌, 국가보안법에 의한 찬양·고무죄와 병역법에 의한 양심적 병역거부 처벌 등은 자유민주주의 기본 질서 외에 다른 양심과 견해 및 그에 따른 표현을 용납하지 않겠다는 것을 의미한다. 이와 같은 사상·양심·표현의 자유를 과도하게 규제하고 형사처벌을 남용하는 것은 사상·양심·표현의 다양성을 부정하는 동시에 민주주의에 대한 공격이기도 하다.

사상·양심·표현의 자유에는 자신의 견해를 자유롭게 표명할 자유뿐만 아니라 자유롭게 다른 사람의 견해를 접하고 그것에 대해 스스로 판단할 권리까지 포함된다. 민주사회는 이런 사상 양심의 자유와 표현의 자유를 보장할 것을 임무로 하며, 또한 그런 자유를 보장함으로써만 발전할 수 있다. 민주주의를 표명하고 있는 우리 헌법이 사상·양심의 자유와 표현의 자유를 명시적이고 강하게 보장하고 있는 이유다.

이상에서 보듯이 한국에서의 자유권 보장 상황을 보면 신체의 자유는 의미 있는 진전이 있는 것으로 평가되지만 사상·양심의 자유와 표현의 자유는 오히려 후퇴하고 있다. 인권 신장과 민주주의 발전의 전환점이 될 것으로 기대되는 2013년 이후 표현의 자유의 완전한 보장이 자유권의 핵심 과제라고 할 수 있다.

3. 사회권의 과제: 권리에 기반을 둔 국가의 사회권 실현 의무

1) 사회권의 성격과 국가의 의무

일반적으로 자유권(시민적·정치적 권리)과 사회권(경제적·사회적·문화적 권리)을 다른 차원의 인권으로 보고, 자유권은 국가에 의해 즉시 실현할 수 있지만, 사회권은 재정의 뒷받침이 있어야만 실현 가능한 인권으로 이해하는 경향이 있다. 그러나 자유권과 사회권은 불가분성, 상호 의존성, 상호 연관성을 가진다. 이는 두 인권 범주가 동등한 중요성을 가진다는 것을 의미한다. 따라서 사회권은 자유권과 마찬가지로 추상적·선언적 권리가 아닌 실체적이고 구체적인 법적 규범으로 보장받는다. 사회권이 단순한 정책 방침이 아닌 구체적 권리라는 것은 국가는 개별 사회권을 실현시킬 법적 의무가 있다는 것을 의미한다.[10]

사회권은 사회권 규약과 다른 인권 조약에 걸쳐 매우 많은 분야와 주제를 포괄하고 있다. 사회권 규약에는 근로의 권리, 적정한 근로조건에 대한 권리, 노동기본권, 사회보장권, 여성·아동 및 가정의 보호, 적절한 생활수준에 대한 권리(주거권 등), 건강권, 교육권, 초등교육의 무상 의무, 문화적·과학적 권리 등을 규정하고 있으며, 사회적 약자와 소수자인 여성, 아동, 장애인, 이주자 등에 대해서는 다른 인권 조약이 구비되어 있다. 우리나라 헌법에서도 제29조부터 제36조까지에 규정

10_국가의 사회권 실현 의무는 존중의 의무, 보호의 의무 및 이행의 의무로 나눌 수 있다. '존중의 의무'와 '보호의 의무'는 사회권 중 여타 재정적 지원이나 자원 배분의 문제 없이 곧바로 실현될 수 있는 것에 해당되고, '이행의 의무'는 상당한 재정지출이 동반되어야 하는 권리로서 국가가 적극적인 조치를 취해야만 하는 것을 말한다. 이런 경우 즉각적인 의무의 이행이 어렵다 하더라도, 기본적인 향유를 충족시킬 최소한의 핵심 의무는 즉각적으로 이행해야 한다.

된 기본권이 대부분 사회권에 해당한다.[11]

2) 노동권

(1) 비정규직 사용 제한

먼저 노동권 영역에서는 과도한 비정규직 비율과 차별(임금, 근로조건, 사회보험, 해고 위험)이 문제된다. 비정규직 규모는 2004년 이후 800만 명 규모를 하회한 적이 없으며, 최근에는 증가세를 보이고 있다(통계청, 2011년 8월 경제활동인구조사 부가조사). 그간 감소세를 보여 온 기간제 근로자와 특수고용노동자가 다시 증가하는 추세에 있으며, 비정규직 내에서도 열악한 일자리인 파트타임과 간접 고용이 꾸준히 증가하고 있다. 또 정규직과 비정규직 간 임금 불평등은 물론 사회보험 혜택에서의 격차가 여전히 해소되지 않고 있다.[12]

이와 같은 비정규직 문제는 우리 사회의 극심한 양극화의 단면을

11_사회권의 국내적 실현에 대해 국제 인권 기구에서도 관심을 표명하고 있다. 유엔 사회권위원회는 한국 정부에 대해 차별 금지법, 공적 개발 원조, 여성 및 청소년 실업, 노숙자 문제, 연예 흥행 비자 및 인신매매, 외국인 배우자, 빈곤, 대학의 자율권, 청소년 성교육 및 미혼모 대책, 여성 차별, 성희롱, 가정 폭력, 최저임금, 비정규직 차별, 국민연금, 난민 신청 기간, 이주노동자 차별, 강제 철거시 원주민 보호, 극심한 학업 경쟁, 업무방해죄, 공무원과 교수의 노동삼권, 과도한 파업 노동자 처벌, 최저 주거 기준, 교육 불평등 및 공교육 강화 등에 관해 국제 인권 기준에 합치하도록 조치할 것을 권고했다. 이하에서 사회권의 실태 및 과제에 대해서는 국가인권위원회(2007; 2008; 2011[그중 김인재(노동)·윤홍식(사회보장)·이상윤(건강)·윤성은(교육)]), 김인재(2010; 2011), 도재형(2011), 한국비정규센터(2011) 등을 주로 참고해 서술했다.

12_한국비정규노동센터의 분석에 따르면, 2011년 8월 정규직의 평균임금은 272만 원이며 비정규직의 평균임금은 132만 원으로 정규직 대비 비정규직 임금 비율은 48.5%에 불과하다. 또 국민연금의 직장 가입 비율이 정규직은 97.3%에 이르는 데 비해, 비정규직은 32% 수준에 불과하다. 건강보험의 경우에도 정규직의 직장 가입 비율은 98.6%, 비정규직의 경우는 37.1%에 머물고 있다.

보여 주고 있다. 그동안 비정규직 문제를 해결하기 위해 관련법을 제·개정해 비정규직 근로자의 사용을 억제하고 근로조건의 차별을 해소하고자 했으나, 풍선 효과에 따라 더욱 열악한 비정규직 근로자를 양산한 결과를 낳고 있다.

따라서 앞으로의 비정규직 대책은 근로기준법, 직업안정법, 기간제법 및 파견법 등을 개정해 상시 업무에 대해서는 정규직에 의한 직접 고용 원칙을 관철하고 예외적으로 비정규직을 사용하는 경우에도 '동일가치노동 동일임금' 원칙 등 근로조건에 대한 차별을 없애기 위한 입법적 조치를 강구해야 한다. 나아가 노조법상 근로자 개념을 확대해 특수고용 형태 노동자들의 노동기본권을 보호하고, 기간제 근로자의 사용 사유를 제한하고, 간접 고용을 규제하고, '도급과 파견·근로자 공급의 구별 기준'을 법률로 규정해 위방도급을 방지하고, 불법적인 파견과 근로자 공급 판정시 최초 사용한 날부터 직접 고용으로 간주하고, 차별 금지의 비교 범위를 합리적으로 확대하는 등의 입법적 조치가 행해져야 한다.

(2) 노동기본권의 실질적 보장

고용노동부가 발표한 "2010년 전국 노동조합 조직 현황"에 따르면, 조직 대상 근로자 1,680만4천 명 가운데 노조 가입자는 164만3천 명으로 노조조직률이 9.8%로 전년(10.1%) 대비 0.3%p 하락했다. 노조조직률의 하락은 노동 유연화에 따른 비정규직 근로자들의 급증 및 학습지 교사와 보험설계사 등의 노조 가입을 가로막고 있는 법과 제도 등이 그 원인으로 지적된다.

이명박 정부가 들어선 이후, 한국노동연구원을 필두로 전교조, 철도·발전·가스 등 공공 부문 사업장에서 단체협약을 해지하고, 노동부는 특수고용노동자들이 소속된 건설·운수 노조를 법외 노조로 봄으로써 단결권 등 노동기본권을 훼손하는 사례가 빈발하고 있다. 공공 부문 단체협약의 일방적 해지는 노조의 무력화로 이어지고 있다.

현행법상 상당수 공무원과 대학교수는 명문으로 노동조합 결성과 가입이 금지되어 있고, 대부분의 특수고용노동자는 판례에 의해 노조 가입이 금지되고 있다. 노조 결성이 허용된 공무원의 경우에도 실질적으로 노동기본권의 행사를 제약받고 있으며, 일반 노동자들의 파업권 행사는 형법상 업무방해죄[13] 및 노조법상 처벌 법규에 의해 사실상 제약을 받고 있다.

노동기본권을 실질적으로 보장하기 위해서는 모든 노동자들이 자유롭게 노동조합을 결성하고 노동조합에 가입할 권리, 노동조합을 통한 단체교섭에 참여할 권리 및 쟁의권을 보장해야 한다. 공무원노조법과 교원노조법을 폐지하거나(일반 노조법 적용) 개정해 모든 공무원과 대학교수의 노조활동을 보장하고, 특수고용노동자들의 노동조합 조직과 가입을 허용하는 입법이 행해져야 한다. 또 파업권을 제약하는 업무방해죄의 적용에 대해서는 형법 제314조에서 '위력'업무방해죄를 폐지 또는 개정하거나, 파업에 대해 업무방해죄의 적용을 배제하도록 형법을 개정하는 방안 등을 검토해야 한다. 아울러 ILO 협약 제87호 "결사의 자유 및 단결권 보호에 관한 협약"(1948)과 제98호 "단결권 및 단체교섭권 원칙에 관한 협약"(1949)을 신속히 비준해야 한다.

13_대법원 전원합의체는 2011년 3월 17일 "파업이 언제나 업무방해죄에 해당하는 것은 아니고 …… 사용자가 예측할 수 없는 시기에 전격적으로 이뤄져 사용자의 사업 운영에 심대한 혼란 내지 막대한 손해를 초래하는 …… 경우에 업무방해죄가 성립된다"며 종전의 대법원 판례를 변경했다. 그러나 전원합의체 판결에도 불구하고 파업에 대한 업무방해죄 적용의 본질은 바뀌지 않았다는 비판이 있다.

3) 사회보장권

(1) 국민기초생활보장

1997년 경제 위기와 최근의 세계적 금융 위기는 우리 사회의 불평등과 빈곤을 심화시키고 있다. 그러나 국민의 인간적이고 문화적인 생활의 기본선을 확보하기 위한 목적으로 제도화된 국민기초생활보장제도는 그 역할을 다하지 못하고 있다.

정부의 통계에 따르면, 2010년 12월 말 기준으로 국민기초생활보장 수급자는 약 155만 명(87만9천 가구)으로 전 인구 대비 국민기초생활 수급자의 비율인 수급률은 3.1%다. 전문가들은 빈곤층임에도 불구하고 국민기초생활보장제도 수급자가 되지 못하고 있는 사각지대가 410만 명(전 인구의 8.2%)에 달한다고 주장하고 있다. 특히 소득과 재산이 모두 현행 국민기초생활보장 수급 기준에 해당함에도 부양의무자 기준으로 인해 수급자가 되지 못하는 사각지대는 100만 명으로 전체 빈곤 인구의 17%에 이르고 있다.

국민기초생활보장제도 수급자의 생활수준도 점점 나빠지고 있다. 국민기초생활보장제도의 급여 수준을 결정하는 최저생계비의 상대적 수준이 점점 낮아지고 있기 때문이다. 실제로 도시 가구(4인) 중위소득을 기준으로 했을 때 최저생계비의 수준은 제도 시작 시점인 1999년에는 40.8%였으나 이후 지속적으로 낮아져 2008년에는 30.9%로 지난 10년 동안 무려 24.2%(9.9%p)나 낮아졌다. 이런 상황에서 정부는 2010년과 2011년에는 물가상승률에도 못 미치는 수준으로 최저생계비를 인상했다.

국민기초생활보장제도가 명실상부하게 국민의 인간적이고 문화적인 수준의 삶을 보장하는 안전망으로서 기능하고, 국민 모두에게 기초

생활에 대한 동등한 접근권을 보장해야 한다는 제도의 목적을 달성하기 위해서는 국민기초생활보장제도의 개편이 이루어져야 한다.

첫째, 현재 국민기초생활보장제도의 사각지대를 양산하고 있는 불합리한 '부양의무자 기준'을 국민기초생활보장제도의 수급 자격 기준에서 삭제해야 한다.

둘째, 국민기초생활보장제도의 수급자들의 안정적 생활수준 유지를 위해서는 지난 2007년 8월 제29차 중앙생활보장위원회가 의결한 바와 같이 '전물량 방식'에 의한 최저생계비 계측이 아닌 '상대적 계측 방식'(수준 유지 방식)을 즉각 도입해야 한다.

셋째, 정부는 현행 국민기초생활보장제도의 재산 기준 등 수급자 선정 기준을 완화 또는 폐지하고, 급여 수준도 현실에 맞게 인상해야 한다. 장기적으로 감소하고 있지 않는 빈곤 규모 및 실태를 정확히 파악하고, 땜질식 한시 대책이 아닌 새로운 양상의 빈곤을 완화하기 위한 정책과 장기적인 계획을 수립해야 한다.

(2) 국민연금

고령화 사회를 맞이해 노후소득보장제도가 제 역할을 다하지 못하고 있다. 절반 이상의 국민이 국민연금을 받지 못하는 사각지대에 놓여있고, 국민연금의 급여 수준 역시 노후의 안정적 생활을 보장하기에는 매우 부족하다. 이에 따라 '빈곤의 노령화' 현상이 가속화되고 있다. 이런 상황에서 정부는 2007년 국민연금의 급여 수준을 60%에서 40%로 낮춤으로써 국민연금의 노후 소득 보장 기능을 더욱 축소시켰다.

국민연금이 고령화 사회의 노후 소득 보장 기능을 제대로 담당하기 위해서는 노인들이 일정 수준의 삶을 영위할 수 있게 하는 보편적 최저 보증 연금 또는 사회부조 급여와 같은 제도를 국민연금제도에 대한 대안 혹은 보완으로 구상해야 한다. 정규직 일자리가 감소하는 반면 비정규직 일자리가 증가하고 있는 상황에서 국민연금의 사각지대에 놓여 있는 국민들을 위한 보편적 노후 소득 보장 제도는 시급히 시행해야 할 정책 과제다. 이를 위해 정부는 조세 혹은 공적 재원을 통한 적극적 역할을 모색해야 한다.

또, 지급되는 연금 수준을 현실화할 필요가 있다. 국민연금을 받는 계층의 소득 대체율이 30~60%에 불과해 최저생계비 수준에 불과하다. 현재와 같은 수준에서 지급되는 국민연금은 안정적인 노후 생활을 보장하기에는 턱없이 부족한 수준이다. 이런 문제를 완화하기 위해 현실적으로 연금 수급자가 안정적 노후 생활을 할 수 있는 수준으로 연금 지급 수준을 상향 조정해야 한다.

4) 건강권

우리나라는 지난 20년간 보건 의료 시설, 재화, 서비스에 대한 급격한 투자가 이루어져 현재 가용성 측면에서는 그리 낮다고 볼 수 없다. 그러나 공공 의료 기관과 보건 의료 부문에서 공공 재원의 가용성이 매우 낮다는 점이 문제다. 공공 의료 제공 체계는 병원 수 기준으로는 6.5%에 불과하고, 병상 수 기준으로는 11% 정도에 불과하다. 민간 병원의 경우에 중소 규모로 운영되는 개인사업자 병원을 제외하면 모두 외형적으로는 비영리법인 병원임에도 불구하고 이윤을 추구하는 경향이 강하다.

또 건강보험의 보장률은 60%대 수준에 머물고 있으며, 국민의료비 지출 중 공공 부문에 의한 지출 비율이 낮기 때문에, 결과적으로 국민의료비 가운데 가계 본인 부담 지출이 상대적으로 높다. 이런 상황에서 경제적 수준에 따라 의료 접근성의 차이가 발생하고 있다. 연령이 높을수록, 교육이 낮을수록, 월 가구소득이 낮을수록 치료를 받지 않은 비율과 치료 지연율이 높을 수밖에 없다. 하위 계층의 의료 이용량은 상위 계층의 3분의 1 수준에 불과하며, 이런 의료 이용의 불평등은 최근 들어 한층 심화되고 있다.

한편, 저소득층에 대한 의료급여 제도가 있음에도 불구하고 의료급여 대상자에 대한 본인 부담 수준이 적지 않음으로 인해 이들의 건강권이 제약을 받고 있다.

국가가 건강권 실현 의무를 다하기 위해서는 첫째, 국민의료비의 정부 지출을 증대시켜야 한다. 빠른 시간 내에 적어도 OECD 회원국의 평균 수준에 근접할 수 있도록 해야 한다. 담배 부담금 등 건강 증진 기금을 늘리거나 부가가치세 등 간접세를 늘리는 방식보다는 소득세 증가나 사회보장세 신설 등 직접세 증가를 통해 재원을 확충해야한다.

둘째, 모든 사람이 의료 서비스에 보편적으로 접근할 수 있도록 모든 종류의 조치를 취해야 한다. 먼저 건강보험 제도의 개혁 과제로는, 보편적으로 제공되는 의료이지만 건강보험이 적용되지 않아 의료비 부담이 과중한 항목의 급여화, 중증 질환자와 취약 계층 보호 기능 강화, 과중한 질병 치료비 경감으로 사회안전망 기능 강화, 의료 서비스 질 향상과 간병 부담 완화, 불합리한 급여 기준 개선으로 본인 부담 경감 등을 들 수 있다.

또 의료급여 제도의 개혁 과제로, 대상자 선정 기준 개혁, 대상자 확대(수급자 선정 기준을 부양의무자 기준 및 비현실적인 최저생계비에 근거한 수급자 선정 기준이 아닌 좀 더 현실적이고 타당한 기준으로 전환), 본인 일부 부담금제 폐지(1종 의료급여 수급권자), 원칙적으로 모든 의료비에 대해 급여화, 의료급여 종별 차별 폐지 등을 들 수 있다.

5) 교육권

(1) 교육 불평등

한국의 교육비 부담의 가장 큰 문제점은 사교육비의 부담이 매우 크다는 데 있다. 당연히 소득수준이 높을수록 사교육비 지출도 많기 때문에 그 결과 높은 사교육비를 지출할 수 있는 부모를 가진 자녀의 성적이 높다. 학생의 능력보다 부모의 경제력이 지배하는 이런 구조는 교육 불평등을 더욱 심화시키고 있다.

따라서 교육 불평등을 해소해 교육권을 실질적으로 보장하기 위해서는, 첫째, 교육이 금전이 아닌 능력을 기초로 모든 사람이 평등하게 접근 가능하며 차별 없이 이루어지도록 보장하는 노력을 더욱 강화해야 한다. 이를 위해서는 초·중등 무상 의무교육을 실질적으로 확대해야 한다. 현재 높은 사교육비의 부담과 공교육에서 부모에게 전가되는 교육 비용을 낮추는 정책을 수립해야 한다. 먼저 초·중등 무상 의무교육을 실질적으로 확대해야 한다. 학생들이 학교를 다니면서 지불해야 하는 비용을 낮추어서 진정한 무상 의무교육이 되도록 해야 한다. 급식과 교재비 등 교육에 꼭 필요한 비용의 국가 부담을 늘려야 한다.

둘째, 국가가 저소득층에 대한 교육 관련 비용의 재정 보조를 확대해야 한다. 재정 보조를 위한 다양한 프로그램과 교육 바우처를 통해 서비스를 받을 수 있는 분야의 확대가 필요하다. 그리고 저소득층에게만 지원하는 현재의 프로그램을 중산층까지 확대해 부모의 능력에 따라 차별받지 않도록 보편적 교육 복지의 형태로 정책을 입안해야 한다.

(2) 극심한 학업 경쟁

세계적인 이목을 끌만큼 한국의 교육열과 경쟁은 높은 학력 성취와 함께 학생들의 건강을 침해하고 있다. 이 점은 건강권과 교육권의 측면에서 다루어져 한다. 교육권의 측면에서 극심한 경쟁을 약화시키기 위해서는 사설 학원 운영을 제한하고, 대안 학습 모델을 수립하며, 학부모에게 과도한 학습의 부작용을 이해시켜야 한다.

사설 학원은 학생들의 학업 성취라는 결과물을 가지고 평가를 받는 시장 경쟁의 원리에 따라 움직이고 있다. 따라서 늦은 시간, 이른 새벽 상관없이 학원을 운영하며 최고의 효과를 위한 주입식 교육이 진행될 수밖에 없다. 유아교육 시기부터 시작되는 사설 학원의 교육 경험을 통해 높은 학업 성취와 함께 의존적인 학습 태도, 스트레스, 학업 부적응, 우울증의 문제들이 함께 나타나고 있다. 이를 위해서는 사설 학원에 대한 의존도를 낮추는 규제가 필요하다. 학원의 증가는 교육에 대한 부모의 욕구에 따라 나타는 것이기 때문에 부모와 일반 대중에게 과도한 학습 부담이 초래할 효과에 대한 교육을 실시해야 한다.

다행히 사설 학원 운영 시간 제한에 대한 헌법재판소의 합헌 결정과 유엔 사회권위원회의 권고에 따라 교육과학기술부는 시도 교육청에 조례 개정을 추진하도록 지시한 바 있다. 이에 따라 경기도 교육청은 2011년 3월 1일부터 사설 학원의 심야 교습 시간을 제한하고 있다("경기도 학원의 설립·운영 및 과외 교습에 관한 조례"). 이 조례에 따르면 사설 학원의 교습 시간을 유치원·초중고생 모두 오후 10시로 제한하고 있다. 다만 사설 학원 운영 시간 규제에 대한 당국의 감독이 어느 정도 충실히 행해지고 있는지는 의문이다.

극심한 학업 경쟁과 관련해 일제고사 제도를 재검토해야 한다. 2009년부터 실시된 일제고사는 국가 경쟁력을 위해 학생들의 학력을 정확히 평가하기 위한 목적이라는 정부의 주장과는 달리 시도 단위 석차, 전교 석차까지 제공됨으로써 지역 간, 학교 간, 학급 간, 학생 간의 서열화를 통한 경쟁의 심화만을 불러 오고 있다. 전년도에 낮은 점수를 받은 지역과 학교에서는 다음 해의 평가를 앞두고 보충수업과 문제집 풀기 위주의 수업으로 문제가 되고 있다. 정부의 취지대로 학생들의 학력을 평가가 목적이라면 현재의 일제고사와는 다른 형태의 평가 방법을 찾아야 한다.

4. 정치적 중립성과 민주적 통제력을 확보하는 검찰 개혁

1) 검찰 개혁의 필요성과 기본 방향

이명박 정부가 들어선 이후 검찰의 정치적 중립성이 상당히 후퇴하고 있고 법원에 의해 수정되는 일이 많아지고 있다. 국가기관인 검찰이 정권에 코드를 맞추고 살아 있는 정치권력에 예속되고 있다는 비난의 목소리도 커지고 있다. 특히 무리한 검찰 수사로 검찰권 통제의 필요성이 매우 높아지고 있다. 죽은 권력에 대해서는 한없이 가혹하지만 살아 있는 권력에 대해서는 더없이 관대한 수사 행태를 보이고 있으며, 과잉 형사 범죄화로 국민의 인권침해가 빈발하고, 정치적 쟁점이 되는 사건에 대한 잇단 공소권 남용은 법원의 잇단 무죄판결로 그 실체가 드러나게 되었다. MBC 〈PD수첩〉의 농수산부 장관에 대한 명예훼손죄 무죄판결, 전교조 교사 시국 선언 무죄판결, 인터넷 논객 미네르바에 대한 허위 사실 유포죄 무죄판결, 정연주 전 KBS 사장의 배임죄 무죄판결, 신태섭 전 KBS 이사와 전 KBS 정연주 사장에 대한 해임 무효 판결 등이 그 대표적인 사례들이다. 이와 같이 검찰의 정치적 중립성이 심대하게 후퇴하면서 검찰 개혁의 필요성에 대한 국민적 요구가 높아지고 있다.

일련의 사건들에 대한 국민적 의혹과 분노는 검찰의 정치적 독립성과 검찰권 행사에 대한 견제 장치가 필요하다는 요구로 집약된다. 이런 요구를 실현할 수 있는 검찰 개혁의 기본 방향은 다음과 같다.[14]

첫째, 법무부와 검찰 조직이 정치권력으로부터 독립성과 중립성을 확보하고, 직무 집행에서는 객관성·공정성·투명성·전문성을 제고할 수 있는 제도적 장치를 마련해야 한다.

둘째, 검찰 조직이 민주적·자율적 조직으로 변모하고, 검찰 활동에 대한 시민의 참여와 감시가 보장되고, 검찰 권력을 분산시키고 견제와 통제의 시스템을 마련해야 한다.

2) 검찰의 정치적 중립성 확보와 감찰권 강화

사법 정의의 실현을 위한 검찰 개혁에서 가장 중요한 것은 검찰의 정치적 중립성을 확보하고 공정하고 엄정한 감찰권을 강화하는 것이다.

검찰의 정치적 중립성을 확보하기 위해서는, 첫째, 구체적 사건의 수사에서 검찰총장에 대한 법무부 장관의 수사지휘권(검찰청법 제8조)을 폐지해야 한다. 정치권력이 법무부 장관을 통해 수사에 개입하고 영향력을 행사할 수 있는 여지가 있기 때문이다. 법무부 장관은 법무

14_검찰 개혁의 과제에 대해서는 하태훈(2011)과 참여연대 사법감시센터 자료를 참조해 서술했다.

행정과 관련해서만 지휘권을 갖고 범죄수사에 대해서는 일절 간섭할 수 없도록 해야 한다.

둘째, 검사동일체 원칙을 완전히 폐지하고 상급 검사의 지휘·감독권을 제한해야 한다. 검찰청법 제7조(검찰사무에 관한 지휘·감독)에 따른 검사동일체 원칙은 상급 검사의 결제 제도와 함께 검사의 단독 관청으로서의 성격을 무력화시키고 있는 제도다. 따라서 검사의 사건 수사 및 기소와 관련한 상급 검사의 지휘·감독·결제 제도를 폐지하고, 상급 검사는 검찰 행정사무에 대해서만 지휘·감독을 하도록 한다.

셋째, 법무부의 탈검찰화와 전문화가 필요하다. 현재 법무부가 검사에 의해 장악되어 있는 까닭에 검찰은 일개 외청外廳을 넘어서는 중앙 부처급의 힘과 영향력을 행사하고 있다. 법무부 내 검찰국의 규모를 최소화해 이곳에만 검사를 잔류시키고 나머지 실국에서는 모든 검사를 철수시켜야 한다. 대신 변호사 자격을 가진 법률가들을 법무행정 공무원으로 선발해 검찰 일반 사무를 지휘·감독하도록 하며, 다양하고 전문적인 법무행정을 개발·수행하도록 해야 한다.

또 현재 검찰 비리에 대한 수사는 검찰 스스로에 의해서만 가능하고, 원칙적으로 감찰권까지 스스로 행사하고 있어 모든 외부로부터의 감시와 통제에서 벗어나고 있다. 그동안 검찰의 내부 비리에 대한 자체 감찰은 제 식구 감싸기와 온정주의로 흘러 엄정하지 못했다. 이런 특권적 상황을 타파하고 공정하고 엄정한 감찰권을 강화하기 위해서는 검찰 구성원의 비리에 대한 감찰을 탈검찰화한 법무부가 행사하도록 하고, 감찰 부서의 책임자 및 실무자를 외부인으로 임명해 엄정하고 공정한 감찰이 이루어지도록 해야 한다.

3) 대검찰청 중앙수사부 폐지

비대해진 검찰 권한을 조정하고 검찰의 정치적 독립성을 확보하기 위해서는 대검찰청 중앙수사부(이하 중수부)가 폐지되어야 한다. 이는 대검의 직접 수사 기능을 폐지해야 한다는 것을 의미한다. 일선 지검에 특수부가 존재함에도 불구하고 대검에 수사 부서를 존치하는 것은 정책 수립과 집행을 담당하는 대검의 기능과도 맞지 않을 뿐더러, 검찰총장의 직할부대인 중수부의 성격상 검찰총장이나 정치권의 직접적인 영향력이 행사될 가능성이 크기 때문이다. 검찰은 마치 중수부가 폐지되면 더 이상의 권력형 비리 수사를 할 수 없다고 주장하지만, 검찰이 주어진 권한이 부족해서 권력형 비리 수사를 제대로 못한 것이 아니다. 검찰 개혁의 대안으로 중수부 폐지가 논의되었던 것은 어제오늘의 일이 아니지만 그때마다 검찰의 강력한 반발 등으로 번번이 무산되었다.[15]

중수부가 폐지되는 경우에 권력형 비리 수사의 공백을 방지할 수 있는 제대로 된 대안을 제시함으로써 검찰 개혁에 대한 검찰의 조직적 저항을 차단해야 한다. 그동안 검찰이 사실상 특수 수사를 독점하고 있기 때문에 특권적 지위를 누리면서도 끊임없이 정치적 시비에 휘말리고 있었다. 특별 기구를 설치해 중요한 사건에 대한 특수 수사를 맡김으로써 검찰의 부담을 덜어 주고 검찰 권력의 비대화를 견제할 필요가 있다. 검찰의 비대해진 권한을 분산하고 상호 견제하면서도 권력형 비리 전반에 대한 수사를 담당하는 '고위공직자비리수사처'(이하 공비

15_2011년 3월 국회 사법개혁특별위원회(이하 사개특위)는 대검 중수부의 폐지와 특별수사청 신설의 합의안을 발표했다. 그 후 검찰은 저축은행 수사를 중단하는 등 집단적으로 반발하고 여기에 청와대까지 나서서 힘을 실어 주며 국회를 압박했다. 결국 사개특위는 검찰을 민주적으로 통제하기 위한 중수부 폐지 등에 대한 논의를 중단했다.

처)를 설치하는 것이 그 대안이 될 수 있다. 공비처의 성공은 정치권의 부당한 개입을 차단하고 인사·예산·활동에 있어서 철저한 독립성이 보장되는 것에 달려 있음을 고려할 때 국가인권위원회처럼 독립 기구화하는 것이 바람직하다.

5. 법원을 주권자인 국민에게 더 가깝게 하는 법원 개혁

1) 법원 개혁의 필요성과 기본 방향

검찰에 비해 상대적으로 국민의 신뢰가 높은 것으로 평가되는 법원과 재판에 대해서도 국민들의 불신이 뿌리 깊다는 것은 최근 개봉된 몇 영화의 관중 수가 이를 확인해 주고 있다. 국민들은 유전무죄 무전유죄 또는 전관예우의 폐습이 재판의 결과에 영향을 미친다고 믿고 있다.

이런 상황에서 법원 개혁의 기본 방향은,[16] 첫째, 법원을 주권자인 국민에게 더 가깝게 되돌려 놓은 것이어야 한다. 법원이 행사하는 사법권은 국민으로부터 위임받은 권력이기 때문이다.

둘째, 사법권(법원과 법관)의 독립이 이루어질 수 있도록 해야 한다. 그러나 사법권의 독립이 사법 관료화 내지 사법 관료주의 형태로 왜곡되어서는 아니 된다. 이런 병폐를 예방하기 위해서는 법원에 대한 국민적 감시와 감독의 가능성이 열려 있어야 한다. 배심제 등 국민참여 재판제도의 구현과 함께 법관 임용에 있어서의 국민 참여, 판결문 공

16_법원 개혁의 과제에 대해서는 한상희(2011)와 참여연대 사법감시센터 자료를 참조했다.

개, 양형 기준에 대한 국민적 통제 가능성이 확보되어야 한다.

셋째, 국민의 사법 접근권 확보도 중요한 고려 사항이어야 한다. 법원과 법관의 확충, 개별 재판 과정에서 당사자 등의 적극적 참여 가능성 확보 등 실질적이고 능동적인 사법 접근의 권리가 실현될 수 있도록 해야 한다. 현재 법원과 법원이 국민에게 제공하는 법률 서비스에 대한 국민들의 뿌리 깊은 불신은 무엇보다도 잘못된 법관 인사 제도에서 기인하고 있다는 점에도 주목할 필요가 있다.

따라서 법원 개혁의 핵심은 법관 인사 제도의 개선에 있다고 할 수 있다. 최근 SNS에서 대통령을 비방한 글을 올린 현직 판사가 법관 재임용에서 탈락한 사건을 통해서 법관 인사 제도가 다시 사회적 관심이 되고 있다. 헌법학에서 '사법권의 독립'은 법원의 독립(즉, 사법부의 독립)과 법관의 독립으로 나뉘고, 법관의 독립은 다시 법관의 신분 보장에 관한 신분상의 독립과 법관의 직무상의 독립에 관한 재판상의 독립을 의미한다. 따라서 사법권 독립을 확보할 수 있는 법관 임용 및 인사 제도가 갖추어져야 한다.

과거 권위주의적 군사정권에서는 주로 행정부로부터의 사법권 독립이 문제되었으나, 민주화 이후 사법부의 관료화가 심화되면서 오히려 사법부 내부에서의 독립이 문제로 대두되고 있다. 즉, 법관의 인사권을 가지고 있는 사법 상층부로부터의 개별 법관의 독립이 가장 큰 문제로 대두되고 있다. 이는 미국과 달리 법관 계층 구조를 취하면서 사법부가 강한 관료 집단화 경향을 띠고 있는 현 상황에서 더욱 그러하다. 따라서 사법권 독립과 민주적 법치 실현이라는 관점에서 법관 인사 제도 개혁이 이루어져야 한다.

법관 인사 제도 개혁의 핵심은 다음과 같다. 첫째, 법관의 인사 체제에 대한 중앙집권주의를 완화해 사법 상층부로부터의 개별 법관의 독립성을 보장해야 한다. 둘째, 법관의 인사 체제에 대한 계층구조를 해체 내지 완화함으로써 인사 권력의 영향력을 해소시켜야 한다.

2) 전관예우 폐습의 제거와 평생 법관제 실현

그동안 법관 인사 제도의 가장 큰 문제는 '전관예우'라는 폐습이었다. 전관예우는 고등부장이나 대법관으로 승진하지 못하는 판사 등에 대한 '보상'구조 및 대법관, 헌재 재판관 등의 고위 법관직의 경우에는 그 '고위직'에 대한 예우로 기능해 왔다.

2011년 국회 사개특위 활동의 결과로 이런 전관예우를 금지하기 위한 "변호사법"이 개정되었다(2011년 5월 11일). 개정 변호사법은 판검사가 퇴직해 변호사 개업을 하거나 법무법인에 취업했을 경우 퇴직 전 1년 동안 근무했던 법원과 검찰청에서 다루는 사건을 퇴직일부터 1년간 맡을 수 없게 했다. 또 사건 수임 기록에 다른 변호사의 이름을 올려놓고 실질적으론 자기가 변호하거나, 변호인 선임계를 내지 않고 전화로 변호하는 것도 금지했다.

그러나 전관예우 금지를 지키지 않은 변호사는 대한변호사협회의 징계 대상이 될 뿐 형사처벌은 받지 않는다. 또 대법원 출신 변호사는 대법원과 대검의 사건은 맡을 수 없지만 다른 법원과 검찰청의 사건은 맡을 수 있게 되어 있다. 대검 출신 변호사도 마찬가지다. 법원행정처나 법무부에서 근무했다가 퇴직한 판검사가 맡을 수 있는 사건은 어디까지인지도 애매하다.

이와 같이 '전관예우금지법'은 한계가 있다. 대안은 평생 법관제를 실현하는 것이다. 평생 법관제를 도입하면, 법관·변호사 간의 상호 유착 가능성을 제거하고 더불어 각 재판의 공정성을 확보할 수 있다. 당연히 전관예우의 폐습이 차단되고, 변호사와 선배 법관으로부터 독립해 사법의 실질적 독립이 확보되며, 경력 법관의 확보로 인한 재판에 대한 국민적 신뢰를 확보할 수 있다.

3) 전면적 법조 일원화 실시와 실질적 법관 계층제 폐지

변호사, 검사, 법학 교수 등의 경력을 가진 중견 법률가 중에서 법관을 임명하는 '전면적인 법조 일원화'를 시행해야 한다. 이를 위해서는 법관의 임용 자격에 대해 연령 제한(예를 들어 40세 이상의 법률가 중에서 판사를 임명)을 하고, 법관의 양성·훈련 체계를 체계화·과학화한다.

한편, 고등법원 부장판사 발탁 인사 제도를 폐지하고 순환 보직제를 실시해 실질적인 법관 계층제를 폐지한다. 부장판사는 합의부 소속 판사들 중 최선임자가 역임하고 단순히 재판 진행과 관련한 사무를 합의부 소속 판사들을 대표해 처리하도록 한다. 고등법원 판사와 지방법원 판사의 신분상 차이를 없애고 판사의 지원에 의해 순환 배치하도록 한다. 고등법원 판사와 지방법원 판사의 변경은 연공서열과 재임용과 발탁 인사에 따른 '승진'이 아니고 그야말로 '지원에 의한 전직'일 따름이다.

4) 법관 인사 권력의 분권화·민주화와 법관 근무 평정

대법원장에게 과도하게 집중되어 있는 법관 인사 권력을 해체하고, 법관인사위원회를 대법원장의 자문기관에서 '대법관회의' 소속으로 하여 심의 기능을 수행하도록 함으로써 법관 인사 권력의 분권화·민주화를 꾀한다. 나아가 '법관회의'를 실질화하고 '법관회의'를 통해 대법원장의 인사권과 법원장의 근무 평정권 등 위임받은 인사권을 견제하게 해야 한다. 대법관회의의 기능을 회복해 대법원장의 법관 인사권 행사에 대법관회의의 '의결'을 거치게 한다.

또한 법관의 계층제가 폐지되고 법조 일원화와 순환 근무제가 실시되면 법관 근무 평정의 필요성은 상당히 약해질 것이다. 근무 평정은 주로 재임용 과정에서 활용하는 자료로서의 의미가 강조될 것이다. 이에 근무 평정은 상급자에 의한 일방적 평정보다는 업무 실적에 대한 합의체에 의한 평정의 틀을 구축하는 것이 바람직하다.

5) 법원과 법관 수의 증원

우리나라의 법원과 법관 수는 다른 나라에 비해 현저히 적은 편이다. 격무에 시달리는 법관들의 업무량을 줄여 주고, 법관 수의 과소에서 오는 정실 인사의 소지를 줄이기 위해 그리고 국민의 사법 접근권의 확보를 위해 법원 및 법관의 수를 대폭 늘릴 필요가 있다.

6. 맺음말

사람들은 '더불어 행복한 민주공화국'을 염원한다. 다른 말로 표현하면 민주·평화·복지가 정착되는 사회를 기다리고 있다는 뜻일 게다. 이는 산업화와 민주화에 성공하고 인권을 신장시킨 모범국가라는 국제사회의 평가를 무색케 한 지난 4년간의 이명박 정부의 국정 운영을 경험한 국민들의 소망일 것이다.

'더불어 행복한 민주공화국', 곧 '민주·평화·복지 사회'를 실현하기 위해서는 모든 영역에서의 개별적인 개혁 과제를 추진함과 동시에 그 전제 조건이 되는 인권 신장과 사법 정의 실현이 필수적이다. 먼저 인권 신장과 관련해서는, 신체의 자유를 비롯해 일상의 생활 현장뿐만 아니라 인터넷에서도 언론·집회·결사·양심·사상 등 표현의 자유가 충분히 보장되어야 하며, 노동권·사회보장권·건강권·교육권·주거권 등 사회권 실현에 대한 국가의 책임이 강화되어야 한다. 또 여성·장애인·아동·이주자 등 사회적 약자와 소수자의 인권 보장을 위한 노력도 계속 되어야 한다. 이를 통해서 민주·평화·복지 사회의 시대적 과제인 환경과 생태의 보전, 사회 양극화 해소, 사회적 연대 등의 가치가 실현될 수 있을 것이다.

그뿐만 아니라 인권과 민주주의 발전의 평가지표가 되고 그 최후의 보루가 되는 사법권력, 즉 법원과 검찰의 권력이 정치적 중립성과 독립성을 유지하면서 국민에 의한 민주적 통제력을 확보하고 주권자인 국민에게 더 가깝게 다가갈 수 있는 존재가 되어야 한다. 나아가 검찰의 직무 집행에 있어서 객관성·공정성·투명성·전문성을 제고할 수 있는 제도적 장치를 마련하고, 검찰 활동에 시민의 참여와 감시가 보장되고, 검찰 권력에 대한 견제와 통제의 시스템을 마련해야 한다. 법원의 경우에도 사법 관료화를 예방하기 위한 국민적 감시와 감독의 가능성을 확보하고, 법관 계층제를 폐지하고 법조일원화를 실시하며, 전관예우 폐습을 시정하기 위한 평생 법관제와 법관 인사 권력의 분권화·민주화를 위한 제도적 장치를 마련해야 한다.

2009년 경기도 교육청의 무상 급식 조례 사건과 2010년 지방자치 선거를 거치면서 '보편 복지'가 사회적 의제로 설정된 듯하다. 또 사법 개혁의 요구도 계속되고 있다. 모두 환영할 만한 일이다. 그러나 이명박 정부에서 후퇴된 인권과 민주주의의 회복과 신장 없이 그리고 사법 정의의 실현 없이 민주·평화·복지 국가는 요원할 것이다.

협동과 계약으로
농업의 길을 연다

최영찬

1. 머리말

전통적으로 농산물의 소비는 끊임없이 이루어지는 데 비해, 공급은 생산의 계절성과 장기 저장의 어려움으로 조절을 하기가 쉽지 않다. 고전주의(자유주의) 경제학자들이 주장하는 시장의 유연성 가설이 적용되기 어려운 전형적인 시장 실패의 특성을 보인다. 따라서 조그마한 공급의 변화는 대부분 가격의 등락에 급격히 반영되어, 생산자와 소비자 모두에게 어려움을 주는 경우가 많다. 배추·한우 파동 등에서 보는 것처럼 매년 특정 농산물시장에서 가격의 급등락이 나타나는 이

● 이 글의 일부는 최영찬, "한국 농업의 비전과 과제: 농식품 산업의 리엔지니어링을 위하여" (『농정연구』, 2009)에서 발췌한 것이다.

유다. 가격의 급등락에서 오는 시장의 불확실성은 농민들이 안정적 생산 기반을 구축하고 규모화를 통한 상업적 영농을 하기 어렵게 한다. 이런 이유로 많은 나라들은 농업과 농산물시장에서 정부의 역할을 강조하게 되었다.

1960~70년대에 우리 정부는 주요 농산물의 수매 정책을 통해 농업 생산의 안정을 도모하고, 정부의 가격 조절 기능을 통해 소비지 시장의 안정을 추구했다. 이런 정책으로 농민들은 생산에만 전념해 괄목할 만한 생산성의 향상과 농업 생산의 증대를 이루었다. 하지만, 1980년대에 이르러 정부는 수매 정책을 포기하고 시장의 역할을 강조하기 시작했으며, 1993년의 우루과이라운드^{UR} 타결로 급속한 수입 개방마저 진행되어 농업의 무한 경쟁 시대가 도래하게 되었다. 농가 인구는 감소하고, 농업 생산은 위축되었으며, 농가의 소득은 도시 가계소득에 비해 감소했다. 농촌은 소득 정체와 함께 고령화로 인한 침체 상태를 벗어나지 못하고 있다.

1980년대 중반 대규모 도매시장의 개설로 거래 단위가 커지고, 1990년대 초반 시작된 대형 할인점들의 성장으로 농식품의 거래 방식도 대규모 주기적 거래 형태로 전환되어, 대다수의 소규모 농업인들은 시장에 진입하기도 어렵게 되었다. 더욱이 농식품의 구매에서 가공식품과 외식이 차지하는 비중이 크게 늘어 전체 구매 물량의 60% 이상을 차지하게 되어 농업인과 소비자 사이의 거리는 더욱 멀어질 수밖에 없게 되었다. 이에 따라 농업 현장에서는 소비지 시장에서 요구하는 주기적 대량 거래를 충족시키기 위해 작목반, 영농 법인들을 조직하고, 수평 결합 또는 수직 계열화를 시도했으며, 정부에서도 산지 유통센터 및 영농 법인 활성화를 위한 지원책들을 내놓게 되었다.

농업 현장의 조직화는 생산지의 소규모 농업과 소비지의 주기적 대량 거래의 차이를 메우고, 생산 농가가 판매하는 원물과 외식 및 식품 가공에서 구매하는 식자재의 불일치를 해결하기 위한 당연한 결과이지만, 이를 수행할 조직의 육성 방향이 미국식 대규모 회사 방식인지 유럽식 품목 조합 방식인지 명확하지 않다. 더욱이 구·판매, 전처리, 가공 등의 생산 전후 단계를 담당하게 되는 이들 조직과 농가와의 거래 방식도 정책적으로 마련되어 있지 않다. 최근 초·중등 무상 급식의 실시로 도입된 식자재의 직거래·공동 구매와 계약 재배 방식은 이런 점에서 시사하는 바가 크다.

이 글에서는 생산자인 농가와 유통을 담당하는 생산자 조직 간의 계약재배를 농가소득 및 농산물가격 안정의 방안으로 제시 한다. 2절에서는 우리나라 농업과 농업 정책의 변화를 살펴보고, 3절에서는 개방화 이후 농식품 시장의 변화와 요구를 파악한다. 4절에서는 덴마크, 네덜란드, 뉴질랜드와 같은 농업 강소국들과 농업 강대국인 미국의 농업을 비교해 우리에게 맞는 조합형 수직 계열화의 방향을 제시한다. 또한 국내의 성공 사례들을 바탕으로 품목 조합의 가능성을 확인하고자 한다.

2. 농업 정책과 시장의 변화

1) 농업 정책의 변화

농업의 역할 변화에 대해 학자들은 경제발전 과정에 따라 분류하기도 하고(이정환 외 1991), 농업 정책 기조의 변화에 따라 분류하기도 한다(김종숙·민상기 1994). 농업의 역할 변화는 또한 시장 및 유통 환경

표 1 | 시장 및 유통 환경의 변화

시기 구분	산업 성장기 (1960~70년대)	시장경제 전환기 (1980년대~90년대 초)	국제화 시기 (1990년대 초~현재)
농업 정책 목표	식량 증산	농가소득 향상	농업 경쟁력 강화
유통의 변화	정부 수매와 전통 시장	대규모 도매시장 확대	대형 소매 유통 확대
산지 유통의 주체	농가, 수집상, 농협	작목반, 산지 유통센터	계열화 조직, 거점 산지 유통센터
거래 형태	부정기 소량	차량 단위 경매 거래	주기적 대량 거래

* 1985년 가락시장 개장으로 도매시장 중심의 유통 체계
 1993년 할인점 시작, 1995년부터 도매시장 물량 감소, 대형 소매업체 중심

의 변화와도 무관하지 않다. 1960~70년대의 산업 성장기에는 주로 정부의 수매를 통한 시장 개입이 중요한 시기였으며 농업의 역할에 대한 정부의 목표는 농촌 근대화와 국민 식량 확보에 있었다(〈표 1〉). 이를 위해 식량 증산, 농지 개발, 새마을 사업 등이 주요 농업 정책이 되었다.

1970년대 후반 주곡의 자급이라는 산업 성장기의 목표를 달성한 농업은 시장경제로의 전환을 시작했다. 1980~90년대에 이르는 시장경제 전환기에는 유통 근대화와 상업농의 확대를 통한 농가소득의 향상이 농업 정책의 목표였다. 1977년 8월 농림부는 농수산물 유통 시설의 근대화와 유통 체계의 구조 개선을 위해 농수산물 종합 유통센터 건립 방침을 결정하고, 1980년 4월 가락동 농수산물 종합 도매시장 건설 계획을 수립해 착공했으며, 1985년 6월 가락시장을 개장해 농수산물의 도매시장 시대를 열게 되었다.

1986년 시작되어 1993년 타결된 UR 협상 이후 급속한 수입 개방이 진행되면서 정부는 농업 경쟁력 강화와 소득 보전을 정책의 목표로 삼게 되었다. 1990년대 초반부터 시작된 시장 개방 시기에 정부는 규모화, 전문화와 더불어 친환경 농업, 품목의 다변화, 산지 유통 조직 육성, 후계 농업인 육성 등의 정책을 추진했다. 1992~98년까지는 우

표 2 | 농업·농촌 지원 대책의 기간별 비교

구분	42조 원, 45조 원 지원책	농업·농촌 종합 대책(119조 원)
배경	UR 협상	FTA·DDA, 쌀 협상 등
투융자 중점	SOC 및 정부 직접 사업(53%) 직접 지불 (8.7%, 2003 기준)	소득 및 경영 안정(26%) 복지·지역개발(14%), 생산 기반 정비(16%) 직접 지불(23%, 2013년 기준)
지원 방법	보조 63%, 융자 37%	보조 75%, 융자 25%
재원	예산 86%, 기금 14%	예산 80%, 기금 20%

루과이라운드 협상에 따른 시장 개방에 대응하기 위해 "42조 원 농어촌 구조 개선 대책"을 수립해, 경지정리, 농로 포장, 농업용수 확보 등 생산 기반 마련 및 시설 장비 현대화 등이 중심 사업이 되었다(〈표 2〉). 1999~2003년에는 농업·농촌 기본법에 따라 진행된 '45조 원 농업·농촌 발전 계획'으로, 농산물 유통 혁신, 농가 경영 안정, 농산물 수출 확대 등이 중심 사업이 되었으며, 2004~13년까지는 FTA·DDA 협상 등 개방 확대에 대응하기 위해 10년간 119조 원이 투입되는 농업·농촌 종합 대책에 따라, 농업 체질 강화, 농업인 소득 안정, 농촌 복지 증진 등의 사업에 중점 투자한다.

2) 농산물시장의 변화

우리나라의 농식품 유통 구조는 1960~70년대에는 농협을 통한 정부의 수매와, 5일장이나 재래식 시장이 중심이 되어, 농가·수집상·단위농협이 산지 유통의 주체가 되었다. 1980년대 중반부터 가락동 시장을 시작으로 종합 도매시장이 구축되어 유통의 축으로 등장했다. 이에 따라 농업인들의 출하 방식과 산지 유통의 주체도 변화해 대형 도매시장의 차량 단위 거래에 맞게, 마을 단위의 작목반, 지역 단위의 영농 법인, 농협 공동 사업 등으로 발전했다.

1990년대 초반부터 시작된 급속한 수입 개방과 대형 할인점들의 성장은 국내 농식품 유통의 변화를 가져왔다. 1993년 이마트 1호점이 창동에서 개장된 이후 대규모 할인점이 급속히 증가해 유통의 중간 단계를 축소하고 산지 직거래를 추진했다. 소비지 유통의 축인 할인점과 백화점이 도매시장과 함께 농식품 유통의 중요한 축이 되었으며, 이들의 농식품 유통 집중과 독점이 강화되기 시작했다. 산지에서도 이들과의 직거래를 위해 농수산물 유통센터가 설립되어 중간 유통 단계의 축소를 통한 효율성을 강화하려 했다. 이에 따라 도매시장 위주의 농산물 거래는 조금씩 위축되었으며 대형 유통 업체와 산지 출하 조직과의 주기적 대량 거래 방식의 직거래 구조인 신유통 구조가 자리를 잡기 시작했다. 산지의 출하 조직도 작목반 등 마을 단위 조직에서 품목별 농협, 영농 조합 법인, 산지 유통센터 등 시군 단위 조직으로 규모화되었다.

종합 도매시장의 비중이 감소하고 산지와 소비지 간 대형 직거래가 증가함에 따라 유통 방식은 예약 상대 거래, 통명 거래, 직거래 방식으로 변화하고, 소비자의 구매 특성 또한 가격에서 품질 중심, 가치 중심, 소포장 중심으로 바뀌었다. 변화된 유통 방식을 지원하기 위해 산지 조직들은 농산물의 수확 후 전처리와 포장 등에 필요한 시설은 물론 판매 시점 결제 시스템, 전자 데이터 교환, 주파수 인식 시스템 등 유통 정보화가 필요하게 되었다. 또한, 소비자의 구매 특성에 효과적으로 대응하기 위해서 지역 중심의 브랜드 개발과 가치재고, 지속적인 품질관리가 필요하게 되었다.

농식품의 소비 구조 역시 크게 변해, 외식 및 가공식품의 비중이 1982년 23.3%에서 2006년에는 60.6%로 급격하게 증가하고, 원료 농산물의 직접 가계 소비가 차지하는 비중은 40% 미만에 그치게 되었다. 다시 말하면, 가정에서 직접 조리하는 것보다 외식과 가공식품으로 농산물을 소비하는 비중이 더 커지고 있는 추세다. 농식품 소비의 식품산업 비중의 증대는 식품산업의 식재료에 대한 높은 수입 의존도와 맞물려 국내 농산물의 소비를 더욱 위축시키게 되었다. 식품산업의 경우 외국 농산물 의존도에 대한 정확한 통계가 없어 대략 30~80%로 편차가 큰 편이나(류준걸 2007; 농수산물유통공사·식품산업통계정보시스템 FIS), 대략 절반 정도에 이르는 것으로 추정된다.

농식품 산업의 구조도 변화해 농어업의 경제적 가치는 늘지 않고 있으나, 식품산업의 경제적 가치는 빠르게 증대하고 있다. 2009년도 식품산업 매출액은 식품 제조업이 60조8천억 원, 외식업이 69조9천억 원으로 총 130조6천억 원에 이르고 있으나(최지현·강혜정 2012). 농림업의 경우 2009년 생산액 43조 원(통계청 2009), 어업의 경우 생산액 6조9천억 원(통계청 2010)에 그치고 있다. 식품산업이 종사자 수도 173만9천 명으로(최지현·강혜정 2012), 농어업 종사자 수 164만8천 명을 넘어서고 있다(농수산물유통공사·식품산업통계정보시스템FIS).

3. 시장의 변화와 농업·농촌의 과제

1993년의 UR 타결로 급속한 수입 개방이 진행되어 농업의 무한경쟁 시대가 도래한 이후, 농업·농촌의 변화는 크게 고령화와 인구의 감소, 생산 및 소득의 위축, 작목의 전환 등으로 나타났다. 농가 인구는 1990년의 666만 명에서 2010년도에는 306만 명 정도의 수준으로 감소했으며, 고령화가 도시에 비해 더욱 급속히 진행되고 있다. 이런 고령화의 문제는 장기적으로는 농업 후계자 부족 현상을 일으켜 농업인의 재생산구조가 붕괴될 위기에 처해 있다. 후계 구조가 확보되지 않으면 생산 규모의 확대 등 생산에서의 구조조정도 이루어지기 어려워 정부의 전업농 위주 규모화 정책의 효과도 기대하기 어렵다.

농업 생산 또한 지속적으로 감소하고 있는 추세다. 생산면적이 1995년 214만ha에서 2010년 171만5천ha로 줄어들었으며, 농가소득은 1995년에는 2,180만 원으로 도시 가구 대비 95.1% 수준이었으나 2010년의 경우 3,212만 원으로 67.5%에 머물러 도시 가구소득과의 격차가 커지고 있다. 특히, 2010년의 농가소득 중 농업소득은 1,009만 원에 불과하고, 농외소득, 비경상소득, 이전소득이 2,203만 원으로 2.18배나 크다. 따라서 농가소득 증대를 위해서는 농외소득의 증가가 필요하나 고령화로 실질적 취업이 어렵고, 농촌 기업의 부재로 취업 기회도 극히 낮아 전망이 밝지 않다. 농업소득의 감소를 타개하기 위해 식량 작물보다는 축산으로 전환하는 농가가 늘고 있고, 이로 인해 농림업에서 축산업이 차지하는 비중은 1990년 21.1%(생산액 3조9천억 원)에서 2010년 40.1%(생산액 17조5천억 원)로 두 배가량 성장한 반면, 식량 작물의 경우 그 비중이 1990년 39.9%(7조4천억 원)에서 2010년 18.4%(8조 원)로 대폭 하락했다(통계청).

농가 인구의 감소와 고령화, 농업 생산과 농가소득의 위축, 품목 전환 등으로 나타나고 있는 농업·농촌의 문제는 수매와 이중가격제로 대변되는 정부의 생산자 보호와 가격 안정 정책이 축소되고 농산물의 시장 개방이 확대된 점에서 기인하는 바가 크다. 무엇보다도 1980년 대 중반부터 시작된 대형 도매시장에 대한 적응이 채 끝나기도 전에, 1990년대 초반부터 급속히 진행된 대형 할인점 중심의 시장 변화와 가공식품과 외식 소비의 확대로 나타나는 소비 경향에 생산 농가들이 직접 적응하기에는 한계가 뚜렷했다. 생산 규모화와 농가 직거래 등의 생산 중심 정책으로는 대형 소매점과 식품 회사들의 주기적 대량 거래 형태에 적응하기 어렵다. 생산의 규모화를 이루기 위해 안정된 가격의 출하처가 필요한 농가는 이들 대규모 구매자들과 직접 거래하기 어려워 생산 중심 정책의 목표 달성은 굉장히 어려운 일이 되었다. 특히, 시장 교섭력에서 절대 열세인 개별 농가의 입장에서 이는 더욱 요원한 일이 되었다.

1) 생산 규모화의 한계와 성과

농업의 시장경제 체제 도입 후 정부는 지속적으로 전업농의 규모화를 통해 농업 생산의 경쟁력을 높이려 했으나 그 효과는 제한적으로 나타났다. 가락동 도매시장이 개장하던 1985년 1.1ha였던 우리나라 농가의 평균 호당 경지면적은 2010년 1.46ha로, 25년간 0.35ha 늘어난 정도에 불과하며, 특히 2002년 이후 정체 상태에 머물고 있다. 이는 농업 강대국인 미국, 오스트레일리아 등은 물론 유럽의 농업 강소국인 덴마크, 네덜란드 등의 경지 규모에 비추어서도 10% 미만에 머물러 열악한 수준을 벗어나지 못하고 있다. 영농 규모 상위 농가에 대한 지원 확대에도 불구하고 이들 농가들이 미국이나 유럽의 기업형 농장에 비해서는 여전히 소농 수준에 머물러 있어서 경종 농가의 생산 규모화는 극히 미진한 편이다.

반면, 축산업의 규모화는 빠르게 진행되고 있어, 닭 전업농 규모 1만 수 이상 농가는 1990년 1.37%에서 2011년 82.4%(전체 농가 수 3,604)로 획기적으로 증가했으며, 젖소 전업농 규모 50두 이상은 2.10%에서 62.3%(전체 농사 수 6,767)로, 돼지 전업농 규모 100두 이상은 0.31%에서 40.4%(전체 농가 수 7,347)로 증가했다. 다만 한우 전업농 50두 이상

표 3 | 축산업의 축종별 규모화 진행 현황

단위: %

구분	1990	2006	2011
한우 전업농 50두 이상	0.15	3.76	8.1
젖소 전업농 5두 이상	2.10	53.01	62.3
돼지 전업농 100두 이상	0.31	27.33	40.4
닭 전업농 10,000수 이상	1.37	80.56	82.4

자료: 농림수산식품부, 『농림통계연보』

규모 농가는 1990년 0.15%에서 2011년 8.1%(전체 농가 수 172,069)로 그 증가 속도가 다른 축종에 비해서 늦은 편이다. 축산업 분야는 경종에 비해 축종을 막론하고 전업농이 크게 늘어나고 있는 추세임을 알 수 있다.

정부의 정책과 시장의 요구에도 불구하고 농업 생산의 규모화는 축산업 등의 영역에서 제한적으로 진행되고 있다. 축산업 중에서도 닭·젖소·돼지 농가의 규모화가 빠르게 진행된 것은 이들 산업에서 수확 후 처리 및 가공, 유통 단계에서 대규모 회사 및 협동조합의 성장으로 브랜드를 구축하고 협상력을 강화해, 주기적 대량 거래의 소비지 유통에 적응한 것이 주요인이다. 특히 닭고기·우유 산업에서는 대규모 계열 조직들이 농가와 계약 생산 방식으로 연계되어 있고, 생산자들은 사전에 계약된 가격과 지원 방식에 따라 출하를 하게 되어 시장의 변동성에 직접 노출되지 않아, 다른 품목에 비해 규모화가 빠르게 진행되었다.

이처럼 생산의 규모화는 농산물의 가격 안정이 전제가 되어야만 가능한 일이다. 농산물가격은 다른 상품에 비해 변동성이 높고, 이에 따른 위험은 규모가 큰 농가일수록 높을 수밖에 없다. 이런 이유로 농업인들은 가격 안정을 농업 정책의 가장 우선순위에 들고 있다(〈그림 1〉). 정부가 주요 농산물을 수매하던 시기에 농업인들은 시장가격의

그림 1 | 농업인의 농업 정책 우선순위

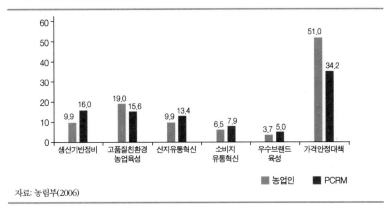

자료: 농림부(2006)

변동으로 인한 위험에 크게 노출되지는 않았다. 하지만 대형·소매 유통의 시대에 농업인들에게 안정적인 가격을 제공하기 위해서는, 농산물의 판매와 가공을 직접 담당할 대규모 계열 사업 조직이 필수적이며, 가능한 한 계약 생산 체제를 실현시키는 것이 바람직하다. 이런 점에서 규모화에 앞서가고 있는 닭·우유·돼지 등의 축산업이 시사하는 바가 크다.

대규모 계열 사업체를 통한 전후방 연계가 강한 육류 산업의 경우 외식과 가공품의 비중이 높아지고 있는 소비지 식품 수요에 쉽게 적응하고 있으며, 직접 식품 가공 및 외식산업에 진출하는 경우가 많아 생산의 규모화는 물론 국내 농산물의 경쟁력 강화에도 도움을 주고 있다. 전후방의 연계가 가장 강력한 닭고기 산업의 경우 국내산의 시장 점유율이 매년 상승해 2000년 79.9%에서, 2007년 현재 87.73%를 기록했다. 돼지고기의 경우 같은 기간 91.6%에서 75.8%로 감소했고, 전후방 연계가 미약한 소고기의 경우 같은 기간 53.2%에서 46.4%로 수입 의존이 점차 심화되고 있다(농촌경제연구원).

2) 산지 유통 조직 육성의 한계와 성과

종합 도매시장과 대형 소매업 중심 유통 구조, 외식 및 가공식품 위주의 소비 구조가 요구하는 대규모 주기적 거래와 소규모 농업 생산 구조와의 차이에서 발생하는 불일치를 해결하기 위해 정부는 산지 유통 조직의 육성을 새로운 정책의 방향으로 설정하게 되었다. 생산자들도 소비지 시장에서 요구되는 주기적 대량 거래의 조건을 따라가기 위해 작목반, 영농 법인들을 조직하고 법인화를 진행시키고, 수평 결합 또는 수직 계열화를 시도했다. 정부에서도 산지 유통센터 및 영농 법인 활성화를 위한 정책들을 내놓으며 산지 유통의 규모화를 지원하게 되었다. 1991년부터 정부의 농어촌 구조 개선 사업의 일환으로, 대형 유통 업체와 주기적 대량 거래를 할 수 있도록, 산지 유통을 담당할 유통센터 설립을 추진해, 당해 연도에 미곡종합처리센터[RPC] 2개소, 이듬해인 1992년에 농산물산지유통센터[APC] 11개소, 1994년에 축산물종합처리장[LPC] 9개를 개설한 이후, 매년 증설해 농축산물의 집하·선별·포장·가공·판매의 규모화를 지원했다. 2007년부터는 농업 정책 리모델링을 통해 동일 지역 내 산지 유통센터의 중복 지원을 방지하고 거점 산지 유통센터의 활성화를 시작했다(농림부 2007).

그 결과 1990년대 중반 이후 소규모 농업 법인이 급증했으나 여전히 대규모 정기적 수요에 적응하기에는 규모가 영세해 어려움을 겪고 있다. 산지 법인 조직의 현황은 1993년 UR 타결 이후 양적으로 증가해 왔으며, 2005년에는 작목반 16,950개, 영농 조합법인 4,293개, 농업 회사 법인 967개, 지역 농협 1,088개, 인삼 농협 12개, 원예 농협 49개, 축협 149개 등으로 소규모 법인체가 난립했다. 2010년 영농 조합 법인은 8,107개로 농업 회사 법인은 1,633개로 2005년에 비해 두 배 가까이 증가했다. 이들 농업 법인들은 대부분 영세해, 평균 종사자 수 7.2명, 연간 15억4천만 원 정도의 평균 매출 규모와 4천3백만 원의 순이익을 보이고 있다. 이들 중 생산 관련 법인이 37.2%로 가장 많고, 유통 판매 법인이 20.7%, 가공 판매 법인이 18.8%를 차지하고 있다(통계청).

농업 법인의 수는 매년 증가하고 있으며, 유통·가공·서비스 등과 결합하는 방향으로 진행되고 있으나 그 규모는 여전히 영세하며, 전문 인력 부족과 지역 내에서 과잉 경쟁으로 시장 변화에 따른 대규모 정기적 수요에 적응하기에 부족하다. 더불어 법인의 규모와 수익 측면에서 양극화 현상이 발생하고 있는데, 매출액이 300억 원 이상인 법인과 50억 원 미만인 법인의 수가 동시에 증가하고 있다. 2004년 정부는 경제 장관 간담회에서 전통적인 생산 농업 지원 정책을 탈피하고 농업 경영체 활성화를 통한 경쟁력 강화 방안을 제시했으며(재정경제부 외), 2006년에는 매출액 50억 이상 법인 1,000개 육성을 목표로 하는 농업 법인 규모화 정책을 마련했다(농촌경제연구원 2006). 현재 농업 현장에서는 다양한 형태의 산지 조직들이 수직·수평의 계열화를 통해 규모를 키우고 있으며, 생산자와의 연계도 다양한 방법으로 진행되고 있다.

경종 및 원예 분야 농업 법인은 영암군쌀조합공동사업법인, 충주시쌀조합공동사업법인 등과 같은 대규모 합병농협사업과, 햇사레, 안성맞춤 등의 농협연합사업법인 형태의 조합 공동 사업 등으로 나누어진다. 축산 분야에서는 하림, 마니커, 남양 등과 같이 대규모 회사 법인 형태와 도드람, 포크벨리, 서울우유 등과 같은 대규모 조합법인 형태로 나누어진다. 축산업의 경우 경종농업에 비해 대규모 계열 조직을 중심으로 산업의 재편이 빠르게 이루어지고 있다. 닭고기 산업의 경우 하림, 마니커 등의 대기업들이 도축, 가공, 산지 유통을 주도하고 농가와 계약에 의한 위탁 사육을 진행해, 병아리, 사료 등 원자재를 공급하고, 농가는 출하시 마리당 사육 수수료를 지급받는 수직 계열화된 대규모 회사법인 형태로 재편되었다.

우유와 돼지고기 산업의 경우, 닭고기 산업보다 농가와의 후방 연계의 강도가 높지는 않지만, 서울우유, 부산우유, 도드람, 포크벨리 등 품목 협동조합과 남양, 매일, 대상, 선진 등의 회사 조직이 사료·도축·가공 등을 주도하며 시장에서 협상력을 키웠다. 이들 협동조합 및 기업 조직과의 전후방 연계로 농가는 생산에 전념하고 수익을 증대시키기 위해 규모를 늘리게 되었다. 하지만 소고기 산업의 경우 닭고기·우유·돼지고기 산업에서 볼 수 있는 대형 협동조합이나 기업 조직이 없고, 현재 횡성, 상주, 순한, 개군한우 등 중소 규모의 협동조합이 성장하고 있고, 전후방 연계의 정도가 미약하다.

대규모 주기적 거래, 농산물 가공품의 수요 증가, 외식 소비의 증가로 대변되는 농식품 소비 시장의 변화에 산지에서는 산지 유통 조직의 규모화와 계열화로 적응을 하기 시작했다. 하지만 산지 조직의 규모화나 계열화의 수준은 품목마다 차이가 있으며, 이에 따라 생산의 규모화와 시장 경쟁력 강화의 정도도 차이를 보이고 있어, 정부의 정책 전환을 요구하고 있다. 농식품 산업의 발전을 바탕으로 농업 문제를 해결하기 위해, 정부는 농업·농촌기본법을 농업·농촌식품기본법으로 전환하고(농림부 2007), 2008년에는 농림부를 농림수산식품부로 개편해, 늘어나고 있는 식품 가공 및 외식 분야의 농산물 소비에 대한 정책들을 마련하고 있다. 또한 생산에서 유통에 이르기까지 모든 가치사슬을 포함하는 통합과 계열화를 추구해, 시장 교섭력이 있는 품목별 대표 조직 육성으로 정책의 전환을 시도하고 있다(농림부 2009).

4. 농업 조직의 전후방 계열화 통합의 방향

농산물 소비지 시장의 변화에 적응하고 시장가격의 안정을 통한 생산의 규모화를 위해서는 산지 유통 및 가공 조직의 규모화가 필요하다. 이를 위해서는 현재 그 수가 급격하게 늘어난 농업 법인들의 전후방 통합 및 수직·수평 계열화가 필수적이다. 통합의 방향에 따라, 전방 통합형forward vertical integration은 생산자가 유통업에 진출해 유통 경로를 통합하는 방식이며, 대표적 사례로 도드람, 포크벨리 등을 들 수 있다. 후방 통합형backward vertical integration은 유통업자 또는 가공업자가 생산과정을 통합하는 것으로 하림, 마니커 등이 대표적이다. 또한 통합된 계열화 조직의 정체성에 따라 회사형과 조합형으로 분류가 되는데, 도드람과 포크벨리는 조합형, 하림과 마니커는 회사형이다.

1) 외국의 농업 통합 계열화 조직

미국의 경우 전통적으로 식품 유통·가공 산업을 카길, 콘아그라, 타이손, 돌, 델몬트 등의 다국적기업이 주도하고 있다. 대규모 농장과 관련 산업들을 계열화해 공장형 생산 체제와 유통에서의 독점적 지위를 유지하고 있다. 일부 품목에서는 썬키스트, 랜드오레이크, 파머스라이스조합 등 회사형 협동조합이 가공·유통의 규모화를 이루어 생산자들의 이익을 보호하고 있다.

유럽, 뉴질랜드의 경우 다국적기업에 대응하기 위해 수직 통합 경영체(주로 협동조합)를 육성해 자국의 농식품 산업과 생산자 보호는 물론, 농산업의 경쟁력 강화를 도모하고 있다. 네덜란드의 플로라홀랜드, 덴마크의 데니쉬크라운, 뉴질랜드의 제스프리 등은 세계적인 수직 통합형 농업협동조합으로 농식품의 가공·유통을 주도해 농업 전체의 경쟁력을 높이고 있다. 농가의 생산, 조합의 가공·유통 기능의 통합 또는 연계를 통해 농식품 산업의 효율성을 높이고, 자국 농식품 산업 및 생산자 보호와 경쟁력 강화에 크게 기여하고 있다.

우리나라의 경우 미국이나 캐나다, 남미 등과 같이 주식회사형의 수직 계열화보다는 유럽, 네덜란드에서와 같이 조합형 수직 계열화가 바람직하다. 미국, 캐나다, 남미 등과 같이 개별 농가의 규모가 크고 기업형인 농업에서는 카길, 타이슨과 같은 대규모 가공 및 유통 조직과의 거래가 쉽고 계열화를 이루는 경우가 많지만, 우리나라와 같이 농가의 규모가 작은 농업에서는 주식회사형 계열화는 계열 주체의 독점 지배를 확대해 농가의 이익을 대변하기 어렵고 대부분 계열 주체의 하청업체로 전락하는 경우가 발생한다. 농업 강대국들에 비해 농가 규모가 작은 덴마크의 세계적 양돈 조합 데니쉬크라운, 네덜란드의 세계 최대 화훼 조합 알스미어, 뉴질랜드의 낙농 조합 폰티라와 키위 조합 제스프리 등이 대표적인 수직 계열화 조합이다.

덴마크의 데니쉬크라운^{Danish Crown Group}은 1889년에 설립된 돼지고기 생산자 협동조합으로 50여 개의 협동조합을 도축장 중심으로 통합해 생산·가공·판매를 계열화시켜 세계적인 경쟁력을 확보했다. 조합의 경영은 조합원이 아닌 전문 경영인이 담당하고, 농민이 조합원으로서 주주의 역할을 하는 체계적 역할 분담을 이루고 있으며, 이런 구조를 통해 소규모 조합이 할 수 없는 기술 개발과 글로벌 유통 시장 개척에 성공하고 있다. 덴마크 전체 도축 및 돈육 판매 물량의 약 94%, 전세계 도축량의 1.8%를 차지하고 있다. 1998년에 세계 3대(유럽 최대) 식품 가공 회사인 튤립 푸드 컴퍼니^{Tulip Food Company}를 합병해 런천미트, 소시지, 햄버거, 레디메이드 요리, 미트볼, 스프 등 2,500여 가지가 넘는 고품질 육가공 제품을 생산해 전 세계로 수출함으로써 부가가치를 높이고 있다.

네덜란드의 플로라홀랜드는 1968년 화훼 경매 회사들의 합병으로 시작되어 1972년 현재의 위치에서 영업을 시작했으며 6천여 개의 가족농 생산자들이 참여하는 세계 최대 화훼 협동조합이다. 2005년 세계 화훼 시장에서 절화 부문 59%, 분화 부문 48%를 독점하고 있는 경매 시장을 운영 중이며, 시장 주체는 생산자 조합인 알스미어가 담당하고 있다. 엄격한 품질관리로 고객의 신뢰를 얻어 성장을 계속하고 있다. 수출을 중심으로 하는 도매 및 소매의 5,000여 구매 그룹을 상대로 매일 2,100만송이의 꽃 물량을 취급하는 대규모 거래소의 운영으로 2010년 41억 유로의 매출을 올리고, 네덜란드 생산 농가들에게 높은 가격으로 가치를 창출시켜 주고 있다.

뉴질랜드는 1984년 시장 개방 정책으로 정부 보조금이 폐지된 후, 생산의 위축과 농가 수의 감소를 보였다. 폰티라Fonterra Cooperative Group Limited와 제스프리Zespri International는 정부와 농업인들이 조합 법인들의 통합을 통해 설립한 협동조합으로, 시장 경쟁력을 제고하고 세계적인 농업 조직이 된 사례로, 우리에게 시사하는 바가 크다. 생산·가공·유통·수출의 통합 경영체인 폰티라와 제스프리는 각각 2001년과 1997년에 대다수의 농가의 참여로 시작했으며, 각각 세계시장에서 6위의 낙농조합, 1위의 키위 조합으로 성장했다. 이들 조직의 성장과 함께, 뉴질랜드 젖소의 수는 지난 10년 동안 두 배의 증가를 기록하고 있고, 세계 키위 시장의 시장점유율은 25%에 달하고 있으며, 농가당 매출액, 농가 수와 생산의 규모화가 지속적으로 이루어지고 있다.

2) 우리나라의 농업 수직 계열화 통합의 방향

현재 우리나라 농업 법인의 계열화 통합 과정에서 나타난 유형은 크게 조합형과 회사형으로 분류된다. 세부적으로는 조합의 통합, 조합의 공동 사업 법인, 조합의 연합 사업, 그리고 회사형으로 분류되며 (〈표 4〉). 각 품목의 생산 및 시장 현황에 맞게 시차를 두고 규모가 커지고 있다. 발전 단계에 따라, 소규모 조합 및 법인의 연합 사업 단계, 연합 사업의 공동 사업 법인화 단계, 품목별 조합 출자 방식의 가공·유통 주식회사 단계로 전방 통합형이 진행되는 모습을 보이고 있다. 닭, 우유 산업에서와 같이 가공을 중심으로 후방의 생산, 전방의 유통 또는 외식과 통합이 되는 방향도 존재한다.

품목별로 각 조직의 수직 통합 단계 및 방식을 선택하기 위해서는 각 조직별 규모와 발전 단계(전국 단위, 광역 단위)를 고려해 적합한 통합 유형과 조직 유형을 선택해야 한다. 무엇보다도 농가의 이익을 대변하는 작목반이나 조합 법인들이 통합의 주체로 참여하는 것이 중요하다. 회사형 법인의 경우 계약 생산을 통해 농가의 수취 가격을 사전에 보장해 주기는 하지만, 여전히 협상력이 부족한 농가의 불만이 노출되는 경우가 많다. 품목별로 유통 조직 및 시장 현황에 맞게 소규모 조합 및 법인의 연합 사업 단계, 연합 사업의 공동 사업 법인화 단계, 품목별 조합 출자 방식의 가공·유통 주식회사 단계(정부 지원 및 민간 자본 유치)로 단계별 육성 정책을 추진하는 것이 바람직하며, 생산자가 가공, 유통을 계열화하는 전방 통합 방식으로 나아갈 수 있도록 정부가 지원할 필요가 있다.

회사형 통합 계열 조직의 대표적 사례인 하림, 마니커의 경우 도계장을 중심으로 육계 계열화 사업을 시작하고 사료·종계·사육·도계·

표 4 | 농식품업 법인의 수직 통합의 방향

조직 통합 유형	특징	사례
회사 법인	주식회사 또는 여타의 법인 회사로 통합, 경영 효율성, 신속한 의사결정, 농가의 하청업체화	하림, 마니커
조합 법인	영농 조합 법인, 품목별 조합 법인으로 통합, 경영의 비효율성, 의사 결정 지연, 농가의 이익 대변	도드람, 포크벨리
조합 공동 사업 법인	조합 공동 출자 법인 설립, 지자체, 중앙회 준회원 혜택, 수익 확보 문제, 중앙회 견제, 이익 배분 구조 미확립	안성맞춤, 백두대간
조합 연합 사업단	조합이 연합으로 연합 마케팅, 중앙회 지원, 손익 기반 미약, 의사 결정 미약	햇사레, 나주연합

가공·유통 및 외식을 계열화해 대규모 브랜드를 구축했다. 생산 농가의 경우 계열회사를 통해 사육을 하청 받아 마리당 생산 수수료를 받고 있으며, 수입의 확대를 위해 빠르게 규모를 늘려 왔다. 시장가격의 변동에 직접적인 영향을 받지 않아 소득 역시 안정적이기는 하나 계열화 주체인 브랜드 법인과의 계약 마찰이 자주 발생하기도 한다. 조합 방식과 달리 가치 사슬의 대부분이 주식회사에 장악되어 산업에서 발생되는 대부분의 가치가 회사와 주주들에게 귀속됨에 따라 생산자들의 불만이 자주 제기된다. 하지만 브랜드 업체가 보유하고 있는 수직 계열화를 통한 부가가치 창출과 소비지 유통 경쟁력으로 인해 시장 개방시 대응 능력을 보유하고 있다.

조합형 계열 통합의 대표적인 사례인 도드람, 포크벨리 등은 이천·여주와 김해 지역 양돈 농가들이 사료 공동 구매를 목적으로 시작해 사료·종돈·도축·가공·유통·외식의 통합을 이룬 품목 조합이다. 데니쉬크라운과 유사한 사업 구조를 가지고 있으나 조합의 경영은 생산자 대표인 조합장 중심으로 운영된다. 생산을 담당하는 농가는 돼지의 출하에 따른 수익과 조합의 사업이용정도에 따른 이용고 배당, 조합 수익에 대한 수익 배당을 받게 된다. 육계의 계열회사와는 달리 조합 임직원 선출, 대의원대회, 조합원 총회 등을 통해 조합원인 농가가 직접적으로 조합의 운영에 참여한다. 계약 생산이 일부 이루어지기는 하지만, 대부분 농가는 직접 출하를 담당해 시장의 불안정에 따라 농가의 위험성이 여전히 높고, 농가의 조합 사업 참여가 부족한 경우가 많아 데니쉬크라운과 같은 국가적 규모의 조합 육성은 이루어지지 않고 있다. 경쟁력 있는 양돈 수직 계열화 유통 주체의 구축을 위해서는 지역 중심의 품목별 조합이 연합 사업을 통해 공동 브랜드를 강화한 후 조합 주도의 공동 회사법인 자회사를 구축해 데니쉬크라운과 같은 규모화를 통한 효율성 및 시장 경쟁력을 강화해야 한다.

조합 연합 사업 및 조합 공동 사업의 사례로는 복숭아 공동 판매를 목적으로 시작한 햇사레 조합 연합 사업단, 쌀 및 원예작물 공동 판매를 목적으로 시작한 안성맞춤 조합 공동 사업법인 등의 광역 공동 브랜드 조직이 있다. 광역 연합 사업단의 경우 통합 브랜드 중심 연합 판매 시스템 구축을 통해 선별·저장·가공·산지 유통을 통합해 시장 교섭력을 강화하고 매출액을 증대해 이를 통한 농가의 안정적 시장 확보를 달성해 나가고 있다.

우리나라는 아직 산지의 계열화 조직의 규모가 미약하고, 농업 법인들의 통합이 미미해 유럽이나 뉴질랜드와 같은 세계적 규모의 조합 법인이 없다. 소비지의 대규모 소매 유통의 확대, 농식품 소비의 가공품 및 외식 비중의 증대에 따라, 산지의 유통 및 가공 조직은 점차 규모를 늘리고 있으며, 정부에서도 산지 유통의 규모화를 정책 목표로 하고 있다. 지역 조합, 영농 법인, 공동 사업법인 등 현재의 시군 단위 브랜드를 결합해 광역 단위 브랜드 연합 사업을 가속화해야 하며, 생산, 수확 후 관리, 저장·유통 및 가공을 아우르는 광역 통합 사업으로 발전해 나가야 한다. 나아가 데니쉬크라운, 제스프리 등과 같은 품목별 대표 조합의 육성은 시장경제 체제하에서 점차 규모화되는 소비지 유통에 생산자들의 협상력을 높일 수 있는 유일한 대안이 될 것이다.

5. 무상 급식, 농업 문제 해결을 위한 새 길을 열다

농산물시장의 급격한 변화에 적응하기 위해 농업인들은 다양한 형태의 산지 조직을 구축하고 이들 조직들을 통합해 대규모 소매 유통과의 직거래를 추진해 왔다. 하지만 대규모 주기적 수요에 적응하기에는 생산자 조직의 규모가 여전히 영세하며, 식품 소비의 60% 이상을 차지하는 외식 및 가공식품 시장에 접근하기에는 여전히 어려운 점이 많다. 이런 이유로 이들 외식 및 식품 가공의 경우 대부분 외국산 농산물에 의존하고 있다. 2009년 김상곤 경기도 교육감의 당선으로 시작된 초·중등 학교 무상 급식은 생산자 조직에 새로운 유통의 가능성을 제시하며, 외식 및 가공식품 시장에서 생산자들과의 직거래를 열 수 있는 좋은 기회를 제공하고 있다.

그동안 학교급식은 낮은 급식 단가와 최저가 입찰 등 제도적 한계로 인해, 안전하고 우수한 품질의 식재료를 조달하기에는 어려움이 많았다. 공동 구매를 권장하는 제도에도 불구하고 개별 학교 중심의 식재료 조달 체계가 학교 현장의 대세로, 식자재 공급의 효율성은 떨어지고 유통 마진은 높았다. 다품목·소량 구매가 특징인 학교급식의 경우 개별 구매는 소분, 포장, 배송 등에서 비효율성이 증대해 유통 비용이 많이 든다. 유통 과정의 비효율성과 영세 납품 업체와의 거래로 학교급식에서 외국산 농산물이 차지하는 비중은 상당히 높을 수밖에 없었다.

무상 급식에 대한 국민적 요구는 무료 급식을 넘어 양질의 안전한 학교급식을 추구하고 있으며, 이를 위해 생산자 조직과 학교 간의 직거래를 통한 친환경·지역 농산물 조달의 방향성을 제시하고 있다. 이를 위해 지역 학교들의 공동 구매를 가능하게 하고, 직영 급식을 전면적으로 시행하며, 학교와 지역사회, 학부모와 교사, 농업인들이 참여하는 학교급식 지원 센터를 설치해 학교급식에 대한 새로운 패러다임을 구축하고 있다.

1990년대 들어 정부의 지원으로 구축된 산지 유통을 담당하는 유통센터는 대부분 산지의 생산자 조합이나 영농 법인들이 소유하고 있어, 학교와 식자재 직거래를 추진하기에 적절하다. 현재 전국에 271개의 산지 유통 전문 시설이 설치되어 있으며, 2000년대 중반부터 시작된 광역 단위의 산지 유통을 추구하는 거점 산지 유통센터도 현재 9개소에 설치되어 있다. 최근에는 경기도를 위시한 광역 지자체들이 학교급식 식자재 지원 기능을 가진 친환경 유통센터를 건립하고 있어, 학교와의 직거래에 부족한 점을 보완하고 있다. 이는 산지 유통 시설이 없는 서울, 인천, 대전, 부산, 대구 등의 대도시를 제외하면 각 지자체별로 평균적으로 2개소 이상으로 학교급식을 위한 식자재 유통센터로 활용하기에 충분한 숫자다.

산지 유통센터를 활용해 식자재 직거래를 활성화한 나주시와 순천시의 경우, 지역 농협의 거점 산지 유통센터를 중심으로 2004년부터 체계화된 학교급식 사업을 시작해, 연중 180일만 운영 가능한 학교급식 사업의 한계를 넘어 일반 농산물 유통 사업에 시너지를 산출하고 있다. 이들의 학교급식 매출 규모는 유통센터 매출의 상당 부분을 차지하고 있으며 수도권 학교들과의 직거래에도 나서고 있다. 식자재 공동 구매와 직거래를 통해 거래 비용을 줄여서 학교에는 급식의 품질 개선, 농업인에게는 소득 향상의 기회를 제공한다. 농수산물유통공사

(2010)에 의하면 생산자 조직과 소비지 사이의 직거래가 이루어질 경우 2009년 기준으로 평균 유통 비용이 8.8% 절감되며, 생산자에게는 15.2% 수취 가격을 더해 주고, 소비자에게는 지불 가격을 7.9% 낮추어 주는 것으로 조사되었다. 경기도 교육청에서 시범적으로 실시한 안양 지역 40여 개 학교의 가공식품 공동 구매의 결과 공동 구매를 실시하지 않은 학교 중 최저가로 계약한 금액에 비해 14% 정도의 구매 단가 인하 효과가 검증되었다. 공동 구매가 확산되는 경우 유통비용의 절감은 더욱 커질 것이다.

무엇보다도 중요한 것은 이들 협동조합의 거점 산지 유통센터는 지역 농협들의 연합 사업 형태여서 생산자들과의 계약 재배를 확대할 수 있다는 점이다. 계약 재배를 통해 농가에 안정적인 판로를 확보해 주고, 농민들은 생산에만 전념해 생산의 효율성을 제고하고 비용을 절감해 출하 가격을 낮출 수 있는 기회를 제공하게 된다. 다품목소량생산이 특징인 친환경 농산물의 경우 그동안 판로 확보가 어려워 생산의 규모화나 효율성 제고가 어려웠던 점에 비추어 생산 효율성의 강화에 도움이 될 것이다. 안정적인 학교급식 시장을 확보해 농가와의 직거래를 늘리는 경우, 생산자와 생산자 조직 간의 결속력을 강화할 수 있으며 유럽의 대규모 계열 조합에서와 같은 생산·가공·유통·외식의 기능을 통합해 생산자들의 시장 협상력을 제고할 수 있다.

학교급식 식자재의 직거래는 이들 생산자 조직들이 영세성과 생산 중심의 한계를 넘어, 지역 및 광역 단위로 연계하고, 식자재 유통의 인프라를 구축해, 생산자에게 국내 식자재 시장에 참여할 수 있게 하여 소득 증대의 기회를 제공한다. 국내 식자재 시장 규모는 2009년 20조 원으로 농어업 총생산액 43조 원의 46.5%에 이르고 있으며, 2014년에는 30조 원으로 성장이 예상된다(한승희 2010). 학교급식 직거래를 바탕으로 농업 생산액의 세 배의 규모를 가진 식품 제조업, 외식 시장에 식자재를 공급하거나 직접 참여하는 기회를 열게 되면 농가소득 증대는 물론 농촌 지역의 일자리 창출과 경제 활성화에 도움을 주게 될 것이다. 지역 단위 생산자 조직들이 참여하는 농산물 유통센터에서 농산물의 가공 및 식자재의 유통을 주도하게 되어 농가소득의 향상, 지역 산업의 육성, 농촌 고용 증대 등의 효과도 가져오게 될 것이다.

6. 맺음말

생산의 계절성과 장기 저장의 어려움으로 수급의 불균형이 상존하는 전형적인 시장 실패의 특성을 보이는 농업에서 시장경제 체제로의 전환은 가격의 급등락을 불러 농업인들에게는 큰 고통을 주고, 식품 가격의 안정을 바라는 소비자들에게도 어려움을 준다. 1960~70년대에 우리 정부는 주요 농산물의 수매 정책을 통해 농업 생산의 안정을 도모하고, 정부의 가격 조절 기능을 통해 소비지 시장의 안정을 추구했다.

1980년대에 이르러 정부는 수매 정책을 포기하고 시장의 역할을 강조하기 시작했으나, 대규모 도매시장과 대형 할인점들을 중심으로 하는 농식품의 거래 방식은 대규모 주기적 거래의 형태로 전환되어, 대다수의 소규모 농업인들은 시장 진입이 봉쇄될 수밖에 없다. 더욱이 농식품의 구매에서 가공식품과 외식이 차지하는 비중이 크게 늘어나 전체 구매 물량의 반을 차지하게 되어 농업인과 소비자 사이의 거리는 더욱 멀어질 수밖에 없게 되었다. 작목반, 영농 법인으로 시작되고 대규모 계열회사, 품목 조합, 조합 공동 사업 법인, 조합 연합 사업 등으로 발전된 계열화 조직들이 성장하게 된 것은 농업인을 대신해 소비지의 대형 소매 업체들과 직거래 구조를 형성하기 위한 것이다.

국내에도 후방 통합형 수직 계열화 조직인 하림이나 마니커와 같은 농기업이 발전하고 있고, 도드람양돈조합과 부경양돈조합처럼 양돈 산업의 전방 통합형 수직 계열화를 이뤄 낸 협동조합 등 성공 사례가 나타나고 있다. 또한 햇사레 연합 사업단처럼 품목별 광역 브랜드 사업단을 출범시켜 경쟁력을 높여가는 경우도 있다. 하지만 농업 선진국의 글로벌 농기업과 경쟁하기에는 아직 역부족이라고 할 수 있다. 유럽의 농업 강소국인 덴마크나 네덜란드처럼 품목별 조합형 수직 통합 경영체를 육성해 전국적 또는 광역지자체의 범위에서 시장 경쟁력을 갖추고 가공·유통·소비 분야까지 사업의 범위를 확대해 나가야 할 것이다.

최근 초·중등 무상 급식의 실시로 도입된 식자재의 직거래·공동 구매와 계약 재배 방식은 이런 점에서 우리에게 시사하는 바가 크다. 소비지의 대형 업체들과 협상력을 제고하며, 유통의 비용을 줄여 농가와 소비자에게 이익을 돌려 줄 수 있기 위해서는 소규모 생산자 조직의 통합과 규모화로 직거래 구조를 확대하는 것이 필수적이다. 아울러 학교급식은 생산자와 산지 조직에는 외국산 농산물이 주도하는 외식 및 식품 가공 영역 시장에 접근할 수 있는 길을 열어 준다. 무엇보다도, 생산자 농가와 유통과 가공을 맡은 이들 생산자 조직 간의 계약 재배는 1960~70년대에 주요 농산물에 대한 정부 수매 이후 시장경제 체제에서 가능한 유일한 가격 안정의 대안이다. 이를 통해 안정적인 생산과 농가의 소득을 보장하고 생산자와 소비자 모두 급격한 가격 변동으로 인한 피해를 줄이는 일은 자본주의 시장에서의 시장 실패를 보완하는 중요한 정책 수단을 마련하는 일이 될 것이다.

08

선先지역균형발전,
후後수도권 규제완화

정준호

1. 머리말

지난 1970~80년대 산업화와 민주화 과정에서 지역 문제[1]는 경부
축과 비경부축 간, 즉 영호남 간의 경제적 격차로 인식되었다. 정치권
력의 민주적·수평적 교체를 통해 이런 지역 격차나 감정이 자연스럽
게 해소될 수 있을 것으로 내다봤다. 예컨대 김대중 정부는 광주의 광
산업 육성과 대구의 밀라노프로젝트를 통해, 즉 기존의 지역 문제를
외생적인 성장 전략을 암암리에 가정하는 중앙정부 주도의 거대 프로
젝트를 통해 정치적으로 해결하려고 했다. 다른 한편으로, 1997년 외

1_이 글에서 다루는 지역 문제 또는 지역 정책은 중앙정부 차원에서 논의될 수 있는 것으로 한
정한다. 즉, 지역 내 문제가 아니라 지역 간 문제를 살펴보는 것이다.

환 위기 이후 지역 문제는 영호남의 문제에서 수도권과 비수도권 간의 격차로 인식되어 가고 있다. 이런 시각에서 참여정부는 지역 문제를 수도권 과밀 문제로 규정하고 균형발전을 국정 과제로 격상시키고 내생적 발전 전략의 패러다임을 받아들였다. 그러나 이명박 정부에 들어와서 균형 정책 대신 성장 정책이 강조되면서 지역 정책은 주변화되어 버렸다. 그 과정에서 수도권의 규제완화가 기업 활동의 자유와 경제의 활성화를 위해 단행되었는데, 이는 기존의 정책 기조를 완전히 뒤엎는 것이었으며 전면적이었다. 성장을 위해 최소한의 사회적 합의마저 파기되었다.

이처럼 지역 정책의 안건과 그 패러다임이 변화하는 역사적 시간 속에서 국가 전체적으로 우리는 1997년 외환 위기 이후 극심한 사회·경제적 양극화를 경험하고 있다. 이런 양극화는 지역 간 격차에도 일정한 영향을 미쳐 공간적 양극화로 귀결되고 있는 것일까? 즉, 지역 간 격차는 이런 양극화 추세와 어떤 관련성이 있는 것일까? 우리나라에서 지역 간 격차의 본질과 그 특성은 어디에 있는가? 참여정부와 이명박 정부에서 지역 정책을 둘러싼 쟁점들은 무엇이고 이에 대한 대안은 어떻게 설정될 수 있는 것인가? 이런 질문들은 2012년 두 번의 선거와 그것이 가져올 정치·경제적 대격변과 관련되어 있기도 하다. 왜냐하면 지역 문제는 여전히 지역 정체성을 통한 유권자의 동원을 가능케 한다는 점에서 선거의 주요 쟁점일 수밖에 없기 때문이다.

이 글은 이런 질문들을 통해 이명박 정부에서 주변부에 머물렀던 지역 정책을 성찰하고 그것이 어떻게 현재의 사회·경제적 의제와 연결되어 있는지를 검토하고자 한다. 이를 위해 우선적으로 우리나라 지역 간 격차의 패턴과 그 요인에 대한 분석을 통해 수도권과 비수도권 간의 격차가 2000년대 이후 우리나라 산업화 경로와 긴밀하게 연관되어 있음을 보여 주고자 한다. 이런 기반 위에서 지역 정책을 둘러싼 쟁점들을 비판적으로 검토하고 지역 정책에 대한 몇 가지 대안들을 모색하고자 한다.

2. 지역 간 격차의 현황과 그 의미

1) 지역 간 격차의 유형

우리나라에서 지역 간 격차는 네 가지 차원에서 생각해 볼 수 있다. 도시와 농촌 간의 격차, 경부선과 비경부선 간의 격차, 대도시와 중소도시 간의 격차, 그리고 수도권과 비수도권 간의 격차 등이 그것이다. 이들 격차들은 상호 연결되어 있지만 시대마다 상이한 문제들을 제기하면서 각자 나름대로의 위상을 가지고 있다.

도시와 농촌 간의 격차 문제는 산업화 과정에서 압출 요인과 유인 요인이 작용해 확대된 것으로 농업과 제조업 간 산업구조의 차이에서 유발된 것으로 이해된다. 이는 산업화 과정에서 세계 어디서나 자연스레 일어나는 문제로 치부되면서 비공간적인 차원의 문제, 즉 농업 문제의 일부로 여겨져 지역 문제로 잘 다루어지지 않는다. 최근에도 농촌 문제가 농업 문제의 일환으로 제기되고 있다.

경부축과 비경부축 간의 격차 문제는 영호남 간의 격차로 부각되어 정치적인 쟁점이자 1990년대까지 우리나라 지역 격차를 상징하는 것으로 인식되어 왔다. 우리나라의 산업화 과정이 경부선을 따라 이루어져 왔으며 1997년 이전까지 중앙정부의 권력 기반이 영남권에 기반을 두었다는 점에서 영호남 간 격차의 실체가 분명한 것으로 보이지만, 박상훈(2009)이 지적한 것처럼 그 측면이 과대평가된 것 또한 사실이다. 하지만 영호남 간 격차는 우리나라 지역 문제의 원형질을 이루는 것으로 인식되는 것이 세간의 사실이다.

대도시와 중소 도시 간의 격차 문제는 최근 세계적인 차원에서 지식기반산업의 육성을 위한 경쟁 환경의 구축과 강화 추세에 따라 대도시가 이들 산업의 메카로 부각되면서 새롭게 제기되고 있다. 대도시와 중소 도시를 명확하게 구분하기는 힘들지만, 수도권을 제외한 지방에서 30만 이상의 도시들이 소수에 불과하고, 이들 도시의 지역 내 위상도 약화되어 사실상 인근 광역 도시권의 영향권 안에 포섭되고 있다. 이런 대도시의 주변 배후 지역에 대한 위계적인 포섭이 낙수효과를 창출하는 것은 아니어서 주변 중소 도시의 고사로 이어지고 있다. 이는 대도시 및 효율성 중심의 행정구역 개편, 지방자치, 지역 혁신 체제 구축 등과 결부되어 새로운 쟁점으로 부각되고 있으나 그 관심은 상대적으로 적은 편이다. 이는 소위 지역 문제의 스케일과 연관되는 것으로서 중요하게 들여다볼 필요가 있다.

마지막으로, 수도권과 비수도권 간의 격차 문제는 1960년대부터 안보 문제, 대도시권 과밀 문제, 주택 문제, 산업 문제 등과 결부되어 항상 관심이 집중되어 왔으며, 이는 다른 유형의 격차와는 달리 부와 권력의 중심지와 주변부, 첨단 기술과 고급 인력에 바탕을 둔 지식기반산업의 재집중, 세계 대도시권 간의 경쟁 심화 등의 문제와 연계되어 있다. 외환 위기 이후 이 격차는 지역 문제의 쟁점을 대변하고 있으며 최근에 발생하고 있는 경제사회의 양극화와도 깊이 관련되어 있다고 생각할 수 있다. 그레고리 헨더슨(2000)이 이야기하는 한국 정치가 중앙 권력으로 집중되는 '소용돌이의 정치'에서 나타나는 수도권, 정확하게는 서울로의 공간적 쏠림현상이 정치, 경제, 문화 등 모든 사회 영역에서 전방위적으로 일어나고 있는 것과 궤를 같이한다.

2) 지역 간 격차의 현황과 요인: 생산, 소득(분배), 고용 측면

그렇다면 우리나라의 지역 격차는 어떻게 나타나고 있는가? 생산, 소득, 고용 측면에서 이와 같은 지역 격차의 양상을 살펴보고 그것이 의미하는 바가 무엇일까에 대해 논의해 보자.

지역경제에서는 국민경제와 달리 생산요소의 지리적 이동성으로 생산, 분배, 지출의 삼면 등가 개념이 성립하지 않는다.[2] 이런 점에서 생산 소득인 지역내총생산GRDP, Gross Regional Domestic Product은 지역 간 격차를 측정하는 데 일정한 한계를 가지고 있다. 그런데 분배 소득을 의미하는 지역민총소득GRNI, Gross Regional National Income은 생산 소득인 GRDP의 한계를 보완해 줄 수 있다. 이는 'GRNI＝GRDP＋지역 외 순수취 본원소득', 즉, GRDP에서 지역 외로부터 수취한 본원 소득을 더하고 지역 외로 지급한 본원 소득을 공제한 것으로 정의되기 때문이다. 따라서 지역경제의 GRDP와 GRNI는 국민경제의 GDP와 GNI에 각각 개념적으로 대응된다(통계청 2009).[3]

생산 측면에서 지역 간 격차를 나타내는 1인당 GRDP의 '인구 가중 변동계수'는 1997년 외환 위기 이후 매우 가파르게 상승하고 있다. 2000년대 이후 상승 추세가 다소 약화되었으나 외환 위기 전과는 그 차이가 매우 확연하다(〈그림 1〉 참조). 이런 점에서 외환 위기가 생산 측면의 지역 간 격차가 더욱더 악화되는 전환점이다(엄밀하게 말하면

2_ 이 글에서는 지출을 제외한 생산과 분배 소득 측면에서만 지역 간 격차를 살펴본다.

3_ GRDP는 1985년부터, 그리고 GRNI는 2000년부터 국가통계포털(kosis.kr)에서 이용 가능하다.

그림 1 | 지역 간 격차(1인당 GRDP 및 GRNI 기준)

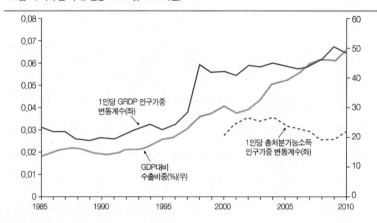

주: 1) 여기서 변동계수는 자연 로그값의 분산임.
　　2) 모든 자료는 2005년 불변가격 기준임.
자료: 한국은행(ecos.bok.or.kr), 국가통계포털(kosis.kr)에서 가공.

1995년 전후다). 이런 지역 간의 생산력 격차는 우리나라 산업의 지리적 분포를 반영하고 있는 것으로 보인다. (재벌) 대기업의 분공장이 입지해 있는 구미, 창원, 울산 등 동남권과 최근에 부상하는 천안, 아산, 당진, 청주 등 충청권 지역은 1인당 GRDP의 높은 성장률을 시현하고 있다. 여기서 주목할 만한 사실은, 내수 비중과 지역 간 격차 사이에 상관성이 매우 높으며 그나마 내수 비중이 가장 높았던 1980년대 중반과 1990년대 초반 사이에 생산 측면의 지역 간 격차가 다소 완화되었다는 점이다. 이는 우리나라 경제에서 내수 비중의 확대가 대외 경기 변동에 따른 국민경제의 변동성을 줄여 줄 뿐만 아니라 대내적으로 지역 간 격차를 완화시켜 주는 계기가 될 수 있다는 것을 시사한다.

반면, 1인당 GRNI의 '인구 가중 변동계수'는 2000년대 초반 이후 감소하다가 2008년을 전후로 해 그 추세가 반전되고 있다. 분배 소득 격차는 생산력 격차에 비해서는 다소 덜하지만 2008년 서브프라임 사

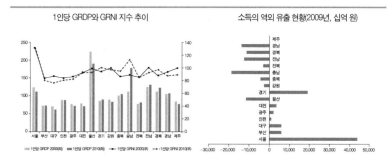

그림 2 | 생산과 소득의 지역 간 격차 및 지역소득의 유출입

주: 1) 2005년 불변가격 기준으로 전국 대비 1인당 GRDP와 GRNI 지수를 작성
2) 2009년 소득 유출입의 경우 당해년 가격 기준임.
자료: 국가통계포털(kosis.kr), 박경(2011)에서 가공.

태 이후 반전하는 추세여서 생산과 분배 측면에서 지역 간 격차가 최근에 심화되고 있다. 최근 세계 원자재 및 원유 시장의 불안정으로 일부 지역은 이를 반영해 GRDP 디플레이터가 상승해 실질소득이 떨어지고 있으며 이는 최근 지역 간 소득 격차 확대의 한 요인으로 작용하고 있다.

한편, 지역 간 소득 격차가 생산력 격차보다 덜한 이유는 지역 간소득 유·출입에 따른 효과 때문이다. 이는 생산 소득이 높은 지역에서 그렇지 않은 타 지역으로 소득이 유출된다는 것을 시사한다. 〈그림 2〉에서 나타난 바와 같이, 생산 중심지에서 구상 중심지로, 주변 배후지에서 행정 중심지로 소득이 이전되고 있다. 서울을 포함한 수도권은 생산의 중심지보다는 소득 유입의 블랙홀이자 경제활동의 관제 고지로 기능하고 있으며, 생산은 울산, 충남 등 대기업의 분공장이 위치한 지역에서 수행되고 있다. 이처럼 생산 소득이 지역 내에서 환류되는 것이 아니라 지역 외로 유출되었는데, 그런 소득의 유입지로는 지방의 광역시와 수도권이다(하지만 울산은 광역시 중에서 유일하게 소득의 유입지가 아니다). 전국적인 차원에서는 수도권이 소득의 유입지이고, 지역 차원에서는 광역 대도시가 소득의 유입지다. 이런 점에서 우리나라의 지역 간 격차는 수도권과 비수도권 간, 그리고 광역 대도시와 기타 지역 간의 격차로 요약될 수 있다.

생산 측면에서 2000년과 2010년에 각각 전국 평균을 100이라 할 경우 전국 평균 100 이상을 기록한 지역은 서울·울산·충청남북·전남·경상남북이고, 분배 측면에서는 서울뿐이다. 특히 지역 소득은 2000년에 비해 2010년에 전반적으로 하락했는데, 경기·충남·경북은 전국 평균 100 이상을 기록했다. 특히 충남은 생산과 분배 측면에서 지난 10여 년 동안에 급성장한 지역이면서 동시에 지역 외부로 유출된 부의 규모도 제일 크다. 이는 충남이 철강, 화학, 자동차, 디스플레이 등 조립 가공형 산업에서 대기업 분공장의 거점으로 기능하는 것과 깊은 관련성을 가지고 있다. 즉, 충남처럼 가파른 생산과 분배 소득의 신장세에도 불구하고 모든 소득이 지역 내로 환류되는 것이 아니라 일정 부분이 지역 외로 유출되고 있는 것이다. 또한 울산의 경우 전국 대비 엄청난 실질 생산 수준을 보여 주지만 실질 분배 소득은 이에 비해 상대적으로 낮은데, 이는 타 지역으로의 소득 유출뿐만 아니라 GRDP 디플레이터(물가)가 타 지역보다 매우 높기 때문이다. 이와 같은 분공장 모형은 이제까지 지역 경제성장을 위해 중앙정부나 지자체를 막론하고 가장 선호하는 모형 중의 하나다.

이런 산업입지 패턴과 그 소득 패턴 사이의 공간적 불일치는 수도권과 비수도권 간의 정치·사회적 긴장을 유발하는 물적 토대다. 구상과 실행 기능의 분리라는 이런 공간 분업spatial divisions of labor은 중심부(예: 수도권)가 행사하는 경제 권력의 문제를 제기한다. 환언하면, 특정 지역(예: 수도권)에는 금융과 지식기반산업이 특화되고, 나머지 지역(예:

그림 3 | 경제활동의 공간적 집중 비교

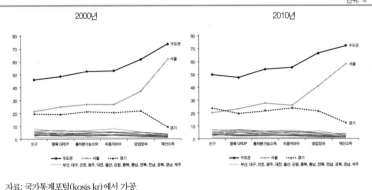

자료: 국가통계포털(kosis.kr)에서 가공.

지방)에는 일반 제조업이 특화됨으로써 중심 지역은 구상 기능을 장악
해 경제 권력의 관제 고지로서 기능한다는 것이다. 이처럼 생산의 입
지적 적합성 여부에 따라 구조적인 지역 간 격차가 발생할 수 있다
(Massey 1979; 정준호 2010).

　〈그림 3〉에서 보는 바와 같이, 여러 가지 유형의 소득 중에서 이
자, 임대료, 배당소득 등 재산소득과 법인 영업 잉여의 서울 집중도가
GRDP나 인구의 그것에 비해 지나치게 과도하다. 타 지역의 경우 소
득의 공간 집중도가 GRDP나 인구의 집중도와 비슷한 수준이다. 이런
패턴은 수도권의 경우에도 예외가 아니어서 경기도의 법인 영업 잉여
와 재산소득의 공간적 집중도는 인구나 GRDP의 그것에 비해 훨씬 낮
으며 이런 추세는 심화되고 있다. 이는 서울이 경제적 부의 블랙홀일
뿐만 아니라 이에 수반되는 정치권력의 관제 고지로 기능하고 있다는
것을 시사한다(정준호 2011a). 환언하면, 소득 원천지와 과세 징수지 간
의 공간적 불일치로 인해 조세 수출, 즉 공간상의 조세귀착 현상이 나
타나고 있다. 특히 기업 본사가 밀집한 서울의 경우(예: 강남구)에는 다

그림 4 | 1인당 GRDP와 순소득의 지역 간 변동계수의 요인 분해

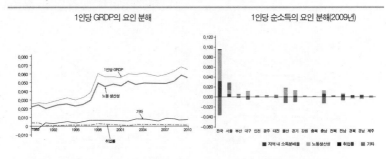

주: 여기서의 변동계수는 인구 가중치를 반영한 자연 로그값의 분산이고, 기타는 공분산항임.
자료: 국가통계포털(kosis.kr), 박경(2011)에서 가공.

른 지역에 비해 조세 징수에서 막대한 편익을 누려 조세수입이 지출을 능가하는 순재정 편익을 향유하고 있으며 이는 인구와 경제활동의 서울 집중의 한 요인으로 작용하고 있다(김정훈 2003; 정준호 2011b). 이런 점에서 본다면 우리나라의 지역 간 격차는 서울과 그 외 지역 간의 문제이며, 수도권은 서울의 공간적 확장으로 파악될 수 있을 것이다.

이처럼 한국 정치에서 나타난 '소용돌이의 정치'는 공간적인 차원에서 '소용돌이의 정치·경제'로 확대재생산되고 있다. 서울(또는 중앙)의 영향력은 한국 사회에서, 헨더슨(2000)이 지적한 바와 같이 가히 절대적이다. 소득의 공간적 집중은 분포 이상의 영향력, 즉 권력관계의 물적 토대로 작용하고 이를 타 지역에 행사할 수 있기 때문이다.

1인당 GRDP와 순(본원)소득[4]을 요인 분해[5]해 그 격차 요인을 살펴

4_순(본원)소득은 요소 소득(피용자보수＋영업 잉여)＋순생산세(보조금 공제)＋순수취 재산소득이고, 순수취 본원 소득(순생산−순본원 소득)은 순수취 재산소득＋순수취 요소 소득이다(박경 2011 참조).

5_1인당 GRDP는 다음과 같이 분해가 가능하다. $Y/P = Y/E \times E/P$이고, 여기서 $P =$인구, $E =$취업자. 이에 대해 자연대수의 분산을 구하면, 1인당 GRDP의 지역 간 변동계수가 되

그림 5 | 시군구 단위의 경제·사회적 활동의 공간 분포

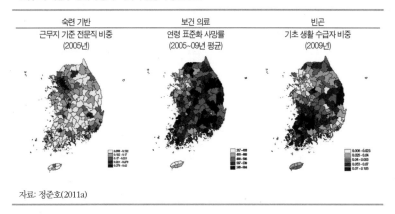

숙련 기반	보건 의료	빈곤
근무지 기준 전문직 비중 (2005년)	연령 표준화 사망률 (2005~09년 평균)	기초 생활 수급자 비중 (2009년)

자료: 정준호(2011a)

보면, 지역 간 생산력 격차의 상당 부분이 일자리의 수급 문제보다는 노동생산성의 지역 간 차이에 의해 결정되고 있음을 알 수 있다. 또한 지역 간 소득 격차에서도 취업률 격차보다는 노동생산성 격차가 중요하다. 〈그림 4〉에서 보는 바와 같이, 이런 노동생산성 격차 이외에 지역 내 소득분배율(소득의 지역 내 유출입)이 지역 간 격차를 일으키는 주요 요인으로 부각되고 있다(박경 2011). 이런 점에서 우리나라의 지역 간 격차는 일차적으로는 산업입지 패턴에 의해 좌우된다는 것을 알 수 있다. 더욱이 이런 산업입지는 대기업의 분공장을 중심으로 구성되어 있어, 일정 부분의 소득이 수도권과 지방의 광역 중심지로 유출되고 있다. 그런데 전국 차원에서 지역 간 소득 격차를 발생시키는 변동의

고, 이는 $var[ln(Y/P)] = var[ln(Y/E)] + var[ln(E/P)] + 2cov[ln(Y/E), ln(E/P)]$로 분해 가능하다. 1인당 지역순소득도 마찬가지로 분해 가능하다. $I/P = I/NP \times NP/E \times E/P$이고, 여기서 I= 지역순소득, NP= 지역내순생산, E= 취업자, P= 인구다. 이는 다음과 같이 분해 가능하다.

$$var[ln(I/P)] = var(ln(I/NP) + var(ln(NP/E) + var(ln(E/P) + 2cov[ln(I/NP), ln(NP/E)] + 2cov[lnI/NP), ln(E/P)] + 2cov[ln(NP/E, ln(E/P))]$$

절반 정도(약 50%)를 서울이 기여하고 있어 거시적으로는 지역 간 소득 격차는 결국 서울과 기타 지역으로 요약될 수 있다.

시군구 수준에서 숙련, 보건 의료, 빈곤 등의 상태에 대한 공간적 패턴은 전술한 대도시와 중소 도시, 도시와 농촌 간의 지역 간 격차를 더욱더 극명하게 보여 준다(〈그림 5〉 참조). 고급 인적 자원은 주지한 바와 같이 서울과 경기 이남 지역, 지방의 광역 대도시에 집중되어 있다. 그리고 보건 의료 수준을 나타내는 사망률의 경우에는 소위 농촌 지역과 낙후 지역일수록 높다. 사회적 약자 또는 빈곤 수준을 나타내는 기초 생활 수급자의 비중도 서남권의 도서 지방, 경북 북부의 산간 지역 등에서 높으며, 이들 지역들은 고령화 수준도 높은 지역들이다. 지역 간 격차가 거시적으로는 수도권과 비수도권 간에 나타나고 있으나, 미시적으로는 영남과 호남, 대도시와 중소 도시, 도시와 농촌 간에 중첩적으로 나타나고 있어 다소 복잡한 양상을 띠고 있다. 특히 대도시와 중소 도시, 도시와 농촌 간 격차 확대가 심각하며, 이는 인근 대도시로의 인구 이동과 고령화에 기인하는 바가 크다. 또한 낙후 지역이나 성장 지역들은 개별 행정구역 단위로 구획되어 독립적으로 나타나는 것이 아니라, 행정구역을 월경해 무리를 지어 나타나고 있다.

우리나라에서 고용 문제는 심각한 사회문제로 대두되고 있다. 그렇다면 지역 차원에서 일자리는 어떤 패턴으로 나타나고 있는가? 〈그림 6〉에서 보는 바와 같이, 1990년대 이후 지속적으로 수도권의 누적적인 고용 성장률 지수[6]가 전국 평균보다 상회하고 있으며, 비수도권

6_Blanchard and Katz(1992)가 사용한 방법을 원용해 전국 대비 지역별 누적 성장률 지수를 계산할 수 있는데, 이는 고용과 같은 경제지표가 지수 성장 모형(exponential growth model)을 따른다고 가정한다. 전국 대비 누적 성장 모형은 $G_{0T}^i = ln\left(\frac{y_T^i / y_0^i}{y_T^N / y_0^N}\right)$으로 나타낼 수 있으며, 여기서 y_T^i는 T기간 동안의 i지역의 경제지표이고, G_{0T}는 성장률, G_{0T}^N과 G_{0T}^i는 각각 전국 누적

그림 6 | 고용의 누적 성장 추이와 직업별 고용의 공간 분포

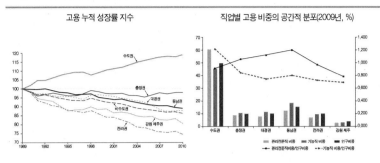

주: 기능직은 기능원 및 관련 기능 종사자와 장치 기계 조작 및 조립 종사자의 합계임.
자료: 국가통계포털(kosis.kr)

지역은 전국 평균 이하의 누적 고용 성장을 보여 주고 있다.

특히 외환 위기를 전후로 수도권의 고용 누적 성장 추세가 한풀 꺾이는 바람에 비수도권의 고용 누적 성장 추세는 상대적으로 더욱더 악화되지는 않고 있다. 최근 생산의 거점으로 부각된 충청권은 전국 평균 이하의 누적 성장 추세를 보여 주고 있으나 비수도권에서는 그나마 상대적으로 고용 사정이 나은 편이다. 수도권 내에서 얼마나 괜찮은 일자리가 창출되고 있는지를 알 수는 없지만 수도권은 여전히 일자리를 지속적으로 창출하고 있으며, 이런 일자리로 인해 비수도권의 구직자들을 유인하고 있는 것이 사실이다.

수도권에는 관리 전문직의 비중이 매우 높지만, 기능직의 경우 동남권, 대경권, 충청권 등 대기업의 분공장 경제가 구축된 지역일수록 상대적으로 높다. 특히 인구 비중을 통제할 경우 이런 공간적 배치는

성장률과 i 지역의 누적 성장률이다. 이는 다시 $\frac{y^i_T/y^i_0}{y^N_T/y^N_0} = e^{G^i_{0T}}$로 다시 쓸 수 있으며 양변에 자연로그를 취하면 전국 평균과 비교되는 i 지역의 누적 성장률 지수는 $G^i_{0T} = ln\left(\frac{y^i_T/y^i_0}{y^N_T/y^N_0}\right)$이다.

분명하게 드러난다(〈그림 6〉 참조). 이처럼 일자리의 공간적 분포에서도 구상과 실행의 분리라는 공간 분업이 분명하게 드러나고 있다.

3) 지역 간 격차의 의미

우리나라의 주요 지역 간 격차는 생산 측면에서는 수도권과 비수도권 간, 분배 소득 측면에서는 서울과 기타 지역, 그리고 고용 측면에서는 수도권과 비수도권 간에 나타나고 있다. 이런 격차는 수도권의 과밀로 요약되는데, 이에 대한 논란이 분분하다. 주류적인 시각에 따르면 수도권의 집중은 시장 기제에 의한 자연스러운 현상에 불과하고, 공간적 과밀 여부에 대한 판단은 이론적·경험적으로 명쾌히 해명될 수 있는 것도 아니다. 그보다는 산업입지 배치에 따른 생산 중심지와 기타 지역 간의 격차가 더욱더 심각하다고 주장한다(김종일 2008). 전술한 바와 같이, 지역 간 생산성의 차이가 주로 지역 간 산업 특화와 산업 내부의 물리적 자본과 인적 자본에 의해 발생한 것이라면, 이런 생산성의 차이는 불가피한 것으로, 즉 시장 기제의 자연스러운 현상으로 수용해야 한다는 것이다.

하지만 지역 간 격차는 다른 차원의 문제, 즉 경제활동의 입지적 적합성 여부를 수반한다(Massey 1979; 정준호 2010). 이런 입장에서 보면 지역 간 격차는 단순한 공간적 분포의 문제가 아니라 생산 활동(산업 조직)의 입지적 적합성 문제와 관련되어 있다. 우리나라 경제가 여전히 요소 비용, 특히 노동비의 절감에 민감하다면, 기능직의 상대적 비중이 비수도권에서 높고 이들이 비정규직으로 채워지고 있다면, 이는 정치·경제적 삶의 지역 간 분단divide으로 이어질 수도 있다는 이야기다. 왜냐하면 부의 공간적 집중에 따른 정치·경제적 권력의 행사는 바로 중심-주변부의 지배 관계를 형성할 수 있기 때문이다. 우리나라의 경우 지역 간 임금격차가 현재 서구에 비해 상대적으로 그다지 심하지는 않지만, 이런 숙련의 지역 간 분단이 고착화되면 영국의 남북 분단 North-South Divide처럼 '일국 내 두 국민'의 출현도 배제할 수 없을 것이다.

우리나라는 상이한 민족들로 구성된 것도 아니고 지역 단위의 경제적 격차도 상대적으로 심하지 않아 서구적 의미의 지역(주의)은 사실상 존재하지 않는다. 하지만 1990년 후반 이후의 산업 특화와 공간 분업이 단순히 공간 분포의 문제가 아니라 중심부는 고급 숙련과 고부가가치를, 반면에 주변부는 반숙련 및 미숙련과 저부가가치를 요구하는 계획적인 생산(산업) 조직에 의해 발생된 것이라면, 지역 문제는 시장 기제의 자연스러운 현상으로만 이해될 수 없다. 이는 중심부와 주변부 간의 경제 권력의 문제를 제기하며 구조적인 차원에서 새로운 지역 문제로 승화될 수 있다는 것을 시사한다. 이런 점에서 우리나라의 지역 문제는 1990년대 후반 이후 새로운 차원으로 전개되고 있다고 볼 수 있을 것이다(정준호 2010).

요약하면, 1998년 외환 위기 이후 더욱더 가속화된 대기업 주도의 수출산업화는 구상과 실행의 공간 분업에 따른 비수도권 일부 지역의 분공장 경제에 기반하고 있다. 충남, 경상남북, 울산 등 생산 거점의 경우 노동생산성이 높지만, 소득의 역외 유출이 광역 대도시와 수도권으로 일어나고 있다. 또한 이를 뒷받침하는 숙련의 공간적 분단이 나타나고 있다. 이런 지역 경제발전 모형은 일부 생산성이 높은 생산 거점에게는 일정한 수혜를 가져다주는 것이 사실이다. 이에 따라 기존 낙후 지역들은 이와 같은 유형의 개발주의적·외생적인 성장 전략을 선호하고 있다.

3. 지역 정책의 주요 쟁점과 대안 모색

이제까지 우리나라의 지역 문제에 대한 현황과 그 요인을 분석하고 그 의미를 살펴보았다. 수도권 과밀 문제로 대표되는 우리나라 지역 문제를 해결하기 위한 정책적 개입은 오랜 연원을 갖고 있다. 긴 역사를 가지는 지역 정책 전반을 검토하는 것은 본고를 넘어서는 작업이기 때문에 이하에서는 최근 지역 정책에 대한 주요 쟁점들을 몇 가지로 요약하고 이에 대해 논의하고자 한다.

1) 균형 정책 담론은 논리적·경험적으로 여전히 유효한 것인가?

주류 경제 담론에서 지역 문제는 지역 간 자원 배분과 특정 지역의 경제활동 또는 인구의 과밀 문제로 요약된다(정준호 2010). 국민경제의 효율성이란 관점에서 전자는 생산요소(예: 자본과 노동) 이동성의 제고를 통해, 후자는 외부효과의 내부화(예: 조세 부과)를 통해 해결될 수 있다고 주장한다. 예컨대 정치, 사회, 문화 장벽 등이 생산요소의 지역 간 이동성을 방해할 경우 이를 시정하기 위한 각 부문별 정책 개입이 용인된다. 과밀로 인해 과도한 혼잡비용이나 높은 지가를 유발할 경우 또한 정부 개입이 인정된다. 하지만 후자의 경우 자기 강화적인 시장 기제가 작동할 경우 과밀 여부에 따른 엄정한 경험적 판단이 거의 힘들기 때문에 정부 개입의 여지는 사실상 사라진다.

지역(균형) 정책은 지역을 차별화할 수밖에 없다. 하지만 주류의 경제 담론은 이런 시각을 수용할 수가 없으며 비공간적인 부문 정책으로 공간적 이동성을 극대화해 지역 문제의 해결을 도모하려고 한다(World Bank 2009).

그렇다면 균형 정책의 담론은 논리적·경험적으로 유지될 수가 없는 것인가? 이에 대해 몇 가지 성찰이 필요하다. 첫째, 균형 정책에서 균형balance은 균형equilibrium이 아니다. 후자는 경제적 의미로 시장 기제 내에서 하나의 점으로 수렴하는 것을 가정하지만, 전자는 정치·사회적으로 민주주의의 확대를 함의한다. 즉, 전자는 중앙과 지방 간 역할과 기능 분담을 통한 견제와 균형, 경제활동 분포의 재배치를 통한 견제와 균형 등을 광범위하게 포괄한다. 또한 자원과 역량의 분산 및 분권 양자를 수반하며 공간적 이동성(즉, 공간적 집중과 분산)에 대한 견제와 균형, 즉 민주주의 심화를 추구하는 것이다. 이런 의미에서 균형 정책은 필요하다.

둘째, 지역 간 수평적 형평성equal treatment of equals 추구는 헌법[7]에 명시되어 있다. 수평적 형평성에 대한 기존의 교과서적 논의는 상이한 지역에서 동일한 명목임금을 받는 두 개인을 상정한다. 예를 들면, 수평적 재정 지원 제도나 지역 간 재정 이전은 이런 가치를 실현하고 경제적으로 지역 간의 유효 수요를 관리하는 자동 안정화 장치의 일환이다.

이런 논리와는 달리, 데이비드 알부이(Albouy 2010)는 수평적 형평성의 논의를 '지역 간'이 아니라 '지역 내'로 좁혀 버린다. 지역 간 임금 수준이 상이할지라도 주민들이 지역 내에서 동일 임금을 받을 수 있다면 수평적 형평성이 달성되었다고 가정하는 것이다. 생계비와 소비수준의 차이에 따라 지역 내 동일한 명목임금을 받는 상이한 지역 주민

7_헌법 제120조 2항: "국토와 자원은 국가의 보호를 받으며, 국가는 그 균형 있는 개발과 이용을 위하여 필요한 계획을 수립한다."
헌법 제122조: "국가는 국민 모두의 생산 및 생활의 기반이 되는 국토의 효율적이고 균형 있는 이용 개발과 보전을 위하여 법률이 정하는 바에 의하여 그와 관한 필요한 제한과 의무를 과할 수 있다."
헌법 제123조 2항: "국가는 지역 간의 균형 있는 발전을 위하여 지역경제를 육성할 의무를 진다."

들 사이에서 실질임금의 차이가 발생하는 것은 당연하다. 이처럼 지역 간 소득 차이가 지역 내 노동력 구성 또는 지역 그 자체에서 기인하는 지를 구별할 필요가 있다는 것이다. 이는 재분배 기제 중에서 개인소득의 형평화라는 소득재분배는 용인될 수 있지만, 지역 간 차이의 형평화라는 공간 재분배는 비효율적이라고 생각한다는 것을 시사한다. 환언하면, 명목적으로 지역 간 형평성을 추구할 것이 아니라 실질적으로 지역 내에서 개인 소득의 형평화를 추구해야 한다는 것이다.

이런 논리는 소비수준이나 생계비 차이를 고려할 경우 대도시 전체가 다른 지역들에 비해 재정상 불이익을 받고 있다는 주장을 대변한다. 대도시권 내에서도, 예컨대 수도권 내에도 낙후 지역들이 당연히 존재하는데 수도권이라는 이유만으로 재정과 개발상의 불이익을 받고 있다는 주장이 바로 그것이다. 이런 이유로 강화, 옹진, 연천 등 3개 군이 수도권 규제에서 제외되어야 한다는 주장이 제기되고 있으며, 최근에 3개 수도권 자치단체장이 이에 합의했다. 이런 논리는 공간의 분석 규모에 따라 수평적 형평성의 논리가 다르게 해석될 수 있다는 것과 동시에 공간 규모가 축소되면 지역 정책의 위상이 불분명해질 수 있다는 것을 시사한다.

하지만 일국 내 지역 간 수준과 지역 내 수준의 논의는 구별되어야 할 필요가 있다. 일국 내 수준에서 (대)지역 간 균형 문제와 지역 내 (소)지역 간 균형 문제는 차원이 다르다. 왜냐하면 상이한 공간 수준은 상이한 사회적 관계들과 그에 따른 권력의 행사를 수반하기 때문이다. 중앙정부의 지역 정책은 기본적으로 일국 내에서 동일한 공간 계층(예: 광역 수준) 간 상호 견제와 균형을 목표로 하는 균형 정책이다. 따라서 일국 차원의 균형 정책의 위상은 지역 내 (소)지역 간 균형 정책으로 환원될 수가 없다. 후자는 지방정부가 담당해야 할 몫이다.

셋째, 지역 차원에서 정책을 패키지 형태로 전달해 그 효과성을 제고할 수 있다는 생각은 지역 정책의 유용성을 강화한다. 전술한 바와 같이, 정책적 개입이 필요한 개인이나 기업들이 공간적으로 집중되어 있는 경우가 비일비재하다. 이 경우 여러 가지 문제들을 복합적으로 안고 있다면 지역 단위로 패키지 형태의 정책들을 전달하게 되면 소기의 성과를 거둘 수 있을 뿐만 아니라 부처별 부문 정책의 시금석으로도 활용할 수 있다(Smith 1999). 지역은 다양한 경제·사회적 활동들이 펼쳐지는 장이다. 생산성 향상과 고숙련 일자리 창출을 위해 다양한 자산들의 조합을 지역 차원에서 실험할 수 있다(Department for Communities and Local Government 2008). 또한 입지 제약적인 자산을 가져서 공간적으로 집중되어 있는 개인 또는 기업을 대상으로 정책을 개입하는 경우, 지역 차원에서 정책을 통합적으로 수행하면 이들에 대한 정책 대상의 설정이 용이하고 맞춤형 정책 서비스를 제공하고 정책의 효과성을 증대할 수도 있다(정준호 2010).

마지막으로, 국민경제의 기능적·공간적 포트폴리오를 재구성하는 전략으로서 지역 정책을 사고할 필요가 있다. 반도체, 조선 등 특정 분야 산업 경쟁력(특화)에 기반을 둔 과도한 수출 주도형 경제는 대외 경기변동성에 취약하고 지속적인 혁신 창출에 장애가 될 수 있다. 서브프라임 모기지 사태가 초래한 2008년 글로벌 금융 위기에서 보듯이 국민경제가 특정 산업(예: 금융)에 특화되고 수출에 과도하게 의존할 경우 국민경제의 건전성이 상당히 훼손될 수 있다. 이런 국민경제의 리스크를 방지하기 위해서는 성장 동력 기반의 다각화와 이를 실현하는 입지(지역) 경쟁력의 다각화도 동시에 필요하다.

환언하면, 대외 경기변동성에 유연하게 대응할 수 있는 대내적인 성장 기반을 확보하는 국민경제의 건전성 확보가 시급한 과제로 등장하고 있다. 이를 위한 국민경제의 지속적인 성장 동력의 확보와 이를 실현할 수 있는 입지 경쟁력의 확보는 세계화 시대에도 지속적으로 요구되는 국가의 전략적 역할이다. 이런 성장 기반의 지역적 다각화는 내수 기반의 토대를 강화함으로써 세계경제의 과도한 변동성에 대응할 수 있는 국민경제와 국토 공간에 유연성을 부여하고, 고용 창출 기반의 확대와 동시에 이종 간 산업의 융합과 혁신을 가속화할 수 있는 기반을 창출할 수 있을 것이다.

2) 지역 혁신 체제와 클러스터와 같은 내생적 발전 전략은 여전히 필요하고 유효한 전략인가?

전술한 바와 같이 우리나라 지역 발전 모형은 내생적 발전 모형을 선호하는 것 같지만 실상은 외생적인 성장 모형을 따르고 있으며, 이로 인한 일자리 창출과 부가적으로 부동산가격 상승의 혜택을 누리고자 한다. 우리나라에서 외생적 성장 모형이란 대기업의 분공장 경제를 지칭하는데, 지역경제 내 전후방 연관이 약하고 소득의 일정 부분이 역외로 유출되어 지역 내에서 환류되지 않고 지역 내 사업체의 의사 결정 권한도 약하다. 반면에, 내생적 발전 전략은 지역 내 자원과 역량을 주체적으로 동원·축적하고 이에 따른 경제적·사회적 과실을 지역 내에서 향유하는 것을 목표로 한다.

참여정부는 지역의 내생적 발전 전략을 도모하기 위해 지역 혁신 체계의 구축과 지역 혁신 역량 강화를 새로운 지역 정책 패러다임으로 제시했으나 기업 도시, 혁신 도시, 행복 도시, 각종 혁신 센터 건립 등 하드웨어 중심의 개발이 압도함에 따라 '신개발주의'라는 비판에 직면했다. 이명박 정부는 이런 비판에도 아예 아랑곳하지 않고 4대강 사업과 각종 지역개발 사업들을 더욱더 밀어붙이고 있다. 기업 친화적인 활동 촉진과 기업 유치 활성화란 명목으로 산업 단지 개발 규제완화, 토지 규제완화 등을 대폭적으로 단행했다. 또한 지역 산업 육성도 대기업 성과 중심의 사업 패턴으로 변경되었다. 이들은 구래의 하드웨어 중심의 공급주의 개발 방식을 답습하고 있다. 결과적으로 각종 프로젝트들의 지역 유치를 위한, 사활을 건 경쟁이 벌어짐에 따라 지역 내 토후 세력의 견제를 위한 다양한 지역 시민 네트워크의 형성과 강화라는 지방자치 본연의 민주주의 가치가 희석되고 있다. 또한 부동산 가치 상승에 의한 자산 소득의 증가를 겨냥한 나머지 개발 이외의 다른 가치(예: 지속가능발전)가 끼어들 여지가 축소되고 있다.

이처럼 외생적인 성장 전략은 개발주의적이고 토건주의적 사고를 잉태하고 지역 간 경쟁을 강화시켜 다른 사회적 갈등들을 은폐하고 있다. 내생적 발전 전략은 이에 대한 대안적 시각을 담고 있다. 참여정부가 본격적으로 클러스터와 지역 혁신 체제 구축을 통해 성장 동력을 발굴하고 고용과 혁신 환경을 창출함으로써 지역 발전을 도모하려고 했음에도 불구하고, 물론 지역 사업의 기획과 실행에 대한 중앙과 지역 간의 협력 모형 구축 경험의 소중함을 일깨웠지만, 그런 성과는 일천한 것으로 나타나 있다.

지역은 대기업의 분공장이나 대단위 개발 프로젝트를 유치하는 것에 왜 그토록 목을 매고 있는 것일까? 자치단체장의 선심성 공약이나 주민들의 단기적 부동산가격 상승에 대한 기대, 지역 내 주체들의 역량 부족 등에 대한 논의를 제쳐 두고, 내생적 발전 전략의 정책 수단으로서 각광을 받은 클러스터와 지역 혁신 체제 구축의 가능성을 우리나라의 맥락에서 성찰할 필요가 있다. 주지하는 바와 같이, 클러스터나 지역 혁신 체제는 네트워크와 지리적 근접성(또는 착근성)이라는 양자의 결합에 따른 시너지를 활용하는 것이다. 이는 또한 개별적 효율성이 아니라 집합적 효율성을 가정한다. 네트워크 형성의 측면에서 실리콘밸리, 제3이탈리아, 바덴뷔르템베르크 등의 성공 사례들을 유심히 들여다보면 중소기업들 간 또는 대기업과 중소기업 간 협력적 네트워크에 기초한 것이다. 하지만 재벌 대기업이 지배적인 우리나라 현실에서 수평적인 의미의 개방적 네트워크가 구축되지 않아 '네트워크 실패'(Schrank and Whitford 2011)가 발생하고 있다. 대기업과의 연관 이외에 다른 생존의 길을 모색하기 쉽지 않은 지방 중소기업의 현실을 고려하지 않는 산학 연관 네트워크는 어떤 정책적 수단을 동원하더라도 원하는 방향으로 구축되지 않는다. 또한 지리적 이동성이 매우 강한 우리나라 상황에서 지리적 근접성의 이득은 무엇인가에 대한 성찰이 정책 형성의 과정에서 누락되어 있다.

이처럼 지역과 산업 현실을 고려하지 않고 표준화된 중앙정부 주도 지역 혁신 정책은 겉으로는 혁신 체제의 구성 요소들을 패키지 형태로 지역에 구축하고 있지만 실질적으로 작동이 되지 않고 있다. 지역 혁신 정책은 혁신의 제도적 환경을 조성하는 것이고 지역 단위의 공공재 생산을 일컫는 것이지, 특정 기업군에 대한 비용 절감이 되어서는 안 된다. 그렇다면 굳이 공공 부문이 이런 정책적 개입을 할 필요가 있는지 의구심이 든다. 우리나라 현실에서 지역 혁신 정책은 부문 정책인 경쟁정책, 즉 대기업과 중소기업 간 상생 협력을 이루기 위한 공정거래 기반의 형성과 같은 정책 개입과 우선적으로 보조를 맞추어야 한다. 이를 통해 네트워크의 위계적이고 폐쇄적인 성격을 탈바꿈시키는 작업과 병행해야 이런 혁신 정책 그 본래의 의미가 되살아날 수 있다.

이런 네트워크에서 벗어나 있는 노동 집약적인 지연·향토 산업들을 클러스터로 구축하고 이를 전국적인 수요 확대 정책과 맞물린다면 고용 기회를 확대해 사회통합적 경제inclusive economy의 구축에 기여할 수 있을 것으로 보이나, 첨단산업이 고부가가치라는 기술주의적 인식이 저변에 깊이 깔려 있어 이에 대해 상대적으로 경시하고 있다. 또한 지역경제에서 사회적 경제의 중요성에 대한 자각은 매우 중요하다. 하지만 최근 영국의 보수당 연정 정부가 과도한 재정 적자를 줄이기 위해 'Big Society'이란 미명 아래 공공 부문의 역할을 사회적 경제로 떠넘기고 있다. 이처럼 사회적 경제가 국가와 시장 사이의 이분법을 넘어 '(지역)사회'를 구성할 수도 있지만 정치·사회적 역학 관계에 따라 기존의 프레임에 함몰될 수도 있음에도 유의해야 한다.

3) 다핵형 공간구조 형성 및 행정구역 개편과 같은 논의에서 분산과 분권은 어떤 관계인가?

참여정부는 수도권과 비수도권 간 지역 문제를 해결하기 위해 비즈니스 허브화 전략, 전국 각지의 기업 도시와 혁신 도시 건설, 행복도시 건설 등을 통해 다핵형 경제 공간을 형성하려고 시도했다. 이명박 정부는 5+2 광역권 형성을 통해 지역별 특화 발전을 추구하고 있다. 이는 세계적인 경쟁 환경 속에서 독자적인 경제단위로 성장하기 위해서는 광역권 구축이 필요하다는 인식을 수용하고 있다. 이런 광역권 규모에서 성장극을 다극화해 지역 문제를 해결하려는 시도는 이명박 정부의 발상이 아니라 참여정부 후반기에 이미 제기되었던 것이기도 하다. 이에 대해 몇 가지 검토가 필요하다.

첫째, 우리나라 경제가 IT, BT, 문화콘텐츠, 금융, 물류 등 지식기반산업에 기초한 발전 경로를 따라갈 경우 이런 성장 기반을 조만간에 뒷받침할 수 있는 제도적 조건과 역량을 갖춘 지역은 수도권뿐이며,

세계적으로도 이런 산업들을 담당하는 지역은 극소수에 불과하다. 이런 산업들을 재벌 대기업이 선도하고 있는 현실에서 수도권은 소위 재벌의 경제활동 공간으로 탈바꿈하기 위해 각종 규제완화를 요구하고 있다고 볼 수 있다. 이를 위한 논리로 성장의 낙수효과를 제시하고 있지만 네트워크 경제 내에서 이에 직접적으로 연결되지 않는 배후지의 경제적 효과는 미미하다.

둘째, 다핵 성장 축의 형성이란 측면에서 거의 모든 지역이 수도권과 같은 성장 지역이 되려는 계획을 가지고 있다. 거의 모든 지역의 발전 계획은 첨단산업으로 도배되어 있으며 지연 산업의 고도화에 대한 관심은 지극히 미약하다. 이런 점에서 첨단산업 위주의 다핵 성장 축의 형성은 장밋빛 환상에 불과할 수 있다.

셋째, 성장극의 다양화는 집중적인 자원 배분과 관련되어 있어 사회 갈등의 기폭제가 될 수 있으나 적정 공간 단위의 규모 설정에 따라 강도가 완화될 수 있는 여지도 있다. 성장 극의 형성을 위해서는 기본적으로 규모와 범위의 경제를 고려할 수밖에 없으므로 광역 단위를 대상으로 해야 하는데, 적정한 광역 단위의 규모에 대해서는 여러 가지 이견들이 있다. 예컨대 경험적으로 인구 500만 명 내외[8]가 적정하다는 주장이 있다. 현행 16개 광역 지자체들이 5~7개 내외의 광역권으로 줄어들면 지역 간 갈등이 다소 완화되어 우리나라 사회의 다양한 계층 간 경제·사회 문제를 희석시킬 수 있는 공간 물신론을 경계할 수 있다.

마지막으로, 광역권은 다양한 지역들 간의 네트워크로 구성이 되어야지 하나의 단일 중심지와 배후지로 구성되어서는 안 된다. 광역권

8_OECD 연구에 의하면 인구 600만 명 수준에서 집적의 불경제가 심화되고 있는 것으로 보고되고 있다(OECD 2006). 집적의 불경제가 높은 대도시권으로 서울, 동경 및 멕시코시티를 지적하고 있다.

내의 중소 도시들의 역할과 기능이 부여되고 이들 간의 협력적 네트워크를 통해 이루어져야 하는데, 예를 들면, 이명박 정부와 경기도가 추진하는 '수도권 광역급행철도'GTX 계획은 이런 발상과는 거리가 멀다. 다른 한편으로, 풀뿌리 지역 발전을 강조하는 이들은 이런 광역권 논리를 비판하지만, 이들은 기초와 광역 단위 공간 규모에 따른 기능과 역할, 권력의 행사가 상이하다는 점을 인식하지 못하고 있다. 기초단위의 성공이 광역 단위로 곧바로 이어진다는 보장은 없다. 동일한 메커니즘이 공간 규모와 상관없이 작동할 것이라는 사고는 수용하기 힘들다. 왜냐하면 전술한 바와 같이 상이한 공간 수준은 상이한 사회관계와 권력관계를 수반하고 이에 따라 구성되기 때문이다.

참여정부가 자원과 역량의 분산에 집중했다면 이명박 정부는 상대적으로 분권에 관심을 기울이고 있다. 이는 현재 행정구역 개편의 추진으로 나타나 있다. 2009년 8월 행정안전부의 자치단체 자율 통합 계획에 따라 18개 지역의 46개 시군이 통합 건의를 냈으나 결국 마산·창원·진해 1개 지역만이 통합이 성사되었다. 이 과정에서 대부분의 지역에서 주민들 간 통합 찬성과 반대 주장으로 갈등이 증폭되었으며, 인근 통합 대상 지역을 존중하지 않는 부작용이 발생했다. 이에 따라 이명박 정부는 여야 합의로 지방행정 체제 개편 추진위원회를 구성하고 "시·군·구 통합 기준"(2011년 9월)을 제시했다. 이에 따르면 시·군 통합 등 지방행정 체제 개편이 주민의 자율적 의사를 존중해 인구 또는 면적의 과소 지역을 중심으로 추진한다는 것이 골자다. 추진위원회는 2012년 6월말까지 시·군·구 통합 방안을 마련해 대통령과 국회에 제출하고 해당 지역 의견 수렴 과정을 거쳐 2014년 7월 통합 지자체가 출범하는 것을 목표로 하고 있으며, 통합에 따라 인구가 50만 명 또는 100만 명 이상이 되는 대도시에 대해서는 행정 기능을 강화하고 자율성을 확보할 수 있도록 사무·행정·재정 특례 등을 지원하기로 했다.

통합 기준에 따르면 행정구역 개편 대상이 광범위해 기존의 지방 행정 체계를 개편하려고 하고 있으나, 실제로는 중앙정부와 지자체 간, 그리고 광역과 기초 지자체 간의 기능과 역할 분담에 대한 논의는 미약하다. 또한 통합 기준이 인구와 면적 등 일률적 기준으로 환원해 시군의 역사성과 정체성을 반영하고 있지도 않다. 행정구역 개편이 단 순히 행정 효율성의 증진만을 대상으로 할 수 없으며, 역사성·정체성 형성, 주민자치의 강화 등을 고려해야 한다. 사실상 추진위원회가 추 진하는 지방행정 체제 개편은 현행 도 기능의 중앙정부로의 통합과 지 방분권을 거부해 중앙집권을 가속화하는 방향으로 추진되고 있다고 볼 수 있다.

분권화 여부를 결정하는 경제적 논리는 선호(이질성과 다양성), 규모 의 경제, 외부효과, 의사 결정 비용, 혼잡 효과의 편익과 비용의 계산 이다. 하지만 분권화는 중앙의 잘못된 의사 결정에 대한 길항력 countervailing force, 즉 견제와 균형의 기반으로 작용하고, 공간적 인접성의 논리를 바탕으로 민주주의의 참여와 확대를 심화하는 기제이기도 하 다. 또한 역사와 사회적 통합, 정체성, 그리고 국토 공간의 효율적 이 용과 연계라는 측면에서 분권화가 결정된다. 이런 분권화를 정치적· 공간적·기능적 측면에서 제도화한 것이 행정구역이라고 할 수 있을 것이다.

분권의 공간구조를 2계층, 즉 기초와 광역으로 나누어 생각해 보 면, 기초는 공간적 근접성 원리에 기반을 둔 자치 역량의 확대와 대민 서비스를 제공한다. 반면에, 광역은 중앙정부 권력에 대한 견제와 균 형의 역할과 동시에 기초 지자체들 간의 의견 조정, 전략적인 경제발 전과 계획 수립이라는 역할을 수행한다고 볼 수 있다. 물론 전술한 바와 같이 광역 단위의 공간 규모는 유동적이다. 그리고 우리나라의 경우 다른 OECD 국가들과 달리 기초단위의 공간 규모가 상당히 크다. 최근 논의되는 행정 효율의 극대화를 위한 행정구역의 확대 개편(안), 소위 단층제(안)은 대면 접촉을 통한 주민자치와 민주주의의 심화와 중앙에 대한 지방의 길항력 확보라는 견제와 균형의 민주주의 원리와 배치되는 것으로 보인다.

4) 경쟁력 강화를 위해 수도권의 집적 경제의 무한한 이득 추구를 허용해 주어야 하는가?

우리나라의 핵심 지역 문제는 주지한 바와 같이 수도권과 비수도권 간의 격차다. 정부는 이런 문제를 해결하기 위해 1982년 '수도권정비계획'법을 제정해 수도권의 집중 억제와 지역균형발전을 종합적으로 대처해 왔다. 수도권 규제 정책은 대학 입학 정원 총량제, 공장 건축 총량제, 공업 지역 면적 총량제 등과 같은 성장 관리 정책과 대학과 공장 등 인구 집중 유발 시설의 입지 규제와 같은 성장 규제 정책을 포함하고 있다. 하지만 1990년대 이후 수도권 정책을 국내 관점이 아니라 세계 대도시권 시각에서 바라보아야 한다는 주장이 제기되기 시작했다. 동아시아권의 주요 대도시와 경쟁하기 위해서는 수도권에 대한 규제를 대폭 완화하고 투자를 확대해야 한다는 것이다. 1990년대 후반의 인천 경제자유구역의 지정은 이런 추세를 반영하고 있다.

이처럼 1990년대 이후 수도권 규제 시책이 합리화 또는 완화되는 추세이며 이는 2000년대에도 이어지고 있다. 국가균형발전을 국정 과제로 격상한 참여정부도 예외는 아니어서 수도권 규제는 다양한 방식으로 축소 또는 완화되어 왔던 것이다. 하지만 이런 규제의 합리화나 완화는 '선지역 발전, 후수도권 규제완화'의 기조를 유지했으나, 이명박 정부의 수도권 규제완화는 이런 기조를 완전히 뒤엎고 있다. '분산·균형·혁신'을 내건 참여정부의 지역 균형 정책과 달리 이명박 정부는 '경쟁·특화' 중심의 지역 발전 정책으로 선회했다. 이런 이면에는 성장 지역(예: 수도권)의 낙수효과에 대한 막연한 기대, 균형 정책에 대한 부정적 시각과 수도권의 팽창 노선이 깔려 있다. 결과적으로 지역 육성과 수도권 규제완화를 연계하려는 정책적 노력을 보여 주기는커녕 수도권의 규제완화에만 골몰했다. 수도권 정책에 대한 기본 방향은 2008년 10월 '국가경쟁력 강화위원회' 이름으로 '수도권 규제 합리화 방안'에 잘 나타나 있다. 이는 전면적인 토지 이용 규제완화 방안을 제시하는 틀 속에서 대폭적인 수도권 규제완화를 단행했다. 예를 들면, 공장 총량제 적용 대상 축소, 대기업 공장입지 규제완화, 자연 보전 권역 입지 규제완화 등이 이루어졌다. 최근에는 그나마 남아 있던 수도권 규제를 아예 무력화하려는 움직임이 포착되고 있다. 『문화일보』(2011년 1월 24일자)에 따르면, 국토해양부에서 대한국토·도시계획학회에 의뢰한 "대도시권 인구 집중에 대한 인식 평가를 통한 향후 수도권 정책 방향 연구"(2010년 5~10월)에는 세종시, 혁신 도시 및 기업 도시 효과가 가시화되는 2013년부터 '수도권정비계획법'을 폐지하고 '수도권계획관리특별법'을 제정해 수도권 규제를 대폭 완화·폐지한다는 내용을 담고 있다는 것이다. 공식적으로 정부는 이를 부인하고 있지만 이명박 정부의 수도권 규제와 균형 정책의 무력화 시도는 줄기차게 진행되고 있다.

수도권 문제는 비수도권과의 관계에서 제기되는 문제와 자체 지역 내에서 제기되는 문제가 섞여 있다. 전술한 바와 같이 지역 문제로서 논의되는 것은 주로 비수도권 간의 관계다. 최근의 수도권정비계획법의 무력화 시도는 바로 공간 규모의 수준을 달리함으로써 앞서 논의한 바와 같이 지역 정책의 근거를 불분명하게 만드는 효과를 낳을 수 있다. 다른 한편으로, 이런 무력화 시도는 수도권의 공간 집중이 야기하는 권력의 행사에 대한 민주적 견제와 균형으로부터 벗어나겠다는 것을 의미한다. 또한 수도권과 비수도권 간의 상생 발전에 대한 사회적 토론의 장에서 이탈하겠다는 표시이기도 하다. 성장의 낙수효과가 제한적일 수밖에 없는 현재의 상황에서 경쟁력 향상이란 미명하에 민주주의적 가치를 훼손시킬 수 있다는 점에서 이를 경계할 필요가 있다.

수도권의 전면적인 규제완화는 경쟁력 강화와 집적 불이익의 문제에 대한 새로운 쟁점을 제기하고 있다. 수도권이 고임금, 고지가 등 고비용경제에 따른 요소 비용의 강제 인하에 대한 위협 증대(예: 인플레이션의 지역 간 전가 가능성, 산업공동화 위협 등), 경기변동과 외부 충격에 대한 민감도의 증대, 비생산적인 지대추구자의 증가 등을 야기함으로써 경제의 불안정성을 증폭시켜 국민경제의 건전성을 침해할 수 있다. 그렇다면 국민경제의 건전성의 유지와 사회통합의 측면에서 다핵형 성장 축의 형성이 수도권 문제만큼이나 시급한 과제인 것이다.

4. 맺음말

우리나라의 지역 간 격차는 서울(또는 수도권)과 기타 지역 간의 소득 격차의 양극화로 요약되고, 이는 2000년대 이후 재벌 대기업의 수출산업화를 가능케 하는 지방의 분공장 경제와 궤를 같이한다. 산업입지의 패턴에 따른 노동생산성의 지역 간 격차와 이들 소득의 역외 유출에 기인한다. 지역 간 격차는 공간 분포 이상의 권력의 행사와 지배의 문제를 제기한다는 점에서 정치·경제적 문제이기도 하다.

지역 정책은 지역 간 개인 선호의 경제적 균형equilibrium을 단순히 추구하는 것이 아니다. 이는 공간 계층구조 간의 균형balance을 통해 중앙 권력에 대한 지방의 정치적 견제와 성장의 공간적 다극화를 통해 국민 경제의 건전성과 경제 권력 행사의 공간적 균형을 도모함으로써 민주주의 가치의 증진을 지향하는 것을 목표로 한다. 따라서 자원과 역량의 공간적 분포는 단순한 분포 이상의 의미를 갖는다.

지역 문제는 공간 규모에 따라 다양한 층위를 가지고 다양한 부문과 영역들을 포괄하기 때문에 복잡다기하다. 전술한 바와 같이 구조적이기 때문에 단기간에 지역 문제를 해결한다는 것은 사실상 불가능하다. 내생적 발전 전략의 수단으로서 클러스터와 지역 혁신 체제 정책이 사용되고 있지만 소기의 성과를 거두고 있다. 그렇다고 이런 정책 수단들을 폐기할 수는 없다. 이것들은 개별적 효율성보다는 집합적 효율성을 추구하고 이를 위해 집합적인 공공재를 제공한다는 점에서 기업에 직접 보조금을 주는 외생적 성장 전략보다는 진일보한 것이라 생각된다.

중앙 부처 간 칸막이식의 정책 전달 체계, 중앙 부처 중심의 사업 체계, 지역 사정을 감안하지 않는 획일적인 사업 방식 등 고질적인 중앙 주도 정책 수행의 문제점들이 성과를 가로막는 것이 사실이다. 이런 전달 체계의 개선이 광범위한 포괄 보조금제의 도입을 통해 가능할 수 있을 것이다.

이런 개선도 중요하지만 우리나라의 대기업과 중소기업 간의 네트워크의 특성을 획기적으로 변환시킬 수 있는 경쟁정책 등의 부문 정책과 이들 정책이 상호 연계되어야 한다. 재벌 대기업의 네트워크에 포섭된 경우 협력적인 관계를 촉진하는 클러스터의 시책이 효과를 발휘하기가 쉽지 않다. 그렇다면 이런 네트워크에 포섭되지 않은 지연 산업의 클러스터화를 통해 산업의 고도화를 추진하는 것이 더욱더 효과적일 수 있다. 클러스터나 지역 혁신 체제의 구성 요소들을 패키지 형태로 구축하는 정책 대신에 기업 간 관계를 실질적으로 변화시킬 수 있도록 정책 간의 연계나 조정이 더욱더 필요한 시점이다.

다핵형 성장극의 추진은 광역권 단위에서 이루어지는 것이 바람직하다고 생각한다. 규모와 범위의 경제를 감안하는 경제적 논리도 중요하지만 수도권에 길항력으로 작용하기 위해서는 정치적으로 중앙 권력에 대해 지방이 견제와 균형을 할 수 있어야 하며 이를 위해서는 일정한 공간 규모를 갖출 필요가 있는 것이다. 기초단위의 풀뿌리의 발전 전략을 그렇다고 부인하는 것도 아니다. 광역권은 이들 기초단위의 중소 도시들과 농촌 배후지들 간의 네트워크로 구축되어야 하며, 현재의 단일 중심지와 배후지로 구성되는 공간구조를 탈피해야 한다. 후자의 공간구조는 과도한 집중을 야기하는 것이고 분산적 집중을 통한 경제적 이득을 향유하는 것이 아니다.

이런 맥락에서 최근에 논의되는 행정구역 개편에서 단층제(안)보다는 중층제(안)이 이런 논리에 부합되는 것으로 보인다. 전자는 행정의 효율성이란 관점에서 주민자치의 강화와 중앙 권력에 대한 지방의 견제와 균형이라는 민주주의의 가치를 훼손하는 것과 같다고 생각한다. 따라서 지역 정책은 분권과 분산을 동시에 수반할 수밖에 없으며 이들 간의 조화가 필요하다. 일방의 분권과 일방의 분산 정책이란 존재할 수 없다.

'선지역균형발전', '후수도권 규제완화'의 정책 기조를 재천명할 필요가 있다. 수도권 내부 문제도 중요할 수 있지만, 비수도권과의 관계에서 수도권 문제를 바라볼 필요가 있다. 수도권의 공간적 집중에서

야기되는 권력의 행사에 대한 견제와 균형이 우선시되기 때문이다. 이를 위해 비수도권에 대한 재정상의 배려를 위해 수도권 개발이익 일부에 대한 공유 노력을 강화할 필요가 있다. 현재 수도권 개발이익의 공유를 위해 과밀 부담금 등을 재원으로 '지역개발 기금'을 마련하고 있으나 재원이 극히 제한되어 있어 확대가 필요하다. 이를 위해 그동안 수도권 개발이익에 기반한 '(가칭)지역 발전세' 신설 및 국세의 일부(부가가치세, 법인세의 2~30%)를 적립하여 '(가칭)지역 발전 기금'을 조성하거나 수도권과 비수도권 간 공동세 제도 도입, 국세 차등 배분 제도 등 다양한 대안에 대한 검토와 실행 방안의 마련이 필요하다(지역균형발전협의체 2008).

수도권과 비수도권의 상호 기능적 특화와 분담 체계를 바탕으로 다양한 측면에서 상호 협력 및 상생 방안을 마련해 불필요한 경쟁과 대립을 해소하고 공동 발전을 추구할 수 있는 방안 마련이 필요하다. 수도권은 비수도권의 벤치마킹의 대상이나 모방의 대상이 되는 것을 삼가야 한다.

수도권의 경우에도 서구의 대도시권처럼 도시 확산의 방지와 농경지 및 녹지 보전을 위한 도시 개발의 경계 설정, 기반 시설 연동제, 그리고 삶의 질 향상을 위한 환경 및 건축 규제 수준의 강화 등 다양한 계획적 통제 수단을 도입함으로써 무분별한 수도권 집중을 억제할 필요가 있다. 수도권 집중 억제의 정책 목적 달성과 실효성이 있는 계획적 통제 수단의 도입 등을 위해 수도권 자치단체에 의한 공동의 광역 도시계획 수립 및 집행 체계 구축이 필요하다. 그동안 수도권정비계획은 중앙정부 주도로 수립되었으나 계획의 실효성 확보를 위해서는 수도권 및 비수도권 자치단체의 자율적인 참여와 협력을 증진할 수 있는 제도적 시스템을 구축할 필요성이 있다(지역균형발전협의체 2008).

09

토지보유세 강화,
토지공개념 실현을 위한 조세 전략

전강수

1. 토지공개념의 근거

오늘날 대부분의 자본주의국가들이 토지 사유제를 채택하고 있지만, 토지에 대해 일반 상품이나 재산에 인정하는 것과 동일한 성격의 절대적·배타적 권리를 인정하는 경우는 드물다. 그것은 토지(이하 자연자원을 포함한다)가 일반 상품이나 재산과는 구별되는 고유한 특성을 갖고 있기 때문이다. 토지에 어느 정도의 공공성을 인정하는지, 그리고 어떤 형태로 그 공공성을 구현하는지는 나라마다 다르지만, 대부분의 나라들이 토지의 공공성을 인정하는 것은 토지의 특수성을 인정하기

● 이 글은 전강수, "공공성의 관점에서 본 한국 토지보유세의 역사와 의미"(『역사비평』 94호, 2011)를 수정·보완한 것이다.

때문일 것이다.

토지가 일반 상품에 비해 어떤 특수성을 갖고 있기에 일반 상품에는 인정되지 않는 공공성을 인정받게 된 것일까? 토지는 천부天賦성, 용도의 다양성, 공급 고정성, 영속성, 비이동성, 개별성, 연접連接성, 이용 결과의 경직성 등 여러 가지 특성을 갖고 있다고 이야기되는데, 그 가운데 소유 측면에서 공공성 인정의 근거가 되는 특성은 천부성과 공급 고정성이다.

주지하다시피 토지는 사람이 만들지도 않았고 만들 수도 없는 천부 자원으로서 인류에게 무상으로 주어졌다(천부성). 사람이 생산을 위해 노력하고 비용을 들이는 일반 상품의 경우 생산자에게 절대적·배타적 권리를 인정할 수 있지만, 토지처럼 무상으로 주어진 천부 자원의 경우에는 개인에게 그런 권리를 인정하기는 곤란하다. 그런데 우리 주위에는 사람이 어떤 물건이라도 사적으로 소유할 수 있고 그 소유권은 무조건 절대적으로 보호되어야 한다는 것을 사유재산의 원칙이라고 믿는 사람들이 있다. 만일 사유재산의 원칙이 그런 내용이라면, 노예제도나 인신매매도 얼마든지 정당화될 수 있을 것이다.

하지만 진정한 사유재산의 원칙은 그런 내용이 아니다. 자유주의의 시조 존 로크John Locke에 의하면, 어떤 물건에 사적 소유권이 성립하는 것은 누군가 그것을 만들기 위해 노동이라는 비용을 지불했기 때문이다. 그렇게 성립한 사적 소유권은 절대적이고 배타적인 권리로서 인정받고 보호받아야 한다는 것이 로크의 생각이었다. 개인의 인격과 신체, 그리고 노동력이 그 개인의 것이라면 그의 노동력을 발휘해서 생산한 물건도 그의 것으로 인정해야 한다는 것이 논거였다. 자신의 노동 생산물을 주는 대신 다른 사람의 생산물을 취득하는 교환을 통해서도 사적 소유권이 성립하는 것은 물론이다.

그러니까 사유재산의 원칙이란, 어떤 물건은 그것을 만들기 위해 노력한(다시 말해, 비용을 지불한) 사람이 소유하는 것이 마땅하다는 '상식'을 세련된 용어로 표현한 것에 불과하다. 이런 상식적 원칙에 입각해서 생각하면, 사람이 다른 사람을 소유하고 거래하는 노예제도는 마땅히 부정된다. 토지 사유제도 마찬가지다. 토지를 만들기 위해 비용을 지불한 사람이 아무도 없기 때문이다. 창조주 말고는 토지를 놓고 절대적·배타적인 소유권을 주장할 수 있는 존재는 이 세상에 아무도 없다.

또한 토지는 일반 상품이나 자본과 달리, 수요가 증가한다고 해서 공급을 증가시킬 수 없는 물건이다(공급 고정성). 더욱이 토지는 생산과 생활에 필수불가결한 자원임에도 대체재가 존재하지 않는다. 이런 자원에 대해 사회의 일부 기민한 사람들이 절대적·배타적 소유권을 행사하도록 허용하는 것은 나머지 다수의 사람들이 토지에 접근하지 못하도록 장벽을 쌓는 것이나 다름없다. 그뿐이 아니다. 공급이 가변적인 일반 상품이나 자본의 경우 수요 증가는 공급 증가를 유발해 결과적으로 사회 전체의 복지를 증대시키지만, 공급이 고정된 토지의 경우 수요 증가가 오로지 가격 상승을 유발하고 끝나기 때문에 토지 소유자만 이득을 볼 뿐이다.

많은 나라들이 토지 사유제를 채택하면서도, 일반 상품이나 재산에 허용하는 것과 같은 절대적·배타적 권리가 아니라 공공에 의해 제약을 받는 소유권만을 인정하는 이유는 토지가 그만큼 특수한 자원이기 때문이다.

한편, 연접성이나 이용 결과의 경직성과 같은 토지의 특성들은 이용 측면에서도 토지의 공공성을 인정하게 만든다(김윤상 2009, 35-36). 연접성이란 개별 토지 단위들이 연속적으로 접하고 있기 때문에 어느

한 필지에서 이루어지는 경제행위가 주변 다른 필지에 바로 영향을 끼치는 성질을 가리킨다. 경제학에서는 이런 현상을 외부효과라고 부르는데 토지 사용 행위의 외부효과는 유독 강하다. 이 때문에 토지 사용의 공간적 조화 문제가 특별한 관심의 대상이 되고, 유럽 국가들처럼 '계획 없이는 토지 이용도 없다'는 계획 우선의 원칙을 취하든, 미국처럼 토지 사용의 부작용을 사후적으로 규제하는 원칙을 취하든, 세계 대부분의 나라들에서 토지 이용에 대해 국가가 공적으로 규제하는 제도를 도입하고 있는 것이다(이정전 2009, 409-412).

그리고 토지 사용의 결과는 대체로 당해 토지와 강하게 결합되어 쉽게 분리되지 않으며, 상당 기간 지속되며, 철거나 이동에 비용이 많이 든다. 이와 같은 이용 결과의 경직성으로 인해 특정 시점에 토지를 사용한 결과는 그 다음 시점의 토지 이용에까지 영향을 미치게 된다. 이는 토지 사용의 시간적 조화 문제를 발생시키는데, 이 또한 토지 이용에 대한 공적 규제의 근거로 작용한다(김윤상 2009, 36).

2. 대한민국 헌법에 드러난 토지공개념 정신

대한민국의 현행 헌법은 토지의 공공성을 상당 부분 인정하고 있다. 즉, 제23조 1항에서 모든 국민의 재산권을 보장하면서도 그 내용과 한계는 법률로 정한다고 함으로써, 재산권의 상대성을 선언하면서 그에 대한 입법부의 입법 형성권을 인정하고 있으며, 같은 조 2항에서는 "재산권의 행사는 공공복리에 적합하도록 해야 한다"고 함으로써 재산권의 사회적 구속성(즉, 공공복리 적합성)을 선언하고 있다. 그뿐만 아니라 현행 헌법은 토지 소유권을 다른 일반 재산권과 구별해, "국토와 자원은 국가의 보호를 받으며, 국가는 그 균형 있는 개발과 이용을 위하여 필요한 계획을 수립한다"(제120조 2항)는 조항과, "국가는 국민 모두의 생산 및 생활의 기반이 되는 국토의 효율적이고 균형 있는 이용·개발과 보전을 위하여 법률이 정하는 바에 의하여 그에 관한 필요한 제한과 의무를 과課할 수 있다"(제122조)는 조항을 별도로 두고 있다. 이 조항들이 의미하는 바는, 토지 재산권의 사회적 구속성은 다른 일반 재산권에 비해 더 강하며 따라서 그에 대한 입법 형성권은 다른 재산권보다 더 넓게 인정되어야 한다는 것이다(김배원 2005; 이상영 1996).

일찍이 헌법재판소는 국토이용관리법상의 토지거래허가제에 대한 합헌 결정(1989년 12월 22일 88헌가13)에서 토지공개념이 우리나라 현행 헌법의 기본 정신임을 다음과 같이 명확하게 밝힌 바 있다.[1]

모든 사람들에게 인간으로서의 생존권을 보장해 주기 위하여서는 토지 소유권은 이제 더 이상 절대적인 것일 수가 없었고 공공의 이익 내지 공공복리의 증진을 위하여 의무를 부담하거나 제약을 수반하는 것으로 변화되었으며, 토지 소유권은 신성불가침의 것이 아니고 실정법상의 여러 의무와 제약을 감내하지 않으면 안 되는 것으로 되었으니 이것이 이른바, "토지공개념 이론"인 것이다. 그리하여 대부분의 현대 국가에서는 재산권의 내용과 한계를 법률로 정할 수 있도록 하고 있고, 의무를 수반하는 상대적 권리로 규정하고 있는 것이다.

토지의 수요가 늘어난다고 해서 공급을 늘릴 수 없기 때문에 시장경제의 원리를 그대로 적용할 수 없고, 고정성, 인접성, 본원적 생산성, 환경성, 상린성, 사

1_이 결정문은 헌법재판소 홈페이지(www.ccourt.go.kr)에서 판례 검색 기능을 활용해 쉽게 찾아볼 수 있다.

회성, 공공성, 영토성 등 여러 가지 특징을 지닌 것으로서 자손만대로 향유하고 함께 살아가야 할 생활 터전이기 때문에 그 이용을 자유로운 힘에 맡겨서도 아니 되며, 개인의 자의에 맡기는 것도 적당하지 않은 것이다. …… 올바른 법과 조화 있는 공동체 질서를 추구하는 사회는 토지에 대하여 다른 재산권의 경우보다 더욱 강하게 사회 공동체 전체의 이익을 관철할 것을 요구하는 것이다. …… 토지 재산권에 대하여서는 입법부가 다른 재산권보다 더 엄격하게 규제를 할 필요가 있다고 하겠는데 이에 관한 입법부의 입법 재량의 여지는 다른 정신적 기본권에 비하여 넓다고 봐야 하는 것이다.

헌법재판소가 토지공개념이라는 용어를 직접 사용하면서까지 토지 소유권이 신성불가침의 것이 아니고 실정법상의 여러 의무와 제약을 감내하지 않으면 안 되는 권리임을 밝혔고, 그 근거로서 필자가 위에서 언급한 것과 유사한 내용의 토지의 특수성을 제시했다는 사실이 주목된다. 그 이후 헌법재판소는 토지공개념 관련 법률들(토지초과이득세법과 택지소유상한제법)과 종합부동산세법의 위헌 심판 결정에서 과세 기술 등의 세부 규정에 대해 위헌 결정을 내림으로써 토지공개념 제도의 시행에 실질적인 타격을 입히기는 했으나, 헌법상 토지 소유권의 기본 정신이 공개념이라는 총론적 사실에 대해서는 일관되게 지지 의사를 표명해 왔다.

그렇다면 현행 헌법 이전의 헌법은 어땠을까? 재산권의 상대성과 사회적 구속성은 이미 제헌 헌법에 명기되었으며, 토지를 다른 재산과 구별해 그 공공성을 규정하는 현행 헌법의 두 조항(제122조와 제120조 2항)은 각각 제3공화국 헌법(1962년 12월 26일)과 유신헌법(1972년 12월 27일)에 그 원형이 등장한다. 토지공개념 조항이라 불리는 현행 헌법 제122조가 제3공화국 헌법에서 "국가는 농지와 산지의 효율적 이용을 위하여 법률이 정하는 바에 의하여 그에 관한 필요한 제한과 의무를 과할 수 있다"(제114조)는 내용으로 처음 등장한 이래, 유신헌법(헌법 제8호)에서 "국가는 농지와 산지 기타 국토의 효율적인 이용·개발과 보전을 위하여 법률이 정하는 바에 의하여 그에 관한 필요한 제한과 의무를 과할 수 있다"(제119조)는 내용으로 진화한 후, 현행 헌법에서 현재의 내용으로 발전했다는 사실이 흥미롭다. 공개념 적용 대상이 농지와 산지에서 전체 국토로 확대되었으며, 공개념 적용 목적 또한 토지의 "효율적인 이용"에서 "효율적이고 균형 있는 이용·개발과 보전"으로 성숙되어 온 것이다. 현행 헌법으로 개정하면서 "농지와 산지 기타"라는 구절을 삭제하는 대신에 "국민 모두의 생산 및 생활의 기반이 되는"이라는 수식구를 붙였다는 사실도 의미심장하다. 이와 같이 헌법상 토지공개념 조항이 진화해 간 배경에는 아마도 도시화의 급속한 진전과 그에 따른 토지 문제의 악화라는 요인이 있었을 것이다.

이처럼 헌법의 토지공개념 조항은 1987년에 와서야 완성되지만, 그것이 1962년 헌법에서부터 초보적 형태로나마 등장해서 진화를 거듭했다는 사실은 우리나라 헌법이 토지 소유권에 관해 공개념을 기본 정신으로 삼았던 역사가 무척 길다는 것을 의미한다. 실제로 우리나라에서는 오래 전부터 직접 소유를 제한하는 방법, 토지 이용을 규제하는 방법, 처분을 제한하는 방법, 수익을 제한하는 방법 등 다양한 형태로 토지 소유권에 제한과 의무를 과하는 토지공개념을 적용해 왔다. 농지 소유 상한제, 용도지역·지구제, 토지거래허가제, 토지세 및 토지 관련 준조세제도는 각각 네 가지 방법의 대표 격에 해당하는 제도들이다.

아래에서는 이 가운데 수익을 제한하는 방법, 즉 토지세 및 토지 관련 준조세제도에 초점을 맞추어 우리나라에서 토지공개념이 어떻게 제도적으로 구현되어 왔는지 살펴보고자 한다. 조세제도에 초점을 맞추는 이유는 그것이 시장 기구의 기능을 통해 간접적으로 효과를 거두려는 정책이라는 점에서 경제학적 의미가 크고, 또 일찍이 토지공개념 사상의 원조인 헨리 조지도 말했듯이 수익권은 소유권의 알맹이에 해당하므로(조지 1997, 391), 그것을 제한하는 조세와 준조세도 토지공개념 제도의 알맹이라고 할 수 있기 때문이다.

3. 토지 자본이득세와 토지 관련 부담금의 불로소득 환수 효과

토지세는 여러 종류가 있지만, 크게 보아 보유세, 거래세, 자본이득세로 나눌 수 있다. 조세 외에 각종 부담금이 부과되기도 하는데 이는 토지 관련 준조세(부담금)라 부를 수 있다. 〈표 1〉은 2012년 현재 우리나라에서 부과되고 있는 각종 토지세와 토지 관련 준조세를 정리한 것이다. 이 가운데 거래세는 세수 확보를 주목적으로 하는 세금이지, 토지공개념을 구현하기 위해 부과하는 세금이라고 하기는 어렵다(곽태원 1995, 205). 거래세를 제외한 나머지 세금들은 토지 수익권을 제한할 목적으로 부과된다는 점에서 모두 토지공개념과 관련이 있는 조세 및 준조세들이라고 할 수 있다.

많은 나라들에서 토지를 대상으로 보유세와 자본이득세, 그리고 부담금을 부과하게 된 데는 토지의 보유와 매매를 통해 획득하는 소득을 소유자 개인의 노력과는 상관없이 사회적 요인 때문에 발생하는 불로소득으로 보는 인식의 영향이 컸다고 생각된다.

토지 사유제 아래에서 토지를 갖고 있으면 두 가지 소득을 얻을 수 있다. 하나는 지대(토지의 임대 가치)이고 다른 하나는 지가 차액이다.

표 1 | 2011년 현재 우리나라 토지세 및 토지 관련 부담금의 종류

유 형	세목
보유세	재산세(지방교육세), 종합부동산세(농어촌특별세)
거래세	취득세[2](농어촌특별세, 지방교육세)
자본이득세	양도소득세(주민세), 토지 등 양도소득에 대한 법인세[3]
부담금	개발부담금, 개발제한구역 훼손 부담금, 기반시설 부담금, 수익자 부담금, 과밀 부담금, 대체초지 조성비, 농지보전 부담금, 대체 산림 자원 조성비 등

주: 1) 괄호 안의 세금은 부가세(sur-tax)임.
2) 2010년까지 별도로 등록세가 부과되었으나, 2011년부터 취득세로 통합되었음.
3) 2003년까지 법인세특별부가세로 관리되었음.

고전학파 경제학자들은 지가 차액은 물론이고 지대까지 불로소득으로 간주했다. 자본가나 노동자와는 달리 지주는 생산과정에서 아무 역할도 하지 않고 기생충처럼 지대를 수취한다고 보았기 때문이다. 그러나 토지를 자산의 하나로 인정하게 되면 이야기가 조금 달라진다. '지대＋지가 차액' 전부가 아니라, 그중 사회의 평균 자산 수익(이자소득)을 초과하는 부분을 불로소득으로 간주하는 것이 합리적이다. 즉, '토지 불로소득＝지대＋지가 차액－이자소득'이 되는 것이다. 다른 자산에 투자했을 때 얻을 수 있는 수익은 지주의 것으로 인정해 준다는 말이다(전강수 외 2008, 17-18).

토지 불로소득을 어떻게 정의하건, 그것을 차단하거나 환수하지 않으면 여러 가지 경제문제가 발생한다. 자산과 소득의 분배가 불평등해지는 것은 물론이고, 토지 불로소득을 노리는 투기가 주기적으로 발생해 각종 경제적 비효율을 야기하는 것이다. 부동산 거품의 형성과 붕괴boom and bust, 투기 목적의 토지 보유로 인한 토지 이용의 비효율(토지의 저사용, 도시의 무질서한 확대, 환경 파괴 등), 각종 생산적 의욕(노동자들의 근로 의욕과 기업가들의 투자 의욕, 그리고 사회 전체의 저축 의욕)의 저하 등은 토지 투기가 야기하는 대표적인 경제문제들이다.

많은 사람들이 토지 불로소득은 지가 차액이고 따라서 그것을 과

세 대상으로 하는 자본이득세가 최선의 토지 불로소득 환수 수단이라고 생각한다. 토지 자본이득세는 토지증치세土地增値稅라고도 불리는데, 양도소득세처럼 실현된 자본이득에만 과세하는 경우도 있고, 미실현 자본이득에 과세하는 경우(예를 들어 우리나라에서 1989년 도입되었다가 1998년 폐지된 토지초과이득세)와 양자 모두에 과세하는 경우(예를 들어 1967년 도입되었다가 1974년 폐지된 부동산투기억제세)도 있다. 이론적으로는 실현 여부에 상관없이 부과하는 자본이득세가 더 낫지만, 실제로 많은 나라들에서 부과하는 토지 자본이득세의 주요 형태는 양도소득세다.

그런데 양도소득세는 토지 불로소득을 환수하기는 하지만 몇 가지 결함을 갖고 있다. 토지를 매각할 경우에만 과세되기 때문에 토지 소유자로 하여금 매각을 꺼리게 만들어 거래를 위축시키는 효과(즉 동결 효과)를 낳는다든지, 가격 폭등기에는 세금 부담이 구매자에게 전가되어 오히려 가격 상승을 부채질한다든지 하는 것들은 양도소득세의 대표적인 결함이다(김수현 2008, 87). 지대 소득은 건드리지 않은 채 지가 차액의 일부만 환수하며 그것조차 각종 감면 규정들을 두어서 세금 부담을 감면하는 경우가 많기 때문에 토지 불로소득을 철저하게 환수하기 어렵다는 문제도 있다.

우리나라에서 토지 자본이득세의 시초는 1967년의 대대적인 세제 개편에 의거해 도입된 부동산 투기 억제세였다. 대도시 지역의 토지 투기를 억제하기 위해 한시법으로 제정된 '부동산 투기 억제에 관한 특별 조치세법'(1967년 11월 29일)이 그 법적 근거였는데, 정부가 의도적으로 경제적 유인을 통해 시장에 개입하려고 시도한 최초의 제도라는 점에서 의의가 큰 것으로 평가된다. 과세 대상 지역에서 토지를 양도한 사람과 공한지를 보유한 사람 모두가 납세 의무자였고 토지 양도

차익 혹은 '공지차익'空地差益(2년간의 시가 표준액의 차이)을 과세표준으로 해 50%의 비례세율을 적용했다. 이 세금은 실현된 자본이득뿐만 아니라 미실현 자본이득까지 과세 대상으로 삼았다는 점에서 이론적으로 주목할 만한 조세다(이정전 2009, 665). 그러나 공한지 과세는 실시 후 2개월 만에 폐지되었고, 1974년 양도소득세의 신설과 함께 폐지되기까지 이 세금의 내국세 대비 세수 비중은 0.03~0.86%의 낮은 수준에 머물렀다. 이는 과세 대상 지역이 서울, 부산, 그리고 경부 고속도로 주변 지역으로 한정되었기 때문이다(최광·현진권 편 1997, 583).

1974년에는 부동산투기억제세가 폐지되고 대신에 양도소득세가 신설되었다. 법인의 양도소득에 대해서는 법인세 및 법인세특별부가세를 신설해 부과하게 되었다. 과세 대상 지역 토지의 토지 양도 차익 혹은 공지차익에 대해 부과되었던 부동산투기억제세와는 달리, 모든 토지의 실현된 자본이득에 대해 부과된다는 점이 양도소득세의 특징이다. 1974년 신설 이후 양도소득세는 여러 차례 강화와 완화를 반복하면서 오늘날까지 유지되고 있다.

역대 정부는 부동산 투기가 기승을 부릴 때는 어김없이 세율을 인상하거나 비과세 감면을 축소하면서 양도소득세 과세를 강화하고, 반대로 부동산시장이 침체 양상을 보일 때는 즉각 세율을 인하하거나 비과세 감면을 확대하면서 양도소득세 과세를 완화하는 일을 반복해 왔다.[2] 하지만 국제적으로 매우 높은 수준의 법정 세율을 유지해 왔음에도 불구하고 방만한 비과세 감면 제도와 부실한 세원 관리로 인해, 양도소득세의 토지 자본이득 환수 기능은 미흡했다(이진순 1995, 410-411).

2_1970년대 이후 양도소득세 세율이 얼마나 자주 변경되었는지에 대해서는 전강수(2007, 384-385) 참조.

많은 사람들에게 토지 불로소득 환수의 대표적 수단으로 인식되고 있는 양도소득세가 실제로는 불로소득을 상시적으로 환수하는 제도적 장치가 아니라, 부동산 경기 조절 수단으로 적극 활용되어 온 것이다.

양도소득세는 노무현 정부가 실거래가 과세 제도를 정착시키면서 세원 관리 면에서 큰 진전을 보았지만, 광범위한 비과세 감면 제도는 여전히 지속되고 있어서 토지 불로소득 환수 기능을 충분히 발휘하지 못하고 있다. 세율 적용이나 세금 감면 등에서 보유 주택 수나 보유 주택 가액이라는 기준은 가급적 배제하고, 양도 차익의 크기만을 기준으로 과세하되 일정 한도까지 소득공제하는 방식으로 전환하는 것이 시급한 과제다(김수현 2008, 86-88).

양도소득세가 실현된 토지 자본이득에 대해 부과되는 세금이라면, 토지초과이득세는 미실현 토지 자본이득에 대해 부과되었던 세금이다. 이 세금의 법적 근거는 1989년 12월에 제정된 토지공개념 3법 중 하나인 토지 초과 이득세법이다. 이 세금은 토지 개발시 개발 지역 바깥 인근 지역의 지가가 상승해 그 소유자가 토지 불로소득을 향유하게 되는 것을 막기 위해 도입되었는데, 유휴지가 과세 대상이었다. 과세 기간 중에 유휴지에서 발생하는 미실현 자본이득에서 정상 지가 상승분과 개량비 등 자본적 지출을 공제한 금액을 과세표준으로 해 50%의 세율을 적용했다. 1993년 처음으로 6,466억 원의 과세 실적을 올렸으나, 1994년 7월 29일 헌법재판소는 이 법률에 대해 부분적 헌법 불합치 판정을 내렸다. 정부는 그해 12월 22일 법률을 전면 개정해 1998년까지 유지했으나, 김대중 정부가 '토지 초과 이득세법 폐지 법률'로서 자진해 이 법률을 폐지해 버렸다(이정우 2007, 20). 토지초과이득세는 과세 대상을 유휴지로 한정했기 때문에 세금을 피하기 위해 건물을 급조한다든지 하는 난개발·과잉 개발의 부작용을 야기했을 뿐만 아니라, 과세표준이 개발 인근 지역의 개발이익을 정확하게 반영하지 못한 다는 문제점을 안고 있었다(이정전 2009, 667). 그 외에 미실현 자본이득에 대한 과세의 성격을 일부 가진 세금으로 자산재평가세와 간주취득세를 들 수 있지만(곽태원 1995, 202), 자산재평가세는 이미 폐지되었고 간주취득세는 미미하기 때문에, 토지초과이득세가 폐지된 지금은 미실현 토지 자본이득에 대한 과세는 이뤄지지 않고 있다고 해야 한다.

토지 불로소득은 토지 관련 부담금을 가지고 환수할 수도 있다. 이는 주로 단기간에 국지적으로 발생하는 토지 불로소득을 환수할 때 사용하는 방법이다. 토지의 용도 변경이 일어나는 경우, 허용 용적률이 증가하는 경우, 주변에 '좋은 시설'이 들어서는 경우에(이런 일들은 대규모 개발 사업이 추진되는 곳에서 종종 발생한다), 해당 지역의 토지가격은 단기간에 급등한다. 흔히 개발이익이라고 불리는 토지 불로소득이 발생하는데, 양도소득세에 허점이 많고 토지보유세가 미약할 경우, 개발부담금과 같은 직접적인 환수 방법을 동원하지 않고서는 이런 토지 불로소득을 효과적으로 환수하기는 어렵다(김수현 2008, 98-100). 그러나 개발부담금 같은 토지 관련 준조세도 양도소득세와 마찬가지로, 가격 폭등기에는 개발 지역 부동산 구입자에게 전가되기 쉽고, 개발 지역 내의 토지 불로소득만 환수할 뿐 개발 사업의 간접 혜택을 받는 지역의 토지 불로소득은 환수하지 못한다는 한계를 갖고 있다.

개발 지역 내 토지 불로소득을 환수하는 부담금으로는 개발부담금, 개발 제한 구역 훼손 부담금, 농지 전용 부담금, 산림 전용 부담금, 대체 초지 조성비, 수도권 과밀 부담금 등이 부과되었거나 부과되고 있는데, 이 중 대표적인 것은 역시 개발부담금이다. 개발부담금은 1989년 토지공개념 3법 가운데 하나인 '개발이익 환수에 관한 법률'의 제정에 의해 도입되었는데, 개발 사업 시행자가 납부 의무를 지며, 개

단위: 10억 원

	1980	1990	2000	2002	2004	2006	2008	1999~2008 누계
개발이익 총액(a)	15,729	240,340	19,728	206,717	383,371	645,756	19,650	2,130,045
자본이득세	74	692	1,710	2,075	2,869	1,485	2,324	19,372
각종 부담금	-	157	517	527	712	861	1,794	8,357
계(b)	74	849	2,227	2,602	3,581	2,346	4,118	27,729
환수율(b/a)	0.5%	0.4%	11.3%	1.3%	0.9%	0.4%	21.0%	1.3%

주: 자본이득세를 계산하면서 상속세와 증여세를 제외했음. 그 결과 환수율 수치가 안균오·변창흠(2010)과 약
간 다름.
자료: 안균오·변창흠(2010)의 〈표 7〉을 일부 수정해 작성했음.

발이익[3]의 50%(2000년 이후에는 25%)를 환수한다. 2002년부터 국가 경제 회복 및 기업 경쟁력 강화를 이유로 한시적으로 부과 중지되기도 했지만, 2005년 '8·31 조치'에 의해 부활했으며 2006년에는 재건축 사업에도 개발부담금 제도가 도입되었다.

〈표 2〉는 토지 자본이득세와 토지 관련 부담금이 개발이익, 즉 토지 불로소득(발생 기준)을 얼마나 환수했는지 보여 주는 표이다. 이에 따르면 토지 자본이득세와 토지 관련 부담금으로 환수한 토지 불로소득의 비중은 극히 미미했다. 1999~2008년 사이에 발생한 토지 개발이익은 무려 2,130조 원에 달했던 반면, 토지 자본이득세와 토지 관련 부담금을 통해 환수한 금액은 겨우 27조7천억 원으로서 환수율은 1.3%에 불과하다. 이것은 지금까지 얼마나 많은 토지 불로소득이 토지 소유자의 수중에 흘러 들어갔는지 보여 주는 통계이지만, 토지 불로소득을 사후적으로 환수하는 일이 얼마나 어려운지 보여 주는 것이기도 하다. 따라서 토지 불로소득은 발생한 후에 사후적으로 환수하려고 하기보다는 발생하지 않도록 사전에 미리 차단하는 것이 바람직하다.

3_사업 완료 시의 토지 가액에서 사업 착수 시의 토지 가액, 개발 비용, 정상 지가 상승분 등을
공제한 금액이다.

4. 보유세 제도의 변천

토지 불로소득이 발생하지 않도록 미리 차단하기 위해서는 토지보유세를 제대로 부과하는 것이 최선이다. 지대세든 지가세든, 토지보유세는 직접적으로 토지 소유자의 지대 소득을 줄인다. 나아가 그것은 토지의 보유 비용을 높이기 때문에 수요를 억제해 토지가격을 하락시킨다. 즉, 지가 차액도 줄이는 것이다. 이처럼 토지보유세는 토지 불로소득을 차단하면서도, 양도소득세처럼 동결 효과 같은 부작용을 수반하지는 않는다. 정책의 신뢰도만 확실하다면 토지 소유자들이 매각하지 않고 버티는 일은 일어나지 않을 것이기 때문이다(전강수 외 2008, 19). 토지보유세는 제대로 설계할 경우, 생산에 전혀 부담을 주지 않을 뿐만 아니라 오히려 토지의 효율적 사용을 촉진하고, 징수가 쉽고 행정 비용이 적게 들며, 재량의 여지가 작아서 확실성이 담보되고, 사회로부터 받은 혜택에 상응해 부과되기 때문에 공평하다는 장점을 갖는 것으로 알려져 있다(전강수 외 2008, 23).

부동산시장이 일반 재화 시장과는 다른 움직임을 보이는 것은 기본적으로 토지 때문이다. 부동산에는 공급이 고정된 토지가 포함되기 때문에 가격이 오를 때는 폭등하고 가격이 내릴 때는 폭락하기 쉽다. 지난 10년 동안 우리 사회를 괴롭혀 온 투기 열풍과 전세 대란도 따지고 보면 그와 같은 부동산시장의 특이한 변동에 수반하는 경제 현상들이다. 토지보유세는 충분히 강화될 경우, 부동산 중의 토지의 힘을 약화시켜서 부동산시장의 변동을 정상화시키는 효과를 발휘한다. 작금의 전세대란에 초점을 맞춰 이야기해 보자. 토지보유세를 강화하면 토지 불로소득을 노리고 이뤄지는 급진적인 도시 재생 사업(최근 서울 지역에서 소형 주택의 대량 멸실을 유발한 주요 요인이었다)이 억제되고, 지가가

하향 안정화되어 주택 공급이 원활해지며, 실수요가 시장을 지배하게 되어 장기간 주택 매입을 늦추는 현상도 사라진다. 토지보유세는 수요와 공급 양 측면에서 전세 대란의 근본 원인들을 해소하는 작용을 하는 것이다(이 말을 토지보유세만으로 전세 대란을 해결할 수 있다는 의미로 받아들이지 말기 바란다. 토지보유세 강화는 부동산 문제 해결에 중요한 필요조건이지만 충분조건은 아니기 때문에, 다른 조치들이 반드시 필요하다).

물론 토지보유세는 다양한 방식으로 부과될 수 있고 그 부과 방식에 따라 경제적 효과도 달라진다. 이 세금은 지대나 지가를 대상으로 전국 모든 토지에 균일하게 단일 비례세율로 부과되는 경우에만 위에서 말한 장점을 모두 갖춘 세금이 될 수 있다. 그러나 현실의 토지보유세가 이런 이상적인 방식으로 부과되는 경우는 거의 없다. 우리나라의 현행 보유세도 이상적인 토지보유세가 아니다. 토지 용도별로 다른 세율이 적용되고 있고, 누진세 방식으로 부과되고 있으며, 주택의 경우 토지보유세가 아니라 부동산(토지+건물) 보유세가 부과되고 있기 때문이다. 그러나 이는 특별한 사실이 아니고 이론을 현실에 적용할 때 언제나 생기는 일이다. 토지 보유자들의 조세 저항, 토지와 건물을 구별하지 않는 관행, 토지 가치의 분리 평가의 어려움 등이 이상적인 토지보유세를 그대로 현실에 적용하기 어렵게 만드는 조건들이다. 하지만 이처럼 현실 적용 과정에서 변용된다 할지라도 토지보유세가 갖는 장점은 상당 부분 남는다는 점은 기억할 필요가 있다(전강수 외 2008, 22).

아래에서는 1970년대 이후를 중심으로 우리나라의 토지보유세 제도가 어떤 변천 과정을 거쳐 왔는지 살펴보기로 하자.

1) 투기적 토지 보유에 대한 중과세와 종합토지세 도입(1970~90년대)

해방 이후 지금까지 우리나라의 토지보유세는 지세 → 토지 수득세(1951년) → 대지세와 농지세(1960년) → 재산세와 농지세(1961년) → 재산세와 토지과다보유세(1986년) → 종합토지세와 재산세[4](1989년) → 종합부동산세와 재산세[5](2004년)로 변천해 왔다. 농지세가 토지보유세와 농업소득세의 성격을 함께 갖고 있었다는 점을 고려하면, 1961년 이후 1980년대 후반까지는 재산세가 토지보유세의 중심이었다고 볼 수 있다. 1961년에 기존의 대지세, 광세鑛稅, 가옥세, 선세船稅가 통합되어 성립한 재산세는 1973년 3월 12일에 이뤄진 지방세법 개정을 계기로 부동산 정책의 수단으로 활용되기 시작한다. 투기적 목적의 토지 보유와 토지의 과다 보유가 중과세의 대상이 되기 시작한 것이다. 이는 1970년대 초 경부고속도로의 개통과 서울 영동 지역개발, 그리고 중화학공업화 정책 추진에 따른 포항·울산·마산 등 동남 해안권의 개발에 의해 전국적으로 토지 투기의 발발 조짐이 짙어진 데 대한 대응이었지만, 1972년 개정 헌법에서 좀 더 명확하게 표현된 토지공개념 조항이 그것을 뒷받침했으리라는 유추도 가능하다. 법인의 비업무용 토지, 골프장·별장·고급 오락장 등 사치성 토지, 공한지가 특별 분류되어 다른 토지에 비해 높은 세율이 적용되었으며, 주거용 토지에 대해서는 누진세율이 적용되었다. 몇 차례 행해진 1970년대의 지방세법 개정 중에서 1974년 12월 27일의 개정은 특히 주목할 만하다.

4_이때부터 재산세의 성격은 건물보유세로 바뀐다.

5_이때 재산세의 성격은 다시 바뀌어서 토지와 건물에 다 부과되는 부동산 보유세가 된다. 재산세라는 이름의 세목은 역사가 무척 오래 되었지만, 그 내용은 여러 차례 변했다는 사실에 유의할 필요가 있다.

1973년 3월 12일의 지방세법 개정에 의해 일반 토지에 대해서는 토지 가액을 과세표준으로 해 0.2% 이내의 세율을 적용하고, 법인의 비업무용 토지에 대해서는 그 두 배의 세율을, 별장과 골프장에 대해서는 각각 그 세 배와 두 배의 세율을 적용하게 되었다. 사치성 토지와 비업무용 토지에 대한 중과세 원칙이 도입된 것인데, 막상 그 세율은 그다지 높지 않았다.

하지만 '1·14조치'(대통령긴급조치 제3호)에 의거해 1974년 12월 27일 다시 지방세법이 개정되면서, 골프장·별장·고급오락장용 토지 등 사치성 토지와 법인의 비업무용 토지는 5%의 높은 세율을 적용받게 되었다. 그 전까지 0.4% 내지 0.6%의 세율이 적용되었던 것을 생각하면 이때의 세율 인상이 얼마나 엄청난 것이었는지 짐작할 수 있다. 이때 공한지도 5% 중과세의 대상으로 포함되었다. 그 외에도 주거용 토지에 대해 토지 가액을 과세표준으로 해 0.3~5%의 초과누진세율을 적용하고, 기타 토지에 대해서는 0.3%의 세율을 적용하도록 했다. 기본세율이 0.2%에서 0.3%로 인상되고 주거용 토지의 과다 보유가 매우 높은 세율을 적용받게 된 것이다.

그 이후 투기적 목적의 토지 보유와 토지의 과다 보유에 대한 중과세 방침은 한층 더 강화된다. 즉, 1978년 12월에는 공한지와 비업무용 토지에 대한 세율을 보유 기간에 따라 5단계로 차등화(5~10%)해서 적용하도록 함으로써 이들 토지에 대한 과세를 강화했으며, 1986년 12월에는 재산세와는 별도로 토지과다보유세를 도입해 공한지와 비업무용 토지를 대상으로 사상 최초의 인별 합산 과세를 실시하도록 했고, 주거용 토지에 대한 재산세 세율을 5단계 초과누진세율(0.3~5%)에서 6단계 초과누진세율(0.3~7%)로 변경함으로써 주거용 토지의 과다 보유에 대한 과세를 강화했다. 이때에도 토지보유세의 세수 증가율은 비약적으로 올라간다.

그러나 이처럼 1973년 이후 꾸준히 강화된 투기적 목적의 토지 보유와 토지의 과다 보유에 대한 중과세 정책은, 당시 과세표준 현실화율(과세표준금액/토지가격)이 매우 낮았고[6] 중과세 대상 토지가 전체 토지 가운데 차지하는 비중이 미미했기 때문에, 토지보유세의 평균 실효세율(세액/토지가격)을 의미 있는 수준까지 끌어올릴 수 있는 정도는 아니었다. 투기적 목적의 토지 보유와 토지의 과다 보유에 대한 중과세에도 불구하고, 평균적인 토지보유세 부담은 그다지 늘어나지 않았다는 뜻이다.

노영훈의 계산에 의하면, 1989년 현재 토지보유세(도시계획세와 방위세 포함)의 평균 실효세율은 0.023%에 불과했던 것으로 드러난다(노영훈 2004, 53). 비슷한 시기에 오스트레일리아, 아일랜드, 뉴질랜드, 영국, 미국 등 선진국의 토지보유세 평균 실효세율이 1%를 초과하고 있었고(이진순 1995, 31), 2003년에 우리나라의 토지보유세 실효세율이 0.16%였다는 사실(이정전 2009, 674)에 비추어 보면, 1970~80년대 투기적 목적의 토지 보유와 토지의 과다 보유에 대한 중과세 정책의 효과가 얼마나 제한적이었는지 금방 짐작할 수 있다.

1986년까지 안정세를 보이던 토지가격은 '3저 호황'과 통화 증발, 그리고 서울올림픽을 계기로 한 인플레이션 심리의 확산 등의 요인으로 인해 1987년부터 폭등세를 나타내기 시작했다. 토지제도의 근본적 개혁을 위해 토지공개념 제도의 확대 도입이 본격적으로 논의되기 시작했으며, 그 와중에 토지보유세 제도도 대폭 개편되어 마침내 종합토지세가 도입되었다(1989년 6월 16일). 이 세금은 특정 지역의 공한지와

6_과세표준 현실화율이 낮을 경우, 법정 세율이 높더라도 세 부담은 그다지 커지지 않는다.

비업무용 토지를 대상으로 제한적인 인별 합산 과세를 했던 토지과다보유세[7]와 물건별 개별 과세를 했던 토지분 재산세를 묶어서, 모든 토지를 대상으로 한 인별 종합합산 과세를 실현한 것이다. 종합토지세의 도입으로 인해 한 사람이 보유한 토지는 어떤 토지건, 전국 어디에 있건, 모두 그 가액을 합산해 누진세율을 적용, 과세하게 되었다. 이런 방식은 종합합산 과세라고 불렸는데, 토지 가액을 과세표준으로 해 9단계 초과누진세율(0.2~5%)을 적용했다. 종합토지세는 종합합산 과세 방식을 전국의 모든 토지에 다 적용한 것은 아니고 두 가지 범주의 예외를 두고 있었다.

하나는 분리과세로서 토지 가액을 과세표준으로 해 단일비례세율을 적용하는 방식인데, 전·답·과수원·목장 용지·임야 등에 대해서는 0.1%, 기준 면적 이내의 공장 용지 등에 대해서는 0.3%의 낮은 비례세율을 적용하고, 골프장, 별장 기타 사치성 토지에 대해서는 5%의 높은 비례세율을 적용했다. 다른 하나는 별도합산 과세로서, 영업용 건물의 부속 토지에 대해 토지 가액을 과세표준으로 해 9단계 초과누진세율(0.3~5%)을 적용했다. 이 방식은 과세표준 구간을 종합합산 과세와 다르게 만들어서, 누진과세를 하되 세 부담이 지나치게 높아지는 것을 방지하기 위해 마련한 장치였다.[8] 영업용 건물의 부속 토지를 많이 보

7_토지과다보유세는 과세 대상 토지의 비중이 전 국토의 1%에도 못 미칠 정도로 과세 대상 지역이 극도로 한정되어 있었다. 그 결과 징수 금액도 1988년 147억 원, 1989년 244억 원에 불과했다(국정브리핑 특별기획팀 2007, 108-109).

8_1989년 6월 16일에 개정된 지방세법에 들어 있던 별도합산 과세 방식은 한번 시행해 보기도 전에 대폭 개정되었다. 즉, 1990년 4월 7일의 지방세법 개정에 의해 과세표준 구간이 조정되고 세율이 인하(0.3~5%에서 0.3~2%)되었던 것이다. 이로써 영업용 건물 부속 토지의 세 부담은 크게 줄어들게 되었다. 경실련은 이에 대해 "시행도 안 한 상태에서 대폭 완화하기로 한 것은 일부 땅 재벌의 압력에 굴복했기 때문"이라고 비난하는 성명을 발표했다(국정브리핑 특별기획팀 2007, 109).

유하고 있는 금융기관과 대기업들의 토지보유세 부담이 과중해지지 않도록 배려한 것이다(노영훈 외 1996, 104).

종합토지세의 인별 종합합산 누진과세 방식은 토지보유세 부담을 급증시킬 수 있는 과세 방식이었다. 그 때문에 종합토지세 부과 첫해에 당시 노태우 정부가 세 부담 급증의 충격을 완화하기 위해 과세표준 현실화율을 매우 낮은 수준(15.1%)으로 결정했음에도 불구하고, 토지보유세 수입은 1989년 2,072억 원에서 1990년 4,477억 원으로 급증했다. 종합토지세의 도입에 의해 법률 개정 없이도 행정적으로 통제 가능한 과세표준 현실화율을 높임으로써 손쉽게 토지보유세를 강화할 수 있는 제도적 틀이 마련된 셈이다. 그래서인지 종합토지세의 과세 유형과 세율 구조는 1990년에 확정된 이후, 부동산 보유세 체계의 개편에 따라 종합토지세가 폐지되는 2004년까지 한 번도 변경되지 않았다(임주영 외 2005, 54). 이 기간 중에 토지보유세에 관한 논의는 주로 과세표준 현실화 문제를 둘러싸고 이뤄졌다. 토지보유 과세의 종합화와 응능화應能化의 기반을 마련했다고 평가(최광·현진권 편 1997, 656)되는 종합토지세가 기득권층의 반발 등 우여곡절을 겪으면서도 도입될 수 있었던 데는 토지 투기로 인해 사회경제적 불안정이 고조되었다는 사정과 함께, 1987년 개정 헌법에서 토지공개념 조항이 한층 더 진화했다는 사실이 크게 작용했을 것이다.

종합토지세 제도의 틀 안에서 과세표준 현실화를 통한 토지보유세 강화 정책을 적극적으로 추진했던 정권은 김영삼 정부와 노무현 정부였다. 반면에 종합토지세를 도입했던 노태우 정부와 토지보유세 강화 방침을 공식 천명했던 김대중 정부는 과세표준 현실화에 등한했다.

김영삼 정부가 수립한 "신경제5개년계획"에 따르면, 1995년까지 매년 토지 과세표준을 평균 20%씩 인상하고 1996년에는 아예 토지

표 3 | 토지보유세 과세표준 현실화율의 변화

단위: %

연도	1990	1991	1992	1993	1994	1995	1996	1997	1998	1999
현실화율	15.0	15.3	17.3	21.3	26.9	31.6	31.1	30.5	29.2	29.3
연도	2000	2001	2002	2003	2004	2005	2006	2007	2008	2009~현재
현실화율	32.2	32.4	33.3	36.1	39.2	50.0	55.0 50.0 70.0	60.0 50.0 80.0	65.0 55.0 80.0	70.0 60.0 80.0

주: 1) 여기서 과세표준 현실화율이란 공시지가 대비 과세표준의 비율을 가리킴. 과세표준 적용률이라고도 함.
  2) 2006년부터 숫자 세 개가 나오는데, 위에서부터 순서대로 각각 토지분 재산세, 주택분 재산세, 종합부동산세의 과세표준 적용률을 가리킴.
  3) 2009년부터는 기존에 법률에 명기되어 있던 과세표준 현실화율 강화 계획을 폐지하고 그 대신 일정 범위의 비율 내에서 부동산시장의 동향과 지방재정 여건 등을 고려해 대통령령으로 정하는 공정시장 가액 비율을 적용하게 되었음.
자료: 최광·현진권 편(1997, 656); 노영훈(2004, 53); 손낙구(2005); 관련 법령.

과세표준을 공시지가의 100%로 전환한다는 계획이 세워져 있었다.[9] 종합토지세 부담을 1993년의 2~3배 수준으로 강화하는 것이 목표였다. 나중에 토지 과세표준을 공시지가의 100%로 전환하겠다던 방침은 흐지부지되고 말았지만, 노태우 정부 임기 중에 15% 정도에 머물렀던 공시지가 대비 과세표준 현실화율은 김영삼 정부 임기 중에 꾸준히 상승해 1995년에는 31.6%가 되었다(〈표 3〉 참조). 그로 인해 종합토지세 수입 또한 꾸준히 증가해 1990년에 4,477억 원이었던 것이 1995년에는 그 세 배에 해당하는 1조3,300억 원이 되었다.

김대중 정부도 초기에는 경제 정의의 실현을 중요 정책 목표로 제시하면서 그 일환으로 토지보유세를 강화해 토지 불로소득을 공적으로 환수한다는 방침을 천명했다. 그러나 이 방침은 IMF 경제 위기를 극복한다는 명분 아래 점점 관심의 대상에서 멀어지더니 마침내 무기한 연기하는 것으로 결정되고 말았다(전강수 2007, 386). 〈표 3〉에서는

9_세 부담의 급증에 따른 조세 저항을 완화하기 위해 1996년과 97년에 한해 법정 세율의 60~70% 수준의 잠정 세율을 적용한다는 방침도 세워 두고 있었다(최광·현진권 편 1997, 655쪽).

김영삼 정부 임기 중에 꾸준히 상승하던 과세표준 현실화율이 김대중 정부 때는 30% 주위에서 등락하는 것으로 드러난다. 김대중 정부는 과세표준을 현실화하려는 노력을 아예 하지 않았던 것이다(전강수 2007, 389).

2) 보유세 강화 정책의 본격적 추진과 좌절(노무현 정부와 이명박 정부)

김대중 정부의 임기 중에 전면 중단되었던 토지보유세 강화 정책은 노무현 정부의 등장과 함께 다시 적극적으로 추진되었다. 노무현 정부는, 2003~04년은 과세표준 현실화를 통해, 그리고 2005년부터는 종합부동산세 도입으로 대표되는 부동산 보유세제 개편과 과세표준 현실화를 통해 토지보유세를 강화했다. 과세표준 현실화는 토지 과세표준이 실제 토지 가치를 가능한 한 많이 반영하도록 조정하는 작업인데, 노태우·김영삼 정부는 주로 공시지가 대비 과세표준의 비율을 높이는 방식으로 과세표준 현실화 정책을 추진했다. 그러나 정부가 발표한 공시지가 자체가 시가, 즉 실제 토지 가치를 제대로 반영하지 못했기 때문에, 공시지가 대비 과세표준의 비율을 인상하는 방식은 시가 기준으로 볼 때는 한계를 가진 방식이었다. 시가 대비 과세표준의 비율을 높이는 진정한 과세표준 현실화를 실현하기 위해서는, 공시지가 대비 과세표준의 비율과 함께 공시지가의 시가 반영 비율을 높여야만 했다.

노무현 정부의 과세표준 현실화 정책은 이 두 가지 비율을 동시에 끌어올리는 방식이었다. 2002년에 33.3%였던 공시지가 대비 과세표준 현실화율을 2003년에는 36.1%, 2004년에는 39.1%로 끌어올렸고, 2005년에는 보유세 제도 개편과 함께 이 비율을 50%로 끌어올렸으며,

2006년에는 아예 이 비율이 장기적으로 100%에 도달할 때까지 계속 인상되도록 설계해 관련 법률에 명기했다. 그와 함께 노무현 정부는 공시지가의 시가 반영 비율도 인상했다. 즉, 2000년에 54%에 불과했던 이 비율을 2003년에 67%, 2004년에 76%, 2005년에 91%로 끌어올린 것이다. 시가 대비 과세표준의 비율을 높이는 진정한 과세표준 현실화가 본격적으로 추진되었던 셈이다. 과세표준 구간이나 세율에 변화가 없었다면, 이것은 보유세 부담을 엄청나게 증가시켰을 테지만, 2005년 보유세제 개편과 함께 과세표준 구간이나 세율 구조에 변화가 있었고 세 부담 증가 상한선을 설정했기 때문에 실제 보유세 부담의 증가는 엄청나다고 할 정도는 아니었다(전강수 외 2008, 31).

2005년은 우리나라 부동산 보유세 제도에 근본적인 변화가 있었던 해이다. 1990년 이후 15년 동안이나 유지되어 왔던 종합토지세가 폐지되는 대신 종합부동산세가 도입되었고, 주택에 대한 보유 과세가 해방 이후 줄곧 채택해 온 토지·건물 분리과세 방식에서 토지·건물 통합과세 방식으로 전환되었으며, 1961년 이래 계속 지방세로 부과되어 왔던 부동산 보유세가 국세(종합부동산세)와 지방세(재산세)로 이원화되었기 때문이다(〈그림 1〉 참조). 새로운 보유세 제도의 상징처럼 여겨지는 종합부동산세는 실시 첫 해(2005년)에는 보유세 강화를 제대로 실현할 수 있는 내용을 갖추지 못했던 것으로 평가된다. 세금 부과 기준이 너무 높아서 대상자가 극소수의 부동산 부자들로 제한되었고, 세 부담 상한과 과세표준 적용률이 너무 낮아서 세 부담이 예상보다 크게 늘어나지 않았기 때문이다.

새 제도는 2005년 상반기에 판교발 부동산 투기가 발발하면서 다시 개편된다. 개편의 중심은 종합부동산세였는데, 종합부동산세가 약하다는 세간의 비판을 받아들여 소유 부동산을 세대별로 합산하고, 기

그림 1 | 2005년 부동산 보유세제 개편의 내용

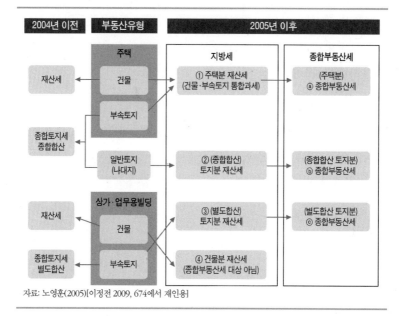

자료: 노영훈(2005)[이정전 2009, 674에서 재인용]

준 금액을 주택은 공시가격 기준 9억 원에서 6억 원으로, 토지는 공시지가 기준 6억 원에서 3억 원으로 낮추었으며, 전년 대비 인상폭 상한을 50%에서 200%로 올렸고, 특히 과세표준 현실화율 강화 계획을 법률에 담아 2006년에 70%를 적용한 후 매년 10%p씩 올려 2009년에 100%로 하는 방안을 확정했다. 이와 함께 재산세의 과세표준 적용률도 매년 5%p씩 올려 2015년에 100%로 하는 장기 계획도 마련해 법률에 명기했다(전강수 외 2008, 46-47).

새 제도에서 보유세는 토지분, 주택분, 그리고 건물(상가 등)분으로 나뉘어 부과되는데, 각각에 대해 1단계 지방세로서 재산세가, 2단계 국세로서 종합부동산세가 부과된다. 이 중 토지보유세에 해당하는 것은 토지분 재산세와 토지분 종합부동산세, 그리고 주택분 재산세 및 주택분 종합부동산세의 일부이다.[10] 토지분 재산세 및 토지분 종합부동산세의 과세 방식은 종합토지세 때와 마찬가지로, 종합합산 과세, 별도합산 과세, 분리과세 등 세 가지 범주로 나누어지는데, 구분 기준은 종합토지세 때와 거의 동일하다.

토지분 재산세의 분리과세 대상을 제외하고는, 세액 계산은 모두 '공시가격 합산 금액 × 과세표준 적용율 × 3, 4단계의 초과누진세율'의 공식에 따라 이뤄진다. 종합부동산세의 경우 공시가격 합산 금액 대신에, 공시가격 합산 금액 중 과세 기준(주택의 경우 6억 원, 일반 토지의 경우 3억 원, 사업용 토지의 경우 40억 원)을 초과하는 금액이 들어간다는 점이 다르다. 종합부동산세 세액 계산시 재산세 납부액은 공제되는데, 이는 이중 과세를 피하기 위한 것이다. 재산세와 종합부동산세의 세율 구조가 서로 다르고, 또 종합합산 과세 대상 토지, 별도합산 과세 대상 토지, 주택의 세율 구조도 서로 다른데, 이를 모두 소개하기에는 지면이 부족하므로 생략한다. 종합부동산세 세수는 2005년 당시의 재산세 및 거래세 결손분 일부를 제하고는 나머지를 전액 부동산 교부세라는 이름으로 시군구에 지원하게 했다.

다시 개편된 보유세 제도에 의해 종합부동산세 납부 대상은 상당히 많이 확대되었으며, 세수도 크게 증가했다. '세금 폭탄'이라는 용어가 인구에 회자될 정도로, 부동산 과다 보유자의 세 부담도 크게 늘어났다. 종합부동산세가 보유세 강화 정책의 중심에 서게 된 것이다. 그 과정에서 토지보유세가 크게 강화된 것은 물론이다. 노무현 정부 임기 마지막 해인 2007년과 보유세 강화 정책의 영향이 지속되었던 2008년

10_주택분 재산세 및 종합부동산세의 일부가 토지보유세에 해당하는 이유는 주택이 건물과 부속 토지의 결합물이고 따라서 그것에 부과되는 보유세는 건물보유세와 토지보유세의 합으로 보아야 하기 때문이다.

표 4 | 보유세 비중의 변화 추이

단위: 10억 원, %

연도	1991	1996	2001	2002	2003	2004	2005	2006	2007	2008	2009	2010
조세 총액	38,355	82,355	122,458	135,494	147,797	151,997	163,443	179,337	204,854	212,786	209,709	226,878
지방세	8,035	17,395	26,665	31,526	33,133	34,202	35,977	41,293	43,440	45,480	45,168	49,160
부동산세 (①+②)	4,214	8,880	11,497	15,006	15,559	15,131	16,461	20,067	20,685	20,600	19,406	20,041
① 보유세	794	1,785	2,128	2,223	2,506	3,049	3,029	4,450	6,169	6,541	5,630	5,846
·재산세	276	532	763	818	903	1,018	2,587	3,123	3,755	4,411	4,423	4,817
·종토세	518	1,253	1,365	1,406	1,603	2,032	-	-	-	-	-	-
·종부세	-	-	-	-	-	-	441	1,328	2,414	2,130	1,207	1,029
② 거래세	3,421	7,095	9,369	12,782	13,053	12,082	13,433	15,617	14,515	14,059	13,775	14,195
·취득세	1,526	3,041	3,783	5,278	5,503	5,366	6,649	7,667	7,262	6,916	6,644	6,825
·등록세	1,895	4,054	5,587	7,504	7,550	6,716	6,784	7,950	7,254	7,143	7,131	7,370
보유세/부동산세	18.8	20.1	18.5	14.8	16.1	20.2	18.4	22.2	29.8	31.8	29.0	29.2
보유세/지방세	9.9	10.3	8.0	7.1	7.6	8.9	8.4	10.8	14.2	14.4	12.5	11.9
보유세/조세 총액	2.1	2.2	1.7	1.6	1.7	2.0	1.9	2.5	3.0	3.1	2.7	2.6

주: 1) 각 세액은 징수액임.
   2) 토지뿐만 아니라 건물과 기타 자산에 대한 세금도 포함되어 있음.
   3) 각종 부가세(sur-tax)는 제외했음.
자료: 국세청, 『국세통계연보』; 행정안전부, 『지방세정연감』

의 성과는 1970년대 이래 꾸준히 진행되어 온 보유세 강화의 절정을 보여 준다. 오랫동안 20% 전후를 등락했던 보유세/부동산세의 비율이 처음으로 30%를 넘어섰으며, 보유세/조세총액, 보유세/지방세 비율도 모두 역사상 최고치를 기록했다(〈표 4〉참조).[11]

그러나 3 대 7이라는 보유세 대 거래세 비율은 여전히 기형적이고, 보유세 실효세율 0.2%대는 선진국에 비해 매우 낮은 수준이다. 노무현 정부가 보유세를 엄청나게 높였다고 비판하는 사람이 많지만, 사실은 보유세 강화의 사다리 아랫부분에 발을 올려놓은 데 지나지 않는다. 올라가야 할 사다리 칸이 많이 남아 있는데도, 이명박 정부는 너무

11_국세인 종합부동산세가 포함된 보유세의 대 지방세 비율을 계산하는 것에 대해 이상하게 생각할 수 있겠지만, 종합부동산세 세수의 대부분이 부동산 교부세로 지방에 지원된다는 점을 감안하면 의미가 없지 않다.

많이 올라왔다며 도로 내려가 버렸다.

필자는 이명박 정부의 부동산 정책을 토건 국가 이데올로기에 포섭된 시장 만능주의 정책이라고 표현한 바 있다(전강수 2009, 211). 4대강 사업 등 대대적인 토목 사업과 부동산 경기 부양 정책을 추진하면서 전면적이고 급진적인 부동산 규제완화와 보유세 무력화 정책을 밀어붙였기 때문이다. 후보 시절부터 보유세 강화를 중심으로 한 부동산 불로소득 환수 정책에 대해 강한 혐오감을 드러냈던 이명박 대통령은 집권 후 1년 만에 노무현 정부가 어렵사리 궤도에 올려놓은 토지보유세 강화 정책을 무력화시켜 버렸다. 여기에 결정적인 도움을 준 것은 2008년 11월 13일 헌법재판소가 종합부동산세 세대별 합산 과세에 대해 내린 위헌 판정이었다.

2008년 12월 종합부동산세법 개정에 의해 세대별 합산 과세는 인별 합산 과세로 바뀌었고, 과세 기준은 올라갔으며, 과세표준 구간은 세 부담을 완화하는 쪽으로 조정되었고, 세율은 인하되었다. 게다가 과세표준 현실화율 인상 계획은 전면 중단되었고 세 부담 상한은 하향 조정되었다.[12] 그 결과는 과세 대상자의 대폭 축소, 세 부담의 대폭 완화, 세수 격감이었다. 2007년 48만 명에 달했던 종합부동산세 납세 인원은 2008년에 41만 명으로 줄었고, 2009년에는 21만 명으로 격감했으며, 2007년에 2조4천억 원에 달했던 종합부동산세 세수는 2009년에 1조2천억 원으로 격감했다. 이 과정에서 종합부동산세 납세자의 세 부담이 크게 줄어든 것은 말할 나위도 없다.[13] 2010년에는 더 줄어들

12_이때 이루어진 종합부동산세 무력화의 구체적인 내용에 대해서는 이태경(2009) 참조.

13_재산세의 경우 2009년 2월 6일의 지방세법 개정에 의해 '재산세 과세표준에 관한 적용 특례' 조항이 폐지됨으로써 2017년까지의 장기 강화 계획이 중단되기는 했지만, 종합부동산세처럼 큰 후퇴는 없었다. 따라서 종합부동산세 세수가 격감했던 것과는 달리, 재산세 세수는

어서 1조 원의 세수를 기록했다.

지금까지 살펴본 바와 같이, 1970년대 이래 줄곧 토지공개념과 토지보유세는 점진적으로 강화되어 왔다. 특별한 시기에 아주 조금 감소한 적은 있지만 토지보유세 수입이 줄어든 적은 없었다. 김대중 정부가 유일하게 토지공개념 3법을 폐지하고 토지보유세 과세표준 현실화에 등한하기는 했지만, 그렇다고 그에 역행하지는 않았다. 또 그때는 IMF 경제 위기를 극복해야 한다는 절박한 시대적 과제가 존재하기도 했다. 그러나 이명박 정부는 아무런 이유 없이 군사독재 정권조차 거역할 수 없었던 토지공개념 구현과 토지보유세 강화라는 장기 경향에 정면으로 역행하는 정책을 펼쳤다. 이는 대한민국 역사상 초유의 일로서, 실로 역사의 수레바퀴를 거꾸로 돌리는 짓이라 하지 않을 수 없다.

5. 대안을 찾아서

토지보유세 강화는 1989년 제정된 토지공개념 3법에 비해 더 공개념에 가까운 조처이다(이정우 2007, 35). 1970년대 이래 역대 정부는 미흡하기는 했지만 토지보유세를 강화해 왔다. 여기에는 부동산 투기가 주기적으로 일어났다는 현실적 사정과 함께 헌법의 토지공개념 정신이 진화해 왔다는 사실이 중요한 요인으로 작용했다. 역대 정부 중에서 토지보유세 강화 정책을 가장 본격적으로 추진한 것은 노무현 정부이다. 노무현 정부의 보유세 강화 정책이 이명박 정부에 의해 무력화

2009년, 2010년에도 전년에 비해 증가한 것으로 나타난다(〈표 4〉 참조). 단, 주택분 재산세의 경우 세 부담을 완화하는 방향으로 과세표준 구간이 조정되고 세율이 인하되었기 때문에, 2008년에 1조5,098억 원이었던 과세액이 2009년에 1조2,550억 원으로 줄어들었다.

되지 않았더라면, 우리나라의 보유세 제도는 지금쯤 선진형 제도를 향해 순항하고 있었을 것이다.

비록 법제화되지 못하고 유실되었지만 2005년에 발표된 '5·4대책'에 의하면, 노무현 정부는 보유세 세수를 매년 21%씩 증가시켜, 2003년에 0.12%였던 보유세 실효세율을 2008년에는 0.24%, 2013년에는 0.5%, 그리고 마침내 2017년에는 1%로 끌어올린다는 야심찬 계획을 세워두고 있었다. 그 계획이 성공할 경우, 보유세 세수는 2008년에 6조2천억 원, 2013년에 16조1천억 원, 그리고 2017년에는 무려 34조5천억 원으로 늘어날 것으로 예측되었다(재경부 자료 참조). 만일 이 예측이 정확하고 또 실제로 보유세 실효세율을 1% 수준으로 끌어올릴 수만 있다면, 이것만 가지고도 엄청난 규모의 정부 재원을 확보할 수 있다. 이 재원을 복지로 돌리면 요즘 논란이 되고 있는 보편적 복지를 위한 재원 확보의 문제는 상당 부분 해결될 것이다. 토지보유세 강화를 통한 공개념의 온전히 구현은 복지국가의 초석이 될 수도 있는 것이다.

물론 양도소득세 제도나 개발이익 환수 제도도 토지 불로소득을 제대로 환수할 수 있도록 정비해야 한다. 즉, 양도소득세는 지금까지처럼 부동산 경기 조절 수단으로 활용하는 것이 아니라 불로소득을 상시적으로 환수하는 제도적 장치로 확립할 필요가 있으며, 개발이익 환수 제도도 투기 목적으로 이뤄지는 재개발·재건축을 방지할 수 있을 정도로 정비·강화해야 한다. 하지만 중심은 역시 토지보유세다.

노무현 정부의 보유세 강화 정책에는 결함도 있다. 토지와 건물을 가리지 않고 무차별적으로 보유세를 강화했다든지, 주택 보유세를 너무 급격하게 강화함으로써 정치적 공격을 자초했다든지, LTV(담보인정비율) 규제나 DTI(총부채상환비율) 규제 등 주택 금융에 대한 규제 강화에 실기失機함으로써 제때 부동산가격을 안정시키지 못했다든지 하는 것들이다. 이런 점을 감안해 새롭게 보유세를 강화하려면 어떻게 해야 할까?[14]

첫째, 10년 후에 '실효세율 1%' 목표를 달성하기 위한 로드맵을 수립해야 한다. 차기와 차차기 정부에서 각각 임기 중에 보유세를 2배로 강화하기만 하면 이 목표는 달성된다. 현재 보유세 실효세율이 0.2% 대이므로 두 번의 임기를 거치면서 보유세가 4~5배로 강화된다면 10년 후에는 보유세 실효세율이 약 1%가 된다. 사실 한 번의 대통령 임기 중에 보유세를 2배 정도로 강화하는 것은 그다지 어려운 일이 아니다. 그것은 김영삼 정부와 노무현 정부의 임기 중에 실제로 일어났던 일이다.

둘째, 국세 보유세(현재 종합부동산세)와 지방세 보유세(현재 재산세)의 이원 구조는 그대로 유지하되, 토지 중심의 보유세 강화를 추진한다. 현행 부동산 보유세는 토지와 건물 모두에 부과되고 있고, 특히 주택의 경우 토지와 건물을 통합평가·통합과세하고 있다. 하지만 건물분 재산세와, 토지와 건물을 통합과세하는 주택분 보유세는 건물에 과세한다는 점에서 결함을 가진 세금이다. 경제적 효율성의 관점에서 건물보유세는 세 부담이 전가될 뿐만 아니라 건물의 신축과 개축을 저해한다는 점에서 나쁜 세금으로 분류된다. 반면, 토지보유세는 세 부담이 전가되지도 않고 토지 이용에 악영향을 주지 않는다는 점에서 좋은 세금으로 분류된다. 경제 정의의 관점에서 보더라도 인간 노력의 소산인 건물에 대해서는 과세를 피하고 자연의 선물이자 사회 공동체의 공동 노력의 소산인 토지 및 토지 가치에 대해서는 무겁게 과세하는 것이 옳다(전강수 2009, 219).

14_이하 대안의 내용은 전강수(2012)에 의존한 바가 크다.

보유세를 토지세 중심으로 전환하기 위해서는 부동산 평가 체계 및 과세 방식을 토지보유세 부과에 적합한 형태로 개편하는 것이 급선 무다. 부동산 평가 체계 및 과세 방식의 개편이 이루어지기 전까지는 토지와 건물을 구별하지 않고 보유세를 강화하다가, 개편이 행해진 후에는 건물보유세를 점차 가볍게 해 가다가 폐지하고 토지보유세를 강화하는 것이 좋다.

셋째, 현행 토지보유세 제도는 토지 용도별로 차등 과세하는 방식을 채택하고 있는데, 용도 구분 없이 일률적으로 과세하는 방식으로 전환해야 한다. 즉, 주택 따로, 나대지 따로, 상가·빌딩의 부속 토지 따로 합산 과세하는 현재의 방식을 그런 구분 없이 모두 통합해 합산 과세하는 방식으로 바꾸자는 것이다. 토지보유세를 용도별로 복잡하게 차등 과세하는 방식은 토지 소유자들로 하여금 토지를 세 부담이 낮은 용도로 이용하게 만드는 유인으로 작용해서 토지의 효율적 이용을 저해한다(노영훈 외 1996, 104). 그리고 주택 따로, 나대지 따로, 상가·빌딩 부속 토지 따로 합산 과세하는 현행 방식은 토지 과다 보유자에게 유리한 방식이다. 특히 별도합산 과세 대상으로 분류되는 영업용 건물, 즉 상가·빌딩의 부속 토지에는 주택이나 종합합산 과세 대상 토지보다 훨씬 가벼운 세금이 부과되고 있어서 형평상의 문제가 심각하다. 대도시에 영업용 건물을 많이 보유하고 있는 금융기관과 대기업들은 보유세 부담에서 큰 특혜를 누리고 있는데, 개인 토지 소유자에 비해 담세擔稅 능력이 월등히 큰 금융기관과 대기업에 거꾸로 이런 특혜를 부여하는 것은 옳지 않다.

넷째, 현재 누진세인 재산세는 응익세應益稅(정부로부터 받는 편익에 상응해 부과되는 세금)의 성격이 강하다고 보아서 단일 세율을 적용하는 비례세로 전환하고, 국세 토지보유세의 누진과세는 계속 유지한다. 사실

보유세는 모두 비례세로 만드는 것이 옳다는 이론이 있지만, 정치적으로 실현하기 어려울 뿐만 아니라 토지 소유가 편중되어 있고 그로 인해 양극화가 심화되고 있는 상황에서는 누진 토지보유세가 갖는 재분배 효과가 절실히 필요하기도 하다. 그동안 종합부동산세 세율의 누진도가 너무 높다는 비판이 있었지만 이 문제는 이명박 정부의 세율 구조 개편에 의해 많이 해소되었으며, 필요하다면 좀 더 완화할 수도 있다.

다섯째, 이명박 정부의 종합부동산세 무력화 정책에 의해 크게 축소된 국세 보유세의 과세 대상자를 대폭 확대할 필요가 있다. 국세 보유세는 응능세應能稅(납세자의 부담 능력을 기준으로 해 부과되는 세금)의 성격과 함께 중앙정부로부터 받는 편익에 상응해 부과되는 응익세의 성격을 갖기 때문이다. 중앙정부로부터 공공서비스의 혜택을 받지 않는 토지 소유자는 거의 없으므로, 국세 보유세는 가능한 한 많은 토지 소유자를 과세 대상자로 하는 것이 옳다. 2010년 현재 종합부동산세 납세인원은 21만 명에 불과하지만, 종합부동산세가 무력화되기 전인 2007년에는 48만 명에 달했다. 차기 정부는 국세 보유세의 과세 대상자를 2007년 수준보다 훨씬 더 많이 확대해야 한다.

여섯째, 국세 토지보유세 수입은 경제에 부담을 주는 다른 세금을 감면하는 데 활용할 수도 있겠지만, 감세가 저소득층의 혜택으로 돌아가지 않는다는 사실과 복지가 시대정신으로 떠오르고 있는 상황을 감안하면 대부분을 복지 재원으로 활용하는 것이 바람직하다.

최근 진보 개혁 진영 일각에서는 보유세 강화의 목표를 '실효세율 0.5%'로 잡아야 한다는 주장이 나왔다. 김수현 세종대 교수와 선대인 선대인경제정책연구소 소장이 대표적인 주창자다. 우리나라의 보유세 세율이 가파른 누진 구조를 갖고 있기 때문에 실효세율을 1%로 끌어

올리게 되면 다주택 소유자들의 세금 부담이 과중해져서 조세 저항이 격렬해질 뿐만 아니라, 현재 아주 낮은 세율을 적용 받고 있는 반 이상의 서민 가구들에게 더 많은 보유세 부담이 돌아가서 정치적으로 매우 위험해진다는 이유에서다(김수현 2011, 145). 하지만 위에서 말한 대로 주택, 나대지, 상가·빌딩을 통합해 합산 과세하는 방법을 도입하고, 국세 보유세 과세 대상자를 대폭 확대한다면, 그런 문제를 피하면서 보유세를 강화해 갈 수 있다. 보유세 세율의 누진도가 문제될 경우 좀 더 완화하는 것은 얼마든지 가능하다(전강수 2012, 288-289).

이와 같은 방법으로 보유세를 강화할 경우, 토지 과다 보유자의 보유세 부담과 오랫동안 보유세 과세에서 특별대우를 받아 온 상가·빌딩의 보유세 부담이 크게 증가하기 때문에, 간신히 집 한 채만 갖고 있는 서민들에게 부담을 지우지 않더라도 보유세 실효세율을 많이 높일 수 있다. 주택 보유자보다는 상가·빌딩 보유자와 토지 과다 보유자의 담세 능력이 훨씬 크기 때문에, 이들의 보유세 부담을 높이는 것은 주택 보유자의 보유세 부담을 높이는 것보다 훨씬 용이할 것이다. 물론 중상층 주택 보유자의 보유세 부담도 늘어나겠지만, 그건 어쩔 수 없는 일이다. 모든 이해 당사자들을 만족시킬 수 있는 세제 개편이란 존재하지 않는다(전강수 2012, 289).

노무현 정부가 보유세를 강화하다가 엄청난 공격을 받았고 정권이 바뀌면서 바로 무력화되어 버리자 부동산 정책 전문가들 사이에 일종의 트라우마가 생긴 것 같다. 항간에는 노무현 대통령이 종합부동산세 때문에 그런 지경에 빠졌다고 보는 사람도 있다. 노무현 정부 때 청와대 주무 비서관으로서 부동산 정책을 주도했던 김수현 교수 같은 인사가 실효세율 목표를 0.5%로 내려 잡자고 주장하는 데는 이런 보유세 트라우마가 작용하지 않았을까 하는 추측도 가능하다. 그는 노무현 정부 임기 내내 기득권 세력과 보수 언론의 공격을 집중적으로 받으면서 보유세 강화 정책의 어려움을 온몸으로 체험했다.

그러나 실효세율 1%는 노무현 정부 당시에 엄청난 논란을 거치면서 어렵게 사회적 합의에 도달한 목표라는 사실을 기억할 필요가 있다. 커다란 저항이 있을지도 모른다는 예상이 있었음에도 불구하고, 2005년 연말에 그 전에 비해 훨씬 강화된 내용의 종합부동산세법 개정안이 별 어려움 없이 국회를 통과한 것은 바로 그 사회적 합의가 있었기 때문이다. 사실 부동산 보유세 실효세율 0.5%라는 목표는 2005년 당시 한나라당이 내건 목표였다. 한나라당이 그 목표를 표방했다는 것은 우리 사회에 보유세 강화를 바라는 여론이 대단했음을 반증한다.

보유세 강화에 대한 기득권 세력의 저항이 극심했고 이명박 정부의 정책 뒤집기 때문에 소중한 성과가 한 번 물거품이 되었다고 해서, 보유세 강화의 목표를 반 토막 내는 것은 지나친 후퇴다. 보유세 강화의 장기 목표는 사회적 합의가 어떻게 이뤄지느냐에 따라 얼마든지 달라질 수 있다. 1%도 될 수 있고 0.5%도 될 수 있으며, 또 '부동산 불로소득의 차단'이 될 수도 있고 '지대의 대부분 환수'가 될 수도 있는 것이다. 미국에는 재산세 실효세율이 1%를 넘는 주가 수두룩하고, 심지어 4%에 달하는 주도 있다. 그러니까 보유세 강화의 목표를 실효세율 1% 이상으로 잡아도 아무 문제가 없다. 당분간은 한때 사회적 합의가 이뤄졌던 실효세율 1%라는 목표를 복원하는 것이 급선무다.

10

생태세와 생태기본소득으로
원자력발전에서 벗어나자

강남훈

1. 머리말

녹색 성장을 주장하던 이명박 정부는 정권 초기 탄소세carbon tax 도입을 검토했으나, 결국 취소했다. 단기적으로 경제성장에 마이너스가 된다는 판단 때문이었을 것이다. 탄소세가 장기적으로 꼭 필요한 제도라는 것을 알면서도 단기적인 인기에만 집착한 결과라고 생각된다. 이글에서 말하는 생태세ecological tax란 흔히 환경세environmental tax라고도 불리는 것으로,[1] 탄소를 포함한 유해 물질 배출과 에너지 같은 재생 불가능

---

[1]_환경과 경제를 연구하는 학자들은 환경경제학(www.ecoeco.org)과 생태경제학(www.aere.org)의 두 진영으로 나뉘어져 있다. 환경경제학은 후생 극대화라는 신고전파 방법론을 주로 사용하지만, 생태경제학은 신고전파 방법론을 포함해 다양한 방법론을 사용한다 (Tietenberg and Lewis 2009).

한 자원의 사용에 대해 부과되는 조세를 말한다. 탄소세는 생태세의 한 종류다. 생태세를 부과하는 목적으로는 환경오염 저감과 에너지 등 자원 사용 절약을 통해 생태적으로 지속 가능한 경제로 전환하고 인간의 복지를 증진시키는 것 등을 들 수 있다. 우리나라에서 생태세를 부과해야 하는 가장 시급한 이유는 핵발전으로부터의 탈피다.

생태기본소득은 생태 배당, 혹은 생태 수당이라고도 부를 수 있는 것으로서, 기본소득basic income의 한 형태다. 기본소득은 모든 사람에게, 아무런 조건 없이, 개별적으로 지급되는 소득이다(강남훈·곽노완·이수봉 2009). 기본소득은 여러 가지 방법으로 정당화할 수 있다. 인간의 기본권인 자유를 실질적으로 보장하기 위해서 필요하다(실질적 자유론)든지, 정의로운 사회를 만들기 위해 필요하다(사회정의론)든지, 기초생활보장 자체가 인간의 기본권이다(기본권론)든지, 자연은 모든 인간이 공유해야 한다(생태적 공유론)는 주장들이 있다.

역사적으로 기본소득에 대해 가장 활발한 논의가 있었던 나라는 1960년대 말 미국으로 당시에는 보장 소득guaranteed income이라고 불렸다. 보장 소득 운동의 정점은 1968년 마틴 루터 킹 목사가 계획했던 빈자들의 행진Poor People's Campaign과 1969년 리처드 닉슨 대통령의 가족부조계획Family Assistance Plan이었다. 닉슨의 법안은 하원을 통과했지만 상원에서 부결되었고 그 뒤로 장기 불황을 거쳐서 신자유주의 시대로 접어들면서 정치 무대에서 사라져 갔다. 오늘날 논의가 가장 활발한 나라는 독일인데, 2011년 기본소득을 강령으로 내건 해적당이 베를린 지방선거에서 10%를 차지하는 성과를 걸었다. 기본소득은 1970년대부터 알래스카 주에서 지급해 왔으며, 브라질 룰라 대통령은 이것을 입법했다. 이란에서는 작년 말부터 보조금 개혁의 일환으로 지급되고 있고, 몽골에서도 알래스카 방식의 기본소득이 지급되기 시작했다. 적은 액수이지만 홍콩에서도 토지세에 기초해서 지급되고 있다. 1970년대 전후 미국과 캐나다에서 대규모 사회적 실험이 진행된 적이 있으며, 최근에는 나미비아와 인도에서 사회적 실험이 진행되어 긍정적 효과가 확인되고 있다.

이 글에서 제안하는 생태기본소득 속에는 현금 기본소득뿐만 아니라 무상(저렴한) 대중교통이라는 현물 기본소득도 포함된다. 생태세를 부과할 때 생태기본소득을 지급해야 하는 이유는 생태세에 대한 조세 저항을 줄이기 위해서다. 생태기본소득만으로는 최저 생활이 보장되지 않기 때문에 진정한 기본소득이라고 보기 힘든 점도 있지만, 모든 사람에게 개별적이고 무조건적으로 지급된다는 의미에서 기본소득의 핵심적인 조건을 충족시키고 있다고 볼 수 있다.

2절에서는 생태세 부과의 목적인 탈핵(탈원자력발전)의 과제에 대해 살펴본다. 3절에서는 현재 한국에서 환경 관련 조세 현황과 문제점에 대해 살펴본다. 4절에서는 최근에 생태세를 도입한 오스트레일리아의 사례와 산유국인 이란의 사례 및 실패한 볼리비아와 나이지리아의 사례를 소개한다. 5절에서는 생태세와 생태기본소득을 결합하는 정책을 제안한다.

2. 탈핵의 과제

이명박 정부는 2010년을 기준으로 전체 전력 생산 중 34.2%를 차지하는 핵발전 비율을 2020년까지 48.9%로 늘릴 계획을 세웠다. 2030년까지 핵발전소를 최소 13기 이상 건설하고, 핵발전의 비중을 59%까지 올린다는 국가계획(제5차 전력산업기본계획)이 수립되어 있고,

그대로 추진되고 있는 상황이다. 그에 따라 현재 가동되고 있는 21기(신고리 1호기 포함)의 핵발전소에 더해서 신고리 2·3·4호기, 신월성 1·2호기, 신울진 1·2호기가 건설 중에 있다. 이것들이 모두 완공되면 28기가 된다. 또한 2011년 9월 1일 주민 공청회를 한 신고리 5·6호기까지 포함하면 30기가 된다. 반면, 세계 각국은 일본의 핵발전소 사고 이후 핵발전소를 폐쇄하자는 운동이 벌어지고 있다. 독일은 2022년까지 핵발전을 완전히 폐쇄하기로 결정했고, 이탈리아, 스위스, 벨기에 등 많은 나라에서 핵발전을 중단하거나 신규 건설을 중단하기로 결정했다.

탈핵(발전)의 가장 큰 필요성은 한반도의 안전이다. 후쿠시마 사고는 핵발전소는 더 이상 안전하지 않다는 것을 여실하게 보여 주고 있다. 사고 지점으로부터 250km나 떨어진 동경에서도 세슘이 검출되고 있다. 우리나라에서 비슷한 사고가 나면 남한 거의 전부가 방사능에 오염될 것이다. 일본에서 사고 처리 비용이 330조 원이라면(『한국일보』 2012/01/11), 인구밀도가 높고 원자력발전소(이하 원전)가 대도시에 가까운 우리나라의 피해액은 일본의 수십 배도 넘을 수 있다.

후쿠시마 현 가와우치 의회 니시야마 치카코西山千嘉子 의원은 자신의 블로그에서 원전 작업원 사망자 수는 약 4,300명이고, 입막음 비용으로 1조3천억 엔(18조 원)이 지출되었다고 폭로했다. 유족에게 입막음으로 1인당 3억 엔(45억 원)이 지급되었고, 발설시 전액 몰수하기로 했다고 한다. 일반인의 피해와 관련해서는 후쿠시마의 대피 범위 밖에 있는 병원에서 일곱 달 만에 조산하거나 한 쪽 손이 없는 기형아들이 태어났다고 주장했다(『뉴스한국』 2011/11/09). 영국의 『인디펜던트』The Independent 신문은 체르노빌 사고로 인한 사망자는 25년간 20만 명에 달했지만 후쿠시마 사고는 이보다 심각해서 앞으로 100만 명 이상이 숨질 것이라고 예상했다(『한국일보』 2012/01/11).

일본에서 일어난 사고가 과연 우리나라에서도 일어날 수 있을까? 핵발전이 얼마나 위험한지를 대강이라도 짐작하기 위해 단순화된 가정에 기초해서 간단한 방법으로 계산해 보자. 모든 나라의 모든 핵발전소의 사고 확률이 동일하다고 가정하자. 세계적으로 핵발전이 시작된 지 60년이 지났는데, 현재 450기 정도의 핵발전소가 유지되고 있다. 그동안 스리마일 섬 핵발전소 사고(1979년), 체르노빌 핵발전소 사고(1986년), 그리고 후쿠시마 핵 사고(2011년) 등 5등급 이상의 대형 사고가 6회 일어났다.[2] 핵발전소의 수명을 30년으로 보고, 지금까지 100기의 핵발전소가 30년을 가동된 뒤 폐쇄되었고, 현재 운행되고 있는 450기는 평균 15년 동안 가동된 상태라고 가정하자. 그렇다면 그동안 총 9,750(기년)[=100(기)×30(년)+450(기)×15(년)]의 핵발전소가 가동된 것이다. 그중 6회의 대형 사고가 있었으므로, 사고 확률은 0.000615(회/기년)[=6(회)/9750(기년)]다. 한국에 총 30기의 핵발전소가 가동되고 있다면, 1년에 평균적으로 0.0185(회/년)[=0.000615(회/기년)×30(기)]의 대형 사고가 날 것이다. 그렇다면 55년 동안에는 평균 1회[1.0154(회)/55(년)]의 대형 사고가 나게 된다. 물론 55년 동안 평균 1회 일어난다는 것은 1회도 일어나지 않을 가능성도 있다는 뜻이지만, 우리와 후손들의 생명을 그럴 가능성에 맡기는 것은 너무나 큰 도박이다.

좀 더 체계적인 판단을 하기 위해 동일한 가정하에서 쁘와송^{Poisson} 분포를 사용해서 계산해 보면, 30년 동안(핵발전소 수명) 30개의 핵발전소 중에서 대형 사고가 1회 이상 발생할 확률은 42.5%가 된다.[3] 사고

2_450기에 6회 대형 사고가 났으므로 1기당 사고 확률을 6/450=1.3%라고 계산하는 것은 가동 연수를 고려하지 않았다는 점에서 다소 거친 계산 방식이다.

3_쁘와송 분포를 전제할 때 파라미터 λ의 값은 0.0185[회/년]*30[년]=0.555[회]가 된다. 이 파라미터 값을 대입해 30년 동안 사고가 한 번도 일어나지 않을 확률을 계산하면 57.4%가 된다.

가 났을 때 피해 규모를 고려하면 매우 우려할 만한 확률이다. 한국의 핵발전소는 다른 나라의 핵발전소보다 안전할 것이라는 가정하에 안이하게 판단할 수 있는 상황이 결코 아니다. 이렇게 확률 계산을 하고 보니 직관적으로 다음과 같이 판단하는 것과 크게 다르지 않다. 핵발전소가 세계적으로 지금까지 6회의 대형 사고가 날 정도로 위험한 것이라면, 그리고 한 번의 대형 사고로도 한반도의 대부분이 폐허가 될 수 있다면, 특히 한국에서는 핵발전을 중단하는 것이 마땅하다.

핵발전은 경제적으로도 가장 비싼 발전이라는 주장이 힘을 얻고 있다. "오시마 겐이치 리쓰메이칸대학 교수는 2000~07년 사이 원전의 순수 발전 단가는 1㎾h당 7.29엔이었지만, 개발 비용으로 1.18엔, 입지 비용으로 0.46엔이 더 들었다고 지난해 논문에서 밝혔다. 이에 따른 원전의 발전 총단가는 1㎾h당 8.93엔으로, 화력발전의 9.02엔과 거의 차이가 없다는 것이다. 원전은 한 번 가동을 시작하면 전력 소비량이 줄어도 잠시 멈춰 세울 수가 없다. 이 때문에 전력이 남아도는 시간에 이 전력으로 물을 퍼올렸다가, 전력 소비가 많은 시간에 이 물로 발전을 한다. 오시마 교수는 이 양수 발전 비용까지 고려한 원전의 발전 총단가는 1㎾h당 10.11엔으로 화력발전보다 오히려 비싸다고 지적했다"(『한겨레』 2011/09/14). 여기에 폐기 비용까지 포함시키면 발전 단가는 더욱 올라간다. 고리핵발전소 1기를 폐쇄시키는 데 1조 원의 비용이 든다는 보고서도 있다(『시사인』 2011/10/21). 엄밀하게 경제성을 따지려면 이런 비용 이외에 사고 가능성을 고려해야 한다. 즉, 사고 비용에 사고 확률을 곱한 값을 원전의 비용에 포함시켜야 하는 것이다. 이상의 것들을 고려해 보면 위험하면서도 가장 비싼 핵발전을 더 이상 지속할 이유가 없는 것이다.

그런데 핵발전소를 없애기 어려운 가장 큰 이유는 우리나라 발전의 35% 정도를 차지하는 핵발전소를 없애면 전력이 부족해지기 때문이다. 전력이 부족하면 생산이 감소해 경제적으로 큰 혼란이 생길 것이다. 핵발전소를 없애면서도 전력이 부족해지지 않으려면 신재생에너지 등 대체에너지가 늘어남과 동시에 전력 수요가 줄어들어야 한다. 생태세는 한편으로는 에너지 가격을 높임으로써 전력 수요를 줄이는 역할을 하면서, 다른 한편으로는 신재생에너지의 수익성을 보장해 줌으로써 대체에너지 공급을 늘리는 역할을 한다. 전력 수요의 감소에는 에너지 보존과 에너지 효율화의 두 가지 측면이 있다. 에너지 보존은 에너지 낭비와 에너지 사용을 줄이는 것이고, 에너지 효율화는 에너지를 덜 쓰는 기술을 개발하는 것이다(Raven & Berg & Johnson 2001). 자동차를 나누어 타는 것이 전자이고, 하이브리드 자동차를 개발하는 것이 후자다. 생태세는 이 두 가지 측면에 모두 긍정적인 작용을 한다.

3. 우리나라 환경 관련 조세의 문제점

유럽위원회European Commission, EC는 환경세를 다음과 같이 정의하고 있다. "환경세는 환경에 대해 특정한 부정적 영향을 끼친다고 입증된 것의 물리적 단위(혹은 그것의 대용물)를 조세 기반으로 하는 조세다. 총환경세 수입에는 운송, 에너지, 공해 및 자원세가 포함된다"(EC 2003). 이런 정의에 따르면, 우리나라 환경세는 에너지 관련 세금, 자동차 관련 세금, 환경 관련 부담금 등으로 구성된다고 할 수 있다.

〈표 1〉은 우리나라 에너지 세제 및 관련 부과금 현황이다. 이 가운데 교통·에너지·환경세는 도로·도시 철도 등 교통 시설의 확충 및 대중교통 육성을 위한 사업, 에너지 및 자원 관련 사업, 환경의 보전과

표 1 | 에너지 세제 및 관련 부과금 현황(2011년 1월 현재)

		휘발유 (원/l)	경유 (원/l)	LPG(원/kg)		LNG (원/㎥)	등유 (원/l)	중유 (원/l)	유연탄	전력 (원/kwh)
				부탄	프로판					
관세	기본	3%	3%	3%	3%	3%	3%	3%	1%	-
	할당	3%	3%	2%	2%	2%	3%	3%	-	-
개별 소비세(a)	기본	-	-	(252)	20	48	90	17	-	-
	탄력	-	-	275	-	-	-	-	-	-
교통에너지 환경세(b)	기본	(475)	(340)	-	-	-	-	-	-	-
	탄력	529	368	-	-	-	-	-	-	-
교육세(a,b×15%)		79	55	41	-	-	14	3	-	-
지방주행세(a,b×26%)		138	96	-	-	-	-	-	-	-
부가가치세		10%								
수입부과금		16	16	-	-	20	16	16	-	-
판매부과금		36(고급)	-	62.28	-	-	-	-	-	-
안전관리부담금		-	-	4.5	4.5	3.9	-	-	-	-
품질검사수수료		0.47	0.47	0.03	0.03	-	0.47	0.47	-	-
전력산업기반기금		-	-	-	-	-	-	-	-	3.7%

자료: 기획재정부, 지식경제부. 조영탁(2011)에서 재인용.

개선을 위한 사업에 필요한 재원을 확보하기 위해 1993년 12월 31일에 도입되었다. 하지만 교통·에너지·환경세는 목적세로 운영되어 재정 운영의 경직성을 초래하고 유류에 대한 과세 체계를 복잡하게 하는 등의 문제점이 있으므로 2012년 12월 말에 교통·에너지·환경세를 폐지하고 개별소비세에 통합할 예정이다.

〈그림 1〉에서 확인할 수 있듯이, 2009년 우리나라의 환경 관련 세제의 비중은 GDP의 2.5% 수준으로 OECD 국가들의 중간 정도다. 그러나 우리나라 환경세는 다음과 같은 여러 가지 문제점을 가지고 있다 (조영탁 2011).

첫째, 우리나라 에너지 세제에는 여러 가지 정책 목표에 따른 과세 기준(교통·에너지·환경세, 교육세, 지방 주행세 등의 목적세, 개별소비세, 부가가치세 및 부가가치세의 부가세 등)이 복잡하게 얽혀 있어 환경오염에 따른 단순 과세의 원칙에 부합하지 못하고 있다.

둘째, 과세 범위와 관련해 과세 대상이 수송용에 지나치게 집중되

그림 1 | OECD 국가들의 환경세 비율(환경세/GDP)

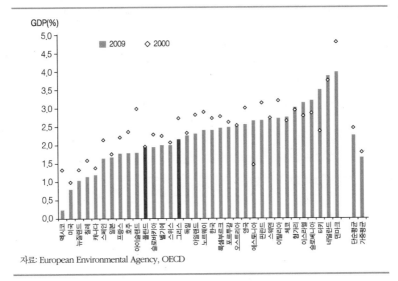

자료: European Environmental Agency, OECD

어 있다. 이런 편중된 과세 구조는 오염도가 높은 에너지원에 대해 오히려 낮은 세율이 적용되어 환경세 기준에 역행하는 과세 구조로서 수송용보다 이산화탄소와 대기오염에 아주 악영향을 미치는 유연탄이나 중유의 경우 부가가치세를 제외한다면 거의 면세이거나 아주 적은 세금만 부과되고 있다.

셋째, 특정한 에너지에 대해 면세와 교차 보조를 함으로써, 에너지세의 효과를 없애고, 에너지의 낭비를 조장하며, 동일한 에너지에 대해 다른 가격이 형성되도록 해 비효율성을 증대시키고 있다. 농업용 유류에 대해서 면세한다거나, 산업용 전기에 대해 싼 요금을 받는 것 등이 대표적인 사례다.

넷째, 약 12조 원에 달하는 교통·에너지·환경세의 경우 그중 80%에 해당하는 세금이 교통 시설 특별회계로 배분되어 많은 부분이 도로 건설과 같이 에너지 소비와 환경오염을 유발하는 사업에 지출되고 있다.

생태세와 생태 배당을 결합시키는 정책은 환경에 대한 부담 저하라는 통일적인 원리에 의해서 기존의 환경세 체계를 개혁하면서, 가격 보조가 아닌 소득 보조 방식으로 소득 불평등을 완화시키고, 환경오염 유발 사업에 대한 지출을 제한할 수 있는 효과들을 가지고 있다.

4. 생태세 관련 외국 사례

1) 오스트레일리아의 탄소세 도입

오스트레일리아의 사례는 1명의 진보 후보가 정책을 어떻게 바꿀 수 있는지를 잘 보여 준다. 오스트레일리아는 2010년 선거에서 줄리아 길러드Julia Gillard가 이끄는 노동당과 자유당-국민당 연합이 하원에서 72석 대 72석으로 동수를 이루었고, 1명의 녹색당 후보와 5명의 무소속 후보가 당선되었다. 녹색당 후보 1명은 3명의 무소속 후보를 설득해 탄소세를 도입하는 조건으로 노동당과 연합해 소수당 정부(76 대 74)를 만들었다.[4] 상원에서는 녹색당이 6석을 획득해 녹색당 단독으로 의사 결정을 좌우할 수 있게 되었다. 길러드 총리는 선거 중에는 탄소세를 도입하지 않겠다고 말했지만 선거 후에는 녹색당의 요구를 받아들여 고율의 탄소세를 도입하기로 결정했다. 이후 오스트레일리아 국민들은 탄소세를 둘러싸고 격렬하게 논쟁하면서 양분되었다. 과반수

4_소수당 정부(minority government)란 의원내각제하에서 과반수를 차지하지 못한 정당들이
  연합해 과반수 의석을 만들어서 집권하는 경우를 말한다.

표 2 | 오스트레일리아 탄소세 관련 법안 내용

구분	내용
목표	지구온난화 가스 배출량을 2020년까지 최소한 5%를 감축, 2050년까지 80% 감축.
탄소 가격	2012~14년: 2012년은 톤당 23호주달러로 개시. 이후 매년 2.5% 상승(2013년: 24.14호주달러, 2014년: 25.40호주달러). 2015년부터: 시장가격에 의해 결정하며 최초 3년간은 가격 변동을 줄이기 위해 정부가 가격 범위를 결정. 국제가격에 20호주달러를 더한 액수가 최고 가격, 15호주달러가 최저 가격. 최고 가격은 매년 실질 5% 상승, 최저 가격은 4% 상승.
대상자	약 500개의 대규모 배출 사업자(배출량의 약 60%를 포함). 사업자는 증가한 비용을 소매가격에 전가 가능.
사업자에 대한 지원	지원 1: 2014년 회계연도까지 합계 92억 호주달러의 지원금을 지급. 지원 2: "클린 기술 프로그램" 실시(예산 12억 호주달러). 지원 3: 소규모 사업자에 대해 소유 시산에 대한 비과세 한도액을 6,500호주달러 인상.
개인에 대한 지원	약 900만 세대 가운데, 약 800만 세대를 대상으로 비용 상승분 일부를 보상. (일반 가정은 주로 광열비 상승에 의해 주당 9.90호주달러의 부담이 증가할 전망). 지원 1: 약 300만 호를 대상으로 평균 10.10호주달러의 직접 보상을 실시. 지원 2: 비과세 한도액을 6,000호주달러 → 18,200호주달러(2012년) → 19,400호주달러(2015년)로 인상.

자료: 하나금융경제연구소(2011/08/01)

인 반대 여론은 줄어들지 않았다. 여론의 불리함에도 불구하고 길러드 총리는 표결을 강행해 하원에서는 2011년 10월 12일 74 대 72로 법안이 통과되었고, 상원에서는 11월 8일 통과되었다. 청정에너지 법안 Clean Energy Bill은 18개의 패키지 법안으로 이뤄졌는데 그 핵심은 오스트레일리아의 500대 탄소 배출 기업에 탄소세를 부과하는 것이다.

오스트레일리아 정부는 탄소세에 대한 국민의 지지를 얻어 내기 위해 혼신의 노력을 다했다. 탄소세에 대한 텔레비전 광고까지 했다. 그러나 정부가 찬성 광고를 한 번 내보내면 대기업들은 반대 광고를 세 번 내보냈다. 정부가 국민들 머리 위의 오존 구멍이 문제라고 홍보하면 대기업들은 오스트레일리아에서 탄소세를 부과한다고 오존 구멍이 사라지는 것은 아니라고 선전했다. 정부는 탄소세로 걷은 수입의 상당 부분을 소득세 감소 형태로 가계에 되돌려 주겠다고 설득했다. 그러나 대기업들은 탄소세를 부과하면 오스트레일리아 제품의 국제 경쟁력이 떨어지고 고용이 줄어들어 결국은 노동자와 서민들의 생활이 나빠질 것이라고 선전했다. 정부는 대다수 가계에 이득이 된다는

그림 2 | 오스트레일리아 탄소 계산기 결과 화면

For the household scenario that most closely matches your situation in the financial year beginning July 2012...

...the average price impact would be:	$374 per year ($7 per week)	The carbon price will have a modest impact on prices of 0.7 per cent over 2012-13, as measured by the Consumer Price Index (CPI).
...total annual Government assistance would be: Of this...	$791 per year	
...assistance provided through Australian Government payments would be:	$521 per year	If you receive an Australian Government payment, you will be eligible for a tax free, lump sum Clean Energy Advance paid in May-June 2012. Later, ongoing assistance will be provided through the Clean Energy Supplement.
...and assistance through tax changes would be:	$271 per year	Some assistance will be delivered through reforms to the tax system.

* "당신은 물가 상승으로 1년에 374달러 손해를 보지만 정부 보조로 791달러 이득을 봅니다."
* 자료: www.cleanenergyfuture.gov.au/helping-households/household-assistance-estimator/

것을 보여 주기 위해 탄소세로 손해 보는 액수와 소득세 감소로 이득을 보는 액수를 보여 주는 탄소세 계산기를 인터넷에 올려놓고 국민들로 하여금 직접 계산해 보게 했다(〈그림 2〉). 그러나 대기업들은 물가가 상승해 가계소득이 감소할 것이라고 선전했다. 논쟁이 거듭되면서 대기업들의 주장을 믿는 국민들의 수가 줄어들지 않거나 다소 증가했다.

언론은 흔히 탄소세 법안 통과를 놓고 길러드 총리의 정치적 승리라고 평가했지만, 법안을 제출한 이후 정부의 홍보에도 불구하고 국민의 여론이 악화되었다는 점에서 승리라고 말하기는 힘들다. 탄소세 법안을 지지했던 무소속 의원들의 지지율은 반 토막으로 떨어졌다(『호주 일보』 2011/10/28). 자유당 대표는 정권이 바뀌면 탄소세 법안을 폐기시키겠다고 공언하고 있다. 실제로 탄소세로 인해 다음번 선거에서 정권이 바뀔 가능성이 커졌다(지지율 여당 47% 대 야당 53%, 『연합뉴스』 2012/02/06).

오스트레일리아의 탄소세 논쟁은 국민들이 생태적 위기를 느끼지 못하는 상태에서 고율의 생태세를 부과하는 것이 정치적으로 얼마나 어려운지를 잘 보여 준다. 국민들이 생태 문제를 느끼기 시작하면 이미 너무 늦어 버린 상태가 되고, 그 이전에 부과하면 국민들의 다수가 반대하게 되는 것이 생태세의 딜레마라고 할 수 있다.

오스트레일리아의 사례로부터 몇 가지 교훈을 얻을 수 있다. 첫째, 오염 원천 과세 방식의 문제점이다. 오스트레일리아는 500대 탄소 배출 기업에 대해 부과했는데, 이들이 반대 운동의 주축이 되었다. 일부에게 집중된 과세는 대상이 된 집단을 강하게 뭉치게 한다. 둘째, 오염 원천에 과세를 하면 국제 경쟁력을 약화시키지 않는 생태세 보완 정책을 마련하기 힘들다. 셋째, 탄소세를 소득공제로 되돌려 주는 방식의 문제다. 오른 물가는 매일매일 체험하지만, 소득공제는 연말에 한 번 이루어지고, 액수가 얼마인지도 계산해 보기 전에는 알기 힘들다.

2) 이란의 보조금 개혁

이란은 1979년 이란혁명 이래 석유 수출 금액으로 휘발유 등 주요 에너지와 밀가루, 빵 등 주요 식품에 가격 보조를 실시해 오고 있었다. 휘발유 가격은 리터당 10센트로 베네수엘라의 2센트 다음으로 낮은 수준이었다. 이런 가격 보조 정책은 민중들의 생활을 보장하는 데에는 어느 정도 기여를 했지만, 다음과 같은 여러 가지 부작용을 낳았다.

첫째, 에너지 낭비가 극심했다. 에너지의 낭비는 심각한 환경오염을 가져왔다. 둘째, 생필품의 낮은 가격은 국내 생산에 충분한 유인을 제공하지 못했다. 농업과 제조업이 위축되었고, 수입이 증가했다. 셋째, 생필품 부족 현상이 만성화되었다. 국내에서 구입한 제품을 해외에서 판매하면 이득이 생기기 때문이다. 넷째, 석유 수입의 거의 전부가 가격 보조에 사용되어 재정 압박이 심하게 되었다. 다섯째, 안보상으로 매우 취약한 상태가 되었다. 휘발유 낭비가 심해지면서 휘발유 소비의 40%를 외국으로부터 수입하지 않으면 안 되는 상황이 되어, 미국의 경제봉쇄에 대해 대응하기 어렵게 되었다.

그동안 지난 정부들이 경제 효율성을 높이기 위해 가격 보조를 줄이려는 시도를 몇 차례 시도했지만, 민중들의 강력한 저항에 부딪혀 좌절되었다. 마흐무드 아흐마디네자드 대통령은 가격 보조금을 없애는 대신 그만큼의 소득 보조금을 지급하는 혁신적인 정책을 구상했다. 처음에는 하위 50%의 국민들에게만 선별적으로 보조금을 지급하려고 했는데, 50%부터 80%까지의 국민들 사이에서 반발이 심할 것으로 예상되자, 소득 심사 없이 신청하는 모든 국민에게 지급하기로 결정했다.[5] 소득 보조금은 1인당 45달러로 정해졌고, 두 달에 한 번씩 지불하기로 했다.

보조금 개혁subsidy reform은 2010년 12월 19일 시작되었다. 휘발유 가격이 10센트에서 40센트로 인상되었고, 빵·전기·물 등에 대한 보조금도 줄어들었다. 대신 사람들은 미리 통장에 들어 있던 90달러를 그 날부터 찾아갈 수 있었다. 보조금 개혁법은 가격 인상으로부터 발생하는 수입 중에서 300억 달러는 개인에게 분배, 150~180억 달러는 기업의 에너지 강도 낮추는 재구조화 지원, 100~120억 달러는 정부 에너지 값과 공공 부문 에너지 효율 개선 사업으로 충당하도록 하고 있다. 2013년까지는 모든 가격 보조를 없앨 계획이다.

IMF는 실사를 거쳐서 이란의 경제개혁에 대해 다음과 같이 평가했다.

5_현재 상위 10%의 부자들은 보조금을 신청하지 않은 상태다. 이것은 부자들은 신청하지 말아 달라는 정부의 호소 때문이기도 하지만, 부자가 자선을 받는 것을 부끄러워하는 종교적인 이유도 있다고 한다.

야심적인 보조금 개혁 집행에서 조기 성공에 대해 당국을 격려한다. 2010년 12월 19일부터 채택된 에너지 제품, 대중교통, 밀, 빵의 가격 인상은 이 제품들에 대한 연간 600억 달러(GDP의 15%) 잠재적 보조금을 제거했다. 동시에 가격 인상으로부터 발생한 세수를 가계에 현금 급부로 재분배함으로써 효과적으로 불평등을 줄였고, 생활수준을 향상시켰고, 경제에서 내수를 지지했다. 에너지 가격 인상은 가정의 에너지 소비를 줄였고, 과잉한 에너지 낭비를 없앴다. 보조금 개혁은 경제성장을 일시적으로 침체시키고 인플레를 일시적으로 증가시키겠지만, 국내 에너지 사용을 합리화하고, 수출을 증가시키고, 전반적 경쟁력을 높이고, 이란의 경제활동을 완전한 잠재능력에 가깝게 가져감으로써 중기적 전망을 상당히 향상시킬 것이다.

당국은 에너지 가격의 인상이 인플레에 미치는 초기 영향을 통제하는 데 성공했다. 에너지 가격이 20배까지 증가했음에도 불구하고 물가는 12월 10.1%에서 2011년 5월 14.2%로 상승하는 것에 그쳤다. 보조금 개혁의 편익을 보존하기 위해서는 단기적으로 금융 정책과 재정 정책을 협동적이고 적절하게 긴축함으로써 거시 경제 안정성을 유지하는 것이 핵심이다. 또한 에너지 효율적인 기술의 사용과 경제를 에너지 절약적인 제품과 서비스로 광범위하게 재조정함으로써 기업을 구조조정하는 것이 중요한 과제다. 당국은 새로운 기업과 직업의 창조를 지지하기 위하여 기업 환경을 개선하기 위한 노력을 적극적으로 추구해야 한다(Economist 2011/06/23).

보조금 개혁의 결과, 하루 2달러 미만을 빈곤선으로 보았을 때 이란의 빈곤율이 12%에서 2%로 감소했다. 지니계수는 0.40~0.45에서 0.37로 감소했다. 에너지 소비는 20%까지 감소했고, 이란은 다시 휘발유 수출국이 되었다. 전력 수출도 26% 증가했다. 초기 3개월의 재정

수지는 80억 달러 흑자였다. 온실가스 배출량은 20% 가까이 감소했다.

이란의 경우를 현재 상태를 기준으로 보면 알래스카와 같이 자원으로부터의 수입에 기초해서 기본소득을 지급하는 것이라고 볼 수 있다.[6] 그러나 보조금 개혁 이전의 상황과 비교하면 에너지에 대해 고율의 생태세를 부과하면서 그 수입으로 생태기본소득을 지급하는 것이라고도 볼 수 있다. 우리는 이란의 경험으로부터, 고율의 생태세를 부과하면 에너지 소비를 상당히 줄일 수 있다는 것, 생태기본소득을 대다수 가구의 실질소득을 높이는 방향으로 설계를 해서 생태세 부과 정책을 수용하기 쉽게 만들 수 있다는 것, 생태세 부과에도 불구하고 적절한 통화정책을 통해 물가를 비교적 빠르게 안정시킬 수 있다는 것 등을 확인할 수 있다.

3) 볼리비아와 나이지리아의 실패

이란과는 반대로 볼리비아와 나이지리아에서는 가격 보조금을 없애는 정책이 실패했다. 소득 보조금 정책과 결합시켜 개혁에 성공한 이란의 경우와 선명하게 대비된다.

2011년 1월 사회주의를 표방하고 있는 볼리비아 정부는 가격 보조금을 끊으려는 시도를 했다. 정부는 가솔린 에너지 가격 인상에 대한 정책적 필요성을 설명하면서 이는 정부 재정에서 급격하게 발생하는 가솔린 보조금의 증가와 이로 인한 과도한 재정 경제적 출혈을 막기 위해 절대적으로 필요한 조치임을 강조했다. 사실 볼리비아는 엄청난

6_물론 영구 기금을 만들어서 그 수익금만을 배분하느냐 조세(로열티) 전체를 배분하느냐의 차이가 있다.

양의 천연가스를 수출하는 국가이지만 1990년대 말부터 가솔린과 디젤 에너지는 대부분 베네수엘라와 아르헨티나로부터 시장가격으로 수입을 해 이를 볼리비아 소비자들에게는 할인된 가격으로 공급하고 있었다. 에보 모랄레스 대통령은 이런 연료 보조 정책을 신자유주의적 보조금 정책이라고 비판하면서, 2010년 한 해 동안 3억8천만 달러 정도를 재정에서 지출했지만 그 혜택은 산타쿠르스 지방에 근거지를 둔 농업 기업집단이나 이를 다시 두 배 혹은 세 배의 가격으로 시장에 재판매해 막대한 수익을 올리는 밀수업자들에게 돌아갔고, 이 과정에서 국가 재정이 약 1억5천만 달러가 낭비되었다고 주장했다. 사실 정부 보조금으로 운영되던 볼리비아의 가솔린 가격은 일반에서 판매되는 맥주나 물 가격보다 더 싼 가격이었다. 그러나 정부의 설득에도 불구하고 전국적으로 물가 폭등에 대한 저항이 계속되자(가솔린으로 인한 봉기라는 뜻에서 "gasolinazo"라고 부른다), 결국 모랄레스 대통령은 정책 포기를 선언했다(Achtenberg 2011).

2012년 1월 1일 나이지리아 정부는 가격 보조금을 없애는 정책을 발표했다. 정부는 연간 80억 달러에 이르는 보조금 제도를 유지할 경우 결국 국가 재정이 파산에 이를 것이라고 주장했다. 하지만 대부분 하루 2달러 미만 수입으로 살아가는 나이지리아 주민들과 근로자들은 휘발유 등 석유 가격이 리터당 65나이라(462원)에서 140나이라로 뛰자 격앙해서, 지난 1월 9일부터 파업을 벌였다. 굿럭 조나단 대통령은 지난 7일 국민들의 고충을 이해한다며 정부도 공무원 봉급의 25%를 감축하는 등 예산 절감에 나서겠다고 밝혔지만 국민들의 불만은 쉽게 가라앉지 않고 있다. 막대한 석유 수출 이익이 부패한 소수의 주머니로만 들어간다고 의심 받는 상황에서 극빈층이 34%에 이르는 국민들의 생계에 큰 도움이 되었던 보조금까지 깎이면 타격이 불가피하기 때문이다. 총파업으로 하루에 10억 달러가 넘는 손실이 계속되고 시위가 과격해지자 정부는 결국 1월 16일 석유 가격을 다시 인하하기로 하면서 파업이 중단되었다(『프레시안』 2012/01/17).

5. 생태세와 생태기본소득의 결합

이 글에서 제안하는 생태세와 생태기본소득 결합 정책의 개요는 다음과 같다. 생태세는 일단 GDP의 5% 수준에서 생태세를 부과하는 것으로 시작해 점차 늘려 가도록 한다. 현재 2.5% 정도 부과하고 있는 환경 관련 조세는 모두 없애고 생태세 5% 전체를 다음과 같은 방식으로 일관성 있게 부과하도록 한다. 생태세 부과는 (오염) 원천에 과세하는 것이 아니라 제품에 과세하고, 부가가치세 방식으로 운용하도록 한다. 제품별 생태세의 크기는 탄소 배출량 등 유해 물질 배출량뿐만 아니라 에너지 사용량, 재생 불가능한 자원 사용량 등을 고려해서 결정한다. 유해 물질, 에너지, 자원 사이의 환원 계수는 현재 상태에서 이용 가능한 최선의 과학적 지식을 활용해 당면한 생태적 목표를 달성하도록 결정한다. 당분간은 탈핵의 과제가 가장 큰 목표가 되어야 할 것이다. 생태기본소득은 기존의 환경세 2.5%에 해당하는 부분은 무상 대중교통과 생태적 기술 개발에 사용하도록 하고, 추가되는 2.5% 부분은 현금 기본소득으로 지급하도록 한다. 이상의 정책에 대해 다음과 같이 조금 더 자세하게 살펴보기로 한다.

표 3 | 유럽 주요국의 탄소세 도입 현황

국가	도입 연도	세금의 명칭	세율[1] 기솔린	세율[1] 중유	세수의 용도
핀란드	1990	탄소세	37원/ l 480원/ l	49,813원/t -	일반 재원
네덜란드	1990	탄소세[2]	11원/ l 535원/ l	14,051원/t 14,333원/t	일반 재원 (일부 에너지 절약 대책 지원 등)
스웨덴	1991	탄소세	311원/ l 417원/ l	30,668원/t 78,263원/t	일반 재원
노르웨이	1991	탄소세	110원/ l 508원/ l	54,987원/t 22,232원/t	일반 재원
덴마크	1992	탄소세	- 484원/ l	39,959원/t 243,482원/t	일반 재원 (일부 에너지 절약 대책 지원 등)
독일	1992	광유세[3](추가) 및 전기세	208원/ l 888원/ l	2,360원/t 14,150원/t	사회보험료 감면 (일부 에너지 절약 대책 지원 등)
이탈리아	1999	광유세(추가)	18원/ l 488원/ l	- 42,923원/t	사회보험료 감면 (일부 에너지 절약 대책 지원 등)
영국	2001	기후변화세[4]	727원/ l	36,393원/t	사회보험료 감면 (일부 에너지 절약 대책 지원 등)

주: 1) 상단에 있는 것은 탄소세 등 온나화 방지 세금이고, 하단은 기존의 에너지 관련 세금
    2) 네덜란드의 탄소세는 일반 연료세와 에너지 규제세를 합한 총칭
    3) 광물성기름(석유)에 대한 세금
    4) 영국의 기후변화세율은, 예를 들어 석탄 17,421원/t 등
자료: 김승래·박상원·김형준(2008)

1) 소득세 감면 vs. 생태기본소득

오스트레일리아를 비롯해서 대부분의 선진국들은 생태세를 도입할 때 소득세나 사회보장세 감면 정책을 실시했다. 이로 인해 전체 세수에서 소득세가 차지하는 비중이 줄어들고 소비세가 차지하는 비중이 증가했다. 덴마크를 예로 들면, 1992년 전체 조세 중에서 소득세가 차지하는 비중이 56.9%였는데, 2006년에는 39.6%로 감소했다(김승래·김지영 2010). 유럽 주요 국가의 탄소세 도입 시기와 세수의 용도는 다음과 같다. 사회보장세는 대개 기업이 더 많이 부담하고 있으므로 사회보장세 감면은 직접적으로 기업에게 유리한 반면, 소득세 감면은 직접적으로 가계에게 유리하다. 오스트레일리아에서 소득세 감면 정책을 쓴 것은 가계의 동의를 구하기 위해서일 것이다.

세수 중립적인 생태세 부과, 즉 생태세를 부과하면서 다른 조세, 대표적으로 소득세를 감면하는 정책의 이론적인 근거 가운데 하나는 이중 배당 가설double dividend hypothesis이다. 이중 배당이란 생태세를 부과하면서 소득세 등을 감면해 주면, 생태 보존 효과와 더불어서 소득세로 인한 시장 왜곡이 줄어들어 노동 공급이 늘어나는 추가적인 효과가 발생한다는 가설이다. 이중 배당 가설 논의는 1990년대부터 시작되었는데, 초기의 부분 균형 분석에서는 대부분 이중 배당 가설을 지지하는 연구가 대부분이었다.

하지만 이중 배당 가설은 1990년대 중반부터 발표된 일련의 일반 균형 분석 연구들로부터 지속적인 비판을 받게 되었다. 초기의 이중 배당 가설을 비판한 일련의 연구자들은 일반 균형 분석적인 시각에서 볼 때 생태세 정책은 비록 세수 중립적으로 도입된다 하더라도 이는 조세 체계의 효율성을 악화시킬 뿐이므로 이중 배당 가설은 성립하지 않는다고 주장했다. 생태세를 부과하면 소득세와 상호작용해서 소득세를 감면하더라도 노동시장에서의 왜곡은 더 커진다는 것이다(김상겸 2006).

이상의 논의를 다음과 같이 정리할 수도 있다. 생태세 부과에는 세 가지 효과가 있다. ① 피구효과Pigouvian effect: 시장에서의 왜곡된 환경 파괴 행위를 조세를 통해 정정하는 것을 의미한다. 생태세 부과의 일차적 목적이다. ② 세수 재활용 효과revenue recycling effect: 조세수입만큼 소득세를 감소시키는 것을 의미하며, 소득세로 인한 노동시장의 왜곡이 줄어든다. ③ 조세 상호작용 효과tax interaction effect: 생태세 부과는 소득세와 상호작용해서 노동시장의 왜곡을 더 크게 만들 수 있다. 부분 균형 분석에서는 ①과 ②만을 고려해 이중 배당 효과를 인정했다. 일반 균형 분석에서는 ①, ②, ③을 모두 고려하므로 ② 〉 ③ 일 때에만 이중 배당 가설이 성립한다. ②와 ③ 중에서 어떤 것이 더 큰가는 경험적인 문제인데, 일반 균형 분석에서는 부정적인 견해가 우세하다(Kolstad 2000). 만약 이중 배당 효과가 경험적으로 부정된다면, 생태세 부과로 발생하는 수입으로 소득세를 감면하는 정책보다 생태기본소득이 효율성 측면에서 우세하다고 할 수 있다.

이중 배당 가설의 성립 여부와 관계없이 소득세 감면 정책은 특히 우리나라의 상황에서는 다음과 같은 이유에서 정치적으로 부적합한 정책이라고 할 수 있다.

첫째, 우리나라 근로자의 40% 정도는 면세점 이하로 근로소득세를 전혀 내지 않고 있다. 따라서 소득세 감면은 상위 60%의 근로자들에게만 혜택이 돌아가 소득분배에 역진적인 결과가 초래된다. 면세점 이하 근로자들은 소득세 감면 정책으로 아무런 혜택을 받을 수 없다. 둘째, 위에서 말한 면세점 이하의 근로자들 이외에 600만 명의 노인 계층도 소득세를 거의 내지 않고 있다. 실업자·청소년·전업주부들도 마찬가지다. 이들은 소득세 공제로부터 아무런 혜택을 받을 수 없다. 셋째, 소득세 감면은 연말에 한 번 복잡한 조세 계산 과정에서 시행되기 때문에 사람들이 인식하기 쉽지 않다. 그러나 생태세 때문에 물가가 상승한 것은 매일 느끼게 된다. 편익이 복잡하면 아무리 생태세 계산기를 만들어서 보급하더라도 손해를 볼 것이라는 사람들의 느낌을 바꾸기는 쉽지 않다. 이상의 요인들을 종합해 보면, 우리나라에서는 소득세 감면 정책을 가지고 생태세 도입을 설득하는 것은 거의 불가능해 보인다. 마지막으로, 소득세 감면은 장기적으로 복지국가 형성의 측면에서도 부적합하다. 우리나라는 OECD 국가들 중에서도 조세 부담률이 가장 낮은 나라다. 앞으로 복지국가가 되기 위해서는 조세 부담을 늘려 가야 하는데, 소득세 감면은 이런 장기적 관점에서 부정적인 영향을 끼친다.

소득세 감면 정책과 비교할 때 생태기본소득 정책은 다음과 같은 장점을 갖는다. 첫째, 모든 노동자에게 혜택이 돌아간다. 둘째, 노인 계층에 대해서도 마찬가지다. 셋째, 우리나라는 조세에 대한 거부감과 정부에 대한 불신이 크기 때문에 복잡한 소득세 감면이 아니라 생태기본소득처럼 확실하게 눈에 뜨이는 혜택을 지급할 필요가 있다.

2) 선별적 수당 vs. 보편적 생태기본소득

생태세로 발생한 수입을 현금으로 나누어 주는 것이 바람직하다는 데에 동의를 하더라도, 모든 국민들에게 생태기본소득으로 지급할 것이 아니라, 저소득층을 중심으로 일부의 국민에게만 지급하면 소득재분배 효과가 더 커진다는 주장이 제기될 수 있다. 여기서 다시 한 번 선별적 복지와 보편적 복지 사이의 대립이 문제가 된다. 물론 생태 수당을 선별적으로 지급하면 더 이상 기본소득이라고 부를 수 없을 것이다.

보편적 생태기본소득은 다음과 같은 점에서 선별적 생태 수당보다 정치적·행정적·철학적인 장점을 갖는다.

첫째, 모든 사람에게 혜택을 준다는 것이 정치적 동의를 받는 데 더 유리하다.

둘째, 생태기본소득의 경우가 선별적 생태 수당의 경우보다 부자들의 순부담이 줄어든다. 정책으로 인한 반발의 강도가 순부담의 크기에 비례한다면, 생태기본소득의 경우가 부자들의 저항이 더 작다. 이것은 부자들의 행동의 합리적인 측면이다.

셋째, 부자들의 행동의 감정적인 측면이다. 어차피 정책의 순부담은 부자들이 더 크게 부담하는 것인데, 부자라는 이유로 정책 편익에서 원천적으로 배제하는 것은 더욱 감정을 자극할 수 있다. 신청한 사람에게는 누구든지 다 지급하지만 부자들은 신청하지 말아 달라고 도덕적으로 호소해서 성공한 이란의 사례를 참고하면 좋을 것이다. 인간을 이타적인 존재로 믿어 줌으로써 이타적인 행동을 유도한 사례라고 할 수 있다.

넷째, 행정 비용 문제다. 하위 20% 내지 30%에게 지급하겠다면 큰 행정 비용 없이 선별하는 것이 가능하다. 그러나 이 경우에는 생태세 도입에 대해 70~80%의 사람들이 반대하게 된다. 하위 70%까지 배당을 지급하겠다고 하면 반대하는 사람은 줄어들지만 선별하는 데 큰 행정 비용이 들게 된다. 하위 70% 전후의 사람들은 소득과 자산을 다 조사해야 하기 때문이다. 구체적인 예로 우리나라의 보육료 지급 정책을 들 수 있다. 보육료는 최근까지 하위 70%까지 지급했는데 처리 기간이 30~60일로 되어 있었다. 이것은 대상자 선별에 엄청난 행정 비용이 든다는 것을 의미한다. 더 큰 문제는 그렇게 많은 행정 비용을 들여서 처리하더라도 불공평한 결과가 자꾸 생겨서 불만이 늘어난다는 것이다. 정부에서도 결국 선별 정책을 포기하고 2012년 3월부터 모든 사람에게 보육료를 지불하기로 결정했다.

다섯째, 동일한 금액을 가난한 사람에게 재분배하기 위해서 필요한 생태세의 규모는 선별적인 배당보다 기본소득의 경우가 훨씬 커지게 된다. 예를 들어 모든 계층에게 50만 원을 주려면 하위 10% 계층에게만 50만 원을 줄 때보다 열 배의 생태세가 필요하게 된다. 생태세를 많이 부과할수록 생태적 효과가 커지므로, 생태기본소득의 생태적 효과가 더 크게 된다.

여섯째, 장기적인 효과다. 하위 몇 %에게 선별적으로 지급하면 수혜에서 제외되는 계층이 생태세를 늘리는 것에 대해 반대하게 되므로,

생태세를 지속적으로 늘려 나가기가 어려워진다. 경우에 따라서는 생태세가 줄어들 위험도 있다. 이런 과정이 반복되면, 동일한 조세수입으로 가난한 사람을 더 집중적으로 지원하려는 의도로 채택된 선별적인 생태 수당의 경우가 보편적인 생태기본소득의 경우보다 가난한 사람에게 더 불리하게 된다. 이것이 바로 재분배의 역설 현상이다(Korpi and Palme 1998; 백승호 2010).

일곱째, 사람들에게 지급되던 현금 수당을 없애는 것은 정치적으로 매우 어렵다. 따라서 생태세와 연결된 생태기본소득은 생태세의 감소를 막는 역진 방지 효과를 가지게 된다.

여덟째, 철학적인 관점의 문제다. 보편적으로 지급되는 생태기본소득은 단순한 재분배정책이 아니라 모든 사람이 자연 자원의 공동 소유자로서 그로부터 발생하는 혜택을 골고루 나누어 가져야 한다는 의미를 내포하고 있다.

3) 부가가치세 방식의 생태세 부과

부가가치세 방식으로 과세한다는 것은 다음과 같은 것을 의미한다. 첫째로, 가능한 한 거래되는 모든 제품에 생태세를 부과한다. 둘째로, 중간재로 사용된 제품에 대해서는 그 제품에 부과된 생태세를 환급해 준다(전前단계세액공제). 셋째로, 제품의 구매자로부터 부가가치세를 징수할 의무를 부과한다.[7] 이런 방식의 생태세 부과는 다음과 같은 장점을 갖는다.

7_부가가치세법 제15조(거래 징수) 사업자가 재화 또는 용역을 공급하는 경우에는 제13조에 따른 과세표준에 제14조에 따른 세율을 적용해 계산한 부가가치세를 그 공급을 받는 자로부터 징수해야 한다.

첫째, 제품별 세율을 다르게 매길 수 있고, 매년 세율을 올려 가면서 생태적인 효과를 높여 가기가 용이하다. 또한 과학기술의 발전과 생태계의 변화에 따라 계산식을 바꾸기가 수월하다.

둘째, 수출 기업들에게는 부가가치세 영세율 제도를 적용함으로써 국제 경쟁력 약화 문제를 해결할 수 있다. 영세율 제도란 수출 시점에서 그 이전까지 모든 단계에 부과된 부가가치세를 환급해 주는 제도로서 국제무역협정에서 인정되고 있다. 원천에 과세하면 이런 제도를 활용하기 쉽지 않다.

셋째, 농산물 등과 같이 생태적으로 나쁘지 않은 제품을 선별해서 생태세 부과를 면제해 주면서도 도덕적 해이에 빠지지 않도록 하는 것이 용이해진다. 제품이 아니라 농부에게 생태세를 면제해 주면 농부가 개인적인 용도로 사용하는 연료비나 난방비에 대해서도 면세가 되므로 농부가 에너지를 낭비하는 도덕적 해이 현상이 생길 수 있다. 그러나 농산품에 대해서 면세를 해주면 그럴 가능성이 훨씬 줄어든다. 농산품 출하액을 기준으로 거기에 들어가는 표준적인 에너지 사용량을 계산할 수 있기 때문에 그만큼만 생태세를 환급해 주면 된다.

넷째, 영세한 중간 공급자를 보호할 수 있다. 교과서에 따르면, 소비세는 공급자에게 부과되든지 수요자에게 부과되든지 경제적 효과는 동일하다. 그러나 마찰이 있는 현실에서는 누구에게 부과하느냐에 따라 큰 차이가 날 수 있다. 예를 들어, 대기업의 화물을 취급하는 개인 운송업자의 경우를 생각해 보자. 운송비의 절반이 경유값이라고 가정하면, 경유에 부과된 10%의 생태세는 운송비의 5% 크기가 된다. 경유에만 10%의 생태세가 부과될 때에는, 운송업자가 대기업으로부터 운임을 5% 올려 받는 것은 매우 어려울 것이다. 그러나 경유에 10%의 생태세가 부과되고 운송비에 5%의 생태세가 부과되면, 운송업자는 법에 따라 대기업으로부터 5%의 생태세를 징수할 수 있게 된다. 운송업자가 운임의 5%를 생태세로 납부하고 경유에 부과된 10%의 생태세를 환급 받으면(실제로는 상계하면 된다), 운송업자의 수입은 생태세 부과 이전과 동일하게 된다. 실제로 오스트레일리아에서 트럭 운전사들이 생태세에 반대하는 대규모 시위를 벌인 적이 있으므로, 생태세를 도입할 때에 영세 운송업자에 대한 고려가 있어야 한다.

다섯째, 조세 저항이 분산될 수 있다. 오스트레일리아의 사례에서 보듯이 소수의 대규모 오염원에 과세하면 대상이 되는 대기업들이 저항을 주도하게 된다. 노무현 정부 때 종합부동산세의 사례에서 보듯이 소수에게만 하는 과세가 더 큰 문제를 일으킬 수 있다. 부가가치세 방식은 수많은 물품에 분산되어 과세되므로 저항을 주도하는 대기업이 없어진다. 모든 국민들이 생태를 보존하기 위해 조금씩 나누어서 부담하자는 요지로 홍보할 수 있다. 물론 저항의 분산은 상황에 따라 유리할 수도 있고 불리할 수도 있다. 그런데 우리의 경우는 모든 국민들에게 생태기본소득을 동시에 지급하므로 저항이 분산되는 것이 불리하지 않을 것이다.

모든 제품에 생태세를 부과하는 데에는 상당한 행정 비용이 들 수 있다. 이런 행정 비용은 앞으로 생태적으로 지속 가능한 경제를 만들기 위해 필수적으로 감당해야 하는 비용이다. 처음부터 모든 제품에 대해 생태세를 부과하는 것이 힘들다고 판단될 경우에는, 생태적인 부담이 큰 제품부터 부과하기 시작해 차츰 부과 범위를 늘려 나갈 수 있다.

4) 생태기본소득: 현금 기본소득과 무상 대중교통

생태세 부과는 소득분배에 다소 역진적일 가능성이 있으므로 현금 지급을 통해 다수의 가계를 순수혜자로 만드는 것이 생태기본소득의 목적이다. 이 글에서는 생태기본소득 안에 현금 기본소득뿐만 아니라 무상 대중교통(또는 저렴한 정액 요금의 대중교통)이라는 현물 기본소득을 함께 지급할 것을 제안한다. 생태세 수입의 일부를 떼어서 지자체에서 배분하고, 주요 도로에 하루에 일정 회수, 예를 들어 4회 이상 대중교통을 의무적으로 운행하도록 한다. 어느 곳에 살든지 대중교통을 한두 번 갈아타면 도시 중심에 도달할 수 있게 하고, 요금은 무상이거나 거리에 관계없이 저렴한 정액으로 한다. 대중교통이 운행되는 도로에서 일정한 거리 이상, 예를 들어 2km 이상 떨어진 곳에 사는 사람에게는 자동차 연료비에 부과된 생태세를 환급해 줄 수 있다. 생태세 환급이 유리할지 대중교통 운행이 유리할지 지자체로 하여금 선택하게 할 수도 있다. 어떤 도시에서는 무상 대중교통과 무상 자전거를 결합해서 운영할 수도 있을 것이다.

무상 대중교통은 여러 가지 효과를 가지고 있다. 하나는 소득분배 상의 효과다. 대도시의 경우에는 대중교통이 발달되어 있어서 휘발유 값이 오를 때 승용차를 이용하지 않을 수 있지만 중소 도시나 농산어촌에는 대중교통이 부족해서 승용차를 이용하지 않을 수 없다. 따라서 지방 거주자의 생태세 부담이 대도시 거주자보다 더 커지는 소득분배에 역진적인 결과가 생기게 된다. 무상 대중교통은 지방 거주자들과 도시 서민들의 교통비를 낮추어 줌으로써 소득분배를 개선시킬 것이다. 둘째는 생태적인 효과다. 대중교통은 승용차에 비해서 생태적이다. 대중교통이 무상 또는 저렴한 정액으로 되고 승용차와 승용차 연료에 대해 고율의 생태세가 부과되면 사람들의 대중교통 이용은 획기적으로 늘어날 것이다. 이용자가 많지 않은 지역의 대중교통은 마을버스처럼 작은 버스를 운영하도록 한다. 셋째는 지방 경제 활성화 효과다. 지방마다 대중교통 운영이 늘어나면서 일자리가 창출되고 지방 경제가 활성화될 수 있다. 대중교통을 대기업에게 위탁하는 것이 아니라, 영세 운송업자들이 만든 협동조합에 위탁하면 일자리는 더 많이 늘어날 것이고, 영세 운송업자들에 대한 대책도 될 수 있다.

우리나라는 이미 2.5% 정도의 생태세를 부과하고 있지만, 대부분을 도로 건설에 사용하고 있다는 것을 살펴보았다. 이미 부과하고 있는 생태세 2.5% 부분은 무상 대중교통 운영과 생태적 기술 개발 지원에 활용하고, 추가로 부과하는 2.5%를 현금 기본소득으로 사용하도록 한다. GDP의 2.5%는 2012년 기준으로 35조 원 정도가 되므로, 5천만 국민 1인당 한 달에 6만 원 정도의 금액이 된다. 현금 기본소득은 생태세 부과로 인해 교통비 이외에 난방비·전기료·상하수도 요금을 비롯해서 각종 제품의 가격이 인상하는 것에 대한 대책이 될 것이다. 2.5% 추가되는 생태세 전부를 현금 기본소득으로 사용하면 물가 인상을 고려하더라도 대부분의 가계에서 실질소득이 증가하게 될 것이다. 현금 기본소득은 모든 사람이 생태적 자원의 공동 소유자라는 관점에서도 정당화할 수도 있고, 모든 사람이 생태 파괴로 인한 공동 피해자라는 관점에서도 정당화할 수도 있다. 그러나 이 글에서는 생태세 부과에 대한 정치적 저항을 줄이기 위해서 현금 기본소득이 반드시 필요하다는 점을 강조하고 싶다.

6. 맺음말

우리나라에서 생태세 부과는 무엇보다도 탈핵발전의 과제를 달성하기 위해 필요하다. 그러나 생태세는 물가 인상 문제 때문에 강한 정치적 저항에 부딪치게 되므로 생태기본소득과 결합될 필요가 있다. 최근 생태세를 도입한 나라들의 경우를 살펴보면, 현금 지급을 실시한 이란의 경우는 생태세 도입에 성공했지만, 현금 지급이 없었던 볼리비아와 나이지리아는 실패했고, 소득세 공제를 선택했던 오스트레일리아는 겨우 성공했지만 제도의 유지가 불투명한 상태다. 특히 우리나라는 상당수의 사람들이 소득세를 내지 않고 있기 때문에 소득세 공제 방식은 바람직하지 못하다.

이 글에서는 유해 물질, 에너지, 자원 등을 모두 고려해서 제품별로 생태세를 결정하고 부가가치세 방식으로 운용할 것을 제안했다. 이렇게 함으로써 최적의 생태적 효과를 낳을 수 있고, 조세 저항을 줄이며, 수출 경쟁력의 저하가 없고, 필요한 계층의 사람들에게 생태세를 감면해 주면서도 도덕적 해이 현상이 일어나지 않는 제도를 만들 수 있다. 생태기본소득은 현금 기본소득과 무상 대중교통이라는 두 가지 형태로 지불되는 것이 바람직하다. 무상 대중교통은 지방 거주자의 생태세 부담을 줄여 주면서 그 자체로서 생태적인 효과를 가지고 있다. 현금 기본소득은 모든 사람이 자연 자원의 공동 소유자라는 관점이나 모든 사람이 생태 파괴로 인한 공동 피해자라는 관점에서도 정당화할 수 있지만, 생태세 부과에 대한 정치적 저항을 줄이기 위해서 반드시 필요하다.

GDP의 5% 수준에서 생태세를 부과하면 핵발전소 몇 개를 가동 중단시켜도 될 정도로 전기 가격을 조절할 수 있다. 전기 수요가 줄어들면 수명이 오래된 핵발전소부터 폐쇄해 나간다. 다수의 국민들이 생태세로 인해 핵발전소가 폐쇄되는 것을 눈으로 확인하고 생태기본소득으로 인해 실질소득이 증가하는 것을 체험하게 되면, 생태세를 더욱 올리고 핵발전소를 더 많이 폐쇄하면서 생태기본소득을 더 많이 지급하는 데 동의할 수 있을 것이다. 핵발전소가 어느 정도 폐쇄되는 시점이 되면 재생에너지의 원가 경쟁력도 상당히 생겨서 핵발전소를 더욱 빠르게 대체할 수 있을 것이다.

11

윈-윈하는
남북한 경제

김기원

1. 머리말

남북한 분단 이후 남한 정권의 통일정책은 우여곡절을 겪어 왔다 (박명서 1999, 제11장; 김현철 2004, 81-99; 임동원 2008; 허문영 외 2007, 제IV 장 및 제V장; 여인곤 외 2009). 이승만 정권은 북한 정권을 전혀 인정하지 않고 북한 지역을 미수복 지구로 간주해 흡수통일을 전제로 한 통일정 책을 내세웠다. 따라서 무력 통일도 불사한다는 자세였고 평화 통일론 을 제창한 조봉암을 국가보안법으로 처형하기까지 했다.

박정희 정권에 들어와서는 초기에는 '반공·선건설·후통일'로 정책

● 이 글은 김기원, "통일 이후 북한 경제 재편시의 애로에 관한 연구"(『KNOU 논총』, 2012년 2 월)를 수정·보완한 것이다.

방향을 설정하면서 제2공화국 시기에 잠시 활발했던 민간 차원의 통일 논의를 억압했다. 그 후 미·소 간, 미·중 간의 데탕트 등 국내외 정세 변화와 더불어 '대화 있는 남북 대결 시대'를 열다면서, 1972년엔 북한 정권과 함께 '자주·평화·민족대단결'이라는 3대 통일 원칙에 입각한 7·4 공동성명을 발표하기도 했다. 그러나 이런 획기적 조처는 결국 남북한 정권의 독재 강화로 귀결되었을 뿐 남북 관계의 실질적 진전은 별로 없었다.

전두환 정권의 통일정책은 박정희 정권 당시와 별로 달라지지 않았는데, 1987년 민주화 이후 노태우 정권이 등장하면서 통일정책은 커다란 전기를 맞이했다. '7·7특별선언'과 '한민족공동체통일방안'을 통해 북한을 민족 공동체의 일원으로 상정했으며, 몇 차례 고위급 회담을 거치면서 화해·협력·불가침을 약속한 남북기본합의서를 체결했다.

김영삼 정권 때에는 남북정상회담의 추진 등 전향적인 정책이 추진되기도 했으나 김일성 주석 사망으로 정상회담이 무산되고 또한 동·서독 통일과 사회주의권의 몰락으로 북한의 붕괴가 임박한 것으로 여겨지면서 북한에 대한 흡수통일론이 기조를 이루게 되었다. 다만 이승만 정권 당시의 흡수통일론과는 달리 무력 사용도 불사한다는 것이 아니라 곤경에 처한 북한 정권의 자동 붕괴를 기다리는 쪽이었다.

그러다 김대중-노무현 정권 시기에는 과거와 질적으로 판이한 통일정책이 시행되었다. 북한을 포용하는 이른바 '햇볕정책'에 따라서 흡수통일 배제를 공식적으로 천명했으며, 장차 남북 합의에 의한 통일을 달성하고자 하는 것이었다(문정인·노정호 2003, 7). 그리하여 정상회담을 실현하고 금강산 관광, 개성공단을 비롯해 각종 남북협력사업을 전개했다.[1]

김대중-노무현 정권의 대북 정책을 비판하면서 등장한 이명박 정권은 '비핵·개방·3000'을 기치로 내걸어 남북 교류를 배제하지 않는 듯했다. 하지만 실제론 금강산 피격이나 연평도 포격 등의 사건이 발발하면서 금강산 관광은 중단되고 개성공단이 예외적으로 확대된 것을 제외하곤 일반 물자 교역, 위탁 가공 교역이 크게 줄었다(양문수 2011, 30). 대북 지원도 2010년의 경우 2007년 지원액의 10분의 1에도 못 미치는 수준으로 격감했다(이종무 2011, 70). 그리고 이명박 정권은 다시금 김영삼 정권 시절의 흡수통일론으로 회귀하는 경향을 보여 북한의 급변 사태를 대비하는 움직임을 드러내 왔다.[2]

각 정권의 통일정책과는 별개로 국민들의 통일관은 1990년대 이후 통일에 대한 우려가 점점 커지는 모습이다. 독일통일로 인해 통일비용 문제가 부각된 데 따른 결과인데, 한 여론조사에 따르면 통일을 당연하다고 보는 비율이 1993년에는 78%였으나 1996년에는 66%로 하락했다(Kuechler 2003, 427). 근래에는 통일이 필요하다는 응답이 50% 대로 더욱 떨어졌다.[3] 또 독일통일이 실패했다는 점을 들어 『남과 북 뭉치면 죽는다』는 선정적 제목을 단 연구서가 출간되기도 하고(박성조 외 2005), 통일 이후 한반도의 암울한 디스토피아dystopia 상황을 그린 소설까지 등장했다(이응준 2009).

그런데 한반도 통일은 독일통일과 마찬가지로 남한 주민의 기대와 무관하게 갑작스레 닥쳐올 수 있다. 따라서 김영삼 정권이나 이명박

1_노무현 정권의 통일정책은 공식적으로는 '평화번영정책'이라고 일컬어졌는데, 이는 기본적으로 김대중 정권의 햇볕정책을 계승한 것이었다(허문영 외 2007, 제Ⅳ장).

2_북한의 급변 사태를 상정해 남한 정권은 '개념계획 5029'를 강화하고 이에 따른 한미 군사훈련도 실시했다. 대북 지원액은 대폭 줄였으면서 통일세를 들고 나온 것도 같은 맥락이다.

3_물론 근래의 조사는 1990년대 조사와 조사 기관이 다르다는 점을 감안해야 한다(서울대 통일평화연구소). 하지만 여러 해 조사를 죽 비교해 볼 때 그 수치가 1990년대보다 떨어진 점은 대체로 확인된다.

정권의 주장처럼 북한의 급변 사태에 대한 대비는 필요하다. 하지만 그런 갑작스런 통일이 남한과 북한 사람들 모두에게 바람직한가는 또 다른 문제다. 또한 급변 사태를 기대하면서 남북한 교류 특히 인도적 지원마저 중단하는 게 옳은 정책인지도 논란거리다.

그동안 북한이나 통일에 대해 많은 연구가 축적되어 왔다. 급변 사태의 가능성을 비롯해 급변 이후 어떤 식으로 경제 재편이 이루어져야 하는지도 많이 다루어졌다. 하지만 북한 경제 재편에 관한 기존 연구들은 당위적인 재편 방향에 대해서 주로 논의했고, 경제 재편시 직면하게 될 애로隘路가 구체적으로 어떤 것이고 이를 어떻게 극복해야 하는지에 대해선 비교적 소홀히 취급했다. 따라서 이 글에서는 기존 연구의 그런 한계를 극복하고 남북한 통일에 따른 북한 경제 재편의 애로를 체계적으로 정리해 보고자 한다.

애로를 명확히 해야 바람직한 재편 방향이 설정될 수 있다. 또한 그래야 통일 과정을 둘러싸고 대립을 보이고 있는 급진적 통일 방안과 점진적 통일 방안 각각의 장단점도 분명해질 것이다. 재편의 애로를 통해 급진적 방안과 점진적 방안을 비교해 보는 것은 기존의 통일 비용-편익 분석이 양적 금액에 치중한 데 반해 사회경제적 혼란이나 각종 갈등과 같은 질적인 문제까지 포괄한다는 점에서 차이가 난다. 물론 질적인 애로를 해결하려면 비용이 들지만 이는 기존의 통일 비용-편익 분석의 틀로는 다루기 힘든 주제였다.

아울러 급진적 통일이든 점진적 통일이든 통일 이후의 애로를 사전에 완화하는 남북 교류는 미래에 발생할 애로를 파악해 현재의 정책을 교정하려는 전략이다. 김대중-노무현 정권의 남북 교류에 대해 '퍼주기'라는 보수파의 비판이 있었는데, 개성공단처럼 남북한이 윈-윈win-win하는 사업과 더불어 미래의 애로를 완화하는 사업 역시 남한 주민의 폭넓은 지지를 확보할 수 있다.[4] 그리고 남북 협력의 성과를 평가함에 있어서 북한의 변화를 유도했는가에 초점을 맞추는 시각과는 달리 미래의 애로를 완화한다는 관점도 중요하다고 생각한다.[5]

그리하여 다음 2절에서는 통일 시나리오와 통일의 비용-편익 문제를 정리해 본다. 그리고 3절에서는 통일 이후의 북한 경제 재편을 시스템의 재편과 남북 경제통합 및 자원-산업 구조 재편으로 나누어 살펴본다. 4절에서는 북한 경제 재편시의 주요 애로를 몇 가지 차원으로 나누어 검토해 보고자 한다. 마지막 5절은 이 글의 내용을 정리하고 바람직한 대북 정책 방향을 모색해 보는 부분이다.

2. 통일 시나리오와 통일의 비용-편익

남북한 통일이 언제 어떤 방식으로 이루어질지는 아무도 모른다. 1990년대에 북한이 곧 무너질 것으로 예측했던 이른바 '붕괴 학파' collapsist school의 대표자인 니콜라스 에버스타트의 표현대로 그런 종류의 예측은 과학이 아니라 예술의 경지에 속한다(Eberstadt 2004). 너무나 복잡한 현실 문제이고, 그런 변화의 중심에는 인간의 주체적 행동이 자리 잡고 있고, 관련 정보가 극히 제약되어 있기 때문이다. 독일통일

4_김대중-노무현 정권의 햇볕정책이 북한 경제를 변화시키는 데에는 별로 효과가 없었다고 비판하는 김병연도 북한의 노동력을 보존하기 위한 인도적 지원이나 북한의 인적 자본을 개발하는 지원 방식에는 찬성하고 있다(김병연 2009). 필자는 햇볕정책의 효과에 대한 김병연의 평가에 전적으로 동의하는 것은 아니지만, 대북 지원을 북한 경제의 재건과 연관시키려는 그의 관점은 발전시킬 필요가 있다고 생각한다.

5_물론 북한의 변화를 유도하면 그것이 미래의 애로를 완화할 수 있다. 그러나 북한의 변화를 유도하지 못하더라도 미래의 애로를 완화하는 남북협력사업도 존재한다.

의 경우에서도 마찬가지였다(Sinn & Sinn 1994, 14).

어쩌면 분단이 아주 오랫동안 지속될지도 모른다. 중국과 대만의 관계처럼 통일이 되지 않고도 서로 큰 불편 없이 잘 지낸다면 굳이 정치적 통일을 해야 할 필요성도 줄어들 것이다. 그리고 중국에 대한 북한의 의존이 심화되면서 북한이 중국에 통합된다면 남북한 통일은 불가능해진다. 북한 주민을 대상으로 한 여론조사에서 선호하는 나라로 중국이 압도적 1위를 차지한 것을 보면 그럴 가능성을 완전히 배제할 수도 없다.[6] 중국이 원할지 어떨지 그리고 남한이 용인할 수 있을지 어떨지 하는 문제를 별개로 한다면, 남한과 통일하는 것과 중국에 편입되는 것 중 어느 쪽이 북한 주민에게 더 행복할지는 진지하게 고민할 가치가 있는 주제다.[7]

그런데 분단 상태를 벗어나 남한과의 통일이 이루어진다면 그것은 어떤 경로를 밟을 것인가. 김대중-노무현 정권의 통일론은 남북한 사이의 화해 협력과 남북 연합 단계를 거쳐 합의에 의한 통일을 달성하고자 하는 것이었다. 반면에, 이런 통일론을 비판하는 입장에 따르면 북한의 미래에는 ① 중국식 개혁·개방, ② 남한에 의한 흡수통일, ③ 친중 정권 수립, ④ 장기 혼란의 네 가지 시나리오가 존재한다(란코프

6_KBS가 중국을 방문한 북한인을 상대로 실시한 여론조사에 따르면 선호 국가로 중국을 택한 경우가 67명, 남한을 택한 경우가 30명, 일본을 택한 경우가 1명이었다(KBS가 2011년 12월 3일에 방영한 〈KBS스페셜〉 참고).

7_남한의 어떤 보수파 인사가 북한의 중국 편입론을 제창해 물의를 빚은 적이 있는데, 이런 주장은 기본적으로 통일에 대한 남한의 부담 때문이었다. 그런데 그런 관점에서가 아니라 북한인의 행복이란 관점에서 어느 쪽과의 통일이 더 나을지는 한번 따져 볼 가치가 있는 문제다. 중국으로의 직접적인 편입이 아니더라도 중국과 북한의 관계가 긴밀해지는 것을 남한의 보수파와 진보와 양쪽 다 그다지 좋아하지 않는다. 북한은 남한에게 계륵과 비슷한 성격이 있는 셈이다. 그런데 중국과의 관계 긴밀화로 북한이 개혁과 개방으로 나아갈 수만 있다면, 이는 북한에게도 남한에게도 바람직한 일이다.

2009, 180-190). 미국의 랜드RAND연구소는 ① 북한 체제의 진화와 남북한 통합을 통한 통일, ② 북한 정권의 붕괴와 남한에 의한 흡수통일, ③ 남북한 충돌을 통한 통일이라는 세 시나리오를 상정하고 있다(Wolf & Akramov 2005, xiv). 북한 정권의 붕괴 방식에 대해선 ① 위로부터의 정변, ② 아래로부터의 폭동, ③ 위로부터의 정변과 아래로부터의 폭동의 경우로 나눌 수 있다(박관용 외 2007, 59).

이 밖에도 많은 이들이 통일의 경로에 대해 언급하고 있는데, 어떤 통일관을 갖고 있든 통일 시나리오는 크게 점진적 통일과 급진적 통일로 나누어진다고 볼 수 있다. 점진적 통일은 남북 관계에서는 화해 협력이 발전하고 북한 내부적으로도 체제가 변화함으로써 남북한이 합의에 의해 통일을 달성하는 경우를 상정하는 셈이다. 북한이 중국식 개혁·개방에 성공해 남북한 체제가 유사해진 연후에 합의 통일하는 경우가 대표적인 점진적 통일 과정이다.[8] 급진적 통일은 독일식 통일이 그 대표적인 경우다. 다만 급진적인 통일이 이뤄지더라도 통일 이후 북한을 경제특구로 지정해 일정 기간 남한 경제와 분리 운영하는 방안을 제안하는 연구자도 있기는 하다(안예홍·문성민 2007).

그런데 점진적 통일인가 급진적 통일인가는 통일의 비용-편익 계산과 깊은 관련을 갖고 있다. 독일의 통일 비용이 원래 추정치의 10배 이상 소요된 것으로 드러나면서 국민들이 통일 방식 문제를 연관시켜 생각하게 된 것이다(박태규 1997, 459; 신창민 2007, 1). 그리하여 많은 이들이 점진적 통일 비용보다 급진적 통일 비용이 훨씬 더 드는 것으로 생각해 왔다(이종원 2003, 40). 게다가 국민 여론은 통일 비용이 통일 편

8_남북한이 중국-홍콩 식의 통합 과정을 거치는 것도 여기에 포함될 수 있을 것이다(Kwon 2009).

익보다 크다는 쪽에 기울어 있다.[9]

하지만 근래 들어서 통일 비용은 언젠가는 지출이 끝나지만 통일 편익은 통일 한국이 지구상에 존재하는 한 영원히 발생한다면서 통일 편익이 통일 비용보다 크다는 점을 강조하는 논의도 등장하고 있다(조동호 2011, 87-88). 그리고 여기서 한 걸음 더 나아가 급진적 통일이 점진적 통일보다 오히려 통일 비용이 더 적게 든다는 주장도 제기되고 있다. 즉, 통일이 늦어질수록 분단 비용도 증가하고 남북한 사이의 격차도 확대되기 때문에 통일은 빠르면 빠를수록 좋다는 것이다.[10]

이는 김대중-노무현 정권과는 크게 다른 통일관이다. 독일에서 보수파인 기독교민주연합이 동독과의 통일에 더 적극적이었고 라퐁텐 등 진보파 사민당이 통일에 더 소극적이었던 양상이 한국에서도 비슷하게 나타나고 있는 셈이다. 그리고 현재와 같이 북한의 개혁과 개방이 답보 상태라면 남북한의 격차가 계속 확대된다는 주장이 타당하지만, 이 주장은 만약 북한이 중국처럼 본격적인 개혁·개방의 길로 나간다면 남북한의 격차가 오히려 축소될 수도 있다는 점을 애써 외면하고 있다.

그러면 통일 비용은 도대체 어느 정도로 추산되고 있는가. 그것은 금액으로 최소 500억 달러에서 최대 5조 달러까지 비용의 편차가 100배에 달할 정도로 엄청나다(신동진 2011; 김은영 2010, 64-65). 남한의 매년 GDP에 대한 비율로는 낮게는 2%, 높게는 25%에 이를 것으로 추정하는 연구도 있다(Kwon 2009, 19). 추계치가 이렇게 커다란 차이를

9_2011년 11월 민주평화통일자문회의 여론조사 결과는 국민 10명 중 7명이 '통일 비용 〉통일 이익'이라고 생각하고 있음을 나타냈다(『연합뉴스』 2011/11/23)

10_홍성국(2006, 170-172), 배정호 외(2011, 152-153), 신창민(2007, 97)이 그 대표적인 주장들이다.

보이는 이유는 먼저 전술한 대로 점진적 통일이냐 급진적 통일이냐 하는 것, 즉 통일의 시기와 방법 때문이다. 그리고 그 외에도 남북 통합의 범위와 수준, 비용 지출 기간을 어떻게 가정하느냐에 따라 비용 추계가 달라진다. 남북한의 소득 격차를 줄이는 데 초점을 맞추는가, 북한의 소득을 성장시키는 데 초점을 맞추는가, 남한의 순성장분 만큼을 통일 비용으로 지출하는가, 현실적으로 수용 가능한 남한 측 부담 규모를 먼저 내정하느냐 등등이 바로 그런 상이한 가정에 해당한다.[11]

또한 통일 비용을 항목별로 누계하기도 한다. 이는 크게 위기관리 비용, 체제 전환 비용, 경제적 투자 비용으로 구분된다(박태규 1997, 443-444). 위기관리 비용은 급진적 통일이 이루어질 때 북한의 사회·경제적 혼란을 최소화하고 북한 주민들의 생계를 유지시키는 데 필요한 단기적 비용이다. 체제 전환 비용은 북한의 사회·경제·정치 체제를 전환하는 데 필요한 중기적 비용이다. 그리고 경제적 투자 비용은 남북한 경제의 격차를 해소하고 북한 경제를 활성화하는 데 필요한 장기적 비용이다.[12]

한편, 통일에는 비용만이 아니라 편익도 발생한다.[13] 통일 편익은 크게 통일과 더불어 소멸되는 분단 비용 해소와 경제통합의 편익으로 구분된다. 분단 비용 해소는 군사비 지출을 줄이고 국방 인력을 다른 생산적 분야로 전용함으로써 발생하는 편익이다. 그리고 경제통합의 편익은 남북한 사이에 시장이 확대되고 산업 및 생산요소의 보완성이

11_예컨대 북한의 1인당 소득을 남한의 60% 또는 80%까지 끌어올리는 데 소요되는 비용을 계산한다든가, 북한의 GDP를 4~5년 내에 2배로 증대하는 데 드는 비용을 계산한다든가 하는 식이다(김은영 2010, 64-65)

12_이런 비용들의 구체적인 항목은 박태규(1997, 451-488)을 참조할 것.

13_통일 편익에 관한 연구는 통일 비용 연구에 비해 얼마 안 된다. 대표적인 연구로는 조동호(1997) 및 신창민(2007)을 들 수 있다.

증대하고 또 중국 및 러시아와의 물류비용이 절감하는 등의 편익을 의미한다.

누구든지 이런 통일 편익을 최대화하고 반대로 통일 비용은 최소화하고자 할 것이다. 따라서 점진적 통일이나 급진적 통일 어느 하나에만 얽매이지 않고 통일 이후 북한의 경제 재편이 어떻게 이루어질 것인지와 그런 과정에서의 애로가 무엇인지를 따져 볼 필요가 있다. 그리고 그 애로가 통일 방식에 따라 어떻게 달라지는지 따져 보는 것은 비용-편익에 대한 기존의 금전적 계산과는 다소 상이한 질적 접근이다. 그런 애로를 통일에 앞서 미리 완화할 수만 있다면 그게 바람직하다는 건 두말할 나위도 없다.

3. 북한 경제 재편의 기본 방향

1) 시스템의 재편

남북한이 하나의 정치-경제 체제로 통일된다고 하면 그것은 북한이 민주주의와 시장경제를 작동 원리로 하는 체제로 재편되어 간다는 것을 의미한다(황병덕 외 2011, 329-330; 조민 외 2011, 128-129). 그리고 이는 과거의 사회주의 계획경제로부터 결별한다는 것이다. 과거에 일각에서는 통일이 '남한식 자본주의의 한반도 전체로의 확대'라는 점을 비판하고 '대중적 참여에 의한 민주적 운영', '민주적 참여 기업', '참여 시장경제' 등을 제창한 바 있다(김대환 1995, 314; 328; 곽노현 1995, 374; 이근 1994, 394). 이들이 바라듯이 남한과 북한의 체제를 변증법적으로 지양한 새로운 발전된 체제가 나타날 수 있다면 반대할 이유는 없다. 특히 부동산 투기를 저지하고 북한 인민의 기본적 삶을 보장하기 위해 북한의 토지, 주택, 자연 자원 등에 대한 처리에서는 남한에서와 다른 접근 방식을 택할 필요도 있을 것이다.

하지만 그렇다고 민주주의와 시장경제라는 기본 틀을 벗어나는 완전히 새로운 체제를 현재 시점에서 상상하기는 어렵다. 대중적 참여라는 것도 남한 자본주의가 북유럽 자본주의 쪽으로 발전한 하나의 형태로 보인다. 결국 사회주의가 아닌 자본주의로 통일된다고 전제하는 것이다. 따라서 이 글에서는 야노시 코르나이의 고전적 업적에 기초해 사회주의를 구성하는 주요 요소들이 어떻게 변화해 갈지를 따져 보고자 한다(Kornai 1992, Ch.15).

코르나이에 따르면 사회주의 체제의 첫째 기본 요소는 마르크스-레닌주의 정당의 독재와 그런 공식적인 이데올로기의 지배력이다. 북한의 경우엔 주체사상 또는 선군사상을 기초로 한 조선노동당의 지배를 의미하는 셈이다. 여기서 급진적 통일이 이루어지는 경우란 지금과 같은 북한 체제가 별로 변화하지 않고 거의 그대로 지속되다 정변이나 민중 봉기에 의해 남한으로 흡수통일되고 주체사상과 조선노동당의 지배가 사라지는 것이다.

반면에 점진적 통일이라면, 예컨대 마르크스-레닌주의의 영향력이 크게 약화된 오늘날의 중국처럼 조선노동당의 일당독재는 계속되더라도 주체사상이나 선군사상의 영향력이 형해화해 가다가, 마침내 조선노동당 일당독재도 해소되면서 통일이 이루어지게 될 것이다. 다만 조선노동당의 일당독재가 밑으로부터의 혁명에 의해 해소될지 아니면 위로부터의 개혁에 의해 해소될지 하는 문제와, 그 이후 곧바로 남북한이 통일될지 아니면 그 이후에도 북한 체제가 장기간 존속하다가 통일될지 하는 문제는 남아 있다.

사회주의 체제의 둘째 요소는 소유관계에서 국가 소유와 집단적 소유가 지배하고 있다는 점이다. 따라서 통일 이후 북한 경제의 재편에서는 이런 소유관계가 후퇴하고 사유화가 진행될 것이다. 이는 농지, 주택, 기업 모두에 해당한다. 다만 농지가 아닌 토지에 대해선 토지공개념을 얼마큼 도입하느냐가 논란거리가 될 것이다. 그리고 사유화의 방식은 원 소유자 반환, 매각 또는 임대, 기업 공개, 대량 사유화 등의 방법으로 진행될 수 있다(윤건영 1997, 63). 다만 원 소유자에게 반환한다는 명분하에 현재 농지를 경작하고 주택을 점유하고 있는 북한 인민을 축출하는 방식은 채택 불가능할 것이다. 그리하여 농지의 경우엔 가족농이 집단농장을 대체할 것이며, 기업에 대한 당의 지배도 사라지게 된다. 또 기존 국유 기업의 사유화와는 별개로 남한 자본 및 외국 자본의 진출이나 북한 주민에 의해 새로운 사유 기업이 창출될 것이다.

그런데 이런 재편 과정은 통일 이전까지 진행된 북한 경제의 변화 정도에 따라 달라진다. 이미 개성공단이라는 이질적 요소가 북한에서 활동하고 있다. 이를 비롯해 나진·선봉이나 황금평 등의 경제특구가 어느 정도 발전하느냐가 미래의 재편 과정을 규정하는 것이다. 이런 특구의 존재는 독일통일에서는 나타나지 않았던 현상이며, 남북한 통일이 독일통일과는 다르게 진행될 수 있음을 보여 주기도 한다.

또한 오늘날 북한에서는 수산업, 봉제업, 건설업 등에서 맹아적 형태의 자본가-임금노동자가 출현하고 있다. 예컨대 개인이 국가기관의 명의를 빌려 기업을 설립하고 이익의 일부를 기관에 납부하면서 사익을 추구하거나(임강택 2009, 95), 아예 불법적 탈법적으로 노동자를 고용해 사업소를 운영하기도 한다(임수호 2008, 113-117). 이들의 발전 정도가 통일 이후의 경제 재편 과정에 영향을 미칠 것이다. 농업에서도 집단농장에서 분조제가 시행되기도 하고, 특히 분조 내에서 개별 가구별로 일정 토지를 임의 분배해서 경작하는 도급제, 즉 일종의 가족 경영이 출현하고 있는바, 앞으로 이것이 얼마큼 확대되어 갈지도 주목해야 할 부분이다.[14]

셋째로 사회주의에서는 경제활동이 주로 국가계획에 의해, 즉 관료적으로 조정되었다. 통일 이후 북한의 자본주의적 재편이란 국가계획 대신에 시장에서의 기업 경쟁을 통해 자원이 배분되도록 하는 것이다. 여기서 시장은 생산물시장, 노동시장, 토지시장, 자본시장 모두가 대상이 되며 당연히 무역과 외자 도입도 확대된다. 그리고 시장가격이 수요와 공급에 의해 결정된다는 원칙, 즉 가격 자유화가 추진될 것이다. 이 속에서 기업은 영리를 추구하는 경쟁을 하며 '연성예산제약'이 아니라 '경성예산제약'하에 놓이게 되고,[15] 경영자 및 노동자에 대해 새로운 인센티브 체계가 형성됨으로써 기업의 거버넌스governance가 변화한다.

그리하여 기업이 도산하고 실업 문제가 발생함에 따라 사회보장제도 역시 재편될 것이다. 사회주의국가에서 자본주의국가로의 이행은 재정 구조, 즉 재정지출과 조세수입 구조를 변화시키며 이는 군사비 지출 감소, 연성예산제약의 탈피 등과 관련되어 있다. 금융 면에서는 중앙은행과 상업은행이라는 이원적two-tier 은행 제도가 마련돼야 하며 새로운 각종 금융기관이 설립될 것이다. 또 은행과 기업이 과거 체제

14_권태진(2011, 18)을 참조할 것. 그리고 북한에서 농업 관련 원조를 여러 해 동안 담당했던 외국인을 통해서도 이는 확인되었다(우리민족서로돕기운동본부 등 주최, "2011 International Conference on Humanitarian and Development Assistance to the DPRK," 2011년 11월 2~4일).

15_연성예산제약(soft budget constraint)이란 적자가 계속되더라도 망하지 않는 상황을 말한다. 그 반대가 경성예산제약(hard budget constraint)이다. 이에 대해선 Kornai(1992, 140-145)를 참조.

에서 물려받은 채권과 채무를 정리해 경성예산제약에 걸맞은 은행-기업 관계를 구축하려고 노력하게 된다. 아울러 시장 거래가 정상적으로 작동하기 위한 법직 틀도 갖추어질 것이다.

1990년대 이후 북한의 계획 체제에는 커다란 균열이 초래되었다. 그리하여 1990년대 중후반에는 식량 배급도 원활하지 못해 대량의 아사자까지 발생한 것이다. 그 이후 어느 정도 경제가 회복되기는 했으나, 인민의 경제생활 중 많은 부분은 국가계획과는 다른 시장 메커니즘을 통해 이루어지고 있다.[16] 장마당에 이은 종합 시장의 발전, 그리고 각종 암시장의 확대가 그것을 나타낸다. 소비재뿐만 아니라 원자재 시장도 형성되었고,[17] 맹아적이지만 노동시장도 등장했으며, 주택 사용권도 거래되고 있다(임수호 2008, 128-130). 심지어 사채 거래도 광범위해지고 있다고 한다(임수호 2008, 124-127). 문제는 이런 시장이 계속 확대 심화하는가 아니면 바다 속의 고립된 섬 상태에 머무는가다.[18] 만약에 전자라면 중국식 발전이 기대 가능한 셈이고, 이런 발전을 전제로 한 북한의 경제 재편은 더욱 순조롭게 진행될 것이다. 그럴 때의 경제 재편은 충격적인 질적 전환이 아니라 양적인 확대에 지나지 않을 것이기 때문이다.

16_김병연(2009, 19)은 탈북자 조사를 통해 북한 가계의 80%가량이 국가계획에서 벗어난 비공식 경제에 참여하고 그로부터의 소득이 전체 가계소득의 80%를 차지하고 있다고 추정한다. 이런 비공식 경제의 주된 부분은 시장과 관련을 갖고 있다. 한편, 이석(2009, 1-6)은 탈북자 조사가 시장의 크기를 과대평가할 가능성을 제기하면서 공식 식량 분배 통계를 이용할 때 북한의 시장 규모는 최소 18%, 최대 35%라고 한다. 어떻든 시장 규모는 결코 만만치 않은 셈이다.

17_임강택(2009, 95)을 참조할 것. 그리고 이석(2009, 64-68)에 따르면 자재 조달에 있어서 계획에 의존하는 정도는 30% 정도에 불과한 것으로 추정된다.

18_이석(2009, 139)은 1990년대에 비해 2000년대의 경우 지역별 가격 격차가 사라지는 비율이 80%로 증가했다는 사실이 시장의 성숙을 의미한다고 주장한다.

2) 남북한 경제통합과 자원 및 산업구조의 재편

통일은 북한의 체제 이행, 즉 경제 재편과 더불어 남북한의 경제통합을 초래한다. 동유럽의 경험을 교훈으로 삼을 때 체제 전환과 경제통합이 다른 속도로 진행되는 게 바람직하다는 주장도 있지만(고일동 편 1997, 427), 어쨌든 남북한 경제통합은 불가피하다. 이런 경제통합은 제도 및 기관의 통합과 함께 시장의 통합을 의미한다. 민주주의와 시장경제 원리를 기초로 한 통합임을 전제로 할 때, 제도와 기관 통합의 핵심은 통화 금융 및 재정 제도의 통합이다. 통화 통합 방식에 대해선 남북한 사이의 경제 격차를 고려해 통일 이후에도 일정 기간 동안 남북한 별도의 통화를 사용하는 이중 통화 제도가 합당하다는 견해와(권구훈 1997, 204), 즉각적인 통화 통합을 주장하는 견해로(하성근 1997, 215) 나뉜다. 한참 후든 당장이든 남북한 중앙은행이 통합되며, 남한 은행이 북한 은행을 인수하거나 거기에 자본 참여하게 된다. 북한에 존재하지 않는 특수 은행, 예컨대 개발 금융기관이나 중소기업 금융 전담 기관도 신설될 것이다.

남북한 재정 통합에서는 독일통일에서 알 수 있듯이 남한으로부터의 이전 지출이 불가피할 것이며 그 규모는 북한의 발전 수준에 따라 달라진다. 그 이전 지출과 연관되는 게 사회보장제도의 통합이다. 그런데 일정 기간 사회보장제도의 완전한 통합을 유예하자는 주장은 통화 통합의 유예 주장보다 더 강력하다. 실현 가능성이 더 크기 때문이다. 즉, 남북한의 경제 상황이 상이하므로 사회보장제도의 적용 대상, 급여 수준, 재원 조달에서 같은 조항을 적용하지 않아야 하며, 실업 후 남한으로 이주한 북한 주민에게 실업급여를 지급하지 않는 등 일부 사회보장 적용을 제한해 이주를 억제하자는 것이다(박진 1994, 163).

다음으로 남북한 경제통합은 노동시장 등 시장 전반의 통합을 의미하고, 이는 인력 자원의 재배치를 가져온다. 인력 재배치는 군, 행정, 사법 등 정부 부문과 산업에 종사하는 민간 부문의 인력 재배치로 나누어 볼 수 있다. 그런데 정부 부문의 인력 재배치는 현재 북한 인력이 수행하고 있는 기능이 통일 후 어떻게 변화되어야 할지와 그 기능을 담당할 인력 구성을 어떻게 해야 할지에 의해 결정된다(박진 1997, 397). 통일 이전에 남북한 사이에 군축이 진전되지 않는다면 현재 100만 명 가량의 북한군 일부를 건설업에 투입한다 하더라도(Wolf & Akramov 2005, xvii), 나머지 군인에게서 대규모의 실업인구가 방출될 것이다. 중국식 개혁 개방이 발전하지 않은 상태라면 북한 행정 공무원을 약간의 재교육 후 잔존시키는 것도 힘들다.

민간 부문의 인력 재배치는 산업구조의 재편과 관련되며, 남북한 사이의 비교 우위에 의해 규정된다(박종철 외 2004, 260-270). 북한 산업의 경쟁 우위 요소는 풍부하고 저렴한 인력, 군수산업과 관련된 기계공업의 숙련노동력, 풍부한 광물자원, 관광자원 등이다. 이를 토대로 통일 이전에 중국식으로 수출산업이 발전해 있는 정도에 따라 재편 양상은 달라진다.

만약 통일 시점이 되어도 지금과 같은 상태에서 큰 변화가 없다면 먼저 비대한 북한의 군수산업은 상당 정도 민수산업으로 전환되고 비효율적인 중공업 설비는 정리될 것이다. 또한 잠업 등 남한에서는 사양화되었으나 북한에서는 경쟁력이 있는 일부 농업 부문을 제외하곤(김완배 외 2004, 347), 발전된 영농 기술의 보급과 더불어 농업 인력 역시 점차적으로 축소되어 간다. 반면에 뒤떨어진 민간 서비스(유통, 음식, 숙박) 부문과 사회간접자본은 확대 발전된다. 특히 남북한의 수송·통신·전력망을 통합하는 쪽에 역점이 두어질 것이다.

4. 예상되는 애로와 애로 극복 방안

1) 대량 실업과 대량 이주

베를린장벽이 무너진 후 동독에서는 생산이 대폭 축소되고 고용도 크게 줄어들었다. 1989년 당시 1천만 명에 가까웠던 취업자가 몇 년 사이에 600만 명 정도로 급감한 것이다(고일동 편 1997, 236). 그리고 베를린장벽 붕괴 후 몇 년간은 매년 수십만 명이 서독으로 이주해 왔다.[19] 이로 인해 임시 수용 시설을 마련해야 하는 등 서독은 커다란 혼란을 겪었다. 동독 화폐를 고평가한 통화 통합, 동독의 고임금정책, 동독으로의 대규모 이전 지출 등 차후에 비판받은 여러 정책들이 동독 주민의 이런 대량 이주 문제에 대처하기 위한 것이었다(Sinn & Sinn 1994, 60; Sinn 2007, 218).

남북한 사이에도 이런 식의 급진적 통일이 이루어진다면 북한에서 대량의 실업자가 발생하고 남한으로의 이주 규모는 최소 120만 명, 최대 600만 명이라는 추정이 나오고 있다(이종원 2003, 99). 물론 남한으로의 인구이동이 크지 않을 것이라는 주장도 없지는 않지만(KDI북한경제연구협의회 2011, 54), 대량 이주 문제를 우려하는 입장이 우세하다. 이렇게 대량 실업과 대량 이주가 발생하면 북한 경제의 재편이 심각한 애로에 직면함은 물론이고 남한 경제도 커다란 혼란에 빠진다.

이런 애로를 피하기 위해 통일되더라도 북한을 특구로 삼는다든가 해서 남북한 경제를 분리 운영하는 방안이 제시되고 있다(안예홍·문성

19_1989년부터 1993년 말까지 동독 지역에서 서독 지역으로 이주한 주민은 약 126만 명에 달한다(통계청, 1996, 475).

민 2007, 26). 중국-홍콩 식으로 인구이동을 제한하자는 주장도 나온다 (Kwon 2009, 21). 이처럼 남북한을 분리 운영하지는 않더라도 통일 후 토지, 주택, 기업 자산 등 북한 주민에게 분배될 재산권의 행사를 북한 거주와 연계하고 북한 주민의 남한에서의 구직 행위를 억제하자는 제 안도 있다(구성열 1997, 350; 이종원 2003, 123-125). 남한으로 이주한 경우 에 사회보장제도의 적용을 제한하자는 의견도 제시된다(박진 1994).

그런데 중국-홍콩 식으로 인구이동을 제한할 수 있는 것은 두 지역 모두에서 경찰이나 군대가 질서를 유지할 통치력을 갖고 있을 때다. 그렇지 않고 동독의 경우처럼 북한 군대가 사실상 와해된 상태에서 급 진적 통일이 진전되면 북한 주민의 이동을 제한하는 것은 곤란하다. 참고로 1994년에 내전으로 인해 무정부 상태에 빠진 르완다에서는 불 과 3일 만에 100만 명 이상의 난민이 이웃 자이레의 고마 지역으로 몰 려든 바 있다(Snyder 1996, 13). 휴전선의 존재로 인해 탈북자가 주로 중 국이나 러시아로 몰릴 것이라는 예측도 있는데(박관용 외 2007, 100-105), 이는 북한군의 기능이 마비된 상태에서는 적용되기 힘든 안이한 사고 다. 강원도 등지에 수용 시설을 설립해 이런 식의 사태 악화에 대비하 자는 주장도 등장하지만, 삼청교육대도 아닌데 장기간 수용은 불가능 하다.

남한으로의 이주민에게 재산권 행사나 사회보장제도 적용을 제한 하는 방안은 급진적 통일이 불가피한 상황에서는 시행할 수밖에 없을 지 모른다. 다만 그런 조치의 이주 제한 효과가 충분할지는 별개의 문 제다. 토지나 주택의 재산권 제약은 가족 중 일부가 남하하는 경우에 대해서는 효과가 없으며, 기업 자산이 노후화되어 그 실질 가치가 얼 마 되지 않는 상황에서는 그 재산권 제약도 이주에 영향을 미치기 힘 들다. 또 중국에서 도시로의 인구 유입을 억제하기 위해 호구戶口가 없는 도시 이주민에 대해 오랫동안 사회보장제도 적용을 제한한 바 있으나[20] 도시로 몰려든 농민공農民工은 1억 명을 넘어섰다. 또 이런 조치로 불충분하다고 해서 독일에서처럼 북한에서의 삶의 수준이 남한에서와 그다지 차이 없게 하려면 남한으로부터 막대한 이전 지출이 소요된다.

1945년 광복 이후 3년 사이에 200만 명 이상이 남한으로 유입되었다(통계청 1993, 10). 이런 역사적 경험도 있으므로 북한 주민의 대량 이주 문제를 크게 어렵지 않게 처리할 수 있을지도 모른다. 하지만 그때는 남한의 소득수준도 낮았고 어차피 남한도 혼란 상황이었다. 지금은 남한의 생활수준이 크게 높아졌고 그런대로 안정된 삶이 영위되고 있다. 생활수준이 높아졌으므로 지원 역량은 커진 반면, 외부적 혼란에 대한 내구력은 낮아졌다. 따라서 대량 이주가 발생하면 남북한 경제 모두 혼란에 빠진다. 남한으로 이주한 북한 주민이 어떤 식으로 살아갈지 생각해 보면 될 것이다. 일부 유능한 인력은 공식 부문 취업이 가능할지 모르지만 다수는 노점과 같은 비공식 부문에 종사하거나 심지어 노숙자나 범죄자로 전락할 수도 있다.

급진적 통일이 아니라 중국이나 베트남처럼 개발독재와 고도성장을 거쳐 점진적 통일이 달성된다면 대량 실업과 대량 이주의 문제는 크게 완화된다. 물론 그런 가능성에 대한 의문 때문에 급진적 통일과 그에 따른 대량 실업, 대량 이주 사태에도 대비할 수밖에 없기는 하지만 점진적 통일을 최대한 모색해야 한다. 통일의 비용-편익 분석에서는 화폐적 추정의 어려움 때문에 이런 대량 이주 문제를 충분히 고려하지 않고 있다.

20_중국의 호구는 한국의 호적에 해당하나 호구를 자유롭게 도시지역으로 옮길 수 없고, 이런 호구 제도는 일종의 인구 관리 방법으로 사용되었다. 농민공은 농촌 출신으로 도시에서 일하고 있으나 도시의 호구를 획득하지 못한 일종의 이주노동자다.

2) 북한 경제 재편의 속도와 순서

통일로의 길에 급진적 경로와 점진적 경로의 구분이 있는 것처럼 통일 이후의 경제 재편도 급진적 방식과 점진적 방식의 차이가 존재한다. 그 차이는 주로 가격 자유화, 사유화, 통화 통합 측면에서 나타나며, 여기서 어떤 방식을 취하느냐에 따라 직면하는 애로가 달라진다. 다만 통화 통합을 점진적으로 시행하려면 독일의 경험에서 보듯이 북한 주민의 대량 이주를 차단할 수 있어야 하며, 가격 자유화와 사유화 가운데 어느 쪽을 먼저 추진하느냐도 경제 재편시의 주요 이슈다(고일동 편 1997, 379).

동유럽의 경제체제 전환 과정에서 IMF 등 주요 국제 금융기관은 충격요법shock therapy, 즉 급진적 방식을 권고했다. 충격요법은 가능한 급격하게 가격 자유화와 사유화를 추진하는 것이다. 이는 빠른 시일 내에 시장경제 메커니즘이 자리 잡을 수 있다는 장점을 갖고 있다. 러시아와 체코가 대체로 이런 급진적 방식을 채택했다(西村可明 編 2004, 3; 122).

그런데 이런 급진적 방식은 물가 상승, 실업률 상승 등 경제 불안정을 초래할 수 있다. 또한 체제 이행에서 소유권 재편보다 더 중요한 것이 경쟁 구조의 구축이다(Stiglitz 1994, Ch. 14-15). 가격 자유화가 만병통치약이 아니며, 선진 자본주의경제에서도 모든 경제활동을 가격 메커니즘에 일임하지는 않는다. 중국의 사례를 보면 가격 자유화가 단계적으로 추진되었으며(오승렬 2005, 61), 사유화는 개혁과 개방이 선포된 지 20년 정도 지나서야 비로소 시작되었다(Xu 2008, 1). 이런 지체된 사유화 속에서도 경쟁과 유인 구조incentive structure의 변화에 의해 중국은 고도성장을 달성했다(Stiglitz 1994, 261-263). 에너지·통신·수도·대중교통에 대한 가격 규제는 일부 동구 국가에서는 체제 전환 후에도 상당

기간 지속되었다(西村可明 編 2004, 145).

그런데 북한의 경우 이미 식량 가격까지 급격하게 등락하는 상황이므로[21] 가격 자유화보다는 오히려 가격의 불안정이 경제 재편시의 애로로 작용할 가능성이 크다. 물론 통일된 독일에서처럼 남북한 사이에 일물일가의 법칙이 제대로 작동한다면 그 등락의 진폭은 줄어들 것이다. 다만 토지와 주택의 사유화가 이루어지면서 남한 주민에 의한 가격 급등, 즉 부동산 투기 열풍이 밀어닥칠 수 있다. 요컨대 자유화와 안정화 사이의 상충 관계라는 체제 전환시의 전형적 딜레마가 북한 경제 재편시에도 등장할 것이다.

지금과 같은 북한 경제 상태에서 급진적으로 통일이 닥쳐오면 노후화된 설비를 갖춘 기업의 사유화는 단지 공장 부지만을 활용하는 스크랩앤드빌드scrap and build 방식으로 재편될 공산이 크다.[22] 이렇게 되면 '경영 정상화 이후의 사유화' 방식은 들어설 여지가 없고, 그 결과 대량의 실업자가 쏟아져 나온다. 또한 독일에서 보듯이 북한 주민은 이런 재편 과정에서는 주체적 역할을 갖지 못해 소외되기 마련이고, 이는 남북한 주민 사이에 심리적 갈등을 초래한다.

이런 애로를 방지하려면 북한이 통일 이전에 중국식으로 공업화를 추진해 성과를 거두는 길밖에 없다. 경제체제의 이행에는 초기 조건이 중요한 의미를 갖는다(Roland 2000, xx). 마찬가지로 남북한 통일의 초기 조건을 양호하게 만들면 통일 이후의 재편이 순조롭게 진행될 수

21_국정 가격과 시장가격의 이중가격제가 작동하고 있는 북한에서는 국정 가격도 변동하고 있으며(임수호 2008, 157-166), 그보다 훨씬 더 급격하게 변동하는 쌀이나 옥수수 등의 시장 가격은 남한 인터넷 사이트에까지 전달되고 있다.

22_북한보다 사정이 훨씬 나은 동독의 경우에도 많은 시설이 폐기 처리되었다. 그 대표적인 사례가 거대 화학 공장인 Buna Sow Leuna Olefinverband다(Rainer & Stokes 2001).

있다. 그리고 북한의 중국식 발전은 그를 위한 일종의 중간 단계로 상
정할 수 있는 것이다.[23]

그리고 기업가정신이나 공정한 시장 경쟁이 싹트지 않은 단계에서
급진적 사유화가 진행되면 러시아에서처럼 국가 재산을 약탈하는 지
대추구rent-seeking 행위가 만연하고 부패한 신흥 재벌이 등장할 수 있다
(西村可明 編 2004, 1-25). 남한에도 아직 부패한 재벌 구조가 혁신되지
않은 형편이라 이런 위험성은 독일에서보다 훨씬 크다.[24] 그리되면 빈
부 격차가 심화되고 미비한 사회보장제도 아래에서는 커다란 사회적
갈등이 초래될 수 있다. 이런 사안들이 북한 경제 재편의 순서와 관련
된 애로인 셈이다.

3) 남북경협·대북 지원과 경제 재편시의 애로

김대중-노무현 정권 시기에는 남북경협과 대북 지원은 양적 질적
으로 발전을 거듭해 왔다. 그러나 이명박 정권하에서는 개성공단을 제
외한 일반 교역과 위탁 가공은 줄어들었고 대북 지원은 〈표 1〉에서 보
듯이 급감했다. 이명박 정권은 과거 정권의 정책을 '퍼주기'로 비판하
면서 등장한 데다, 금강산 피격이나 연평도 사태 등이 발발하면서 '안
주기'로 정책을 전환했기 때문이다.

교류와 지원의 이런 축소는 북한을 제재한다는 차원에서 단행된
것인데, 그로 인해 북한 정권과 북한 주민뿐만 아니라 남한의 대북 사

23_G. Roland(2000:xx)는 사회주의에서 자본주의로의 이행 과정에서 성공적인 자본주의 제
　도를 정착시키기 위한 중간 과도기 단계의 필요성을 역설했는데 필자는 이를 남북한 통일
　에 응용해 본 것이다.

24_북한에서는 이미 약탈 체계가 성립하고 있다는 지적도 있다(박형중 외 2009, 106-135).

표 1 | 2000~10년 정부·민간 차원의 대북 지원 추이

단위: 억 원

		2000	2004	2007	2008	2010
정부 지원	무상 지원	978	1,067	1,983	438	22
	식량 차관	1,057	1,510	1,505	-	-
	계	2,035	2,650	3,488	438	22
민간 지원(무상)		387	576	909	728	124
총액		2,422	3,226	4,397	1,163	146

자료: KDI, 『KDI 북한경제리뷰』, 2011.2, 17쪽에서 필자가 재작성.

업자도 곤경에 처했다.[25] 하지만 북한 정권이 남한 정권의 기대 대로 고개를 숙이고 나오기는커녕 오히려 남북한 사이의 군사적 긴장과 북한의 중국 의존도가 높아졌다. 만약에 이런 조치가 북한 정권의 붕괴를 겨냥한 것이라면, 그리해서 급진적으로 북한 정권이 붕괴되고 난 이후를 감당할 만한 제대로 된 계획이 수립되어 있는지 의문이다.

남북 교류와 대북 지원이 지속 가능하기 위해선 국민 다수의 동의를 얻고 이른바 '남남 갈등'을 줄일 수 있는 '잘 주기'가 필요하다(조동호 2010, 12). 여기서 문제는 어떤 게 '잘 주기'인가다. 먼저 북한뿐만 아니라 남한 기업도 이익을 보는 개성공단 같은 원-원 사업에 대해서 반대하는 남한 주민은 극소수에 지나지 않는다. 때문에 개성공단은 이명박 정권에 들어와 한때 위기를 맞았음에도 꾸준히 확대일로를 걷고 있다. 그리고 북한 어린이의 굶주림과 질병에 대처하는 인도적 지원에 대해선 대놓고 반발하기 힘들 것이다.

이와 함께 '잘 주기'에 포함시킬 수 있는 항목으로는 통일 비용을 감소시키고 북한 경제 재편의 애로를 완화하는 조치를 들 수 있다.[26]

25_이와 관련된 논란은 이석(2011)과 임강택(2011)을 참고할 것.

26_남북경협의 확대가 통일 비용을 절감한다는 지적은 있었으나(홍순직 2011), 이를 북한 경제 재편과 관련해 적극적으로 논의한 경우는 드물었다.

물론 남한 정부가 이런 명분을 공식적으로 내세우기는 힘들다. 흡수통일에 대한 공포감을 갖고 있는 북한 정권을 자극하기 때문이다. 그러나 민간이나 학계 차원에서는 충분히 제기 가능하다. 이는 북한 인권 문제와 마찬가지다.

통일 이후 북한 경제가 성장의 길로 접어들려면 생산요소인 자본과 노동의 양적 확대와 질적 발전이 필요하다. 여기서 기업을 운영하기 위한 자본은 남쪽으로부터 조달된다 하더라도 SOC가 제대로 갖춰져 있지 않고 노동력의 질이 열악하다면 성장이 힘들어진다. 통일 이전에 이런 애로를 완화할 수 있다면 통일 이후 북한 경제 재편 과정은 훨씬 순조로워 질 것이다.

그런 SOC 사업의 대표로서는 수송·통신·전력에 대한 대북 지원을 들 수 있다. 여기다 러시아 가스관 사업은 남북 경제통합과도 관련되는 사업이다. 통일에 따라 지가와 임금이 급등하는 상황이 벌어지기 전에 SOC 사업을 추진하면 비용도 적게 들 수 있다.[27] 남한의 지원으로 북한에 발전소를 신설하거나 설비를 개보수하면 북한 산업 발전의 주요한 애로가 해소된다. 나아가 이는 대북 사업을 추진하는 남한 기업에게도 도움을 주고 남북한의 전력 융통도 가능케 한다(정우진 2009, 47-48). 일각에서는 남한이 북한 정권에 끌려 다닌다고 비판하는데, 이런 대규모 SOC 사업 지원을 통 크게 단행하면 남한이 주도하는 남북 협력이 이루어질 수도 있다.[28] 그동안 찔끔찔끔 지원함으로써 북한 정권으로부터도 신뢰를 얻지 못하고 남한 주민들로부터도 불필요하게

27_예컨대 경의선 복선화 사업비를 남한 건설 단가로 계산하면 약 7조 원이 소요되는 데 반해 러시아 산정 단가로 계산하면 1조 원 남짓밖에 소요되지 않는다는 추산을 참고해 볼 것(나희승 2007, 16).

28_물론 이 경우 KEDO 사업처럼 미국의 정책에 크게 좌우된다든가 해서는 곤란하다.

자주 발목을 잡히는 결과가 된 면도 있다.

SOC와 더불어 통일 이후 북한 경제 재편시의 애로로 작용할 수 있는 것이 북한 노동력의 질 문제다. 만성적 식량 부족 상태에서 영양실조를 겪고 의료 결핍으로 질병을 제대로 치료받지 못한 채 자라난 북한 주민이 우수한 노동력이 될 수는 없다. 교육의 질도 문제다. 인도적 차원에서뿐만 아니라 장래의 개발을 위해서도 이를 해결하는 대북 지원을 대폭 강화할 필요가 있을 것이다. 인도적 지원과 개발 지원을 구분하기도 하지만, 원래 지원이란 복합적 성격을 가진 경우가 많다.

또한 기업가정신을 갖춘 기업가와 자본주의적 노동 윤리를 체득한 노동자의 존재 여부는 북한 경제의 재편 과정에 결정적 영향을 미칠 것이다.[29] 통일 이전에 중국식 발전이 선행해 있다면 재편은 훨씬 용이해진다. 개성공단 같은 특구가 커져 나가 자본주의적 노동 윤리가 파급될 수 있다면 그 역시 긍정적 효과를 갖는다. 다만 이런 식의 특구만으로는 북한 기업가가 자라날 수 없고, 북한 기업가가 미미한 상태에서 급진적으로 통일과 경제 재편이 진행되면 동독에서처럼 북한 주민은 경제 재편 과정에서 소외된다. 이런 사태를 피하려면 남북 교류·대북 지원의 목표가 북한의 중국식 발전임을 명확히 의식해야 할 것이다.

5. 맺음말

분단 이후 남한 정권의 통일정책은 오락가락했다. 무력 통일을 불

29_시장경제를 관리하기 위한 인력 양성도 필요하며, 오스트레일리아나 영국 등이 소규모로 북한인들을 초청 교육한 바 있다. 이를 대폭 확대하기 위해 남한이 UN 같은 국제기구에 자금을 지원하는 방안을 생각해 볼 수 있다.

사하는 흡수통일론을 제창하기도 했는가 하면, 평화공존 단계를 거치는 합의 통일을 내세우기도 했다. 이런 가운데 1987년 민주화 이후 특히 김대중-노무현 정권에서는 남북 교류와 대북 지원이 크게 활발해졌다. 그런데 1990년에 급작스럽게 독일이 통일되고 그 후유증이 부각되면서 남북한 통일에 대한 남한 주민들의 지지도는 오히려 하락하고 있다.

남북한의 통일이 급진적으로 닥쳐올지 점진적으로 진행될지는 아무도 자신 있게 예측할 수 없다. 그러나 그 방식에 따라 통일 비용은 달라진다. 그리고 통일 이후 진행될 북한 경제 시스템 재편을 비롯해 남북한 경제통합과 자원 및 산업구조의 재편에는 대량 실업과 대량 이주, 경제 재편의 속도와 순서를 둘러싼 딜레마와 같은 갖가지 애로가 발생할 수 있다.

통일 이전에 북한이 본격적으로 중국식 개혁·개방의 길로 나아갈 수 있다면 양적인 통일 비용을 최소화할 수 있을 뿐만 아니라 북한 경제 재편의 질적인 애로도 크게 완화할 수 있다는 것이 이 글의 주장이었다. 또 통일 비용을 최소화하고 북한 경제 재편시의 애로를 최소화하는 방식으로 남북 교류와 대북 지원을 시행하면 이른바 남남 갈등도 줄일 수 있다고 주장했다. 물론 하루라도 빨리 북한 주민을 억압과 기아에서 해방시켜야 한다는 입장도 충분히 가능하다. 하지만 북한에 대한 무력 침공을 감행할 생각이 아니라면 이런 통일은 남한의 능력 밖이다. 또 지금과 같이 남북한 사이의 격차와 이질성이 큰 상황에서 남북한 주민 모두 급진적 통일을 제대로 감당할 수 있을지도 의문이다.

중국식 발전 모델이 최상은 아니다. 그것은 아시아 신흥공업국에 속했던 남한, 대만, 싱가포르 등에서도 나타났던 개발독재 체제의 한 유형이며 많은 갈등 요소를 내포하고 있다. '독재' 체제이기 때문이다.

하지만 그런 식으로 북한의 경제가 고도성장하고 이데올로기의 경직성도 해소될 수 있다면 이는 북한 주민에게도 많은 도움이 되고 통일의 부담도 크게 덜 수 있다. 북한의 중국식 발전은 남북한 통일의 초기 조건을 양호하게 해주는 중간 과도 단계인 셈이다. 이런 중국식 개발독재 체제를 거친 연후에 남한의 1987년 이후처럼 민주화를 달성하면 남북한 사이에 합의에 의한 통일도 가능할 것이다. 이게 가장 바람직한 점진적 통일 방식이 아닌가 싶다.

물론 북한이 중국식 개혁·개방을 제대로 추진하지 못할 수도 있다. 그리하여 현재와 같은 어려운 경제 상황에서 앞으로도 계속 허우적거리고 있을지도 모른다. 김정일 국방위원장도 급사한 형편이므로 이런 상황에서 닥쳐올지 모를 급진적 통일에도 대비해야 한다. 하지만 북한은 어쨌든 2002년에 공식적으로 경제개혁을 시작했고, 합법적 및 불법적 시장도 확대되고 있다. 북한 관료들이 중국을 배우기 위해 대거 중국 방문길에 오르고 있다는 보도도 있었다(『세계일보』 2011/12/17).

이때까지 북한의 개혁·개방 속도가 부진했던 데에는 여러 가지 이유가 있을 것이다. 세습 정권인 탓에 노선 변경이 쉽지 않을 수도 있다. 북한에 대해 공공연하게 체제 변혁을 부르짖는 미국 등 외부 여건 탓에 개혁과 개방의 부작용을 과도하게 우려하고 있는지도 모른다. 남한이 나서서 이런 정치적 외부 여건을 개선할 필요가 있다. 아울러 통일 비용을 최소화하고 북한 경제 재편시의 애로를 완화하는 남북 교류와 대북 지원 방식을 확대하면 급진적 통일이 닥칠 경우뿐만 아니라 북한의 중국식 개혁·개방에도 도움이 될 것이다.

12

공공 부문을
사회통합의 거점으로

김윤자

1. 머리말

한국은 초기 공업화 단계를 지나 그간의 고도성장 국면에서 안정
적 성장 국면으로 진입하고 있다. 다른 한편으로 저출산·고령화가 빠
른 속도로 진행되어 생산가능인구는 감소하는 반면, 노인 부양 인구는
빠르게 증가하고 있다. 산업 간, 계층 간, 세대 간, 지역 간 불균형과 양
극화도 이례적으로 진행되고 있다.

권력형 국가기구의 위세 때문에 한국 공공 부문이 과대하다는 착
시 현상을 일으키고 있지만, 한국 공공 부문의 양적 규모는 상대적으
로 작다. 따라서 '큰 정부', '작은 정부'와 같은 양적인 재정 규모의 측면
보다 사회통합적 재정으로의 전환이라는 질적 측면에서 정부의 역할
전환이 요구된다. 구체적으로 교육 예산의 확충, 사회통합적 복지의

확대, 지속 가능한 미래를 위해 생태와 환경에 주목하는 정부의 역할이 중요해지고 있다.

여기서 사회통합의 수준은 정치경제적·사회문화적으로 의사 결정의 권한과 기회가 공유되는 정도라고 할 수 있으며, 구체적으로는 보편적인 교육 기회와 정치적 참여의 기회, 사회 구성원이 경제성장에 기여하고 분배에 참여하는 정도, 사회문화의 보편적 향유에 의해 좌우된다고 할 수 있다.

이 글에서 우리는 시장 실패와 정부 실패를 보정하기 위해 공공 부문의 사회적 개입이 더욱 요구된다고 제안할 것이다. 양극화가 심화되면서 경제성장 자체가 애로를 겪는 상황에서 공공 부문의 사회적 역할이 한국 사회경제의 민주성과 효율성을 다 같이 업그레이드할 수 있다고 보기 때문이다.

우리는 특히 그동안 수출 독려 등 경제정책에 치우쳤던 공공 부문의 역할이 교육, 복지 등 사회정책으로 옮겨 가야 한다고 주장하고 이를 위한 재정 개혁을 제안하고자 한다. 민영화에 대해서도 한국의 민간이 재벌 대기업을 중심으로 공공 부문 못지않은 경직된 서열 구조와 관료주의를 가지고 있다는 점에서 공공 부문 개혁의 수단일 수 있을지를 신중하게 검토해야 한다고 제안한다.

이하에서는 먼저 공공 부문이 현대 경제에서 차지하는 비중과 의미를 설명하고 한국의 공공 부문이 형성되는 역사적 과정과 특징을 개괄한다. 이어서 한국 공공 부문의 발전 방향을 정부 조직과 준정부 조직(산하기관) 등에 걸쳐 전망한다. 공기업에 대해서는 새 정부가 들어설 때마다 불거지는 민영화 논란을 중심으로 그 개혁 방향을 살펴볼 것이다. 끝으로 공공 부문의 효율성이 민주성과 불가분임을 맺음말에서 강조할 것이다.

2. 현대 경제와 공공 부문

공공 부문은 가장 포괄적인 의미로는 민간 부문과 대비해 입법 행정 사법을 망라하는 중앙정부 및 지방정부, 정부로부터 일부 기능을 위탁 받거나 재정적 보조를 받는 각종 산하기관(준정부 조직), 정부의 투자 및 출자로 운영되는 공기업 등을 총칭하는 개념이다. 따라서 중앙정부와 지방정부를 가리켜 좁은 의미의 정부로, 여타 공공 기관을 포함하는 공공 부문은 넓은 의미의 정부로 분류하기도 한다. 또한 넓은 의미의 정부, 즉 공공 부문은 국민이 직접 선출한 사람들과 그들에 의해 임명된 사람들이 운영의 책임을 맡는다는 점에서 민간 부문과 구별되며, 좁은 의미의 정부는 국민에 대해 일정한 강제력을 발휘하고 생산된 재화 및 서비스는 주로 비시장적 방식으로 교환된다는 점에서도 민간 부문과 구별된다.

오늘날 정부의 활동 영역은 매우 다양하게 나타나고 있으며, 공공 부문의 범위와 기능, 성격 등도 각국의 역사·제도적 유산에 따라 다르게 나타난다. 이에 따라, 흔히 '국가와 시장'으로 대비되는 공공 부문과 민간 부문의 관계 역시 각국의 역사적 특수성 속에서 다양한 모습으로 전개되어 왔다.

유럽은 국가권력을 둘러싼 계급 갈등의 역사가 길고 치열했던 데다가 제2차 세계대전 이후 체제 경쟁 속에서 전후 복구 사업을 신속히 추진하기 위해서도 국가의 폭넓은 개입이 요구되었다. 따라서 유럽에서는 국유화, 국가의 직접적 규제 등 정부의 직접적인 경제 개입의 전통이 상대적으로 강하다.

반면, 태생적으로 유럽의 자영 소생산자들의 이민을 통해 건국된 미국의 경우, 국가의 경제적 역할은 직접적인 소유나 경영권 행사보다는 주로 시장 운영의 규제자적 역할을 통해서 나타나고 있다.

근대 이후 공공 부문은 일반적으로 국가와 시장 간의 상호 관계 속에서 발전해 왔지만, 시장의 실패와 한계가 드러난 1930년대 대공황 이후 양적으로나 질적으로 더욱 확대되는 추세적 경향을 보여 왔다. 공공 부문은 민간 부문의 경제성장이 위기에 봉착했을 때 위기를 돌파하도록 도와주기 위해 개입했다가 민간 부문의 경제성장이 원활해지면 개입의 정도를 조절해 왔다. 따라서 현대 경제의 경제변동에 따라 때로는 국유화 혹은 국영화가 전개되지만 축적이 원활해 민간 자본의 확장 요구가 커지는 국면에서는 사유화 혹은 민영화가 전개되기도 한다. 그러나 지구촌 혹은 세계화라는 말이 시사하듯이 국내외의 경제적 연관이 확대되는 현대 경제에서, 개입 양태는 국면에 따라 달라지더라도, 이들 경제적 연관을 조정하는 공공 부문의 개입과 역할은 추세적으로 증가하는 역사적 경향을 갖는다.

1980년대 이후 시장 복고주의, 이른바 신자유주의의 역사적 경향은 일견 이런 추세를 반전시키는 계기처럼 보였다. 그러나 신자유주의가 내건 '작은 정부'라는 구호에도 불구하고 이 시기 각국 공공 부문의 양적 비중이 감소하지는 않았으며, 정부 지출의 양태 변화, 정부의 기능과 역할의 조정과 변화가 나타났을 뿐이다. 이는 물질적 발전과 더불어 산업과 정치사회적 네트워크가 강화되는 데 따른 일종의 사회화 효과로서, 국내외에서 양적·질적으로 증대하는 네트워크의 조정자로서 국민국가의 개입이 필연적으로 확대되어 왔음을 보여 주는 것이다.

다만 1970년대의 만성적인 재정 적자와 관료주의에 대한 반성 속에서 1980년대를 전후해 '공공 부문의 비효율과 방만 경영'에 대한 비판이 고조되었다. 공공 부문은 부실이 발생해도 그 도산 위험을 공적 자금을 동원해 감당하는 '연성예산제약'[1]의 특성상 민간기업과 같은 운영의 효율성을 강제할 내적 동기가 부실하다는 것이다.

그럼에도 불구하고 이런 비판에는 몇 가지 주의가 필요하다. 첫째, 공공 부문은 그 존재 이유 혹은 경영 목표로서 수익성 외에 공익성을 아울러 지향하고 있다. 또한 공공 부문의 효율성은 민간 부문처럼 개별 경제주체의 수익성 혹은 효율성만으로 평가하기 어려운 측면이 있다. 예컨대 공기업의 흑자가 종종 정부의 예산 지원에 기인하는 것처럼 공기업의 적자 역시 국책 사업의 대행과 원가 이하의 가격 책정을 요구하는 정부의 산업정책 혹은 사회정책에서 비롯되는 경우가 적지 않다. 운영의 책임 소재가 이렇게 불분명한 것은 한국처럼 공공 기관에 경영 자율성이 주어지지 않을 때 더욱 심해질 수 있다.

둘째, 공공 부문의 무사안일과 관료주의를 둘러싼 공방도 공공 부문 특유의 운영 스타일과 관련이 있을 수 있다.[2] 공공 부문의 담당 영역이 주로 공익적 보편 서비스이므로 민간 부문과 같이 위험을 무릅쓰는 과감한 혁신을 감행하기 어려울 것이기 때문이다. 특히 한국의 경우 정부 부처에서 공기업에 이르기까지 공공 부문은 예산이나 임금 관련 사항이 법으로 정해져 있고, 장관이나 공기업 사장의 임기도 대부분 단명해서 책임 경영이나 운영상의 창의성을 기대하기 어렵다.[3]

셋째, 현대 경제에서는 대마불사라는 표현이 시사하듯이, 연성예

1_연성예산제약(soft-budget constraint)이란 일반적으로 경제주체의 지출이 수익에 의해 강한 제약을 받지 않는 경우를 말한다. 이와 같은 성격 때문에, 공공 부문에서는 비용 절감 노력과 예산의 효율적 관리가 느슨해지기 쉬워 시장 경쟁에서 낙오되어 파산할 위험이 크다는 것이다(Kornai 1992, 142-145).

2_다른 연구에서도 여러 번 강조한 바이지만, 관료주의는 반드시 정부와 공공 부문에 국한된 특성이라고 볼 수는 없다. 총수의 전횡을 견제하지 못하는, 서열화된 사기업 조직의 경직성도 정부 조직의 관료주의 못지않게 심각하기 때문이다(김윤자 1999, 44).

3_공공 기관의 기관장들이 구성원이나 노동조합과 적당히 타협해 임기를 넘기려는 경향이 있다는 지적도 이와 무관하지 않을 것이다.

산제약 자체가 반드시 공공 부문에만 고유한 것이 아니라는 점이다.

2008년 금융 위기 당시 미국 정부가 민간 금융회사에 대규모 공적 자금을 투입한 것에 대해, 월가 금융 대자본의 도덕적 해이를 미국 납세자들의 희생으로 지원한다는 비판이 일었다. 그러나 국내외 경제에서 독점 대기업의 비중이 압도적으로 높은 현대 경제의 구조적 특성상 이들의 도산은 국민경제 혹은 세계경제에 심각한 위기를 초래하기 때문에 정부가 이를 방치하기는 어렵다.

따라서 연성예산제약의 문제는 생산 규모의 확장을 통해 생산비 절감(이른바 규모의 경제)을 도모하고 나아가 사업 다각화를 통해 생산비 절감(이른바 범위의 경제)을 도모하는 현대 경제의 속성상 공공 부문과 민간 부문 모두에 해당하는 문제이며, 그런 점에서 사회화가 진전된 현대 경제 자체의 일정한 속성이라고도 할 수 있다.

따라서 민간 부문이든 공공 부문이든 감사 및 사외이사제도, 공중의 경영 참여 등 안팎의 감시 시스템을 통해 투명하고 민주적인 지배구조를 도모하고, 여기에 적절한 동기부여 시스템을 가동해 조직의 효율을 도모하는 것이 중요하다. 우리가 현대 경제에서 민주성이 곧 효율성이라고 주장하는 이유가 여기에 있다.

3. 한국 공공 부문의 특징

1) 한국 공공 부문의 규모와 국제 비교

한국 공공 부문의 시계열 연구는 재정에 대한 기준들이 바뀌고 자료마다 수치가 달라 애로를 겪는다. 특히 준정부 부문으로 분류되는 산하기관에 대한 일관성 있는 데이터를 확보하기가 쉽지 않다. 외환 위기 이후 김대중 정부가 공공 부문 개혁을 위해 산하기관의 총체적 자료를 만들어 연구자들에게 도움이 되었다지만 지금도 통계 작성 기준 등이 계속 바뀌어 어려움이 있다. 그 밖의 인력 통계도 나라마다 기준이 달라 국제 비교가 쉽지 않다.

한국의 공공 부문은 1960년대 이후 본격화되는 국가 주도의 경제 개발 정책을 중심으로 형성되어 왔다. 재정 규모는 추세적으로 증가해 중화학공업화가 추진되는 1970년대~1980년대 초에는 GDP 대비 20% 수준에 이르고 있다. 일반 공무원 규모는 1970년대까지 지속적인 증가세를 보이다가 그 후 안정화 추세를 나타내는데, 다만 지방 공무원과 교육 공무원, 공안 분야 등 기능 분야에서 공무원 숫자는 여전히 증가세를 보이고 있다(안병영 외 2007, 345).

여기서 재정public finance은 정의상 넓은 의미의 정부, 곧 공공 부문이 공공의 욕구를 충족시키기 위해 수행하는 경제적 활동 일반을 지칭하지만, 좁게는 좁은 의미의 정부, 즉 중앙정부와 지방정부가 예산에 의해 펼치는 경제활동을 지칭한다. 한국의 중앙정부 재정은 일반회계와 특별회계로 구성되는 예산, 그리고 기금으로 이루어진다. 일반회계는 조세수입 외에도 재산 수입과 판매 수입 등의 세외 수입으로 구성되며 현행 조세 체계는 14가지의 국세와 16가지의 지방세로 이루어져 있다.

한편, 예산 사업이 수행하는 기능에 따라 일반회계의 세출 내역을 기능별로 분류해 보면 2010년 세출 예산의 경우 일반 공공 행정이 22.0%로 가장 큰 비중을 차지하고 있고, 다음으로 교육과 국방이 각각 18.8%와 14.8%, 그리고 사회복지가 11.2%를 나타내고 있다. 그 밖에 기금은 특별한 목적을 위해 설치된다는 점에서 특별회계와 비슷하지만, 국회의 심의와 의결을 요구하지 않는다는 점에서, 그리고 특별회계가 단년도 회계를 채택하는 데 반해 기금은 다년도 회계를 채택한다는 점에서 운용의 탄력성이 더 크고 경제 상황의 변화에 유연하게 대처한다는 장점이 있다. 다만 부처별로 경쟁적으로 기금을 양산할 가능성이 문제점으로 지적되는데, 2010년 현재 63개의 각종 기금이 일반회계 총액 201조3천억 원의 두 배가 넘는 476조9천억 원 규모로 운용되고 있다(이준구 2011, 33-35). 또 한국의 중앙정부와 지방정부의 재정규모는 격차가 매우 커서 1970년대에는 지방재정이 중앙 재정의 6분의 1에도 미치지 못했으나 2000년대 들어 3분의 1 수준으로 좁혀지고있다.

통상 정부 규모의 국제 비교는 ① 인력 규모를 기준으로 하는 OECD의 일반 정부 규모, ② GDP 대비 재정 비율(재정 규모)을 활용하고 있다. 먼저 인력 규모를 기준으로 하는 OECD의 일반 정부는 다음과 같이 구성된다.

| 인력 규모를 기준으로 하는 OECD의 일반 정부 규모 |

일반 정부의 규모 = 공무원 + 비영리기관(산하기관) 인력 + 사회보장기금 인력 + 직업군인·군무원 + 비정규직

이를 한국에 적용해 보면, 직업군인(19만9천 명), 비정규직(14만4천명), 사회보장기금(2만 명), 공공 비영리기관(2만2천 명)을 포함해 우리나라의 인력 규모에 따른 일반 정부 규모는 134만2천 명에 이른다.[4] 공무원 수를 기준으로 각국의 정부 규모를 비교하면 〈표 1〉과 같다. 표에서 보듯이 인력 규모를 기준으로 한 한국의 정부 규모는 미국, 프랑스, 독일 등 선진국의 3분의 1 내지 절반 수준이다.

4_그중 비정규직(14만4천 명)은 1년 이상 기간제(9만9천 명)+무기계약 근로자(4만5천 명)로 구성되어 있다(행정안전부 2011).

표 1 | 각국의 공무원 규모 국제 비교

	한국	일본	미국	독일	프랑스
	2006	2006	2008	2007	2006
인구수 (천 명) [A]	48,297	127,451	311,666	82,343	61,373
정부 규모 (천 명) [B]	1,342	4,449	22,500	4,060	6,033
인구 1천 명당 공무원 수 (명)	27.8	34.9	72.2	49.3	98.3
공무원 1인당 인구수 (명) [A/B]	36.0	28.6	13.9	20.3	10.2

* 단, 미국의 정부 규모는 공기업(Publicly owned enterprises) 포함
* 자료: 행정안전부(2011)

그동안 한국 공무원의 규모는 인구 증가와 사회 발전에 비례해 증가세를 보여 왔다. 다만 시기별로 특정 요인에 의해 감소세를 보인 바 있는데, 예컨대 1995년 지방자치제 실시는 통계상 국가공무원의 감소 및 지방공무원의 증가를 가져왔고, 1998년 외환 위기 극복을 위한 정부 부문 구조조정, 2005년 철도청의 공사 전환 등은 일시적으로 공무원 규모를 감축시키는 요인이었다.[5]

2010년 12월 말 기준으로 행정부 국가공무원 정원(612,672명)은 2009년 말(609,573명) 대비 약 3천 명 정도 증가한 것으로 조사되고 있다. 참고로, 2008년 3월 이후 행정부 국가공무원 정원에는 이전 정부에서 "국방개혁 2020"에 의해 전의경을 감축하면서, 감축된 전의경의 30%만큼을 정규 공무원으로 대체키로 결정(2007년 7월)함에 따라 증원

5_참여정부 당시 공무원 규모의 확대를 둘러싸고 정치적 논란이 전개된 적이 있었는데, 현재 정부는 당시의 문제 제기가 증원 내역과 효과를 제대로 분석하지 않았다고 해명하고 있다. 이에 따르면, 당시 우리나라의 공무원 규모는 교육(57.5%), 경찰·교정 등 공공 안전(21.3%), 우체국·현업(5.6%) 등 국민 생활에 밀접한 분야에 전체의 84.4%인 50만 명이 배치되어 있고, 이들을 제외한 중앙 부처 및 그 소속 기관에 근무하는 공무원은 9만 명 수준이라는 것이다. 당시의 증가 규모도 참여정부 출범 당시(2003년 2월 25일) 57.6만 명이었고 2006년 말 현재 59만 명으로 1.4만 명이 증가했으며, 다만 2005년 철도청이 공사화되면서 감축된 인력을 감안할 경우 실제 증원된 인력은 4.4만 명에 해당한다고 밝히고 있다. 또한 학급당 평균 학생 수 감소(2001년 37.5명 → 2006년 32.9명)로 인한 교원 증가를 감안해야 한다고 설명한다(행정안전부 2011).

표 2 | 재정 규모의 국제 비교(GDP 대비 일반 정부 총지출)[6]

단위: %

	2006	2007	2008	2009	2010	2011
캐나다	39.4	39.4	40.0	44.4	44.1	43.2
덴마크	51.6	50.8	51.9	58.4	58.5	59.3
프랑스	52.9	52.6	53.3	56.7	56.7	56.2
독일	45.3	43.5	44.1	48.1	48.0	45.5
일본	36.2	35.9	37.2	42.0	40.4	42.5
한국	27.7	28.7	30.4	33.1	30.9	30.9
노르웨이	40.5	41.1	40.7	47.3	46.1	43.8
영국	44.2	43.9	47.9	51.1	50.6	49.8
미국	36.1	36.9	39.1	42.7	42.5	41.9
OECD 평균	39.7	39.8	41.5	45.2	44.6	44.0

* 자료: OECD(2011)

된 인력 5,901명이 포함되어 있다.

재정 규모의 국제 비교에서도 한국의 국가 재정 규모는 〈표 2〉에서 보듯이 2009년 현재 GDP의 33.1%로 OECD 평균인 45.2%에 크게 뒤떨어져 있다. 특히 소득수준을 감안해 정부 규모를 비교했을 때, 즉 선진국들이 한국과 같은 1인당 1만8천 달러 대의 소득수준이었을 때 (2004년 기준)의 재정지출 규모를 비교했을 때에도 한국은 최하위를 면치 못했다. 이 경우 21개 OECD 국가들의 평균 재정지출은 44.8%에 이르는데, 한국의 31.5%는 미국이 비슷한 소득수준이었던 1972년의 32.2%나 일본의 1987년 기준 32.6%보다 낮은 수준이다(이동원 외 2007, 6). 다만, 주요 선진국의 1970~80년대 상황과 현재의 국내외 환경이 다르고 정부의 기능도 변화했음을 감안할 필요가 있을 것이다.

6_일반 정부 총지출은 대체로 중앙정부와 지방정부 및 비영리 산하기관의 총지출로 구성된다. 대체로 OECD 국가들은 중앙정부와 지방정부의 일반회계와 특별회계, 기금 등을 통합재정으로 포함시키는데, 통합 재정 규모가 순수한 재정 활동 규모를 측정하기 위해 융자 거래와 기업특별회계를 순계 개념으로 파악하는 것과 달리, 총지출 규모는 이를 총계 개념으로 파악하므로 통합 재정 규모보다 규모가 크다. 재정 구조에 대한 설명은 뒤의 재정 개혁 부분(4장, 3절)을 참조.

다른 한편 양적으로 본 한국의 정부 규모는 상대적으로 작은 대신 정부의 각종 규제가 심각하다는 주장이 있다. 규제를 기준으로 하는 경우 한국의 정부 규모는 OECD의 비교 대상 30개국 중 12위에 해당한다는 것이다.[7] 다만 이 경우에도 규제의 내용에 따라 풀어야 할 규제와 환경보호, 중소기업 보호를 위해 더 강화해야 할 규제가 있을 수 있어서 규제를 기준으로 하는 국제 비교의 의미를 해석하는 일은 쉽지 않다. 또 정부 규제와 정부 지출을 종합적으로 평가해 정부 규모를 국제 비교한 결과에서도 한국은 OECD의 비교 대상 28개국 중 21위에 해당한다.

따라서 총괄적으로 평가할 때 한국 공공 부문의 규모는 전체 인구 규모 및 경제 규모에 비해 상대적으로 낮은 수준이라고 할 수 있다.[8] 다만 압축적인 경제성장 과정에서 경제사회 발전의 기획·조정·지원을 정부가 주도했고 국민들의 경제적 요구 및 이를 둘러싼 사회적 갈등을 공안 기구를 동원해 억압하는 과정에서 정부의 위상은 그 양적인 비중 이상으로 압도적인 규정성을 발휘했다고 할 수 있다.

2) 권력형 국가기구의 질적 비대화

위에서 살펴봤듯이 한국의 공공 부문은 재정의 규모나 공공 부문 종사자 등 인적 자원의 규모에서 여전히 매우 취약하다. 그럼에도 불

7_이하의 내용에 대해서는 이동원 외(2007, 9~12) 참조.

8_보수 성향인 한국의 〈자유기업원〉을 비롯해 전 세계 80개 자유주의 연구 기관들로 구성된 〈경제자유네트워크〉(www.freetheworld.com)가 내놓은 "2011년 전 세계 경제 자유 보고서"는 한국의 정부 규모가 조사 대상 141개국 중 50위에 해당한다고 보고하고 있다(『아시아투데이』 2011/09/20).

구하고 검찰과 경찰, 국가정보원 등 권력형 국가기구의 군림, 이들 국가기관과 언론 및 재벌 등의 유착 구조로 인해 한국 공공 부문의 영향력이나 비중은 여전히 막강한 것으로 인식되고 있다. 사실 한국 공공 부문에는 각종 국가고시를 통해 한국 사회의 우수한 인적 자원이 편입되고 있어서 한국 공공 부문의 잠재적 생산성은 비교적 높다고 할 수 있다. 그럼에도 불구하고 권력형 국가기구의 군림이 한국 공공 부문의 비중을 실제보다 과장하고 그 비효율성을 과대하게 부각시키고 있는 셈이다.

경제 분야에서도 국가 주도 경제개발의 유산이 여전히 남아 있다. 재정 관료들의 영향력을 지칭하는 '모피아', 건설 산업에 치중한 예산 편성을 지칭하는 '토건족 예산' 등의 별칭은 경제발전 과정에서 한국 공공 부문이 차지해 온 압도적 비중을 시사하고 있다.

한국은 일제의 식민지 지배를 거치면서 근대적 공업화 과정을 경험했다. 이 때문에 민간 상공업의 발전과 시민사회의 성숙은 지체되었고 대신 식민지 지배를 담당하는 행정조직은 상대적으로 비대할 수밖에 없었다. 이런 역사적 각인이 다시 시민사회의 등장을 저지하는 힘으로 작용하면서 한국의 경제발전은 국가 주도의 사회적 동원social mobilization 방식을 밟아 가게 된다. 특히 제2차 세계대전 이후 한반도가 냉전 체제의 대리 전장이 되면서 해방 공간은 이념 과잉의 좌우 대립으로 얼룩졌는데, 이 과정에서 사상과 집회의 자유 등 민주주의의 기초는 부실해질 수밖에 없었다.

1960년대 이후 군사정권의 경제개발은 이런 과정을 더욱 강화했는데, 이에 따라 한국에서 민간 자본가의 역할은 종종 정부 경제 관료에 의해 대행되었다. 다른 한편 반공법으로 지체된 노동자들의 조직적 발언은 종종 동일 시간대에 동일 장소에서 생활하는 학생, 그리고 종교인과 지식인 등에 의해 대행되었다. 이런 예는 공업화와 민주화가 진행 중인 동남아나 중동에서 지금도 비슷하게 볼 수 있다.

민주화의 성과로 수평적 정권 교체를 통해 등장한 김대중 정부에서 오히려 공공 부문 구조조정과 민영화 정책이 강도 높게 전개된 것을 두고 일부에서는 이를 역사적 아이러니라거나 외환 위기 직후의 상황적 특수성으로 설명하기도 한다. 그러나 그것만으로 충분히 설명되지 않는 한국 근대화 과정의 특수성, 한편으로 개발독재 아래에서 국가기구의 이상 비대화라는 배경과 다른 한편으로 관치에 대한 시민사회의 저항이라는 측면이 함께 고려되어야 할 것이다.

그런 점에서 보면, 외환 위기 이후 시장주의적 개혁에 대한 사회적 기대는 이른바 신자유주의 공세와 겹쳐 나타나는 바람에 오히려 그것이 시사하는 바가 제대로 전달되지 않은 측면이 있었다. 한국에서 민영화는 관치를 대신하는 민간 부문의 활성화, 즉 '시민사회의 성숙 혹은 민주주의의 확대'로 등치되는 역사적 배경을 가지고 있다. 이 점은 서구의 민영화가 주로 재정 건전성과 관련해 제기되었던 것과 다른 점이다. 그동안 한국의 공공 부문은 종종 관료주의로 희화화되어 나타났고 공기업은 역대 독재 정권의 비자금 창구 역할을 하기도 했는데, 그 때문에 외환 위기 이후에는 오히려 관료주의 혹은 관치에 대한 비판이 때로 공기업과 공공 부문에 대한 사회적 거부감으로 나타나기도 했다. 이런 거부감이 외환 위기 이후 시장주의적 공공 부문 개혁에 대한 기대를 낳았고 때로 신자유주의적 이데올로기의 성공으로 비쳤을 것이다.

3) 경제개발 중심의 공공 기관 편성

국가 주도의 공업화 과정에서 정부의 재정 투입은 주로 경제개발

정책, 그리고 그와 관련된 사회간접자본 건설에 집중되었으며 그에 수반하는 사회 갈등의 해소 및 사회복지 수요는 억압적 공안 기제를 동원하거나 재정 투입이 요구되지 않는 사회보험, 민간 부문을 동원하는 규제 방식 등으로 돌파했다. 이 과정에서 공공 부문이 구사하는 방대한 재량권은 산업화 초기부터 한국 공공 부문의 재량권 남용, 관료주의 폐해 등을 각인시켰다. 이런 특징은 또한 한국 공공 부문의 비중을 그 양적 규모 이상으로 비대하게 만들어 온 요인이었다.

예컨대 경제기획원과 같이 부총리를 수장으로 하는 경제 부처가 여타의 장관급 부처에 비해 우월한 지위를 갖는 선도 기관pilot agency으로 성장 전략의 수립과 자원 배분을 주도하면서 부처 간 조정자 역할을 수행했다. 다른 한편으로는 상공회의소, 중소기업연합회, 무역협회 등 민간 산업 조직을 정부 주도로 설립해 이익집단과의 정보 채널로 삼으면서 동시에 산업 집단별 이해관계의 조정, 정부 정책의 집행 창구 등으로 활용했다.

지금도 "공공 기관의 운영에 관한 법률"은 공공 기관을 각각 공기업과 준정부기관으로 나누고 전자는 다시 시장형 공기업과 준시장형 공기업, 그리고 후자는 기금 관리형 준정부기관과 위탁 집행형 준정부기관으로 나누고 있다. 이들 공공 기관 가운데 상당수는 각종 경제정책 및 이와 연동된 사회정책을 추진하는 과정에서 설립된 것들이다.[9]

특히 한국의 공기업은 경제개발을 지원하는 과정에서 재화 및 필수 서비스를 공급하기 위해 설립되거나(대한석유공사, 석탄공사, 포항제철,

---

9_또 공무원의 순환 보직 인사 제도하에서 전문성이 떨어질 수 있는 정부 인력 운용을 보완한다는 측면에서 정부가 기능을 위탁하고 있는 산하기관들도 적지 않다. 순환 보직 제도는 전문성을 떨어뜨린다는 점에서 여러 가지 개선책이 제시되고 있다(김광호 2008 참조). 그러나 순환 보직 제도가 정착된 배경에 연고주의와 부패 사슬을 막는다는 문제의식이 있었음을 감안해 이에 대한 방안도 함께 고려해야 할 것이다.

표 3 | 한국의 복지 재정 구모와 경제 재정 규모 비교(중앙정부 통합 재정 규모 대비 비중)[10]

단위: %

	한국			오스트레일리아	스웨덴	미국	캐나다
	1997	2002	2007	2005	2004	2005	2004
복지 재정	17.9	19.9	28.9	51.4	54.5	56.4	58.1
경제 재정	24.5	22.6	18.1	6.6	10.6	6.6	5.9

* 외국은 IMF(2006). 2007년 한국은 예산 수치.
* 자료: 행정안전부(2011)

광업진흥공사, 한국전력공사, 대한항공, 한국통신 등), 공공 수요를 충족하기
위한 사회간접자본 건설(도로공사, 주택공사, 토지개발공사, 수자원공사, 농
업진흥공사 등), 재정수입 목표(담배인삼공사), 그 밖에 전략적 특수 목적
(산업은행, 수출입은행, 무역진흥공사, 농산물유통공사) 등 다양한 목적으로
설립되어 왔다(김윤자 2001, 376의 〈표 1〉 참조).

아울러 정부 정책의 연구개발을 위한 국책 연구소들이 설립되었고
정부의 정책을 집행하거나 정부의 인·허가 및 규제를 대행하는 위탁
형태의 산하기관들도 준정부기관으로 광범위하게 만들어졌다. 따라서
그동안 한국의 준정부기관은 산업정책 분야에 집중되어 있고 지금도
지식경제부(구舊산업자원부) 산하에 가장 많은 정부 산하기관이 배치되
어 있다.

반면에 교육, 복지, 취약 계층 지원 등 사회 서비스를 비롯한 사회
통합적 기능의 준정부 부문은 인력, 예산, 조직 등 모든 면에서 매우
취약하다. 김대중 정부 이후 추세적으로는 사회복지 분야 준정부기관
이 늘어나고 있지만 경제 분야의 비중이 여전히 매우 커서 획기적인
패러다임 전환이 요구된다. 〈표 3〉은 한국의 복지 재정 규모가 여전히
선진국의 절반 수준에 머무르고 있음을 보여 준다. 반면, 경제 재정의
규모는 선진국의 세 배에 이르고 있다.

4. 한국 공공 부문의 개혁 과제

1) 공공 부문의 사회통합적 기능 강화

산업화 과정에서 경제적 기능을 중심으로 편성된 한국의 공공 부문에는 경로 의존성이 강하게 작동하고 있어서 기존에 투입된 조직과 인력의 재편을 어렵게 하고 있다. 관성화된 조직 이기주의의 해소, 부처 간 기득권 조정 등 기술적 어려움과 더불어 더 큰 문제는 산업화를 통과해 지식기반사회로 접어드는 단계에서 공공 부문의 역할을 어떻게 설정하느냐다.

중요한 것은 경제 관련 부처의 위상에 비해 상대적으로 교육·복지 관련 부처와 사회문화 관련 부처의 위상을 강화할 필요가 있다. 산업 정책에서는 민간기업이 스스로 성장해 나갈 수 있는 영역의 경우, 정부의 기능을 줄이고 대신 사회통합적 영역에서 취약 분야를 중심으로, 그리고 민간이 리스크를 부담하기 어려운 신성장 동력 분야의 개척 등을 중심으로 인력과 재정을 재배치할 필요가 있다.

따라서 명칭이나 조직의 형태는 별도로 논의하더라도 교육, 복지, 환경, 생태 등을 강조하는 사회통합적 방향으로 정부의 기능과 재정을 재편할 필요가 있다. 특히 양극화 해소의 바탕이 되는 보편적 교육 복지 업무의 확대, 중소기업과 내수산업의 정비, 농업과 농촌의 친생태적 재구성, 전통과 고유문화의 현대적 복원에 주목하는 관광 및 문화 담당 부서의 업그레이드 등이 요구된다.

10_앞에서도 보았듯이 통합 재정 규모는 정부 부문(일반회계, 특별회계, 기금)의 지출 규모에서 내부 거래, 채무 상환 등을 차감한 것이다. 중앙정부 통합재정규모=지출(경상지출+자본지출)+순융자(융자지출-융자회수).

시민사회단체들은 4대강 사업 등 '토건 사업에 앞장서 온 국토해양부의 해체'뿐만 아니라, 성적 위주의 일률적인 경쟁과 학교 서열화에 책임이 있는 교육부에 대해서도 재편을 요구하고 있다. 초·중등 교육은 각급 교육청 중심의 교육 자치에 맡기고 대학 교육은 교육 주체들로 구성되는 고등교육위원회(가칭)에 맡기자는 방안이 그 한 예다. 또 산업화 시대에 수출 대기업 지원에 치중해 온 지식경제부 역시 달라진 시대적 환경에 맞게 중소기업 육성을 중심으로 재편되어야 한다는 의견이 개진되고 있다.

기존 조직의 정치적 반발, 기존 구성원들의 인력 재배치 등 조직 재편의 구체적인 방법론은 별도의 연구가 필요하겠지만 전체적인 방향에서 유념할 것은 기존 조직을 위원회 형태로 재편하거나 신설할 때 자칫 옥상옥屋上屋의 우를 범하지 않도록 형식보다 업무의 실질적 재편에 초점을 맞추어야 한다는 것이다.

2) 공익적 참여와 감시 제도의 확충

공공 부문의 공익성은 '사회 구성원의 보편적 이익에 기여'하는 데에 있다. 이를 위해서 경제개발 시대 이후 남아 있는 공공 부문의 권위주의적·관료주의적 기능 방식을 국민의 참여와 사회적 합의에 기초해 민주적으로 재편하는 작업이 필요하다.

특히 공공 기관의 연성예산제약을 부추기는 것으로 정권과 유착한 논공행상식 낙하산 인사, 유관 부서 퇴직 공무원의 자리보전 등 전근대적 인사 관행이 문제가 되고 있다. 정권이 바뀔 때마다 '코드 인사'라는 비판이 단골 메뉴로 등장하지만 선거 당시의 낙천·낙선 인사 등이 공공 부문의 기관장, 감사, 이사 등으로 옮겨 가는 관행이 여전히 반복되고 있다.

이때 낙하산 인사 시비는 종종 정쟁 과정에서 당파적으로 과장되는 경우가 적지 않고 그 자체로 공공 부문만의 문제라고 말하기도 곤란하다. 관료 출신들의 유관 분야 민간기업 진출이나 법조계의 전관예우 관행, 연고주의적 특채 등 민간 부문에도 유사하게 나타나는 한국 사회의 구조적 문제이기 때문이다.[11] 또 낙하산 인사 시비는 아직은 분야별로 전문 경영인 풀이 척박한 한국의 구조적 문제와 맞닿아 있어서 민간 부문과 공공 부문 모두 다양한 분야의 인적 자원을 찾는 추천 과정의 투명성과 민주성을 통해서 해소해 나가야 할 문제다.

그동안 이익집단이나 민간 연합체에 정부의 행정사무를 위임해 운영해 온 준정부기관에 대해서는 그 비효율성을 둘러싸고 존폐 논란이 진행되어 왔다. 일반적으로 준정부 부문은 현대사회가 복잡해지면서 국민들의 다양한 행정 서비스 수요를 경직적인 정부 조직이 모두 감당하는 데 한계가 있으므로 전문성을 가진 준정부 조직에 이를 맡도록 하는 것이 더 효율적이라고 할 수 있으며, 이에 따라 선진국에서도 추세적 증가세를 볼 수 있다. 다만 한국의 경우 그 운영이 자의적이고 불투명해서 전직 공무원들의 퇴직 후 일자리로 활용되는 경우도 적지 않다. 따라서 일률적인 정리보다 더 중요한 것은 이들 정부 산하기관의 운영에 국민 참여적 감시 시스템을 강화하고 운영의 투명성을 도모하는 것이다.

이런 과제는 관료주의로부터 공공 부문 본래의 보편적 공익 기능

11_2009년 국정감사에서는 2004년 이후 5년간 퇴직한 4급 이상 환경부 공무원 49명 중 45명이 산하 공공 기관과 단체에 재취업한 사실 등이 확인되기도 했다. 산하기관이나 단체로 자리를 옮긴 퇴직 공무원의 대부분은 '친정' 격인 행정 부처에 인맥을 내세워 감사 기능을 약화시키거나 예산을 따오는 로비스트로 활동하고 있다는 것이다(『이데일리』 2010/07/15, "끊이지 않는 낙하산" 참조).

을 지키기 위한 지배 구조의 개선을 통해 이루어질 수 있다. 이해관계자와 공중의 참여를 보장해 안팎의 감시 기제를 갖추는 한편, 효율적인 책임 운영 장치를 아울러 마련하도록 국민적 모니터링과 공익적 인센티브 시스템을 갖출 필요가 있다. 최근 국내외에서 내부 구성원과 외부 시민사회를 망라하는 폭넓은 이해관계자의 참여를 통해 공공 부문의 거버넌스governance 혹은 협치協治를 모색하고 있는 것은 이런 맥락에서 참고할 만하다.

이런 요구 속에서 하나의 시도로 2007년 이후에는 "공공 기관의 운영에 관한 법률"에 따라 노동조합과 시민단체의 참여 등 민간 위원이 과반을 차지하는 공공기관운영위원회가 구성되기도 했다. 그러나 300여 개에 달하는 공공 기관 전체를 하나의 총괄적 위원회에서 다루는 것은 형식에 불과하다는 점에서 개별 공공 기관에 그 목적 사업과 수요자에 걸맞은 국민 대표자들을 개별 공공 기관의 성격에 맞춰 참여시켜야 한다는 주장이 제기되고 있다.

3) 보편 증세와 재정 개혁

이상과 같이 경제개발로부터 사회통합으로 공공 부문의 패러다임을 바꾸기 위해서는 공교육 재정과 복지 재정의 확충을 위한 재정 개혁이 병행되어야 한다. 이를 위해서 먼저 지출 구조를 개혁하고 조세 체제를 정비하면서 증세를 포함한 적정 과세의 사회적 합의를 마련해 나가야 할 것이다.

조세제도의 경우 국세 14가지와 지방세 16가지로 세목이 무려 30가지에 이르는 조세제도의 단순화가 필요하고 아울러 경제적 능력에 맞는 공평한 조세 부담의 원칙을 정립할 필요가 있다. 특히 근로소득과 사업소득·자유직업소득 등 비근로소득 사이의 형평성 결여는 심각한 문제여서, 고소득 전문직 종사자들의 소득 탈루는 여러 가지 개선책에도 불구하고 2009년에도 소득 탈루율이 40.9%에 이르고 있다(이준구 2011, 580).

한국의 조세제도는 조세수입 증대를 강조하던 기조에서 1970년대 이후 경제개발의 유인을 제공하는 데 초점을 맞추어 왔다. 철강, 석유, 나프타 분해 산업 등에 대한 5년간의 세액 면제, 그리고 1973년부터 5년간 조선산업, 기계산업에 대한 조세 감면, 저축을 촉진하기 위한 예금과 국공채 이자 수입에 대한 비과세 혜택, 외자도입 촉진을 위한 외국인 투자 기업의 조세 감면 등이 그런 예다. 이렇게 난립한 조세 지원제도는 1980년대 경제 안정 기조 아래에서 한때 폐지되기도 했으나 새로운 형태의 특혜 조치들이 뒤를 이어 실질적으로 달라진 것은 없었다.

다만 1974년 종합소득세 제도가 도입되어 능력에 따른 과세가 시도되었으나 일정 금액 이하의 금융 소득이 분리과세되고 있는 등 여전히 문제점을 가지고 있다. 또 1977년 도입된 부가가치세, 1993년 8월 전격 실시된 금융실명제 등은 여러 가지 부작용에도 불구하고 조세제도를 정비하기 위한 나름의 시도였다고 할 수 있다.

한편 2005년 도입된 종합부동산세는 부동산가격 안정화라는 당초의 목표 못지않게 조세 부담의 공평성을 높이는 데에도 중요한 의미가 있었다. 그러나 정권이 바뀌면서 정략적 논쟁 속에 문제점이 보완되기보다는 오히려 제도 자체가 무력화되면서 주택 가격 안정화도 공평 과세도 후퇴했다. 그리하여 2009년 종합부동산세 부과 고지 금액은 1조 235억 원으로 2008년 2조3,280억 원의 절반 이하로 감소했다. 주택분의 경우 2008년 8,448억 원에서 2,416억 원으로 줄어 감소폭이 특히 컸다(이준구 2011, 580-581).

현재 우리나라의 조세 체제는 개인소득세 세수가 상당히 적은 구조이므로 먼저 불로소득에 대해 철저한 과세가 이뤄져야 하고, 아울러 금융 소득 종합과세 강화, 주식 매매 차익에 대한 과세, 종합부동산세 강화 등을 검토할 필요가 있다. 비과세 감면 제도 역시 고소득층이나 대기업에 더욱 많은 혜택을 준다는 점에서 조정할 필요가 있다.

각종 조세 지원 제도는 과세 형평상의 문제뿐만 아니라 자원 배분을 왜곡한다는 점에서도 정비될 필요가 있다. 이 때문에 참여정부는 2006년 10월 '국가 재정법'을 제정해 조세 지출에 대한 관리와 감독을 대폭 강화하고 조세지출예산제도를 채택해 2011년부터는 정부가 국회에 조세 지출 예산서를 제출하도록 규정했다. 이런 노력에도 불구하고 실제로는 조세 감면의 항목 수만 줄었을 뿐, 감면의 규모는 계속 증가해 2008년과 2009년의 국세 감면액이 각각 국세 수입 총액의 14.7%에 이르고 있다.

재정 전문가들은 북유럽 국가들의 조세 체계에서처럼 보편 과세, 누진과세를 하기 위해서는 비과세 감면 조치가 거의 없는 것이 바람직하지만, 주어진 혜택을 대폭 줄이는 것이 정치적으로 쉽지 않기 때문에 이것만으로 교육재정과 복지 재정에 충분한 재원을 만들어 내기는 힘들다는 점을 지적하고 있다.

따라서 비과세 감면 정비를 추진하는 것과 동시에 사회복지세를 소득세로 부과하는 방안도 제안하고 있다. 목적세는 복지 확대에 대한 국민들의 믿음을 얻을 수 있는 장점이 있으므로 사회복지세를 먼저 목적세로 도입하되, 이후 보편적 복지국가 체제가 안정되면 일반세로 통합할 수도 있을 것으로 전망하고 있다(정세은 2011, 250-251).

2008년 기준으로 우리나라의 조세부담률은 20.7%, 사회보장 기여금을 합친 국민부담률은 26.5%인데 OECD 평균은 각각 25.8%, 34.8%

였다. 따라서 조세 체계의 점검과 아울러 보편적인 증세 혹은 적정 과세에 대해 국민적 동의를 확보해 나갈 필요가 있다는 지적이다(오건호 2011, 33).

이때 중요한 것은 부자 증세보다 중산층의 폭넓은 증세가 바람직하다는 것이다. 자칫 복지국가란 고소득층이 저소득층을 부양하는 체제라는 오해를 불러올 수 있기 때문이다. 이처럼 부자가 사회를 먹여 살린다는 구도 자체가 바람직하지 않을 뿐만 아니라 부유층의 누진과세는 자칫 탈세 편법을 조장하고 또 편법을 둘러싼 세무 공무원의 부패를 조장할 수도 있기 때문이다.

또한 재정 전문가들은 중산층이 인구의 많은 부분을 점하기 때문에 이들에게 다소 높은 세율을 적용해야만 보편적 복지 정책을 실시하기에 충분한 세수를 거두어들일 수 있다는 점을 강조한다. 세금을 많이 내고도 국민들의 불만이 없게 하려면 거두어들인 세금의 절반 정도를 국민들에게 재분배해 복지 혜택을 실감하게 하는 게 중요하다는 것이다.

끝으로, 최근 선진국의 재정 위기 속에서 우리나라의 재정 건전성에 대해서도 우려가 제기되고 있지만 한국의 재정 건전성은 비교적 양호한 것으로 평가된다. GDP 대비 한국의 재정 수지 적자 비율은 2.0%에 머물러서 OECD 평균인 7.5%에 비해 상대적으로 안정적이다. 국가채무 비율 역시 35.1%로서 OECD 평균인 98.1%에 비해 안정적이라고 할 수 있다.

다만, 국가채무액이 2008년 309조 원에서 2011년 436조 원으로 빠르게 증가하고 있고, 국가채무에는 들어가지 않지만 공기업 부채 역시 2006년 말 134조 원에서 2010년 272조 원으로 빠르게 늘고 있어서 재정 부실화의 우려가 제기되고 있다. 또 향후 고령화에 따른 복지 수요의 증가, 2030년을 기준으로 할 때 최소 800조 원이 소요될 것으로 예상되는 통일 비용 등 재정 여건이 고려되어야 할 것이다(신창목 외 2011 참조).

5. 보론: 민영화 논란의 허실

1) 이론적 쟁점

민영화privatization의 의미와 내용은 논자에 따라 다양하다. 먼저 가장 넓은 의미로 민영화를 정의하는 경우 그것은 '한 국민경제에서 민간 부문의 경제활동이 증가'하는 것으로 받아들여지며 이런 정의는 시장 경제로의 체제 전환을 모색하던 소련-동구의 연구자들 사이에서, 그리고 우편·교도소 행정 등 기존의 국가행정 서비스를 민간에 위탁시키고 있는 미국에서 널리 받아들여지고 있다.

구체적으로 민영화는 ① 경영권을 실질적으로 민간에 이양하는 경우, ② 정부 소유 지분을 국내외 민간 자본에 매각하는 경우, ③ 사업 부문 혹은 조직의 일부를 민간에 이양하는 경우 등으로 유형화된다. 그 밖에 공적 운영 원리와는 다른 상업적 원리가 들어온다는 점에서 공공 부문의 상업화commercialization나 혹은 기업화·공사화corporatization 등도 넓은 의미에서 민영화의 일종, 혹은 초보적 민영화라고 할 수 있을 것이다(김상곤 1995, 257; 김윤자 1999, 35).[12]

12_축어적 의미에서 민영화란 경영의 민간화를 의미하는 것이고 소유를 민간에게 이전하는 것은 엄밀하게 표현하면 민유화, 혹은 사유화가 될 것이다. 그러나 관행상 민영화란 표현이 이 모두를 표현하는 개념으로 통용되고 있어 이 글에서도 이 용례를 따른다.

나라마다 국유화와 민영화는 기본적으로 각국 경제발전의 단계와 유형에 따라 전개되어 왔으며 대체적으로 민간 부문의 경제활동이 원활할 때에는 민영화가, 상대적으로 민간 부문이 미성숙하거나 축적 조건이 극도로 파괴되거나 피폐해졌을 때에는 국유화가 전개되어 왔다. 그런 점에서 공기업을 비롯한 공공 부문은 일견 그것이 민간 자본의 부정 혹은 대행으로 보일지라도 궁극적으로는 민간 자본의 축적을 지원하기 위한 사회적 총자본의 성격을 갖는다. 흔히 회임 기간이 긴 투자, 민간 자본 일반의 축적 조건을 결정하는 사회간접자본의 투자가 공공 부문에 의해 진행되는 것은 이 때문이다.

일반적으로 시장 경쟁이 효율적 균형에 도달하기 위해서는 시장이 완전 경쟁적이고 외부성이 존재하지 않으며 공공재가 존재하지 않는다는 조건이 충족되어야 한다(Arrow 1951; Debreu 1959). 이 밖에도 정보 경제학에서는 이와 같은 시장의 자동 균형 기제가 작동하기 위해서는 정보의 불완전성이 존재하지 않는다는 조건을 추가한다(Greenwald and Stieglitz 1986).

이런 조건들이 충족되지 않는다면 시장 경쟁을 통한 효율은 기대할 수 없기 때문에 "시장에 맡기면 효율적 결과가 보장된다"는 주장은 이론적으로 정당화될 수 없다(Stieglitz 2008a, 2; 2008b).[13]

더욱이 생산 규모의 확장과 사업 다각화를 통해 각각 규모의 경제와 범위의 경제를 추구하는 현대 경제에서는 역사적·구조적으로 이런 조건이 성립하기 어렵다. 특히 규모의 경제와 범위의 경제가 큰 망산업, 사회간접자본 등 기간산업에서 국내외를 막론하고 민영화가 민간

13_시장의 자동 균형이란 그런 점에서 마치 계획 당국의 최적 배분처럼 또 다른 유토피언이즘에 가깝다.

독점의 폐해와 서비스의 질 저하 논란에 휩싸이는 것은 이 때문이다.

공기업의 'X-비효율'이나 '애버치-존슨 효과'는 공기업에 고유한 것이 아니라 독점기업 일반에 해당하는 사항이다.[14] 이 때문에 각국은 다양한 형태의 독점 규제법을 가지고 이를 규제하지만, 현대 경제의 특징상 규모의 경제와 범위의 경제가 독점의 폐해 못지않게 존재한다는 점에서, 독점의 규제는 규제 기관 운영 등 높은 비용에도 불구하고 규제의 효과에 한계를 지니고 있는 것이다.

이와 마찬가지로 공기업을 예로 들어 주인-대리인 문제가 복잡해 방만한 경영에 빠지기 쉽다는 주장 역시 반드시 공기업만의 문제는 아니다. 기업 규모가 커지는 현대 경제에서 주인-대리인 문제는 주주-경영진 간의 이해관계 불일치 등 민간 대기업의 경우에도 일반적으로 발생하고 있다. 따라서 민영화가 주인-대리인 문제의 근본적 해법이 될 수는 없다. 이것은 현대 경제에서 조직 내외부의 감시 제도와 동기부여 시스템을 어떻게 작동시킬 것이냐의 문제로서 공공 부문과 민간 부문 모두에 해당되는 문제다.

민영화를 둘러싼 또 다른 쟁점은 민영화의 비가역성이다. 관치의 폐해나 관료주의적 경직성을 바로잡을 필요가 있는 경우에도 그 대답이 반드시 민영화라고 할 수 없는 이유는 민영화의 비용, 특히 일단 민영화하고 나면 이를 되돌리기 어려운 비가역성 때문이다. 민영화는 경쟁을 활성화시키는 수단일 뿐이며, 경쟁은 효율을 향상시키는 수단일 뿐이다. 그리고 모든 수단이 그러하듯 거기에는 일정한 비용이 따른

14_X-비효율(X-inefficiency)이란 경쟁의 압력이 없을 경우 최대한의 효율을 추구할 유인이 없음으로 해서 생기는 비효율을 말한다. 애버치-존슨 효과(Averch-Johnson effect)란 경쟁의 압력이 없기 때문에 자본·노동 등 생산요소를 과다 투입함으로써 비용 극소화의 요소 결합 비율을 포기하게 되는 것을 지칭한다.

다. 때로는 그 비용이 민영화나 경쟁의 도입으로 예상되는 편익을 상회할 수도 있다.

또한 민영화의 비용이 그 편익을 상회할 수도 있다는 점과 관련해 민영화의 비가역성은 심각한 후유증을 낳는다. 때로는 그 후유증을 치유하느라 막대한 공적 자금을 들여 다시 재공영화하는 사례도 나온다. 전력 산업구조 개편의 후유증으로 2000~01년 미국 캘리포니아에 전력 대란이 발생했을 때 캘리포니아 주는 송전망을 사들이느라 막대한 예산을 들여야 했다. 영국 역시 전력 민영화의 후유증으로 원자력발전 부문의 브리티시 에너지British Energy사가 도산했을 때 이를 다시 공기업화한 바 있다.

민영화의 대상으로 거론되는 공공 부문 가운데 특히 망산업이나 기간산업을 담당하는 공항, 철도, 전력, 수도, 가스 등의 경우는 그 후유증이 회계상의 비용에 그치는 것이 아니라 사회시스템 전반에 회복하기 어려운 혼란을 야기할 수도 있다.

2) 한국의 민영화 쟁점

한국에서 민영화 논의는 외환 위기 이후 본격화되었다. '민간 주도 경제로의 이행'이나 세계화 등의 기치를 내걸기도 했으나 외환 위기 이전의 민영화 논의가 기본적으로 정부의 주도적인 경제관리를 전제하면서 주로 해당 공기업의 민간 '불하'를 둘러싼 논의였다고 한다면, 외환 위기 이후 민영화 논의는 한국 사회 전반의 작동 원리를 시장 규율에 맡겨야 한다는 근본적인 논리를 중심으로 전개되었다.

이때 민영화 논의는 한편으로 공공 부문의 비효율성에 대한 때때로 선험적이고 과장된 비판, 그리고 관료주의 및 관치의 폐해를 시장주의적 해법으로 해결하려는 다분히 관념적인 기대, 다른 한편으로 국가주의와 변별되지 않는 추상적인 공익 담론 등이 대립하면서 전개되어 왔다.

한국에서 군사정권 주도의 경제개발 과정은 정경유착과 그에 따른 비리, 특혜를 수반하고 있었으므로 민영화는 이런 '관치'의 폐해를 척결하고 시장의 자유경쟁에 경제를 맡긴다는 '선진적' 논리로 받아들여질 수 있었다.

문제는 한국의 민영화가 재벌 등 국내외 독점 대기업에 의한 경제력 집중과 불가분의 관계에 있다는 점이다. 한국에서 민영화를 '민간' 주도로 이해할 때 그 민간은 주로 재벌이었으며 그 결과 민영화는 종종 재벌로의 경제력 집중을 심화시키는 계기가 되어 왔다. 민영화에 따라 유력 공기업을 인수한 재벌의 재계 순위가 변동하는 등 그간 민영화는 재벌 형성 과정과 밀접한 관련이 있었다. 이처럼 한국에서 재벌에 의한 독점 형성은 서구의 역사에서 효율성 경쟁에 따른 독점의 형성과는 그 경로가 다른 것이었다. 이에 따라 정경유착의 오랜 폐습은 시장 경쟁이 본래 내장하고 있는 효율성 경쟁을 무의미하게 만들어 왔다.

외환 위기 이후 확대되어 온 사회 양극화는 재벌 대기업과 중소기업의 격차를 통해 확대재생산되어 왔다는 점에서 민영화와 경제력 집중의 상관관계는 진지하게 조명되어야 한다. 비정규직 증가, 내수 부진과 소득 격차 등 사회 양극화의 실제적 행태들은 모두 대기업과 중소기업의 양극화 속에서 구체화되었기 때문이다.

한편, IMF의 구조조정으로 시장 규율이 강조되는 외환 위기 이후에는 재벌과 함께 외국자본이 민영화의 이해 당사자로 부상했고 이에 따라 포항제철과 한국통신은 민영화 이후 외국자본의 지분이 70% 안팎을 차지하고 있다.

이 때문에 수도, 전기, 가스 등 기본재의 성격을 가지고 있는 산업에서 민영화가 이들 국내외 독점 대기업에 의한 사적 독점으로 귀결되는 경우 경제력 집중뿐만 아니라, 요금 폭등과 공적 서비스의 질 저하 등 국민경제의 기초가 흔들릴 수 있다는 우려가 제기되어 왔다.

외환 위기 이후 민영화는 이처럼 구제금융과 연계된 IMF와 IBRD 등의 시장 친화적 정책 권고 외에 국내외 자본의 이해관계 속에서 진행되었다. 공공 부문 운영 원리에는 성과 중심의 경영혁신 등 시장 원리가 광범위하게 도입되었고 민영화도 폭넓게 진행되었다. 김대중 정부에서 11개 대상 모기업 중 포항제철, 한국중공업, 한국통신 등 굵직한 공기업들을 포함해 국정교과서, 종합기술금융, 대한송유관, 한국종합화학, 담배공사 등 8개 공기업이 민영화되었다. 한국전력공사는 발전 부문을 6개 자회사로 분할했으며, 한국가스공사는 천연가스 도입 부문에 민간기업 진입을 허용하는 직·도입을 확대했고, 그 밖의 공기업들도 정부 지분의 민간 매각을 통해 이미 상당 부분 실질적인 민영화가 진행되었다.

노무현 정부는 민영화에 대한 재점검 속에서 출발했고 특히 망산업에 대해서는 대통령직 인수위원회 당시부터 민영화 신중론을 견지했다. 따라서 노무현 정부 기간 동안 민영화는 소강상태를 보이는 대신 공기업을 비롯한 공공 부문의 경영혁신, 지출 효율성 제고 등이 강조되었다.

김대중 정부가 인력 감축과 조직 축소 등 양적 성과를 강도 높게 주문했다면, 노무현 정부는 소유 구조보다는 운영 구조의 질적 혁신을 강조했다. 이에 따라 24개 공기업에서 연봉제 도입, 목표 관리제, 직무성 과제, 균형 성과표 등의 기법을 확대했다. 다른 한편 정부의 주요 정책을 위해서는 공기업을 주요 정책의 집행자로 적극 활용했다. 이에 따라 국토균형발전과 복지 정책 등을 담당했던 토지공사, 주택공사, 국민연금관리공단 등 관련 기관의 사업과 인력은 증가했다.

이명박 정부는 여섯 차례에 걸쳐 공공 기관 선진화 계획을 발표했다. 그러나 이명박 정부의 공공 기관 선진화 계획은 공적 서비스의 질 개선과 같은 공공 기관의 역할에 대한 점검이 부족하고 경쟁정책이나 규제 정책 등 대안 마련도 부실했다. 여섯 차례에 걸친 공공 기관 선진화 계획 대부분이 가시적인 양적 성과에 치우쳐 있고 지배 구조나 운영 원리의 개선은 단편적인 언급에 그치고 있다.

특히 이명박 정부 들어 공공 기관 선진화 정책은 표면적으로는 시장주의적 지향에 따른 공공 부문의 민간화를 주장하지만 실질적으로는 특정 인맥의 사익을 챙기기 위해 공공 기관을 활용한다는 비판을 받아왔다. 잇달아 해임 취소 판결이 나온 바 있는 〈KBS〉 사장과 문화관광부 산하기관장들의 강제 해임 사태는 공공 기관의 사물화私物化가 아니냐는 우려를 불러일으켰다. 이전 정부에서 추천 절차 등을 거쳐 임명된 공공 부문 기관장들을 임기가 남아 있음에도 불구하고 검찰과 감사원이 동원되어 배임 등 여러 가지 무리한 혐의를 내세워 밀어내기 식으로 강제 교체함으로써 '정권 입맛에 따른 공공 기관 길들이기'라는 지적이 잇달았다.

6. 맺음말

한국 사회는 식민지 지배와 군사독재를 거치면서 '시장'으로 표상되는 근대 시민의 창발성과 개인성, 다원성에 대한 천착이 상대적으로 소홀할 수밖에 없었다. 그런 점에서 한국 사회에서 공공 부문과 민간 부문을 막론하고 관료주의와 조직 이기주의에 대한 비판적 성찰, 민주 주의적 절차의 훈련, 공공성과 개인적 권리와의 긴장에 대한 천착 등 은 여전히 요구되는 과제다.

1997년 수평적 정권 교체 이후 민주 정부 10년을 거쳤음에도 검찰 과 국가정보원 등을 통한 국가기구의 통제는 여전히 강력하며 공공 부 문 일반에 대한 국민의 신뢰도나 참여도는 여전히 매우 낮다. 다른 한 편, 한국의 민간 부문이 전근대적 조기 독점에 가까운 재벌에 의해 주 도되고 있는 상황에서 공공 부문의 개혁을 민간으로의 이전으로만 접 근할 수도 없다.

21세기 지속 가능한 균형발전을 위해 한국의 공공 부문에 대한 요 구는 경제개발 시대의 그것과는 매우 다른 것이다. 압축적인 경제성장 이후 사회통합과 경제적 문화적 격차 해소 등 사회 구성원들의 요구는 개발을 넘어 교육, 복지 등 구체적인 생활개선의 방향으로 빠르게 확 산되고 있다. 따라서 외환 위기 이후 심화된 사회 양극화를 보정하는 공공 부문의 역할이 매우 중요해지고 있다. 이른바 '민생 5대 불안'이 라고 이야기되는 일자리 불안, 보육 및 교육 불안, 주거 불안, 노후 불 안, 의료 불안 등은 경제개발 시대와는 다른 공공 부문의 적극적 역할 을 주문하는 것이다(이상이 2009, 5).

한국의 재정 규모가 OECD 평균에 크게 못 미친다는 점은 앞에서 도 지적했거니와 그중에서도 사회복지 관련 재정 규모는 OECD 평균 에 크게 뒤떨어져 있다. 이 때문에 복지 관련 지출이 OECD 수준에 도 달할 때까지 집중적으로 복지 재정을 확충하기 위해 한시적으로 '복지 확충 특별회계'를 설치하자는 제안도 나오고 있다(오건호 2010, 39). 이 런 복지 확충과 관련해 기본재 공급과 기간산업을 담당하는 공공 부문의 역할이 강화되어야 하는데 특히 지식정보산업 시대의 변화를 반영해 휴대폰과 인터넷 등 정보통신 분야로 공공서비스의 범위가 확대될 필요가 있다.

보편적 복지는 "모두가 인간답게 살 수 있도록 '사회적 기본소득을 보장'하는 제도적 장치들(아동 수당, 고용보험과 실업수당, 국민연금과 노후 소득 보장, 국민기초생활보장제도 등), 보편적 의료보장, 보편적 보육과 교육, 보편적 주거 복지, 그리고 아동·노인·가족·장애인 복지 등의 대인 서비스 확립"을 포함하는 개념이다. 여기서 더 나아가 사회 구성원의 잠재 능력을 개발해 인적 자본과 사회적 자본을 확충하는 적극적 복지는 공교육 시스템을 강화해 아동·여성·노인·장애인 등의 대상별 능력 개발 시스템을 확보하자고 제안한다(이상이 2009, 8 이하).

보편적 복지를 내걸고 있는 나라들의 경제적 성과가 상대적으로 양호하며, 양극화와 금융 불안 등의 문제도 다른 나라에 비해 심각하지 않다는 점도 이런 제안에 설득력을 더하고 있다. 핀란드, 노르웨이, 스웨덴, 덴마크 등은 높은 경제성장률과 함께 국가 경쟁력 순위에서도 상위를 차지하고 있고 2008년 글로벌 금융 위기 등 위기 대응 능력도 모두 10위 안에 들어 있다(김득갑 2009, 6-7). 따라서 향후 공공 부문 개혁의 방향은 공공 부문이 본래의 보편적 공익과 사회적 서비스에 충실하도록 지배 구조를 개혁하고 경제 개발 시대의 개발 위주의 기능에서 사회통합을 강화하는 방향으로 그 기능을 재편해 나가야 한다.

무상 급식 논쟁 이후 확산되고 있는 보편적 복지의 요구는 이와 같은 공공 부문의 능동적 개혁과 방향을 같이하고 있다. 그동안 관치 논쟁을 중심으로 수동적으로 전개되어 온 공공 부문 개혁은 이제 관치냐 시장이냐를 벗어나 사회의 보편적 이익에 부합하도록 민주적 참여와 사회적 효율을 지향하는 방향으로 나아가야 할 것이다.

제3부

대한민국 혁신의
힘과 방향

13

연대 위에 선
자유로운 개인의 시대

이건범

이명박 정부 집권 시기를 특징짓는 가장 주목할 만한 현상은 무엇일까? 난 단연코 『정의란 무엇인가』라는 그리 쉽지 않은 정치철학서의 질주를 꼽는 데 주저하지 않는다. 2010년 5월에 번역 발간된 이 책은 1년 동안 1백만 부가 넘게 팔렸고, 24주 동안 대형 서점 종합 판매 순위 1위를 기록했다. 400쪽에 달하는 두툼한 책이다. 저자 마이클 샌델이 미국 하버드대학교의 석학이라는 점과 그가 20년 동안 개설했던 인기 강좌의 강의 내용을 집대성했다는 사실에서 사람들의 눈길을 끌기에 충분했다.

그러나 이 책이 나오기 전인 2009년 샌델이 한국을 방문했을 때 그

● 이 글의 2·3·4절에 있는 경제 분석은, 안현효·류동민, "한국에서 신자유주의의 전개와 이론적 대안에 관한 검토"(『사회경제평론』제35호, 2010)에 의존하고 있음을 밝혀 둔다.

의 강연에는 고작 수십여 명의 청중만이 참석했었다. 일반 독자는 물론이고 한국 지성계에서도 샌델을 눈여겨보던 이는 관련 학계 인사들 몇몇밖에 없었다고 해도 지나친 말은 아니다. 하지만 2010년 책 출간 이후 그가 한국을 방문했을 때는 이 '위대한' 정치철학자의 강연을 들으러 4천여 명의 청중이 모여들었고, 지방의 학부모들까지 중고생 자녀의 손을 이끌고 서울 길을 마다하지 않았다고 한다. 그리고 2011년 초 그의 강연 동영상이 교육방송EBS을 통해 방영되자 교육방송 누리집에는 이를 다시 보려는 누리꾼의 방문이 폭주했다.

우리는 이 책의 폭발적 인기가 어떤 배경에서 비롯되었는지 대강 알고 있다. 2008년 출범한 이명박 정부의 소통 부재, 일방통행에 대한 반감과, 부자 감세 및 방송 장악에 이어 2010년 중반부터 그 정부가 내걸기 시작한 '공정 사회'론의 위선을 제대로 파고들어가 뒤엎어 버리고 싶은 욕구가 이 두툼한 책을 상식 있는 시민의 당연 소장품으로 만들었으리라고 사람들은 짐작한다. 결코 잘못된 추측이 아니다. 그렇다면 이명박 정부 이전의 민주 정부 10년은 불의가 없던 세상, 아니 현저히 적은 세상이었던가? 또 그런 세상을 살던 사람들이 왜 갑자기 정치적 반대자를 대통령으로 뽑았단 말인가?

돌이켜 보면 노무현 정부 시절에도 '화물연대'와 같은 비정규직 노조들의 투쟁이나 한미 자유무역협정FTA에 반대하는 농민 시위에 대한 탄압은 만만치 않았다. 진보적 정치권 일각에서는 한미 자유무역협정이나 제주 강정마을 사태 등 이미 노무현 정부 시절부터 추진된 사안을 예로 들며 이명박 정부의 정책과 지난 민주 정부의 정책이 크게 다르지 않다는 비판을 하는 이도 있다. 확실히 그런 면이 있다. 이명박 정부도 그렇게 항변한다. 물론 이명박 정부를 비판하는 일은 쉽지만, 그래도 그 잣대를 민주 정부 10년에 동일하게 적용하기엔 좀 혼란스러운 것도 사실이다. 그리고 이런 혼란은 노무현 정부의 공과를 제대로 평가하기도 전에 이명박 정부가 검찰과 언론의 칼을 빌려 저지른 차도 살인 때문에 물밑으로 가라앉았다.

이런 혼란이 사라지지 않았기에 나는 『정의란 무엇인가』 열풍을 그저 예사롭게 이명박 정부의 실정에 빗대어 설명하는 데 머무르고 싶지 않다. 비록 한국 독자들이 뜨는 책에 쏠리는 경향을 강하게 보이는 편이지만, 그래도 사회과학 서적이 서점가에서 종합 판매 순위 1위 행진을 한다는 건 예사로운 일이 아니다. 몇 만 부라면 모르겠지만 1백만 부가 넘는 판매고는 마케팅의 힘이라고만 볼 수도 없는 노릇이다. 소설이나 자기 계발서도 달성하기 쉽지 않은 기록이다. 확실히 『정의란 무엇인가』 열풍에는 뭔가 다른 사정도 개재되어 있는 건 아닐까? 더 탐색해 보자.

1. 6월 민주 항쟁은 반복되지 않는다

2008년 이명박 정부의 출범을 축하하는 잔치는 밤거리의 아름다운 촛불로 뒤덮였다. 매국적이고 국민 건강을 위협하는 미국산 소고기 수입 협상에 분노한 누리꾼들은 인터넷카페를 중심으로 토론을 벌이며 반대 의사를 공론화하고 촛불 집회를 열기에 이른다. 조직적으로 동원된 사람은 없었다. 처음엔 깃발도 없었다. 〈다음 아고라〉를 보고 모여든 사람들, 다시 그 뉴스를 보고 모여든 사람들이었다. 시위 경험도 없는 일반 시민과 청소년들이 한편으론 재기발랄하게 다른 한편으론 감동적으로 촛불문화제를 꾸렸다. 그들은 촛불을 들고 행진을 하며 옆 사람에게 물었다. "아니, 이게 말이 되는 일이예요? 어떻게 정부가 이럴 수 있죠?" 국민 몰래 사고를 친 정부의 대응 역시 말이 안 되긴 매한가지였다. 도로를 무단 점거하고 행진하는 시민들 앞에서 경찰은 속수무책이었다. 한마디로 무법천지였다. 물론 어떤 편의점 한 곳도 털리지 않았다. 사람들은 30미터씩 줄을 서서 물과 음료수를 사마셨고, 곧 주먹밥과 샌드위치를 공짜로 나눠 주는 사람들이 나타났다.

촛불을 든 시민들의 요구는 다양했다. 미국산 소고기 수입 반대부터 이명박 대통령 퇴진과 탄핵까지. 여기에 의료 및 공공 부문 민영화 반대를 비롯한 여러 목소리가 가세했다. 정부가 성의 있는 답변을 내놓지 않고 보수 언론의 왜곡 보도가 이어지자 대통령 퇴진 쪽에 더욱 무게가 실려 갔다. 곧 물대포가 등장하고 폭력 진압 양상이 잦아졌다. 시위가 최고조를 이뤘던 6월 10일, 전국적으로 50만 명이 촛불 집회를 열어 이명박 정부의 일방통행과 소통 부재를 질타했다. 발 딛을 틈 없이 서울시청 광장을 메운 촛불 시민들은 21년 전 6월 민주 항쟁의 기억을 새삼스레 가슴에 되살렸지만, 시민들을 막아선 '명박 산성'은 끝내 열리지 않았다. 나날이 차벽은 길고 두텁게 설치되었으며 물대포를 앞세운 백골단의 폭력 진압이 일상화되었다. 역사의 시계는 20년 전으로 돌아간 느낌이었다. 밤을 새워 가며 발랄하게 투쟁하던 시민들은 점차 지쳐 갔고, 5월 2일 처음 모인 촛불은 8월 15일 1백회 집회를 마지막으로 꺼졌다.

곧 탄압의 시대가 왔다. 촛불 집회 현장에서 진행을 맡았던 시민단체 사람들이 구속되었고, 유모차 아줌마들이 경찰에 소환되었다. 공대위에 함께 했던 시민단체들, 기금을 냈던 시민단체들이 정부의 지원 대상에서 제외되었고, 〈PD수첩〉 제작진은 재판에 회부되었다. 패배감의 뒤끝일까, 2009년 1월 용산 참사에 모여든 촛불은 광우병 촛불과는 비교도 되지 않을 만큼 소수였다. 국민들은 다음 선거를 기다려야 한다는 현실에 좌절한 듯했다. 그렇게 부자 감세가 처리되고 세계 금융공황의 위협 속에 경기 부양을 명분으로 4대강 사업이 강행되었다.

돌이켜 보건대 박종철과 이한열, 두 꽃다운 젊음 외에도 이루 헤아릴 수 없는 청년과 노동자들의 피를 먹으며 자란 대한민국 민주주의는 1987년 6월 민주 항쟁으로 정점에 올랐었다. 언론은 대통령 직선제를 수용한 노태우의 6·29선언을 권위주의 독재 체제의 항복으로 받아들였고, 국민의 승리로 규정했다. 그러나 그 승리의 의미와 미래를 모른 채 집으로 돌아간 게 우리 국민의 비극이었다. 국민은 더 나아갈 식견과 능력이 없었고, 정치적 대변자였던 야당은 거기서 멈추자고 했다. 김영삼과 김대중 두 야당 지도자는 자신을 대통령으로 뽑을 권리를 국민에게 안겨 주었지만, 권력을 통제할 권한까지 부여하지는 않았다. 물론 국민도 그런 요구를 내세우지 않았고, 민주주의는 거기까지면 충분하다고 여기면서 25년 동안 다섯 번에 걸쳐 대통령을 바꿨다. 그리고 국민의 손으로 뽑은 그 대통령이 참으로 어이없게도 국민의 상식적인 요구에 찬물을 끼얹었다.

2008년 촛불 집회를 거치면서 우리 눈에 명확해진 사실이 있다면 더 이상 한국 사회에서 광장 정치로 정치권력을 뒤엎을 수는 없다는 점이 아닐까? 거리의 촛불이 정치적 분노의 자발적 표현이라는 측면에서 대의 민주주의의 한계를 넘어서려는 직접민주주의의 에너지와 긍정성을 보여 줬다고는 하더라도, 그것이 지난 25년 간 자리 잡은 헌정 질서를 위협하는 힘으로까지 발돋움할 수는 없다는 사실이 누구의 눈에나 분명해 보였다. 국민이 갖고 있는 무기는 1인 1표밖에 없는 것 같았다.

확실히 1987년 6월 민주 항쟁이 하나의 비극이었다면 2008년 촛불 집회는 희극이었다. 6월 민주 항쟁으로 구축된 민주주의 틀 내에서 국민의 손으로 직접 뽑은 합법적인 대통령을 몰아내고자 촛불을 들고 "쥐박이는 물러가라"고 외치던 50만 시민의 항쟁은 시대착오적인 메아리로 끝났다. 제2의 6월 항쟁은 어떤 항복문서도 받지 못한 채 제풀에 지쳐 마감되었다. '역사가 한 번은 비극으로, 한 번은 희극으로 반복된다'는 그 유명한 경구는 이렇게 자신의 위력을 다시 한 번 과시했다.

우리는 먼저, 대통령의 선출과 집회와 시위 등 국민의 정치적 자유를 보장하되 그 자유의 폭을 1인 1표로 결박 지우려 하는 이 체제를 '1987년 체제'라고 부르기로 하자. 이 체제가 만들어 낸 민주주의는 원천적으로 형식적인 민주주의에 지나지 않았을까, 아니면 지난 25년의 세월을 거치며 변질되었을까? 촛불을 들고 모였던 우리는 무엇을 착각하고 있었을까?

2. 1987년 체제의 빛과 그늘

당신의 여동생이나 당신의 여성 배우자가, 또는 여성인 당신이 결혼한다는 이유만으로 회사에서 그만두라고 한다면 어떻게 반응하겠는가? 회사에서 당신의 머리 길이를 제한하고 복장을 문제 삼는다면 당신은 받아들이겠는가? 1987년까지만 해도 대기업 화이트칼라 여성은 결혼과 동시에 99%가 직장을 그만두어야 했다. 그들은 바지를 입을 수 없었다. 1987년 7~8월 노동자 투쟁 당시 노동자들이 내건 요구 가운데에는 '두발 자유화'가 들어 있었다. 그런 시대였다. 지금으로선 상상하기 어려운 이런 권위주의적 규제와 차별은 1987년 6월 민주 항쟁 이후 하나씩 사라지기 시작한다.

대한민국 현대사의 획을 가른 사건은 많지만, 그 가운데서도 가장

극적으로 대한민국의 역사를 가른 사건은 역시 1987년 6월 민주 항쟁이다. 독재의 시대에서 민주주의의 시대로, 국가의 시대로부터 개인과 시장의 시대로 사회 운영의 기본 규칙을 바꾼 사건이었기 때문이다.

1987년 6월 민주 항쟁은 대통령 직선제와 정치적 자유의 확대를 보장하는 개헌을 성취함으로써 국민주권과 민주주의의 시대를 열었다. 비록 국가보안법의 근본적인 제약은 있었을지라도 언론기본법 폐지를 통한 언론 활동의 자유, 집시법 개정을 통한 집회 및 시위의 자유, 출판의 자유, 결사의 자유 등이 성취되었다. 6월 민주 항쟁과 7~8월 노동자 대투쟁의 힘으로 노동자들 역시 시민권을 획득했다. 노조 결성, 단체교섭, 파업 등이 이른바 '법이 정한' 틀 안에서 가능해졌다. 노동자 투쟁 역시 정치 활동의 일부이므로, 우리는 이 시기를 근대적 의미에서 정치적 자유가 확보된 시기로 규정할 수 있겠다.

정치적 자유와 민주주의를 획득한 국민은 이제 자신의 생활로 돌아와 경제적 불평등과 문화적 권위주의에 주목하게 되었다. 부조리와 불평등을 해소하려는 시도는 경제적 불평등의 구조 자체를 개혁해야 한다는 집단적 움직임으로 나타났다. 구조 개혁을 요구하는 세력 사이에 비록 그 강도에는 편차가 있었지만, 전반적인 저임금구조와 노동조건을 개선하고 경영층의 전근대적 권위주의를 타파해야 한다는 점에서 공통적이었다. 이는 주로 노동조합운동으로 나타났다. 그러자 이 흐름의 힘을 빼고 포섭하기 위해 전통적인 연공서열 구조 대신 능력과 기여와 업적을 중시하는 '합리적인' 방향으로 인사평가와 임금제도, 기업 문화를 개선하려는 움직임이 나타났다. 이는 협력보다는 경쟁과 차별적 보상을 중시하는 흐름으로, 기업가들에 의해 제기되었다. 글줄깨나 읽고 개명된 고독한 개인들이 주로 기여와 능력과 업적을 차별적으로 보상하는 경쟁 시스템을 따라갔다면, 6월 항쟁의 세례로 정치에 눈을 뜬 '무지렁이'들은 조직을 만들어 투쟁의 길에 나섰다.

1987년 민주화를 통해 모든 국민이 자유를 얻었다면, 그 자유는 시장에서도 예외가 아닐 터였다. 1987년 이전까지 국가는 개인의 정치적·시민적 자유를 억압했을 뿐만 아니라 관치금융과 각종 인허가권을 무기로 기업 활동을 규제하고 있었다. 1980년대 초반 '자동차공업 합리화'라는 명분 아래 국가가 나서서 자동차산업을 통폐합한 조치나 1985년 국제그룹 해체 조치에서 보이듯이 정치권력은 폭력적인 경제 개입도 서슴지 않았다. 이 폭력적인 권위주의 국가가 6월 민주 항쟁으로 판정패를 당한 순간부터 기업도 자유를 찾아 나섰다. 그러나 기업의 자유는 그간 저임금정책을 강제하고 기업의 뒷배를 봐주던 국가의 후퇴로 인해 새로운 적을 만나게 된다. 숨죽이고 살던 노동자들의 노조 결성과 파업 투쟁, 그리고 이의 전국적인 조직화가 진행된 것이다.

따라서 사회의 정치적 지형도 급격하게 변했다. 민주화의 영향으로 기존의 억압적 권위주의 체제를 구성하고 있던 국가-재벌-금융의 삼각 지배 블록은 해체되었으며, 노동도 재벌도 더 이상 국가의 지배를 받으려 하지 않았다. 자본은 국가의 규제로부터 시장의 자유를 찾아 나섰고, 노동은 기본권과 분배 정의를 찾아 나섰다. 이리하여 한국 자본주의의 장래를 둘러싼 새로운 투쟁이 시작되었다.

노동조건을 개선하려는 노동자 대투쟁이 폭발하고 때마침 기존의 저임금 체제를 받쳐 오던 과잉인구가 3저 호황 탓에 급격히 줄어들면서 한국 자본주의의 축적 체제는 임금 상승 압박이라는 위기에 직면했다. 이때 재벌이 취한 대응 전략은 새로운 혁신이 아니라 가격경쟁력을 강화하는 저임금정책이었다. 1987년까지 한국의 경제개발을 주도한 이른바 '권위주의적 개발독재 체제'도 저임금에 기초했는데, 이 체제를 뒤엎고 경제민주화를 내세우기 시작한 1987년 체제에서 어떻게

그림 1 | 대-중소 기업 간 임금격차 추이

10-29인 임금지수(500인 이상=100.0)

자료: 국민경제자문회의(2006, 314)

저임금에 기초한 체제가 또다시 가능했을까?

그것은 노동자의 일부분을 체제에 포섭하면서 나머지 대다수를 배제하는 방식의 저임금 체제를 구사했기 때문이다. 1987년의 6월 민주항쟁이 정치적 민주주의를 요구했다면 뒤이어 벌어진 노동자 대투쟁은 경제적 민주주의의 요구를 내세우고 있었다. 처음 겪어 보는 성난 해일과 같은 노동자 투쟁 앞에서 대기업은 노조의 투쟁을 무마하기 위해 임금을 올렸지만 고용 규모는 줄여 갔고, 외주화를 강화해 갔다. 그리고 조직화된 대기업 노동자에게 부분적으로 양보함으로써 발생하는 비용 상승은 중소기업과 비조직노동자 대중에게 전가시키는 구조가 시작되었다. 곧 비정규직이 늘어났다.

〈그림 1〉은 대기업 임금을 100으로 봤을 때 중소기업의 임금이 어떤 비율로 변화했는지 보여 준다. 〈그림 1〉에 따르자면 1987년 이후

그림 2 | 대·중소 기업의 고용 규모 추이

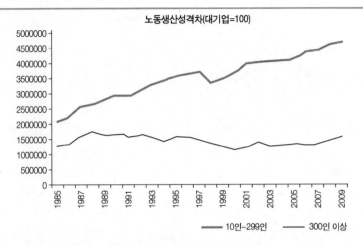

노동생산성격차(대기업=100)

자료: 통계청(사업체 규모별 노동자 통계, 1985~2009)

몇 년 동안 그 격차가 급격히 벌어진 후 1997년 외환 위기까지 비슷한 양상을 보이다가 2000년대 들어서 격차가 더 커지고 있다.

먼저 특징적인 것은 노동계급의 양분화 현상이다. 기술자와 중간 관리자는 체제에 통합하고 생산직 노동자는 배제하는 작전이 자본의 새로운 전략이었다. 이 전략은 1987년 이후부터 나타나기 시작한 각종 통계에서 드러난다. 대기업 노동자와 중소기업 노동자의 임금격차가 벌어지고, 대기업과 중소기업 모두에서 비정규직 고용이 늘어나는 추세는 1997년 외환 위기를 계기로 일어난 것이 아니라 1980년대 후반부터 일어났다. 1997년 외환 위기는 이 추세를 증폭시켰다. 명백히 1987년부터 제조업 대기업이 조직노동자에게 고용을 보장하고 상대적 고임금으로 포섭하는 전략을 구사한 것이다.

그리고 〈그림 2〉에서 알 수 있듯이 제조업 대기업의 고용 규모는 1987년을 기점으로 축소되는 반면, 중소기업의 고용 규모는 급격히 팽창하고 있다. 즉, 포섭의 대상은 고임금 체제로, 나머지 배제의 대상은 상대적 저임금 체제로 더 많이 쏠리고 있음을 알 수 있다. 사실상의 양극화가 진행되기 시작한 것이다.

그러나 이런 구조는 자유로운 개인의 합리적인 선택에 의해 형성되는 자연스런 현상일 뿐이라고 선전되었다. 그리하여 노태우 정부와 김영삼 정부 10년 동안 정치적 자유의 폭이 넓어지긴 했어도 경제생활의 측면에서는 이른바 '양극화'가 서서히 둥지를 틀기 시작했다. 노동자들의 투쟁이 강화될수록 일부를 포섭하며 대다수를 배제하는 자본의 양동작전은 세련되어 갔고, 대기업 노동자와 중소기업 노동자, 정규직과 비정규직의 임금격차는 계속 벌어진 것이다.

포섭과 배제의 양동작전이 강력해질수록 사회적 심리도 양분되었다. 치열한 경쟁 속에서 살아남기 위해 조직적 투쟁의 길을 외면한 개인들은 더욱더 자유경쟁과 능력 지상주의의 신봉자가 되어야 했고, 투쟁을 내세웠던 조직노동자들은 투쟁의 수위를 높여야 했다. 이런 경향은 김영삼 정부가 내건 '세계화'로 더욱 강화되었다. 세계적 차원에서 진행되고 있던 시장 자유화와 무한 경쟁의 시장 만능주의 논리가 국내 시장에도 수입되어 빠르게 퍼져 나갔다.

이런 정치사회적 지형 속에서 6월 민주 항쟁으로 얻어낸 개인의 정치적·시민적 자유는 기업이나 관료 사회 등 주류 사회에 제대로 뿌리내리지 못했고, 투쟁하는 사람들만의 '무책임한 권리'인 양 치부되었다. 능력 지상주의와 차별적 보상을 중시하던 개인들은 자신이 직접 나서서 싸우기보다는 전투적 개인이나 노조 등 외부의 투쟁성과에 무임승차해 조직의 권위주의를 넘어서려 했고, 자유화와 세계화의 논리 속에 수입된 미국식 사업 풍토에 힘입어 문화적 자유를 얻어 갔다. 반면, 투쟁의 길에 나선 노동자들은 국가와 재벌의 대응 전략이 고도화할수록 투쟁의 수위를 높여야 했으므로 오로지 적대감과 단결심을 키울 것만 강요당했다. 자유를 찾았다고 만족한 개인은 이기적 자유에 물든 채 친구를 잃어 갔고, 평등을 찾아 나선 조직은 개인을 희생해야 했다. 6월 민주 항쟁으로 얻은 성과는 단지 '정치권의 자유'로 쪼그라들었다. 하지만 이런 사정은 1997년 외환 위기가 터지고 한국 사회의 양극화가 노골적으로 드러나기 전까지는 우리 국민의 피부에 다가오지 않는 불편한 진실이었다.

3. 1997년, 외환 위기: 1987년 체제의 시장적 완성

굳이 그 참혹함을 설명할 필요가 없는 외환 위기. 1987년 체제에 능동적으로 대응하기 위해 과거의 지배층이 1990년 3당 합당으로 보수대연합을 구축해 출범한 김영삼 정부는 권위주의 체제에서 벗어나야 한다는 시대적 압박 때문에 하나회 해체, 금융실명제 도입 등 정치경제적 개혁을 추진하기도 했지만, 근본적인 방향은 세계화와 개방, 시장 자유화였다. 김영삼 정부가 내건 어설픈 세계화 정책은 결국 외환 위기로 이어졌고, 어처구니없게도 이 외환 위기의 수습 과정에서 재벌을 중심으로 한 시장 권력의 논리는 전 사회를 뒤덮게 된다. 시장 실패는 단지 시장의 미성숙 탓이라고 해석되었다.

시장에서의 자유로운 경쟁을 최고의 가치로 여기는 시장 만능주의는 외환 위기 이전 10년 동안 자본의 축적에 꾸준한 위협으로 작용하던 노동자 투쟁에 대해 외환 위기를 빌미로 정리해고의 법제화를 관철함으로써 고용의 양과 질을 유연하게, 비교적 기업주 자의대로 관리하는 길을 열었다. 곧 비정규직이 눈덩이처럼 불어났다. 이제 경쟁력 없는 개인, 경쟁력 없는 기업은 시장에서 그에 합당한 대우를 받아들여야만 하는 처지임이 분명해졌다.

1997년 위기 이후 집권한 김대중 정부는 금융 위기 대처 과정에서 시장 만능주의적 정책을 더욱 적극적으로 수용했다. IMF는 기업 도산, 실업을 초래하더라도 고금리 정책을 통해 투자를 급감시키고, 수출을 급증시켜 한국 경제가 신속하게 현금 달러 보유고를 회복하길 요구했다. 이에 김대중 정부는 먼저, 정부·노동·금융·기업 구조조정을 급진적으로 시행했다. 물론 김대중 정부가 시행한 신속하고 과감한 기업 구조조정은 효율적인 측면이 있었다. 하지만 자라보고 놀란 가슴이 솥뚜껑 보고 놀란다고, 김대중 정부는 IMF가 요구했던 선 이상으로 더 나아가 단기간에 국제적 신용을 회복하려 했다. 부실기업 구조조정을 위해 도입한 고금리 정책은 대규모의 도산을 초래함으로써 시장 만능주의적 구조조정의 신호탄이 되었다. 다음으로 김대중 정부는 자산 시장을 완전히 열고 규제를 철폐했다. 그 결과 국내의 자본시장은 세계 자본시장에 매우 깊숙이 통합되었다. 처음에는 경제공황기에만 일시적인 줄 알았던 대규모의 실업 사태와 뒤이은 불안정 고용의 상태가 이후 10년이 넘게 만성화된 구조로 전환되었던 것이다.

그러나 동시에 김대중 정부는 사회안전망을 수립하기 시작했다. 이는 생활보호제도를 폐지하고 국민기초생활보장제도를 도입해 복지국가의 기틀을 마련했다는 평가를 받기도 했다. 그런데 이런 '친복지' 정책들의 근본적 문제는 이 정책들이 시장 만능주의적 경제정책의 부속물이었다는 점이다. 이는 노무현 정부 들어와서도 마찬가지였다. 사회정책이 좀 더 확대되어 복지 분야로 재정지출이 늘고 '복지와 경제의 동반성장'이라는 식으로 이념적 체계화가 이루어졌지만, 말과는 달리 경제정책에서는 동북아 금융허브 구상이나 한미 자유무역협정처럼 김대중 정부보다 더 강력한 시장 만능주의적 개방정책으로 나아갔다.

혹자는 이런 사정 때문에 김대중·노무현 민주 정부와 이명박 정부가 '근본적으로' 다르지 않다고 주장하기도 한다. 인권이 신장되고 정책 입안과 결정에 주민과 시민의 참여 폭이 확대되었으며, 권위주의 문화가 상당히 씻어진 건 사실이지만, 근본적으로 재벌 특권 지배 체제를 형성하고 양극화를 심화시키는 경제정책을 집행했다는 면에서는 차이가 없다는 지적이다. 과연 김대중 정부와 노무현 정부는 어떤 이유로 이렇게 서로 삐걱대는 정책을 양립시키려 했을까? 두 가지 이유가 있었을 것 같다.

먼저 김대중·노무현 두 정부 모두 과거처럼 대기업을 키워 그 성과가 밑으로 흘러 내리게 한다는 '낙수효과'를 기대하면서 그 시간적·구조적 틈을 사회복지로 메꾸려 했다. 즉, 수출 대기업 위주의 성장 전략이라는 과거의 패러다임에서 전혀 벗어나지 못하고 있었다. 예를 들어 김대중 정부 시절의 중소 벤처기업 육성 정책은 중소기업 육성에 초점이 있었다기보다는 외환 위기 이후의 신성장 동력의 육성과 고용 창출에 비중이 두어졌다. 그 결과 극소수 살아남은 벤처기업을 제외하면 대부분의 의미 있는 기술과 인력은 대기업으로 이전되었고, 벤처 거품으로 상징되듯 수많은 비정규직과 저임금노동을 양산했을 뿐이다.

두 정부는 시장 만능주의적 흐름이 세계적 대세라고 인식하고 이를 불가피하게 따라간 측면이 강했다. 서구 복지국가가 1974년의 스태그플레이션으로 무너진 뒤 득세한 시장 만능주의를 뛰어넘을 만한 새로운 경제 패러다임을 상상하지 못했던 상황에서의 한계였다. 만일 기업이라면 기업주가 새로운 패러다임을 신속히 적용해 자신을 변화시키고 새로운 시장을 공략하는 게 가능하다. 물론 새로운 패러다임 적용이 실패로 끝나는 순간 모든 책임은 기업주에게 돌아간다. 하지만 국가 경영이란 기업주의 지휘에 일사불란하게 움직이는 기업 경영과는 아주 다르다. 국가 지도자는 정치적 반대 세력의 저항을 염두에 두어야 하며, 기업주가 기업에 대해 갖는 것보다 권한은 작고 책임은 더 무겁다. 이런 사정은 최악을 피하고 현존 질서를 한 걸음 진전시키는 것만으로도 훌륭하다는 생각을 은연중에 지도자에게 심어 준다. 김대중 정부가 외환 위기를 수습하는 과정에서 대규모 해고와 파산이 예상됨에도 IMF의 요구보다도 더 강력한 구조 개혁을 실시해 일단 국제 신용도를 회복하려 한 점과 노무현 정부가 재계와 노동계의 반대 속에서 근본적 해결책이 아님에도 비정규직 보호법을 제정한 것 등이 바로 최악을 피하려는 판단의 전형적인 사례라고 할 수 있다.

다른 하나는 이들이 정치적 자유와 민주주의가 어떤 경제적 토대 위에서 발전할 수 있는지 확실한 철학과 전략을 갖고 있지 않았기 때문이라고 보인다. 생활이 안정되지 못한 저소득층은 정치에 신경을 쓸 틈이 없으므로 보수화하거나 때론 반동적이기까지 하다. 경제적 민주화와 누구나 인간답게 살 최소한의 토대를 마련하는 일은 정치적 민주화 수준을 높이는 데 결정적 역할을 한다. 그러나 두 정부는 '생활'의 개선이 아니라 '제도'의 개선으로 이 문제를 해결하려 했다. 따라서 국가인권위원회 설립이나 국가보안법 폐지 시도, 지방자치 확대 등 두 정부의 정치적 민주화는 그 제도적 성과에도 불구하고 국민에겐 사치품으로 비쳤다.

경제적 차원에서 볼 때 시장 만능주의 정책인 시장 개방, 규제완화, 민영화는 모두 1997년 이후에 확연해졌다. 또한 시장 만능주의의 결과인 저성장, 주주자본주의, 양극화 등도 모두 1997년 이후의 경제구조 변화와 연관되어 있다. 그러나 그 뿌리는 앞서 살펴보았듯이 이미 1987년부터 뻗어 나간 것이었고, 1997년 외환 위기를 거치며 완성되었다고 보는 게 옳을 것이다. 즉, 김대중·노무현 두 정부는 1987년 이래 추진된 시장주의적 구조 개혁의 실패를 시장주의로 극복하려 했다는 점에서 비판받아 마땅하지만, 위기 대응과 재건 전략이 시대적 한계에 발목 잡히고 있었다는 사정을 감안해야 한다. 그러므로 민주 정부 10년 세월을 이명박 정부와 근본적으로 차이가 없다고 보는 시각은 그 10년 동안 이루어진 인권과 민주화의 제도적 신장을 경시하게 되고, 이명박 정부 아래서 커가는 국민의 분노가 이 같은 제도적 성과조차 부정하는 무뢰배의 패악에서 비롯한다는 사실을 놓치게 된다.

시장 만능주의 이데올로기의 본격적인 확산은 과정과 방법보다는 오로지 결과에만 치중하는 세태를 불러와 '성실한 개인'을 '무능한 개인'으로 바꾸어 놓았고, '단결 투쟁'을 '조직 폭력'으로 매도하는 문화를 만들었다. 민주 정부 10년은 인권의 신장과 정치적 자유의 확대, 탈권위주의 등 정치적 개혁을 수행했지만, 국민 개개인의 입장에서 본다면 생활을 위해 참고 견뎌야 하는 굴욕은 가까운데 이를 해결해 줄 제도는 멀리 있었다. 어린이집에 맡기기도 어려운 맞벌이 부부의 아이 나파리 목숨과 같은 비정규직의 고통은 인권의 눈으로 다루어지지 않았다. 시장 권력은 개인에게 나날이 혹독한 잣대를 들이댔다. 모든 것은 '모 아니면 낙'이라는 선택의 기로에 서게 되었고, 중소 벤처기업 거품이나 카드 대란에서 보듯 나락으로 떨어지는 자가 내려놓은 유산은 시장 권력의 손으로 넘어갔다.

경쟁 지상주의와 양극화의 피로감 속에서 사람들은 그 원인을 '저성장' 탓으로 돌렸다. 그리고 민주 정부 10년 세월의 이른바 '질서 문란'이 수출 대기업이 이끌어 가는 경제성장을 방해하는 원흉으로 지목되었다. 수출 대기업이 잘되어야 거기서 아래로 물이 넘쳐흘러 중소기업이나 내수 시장이 제대로 돌아갈 수 있으리라는 믿음이 미신처럼 사람들의 마음속에서 되살아나기 시작했다. 이 미신을 공론으로 바꾸어 낸 이가 바로 이명박이었다.

7% 성장, 소득 4만 달러, 세계 7대 강국이라는 '747공약'은 경제적으로 무능해 보였던 민주 정부의 '잃어버린 10년'을 보상해 줄 것 같았다. 이제 한국 사회에 민주주의는 더 이상 확대될 필요가 없을 정도로 넘친다고 느낀 다수 국민들은 다시 잘살아 보자며 경제성장을 택했다. 성장의 기대감 속에 출범한 이명박 정부는 자신의 공약대로 부자 감세와 금산분리 규제완화, 민영화, 고환율정책 등을 강행했고, 노무현 정부 시절 추진된 각종 자유무역협정을 신속하게 체결해 갔다.

그러나 물은 밑으로 흐르지 않았다. 일자리도 늘지 않았다. 청년 실업은 계속 높아 갔고 각종 변형된 비정규직이 양산되었다. 낙수효과는 이명박 정부 집권 이후 점차 그 신비감을 잃게 된다. 수출이 설비투자와 소비를 유발하던 외환 위기 이전과 달리, 1998년 이후 수출이 늘어나면 소비는 오히려 줄어들고 투자도 마찬가지로 줄어들어 수출과 내수 간의 악순환 구조가 형성되어 있었던 것이다. 이 구조가 수출 대기업에게만 일방적으로 유리한 고환율정책과 감세 조치, 금산분리 완화, 무역자유화 정책에 의해 어떻게 내수와 중소기업에 유리하게 바뀔 수 있겠는가? 물가는 오르고 실업률은 나날이 높아만 갔다.

그런데 이명박 정부 집권 이후 국민에게 돌아온 것은 단지 물가 상승과 고용 불안정만이 아니었다. 한국 사회에서는 넘쳐 난다고 믿었던 민주주의는 1987년 직후의 노태우 정부 수준으로 퇴보하기 시작했다. 이미 민주 정부 10년을 보낸 국민에게 이는 노태우 정부 시절보다도 더 못한 민주주의로 다가왔다.

이로써 이명박은 1987년 6월 민주 항쟁 이래 우리 사회가 갈피를 잡지 못했던 '자유의 운명'을 명확하게 공개했다. 시장과 자본의 자유를 옹호하는 한 정치적 보수화는 필연적이다. 부자 감세, 금산분리 완화, 비정규직 양산, 청년 일자리 박탈, 무차별적 자유무역협정 체결 등 '경제적 자유화'를 위해서는 정치적 표현의 억압, 권위주의 강화, 검찰 권력 남용, 민주 질서 교란, 언론 통제 등 '정치적 보수화'가 필연적임을 노골적으로 보여 주었다. 1987년 체제가 만들어 낸 자유는 정치적 자유와 경제적 자유의 혼동 속에서 시장의 자유를 거머쥔 특권적 지배 세력의 자의적 해석에 맡겨졌다. 자유는 이제 그들만의 리그로 완벽하게 넘어갔다. 노무현에게 이런 상황은 딜레마였겠지만, 이명박에게는 전혀 딜레마가 아니었다.

4. 대한민국은 양극화 성장 사회

1987년부터 변화된 정치 경제적 환경에 대응하기 위해 재벌과 정치권력이 꾸준히 추진한 구조 개혁은 한국 사회를 양극화 성장의 사회로 만들었다. 우리나라에서 양극화 현상은 1997년 이후부터 본격적으로 드러난다. 양극화는 사회 내에서 중간층이 얇아지고 하층과 상층으로 극단화되는 현상을 뜻한다.

양극화는 단순히 경제적 과정의 결과만 알려 주는 소득분배의 차원에서만 볼 일이 아니라 생산과정과 긴밀히 연관되는 것으로 이해해야 한다. 즉, 소득의 양극화 외에도 고용의 양극화, 자산의 양극화, 노동시장의 양극화, 교육의 양극화 등 다양한 지표가 서로 통합되어 나타난다.

일반적인 양극화 논의를 조금 더 심층적으로 살펴보면, 소득 양극화는 노동임금의 양극화 문제와 직결된다. 이는 대기업과 중소기업 임금 양극화, 정규직과 비정규직의 임금 양극화 현상으로 나타난다. 고용과 임금 양극화 현상은 일자리 양극화로 불리는데 이는 양질의 일자리가 점점 사라져 가고 저급여 일자리가 증가함을 가리킨다. 이런 임금 양극화는 대기업과 중소기업이라는 규모 수준에서 나타날 뿐만 아니라, 정규직과 비정규직이라는 고용 형태로도 나타나고 있다. 한편 이렇게 양극화한 일자리는 시간이 지날수록 점차 증가하고 있다. 한국개발연구원 분석에 따르자면 1994년부터 10년간 10분위별로 나눈 일자리의 증감 통계에서도 최상위 직종과 최하위 직종은 증가한 반면, 중간 직종은 감소해 일자리 양극화 현상이 뚜렷하다(한국개발연구원 편 2006, 26).

그러나 최근 새로이 제기되는 양극화는 소득, 고용의 양극화만으로 한정되지 않고 경제구조 전체에서 발견된다는 점에서 특징적이다. 즉, 산업구조의 문제이기도 하다. 산업구조의 양극화란 첫째, 기업 규모별 양극화, 둘째, 재벌형 대기업으로의 집중도 강화, 셋째, 수출/내수 기업의 양극화, 넷째, 산업 연관의 약화 등을 그 양상으로 들 수 있다.

첫째, 기업 규모별 양극화를 알 수 있는 지표는 대기업과 중소기업 간 수익률의 격차다. 영업이익률은 대기업이 일반적으로 높으며 그 격차도 1990년대 들어서 차이가 벌어지고 있다. 외환 위기가 일어난 1997년 등 특수한 시기를 제외하고는 1990년 이후부터 대기업과 중소기업의 영업이익률 격차 확대가 일관된다. 이런 변화가 1997년을 계기로 나타나는 것이 아니라는 데 주목해야 한다.[1]

산업 양극화의 두 번째 증거로 볼 수 있는 것은 대기업, 특히 재벌

1_다양한 기업 경영 지표를 이용해 대기업과 중소기업을 비교했을 때 중소기업의 성과가 생각보다 나쁘지 않다고 하는 일부의 주장은, 중소기업과 대기업의 임금 및 사내 복지의 격차를 고려한다면, 중소기업 노동자에 대한 착취가 그만큼 더 극악하다고 해석하는 게 옳다.

기업의 경제력 집중도다. 4대 재벌로는 범삼성 계열(삼성, 신세계, CJ, 한솔, 중앙일보), 범현대 계열(현대자동차, 현대중공업, 현대산업개발, 현대, 현대오일뱅크, 현대백화점), 범LG(LG, GS, LS), SK의 4개 기업군이 있고, 다시 8대 재벌로는 롯데, 한진, 한화, 두산이 포함된다. 이런 8대 재벌의 매출액 및 총자산의 비중은 1997년 이후 2~3년 급격히 높아졌고, 추세적으로 1990년대부터 지속적으로 상승해 왔다(김상조 2007, 217-218).[2]

세 번째로 산업 양극화는 수출 부문과 내수 부문의 거시 경제 기여도의 차이로도 나타나고 있다. 수출과 내수의 기여도를 살펴보면, 수출과 내수의 양극화는 1997년 이후부터 극명하게 드러나고 있다. 소비, 투자, 순수출로 측정된 국민 지출의 전년 대비 증가율을 보면 1997년 이전에는 투자의 기여도가 컸던 반면, 1997년 이후에는 수출의 기여도가 크다. 경제구조는 더더욱 대외 지향적 구조로 바뀌고 있다. 또한 양극화는 산업 연관 관계 약화와 연관된다. 국내 산업 연계가 약화되는 것은 수출/수입 기업과 내수 기업 간에 연결이 약화되는 현상으로 나타나고 있다.

한편, 양극화는 결코 경제성장과 대립하는 개념이 아니다. 물론 경제성장이 양극화를 축소시킨 시기가 있었다는 점을 고려해 볼 때, 경제성장과 양극화의 관계는 다소 복잡하다. 경제성장이 양극화를 줄일수 있다면 그 경제는 낙수효과가 있다고 볼 수 있다. 하지만 소득의 양극화가 소수 재벌 중심의 수출 대기업과 수많은 내수 중소기업 사이의 산업구조 양극화와 긴밀히 연관되어 있다면, 현재의 산업구조 양극화는 1987년 이래 한국 경제의 성장을 가능케 한 전제 조건인 셈이다. 따라서 경제가 성장한다고 해 양극화가 해소되지는 않을 것이다. 이런

2_이 외에도, 재벌 기업의 경제력 집중에 대해서는 이 책의 4장, 특히 2절을 참조.

특징을 가진 성장을 양극화 성장이라고 부른다.

현재 양극화 성장은 전 세계적으로 나타나는 보편적 현상이 되고 있다. 북유럽 복지국가들에서 사회민주주의적 정책을 통해 불평등을 효과적으로 방어하고 있기는 하지만, 이 역시 신자유주의 세계 질서 속에서 위협받고 있다.

한국에서는 1987년 노동자 대투쟁에 의해 무력화된 축적 체제의 대안으로서, 재벌 대기업은 고기술 자본 집약적 고부가가치 부문, 중소기업은 노동 집약적 저부가가치 부문으로 이원화해 노동시장을 계층화하면서 양극화 성장 체제가 등장했다. 이어 1997년의 경제 위기를 거치면서 양극화 성장 경로는 본격화되어 기업, 금융시장, 노동시장, 공공 부문의 시장 만능주의적 개혁을 진행했다. 그 결과, 재벌은 한편으로는 자체적 혁신을 추구하는 개별적 혁신으로 생산성 증대를 꾀하고, 다른 한편으로는 노동시장의 유연화를 통한 비정규직 고용 확대와 외주 확대를 기반으로 비용 우위 전략을 추구하게 되었다. 이 같은 성장 구조를 '저진로low load 양극화 성장'이라고 부른다(홍장표 외 2007).

저진로-양극화 경로에서 저진로 축적은 단순히 저성장뿐만 아니라 성장의 주요 동력이 여전히 저임금-저생산성에 기초하고 있다는 점을 강조한다. 양극화 성장의 핵심은 저임금 체제를 유지하기 위해 산업 노동자를 고임금군(조직노동자, 정규직, 대기업)과 저임금군(비조직노동자, 비정규직, 중소기업)으로 양분했다는 점이다. 어떤 의미에서는 포섭과 배제의 저진로 축적이라고 불러야 할지도 모른다. 현재 한국 경제가 직면한 경제체제를 차별의 저진로 양극화 성장으로 요약할 수 있다면 이런 성장은 두 가지 부가적 특성에 강하게 의존하면서 그 경로를 굳혀가고 있다. 하나는 외적 조건으로서, 상품 시장 및 자본시장의 세계 자본시장으로의 포섭으로 나타나는 한국 경제의 대외 의존도 강화다. 다른 하나는 내적 특성으로, 금융화의 강화다.

양극화 성장은 경제생활뿐만 아니라 다른 분야에서도 양극화를 부르고 다시 이 결과가 경제의 양극화 성장의 기반이 된다. 1995년 김영삼 정부가 시행한 5·31 교육개혁 조치에 따라 대학 정원 공급이 급격하게 늘어났는데, 이는 일자리 양극화의 결과로써 능력 지상주의의 표지인 학력과 학벌에 대한 수요가 증가한 점에 깊이 연관되어 있다. 그러나 대학 정원의 증대는 노동시장에서 가장 강력한 선별 기준으로 여겨지던 학력과 학벌에 물타기 효과를 줌으로써 그 반발적 결과로 수도권 대학과 비수도권 대학의 서열화·양극화를 초래했고, 다시 이는 수도권과 비수도권의 지역 양극화를 가속시켰다. 대학 졸업장 없이는 웬만한 일자리를 얻지 못한다는 배제의 공포 때문에 대졸 인력은 급팽창했다. 이들은 대기업 등의 좋은 일자리에 몰리는 반면 중소기업은 인력난에 시달리며 저부가가치, 저임금구조로 전락하였다. 이 경향이 대기업과 중소기업 사이의 양극화를 강화함으로써 다시 일자리 양극화가 더 심해진다.

정치적 자유와 참정권의 행사에서도 양극화는 뚜렷하게 나타난다. 시장 권력의 강화 때문에 정치권력은 시장 권력을 비호하게 되었고, 언론 스스로 재벌이 되거나 재벌이 언론과 방송을 직간접적으로 장악했다. 강남 3구의 투표율은 어느 곳보다 높지만 저소득층 밀집 지역의 투표율은 낮아졌고, 대학 등록금을 마련하기 위해 아르바이트에 시달리는 대학생과 취업에 목을 맨 청년층의 투표율도 낮아졌다. 이는 비정규직과 정규직 사이에서도 비슷한 양상이리라 추정된다. 즉, 이 사회의 상층은 정치에 직간접적으로 강력한 영향을 미쳐 자신의 기득권을 키워 가는 반면, 하층은 정치적 수단과 참여의 기회조차 제대로 활용할 수 없는 정치적 양극화가 진행된 것이다.

1987년 체제가 만들어 낸 1인 1표 민주주의 아래서 국민은 정치적·시민적 자유와 시장의 자유를 동질적인 가치로 혼동함으로써 사회가 시장을 통제할 길을 스스로 봉쇄했고, 그 결과 1987년 체제는 경제적·정치사회적 양극화라는 구조 위에서 작동하게 되었다. 그렇다면 양극화 성장은 무한정 지속 가능한가? 아니다. 양극화의 강화는 결국 사회의 1%가 대부분의 부와 권력을 거머쥔 일극화를 초래하고, 이는 사회의 파탄을 의미한다. 그 전에 고삐 풀린 시장으로부터 사회와 개인을 구하려는 자기 회복 운동이 나타날 수밖에 없다.

5. 다시 '정의' 열풍을 생각한다

이제 『정의란 무엇인가?』 열풍을 다시 생각해 보자. 1997년 외환 위기 이후 한국의 출판계를 주름잡은 책들은 이른바 '자기 계발서'라고 불리던 부류였다. 『열두 살에 부자가 된 키라』(2000), 『부자 아빠 가난한 아빠』(2001), 『한국의 부자들』(2003), 『배려』(2006), 『아침형 인간』(2008) 등이 대표적인 베스트셀러다. 사회에서 성공하는 요령과 마음자세, 리더십, 재테크 요령을 가르치던 이런 부류의 책들을 제치고 '정의'가 사람들에게 초미의 관심사로 떠오른 이유가 단지 이명박 정부의 부덕뿐일까?

1997년 외환 위기를 거치면서 사람들이 처절하게 확인한 사실은 이렇다. '믿을 건 나밖에 없다.' 날로 치열해지는 경쟁에서 뒤떨어져 사회로부터 배제당하지 않으려면 끊임없이 자신의 능력을 계발하는 수밖에 없다는 불안감이 사람들을 사로잡은 것이다. 그러나 그렇게 10년을 견뎌 온 국민은 이명박 정부가 등장해 벌인 미국산 쇠고기 협상, 부자 감세, 용산 참사, 방송 장악, 고환율정책, 4대강 사업 등 일련의 사건들을 겪으면서 우리 사회의 부와 권력이 어떤 생태계를 형성해 왔는지 노골적으로 목격하게 되었다. 문제는 '나'에게 있지 않았다. 문제는 '사회구조'였다. 사람들은 자기 계발서를 손에서 내려놓고, '정의'나 '경제', '정치'를 다룬 책들을 집어 들었다.

즉, 이 열풍은 1991년 소련의 붕괴 이후 사람들이 관심의 끈을 놓아 버린 '사회'와 '사회과학'에 대한 관심의 부활을 알리는 일이다. 이런 이상 기류는 2010년 6·2 지방선거부터 감지되었다. 2011년 홍익대 청소 노동자 투쟁이나 다섯 차례에 걸쳐 조직된 희망버스에서도, 박원순 서울시장 선거운동 자원봉사에서도, 비슷한 기운이 느껴졌다. 〈나는 꼼수다〉에 보내는 대중의 폭발적 지지에서도 읽혔던 코드다. 이제 우리 국민은 어디로 향해 가는 것일까?

2010년 6·2 지방선거는 1987년 체제가 만든 1인 1표 민주주의를 평가하는 시험대였다. 촛불의 퇴각과 노무현 전 대통령의 비극적인 죽음에 치를 떠는 이들이 많았고, 언론은 보수 신문뿐만 아니라 방송, 포털사이트까지 보수파의 영향력 아래 들어간 상태였다. 그리고 이명박 정부 집권 이래 강행된 대북 강경 노선과 남북 긴장의 고조는 2010년 4월의 천안함 사건으로 최고조에 이르렀고, 북풍이 지방선거의 최대 변수가 되리라는 관측이 무성했다. 누가 봐도 전형적인 '민주 대 반민주'의 구도로 짜일 선거판이었다. 그리고 이 같은 지형의 '민주 대 반민주' 구도야말로 1987년 체제의 전형이다.

그러나 6·2 지방선거의 쟁점은 어처구니없게도 '애들 밥 먹이는 문제'에 맞춰졌다. 그것도 저소득층 자녀에게만 차별적으로 제공되는 공짜 점심이 아니라 소득과 무관하게 모든 학생에게 보편적으로 무상 급식을 실시하자는 정책이 상대방과 나를 구분짓는 기준이 되었다. 선거는 '포퓰리즘이냐, 보편적 복지냐'라는 틀 안에서 치러졌고, 야당의 승리로 끝났다. 그리고 이 논쟁은 서울시의 무상 급식 찬반 주민 투표와 오세훈 시장의 사퇴, 보궐선거에서 시민 후보의 당선으로 이어진다.

우리는 무상 급식 의제에 쏠린 전 국민적인 관심에 주의를 기울여야만 한다. 이 관심이 지난 25년 동안 1987년 체제 아래서 이뤄진 양극화 성장의 결과에 대한 대중적 반감에서 비롯된 것 같기 때문이다. 아직 국민이 무상 의료, 무상 교육, 무상 보육, 무상 주거 등이 보편적으로 실현되어야 한다는 보편 복지 요구로까지 급격하게 내달리는 수준은 아니다. 하지만 무상 급식이 최대 쟁점이 된 사실은 적어도 현재와 같은 양극화 체제에서 사회적 약자에게 어떤 방식으로 사회경제적 인권을 보장함으로써 인간답게 살도록 배려할 것인가라는 관심의 증대를 뜻한다. 1987년 체제에 담긴 민주화 의지의 표상 격이라고 할 만한 노무현 전 대통령이 이명박 정부의 비열한 정치적 탄압 때문에 유명을 달리해야 했던 사태가 비록 수많은 국민의 정치적 분노를 자아냈지만, 그 분노는 1987년 체제의 최대 약점인 사회적 불평등의 시정을 요구하는 복지 의제로 승화된 셈이다. 민주주의는 바뀌어 가고 있다.

'이건희 손자에게 제공하는 무상 급식이 과연 공정한가? 상위 30%에게 돌아갈 무상 급식 재원을 중하위 70%에게 추가로 투자하는 것이 더 정의롭지 않은가?' 이명박 정부와 한나라당의 이런 반론이 승리하지 못한 이유는 간단하다. 국민들은 차별적으로 지급되어야 할 복지의 수준 이전에 인간답게 살기 위한 최소한의 보장은 이미 자신들이 알고 있는 '복지'의 영역이 아니라고 판단한 것이다. 즉, 차별적 기준의 잣대를 들이댈 만한 곳이 아닌데 공정의 명분으로 이를 반대하는 태도 그 자체가 정의롭지 않다고 보았다. 이는 양극화 성장 체제가 더 이상 지탱될 수 없는 사회심리적 기초라고도 할 수 있다. 따라서 6·2 지방선거에서 무상 급식 의제의 승리는 『정의란 무엇인가?』 열풍 이전에 이미 우리 국민이 자신의 투표로 정의를 세웠음을 보여 준다. 『정의란 무엇인가』 열풍은 그 확인 사살에 다름 아니다.

앞서 나는 2008년 촛불 집회를 돌아보며 6월 민주 항쟁은 반복되지 않는다는 말을 던졌다. 그것은 이 사회가 발 딛고 있는 민주적 헌정 질서 체제에 약간의 모자람은 있더라도 우리가 그 질서를 좇아 세운 '민주적' 정부인 이명박 정부를 거리의 정치로 몰아내려 해서는 안 되며 그렇게 할 수도 없다는 뜻으로 받아들여질 수도 있다. 그러나 사실 방점은 거기에 있지 않다. 아무리 합법적인 선거 절차를 통해 집권한 정부가 절차적 정당성을 갖고 자신의 통치행위를 수행했다 하더라도 전 국민의 반발과 분노에 부딪힌다면 그 정권은 물러날 수도 있다. 그리고 우리는 마땅히 그런 요구를 해야 한다.

문제는 우리 국민에게 있었다. 6월 민주 항쟁을 요구했던 1980년대 중반까지의 한국 사회는 그 정도의 민주주의적 요구에도 전 국민의 공감대를 형성할 수 있는 그 시대의 과제와 정신과 수준이 있었다. 그러나 지금까지 살펴본 것처럼 지난 25년 동안 시장 만능주의에 기초한 양극화 성장을 이뤄 온 한국 사회에서 이 시대가 요구하는 민주주의는 6월 민주 항쟁에 나섰던 시민들의 염원이나 요구 수준과는 비교할 수도 없는 훨씬 더 깊고 넓어진 과제와 정신과 요구로 결집되어야만 그 비슷한 양상의 정치적 결과를 가져올 수 있다는 이야기다. 소 잡는 데 닭 잡는 칼을 쓸 수는 없지 않은가? 그런 인식을 지닌 시민들의 촛불이 아니었기에 우리는 촛불을 내려놓아야 했다.

그렇다면 그 힘은 어디로부터 올 수 있을까? 나는 이론에서 답을 찾으려 하지 않는다. 난 사람을 보았다. 2008년의 촛불 집회와 용산 참사, 정권의 방송 장악, 노무현 서거 등을 경험하고 새로이 각성한 시민들의 실천으로부터 그 답을 찾고자 한다. 2010년 정의 열풍에 이어 나타난 2011년의 '희망버스' 행렬과 '나는 꼼수다' 열풍, '안철수' 현상은 이 차원에서 커다란 시사점을 던져 준다.

6. 희망을 향한 연대가 시작되다

1969년 8월 15일 미국 뉴욕 주 베셀 근처 화이트 레이크의 어느 농장은 쏟아지는 폭우 속에 입구를 부수고 넘어 들어온 30여만 명의 젊은이들로 인산인해를 이뤘다. '3 Days of Peace & Music'이라는 구호 아래 그들은 3일 밤낮을 함께 박수치고 노래하며 포크와 록음악으로 대변되는 저항과 자유의 정신을 전 세계에 알렸다. 우드스탁 페스티발 이야기다. 당시 우드스탁은 형편없는 음향 시설에, 물과 음식뿐만 아니라 화장실도 턱없이 부족했다. 게다가 폭우마저 쏟아져 농장은 거대한 진흙 뻘로 변했다. 하지만 그들은 폭우가 만들어 낸 물웅덩이에서 어린애들처럼 물장구를 치며 샤워를 했고, 진흙 뻘은 히피들의 놀이터 노릇을 했다. 페스티발이 열린 사흘 동안 우드스탁은 공연에 열광하고, 마음껏 마약을 즐기며, 사랑에 빠진 그들만의 해방구였다.

그런데 우드스탁 페스티발보다 더 대단한 장관이 2011년 7월 2일 대한민국의 부산에서 펼쳐졌다. 비를 맞으며 모여든 1만여 시민이 부산역 광장에서 영도까지 폭우 속에 거리 행진을 벌이고, 경찰의 차벽 앞에서 밤샘 시위에 들어갔던 것이다. 한진중공업 부당 정리해고에 맞서 35미터 고공 크레인 위에서 민주노총 김진숙 지도위원이 벌이고 있던 농성을 지지하기 위해 전국에서 버스를 대절해 부산 영도로 집결한 1만여 명의 시위대는 비옷을 입은 채 촛불을 들고 한진중공업과 정부의 부당함을 규탄했다. 6월의 1차 희망버스에 이어 더욱 규모가 확대된 이날의 2차 희망버스는 그 후 5차까지 이어진다.

물론 '비정규직 없는 세상'이라는 네트워크 조직이 실무적인 버스 대절 등의 업무를 주관했지만, 1만여 명의 시민들은 주말을 반납한 채 모두 3만 원가량의 비용을 내고 자발적으로 희망버스를 탔다. 노동자, 중고생, 대학생, 일반 직장인, 자영업자 등 직업도 가지가지였고, 아이 손을 잡고 나온 386 세대도 있었지만 처음 접하는 원정 시위에 불안감을 감추지 못하던 젊은 사람들도 상당수였다. 부산 영도의 한진중공업 앞 집회 현장에서는 개인적인 사정으로 참석하지 못한 이들이 보낸 햄버거와 통닭, 음료수가 흘넘쳐 났다. 사람들의 시위 도구는 스마트폰과 〈트위터〉였다. 현장에서 찍은 사진과 글이 트윗으로 전국에 중계되었고, 전국의 수많은 〈트위터〉 이용자들이 밤을 새가며 이야기를 퍼날랐다. 폭우와 천둥번개가 모자랐다고 여겼던지 경찰은 푸른 염료가 섞인 최루액 물대포를 쏘아 댔고, 사람들은 그 최루액으로 샤워를 해야 했다.

희망버스의 전조는 2011년 1월에 일어났던 홍익대 청소 노동자 투쟁을 지원하던 '날라리 외부 세력'에서 나타났다. 2010년 초부터 위력을 발휘하기 시작한 〈트위터〉는 6·2 지방선거에서 〈아고라〉나 블로그를 제치고 온라인 여론을 주도하기 시작했다. 여기에 〈페이스북〉이 가세하면서 사교망SNS, Social Network Service은 온라인 대안 미디어로서 급격하게 퍼져 나갔다. 개인들이 생활 영역에서 표현하고 싶은 생각을 알리고 교류하는 공간으로서 〈트위터〉와 〈페이스북〉은 기존의 어떤 수단보다도 편리하고 유용했지만, 이명박 정부의 언론 장악에 대항하는 대안 미디어로서의 역할이 특히 강력했다. 홍익대 현장에 찾아갔던 한 배우의 트윗을 읽고 모여든 시민들은 신문광고와 바자회, 공연 등 다양한 방법으로 홍익대 청소 노동자들의 투쟁을 지원했고, 결국은 싸움을 승리로 이끌었다.

이들의 정신은 그 이름에서 아주 잘 나타난다. 엄숙하지 않은 '날라리' 정신과 연대를 표방하는 '외부 세력' 자칭은 그간 '외부 세력의 불순한 개입' 운운하던 상투적인 정치 공세를 우습게 조롱하면서 그보다 한 차원 높은 사회적 연대가 이루어지고 있음을 보여 주었다. 희망버스 역시 마찬가지였다. 시민들은 단순히 한진중공업 부당 정리해고에 저항하는 김진숙 지도위원의 투쟁이 승리하는 게 '희망'이라고만 믿지는 않았다. 그들은 그렇게 순진하지 않았다. 물론 한진중공업이라는 대기업이 저지른 몰염치하고 이기적인 정리해고를 바로잡아야 한다는 측면에서 이 투쟁은 땅에 떨어진 '정의'를 일으켜 세우려는 노력이었다. 그러나 그뿐만이 아니었다. 그들은 자신과 비슷한 생각을 갖고 행동하는 사람들을 만나고 싶었다. 그런 확인과 관계 맺음에서 희망을 발견하고 싶었던 것이다. 따라서 김진숙이 '수세적 희망'이었다면 희망버스는 '공세적 희망'이었다.

우드스탁이 비록 인종차별과 베트남전쟁으로 혼란을 겪고 있던 미국 사회에서 반전·사랑·평화를 외쳤다고는 해도 그것이 적극적인 사회참여는 아니었다. 우드스탁은 일종의 도피적이자 이상향만을 찾는 소극적인 몸부림에 불과했다. 반면, 희망버스는 적극적인 사회참여와 연대를 향한 자발적 개인들의 축제였다. 희망버스는 날라리 외부 세력의 정신과 실천의 확장이었고, 연대를 통해 새로운 희망을 건설하려는 날라리들의 전국적 결집이었다. 이 사실을 증명하기라도 하듯 희망버스에 승차했던 자원봉사자들의 이름은 〈깔깔깔 기획단〉이었고, 그 깔깔깔 날라리들은 결국 화염병과 쇠파이프 없이 한진중공업을 굴복시켰다.

희망버스와 비슷한 시기에 떠오른 또 하나의 사회현상이 있으니, 바로 팟캐스트 방식을 이용한 〈나는 꼼수다〉(이하 나꼼수) 방송이다. 나꼼수의 폭발적 인기는 〈트위터〉나 〈페이스북〉과 같은 사교망뿐만 아니라 방송 영역을 디지털 네트워크 방식으로 새로이 장악해 들어가는 대안 미디어 전략을 성공시킴으로써 민주주의의 지평을 넓히는 데 크게 기여했다. 나꼼수를 본딴 프로그램들이 수없이 뒤를 이었고, 〈뉴스타파〉 등 언로를 넓히려는 다양한 시도가 속출하고 있다.

나꼼수의 인기 비결은 무엇일까? 나꼼수는 실체가 가려져 있던 사건들의 '진실'을 기반으로 그 배후에 깔려 있는 현실 정치의 생리를 보여 줌으로써 그간 이론이나 당위 차원에 머물러 있던 정치교육의 틀을 바꿨다. 국민의 갈증을 풀어 주는 생생한 대중 정치교육의 장이 처음으로 열린 셈이다. 그러나 이보다 더욱 중요한 요소로써 나는 날라리 정신과 일맥상통하는, 즉 기성의 권위에 얽매이지 않는 자유정신이 나꼼수의 인기 요인이자 이 시대를 살아가는 사람들의 정서와 맞아떨어지는 요소라고 본다. 투쟁과 저항과 비판을 겁내지 않고 귀가 떨어져 나갈 듯 시끄럽게 깔깔깔 웃어 가며 권력을 조롱하고, 그럼으로써 공포로부터 해방되어 가는 방법을 나꼼수는 사람들에게 알려 주었다. 즉, 권위주의의 마지막 베일을 벗겨 내고 자유로운 정치 문화를 탄생시킴으로써 대중적 자유 의식의 수준을 높이는 정치적 출발점이 되었다. 따라서 나꼼수는 정치적 엘리트주의의 최종적 청산 작업이기도 하다. 나꼼수가 자유롭고 발랄한 대중 정치의 장을 열지 않았다면, 그리고 희망버스를 탄 시민들이 서로를 확인할 수 없었다면 2011년 10·26 서울시장 보궐선거에서 시민 후보가 시장으로 당선되기는 어려웠으리라.

지금 우리는 2008년 광우병 소고기 반대 촛불 집회에서 눈물을 머금고 퇴각한 1987년식 민주주의의 구도가 바뀌어 가는 역사의 현장을 보고 있다. 국민은 양극화라는 고통의 실체 앞에서 인간다운 삶을 위한 보편적 복지의 단서인 무상 급식으로 사회적 정의의 시야를 넓히고, 이를 실현하기 위해 사교망에 의지해 사회적 힘인 '연대 정신'과 개인적 힘인 '자유정신'을 함께 키워 가고 있다. 이 같은 개인적·사회적 욕구를 담아 줄 새로운 체제는 1%의 특권 지배층만이 정치적·경제적 자유를 누리는 세상이 아니라 99%의 개인이 자유를 누리며 남과 더불어 행복하게 살아가는 세상, 우리 헌법이 규정하는 진정한 '민주공화국'이어야 한다.

그러나 이렇게 성장하는 정치의식은 아직 매우 여리고, 심지어는 그 발랄함이 갖고 있는 만큼의 감각적 가벼움 때문에 상처받기도 쉽다. 게다가 이를 제대로 대변할 정치 세력의 공백 때문에 고통당하고 있다. 국민이 보기에 민주통합당은 여전히 권위주의적이고 진정성이 약하며, 통합진보당은 미약하고 상식에 어긋날 때가 있다. 그래서 둘 다 무능해 보인다. 이런 이유로 또 하나의 기이한 현상이 2011년에 등장했다. 바로 '안철수' 현상이다. 서울시장 보궐선거 국면에서 지지율 50%라는 초유의 바람을 일으킨 안철수에게 사람들은 무엇을 기대했을까? 안철수에게는 날라리 정신과는 다른 유형의 겸손한 반권위주의 정서가 있다. 그는 주변을 배려하는 따뜻한 마음을 갖고 깨끗하게 성공 신화를 일군 성취의 전형이다. 우리 사회가 갖고 있는 양극화 성장 구조에 대해서도 분명히 반대하는 입장이다.

안철수는 1987년 체제가 만든 자유를 기반으로 매우 드물게도 자유경쟁과 능력 지상주의의 사회에서 시장 만능주의에 물들지 않고 성공한 기업가다. 그러므로 1997년 외환 위기 이후 시장의 노예가 되어야 했던 사람들은 자신이 이루지 못한 꿈을 안철수에게서 보고 있다. 비록 그런 꿈에 한계가 있다는 사실, 일반적인 성공의 조건이 되기는 어렵다는 사실을 알고 있지만, 그들은 우리 사회가 적어도 단 한 명의 안철수에 머무르지 않는 수준까지만 가도 좋겠다는 바람을 갖고 있다. 물론 이 같은 바람은 개인 안철수가 상징하듯 개인들에게는 절실한 열망이지만, 양극화 성장의 극한점에 와 있는 한국 사회에서 실현되기는 쉽지 않다. 안철수도 이 사실을 알고 있으리라.

따라서 이 바람은 기존의 양극화 성장 체제와는 다른 경로로만 구현 가능하다. 즉, 안철수에 투영된 국민의 마음이 정의와 자유와 연대라는 시대정신을 꼭 끌어안고 복지국가를 향해 가거나, 아니면 이 시대정신을 담지한 정치 세력이 안철수 바람과 연합해 새로운 바탕 위에서 다양한 안철수 표 꿈을 실현할 토대를 만드는 방식으로 말이다. 그렇지 않을 경우 '정권 심판론'에 내몰린 국민은 다시 한 번 1987년식 민주주의의 함정에 빠질 위험을 안게 된다.

7. 연대 위에 선 자유로운 개인

달도 차면 기우는 법. 사람들은 세상이 어찌 돌아가는지 눈을 뜨기 시작했다. 그건 전적으로 이명박의 공이다. 그들은 촛불을 들고 광장에 모여 지난 세월과 현실의 의미를 되새기고 블로그나 〈트위터〉, 〈페이스북〉과 같은 개인 미디어로 말을 나누기 시작했다. 능력 지상주의의 신화를 좇던 사람들 가운데 염증을 느낀 개인과 조직 투쟁의 길에서 지친 모든 개인들이 개인으로서 만나기 시작했다. 시장 만능주의에 홀딱 발가 벗겨진 개인들은 자신의 이기심을 조금씩 반성해 갔고, 이런 개인들의 결집은 그 반성의 속도를 높여 갔다. 〈트위터〉와 〈페이스북〉은 가장 강력한 반성과 공감과 검증의 장이 되었으며, 개인들의 선한 열망을 매우 비판적인 각성으로 이끌었다. 그들은 최초의 온라인 유연자발집단으로 평가받는 노사모(노무현을 사랑하는 사람들의 모임)와도 다르다. 다양한 정치적 견해와 삶의 양태에서 출발한 새로운 사회 관계를 온라인에서 구축하고 이를 오프라인으로 확장하고 있다.

디지털 사교망은 안철수로 대변되는 원시적 업적주의와 희망버스 및 나꼼수로 대변되는 발랄한 투쟁주의의 결합이라는 새로운 문화를 만들어 내고 있다. 그것은 1인 1표를 넘어서는 1인 1미디어 시대이기에 가능하다. 여기서는 누구든 어떤 사안에 대해서든 말할 자유가 인정되고, 아무리 영향력이 강한 자라도 검증과 비판의 대상에서 예외일 수 없다. 이 문화를 규정하는 조직의 규범은 없다. 거꾸로 개인들의 공감대가 모이는 곳에서 네트워킹 조직이 탄생한다. 그들은 자립적이고자 하면서도 네트워킹을 거부하지는 않는다. 오히려 네트워킹이 있을 때 개인의 자립성과 자발성이 더 높아진다는 점을 깨달아 가고 있다. 그래서 이 사교망은 이제는 조·중·동을 능가하는 의제 설정권까지 지니게 되었다.

지금까지 우리가 1987년 체제라고 불렀던 이 사회 체제는 재벌 중심의 특권 지배가 해석하는 자유의 틀 안에서 매우 제한된 정도로만 시민적 자유와 정치적 자유를 허용했다. 이 지배의 기반이었던 양극화 성장 체제는 이제 더 이상 국민의 인내심을 담아낼 수 없다는 사실이 국민의 눈에도 명백해지고 있다. 이 체제를 넘어서기 위해서는 개인의 자유를 보장할 정치적·경제적 기초를 재구성해야 한다. 온라인 사교망에서만이 아니라 주권자의 한 사람으로서 실질적인 정치과정에 참여할 수 있는 자유가 보장되어야 한다. 그리고 자립적인 개인으로서 정치적 의사를 구성하고 밝힐 수 있도록 생활의 압박으로부터 풀려날 경제적 토대가 제공되어야 한다. 그건 일자리일 수도 있고, 실업급여

일 수도 있고, 안정된 주거나 마음 놓을 수 있는 보육이나 저렴한 의료 지원일 수도 있다. 장기적으로는 모든 국민에게 평등한 경제적 인권을 보장하는 방안으로서 기본소득을 지급하는 일일 수도 있다. 복지는 정치·사회·문화적으로 자유로운 개인을 보장하기 위한 경제생활의 필요조건이다. 새로운 체제는 이런 요구를 충족시켜야 한다.

이를 이룰 힘은 무엇으로부터 나오는가? 그것은 연대라는 정신에 바탕을 두어야 한다. 그리고 그 기초는 이미 마련되고 있다. 사람들은 촛불 집회 때 자기가 가지 못하면 돈을 보낸다. 함께하지 못한 미안한 마음을 달래려 통닭과 햄버거를 배달시킨다. 누가 시위 때문에 찍혀서 벌금을 맞았다면 벌금 대납 운동을 벌인다. 나꼼수 공연에 오는 사람들에게 자신들이 모은 돈으로 꼬깔콘을 사서 포장해 나눠 준다. 파업 연대 기금을 모아 장기 투쟁 사업장 노동자들에게 보낸다. 경찰이 물대포를 쏘기 시작하면 비옷을 입고 물대포 앞으로 달려가 샤워를 자청한다.

그들은 개인이다. 그 자리에 함께 서지 못한 타인을 원망하지 않는 자립한 개인이다. 이들은 자신을 위해서라면 기꺼이 남을 위해 싸워야 한다고 생각하는 개인으로 새로 태어나고 있다. 나는 이를 '사회적 개인'의 탄생으로 보고자 한다. 이는 보편 복지의 심리적 기초다. 능력별 증세의 심리적 기초다. 남북 평화 체제의 심리적 기초다. 그것도 발랄하고 낙관적인 기운으로 가득 찬 마음이다.

따라서 1987년 체제를 넘어서려는 새로운 시대정신은 '연대 위에 선 자유로운 개인'이라고 정의하고 싶다. 그러나 이 연대는 '계급 연대' 식의 고전적으로 주어진 개념이 아니라 비교적 느슨하고 자발적인 반성의 욕구로부터 발원하는 개인 사이의 연대다. 물론 개인 사이의 연대감이 다양한 형태와 조건에 놓여 있는 노동자들의 계급의식을 저절로 키워 내지는 못할 것이다. 대기업 정규직과 변형 특수고용노동자를 바로 손잡게 할 수도 없을 것이다. 거기엔 또 새로운 접속 방법과 창의적 응용이 필요하리라. 하지만 이제 사람들은 연대의 필요성과 연대의 방법을 알게 되었으므로, 이는 우리에게 남겨진 숙제일 뿐이다. 더불어 행복한 세상을 만들기 위해 민주적 의사 결정에 따라 시장 만능주의를 타파하고, 지속 가능한 복지와 성장의 선순환을 가져올 민주적 시장경제로 나아갈 인간적 토대는 이렇게 형성되고 있다.

25년이라는 세월, 사반세기를 거치면서 비로소 1987년 체제는 극복의 힘을 찾게 되었다. 정치적 자유와 경제적 자유가 어떻게 갈등하는지를 깨닫게 된 개인들이 생겨났고, 그들은 적이 누구인지를 분명하게 알고 있다. 그리고 서로를 묶을 수 있는 강력한 도구도 스스로 만들었다. 1987년 체제는 우리가 임의로 부정하고자 하는 대상이 아니라 이제 부정될 수밖에 없는 시대에 접어든 것이다.

14

지속 가능한 복지와 평화를
추구하는 민주적 시장경제

박도영

1. 새로운 민주화 투쟁의 시기?

1987년 민주화 투쟁의 승리, 1988~89년 노동자의 승리와 함께 조직된 투쟁적 대중의 시대가 저물어 갔다. 1993년 '문민정부'를 표방한 김영삼 정부가 들어서자 투쟁의 시대는 대체로 막을 내렸다. 오랜 싸움이 주는 피로감도 있었다. 물론 투쟁이 끝난 자리에 여전히 남은 사람들도 있었지만 대부분의 시민들은 이제는 싸움보다는 '소를 키워야' 한다는 생각을 가지고 생활의 현장으로 돌아갔다. 투쟁적 서클들은 해체되었고, 사람들은 학업으로 돌아가거나, 직업을 구했다.

시민들은 민주주의의 승리를 믿었을 것이다. 그러나 오랜 독재 정권의 그늘이 너무 컸던 것일까? 김영삼 정부는 말할 것도 없거니와 그 뒤를 이은 김대중 정부와 노무현 정부조차도 반독재가 곧 민주주의라는 등식에서 크게 벗어나지 못했다. 그래서 '자본의 경제적 자유'를 추구하는 자유주의가 시민의 정치적 자유와 함께 민주주의의 중요한 가치로 오인되었다. 자유주의가 민주주의로 오인되는 시대, 이 '오인의 구조'가 1987년 이후의 체제를 특징짓게 된다. 김대중 정부와 노무현 정부는 민주주의와 자유주의(시장주의)라는 모순된 과제를 융합하려고 노력했지만 결국 실패했다. 그러나 박정희의 '한국적 민주주의'가 유신독재였던 것처럼 이른바 '자유민주주의'가 '시장 만능주의 반민주 체제'로 귀결될 수 있다는 사실을 확인하기 위해서는 이명박 정부 4년으로 충분했다. 그런 의미에서 이명박 정부는 '1987년 체제'의 진정한 완성자이자 종결자다.

이제 새로운 민주화 투쟁의 시기가 도래했다. 그러나 과거의 민주화 투쟁이 죽음에 대한 두려움과 비장함으로 점철되었다면 오늘날의 투쟁은 풍자와 가벼움으로 가득 차 있다. 조악한 등사기에서 만들어진 격문을 몰래 구해 읽고 비분강개하는 대신 아이튠즈에서 〈나는 꼼수다〉를 다운로드 받아서 들으며 공감하는, 비밀결사와 화염병 대신 SNS와 스마트폰으로 무장한 시민들은 이 새로운 싸움에서 무엇을 꿈꾸고 있을까? 그리고 이 싸움이 단지 5년 만에 한 번씩 선거로 정부를 선택할 자유를 행사하는 것으로 끝나지 않고, 시민의 진정한 승리로 이어지기 위해 고민해야 하는 것은 무엇일까?

이 질문들에 답하기 위해서 우리는 1987년 이후 오늘에 이르는 지난 시대(이른바 '1987년 체제')를 성찰할 필요가 있다. 특히 1998년에서 2007년에 이르는 민주 정부 10년의 성과가 왜 이명박 정부에서 하루아침에 무로 되돌려질 수밖에 없었는가를 이해해야 할 것이다. 이런 이해에 기초할 때 비로소 동일한 실패를 되풀이하지 않기 위해서는 무엇을 바꾸어야 할지를 말할 수 있게 된다.

1987년 체제를 넘어 향후 건설해야 할 새로운 민주 사회를 일컫는 말로 '2013년 체제'라는 말이 유행하고 있다. 2013년을 원년으로 하는 새로운 희망의 체제가 도래할 것이라는 염원을 담은 말이므로 너 나 할 것 없이 널리 사용해도 좋다고 생각한다. 저마다 생각하는 2013년 체제의 모습이 다소 다를 수는 있다. 그러나 활발한 토론과 소통은 차이를 줄이고, 결여를 보충하면서 더 나은 생각으로 함께 나아갈 기반을 만들 것이다.

2. 자유주의에 포박된 민주주의:
1987년 체제의 이념적 지형

최근 역사 교과서 개정 과정에서 때 아닌 민주주의 논쟁이 벌어진 바 있다. 오랫동안 역사 교과서에서 4·19 이후의 발전 과정을 '민주주의의 발전 과정'으로 설명해 왔으나, 한국현대사연구회라는 급조된 뉴라이트 계열의 학회에서 이를 '자유민주주의의 발전 과정'으로 고쳐 줄 것을 이주호 교육과학기술부 장관에게 요청했고, 대부분의 역사학자들이 반대함에도 불구하고 이주호 장관이 이를 수용함으로써 논란이 되었다. 당시 대부분의 수구 언론은 자유나 민주나 다 좋은 것 아니냐는 식으로 물 타기를 했지만, 이는 단순한 언어의 유희에 불과한 사안이 아니다.

고전적 의미에서 자유주의란 '시장의 자유와 사유재산권 수호'를 그 이념의 핵심으로 한다. 이는 모든 시민의 참정권을 그 기본으로 삼고 사회를 다수의 의견에 따라 통치해야 한다고 믿는 민주주의와는 원래 적대적일 수밖에 없었다. 고전적 자유주의자들은 오로지 재산을 가진 사람만이 투표권을 가져야 한다고 주장했다. 반면, 민주주의는 '재산을 가진 자들만의 정치적 자유'에 대항해 '모든 시민의 정치적 자유'를 획득하기 위해 싸우는 과정에서, 다시 말해 자유주의와의 투쟁을 통해 성장해 왔다. 요컨대 고전적 자유주의는 전통적으로 시장주의 이데올로기이며, 흔히 우리가 자유주의와 혼동하는 '모든 시민의 정치적 자유'는 오히려 민주주의의 기본 요소다. 물론 자유주의는 이념적 스펙트럼의 폭이 넓고 개인들 사이의 매우 근본적인 평등을 추구하는 사회적 자유주의 같은 부류도 있으나, 1980년대에 서구에서 새롭게 부활해 지배적 이념이 된 자유주의는 전형적인 시장주의 논리에 지나지 않는다.

따라서 시장에서의 자유를 절대적 가치로 삼는 자유주의는 민주적인 의사 결정 과정을 거쳐 사회가 필요에 따라서는 시장까지도 통제할 수 있다고 생각하는 민주주의의 이념과는 엄연히 구분된다. 우리나라의 헌법은 이런 민주주의의 정신에 입각해서 사적 소유권과 시장에서의 자유를 제한할 수 있음을 분명히 하고 있다. 이른바 '민주주의적 시장경제 체제'는 우리 헌법의 정신이다. 그럼에도 현 정부는 모든 고등학생이 필수적으로 배워야 하는 고등학교 역사 교과서에서 민주주의를 자유민주주의로 대체함으로써 시장의 무한한 자유가 마치 민주주의의 근본적 요소인 것처럼 호도하려고 하고 있다. 즉, 자유민주주의란 유신 독재 시절의 '한국적 민주주의' 만큼이나 민주주의 이념에 대한 의도적 왜곡이며 민주주의를 불구화하려는 불손한 시도다.

그런데 이런 이념적 혼란은 단지 이데올로기적 수구 세력의 의도적 왜곡의 산물만은 아니다. 이른바 '민주주의 세력' 내부에도 이런 혼란이 만연해 있다는 데 문제가 있다. 이런 현상은 우리 사회의 민주화 투쟁이 '반민주·반시장적 개발독재'에 대항해 싸워 왔다는 데서 비롯

한다. 개발독재의 단순한 안티테제로서의 민주주의는 시장주의와 등
치되었고, 1980년대 서구에서의 자유주의 부활(이른바 '신자유주의')과
맞물리면서 1987년 체제의 기본적인 이념으로 자리 잡았다. 이런 이
념적 착종은, 개발독재의 보호 아래에서 몸집을 불렸으나 그 본성상
언제나 시장에서의 자유를 갈망해 온 재벌의 이해를 대변하는 수구 세
력과 김영삼으로 대표되는 민주화 투쟁 세력의 일파가 '3당 합당'이라
는 이름으로 하나가 되는 이념적 기반을 제공했다. 또한 이는 동시에
그 뒤를 이은 민주 정부 10년의 치세 동안 일관되게 시장 만능주의 개
혁이 강도 높게 추진되어 온 아이러니를 설명해 준다.

　김대중 정부와 노무현 정부의 각료들은 거의 예외 없이 스스로가
시장주의자임을 양심 고백했고, 시장에 대한 개입이 마치 민주주의 질
서를 위배하는 것인 양 터부시했다. 이에 의기양양해진 재벌 단체와
수구 언론들은 시장 만능주의를 사상 검증의 리트머스시험지로 삼아
시장 실패와 이에 대한 정부 개입의 필요성을 인정하는 신고전학파 종
합이나, 케인스학파와 같은 주류 우파 경제학자들조차도 '좌빨'로 매도
하기에 이르렀다. 가장 표준적인 경제 교과서의 저자인 이준구 교수와
같은 정통 주류경제학자가 좌익으로 매도되는 웃지 못 할 코미디가 전
개되고 있는 것이다.

　그러므로 헌법 정신조차 무시하는 교육과학기술부의 역사 교육과
정 개정은 시장 만능주의에 반대하는 민주주의적 개혁의 가능성을 아
예 학생들의 머릿속에서조차 지워 버리고자 하는 시도에 다름 아니다.
이런 시도에 힘입어 지금 이 글을 쓰고 있는 이 순간 전형적인 독과점
업인 신용카드 업계의 대변인이 TV에 나와 다분히 독과점적 담합 가
격임이 의심될 수 있는 카드 수수료를 신성불가침의 시장가격이라고
강변하면서 이를 시정하려는 정부의 가격 제한 정책을 위헌적 시장 개

입이라고 주장하는 망발을 서슴지 않고 있다.

수십 년간 싸워 온 수구 세력과 하루아침에 야합한 김영삼 정부는 그렇다 치더라도 그 뒤를 이어 집권한 김대중 정부와 노무현 정부조차도 이런 민주주의=시장주의라는 이념적 착종에서 자유롭지 못했다는 점은 매우 안타까운 일이다. 시장 만능주의 개혁의 일환으로 이루어진 김영삼 정부의 자본시장 개방은 외환 위기를 불러왔다. 뒤이은 김대중 정부는 집권 초기 외환 위기를 타개하는 과정에서 IMF의 강도 높은 시장주의적 구조조정을 수용하지 않을 수 없었다는 점을 인정하더라도, 집권 기간 내내 시장주의적 개혁 드라이브를 멈추지 않았다. 노무현 정부의 경우도 마찬가지이며, 결국 집권 말기 한미 FTA 협정을 체결하기에 이르렀다. 그 과정에서 과거 개발독재 시대에 고도성장에 기여했던 시장에 대한 국가의 개입 기제가 해체되고, 자본시장 개방과 주주자본주의가 기업의 장기적 투자를 위축시켰다. 수출 주도형, 대기업 중심형 이중 경제 내에서 그래도 미약하게나마 낙수효과를 가져왔던 대기업과 중소기업의 산업 연관이 더욱 약화되었으며, 노동시장이 양극화되는 등 신자유주의에서 전형적인 양극화된 저성장 체제에 돌입하게 되었다.

그렇다면 왜 신자유주의하에서 저성장과 양극화는 필연적인가? 신자유주의란 자본시장을 자유화함으로써 금융자본이 산업자본을 지배하게 되는 시스템이기 때문이다. 금융자본은 성장의 잠재력을 키우는 기업의 장기적 투자나 국민경제의 균형적 발전 따위에는 관심이 없고 오로지 투자한 기업의 주식가격이나 배당금에만 관심이 있기 때문에 주가나 배당금에 영향을 미치는 단기적 성과에만 집착하는 경향이 있다. 따라서 비용을 줄이기 위해 노동시장을 유연화할 것을 요구하고, 고용을 줄일 것을 요구한다. 이런 신자유주의 체제에서 기업은 경영권 방어를 위해 골몰하느라 투자 여력이 위축되며, 하청 중소기업과의 장기적 상생 발전보다는 당장 최대한 단가를 낮추기 위해 노력하고, 국내 산업의 내적 연관보다는 글로벌소싱을 통한 비용 절감에 주력하거나, 생산 거점을 노동력이 값싼 해외로 이전한다. 이런 과정에서 자연히 수출 부문과 내수 부문, 대기업과 중소기업, 정규직과 비정규직, 대기업 노동자와 중소기업 노동자, 도시와 농촌, 수도권과 지방의 경제적 격차가 계속 벌어지게 되는 것이다. 말하자면 신자유주의라고 불리는 금융자본 중심의 시장 만능주의적 세계 체제는 전반적인 저성장 기조 속에서 금융자본을 소유한 상위 1%가 성장 과실의 대부분을 차지해 급속하게 부를 증식시키는 반면, 나머지 99%는 실질소득이 정체하거나 오히려 하락하는 1 대 99의 양극화 성장 체제인 것이다. 최근 금융자본의 신자유주의적 지배 질서를 상징하는 뉴욕의 월가에서 1%에 반대하는 99%의 월가 점령 운동이 전개되고 있는 것은 이런 양극화 성장에 대한 미국 시민의 반감이 표출되고 있는 것에 다름 아니다.

물론 김대중·노무현 정부에서 민주주의, 평화, 복지의 진전 등 긍정적인 측면이 적지 않았다. 두 정부에서 시민들은 최초로 거의 무제한의 정치적 자유를 누렸으며, 지역균형발전, 인권, 복지 등의 의제들이 전면에 부각되었다. 두 번의 정상회담은 가까운 시일 내에 한반도에 항구적인 평화 체제가 도래할 것이라는 기대를 갖게 했다. 그러나 두 정부하에서의 복지는 양극화 성장 체제의 생존경쟁에 내몰린 시민들에게 삶의 안정을 제공할 정도에는 전혀 미치지 못했으며, 따라서 삶에 지친 사람들의 지지를 받지 못하는 민주주의와 평화 체제는 언제라도 허물어질 수 있는 허약한 체제에 불과한 것이었다.

3. 2007년 시민의 선택: 고도성장의 추억

10년 자유주의적 민주 정부를 종식시킨 2007 대선에서의 시민의 선택을 지배한 심리는 무엇이었을까? 한마디로 표현하면 '민주주의가 밥 먹여 주나'라는 생각이 아니었을까? 확실히 IMF 이후 10년간 양극화 성장의 심화로 인해 시민의 삶은 나아지기는커녕 계속 어려워졌다. 소득 분위 최상위 계층의 소득은 급속히 늘어났으나, 나머지 대부분 계층의 실질소득은 제자리걸음을 걷거나 오히려 악화되었다. 고용의 안정성은 붕괴되었으며, 비정규직이 전체 일자리의 절반을 넘어섰다. 재벌 위주의 대기업은 급속히 성장했으나 중소기업의 생존 기반은 더욱 열악해졌다. 시민들은 그것이 민주 정부의 경제적 무능 때문이라고 생각했다. 그러나 그것은 맞지만 동시에 틀린 이야기다. 시민들의 삶이 어려워진 것은 민주주의의 과잉 때문이 아니라 시장주의의 과잉 때문이었다.

그러나 여러 차례의 경제 범죄 전력이나, BBK 의혹에도 불구하고 경제적으로 유능하기만 하면 된다고 생각했던 시민의 실용주의적 선택은 이명박 정부에 의해 철저하게 배반당할 수밖에 없는 운명이었다. 이명박 정부 아래서 시장 만능주의는 더욱 심화되었다. 이명박 정부는 낙수효과를 기대하고 수출 대기업을 위해 저금리·고환율 정책을 고수했으나, 수출 대기업의 배만 불렸을 뿐 성장의 과실은 아래로 흐르지 않았다. 이미 파괴된 산업 연관하에서 중소기업의 생존 기반은 더욱 악화되었고, 고환율이 초래한 인플레이션 효과 때문에 가계경제는 더욱 피폐해지는 등 양극화를 더욱 심화시켰을 뿐이다. 나아가 단기적 경기 부양을 위해 수천 년을 흘러온 물길을 바꾸는 4대강 사업을 시행하기까지 했으나, 천문학적인 예산 낭비와 환경 파괴만을 초래했을 뿐

저성장 기조를 역전시키지 못했다. 요컨대 시장 만능주의하에서는 저성장 체제에서 돌아 나오는 길을 찾기란 불가능하다.

한편 이명박 정부는 김대중 정부와 노무현 정부하에서 6·15 공동선언과 9·19 공동성명 등을 통해 진전되어 온 남북한 화해와 상생 협력의 무드를 깨고, 남북한 관계를 개발독재 시대의 대결적 구도로 되돌려 놓음으로써 남북한 평화 체제 구축을 더욱 요원하게 만들었다. 남북 간 긴장의 고조는 당장 개성공단에 어렵사리 투자한 중소 자본의 생존을 위협할 뿐만 아니라, 체제 위험이 부각됨으로써 유형·무형의 정치적·경제적 비용을 증가시키는 요인으로 작용하고 있다.

이명박 정부 아래서 교육의 양극화도 심화되었다. 대학 등록금보다 비싼 학비를 내야 하는 특권층의 학교를 양산함으로써 고교평준화를 사실상 무력화시켰으며, 입학사정관제도를 도입하고 수시 모집을 확대해 대학 입시에서 수능의 비중을 축소함으로써 다양한 전형 요소에 적극적으로 대비할 수 없는 저소득층 자녀들이 상위권 대학으로 진학하는 길목을 좁혔다. 입학 제도가 복잡해질수록 저소득층은 이에 대응할 수 있는 정보와 경제적 능력의 부족 때문에 점점 적응하기 어렵게 되고, 결과적으로 시간적·경제적 능력이 있는 상위 계층의 자녀가 좋은 대학에 입학할 수 있는 확률은 높아지게 된다. 개발독재 시기에는 돈이 없어도 공부만 열심히 하면 좋은 대학에 진학함으로써 계층 상승을 할 수 있는 기회가 열려 있었지만, 현재의 교육제도는 점차 특권층의 자기 재생산을 위한 도구로 전락하고 있는 것이다.

이병박 정부는 시장주의에 포박된 민주주의가 손쉽게 반민주주의로 후퇴할 수 있음을 보여 주었다. 비극적인 노무현 대통령의 죽음은 1987년 체제가 만들어 낸 민주주의 그 자체의 죽음을 상징하는 것 같았다. 이명박 정부는 시민의 정치적 의사 표현을 철저하게 탄압했으며, 방송통신위원회를 앞세워 공영방송을 장악함으로써 비판적 언론의 싹을 잘랐다. 한나라당(새누리당)이 다수를 장악한 의회는 그렇다 치너라도 헌법상 행정부로부터 독립해 권력을 견제해야 할 법원과 헌법재판소와 같은 헌법기관들도 보수적인 인사들로 채워짐으로써 삼권분립의 실질이 훼손되었다. 이렇듯 막강한 완력을 갖게 된 이명박 정부는 대의민주주의의 허점을 비웃기라도 하듯 민의를 거슬러 소수 특권층을 위한 감세와 복지 축소를 단행하고, 각종 수도권 규제완화로 지역균형발전을 퇴보시켰으며, 다수의 국민이 반대하는 4대강 사업을 강행 추진하는 등 소통 부재의 일방통행식 정책을 추진해 왔다.

4. 새로운 시민의 등장: 보편 복지와 희망의 연대

컨테이너 장벽과 무장 경찰과 살수차 그리고 치사한 보복성 벌금 등으로 광장의 촛불을 꺼뜨릴 수는 있을지라도 민주주의를 열망하는 시민의 마음속에 켜진 촛불은 결코 꺼뜨릴 수 없다. 지난 10년의 민주 정부에서 제한 없는 의사 표현의 자유를 누려 온 시민들은 닫힌 광장을 떠나 대안의 열린 광장을 찾아 나섰다.

바야흐로 우리는 이전에 보지 못했던 새로운 시민의 등장을 목격하고 있다. 사회관계망서비스SNS와 스마트폰으로 무장한, 엄청난 정보와 소통의 바다에 상시 접속하고 있는, 쫄지 않고 거침없이 떠들어대는, 유쾌하고 발랄한 풍자를 일삼는 각성된 새로운 시민. 이런 새로운 시민이 20~40세대를 중심으로 우리 사회의 새로운 정치 주역으로 등장하고 있는 것이다. 지난 2011년 서울시장 보궐선거에서 확인했듯이 이 새로운 시민의 선택이 향후 우리 사회의 향방을 결정하게 될 것임이 분명하다.

2013년 이후의 우리 사회의 주역이 될 것이 분명한 이 새로운 시민들은 2011년에 결코 작지 않은 두 가지의 소중한 성취를 일구어 냈다. 그 하나는 서울시장 보궐선거의 원인을 제공하고 결국 그 선거를 시민의 승리로 이끌어 낸 무상 급식이라는 보편 복지 어젠다이며, 다른 하나는 홍익대 청소 노동자의 외로운 싸움을 지원한 '날나리 외부 세력'에서 출발해 한진중공업 크레인 농성을 지원하는 '희망버스'로 이어지는 희망을 나누는 시민들의 연대다.

김상곤 경기도 교육감이 교육과학기술부와 경기도청의 집요한 방해를 극복하고 일구어 낸 초등학생에 대한 무상 급식은 그동안의 차별적, 잔여적 복지와는 구별되는 보편 복지의 출발점이라는 데 그 의의가 있다. 곽노현 서울시 교육감이 무상 급식을 서울시에 도입하는 과정에서 오세훈 서울시장이 수구 세력의 잔 다르크가 되고자 자신의 직을 걸고 주민투표를 강행한 것을 계기로 보편 복지가 향후 우리 사회의 향방을 좌우할 가장 중요한 어젠다로 부상했다. 주지하다시피 보궐선거는 각성한 새로운 시민의 승리로 끝났다. SNS와 스마트폰이 지대한 역할을 했음은 말할 필요도 없다.

홍익대 청소 노동자 문제나 한진중공업의 집단 해고 문제는 신자유주의하에서의 불안정한 고용 실태를 보여 주는 상징적인 사건들이다. 외주 업체에 고용된 비정규직 노동자와 생산 기지 해외 이전으로 하루아침에 직장을 잃게 된 해고 노동자들의 불안하고 고된 삶에 연대감을 표하는 시민들의 자발적인 참여로 희망을 되찾게 된 것은 벼랑 끝에 서 있던 해고 노동자들만은 아니었다. 이 자발적이고 비조직적인 투쟁의 대열에 혼자서, 친구와 함께, 혹은 가족과 함께 동참한 시민들, 바쁜 생활 때문에 직접 동참하지는 못했지만 〈트위터〉나 〈페이스북〉

을 통해 연대감을 표시한 수많은 시민들은 이 작은 승리들에서 연대를 통해 세상을 바꿀 수 있다는 희망을 얻었다.

이 희망의 연대는 자신의 이해를 앞세우는 기업들의 담합이나, 눈앞의 정치적 승리를 탐하는 기존 정치 세력들의 합종연횡과는 다른 새로운 연대다. 이 연대는 타인을 위해 자신을 기부하는 연대이며, 대가를 바라지 않는 증여이며, 정의에 대한 자발적인 헌신이다. 더불어 행복한 세상을 지향하는, 양극화 성장이라는 자기 파멸적 사회체제 질서에 대한 반성의 결과로 얻어진 정서다.

타인의 고통에 대한 동감에 기초한 이런 연대는 아직은 희미하지만 분명 보편 복지라는 새로운 희망과 맞닿아 있다. 이런 새로운 시민들의 연대는 2012년의 선택에서 민주와 진보의 조건 없는 정치적 연대를 강제하는 압력으로 작용하고 있으며, 나아가 자신이 다소 손해를 보더라도 시장에 대한 민주적 개입을 지지하고, 보편 복지의 확대를 지지하는 광범위한 사회적 합의로 발전해 나갈 가능성을 보여 준다. 우리는 이 연대의 힘에 기반해, 그리고 이 연대가 추구하는 보편 복지의 세상을 향해 나아가야 한다.

5. 성장과 복지의 선순환: 민주주의적 시장경제

2013년 체제를 논할 때 많은 사람들이 성장과 복지를 함께 거론한다. 과거 시장주의자들은 시장 만능주의가 성장을 가져올 것이며, 성장을 해서 파이를 키워야 복지도 가능하다고 말해 왔다. 그러나 얼마나 성장해야 비로소 복지가 가능한지는 결코 말하지 않는다. 성장의 낙수효과를 기대하며 언제가 될지도 모르는 '복지의 그날'을 끝없이 연기하며 오늘을 버텨 내어야 한다고 설득해 왔다. 그러나 시장 만능주의가 성장을 이끌 것이라는 주장이 허구임은 신자유주의적인 정책을 취해 온 영국과 미국의 지난 30년 동안의 상대적인 저성장만 보아도 알 수 있다.

물론 신자유주의에서도 성장은 일어난다. 그러나 그것은 양극화된 성장일 뿐이다. 상위 1%는 고도성장을 하지만 나머지 99%는 오히려 마이너스성장을 하는 저성장 체제가 시장 만능주의적인 신자유주의 체제다. 자유주의적인 민주 정부 10년의 상대적인 저성장을 비판하면서 임기 중 747(7% 성장, 국민소득 4만 달러, 세계 7대 경제 대국) 성장을 달성하겠다던 이명박 정부는 오히려 시장 만능주의가 양극화된 저성장 체제라는 사실을 확실하게 보여 주는 역할을 담당했을 뿐이다. 양극화는 심해졌고, 성장률은 오히려 더 떨어졌다.

따라서 2013년을 앞두고 시장주의가 성장을 위한 체제라는 주장은 더 이상 설득력을 갖지 못하게 되었다. 아울러 충분히 성장할 때까지 복지의 확대를 미루자는 주장도 동시에 설득력을 잃었다. 양극화된 성장 체제에 낙수효과 따위는 존재하지도 않았다. 성장을 위해서도 복지를 위해서도 시장 만능주의는 더 이상 답이 아니라는 게 분명해졌다.

시장이 경제를 조직하는 효율적인 체제일 수 있음을 부인할 수는 없다. 그러나 가장 표준적인 경제 교과서에서도 시장이 효율적인 자원 배분에 실패할 수 있는 가능성을 지적하고 있다. 시장의 실패는 미시적 수준과 거시적 수준 모두에서 발생할 수 있다.

미시적 수준의 시장 실패는 개별 시장에서 일어나는 시장 실패이며, 독과점이 가장 중요한 원인이 된다. 시장이 효율적이기 위해서는 시장이 충분히 경쟁적이어야 한다. 시장이 충분히 경쟁적이라면 상품을 가장 싼 가격으로 공급할 용의가 있는 기업들이 생산하게 되고, 그

상품에 대해 가장 높은 가격을 지불할 용의가 있는 소비자들이 그것을 구매하게 됨으로써 '경제적 잉여(소비자의 지불 용의 가격−생산자의 공급 용의 가격)'라고 표현되는 교환의 이득이 극대화된다. 그러나 독과점이 존재하면 상황은 달라진다. 예컨대 독점기업은 경쟁 기업보다 더 높은 가격에 더 적게 판매함으로써 사회 전체의 경제적 잉여를 축소시키며, 그나마 줄어든 경제적 잉여를 독점적으로 전유함으로써 소비자의 경제적 이익을 침해한다. 독점적 판매자 못지않게 독점적 수요자도 문제다. 독점적 수요자는 경쟁적 판매자들의 경제적 잉여를 독점적으로 전유하며, 동시에 사회 전체의 경제적 잉여를 감소시킨다.

우리나라의 재벌들은 대부분 독과점 시장의 공급자이며, 동시에 최상위 노동시장과 부품 및 하청 시장에서의 독점적 수요자다. 그러므로 독점에 대한 정부의 규제는 오히려 시장의 효율성을 증대시키고, 사회 전체의 경제적 잉여를 증대시킨다. 따라서 대기업들 사이에서 암묵적으로 이루어지는 가격 담합과 같은 공급 독점 행태를 규제하고, 대기업들이 공공연히 행하는 외주 노동자에 대한 차별이나, 하청 기업에 대한 단가 후려치기와 같은 수요 독점 가격의 설정을 규제하는 것은 오히려 시장의 효율 증대와 성장을 위해서 반드시 필요한 조치인 것이다.

거시적 수준에서 일어나는 시장 실패는 케인스가 지적하는 구성의 오류와 같은 것이다. 미시적 수준에서 경제주체들이 합리적 선택을 한다고 해서 거시적 수준에서 국민경제가 항상 최선의 상황에 이르는 것은 아니라는 이야기다. 예컨대 개별 기업의 입장에서는 노동시장을 유연화하고, 비정규직을 늘이고, 부품 단가를 후려치고, 값싼 노동력을 찾아 생산 기지를 해외로 이전하는 것이 이익이 되는 합리적 선택일지라도, 국민경제 전체의 입장에서는 그것이 국내 수요를 위축시키고 산업 연관을 파괴해, 궁극적으로 성장의 잠재력을 갉아먹음으로써 장기적으로 그 기업의 생존 기반마저 약화시키는 잘못된 선택일 수 있다는 것이다. 반대로 고용의 안정이나 임금의 상승은 항상 개별 기업이 회피하고자 하는 바이지만 결과적으로는 내수 시장을 확대시켜 기업의 성장을 도우며, 중소기업과의 상생 협력을 통해 국내 산업 연관을 회복하는 것은 장기적으로 안정적인 품질 경쟁력을 갖게 될 뿐만 아니라 내수 시장을 더욱 확대하는 효과를 낳을 수 있다. 마찬가지로 값싼 해외 노동력에 의존해 제품 가격을 낮춤으로써 경쟁력을 확보하는 방안보다는 노동력의 질이 우수한 국내에 투자해 '메이드 인 코리아'라는 품질 경쟁력으로 경쟁력을 확보하는 것이 장기적으로 더 기업에 유리할 수 있다.

가까운 일본의 예를 보더라도 값싼 해외 노동력을 찾아 생산 기지를 해외로 이전한 소니보다는 값비싼 임금을 지불하더라도 평생 고용을 유지하면서 숙련된 노동자를 통한 품질 경쟁의 길을 선택했던 토요타가 훨씬 더 성과가 좋았으며, 이런 사실을 깨닫고 다시 일본으로 유턴하는 기업들도 적지 않다. 세계의 소비자들은 값싼 '메이드 인 말레이시아' 소니 제품보다는 값비싼 '메이드 인 재팬' 소니 제품을 더 선호하는 것이다.

따라서 성장 기조의 회복을 위해서는 시장 만능주의를 버리고 케인스가 일찍이 설파한 전통적인 지혜로 되돌아갈 필요가 있다. 그리고 위에서 살펴본 바와 같이 경제주체의 개별적 이해와 국민경제 전체의 이해 사이에서 대기업과 중소기업, 기업과 노동자 간에 대타협의 여지가 존재한다. 정부가 개별적인 모든 사안에 대해 사후적으로 개입해 제재를 가하는 것보다 훨씬 효율적인 해결 방법은 대기업과 중소기업, 기업과 노동자 간 대타협의 안정적 체제를 구축하는 것이다. 대기업의 양보에 대해 정부는 여러 가지 정책적인 보상을 제공할 수 있을 것이며, 이와 함께 대기업은 내수 시장의 확대와 성장을 통해 더 큰 보상을 받을 수 있을 것이다. 이를 위해 여러 가지 관련법의 제정이나 개정이 필요할 수도 있다. 민주적 절차를 통해 시장의 실패를 보완하는 시장에 대한 통제를 제도화하고, 사회적 합의를 통해 경제주체의 개별적 이해와 국민경제 전체의 이해 사이의 거리를 매우는 '민주주의적 시장경제'의 건설이 절실하다.

'민주주의적 시장경제'는 일찍이 김대중 정부가 표방했던 '민주주의와 시장경제의 병행 발전'이라는 개념과 구분되어야 한다. 후자는 정치적 민주주의와 경제적 자유주의(시장주의)를 병렬하고, 나아가 경제적 자유주의가 민주주의의 구성 요소인 양 오인함으로써 민주주의=시장주의라는 착종된 이념으로 퇴화해 갔다. 이와는 달리 전자는 시장에 대한 사회의 우위를, 따라서 시장경제에 대한 민주주의의 우위를 전제한다. 민주주의가 사회의 구성 원리라면 시장은 경제의 구성 원리이다. 따라서 '민주주의적 시장경제'란 기본적으로 경제가 시장에 의해 구성되고 운용되지만 민주주의를 통해 표출되는 사회적 필요에 의해 시장이 통제될 수 있음을 나타내는 개념이다. 사회의 필요에 부응하는, 민주적으로 통제되는 시장경제는 우리 경제의 성장을 제약하는 여러 가지 부조응의 문제를 해결함으로써 새로운 경제개발의 시대를 열수도 있을 것이다.

안정적인 성장 기조의 회복은 보편 복지의 실현을 위해서도 매우 중요하다. 기업과 노동자, 대기업과 중소기업이 상생 발전하는 민주주의적 시장경제에서의 경제성장은 복지의 비용을 현격하게 떨어뜨려 보편 복지의 실현을 용이하게 할 것이다. 그러나 궁극적으로 복지 역시 결국 시민들의 사회적 합의의 문제다. 태어나면서부터 죽을 때까지

고도의 경쟁 압박에 노출되어, 행복해야 할 유년과 청소년기를 가혹한 입시 경쟁에서 허덕이고, 곧 이어 전쟁과도 같은 취업 경쟁을 겪고, 결혼을 하고 가정을 이루어도 주거 불안과 높은 교육비 부담에 시달리다가 아무런 대책 없이 은퇴해 오랜 여명을 견뎌야 할지도 모르는 불안한 삶을 살 것인가, 아니면 설령 당장은 내가 손해를 보더라도 내 자식과 내 이웃은 교육과 취업과 주거와 노후의 불안으로부터 보호되는 보편적 복지의 삶을 살 것인가는 시민들의 선택과 사회적 합의에 달려 있다. 모델이 없는 것도 아니다.

스웨덴이나 핀란드, 이보다는 훨씬 못해도 독일만 하더라도 우리보다 경제 규모가 훨씬 작을 때부터 복지사회를 선택해 이를 발전시켜 왔다. 이를 위해 필요한 것은 다름 아닌 희망의 연대 의식이다. 타인의 고통에 대한 동감에 기초한, 타인을 위해 자신을 기부하는 대가를 바라지 않는 증여이며, 정의에 대한 자발적인 헌신으로서의 새로운 연대 의식이야 말로 야만직 경쟁 대신 우애의 보편 복지를 선택하고 이를 위한 증세를 기꺼이 받아들일 수 있게 하는 심리적 토대가 된다.

다른 한편 보편 복지는 새로운 성장기의 도래를 위해서도 매우 중요하다. 보편 복지의 시대를 연다는 것은 곧 보편 소비의 시대를 연다는 것을 의미하며 이는 양극화 성장기에 소득 양극화로 위축된 내수 시장을 활성화시킴으로써 성장의 잠재력을 증가시킬 것이다. 여러 가지 실증적 연구들은 소득 분위 최상위 계층의 소득 증가보다 소득 분위 하위 계층의 소득 증가가 소비 유발 효과가 크다는 것을 입증하고 있다. 내수 시장의 확대는 중소 상공업의 생존 기반을 넓힘으로써 균형 있는 경제성장에 기여할 것이다. 또한 보편 복지는 경기 침체기에 가파른 소비의 감소를 완화시키는 버퍼로 작용함으로써 안정적인 경제성장을 가능하게 할 수 있다.

요컨대 민주주의적 시장경제란 민주적 절차를 통해 시장의 실패를 보완하는 시장에 대한 통제를 제도화하고, 대기업-중소기업 간, 기업-노동자 간 사회적 합의를 통해 경제주체의 개별적 이해와 국민경제 전체의 이해 사이의 갭을 메움으로써 새로운 성장의 기틀을 마련하며, 동시에 보편 복지를 통해 성장의 잠재력을 키우고, 균형 있고 안정적인 성장을 도모하는 새로운 시장경제 체제인 것이다. 이 새로운 시장경제의 건설을 통해서만 양극화된 저성장의 폐해를 극복하고 성장과 복지가 선순환하는 지속 가능한 발전을 도모할 수 있다.

물론 신자유주의적인 시장경제에서 민주주의적 시장경제로의 급격한 이행은 여러 가지 부작용을 낳거나 심한 사회적 반발을 불러일으킬 수 있다. 따라서 매우 단계적이고 섬세한 이행 계획이 요구된다. 그리고 각 단계마다 필요하다면 국민의 의사를 직접 묻는 국민투표와 같은 직접민주주의적 의사 결정도 필요할 것이다.

6. 보편 복지가 세상을 바꾼다

보편 복지사회로 나아가기 위해 가장 필요한 것은 보편 복지가 그 비용을 부담하는 대다수의 사람들에게 비용보다는 큰 편익을 되돌려준다는 사실을 시민들이 인식하게 하는 것이다. 스웨덴 같은 고도 복지사회에서 평균적인 시민들은 자신의 소득 중 40% 이상을 여러 가지 복지 부담금으로 납부하지만, 그 대가로 시민들이 누리는 복지 혜택은 자신의 소득 40%로 구매할 수 있는 혜택보다 훨씬 크다. 그것은 복지에도 규모의 경제가 작동하기 때문이다. 전 국민을 대상으로 하는 복지 서비스는 사적 연금이나 사적 의료보험과 같이 시장에서 개인이 구매하는 상품화된 건강 및 노후 보장 프로그램보다 훨씬 적은 비용으로 공급될 수 있다. 우리는 이런 보편 복지의 효율성을 적어도 부분적으로는 국민건강보험의 경험을 통해 이미 알고 있다.

특히 우리 사회와 같이 소득분배 구조가 매우 양극화되어 있는 사회일수록 대다수의 시민들은 결과적으로는 비용보다는 더 많은 혜택을 누릴 수 있다. 예컨대 소득 분위 상위 70% 이하의 모든 시민이 자신이 부담하는 비용보다 평균적으로 많은 혜택을 누릴 수 있는 복지 제도의 설계가 가능하다. 물론 보편 복지가 소득재분배를 전제하기 때문에 보편 복지가 발생시키는 규모의 경제를 고려하더라도 결국 일부의 소득 상위 계층은 당장은 혜택보다는 많은 비용을 지불하게 될 수밖에 없다. 그러나 상위 계층에게도 보편 복지는 경쟁의 위험과 불확실성을 줄이고, 더욱 안정적인 삶을 가능하게 한다는 점에서 결코 나쁘지 않다.

스스로가 소득 분위 상위 계층이며, 그래서 비용을 많이 내야 하는 보편 복지로부터 얻을 게 없다고 생각하는 사람들 가운데 대다수는 자신의 상대적으로 부유한 삶을 지키기 위한 경쟁의 압박으로부터 자유롭지 못하다. 시장경제의 불확실성은 언제든 삶의 경제적 토대를 일거에 무너뜨릴 수 있다. 설령 지금은 여유롭더라도 은퇴 후에도 여전히 이 여유를 지켜 낼 수 있을 것인지 자신할 수 없다. 자식의 미래를 생각하면 불안감은 더 가중된다. 남보다 많은 재산을 물려줄 수 있다 하더라도 자식이 그 재산으로 평생 잘살 수 있을 것이라는 보장은 전혀 없다. 더군다나 스스로 일구지 않는 부는 더 지키기 어려운 법이다. 그래서 가진 사람들이 더 극성스럽게 자식의 교육에 목숨을 건다. 유형의 재산은 불확실한 시장경제에서 언제든 소진될 수 있지만 교육을 통해 체화된 무형의 재산은 소진되지 않을 것이라고 믿기 때문이다.

우리나라 교육문제의 대부분은 바로 이런 미래 세대에 대한 불안감에서 출발한다. 비교적 안정된 미래를 설계할 수 있는 대기업의 정규직 사원이 되기 위해서는 소위 SKY(서울대·고려대·연세대)이거나 하다못해 그 아래 등급인 '서성한'(서강대·성균관대·한양대), '중경외시'(중앙대·경희대·한국외대·서울시립대) 정도는 들어가야 할 것 같은데, 이 대학들의 정원을 다 합쳐도 전체 대학 정원의 5%에도 미치지 못한다. 대학입시 경쟁은 이런 상위 5%를 위해 나머지 95%의 학생과 그 학부모들이 결국은 패배자가 되어야 하는 제로섬게임에 다름 아니다. 그럼에도 불구하고 나머지 95%의 학생과 학부모도 결국 마지막 순간까지 포기하지 못하고 이 게임에 매달릴 수밖에 없는 이유는 누구도 자식 세대의 불안정한 삶에 대한 불안으로부터 자유롭지 못하기 때문이다.

공교육 체계의 붕괴는 원래 '성적은 부모의 소득순이 아니다'라고 하는 단순한 사실에서 출발한다. 자신의 경제력으로 이 단순한 사실을 뒤집고자 하는 욕망이 사교육 열풍을 낳았다. 소득 상위 계층이 사교육에 의존해 자식을 상위권 대학에 보내려고 노력하면 할수록, 소득 하위 계층들의 사교육에 대한 욕망도 커질 수밖에 없다. 은퇴 이후를 대비해 열심히 저축해야 할 시기에 저축은커녕 빚을 내어 가면서 자식의 사교육비를 댄다. 결국 이런 방식으로 대부분의 사람들이 사교육 시장의 수요자가 되게 되면, 사교육의 개인적 효용은 계속 떨어질 수밖에 없다. 모두가 사교육을 받는 상황에서 더 이상 사교육이 상대적 성적 향상에 기여하지 못하게 되고 교육비 부담만 올려놓는 꼴이 되고 마는 것이다.

물론 사교육 시장도 차별화되어 소득 최상위 계층들을 대상으로 하는 고가의 사교육 시장은 여전히 상대적 성적 향상에 조금이나마 기여하고 있을 것이다. 그러나 소득 최상위 계층은 그 정도의 차별화로는 충분하지 않기 때문에 자신들에게 좀 더 유리한 게임의 룰을 욕망

한다. 이런 욕망에 부응하고자 하는 것이 이명박 정부의 '교육개혁'이었다. 오렌지를 '아륀쥐'로 발음하거나 알아들을 수 있게 하겠다는 이른바 '영어 몰입 교육'은 어린 자녀를 해외에 유학시킬 수 있는 특수한 계층들에게 절대적으로 유리하다. 2014년부터 시행되는 이명박 정부식 수능시험에는 영어 시험의 절반이 듣기 시험이다. 외국에서 1~2년 수학한 경험이 있는 학생들은 쉽게 수능 영어를 만점 받을 수 있지만, 국내의 공교육 체계에서 공부하는 학생들은 그 벽을 넘기가 쉽지 않다. 이명박 정부의 '교육개혁'은 이미 소득 최상위 계층에게도 그 효용성이 상당히 떨어진 고비용의 사교육 체계를(EBS 연계 등을 통해) 완화하는 대신, 개인적인 학습 능력의 척도가 될 수 있는 수능의 변별력을 떨어뜨리고(이른바 쉬운 수능), 대학의 학생 선발권을 확대한다는 미명 하에 전형 요소와 전형 방법을 다양화하고 입학 사정관제를 도입·확대함으로써 대학 입시 경쟁을 소득 하위 계층이 쉽게 따라 할 수 없는 스펙 경쟁으로 바꾸고 있는 것에 다름 아니다.

그러므로 소득 분위 상위 90% 이상이고 월 소득이 1천만 원이 넘는 고소득자라고 하더라도 자식 한둘을 교육시키고, 취직시켜 나중에 결혼까지 시키려면 제대로 자신의 노후 대책을 준비하기 힘든 상황이다. 이런 현실 때문에 젊은 세대들은 가급적 결혼을 미루고, 결혼을 하더라도 출산을 미룬다. 출산율 세계 최하위의 이 가공할 불임의 시대는 결국 천문학적 비용을 들이고서도 선택된 소수만이 미래의 안정적 삶에 그나마 접근 가능하게 되는 살벌하기 그지없는 '교육 지옥'에서 비롯하며, 이런 교육 지옥은 또한 최상위 1%를 제외한 대부분의 사회 구성원들이 경쟁의 압박과 미래의 불확실성에 노출되어 있는 '복지 부재'에서 비롯한다. 따라서 양육에서 일자리, 주거, 건강, 노후에 이르는 보편 복지의 실현은 우리 시대의 가장 심각한 문제들이라고 할 수 있는 교육 및 저출산 문제에 대한 근본적인 해결책이다.

물론 교육문제는 그 심각성에 비추어볼 때 그 해결을 보편 복지의 실현 이후로 돌리기에는 너무나 긴급한 삶의 질곡이므로 그 자체에 대한 독자적인 해결책이 필요하다. 그러나 지금과 같은 시장 만능주의 경쟁 사회에서는 어떤 교육제도도 그 자체로는 극심한 입시 경쟁의 근본적인 원인을 제거할 수 없다는 것도 자명한 일이다.

7. 복지가 가능하면 평화도 가능하다

한편 안정적인 성장과 복지의 선순환 체계를 구축하기 위해서는 항구적인 평화 체제의 구축도 필수적이다. 그런데 복지가 가능하면 평화도 가능하다. 왜냐하면 복지란 기본적으로 타인을 위하는 것이 곧 나를 위하는 것이라는, 나를 위해 타인에게 증여하는 연대 의식에서 출발하기 때문이다. 그런 연대 의식으로 각성된 새로운 민주 시민은 충분히 대결과 긴장의 시대를 종식시키고 화해와 평화의 시대를 열 수 있다. 이를 위해 당장 무슨 대단한 새로운 일이 필요한 것도 아니다. 6·15 공동선언과 9·19 공동성명으로 되돌아가기만 해도 평화 체제의 절반은 구축한 것이나 다름없다. 앞으로 나아가기 위해 일단 뒤로 되돌아가야 하는 상황이 어처구니없기는 하지만 우리는 일단 앞선 두 민주 정부가 구축해 둔 베이스캠프로 되돌아감으로써 항구적인 평화 체제에 손쉽게 한걸음 다가갈 수 있다. 그러므로 민주주의 질서의 회복은 그 자체가 평화의 회복을 위한 필수적인 전제다.

일각에서 복지보다 평화가 우선되어야 한다는 논의가 나올 수도 있을 수 있다. 그러나 복지를 통한 연대 의식의 실현 없이는 평화 체제 구축에 대한 논의도 공허해질 우려가 있다. 당장 삶의 질곡 속에서 고통 받는 사람들에게 이 모든 현실의 고통이 결국 분단 때문이며 분단체제의 극복이 이루어지지 않으면 이 땅에서 복지도 불가능하다고 이야기하는 것은 설득력이 떨어지는 이야기가 아닐 수 없다. 일단 우리 사회 내에서 공존의 연대 의식을 실현할 수 있어야 비로소 그것을 더욱 심화시킬 수 있는 토대에 대해 고민할 수 있게 된다. 따라서 현 상황에서 복지가 먼저 가거나 최소한 복지와 평화가 함께 가는 방법을 모색하는 것이 바람직하다.

마찬가지 이유에서 남북한 평화 체제를 구축하기 위해 먼저 성급한 통일 논의는 자제할 필요가 있다. 엄연히 체제가 다른 사실상의 두 나라라고 생각하는 것이 오히려 실용적인 태도다. 상대를 통일해야 할 대상으로 생각하는 순간 불가피하게 상대 체제의 붕괴를 전제하게 되며, 거기에서부터 현실의 온갖 대결적 상황들이 배태된다. 물론 통일의 상황이 예고 없이 다가올 수 있고 그에 대한 대비도 필요하겠지만, 우선은 북한을, 한때 심하게 싸웠고 지금도 여전히 불편하지만 어쩔 수 없이 옆집에 살 수밖에 없는, 괴팍한 이웃 정도로 생각하는 것이 낫다.

예를 들어 우리는 과거를 생각하면 도저히 하나의 하늘 아래 숨 쉬고 싶지 않은 일본과도 이웃해 산다. 과거의 상처는 물론이거니와 현재도 계속되는 상대의 이해할 수 없는 시비 때문에 정말 상대하고 싶지 않지만 그래도 우리는 일본과 교류하고, 왕래하며 살고 있는 것이다. 좀 더 먼 예를 들어보면 독일 및 일본과 제2차 세계대전을 끝낸 미국은 얼마 있지 않아 적대국이었던 독일과 일본에 대한 대규모의 경제 원조로 사실상 두 나라의 재건을 도왔다. 마셜플랜이라고 불리는 이 대규모 원조는 전후 세계시장을 재건하고 사회주의의 위협을 차단한다는 지극히 실용적인 미국의 목표에 기여했다. 당장은 일방적인 '퍼주기' 같지만 결국 이런 마셜플랜이 전후 미국 자본주의의 황금기를 가능하게 하는 초석이 되었다.

대북 식량 원조나 금강산 관광도 같은 맥락에서 생각해야 한다. 사실상 교착상태에 있는 경제 교류도 재개해야 할 것이다. 당장은 일방적인 '퍼주기' 같아 보일지라도, 결국 북한의 풍부한 노동력과 자원은 남한의 경제성장에도 도움이 된다. 항구적인 평화 체제가 가져올 경제적 효과는 엄청나게 크다. 정치적·문화적·사회적 효과까지 생각하면 평화 체제는 우리 경제의 또 하나의 숨은 성장 동력이 될 수도 있으며, 나아가 평화가 항구화됨으로써 절약되는 국방비는 복지의 증진을 더욱 용이하게 할 것이다. 그러므로 우리 사회의 장기적 발전을 위해 당장은 통 크게 퍼줄 수도 있는 마음 자세가 필요한데, 이런 심성은 사실 나를 위해 타인에게 증여하는 복지의 심성과 일맥상통하는 부분이 있다. 복지와 평화는 불가피하게 타인과 공존해야 하는 복잡하고 불확실한 현실에서 자신을 위하고 지키는 가장 실용적인 해결 방법이기 때문이다.

8. 민주주의를 지렛대로 성장, 복지, 평화의 2013년 체제를 만들자

2012년은, 시민에게는 선택의 해다. 이 선택은 비단 향후 5년 동안의 정치권력에 대한 선택일 뿐만 아니라 나아가 훨씬 더 장구한 세월에 걸친 우리 사회의 미래에 대한 선택이기도 할 것이다. 이 선택을 앞두고 시민의 변화에 대한 열망이 분출하고 있다. 민주주의·성장·복지·평화는 이런 시민의 열망을 아우르고, 대표하며, 마침내 도도한 변화의 과정을 이끌어 낼 키워드들이다. 물론 이 키워드들은 어떤 고정된 의미에 부착되어 있지 않고, 시민과 함께 성장하고 변화할 것이다. 민주주의는 이 모든 변화의 과정에서 핵심에 있다. 민주주의의 출발점은 의사소통이다. 2012년 현재 시민들이 열망하는 변화는 어떤 것인가, 무정형의 다양한 열망들을 어떤 키워드로 아우르는가, 그리고 그 키워드들을 어떤 체제 속에 체계적으로 담아내는가는 모두 의사소통 능력에 달려 있다.

의사소통 능력에 관한 한 현재의 정당들은 오히려 각성된 시민에 뒤처져 있다. 시민은 변화를 표방하는 모든 민주·진보 정당의 연대를 요구하지만, 각 정당들은 시민들과 소통하기보다는 이명박 정부 실패의 반사이익에 기대어 제각기 자기 정당의 기득권을 지키기 위해 노력하거나 변함없이 흘러간 옛 노래를 반복하고 있지는 않은지 되돌아볼 필요가 있다. 그리고 각성된 시민들이 이번에도 대안 없이 야당 손을 들어줄 수밖에 없을 것이라고 순진하게 믿고 있지는 않은지 자성할 필요가 있다. 만약 그렇게 생각하고 있다면 그것은 완전한 오판일 것이다. 각성된 시민은 더 이상 수동적으로 기존 정당 중에서 선택하는 것이 아니라 만약 그 정당정치가 자신들의 변화에 대한 열망을 담아낼 수 없다면 기존 정당의 틀을 부수고 스스로 제3의 대안을 찾아갈 수도 있다.

서울시장 보궐선거에서 기성 정치권을 강타한 '안철수' 열풍은 이런 가능성을 잘 보여 준다. 그 열풍 속에서 기성정당들은 본선에 후보조차 내지 못한 채 안철수 교수가 손을 들어 준 박원순 변호사를 지지할 수밖에 없었다. 기성 정치권의 행보에 따라서는 2012년 대선에서 동일한 과정이 반복되지 않으리라는 법은 없다.

그렇다면 왜 안철수 교수는 갑자기 시민들에게 정치적 대안으로 떠올랐을까? 안철수 교수가 최근 몇 년간 젊은이들이 가장 선호하는 멘토mentor였다는 사실을 기억할 필요가 있다. 일방적으로 가르침을 전달하려 하기에 때로는 억압적이기도 한 튜터tutor와는 달리, 멘토는 먼저 상대방의 말을 들어주고 지혜롭게 조언해 주는 사람이다. 안철수는 소통 부재의 시대에 젊은이들의 말에 귀를 기울이고, 안타까운 그들의 사연에 공감하고, 조심스럽게 조언했다. 이런 사실은 그가 의사이고, 성공한 기업가이고, 스타 교수라는 사실보다도 더 중요하다. 그리고 안철수는 젊은이들과 소통하는 과정에서 기회의 평등, 공정한 분배, 실패한 사람에게 재도전의 기회 부여, 재벌 체제의 문제점, 양극화의 문제점, 청년 일자리, 주주자본주의의 대안으로서의 이해 당사자 자본주의, 복지 그리고 인권에 이르기까지 많은 키워드들을 이야기했다. 물론 그 많은 키워드들은 아직 정돈되지 않았고, 단편적이며, 그가 누구인지를 말해 주기 충분할 정도로 체계화되어 있지 않다. 그러나 젊은이들과 소통하는 과정에서 보여 준 그의 겸손하면서도 담백한 의사소통 능력은 그를 적어도 20~30세대들에게는 그들이 열망하는 변화에 공감하면서 이끌어 줄 수 있는 정치적 대안으로 떠오르게 하기에 충분했다. 그렇기에 『닥치고 정치』에서 김어준이 이미 오래전에 예견했듯이 만약 기성 민주 및 진보 정치권이 각성된 젊은 시민들의 변화에 대한 열망을 제대로 대변하지 못한다면 이 시민들은 이런 기성정당 정치를 밟고 넘어서 안철수에게로 달려가 버릴지도 모른다.

그나마 정치권의 민주·진보 세력들에게 다행스러운 것은 안철수 교수가 애초의 모호한 정치적 정체성을 스스로 깨고 반한나라당(반새누리당), 반시장 만능주의의 포지션을 비교적 명확하게 천명했다는 사실과 총선 때까지는 자신의 정치적 거취 표명을 유보하고 그 공을 기성의 정치권에게 넘겼다는 사실이다. 그러므로 민주통합당이나 통합

진보당과 같은 기성정당들에게 안철수의 존재는 기회이자 위기다. 시민들의 열망을 묶어세울 정강 정책과 연대의 틀을 마련한다면, 안철수 교수의 지지 속에 절대적으로 유리한 지형에서 대선을 치루고 정권을 장악할 수 있을 것이다. 반면, 이렇다 할 대안과 비전을 제시하지 못한 채 구태의연한 옛 노래만 되풀이하고 있다면 동일한 실패를 반복하고 싶지 않은 시민의 외면을 받은 채 역사의 뒤안길로 지리멸렬할 수도 있다. 4·11 총선에서 범야권의 패배는 이런 위험이 단순한 기우가 아님을 잘 보여 주고 있다.

한편 시민의 입장에서도 안철수 교수의 존재는 역시 기회이자 위기다. 야권의 대선 후보군 뒤에 버티고 있는 안철수 교수의 존재는 그 어느 때보다도 대선의 최종적 승리를 기대하게 하는 최후의 보루처럼 여겨질 수 있다. 반면, 만약 마지막 순간에 기성정당의 후보들을 대신해 결국 안철수 교수가 최종 타석에 서게 된다면, 2013년 체제의 운명은 그간의 민주적 의사소통의 결과에 의존하기 보다는 안철수 교수 개인의 퍼스낼리티에 의존하게 될 가능성도 있다. 그러므로 민주·진보 세력이 안철수 교수를 범야권 연대의 틀 속으로 통합해 내지 못한다면 2013년 체제의 미래는 비관도 낙관도 할 수 없는 상황 속에 빠지게 될 위험도 있다.

그러므로 그 어느 때보다도 민주적 의사소통과 그 의사소통에 기초한 2013년 체제의 확고한 구상이 절실할 때다. 그리고 그 2013년 체제 구상의 중심에 양극화와 대립을 극복하고 성장과 복지와 평화를 가능하게 할 민주주의적 시장경제로의 이행 문제가 놓여 있다. 그 과정은 설득과 공감에 기초해야 하고, 단계적이고 치밀해야 하며, 구체적이고 명징해야 한다. 책임 있는 모든 시민과 정치 세력의 참여와 토론을 촉구한다.

15

복지와 성장이
선순환하는 사회적 합의

안현효

1. '복지'가 시대정신인 까닭

우리 시대가 직면한 문제들을 요약하는 것으로 이른바 '5대 불안'이라는 표현이 있다. 대체로 조금씩 차이는 있지만 보통 일자리, 교육, 주거, 노후, 의료의 다섯 가지를 의미한다. 이 다섯 가지 문제는 우리의 삶이 직면한 불안감을 잘 요약한다. 사실 이 문제는 넓게 볼 때 우리나라의 문제만은 아니다. 세계적으로 이 다섯 가지 민생 문제는 정도를 달리하면서 보편적으로 나타난다. 그만큼 지구 사회가 병폐가 심하다는 증거일 것이다.

그런데 왜 5대 문제라고 하지 않고, 5대 불안이라고 하는 것일까? 불안이라는 용어는 무언가 불확실하고 투명하게 꼭 집어 말할 수 없으나 우리의 삶을 뒤흔드는 심리적 문제가 있음을 부각시켜 주고 있다. 5

대 불안이라는 표현으로부터, 우리는 이 불안의 원인이 무엇인지를 명확히 몰라서 이를 해결할 수 없으리라는 비관적 전망이 깔려 있음을 알 수 있다. 우리가 살아가는 데 고통이 있으나 그것을 꼭 집어서 말할 수 없다면 이는 삶 자체를 살아갈 만한 것으로 느끼지 못하게 만들 수 있다. '자살 공화국'이라고도 부르는 대한민국의 현주소는 바로 이 5대 불안의 해결에 대한 비관적 전망의 표현으로 보아도 무방할 것이다. 5대 불안은 지구 사회 전체의 문제인데, 5대 불안이 해결될 수 없으리라는 비관적 전망은 우리나라 사회의 특수성일 수도 있다.

5대 불안을 쉽게 해결할 수 있다고 단언하지 못하는 주된 이유는 이의 해결에 막대한 자금이 소요되기 때문이다. 결국 돈문제, 경제문제로 요약된다. 우리는 경제문제를 경제성장의 문제로 인식하는 데 아주 익숙해 있다. 그러나 우리 사회의 문제를 성장을 통해 해결할 수 있다는 통념은 현 정부를 지나오면서 많이 깨졌다. 성장이 우리의 경제문제, 즉 5대 불안을 점차로 해결할 수 있을 것이라는 생각은 낙수효과에 기초해 있다. 이 생각은 박정희 체제(1962~79년)의 고도성장을 통해 하나의 경험적 확신으로 굳어졌다. 그리고 이 확신은 1997년 이후 김대중 정부와 노무현 정부의 대표적인 두 자유주의 정부를 거치면서 소위 자유주의 정부의 경제적 무능력이라는 식으로 이어졌다. 그리고 당연히 박정희 체제를 연상시키는 보수주의적 대안이 해결책이 될 수 있으리라는 환상이 퍼졌다. 이것이 이명박 정부가 등장한 배경이었다.

그러나 보수적 대안에 대한 믿음은 잘못된 생각이었다. 소득분배율의 대폭적 개선은 고도성장을 통해 이루어진 것이 아니라 1987년의 민주화 대투쟁을 통해 이루어졌기 때문이다. 1987년의 사회적 민주화의 중요한 특징은 노동자들이 소득의 재분배를 요구했다는 점이다. 정확한 사실은 경제성장은 5대 불안을 해결할 자원을 만들어 주기는 하지만 자동적으로 5대 불안의 문제를 해결해 주지 못한다는 점이다. 따라서 역설적으로 박정희 체제의 성공(?)은 박정희 체제의 몰락을 예고했다. 왜냐하면 경제성장으로 5대 불안을 해결할 자원이 확보되었는데 박정희 체제는 실제로 문제를 해결하지 못했으므로 체제는 몰락했고, 이 요구 과정이 바로 민주화 운동으로 분출된 것이다. 선성장, 후분배의 구호는 실현되기는 했다. 그러나 자연히 실현된 것이 아니라 사회 세력의 요구를 매개로 실천된 것이다.

그런데 우리가 살고 있는 1997년 이후의 한국 사회는 단순히 선성장, 후분배라는 식으로 요약될 수 없는 하나의 구조적이고 체제적인 모순을 갖고 있다. 1997년의 경제 위기 이후에 등장한 경제 질서로 인해 이런 성장과 분배가 구조적으로 분리되었기 때문이다. 성장의 낙수 효과가 없어지는 것을 넘어서서 양극화가 더 심화되었다. 분배가 성장과 매개되려면 성장의 결과 소득이 증가하고 이 증가한 소득으로 인해 소비가 늘고, 투자가 증대되는 이른바 '총수요'의 확대를 통해서인데, 1997년의 위기를 거치면서 한국 자본주의에서 그 고리들은 약화되기 시작했다. 양극화 성장이라고 부르는 현상은 바로 이런 약화된 경제의 내적 연관성을 지칭하는 것이다. 양극화가 심해지면 성장하더라도 소비가 늘지 않을 수 있다. 왜냐하면 소비 성향이 높은 저소득층의 소득이 정체되고, 고소득층은 소득 증가에 대해 상대적으로 소비를 늘리지 않기 때문이다. 또한 1997년 외환 위기 이후 한국 자본주의를 주도하는 한국의 재벌은 더욱 대외 지향적으로 발전했다. 그런데 소비의 정체를 포함해 대내적 산업 연관의 약화, 산업별 양극화가 심화되었으나 이것은 재벌의 축적 과정에 장해가 되지 않았다. 시장과 생산 기지가 계속 해외로 이전되고 있었기 때문이다. 재벌 주도의 수출 경제는 활성화되었지만 그 효과는 국내 경제에 퍼지지 못했다. 노동과정도 양극화되어서 노동자계급의 분리, 즉 좀 더 안정적이고 고임금을 향유하는 노동자 집단과 불안정하고 저임금을 수용해야 하는 노동자 집단으로의 분리가 구조화되었다.

따라서 1997년 이후 한국 사회는 성장을 통해서 분배가 개선되기는커녕, 분배 상태가 악화되는 결과를 초래하게 된다. 소득분배를 양극화시키는 생산체제로 인해 결국 끊임없는 국가의 개입으로 재분배가 요구되는 상황에 놓여 있다. 보수적 정부도, 자유주의적 정부도 이 문제를 회피할 수 없다. 그래서 결국 복지와 재분배가 우리 사회의 현재적 시대정신이 되는 시점에 도달한 것이다.

2. 보편적 복지인가 잔여적 복지인가

이명박 정부의 5년 집권기를 지나면서 고도성장을 통해 분배를 해결할 것이라는 낙수효과에 대한 믿음이 상실되고, 이른바 줄-푸-세(세금을 줄이고, 규제는 풀며, 법질서를 세우자)로 불리는 보수주의 정책이 퇴조하고 있다. 그래서 이제 분배를 통한 성장이라는 구호는 더 대중적 설득력을 가질 것이다. 다시 시계추는 성장 대신에 복지·재분배로 기울고 있다. 그러나 지금 나타나는 복지·재분배는 이전의 복지 개념과 새로운 시대적 의미를 지닌다. 이전에는 복지를 경제의 비용정도로 생각했다. 즉, 잔여적 복지의 개념에 머물렀다.

김대중(1997~2002년)·노무현(2003~07년) 정부가 새로운 사회보장제도를 도입했으며, 사회 지출의 규모를 늘리는 등 큰 정부를 추구하고, 정보통신과 생명공학 등 신성장 동력에 대한 집중적 투자에 의욕을 보인 반면, 보수주의 정부가 감세정책(부자 감세)과 시대착오적인 토건 정책에 집중했다는 점은 중요한 차이점이다. 그러나 김대중·노무현 정부는 분배를 화두로 던졌음에도(예를 들어 노무현 정부는 양극화를 중요한 사회경제적 문제로 인식했다) 이를 생산의 문제로까지 연결하지 못했다. 왜 김대중·노무현 정부는 정권을 내놓아야 했을까? 이는 매우 중요한 질문이지만 어느 누구도 선뜻 대답하지 못했다. "문제는 경제야, 이 바보야"라고 말한 미국의 선거 슬로건을 상기하자. 이 질문은 왜 김대중·노무현의 양 자유주의 정부가 10년의 집권기를 지나서 권력을 보수주의 정권에 넘겨주어야 했는가라는 문제와 긴밀히 연관된다. 만약 이 문제를 대답하지 못하면 자유주의 정부가 비록 이번에 보수주의 정부로부터 권력을 가져와도 5년 후에 또 뺏길 수도 있으며, 심지어는 이번에 권력을 다시 찾지 못할 수도 있기 때문이다.

이 답은 자유주의라는 개념의 다의성에서 시작해 볼 수 있다. 역사적으로 보면 자유주의는 우리 시대에 매우 오래된 지배적 이데올로기이므로 좌·우에 걸쳐서 다양한 조류가 있는 사상이다. 오른쪽에서 자유주의는 소위 '자유민주주의'라는 우리 시대의 이데올로기에서 보듯이 보수주의로도 표현될 수 있다. 또 왼쪽에서 자유주의는 노무현의 자유주의에서 보이듯이 정치적 자유주의의 한 형태로도 나타날 수 있다. 이들보다 더욱 적극적인 재분배정책을 고려하는 사회적 자유주의도 있다. 그렇기 때문에 자유주의 정부의 실정이라고 하는 일반적 표현은 정확한 것이 아닐 수 있다. 중요한 것은 현재 우리나라 수준에서 볼 수 있는 자유주의의 극한점, 즉 정치적 자유주의만으로는 한국 사회가 요구하는 시대적 소명을 완수할 수가 없다는 점이다.

양극화 현상을 일찍이 인식했음에도 이 문제 자체의 구조를 이해하는 데 실패한 이유는 양 자유주의 정부가 생산과정에서의 문제를 재분배를 통해 사후적으로 해결하는 관점에서 벗어나지 못했기 때문이다. 그리하여 분배에 대한 사회정책과 생산에 대한 경제정책이 따로 놀았다. 이를테면 노무현 정부 때 사회적으로는 수능 9등급제와 같이 경쟁을 제한하는 정책들이 시험적으로 도입되기도 했지만, 경제정책은 금융허브론, 한미 FTA 등에서 알 수 있듯이 대외 지향, 금융 중심, 재벌 위주의 신자유주의 정책을 충실히 수행했다. 경제와 고용에서 경쟁과 약육강식을 강제하는 사회에서, 협동과 협력을 통한 교육이라는 관점이 살아날 수 있을까?

논의가 이 지점에 도달하면 다음과 같은 중요한 질문이 제기된다. 그렇다면 노무현 정부와 이명박 정부가 같다는 말인가? 경제정책에서 다른 점을 고르라면 첫째, 감세정책이고 둘째, 4대강 정책이다. 감세정책은 이른바 '1%'에만 이익이 되는 정책이었다. 4대강 정책은 건설 부문에만 도움이 되는 정책이었다. 따라서 이명박 정부는 대한민국의 국가 이익이라는 미명하에 상위 계급의 이익만 추구했다. 그런데 얼핏 보면 비슷한 것 같지만 본질적으로 다른 것도 있다. 한미 FTA가 그 대표적 예인데, 이것은 노무현 정부에서 시작했고 이명박 정부가 지속했던 정책이다. 일반 국민들은 두 정부의 협정문이 내용이 비슷한데도 이명박 정부의 한미 FTA 협정을 굴욕적으로 본다. 여기에서 아주 복잡한 문제들이 제기되고 있다.

전통적인 진보 이론가들은 한미 FTA에 대한 태도를 기준으로 좌, 우를 나누고 싶어 한다. 그런데 이렇게 되면 왜 노무현의 한미 FTA에 대해서는 상당한 찬성이, 이명박의 한미 FTA에 대해서는 상당한 반대가 나오는지 잘 설명되지 않는다. 반FTA 운동 세력이 잘해서 그런 것일까? 필자는 그렇게 생각하지 않는다. 이론적으로 볼 때, 노무현 정부가 비록 친미적 제스처(파병과 FTA가 대표적 사례가 될 것이다)를 통해서 진보적 민족주의를 구현하려고 한 것이 잘못이라고 보지만, 노무현의 한미 FTA는 한반도를 통합하는 광대한 프로젝트(소위 동북아 균형자론)의 일부로서 시도되었다는 추정도 가능하다. 필자는 그 시도가 옳았다고 생각하지 않으며, 비록 노무현 정부가 한미 FTA를 체결한다고 하더라도 소기의 목적을 달성하지 못했을 것으로 믿는다. 사실 필자는 여기서 노무현 정부의 자유주의적 한계를 본다. 하지만 이 출발점으로 인해 노무현 정부는 한미 FTA에서 자존심을 많이 내세웠고, 이명박 정부는 그 자존심을 버렸던 것이다. 여기서 이른바 사대주의 문제가 제기된 것이다. 〈위키리크스〉에서 드러난 몇 가지 에피소드들이 인터넷에서 회자되면서 더 더욱 이런 인식을 팽배하게 만들었다.

같은 것 같으면서도 다른 또 다른 예로는 교육정책이 있다. 이명박 정부는 노무현 정부의 교육정책을 계승했다고 한다. 하지만 노무현 정부의 교육정책 자체가 평준화를 고수하는 것과 경쟁주의를 도입하는 것 사이에서 갈등하고 있었는데, 이명박 정부의 교육정책은 이런 모순점에서 신자유주의적·경쟁주의적 정책만 재구성하고 극단화시켰다.

한편 이명박 정부는 복지 지출에 대해서도 근본적으로 부정하지 않은 것처럼 보인다. 복지 비용의 불가피하고 자연스런 증대를 사상 최대의 복지 재정이라 적극 선전하기까지 했다. 하지만 이명박 정부를 거치면서 국민들의 삶의 질은 더 피폐해졌다. 의료정책, 금융정책 등에서도 민영화가 시도되었다. 이명박 정부의 민영화 시도는 인천공항 민영화, KTX 민영화로까지 무차별적으로 시도되고 있다.

즉, 현재의 상황은 김대중·노무현 정부의 자유주의 정책 중에서 신자유주의적인, 시장 근본적이고 경쟁 지상주의적인 정책을 일면화시키고 특권화하고 있는 것이다. 하지만 이제 국민들은 비로소 신자유주의의 극한이 무엇을 초래하는지를 이해하는 것 같다. 이것은 글로벌 자본주의 전체가 2008년의 대위기를 겪고 나서 신자유주의의 환상에서 깨어나고 있는 것과 같은 맥락이 아닐까? 이제는 어떤 형태로든지 대안을 마련해야 할 상황에 놓여 있다. 따라서 진정한 진보는 김대중·노무현이 모순적으로 작동시킴으로써 결국 보수주의 정당이 압살시킨 민주주의의 요소들을 현재의 우리 사회에 적용 가능하도록 되살려야만 할 것이다. 이런 '민주주의는 밥이 된다.' 이명박 정부가 추진했던, 이후 새누리당이 추진하려고 하는 이런 정책들이 과거 정부도 했던 것이라는 주장은 면피가 될 수 없다. 중요한 것은 국민적 합의다. 사회적 합의 과정이 없이 추진되는 정책은 그 내용이 아무리 좋다고 우겨도 실제로 실현할 수 없고 실현해서는 안 된다는 생각이 없다는 것이 문제다. 즉, 민주주의의 본질을 거부하고 있다는 점에서 국민의 거부감이 발생하고 있는 것이다.

이런 관점에서 나온 진보적 대안들, 즉 경제적 진보적 대안들로서 예를 들면 고복지-고부담 체제(제3의 길), 고진로 성장(홍장표), 동반성장(이정우) 등은 일정한 합의를 가진 듯이 보인다(김형기·김윤태 2010; 홍장표 외 2007; 이정우 2005). 즉, 친환경적일 것, 분배 지향, 공정성과 참여 등을 강조하는 것이다. 1997년을 거쳐, 2012년에 도달해 우리가 얻은 최소한의 경험적 진리는 복지와 분배 정책은 좀 더 근본적으로 접근해야 한다는 것이다. 잔여적 복지에 반대하는 보편적 복지론은 새로운 시대정신이 되었다. 이제 복지 그 자체가 아니라 보편적 복지여야 진보적인 대안으로 인정받을 수 있다. 자유주의 야당도 무상 급식을 포함한 보편적 복지를 수용했으며, 진보 정당 역시 무상의료, 무상교육, 이를 넘어서 보편적 시민 소득까지 보편적 복지를 중요한 의제로 설정하고 있다(심지어 보수정당까지 일각에서는 무료보육에, 고교 무상교육까지 들고나올 정도다). 잔여적 복지는 문제에 대응하는 보완책이자 대증요법이지만, 보편적 복지는 문제를 해결하고자 하는 해결책으로 제기되고 인식된다.

잔여 주의적 복지, 즉 보수주의적 복지 정책은 우리 사회의 고질적 문제인 차별과 경쟁이라는 신자유주의적 사회체제를 전제하고, 양극화 성장이라는 신자유주의적 경제체제를 용인한 상태에서 분배 문제를 해결하고자 한다. 그러나 보편적 복지론은 주어로서 당당하게 분배의 문제를 먼저 제기한다. 아래 〈표〉는 보수적 대안과 진보적 대안의 뒤 바뀐 선후 관계를 잘 보여 준다. 전자의 경우 경쟁과 차별에서 시작한다. 이런 무한 경쟁주의는 빈익빈 부익부를 강화시킨다. 결국 경쟁에서의 실패에 대한 사회적 대책이 제기되지 않을 수 없다. 양극화된 사회에서 극심해진 복지 문제를 해결하고자 하는 것, 이것이 잔여적 복지의 의미다. 후자의 경우 사회를 공동체로 보는 연대 의식에서 출발한다. 경쟁을 하지 않겠다는 것이 아니라 협력적인 경쟁을 추구한다. 이를 위해서 사회 구성원에 대해서는 기본적 권리를 보장해야 할 것이다. 이것이 보편적 복지다. 보편적 복지가 우선되면 기회균등이 제공되고 경쟁의 결과에 대한 두려움이 없어질 것이다. 그러나 보편적 복지는 이것으로 그치지 않는다. 지식기반사회에서 지식의 확대와 활용을 촉진시켜 생산성을 오히려 더 증대할 수 있다. 어떤 선후 관계가 우리 삶에 더 나은 영향을 미치겠는가?

| 잔여적 복지 |

경쟁, 차별 → 양극화 성장 → 잔여적 복지

| 보편적 복지 |

보편적 복지 → 기회균등, 안정 → 인적 자본과 생산성 증대

이 두 가지 복지관은 양극화 성장이라는 문제에 대한 두 가지 대안과 연결되어 있다.

보수적 대안은 신자유주의를 강화하면서 보완한다. 현재의 경제체제가 대외적으로 매우 취약하고 분배 구조를 지속적으로 악화시키기 때문에 장기적으로 유지 가능하지 않다는 점을 보수주의도 잘 인식하고 있는 듯이 보인다. 이에 대한 보수주의적 대안은 좀 더 강화된 대외 지향 경제, 즉 더욱 강화된 개방경제다. 악화된 재분배 구조로부터 필연화되는 국내 수요의 위축에 대응하기 위해서 대외시장은 중요하다. 증가하는 임금 비용을 효과적으로 제어하기 위해 생산 기지의 세계화도 필요하다. 그런데 이렇게 세계화할 수 있는 규모의 자본은 재벌 기업일 가능성이 높다. 결국 대규모 자본의 전략은 수출 주도, 세계화된 생산 기지를 추구하게 된다. 이를 위해서 상품시장과 자본시장의 통합과 거대화가 절실한 상황이다. 다각적이고 무차별적으로 진행되는 FTA 협상은 바로 20세기 말에 추진된 WTO 협정들이 실패한 이후 나타난 보수적 대안인 셈이다.

이 체제 아래에서 한국 경제가 살아남기 위해서는 끝없는 생존경쟁을 강조하는 수밖에 없다. 그렇지만 끝없는 생존경쟁은 성공에 대한 보상과 실패에 대한 처벌을 모두 강화하게 되어 한국 사회를 양극화된 성장 사회로 몰고 갈 것이다. 한국 사회가 이중 체제로 떨어지지 않기 위해서는 지속적인 재분배정책이 필요하게 된다. 하지만 탈락자를, 무능력하지만 보살펴야 하는 시혜적 대상으로 인지하는 것이 보수주의적 사회정책의 최대한이라 할 수 있다. 오늘날 모든 정당들이 복지를 화두로 삼는 것은 그만큼 신자유주의에 한계가 왔다는 뜻이지만, 신자유주의적 경제체제의 근본 고리인 개방적 대외 의존 경제발전 전략에는 아무런 대안적 언급이 없다는 점에 근본적 한계가 있다. 즉, 정책이 아무리 과격하게 보일지라도 생산이 이루어진 이후의 결과에 대해서만 문제 삼는 것은 결국 잔여적 복지의 한계를 벗어나지 못하게 된다.

반면, 진보적 대안은 삶의 질(이것이 복지다) 그 자체에서 출발한다. 목표가 경쟁이 아니라 삶의 질이라는 인식에서 출발해야 한다. 무한 경쟁의 나락으로 빠지는 체제 자체가 잘못된 것이라는 인식에서 출발해야 한다. 그렇다고 해서 지리산에 가서 살 것인가? 이미 세상은 세계화되어서 끊임없이 변화하고 있는데 자본주의가 싫다고 그냥 회피하면 되는가? 더불어 행복한 세상을 꿈꿀 때 제기되는 문제가 복지-성장-환경의 선순환 구조를 어떻게 구축할 것인가다. 즉, 보편적 복지가 2013년 체제의 시대정신이라고 한다면, 복지를 통한 성장의 선순환 구조를 찾을 수 있느냐라는 문제가 제기된다. 이때 분배는 더 이상 비용이 아니라 생산적 자원으로서 인정될 수 있다. 이 문제가 해결될 때 비로소 5대 불안의 막연한 비관주의는 사라지고, 약육강식의 비정상적 경쟁 구조도 해소할 수 있으며, 자살률도 줄일 수 있다. 한국 사회는 자살, 비정상적 경쟁, 사회적 약자에 대한 무시, 비정규직으로 대표되는 광범위한 불완전 노동 등 사회적 병리 현상을 해소하기 위해 경제구조의 양극화부터 먼저 해결해야 한다는 합의를 할 필요가 있다.

3. 재분배가 발전을 가져오는 두 가지 경로

사실상 5대 불안이란 병증일 뿐이다. 병증을 고치기 위해 대증적 요법에 치중한다면(단기적으로는 가능할지 몰라도) 장기적인 해법이 되지 못한다. 5대 불안이 이 사회의 깊은 모순의 발현이며, 깊은 모순을 해결하려는 노력에서만 5대 불안이 원천적으로 없어질 수 있다는 인식이 필요하다. 그것은 양극화 성장 체제 자체를 지속 가능한 발전 체제로 바꾸어 낼 수 있어야 한다는 뜻이다. 이를 분배에 기초한 성장 체제라고도 부를 수 있는데, 왜냐하면 분배 문제의 적극적 해소가 새로운 발전 체제를 가져올 계기가 될 수 있기 때문이다.

먼저 재분배가 자본주의 체제 내에서 새로운 발전 체제를 가져오는 두 가지 경로 내지는 논리를 생각해 보자. 하나는 국민경제의 총수요에 미치는 영향을 통해서다. 총수요는 소비자들의 소비 수요, 기업의 투자 지출 수요, 그리고 정부 지출로부터 유래하는 수요, 순수출에서 유래하는 수요 등으로 구성된다. 우리나라는 1997년 외환 위기 이후 순수출에 의지해 경제성장을 유지해 왔다. 그만큼 소비와 투자의 역할은 미미했다. 따라서 소비와 투자를 통한 새로운 성장의 여지가 그만큼 크다고 볼 수 있다. 케인스 경제학에서 주목하는 이런 작동 방식은 재분배를 통해 소득 격차가 줄어들면 소비 및 투자가 촉진되어 성장에 기여한다는 것이다. 대체로 고소득층은 소비 성향이 낮아서 소득 중 소비하는 비중이 낮은 반면, 저소득층은 소득 중 소비하는 비중이 높다. 따라서 한 사회에서 저소득층의 소득이 증가하도록 소득을 재분배한다면 동일한 총소득이라고 하더라도 소비가 더 증가한다. 이는 제품 판매에 대한 기업의 낙관을 촉진시켜 투자를 증대시키고 결국 성장에 기여하게 된다는 것이다. 개방된 현대 경제에서 이 정책은 수입의 증가를 초래해 대외 제약을 강화시킬 수도 있지만 그렇다고 해서 내수의 기본적 역할이 축소되지 않는다. 그렇기 때문에 대외적 제약에 의한 누수가 부분적으로 일어난다고 해도, 본질적으로는 내수 증진을 통한 경제성장의 효과가 나타날 것이다. 더욱이 우리나라 현재의 수출 주도 성장은 부진한 내수 수요를 인질로 삼아 내수의 위축이 더욱 촉진된다는 악순환에 빠져 있다. 즉, 부진한 내수 수요로 인해 줄어든 총수요 때문에 수출에라도 의존해야 하는 형편인데, 수출 중심적인 정책이 추진되면 될수록 국내 수요를 무시하는 정책은 더욱 강화된다.

두 번째 경로는 총공급 부문, 즉 총생산에 미치는 영향이다. 분배 구조의 개선이 인적 자원의 투자로 이어져서 생산성 증가와 경제성장에 기여한다는 것이다. 특히 고급 사고력과 지식이 경제성장에 미치는 영향이 커지고 있는 오늘날의 조건에서 소득과 생산성의 연관 관계는 더욱 중요해져 가고 있다. 이를 테면 효율임금이론 가설에 의하면 현재의 높거나 낮은 임금이 높거나 낮은 생산성의 결과가 아니라, 그 반대, 즉 높거나 낮은 임금이 높거나 낮은 생산성의 원인이다. 물론 효율임금 가설은 개별 경제주체의 의사 결정 과정에서 나타나는 시장 실패의 한 사례로서 논의되지만 이런 논의들은 지식기반경제knowledge-based economy라고 불리는 변화한 자본주의의 현상을 반영하고 있다고 볼 수 있다. 따라서 국민경제적으로는 소득 양극화의 해소와 교육제도에의 재정투자 등이 경제성장을 위한 주요한 정책 도구로 제안되고 있는 것이다. 분배 구조의 개선이 노동생산성을 증가시킨다면 개방경제라는 외적 제약도 극복할 수 있다. 한두 명의 엘리트만 양성하는 교육에서 국민 전체의 삶의 질을 개선하고 일의 능력을 향상시킬 수 있는 교육 개혁과 정규교육 이후에도 새로운 생산과정에 적응하고 변화하는 사회에 대응할 수 있는 평생교육제도의 구축이 불가결한 이유가 여기에 있다. 국민들이 좀 더 많은 교육을 쉽게 받기 위해서는 교육의 기회를 세대 간, 계급 간, 성별 간 평등하게 제공할 수 있도록 정비해야 하고, 일과 공부가 체계적으로 연결되도록 설계해야 한다.

이런 관점에서 우리는 '임금 주도적 성장'wage-led growth 개념에 주목할 필요가 있다. 30년 이상 이어온 신자유주의는 소득 불평등, 양극화라는 결과를 초래했고 이는 다시 2008년의 금융 위기로 귀결되었다. 이 고리는 무엇인가? 우리는 신자유주의가 양극화와 소득 불평등을 초래해 경제성장의 총수요적 기초인 소비 수요를 압박하는 체제라는 점을 먼저 인식할 필요가 있다. 소비 감소로 총수요가 정체된 상황에서 어떻게 신자유주의 체제는 오랫동안 유지될 수 있었는가? 두 가지의 성장 경로가 발견된다.

하나는 미국, 영국, 그리스, 포르투갈, 스페인, 아일랜드 등 주로 앵글로색슨 국가들에서 발견되는 신용 주도적 성장 모델이고 다른 하나는 독일, 일본, 중국 등에서 발견되는 수출 주도적 성장 모델이다. 신용 주도적 성장 모델은 채무를 통해 소비 수요를 창출함으로써 줄어든 총수요를 벌충한다. 수출 주도적 성장 모델은 순수출이 그 역할을 수행한다. 전자 그룹에 속한 나라들의 공통적 특징은 지속적인 무역수지 적자국이라는 점이다. 이런 나라들의 또 다른 특징은 광범위하고 급진적인 금융 개혁을 통해 금융 개방과 민영화가 추진되었다는 점이다. 두 번째 그룹에 속한 나라들의 특징은 지속적인 무역 흑자국이라는 점이다. 이 두 그룹이 구조화된 상호 관계를 갖게 되면 그 결과는 전 세계적 무역 불균등global imbalance다.

2008년의 미국에서 발발한 경제 위기는 이후 유럽의 무역적자국으로 전염되어 전 세계적 신용 주도적 성장 모델의 파탄을 보여 준다. 그러나 이것이 수출 주도적 성장 모델의 성공을 이야기하는 것은 아니다. 왜냐하면 신용 주도적 성장 모델과 수출 주도적 성장 모델은 줄어든 내수 수요를 메울 추가적 수요, 순수출을 둘러싼 대립의 결과로 나타났기 때문이다. 다시 말해 신용 주도적 성장 모델의 파탄은 곧 수출 주도적 성장 모델의 파탄으로 이어진다. 왜냐하면 신용 주도적 성장이 불가능함에 따라(내수 수요를 증가시킬 방도를 찾지 못한다면) 이 나라들도 총수요의 부족을 수출에서 찾아야 하기 때문이다.

모든 국가들이 수출 경쟁력만 찾는다면? 모든 국가의 수출이 모두 흑자가 될 수는 없기 때문에 극심한 무역 전쟁이 초래될 것이다. 개인에게는 합리적이지만 전체는 비합리적 결과가 초래되는 구성의 오류가 발생한다. 이것이 복지 향상을 위한 경쟁이 아니라, 복지 바닥을 위한 경쟁race to the bottom이다. 이 체제를 빨리 탈출하지 않는다면 장기적으로 더 큰 위기, 세계적 공황이 발생할 것이다. 그 대안은 바로 임금 주도적 성장 체제, 즉 분배에 기초한 성장 체제인 것이다. 복지와 재분배를 강조하는 북유럽의 국가들이 2008년 위기에 상대적으로 더 좋은 경제적 성과를 보이고 있는 것에 주목해야 한다.

4. 문제 해결을 위해 필요한 사회적 합의

보편적 복지 정책은 임금 주도 성장 체제와 잘 결합할 수 있다. 그리고 이를 위한 사회적 합의를 이끌어 내는 일이 복지를 통한 성장의 선순환 경제를 구축하는 출발점이다. 분야별로 필요한 정책은 앞에서 상세히 보았기 때문에, 여기서는 노동·교육, 재벌·중소기업, 대외무역·금융, 지역균형발전의 네 가지 영역별 이슈에 한정해 검토해 보기로 하자. 이 네 가지 영역에서 출발점은 노동 부문이라 할 수 있다.

현재 우리나라 경제에서 크게 문제가 되고 있는 비정규직 노동자의 문제 역시 양극화된 노동과정의 표현이다. 양극화된 노동과정은 저임금에 기초한 저진로적 성장을 유지하는 중요한 장치다. 따라서 양극화된 노동과정의 개선은 양극화를 확산시키는 저진로적 성장에서 고진로적 성장으로 넘어가는 매개 고리가 된다고 할 수 있다. 먼저 단기적으로 비정규직의 사용 제한을 통해 저임금 영역을 없앰과 동시에 장기적으로는 저임금 영역의 노동자들이 효과적으로 재교육을 받을 수 있는 제도적 설계가 필요하다. 품질 개선, 디자인 향상, 기술혁신, 공정 개선, 직무교육을 통한 생산성 향상 등으로 노동력의 부가가치를 높일 필요성에 대해서는 이미 수많은 문헌들이 그 필요성을 제안하고 있으나, 이를 어떻게 실천할 것인가? 보수주의적 대안은 경쟁을 강화하고 개인들의 책무를 강화함으로써 가능하다고 말하지만, 이것은 이미 극한에 도달해 있다는 것이 우리의 판단이다. 따라서 고진로적 생산을 위해서는 경쟁 대신 집단적 협력이 필요하다. 즉, 비정규직 문제는 어디까지나 사용 사유 제한을 중심으로 해결해야 한다는 사회적 합의가 필요하다.

또한 비정규직과 관계가 없어 보이면서도 실제로는 매우 밀접하게 관련되어 있는 분야가 교육 분야다. 이를 위해서는 교육을 비용이 아니라 투자로 인식해야 할 것이다. 우리나라의 초·중등 교육은 다른 나라와 비교할 때 국가교육과정, 지역별로 균등한 예산 배분, 교사의 안정적인 지위 등으로 인해 비교적 균질한 제도적 장치를 가지고 있다는 장점이 있다. 반면 초·중등 교육은 SKY로 대표되는 명문 학벌을 향한 지나친 대입 경쟁의 문제를 가지고 있다. 한편 고등교육의 경우 양적 확대는 이루었으나 선진국에 비해 지나치게 작은 국가의 교육 재정 지출, 사학 재단에의 지나친 의존, 지나친 지역별 격차 등의 문제가 매우 심화되어 있다. 양질의 인적 자원의 양성이라는 목표는 이미 대중 교육화된 고등교육(대학 교육)의 질적 향상과 일반 성인의 재교육 프로그램의 개선을 통해 달성할 수 있다. 일부에서는 높은 대학 진학률을 예를 들면서, 우리나라의 과잉 교육을 비판하는 데 문제는 교육량이 많은 것이 아니라, 교육의 질이 낮은 것이 문제다. 즉, 창의적 사고를 위한 좋은 교육 내용을 확보하는 것이 관건이라 할 수 있다.

한편으로 사립대학이 대다수를 차지하는 현실에서 고등교육의 개혁을 위해서는 국가 재정의 투입이 절대적으로 필요하다. 하지만 등록금 체제를 인정한 상태에서 정부가 장학금을 지원하는 현재의 방식은 대학의 배만 불릴 가능성이 높다. 따라서 국가 재정의 투입은 현재와 같이 국가 장학금의 지급이라는 방식이 아니라, 직접 교육 비용에 대한 정부의 개입을 통해서 진행하는 것이 바람직하다. 예를 들면 대학 인건비의 상당 부분을 차지하는 교수 급여의 일부를 국가 교수의 채용을 통해서 부담할 수 있다. 이런 부담을 국가가 안음으로써 대학생의 등록금 자체를 인하하거나 면제할 수 있다. 이를 통해 수급 조정과 질적 향상을 효과적으로 진행할 수 있을 것이다.

다른 한편 교육제도와 고용의 질적 향상을 연계시키기 위해서, 실업이나 반실업 상태의 노동 인력을 교육제도에 포용하는 정책이 필요하다. 한편으로는 실업자의 고등교육 재교육시 등록금을 면제해 주고, 다른 한편으로는 고등교육기관에 등록하는 실업자에 한해 일정 규모의 시민 소득을 지급한다면, 저임금 부문에 강제적으로 편입된 반실업 노동 인력은 노동을 중단하고 교육기관에 등록해 재교육을 받게 될 것이다. 경쟁력이 없고 생산성이 떨어지는 단순 노동 분야의 노동자들이 근로를 포기하고 교육기관에 등록하게 되면 저임금에 기초한 생산과정은 구조조정 과정을 밟을 수밖에 없다. 따라서 저임금 부문은 축소되고 상대적으로 고임금 부문이 확장될 것이다. 그러나 이 고임금은 고생산 노동력이므로 기업에게 단순히 비용이 아니라 새로운 수익의 기회가 된다. 교육의 기회를 확대해 줌으로써 단순노동이 복잡하고 숙련된 창의적 노동력으로 전환될 수 있다. 이 제도를 통해서 다양한 인문 교양교육의 길도 넓게 열릴 것이고, 창의적 예술적 결과물도 활성화될 수 있다.

단기적으로 다양한 실업 및 고용 정책을 고려할 수 있을 것이다. 하지만 다양한 정책들은 상당한 거래 비용을 수반하게 된다. 자본주의

국가에서 고용의 문제는 굉장히 복잡한 문제다. 자본주의 체제 내에서 발견되는 해고와 재고용은 불가피하게 양극화를 심화시키고 불안감과 사회적 소외를 증가시켜 장기적으로는 노동능력을 소진하게 된다. 따라서 해고와 재고용의 양적 유연성을 두려워하지 않는 사회적 시스템을 갖추게 되면 양극화도 해소할 수 있고, 동시에 효율성도 확보할 수 있다.

두 번째로 지적되는 것은 대기업-중소기업의 관계다. 우리나라의 중소기업이 다른 선진 자본주의의 중소기업에 비해 특별히 활성화되지 못한 사정은 잘 알려져 있다. 보수주의적 대안에 따르면 중소기업 정책 금융이 지나치게 많으며 이런 시혜적 지원으로 인해 경쟁력 있는 중소기업이 출현할 수 없기 때문에 경쟁을 더 도입해야 한다고 말한다. 그런데 그 원인은 보수주의적 대안에서 주장하는 바와 같이 중소기업의 기업가정신의 부족이 아니다. 오히려 이유는 그 반대, 즉 중소기업이 생존하고 성공할 수 있는 사회적 토양이 전혀 없기 때문이다. 형식적으로 평등한 경쟁 관계라고 해도 자본 규모의 절대적 차이로부터 나타나는 경쟁력의 한계를 극복할 수 없는데, 대부분 재벌로 구성된 우리나라의 대기업은 중소기업과 공생 관계를 갖지 않고 경쟁 나아가 수탈 관계를 갖고 있다.

현재 우리나라 재벌 문제의 진원지는 지배 구조의 비민주성이다. 예를 들어 삼성재벌의 경우 전체 삼성그룹의 자산 기준으로 보면 불과 1.1%의 지분으로 전체 그룹을 실효적으로 지배하고 있다. 이것은 어떻게 보면 전혀 자본주의적인 체제가 아니라고 볼 수 있을 정도다. 재벌의 지배 구조를 민주화시킬 수 있다면, 우리나라 재벌이 가진 규모의 경제적 이점은 국민경제에 도움이 되는 방식으로 긍정적으로 전환시킬 수도 있다. 재벌의 지배 구조가 민주화된다면 현재의 재벌이 가진 다각화 전략도 이점으로 작용할 수 있다. 또한 재벌이 동반성장의 필요성을 인식하고 협조하려고 한다면 중소기업과 동반성장하는 구조를 정착하는 데도 더 효과적일 것이다. 또한 재벌은 대부분 수출 주도 기업들이므로 낮은 원화가치 등 수출에 유리한 정책을 정부에 강력히 요구하는 경향이 있다. 이는 내수를 억압해 내수에 주로 영향을 받는 중소기업의 시장 기반을 다시 잠식시킨다. 서로 상대가 되지 않는 재벌과 중소기업을 그냥 경쟁하라고 내버려 두면 중소기업의 몰락은 당연하다. 중소기업 활성화 정책은 재벌의 진입 규제, 하도급 공정화를 위한 규제 등에서 출발해야 한다.

재벌의 지배 구조를 개혁하는 하나의 방법으로 연기금을 활용할 수도 있다. 이는 현재의 제도적 틀 내에서도 가능한 방법으로서 이미 상당 부분 재벌의 주식을 보유하고 있는 정부의 기금을 통해 재벌의 민주화를 촉진하는 방안이라고 할 수 있다. 이 책의 4장에서 나오듯이 대규모 기업(재벌과 은행 등)을 민주적으로 운영함으로써 더욱 중소기업 친화적인 정책을 쉽게 수립하고 실천할 수 있다. 이를 위한 기업집단법(소위 재벌 관계법)을 제정할 필요가 있다. 그 내용은 우리 사회의 재벌 정책의 합의 수준을 담으면 된다.

세 번째는 대외 지향적 경제구조다. 앞의 대기업-중소기업 관계와 밀접히 연관되는 이 문제는 20년 동안 지속되는 무역 흑자와 지속적인 자본의 자유화가 결합되는 양상으로 발전했다. 그리하여 무역 구조가 자본시장과 단단히 묶여 대외 경제의 충격에 매우 취약한 경제구조가 발전했다. 지속적인 경제 위기가 작은 대외적 충격으로부터도 발생할 수 있다. 따라서 지나친 수출/수입 의존 경제를 내수 기반의 토대가 강화된 수출과 내수의 균형발전, 혹은 수출과 내수의 선순환 경제로 전환시키려는 적극적 노력이 필요하다. 지나치게 낮은 원화가치는 최종재 수출 기업에는 유리할지 몰라도, 원자재 수입 비용을 증가시키고 수입 소비재 가격을 상승시켜 결국 소비자의 손실로 나타난다. 지속적인 무역 흑자 속에서도 원화가치의 하락이 유지되는 비결(?)은 자본시장의 존재다. 특히 40%에 달하는 주식시장의 외국인 비율은 우리나라 자본시장이 얼마나 대외 여건에 취약할 것인지를 상징적으로 보여 준다. 지나치게 자유화된 경제구조는 국내의 경제개혁에 큰 걸림돌로 작용할 수 있다. 고진로 성장 체제에 부합하는 방식으로 자본시장과 은행 제도를 민주적으로 규제하면서 개입할 필요가 제기된다.

네 번째는 지방과 서울의 문제다. 서울 집중도는 익히 알려져 있지만 이런 과도한 집중은 서울 시민에게도 지방민에게도 이익이 되지 않는다. 재산을 보유한 서울 시민은 과도한 집중이 시장의 제공, 부동산 가격의 앙등이라는 '이익'으로 나타날 것으로 생각했지만, 궁극적으로는 과도한 밀집으로 인한 삶의 질 저하를 초래했다. 반면 금융적·인적 자원을 서울에 다 뺏긴 지방은 적절한 발전을 유지할 수 있는 제도적 기반을 잃었다. 과도한 서울 집중의 문제는 이제 자유로운 시장 경쟁과 지방자치 정부의 노력에 의해 개선할 수 있는 범위를 넘어선 것으로 보인다. 노무현 정부는 수도를 옮겨서라도 과도한 서울 집중을 해소하려고 했지만 소시민의 이익에 눈먼 서울 시민의 반대로 결국 수포로 돌아가고 말았다. 지금 시점에 볼 때, 서울 시민들도 그 환상에서 눈을 떴으므로 균형발전 정책은 이전과 같이 문전 박대되지는 않을 것이다. 여기에 더 나아가 수도권 개발이익에 기반한 '(가칭)지역 발전세'를 신설하거나, 국세의 일부(부가가치세, 법인세의 2~30%)를 적립해 '(가칭)지역발전기금'을 조성하고, 수도권과 비수도권 간 공동세 제도 도입, 국세 차등 배분 제도 등 적극적으로 개입하는 정책적 노력이 필요하다.

현재 우리나라가 겪고 있는 이른바 5대 불안은 하루아침에 만들어진 문제가 아니다. 1987년 체제의 민주화 이후 확보된 절차적 민주주의가 점차 훼손되고, 민주 정부들이 창출한 한반도의 평화 정착의 정책 기조가 부정되고, 경제 위기를 극복하는 과정에서 형성된 양극화 체제가 심화되는 과정을 통해서 만들어진 것이다. 따라서 2013년 체제는 훼손된 민주주의를 복원하고, 한반도의 평화를 구축하며, 양극화를 해소하는 시대정신, 즉 민주주의, 평화, 복지·민생의 시대정신을 실현할 수 있어야 한다.

　　이런 시대정신을 실현하기 위해서는 구조화된 신자유주의 정책을 대신할 수 있는 대안적 정책을 고안하고 이를 실천하는 노력과 지속성이 요구된다. 이 글에서는 그런 노력의 주요한 내용으로서 노동·교육, 재벌·중소기업, 대외정책·금융, 지역균형발전의 네 가지를 중심으로 제2부의 상세한 논의를 재요약했다. 그러나 무엇보다도 이런 실천의 출발점은 성장을 우선해 해결하는 것이 아니라 분배를 우선해 해결해야 한다는 사회적 합의다. 더욱이 이 실천은 무엇보다 각고의 노력과 각오를 필요로 한다. 1절에서 말했듯이 우리나라의 시대적 과제를 성취하고 5대 불안을 궁극적으로 해소해 우리나라를 '더불어 행복한 민주공화국'으로 만들기 위해서는, 시대정신에 대한 올바른 인식에 기초하고, 이를 실천할 수 있는 용기, 지혜, 소통·관용의 정신을 갖추어야 한다. 이것이 민생과 민주주의 그리고 평화를 화두로 하는 2013년 체제의 주요한 특징이 되어야 할 것이다.

| 참고문헌 |

제**1**부

김상곤. 2004a. "에너지·전력 산업의 대안을 향하여." 전력산업의 바람직한 발전을 위한
　　국제심포지엄. 국회헌정기념관. 6월 23일.
＿＿＿. 2004b. "전력 산업 민영화 전면 중단을." 『한겨레』. 6월 24일.
＿＿＿. 2009. "사회 공공성과 공공 기관 선진화 계획." 서울사회경제연구소. 『경제 위기
　　와 현 정부의 경제정책 평가』. 한울아카데미.
＿＿＿. 2011a. "적극적 평화를 가르칠 때다." 김상곤 외. 『경제학자, 교육혁신을 말하다』.
　　창비.
＿＿＿. 2011b. "원전 정책 재검토 필요." 『뉴시스』. 5월 31일.
박　경. "우리나라 지역 간 소득의 역외 유출 현상: 충남을 중심으로." 한국공간환경학회.
　　『공간과 사회』 제38권.
오건호. 2011. "복지국가 실현을 위한 복지 재정전략." 사회공공연구소.

01

강남훈. 2011. "대학시간강사를 국가연구교수로." 김상곤·김윤자·강남훈. 『경제학자, 교
　　육 혁신을 말하다』. 창비.
박정원. 2006. "대학 특성화 및 선택과 집중 원칙의 문제." 전국교수노동조합. 『우리대학
　　절망에서 희망으로』. 노기연.
＿＿＿. 2011. "반값 大學登錄金, 문제가 있는가?" 민주당 보편적 복지 재원 조달 방안 기
　　획단. 대학생 반값 등록금 전문가 간담회. 2월 27일.
심광현. 2009. 『유비쿼터스 시대의 지식생산과 문화정치: 예술-학문-사회의 수평적 통섭
　　을 위하여』. 문화과학사.
＿＿＿. 2011. "21세기 한국 대학 교육 체제 개혁의 기본 방향: 〈국립대학통합네트워크
　　(안)〉과 〈국립교양대학(안)〉의 통합에 의한 초등등-대학교육의 종합발전계획을
　　중심으로." 전교조 토론회. 8월 4일
임재홍. 2011. "사립학교법 등의 개정: 고등교육 구조개혁을 중심으로." 교육개혁 100인
　　위 대학 교육 정책 대안 발표. 1월 4일.

Korpi, Walter and Joakim Palme. 1998. "The Paradox of Redistribution and Strategies of Equality: Welfare State Institutions, Inequality and Poverty in the Western Countries." *American Sociological Review* Vol. 63.

Moene, K. O. and M. Wallerstein. 2001. "Targeting and public support for welfare spending." *Economics of Governance* 2(1).

OECD. 2011. *Eduaction at a Glance 2011.*

〈사학비리 척결과 비리재단 복귀저지를 위한 국민행동〉 보도자료(2012/01/17).

02

고용노동부. 2011. 『2011년판 고용노동백서』.

권두섭. 2011. "정부 비정규직 대책에 대한 검토." "제 정당의 비정규 대책 비교" 토론회 발제문. 10월 18일.

금재호. 2012. "사업체 규모로 살펴본 비정규직 근로자." 『노동리뷰』 제83호. 한국노동연구원.

김유선. 2010a. "이명박 정부 2년 일자리 정책 평가." 『노동사회』 제151호.

_____. 2010b. "OECD 고용 지표와 노동정책 방향." 한국사회정책학회. "노동시장 양극화와 사회정책 과제" 학술대회 발표문.

_____. 2011a. "최저임금 실태와 개선방안." "일하는 자부심을 살리는 최저임금 개선" 토론회 발표문. 4월 8일.

_____. 2011b. 『차기 정부의 노동정책 개혁과제』. 한국노동사회연구소 90차 노동포럼 발표문. 12월 21일.

_____. 2012a. "2011년 비정규직 규모와 실태." 『노동사회』 제162호. 한국노동사회연구소.

_____. 2012b. "실노동시간 단축방안." 한국노동사회연구소. 이슈페이퍼. 1월.

김혜원. 2011. "사회서비스 일자리사업과 사회서비스 확충." 허재준 외. 『고용친화적 복지전략 연구』. 한국노동연구원.

남재량. 2011. "체감청년실업률, 몇 %나 될까?" 『노동리뷰』 제73호. 한국노동연구원.

배규식 외. 2011. 『장시간 노동과 노동시간 단축(I): 장시간 노동 실태와 과제』. 한국노동연구원.

배규식·홍민기. 2012. "장시간 노동의 단축." 『노동리뷰』 제82호. 한국노동연구원.

윤진호. 2010. "신자유주의 시대의 고용불안과 청년실업." 『황해문화』 여름호.

은수미. 2008. "비정규직 하위유형의 변화와 전망." 장지연 외. 『고용유연화와 비정규고용』. 한국노동연구원.

_____. 2012. "한국의 사내하도급." 『노동리뷰』 제82호. 한국노동연구원.

이병희. 2008. "노동시장 불안정이 소득 불평등에 미치는 영향." 이병희 외. 『노동시장의 구조변화와 고용변동』. 한국노동연구원.

_____. 2010. "근로빈곤의 노동시장 특성." 이병희 외. 『근로빈곤의 실태와 지원정책』. 한국노동연구원.

_____. 2011. 『근로빈곤 문제의 현황과 대책』. 경제사회발전노사정위원회. 고용과 사회 안전망 연구위원회 발표문.

이병희·은수미. 2011. 『비정규직법의 고용 영향 분석』. 국회입법조사처.

이상호. 2010. "'고용위기'를 극복하기 위한 실노동시간 단축방안." 전국금속노동조합 정책연구원. 이슈페이퍼. 7월.

이준협·김광석. 2012. "글로벌경제 위기 이후 고용한파 지속: 사실상 실업자 300만 시대의 5대 특징." 『현안과 과제』 3월. 현대경제연구원.

장지연 외. 2011. 『고용안전망 사각지대 해소방안』. 한국노동연구원.

_____. 2007. "사회적 배제 시각으로 본 비정규고용." 『노동정책연구』 제7-1호.

_____. 2008. "인구집단별 고용성과의 명암." 장지연 외. 『고용유연화와 비정규고용』. 한국노동연구원.

장홍근. 2011. "대기업 고용책임 확대론의 탐색." 『노동리뷰』 제73호. 한국노동연구원.

전병유 외. 2006. 『한국의 고용전략 수립에 관한 연구』. 사람입국·일자리위원회.

전병유·은수미. 2011. "대안 고용전략의 방향과 정책." 전병유 외. 『고용위기 시대의 대안 고용전략』. 전국민주노동조합총연맹·한신대학교평화공공성센터.

정원호. 2011a. "유럽 노동조합의 고용전략: ETUC를 중심으로." 전병유 외. 『고용위기 시대의 대안 고용전략』. 전국민주노동조합총연맹·한신대학교평화공공성센터.

_____. 2011b. "독일 노동조합의 고용전략." 전병유 외. 『고용위기 시대의 대안 고용전략』. 전국민주노동조합총연맹·한신대학교평화공공성센터.

정이환. 2011. "현정부 고용정책 평가." 전병유 외. 『고용위기 시대의 대안 고용전략』. 전국민주노동조합총연맹·한신대학교평화공공성센터.

한국은행. 2011. 『2012년 경제전망』.

황덕순. 2011. "한국의 복지국가 발전과 노동." 『경제논집』 제50-3호. 서울대학교경제연구소.

OECD. 2004. _Employment Outlook_.

OECD. 2011. _Employment Outlook_.

03

공정거래위원회. 2008a. "S전자 불공정하도급거래행위에 대한 건."

_____. 2008b. "H자동차 불공정하도급거래행위에 대한 건."

곽정수. 2011. "초과이익공유제, 불공정하도급 해결의 시금석인가?" "초과이익공유제." 금속노조 야3당 긴급토론회 자료집.

_____. 2012. 『재벌들의 밥그릇』. 홍익출판사.

국민경제자문회의. 2006.『동반성장을 위한 새로운 비전과 전략』. 교보문고.

기업은행경제연구소. 2010.『위기 이후 대중소기업 양극화 실태와 정책과제』.

김상조. 2011. "재벌 개혁의 필요성과 정책방안." "재벌 개혁, 왜 필요한가?" 주승용·조승수·김성식 의원 공동주최, 재벌 개혁과 대·중소기업 양극화 해소방안 정책토론회 자료집.

대중소기업협력재단. 2011. "대·중소기업 간 동반성장 문화 확산을 위한 창조적 동반성장 모델 개발." 연구보고서.

문근찬. 2011. "드러커와 롤스의 관점을 통한 기업의 사회적 책임의 확장."『경영사학』제 26-2호.

이규복. 2009.『대·중소기업간 수익성 양극화와 경제성장: 기업간 협상력 변화를 중심으로』. 한국금융연구원.

이병천. 2011. "정글자본주의에서 복지자본주의로: 복지-생산체제 혼합전략."『사회경제평론』제37(1)호. 한국사회경제학회.

이상호. 2011. "초과이익공유제, 보완대책과 발전방안이 필요하다." "초과이익공유제." 금속노조 야3당 긴급토론회 자료집.

전경련중소기업협력센터. 2011. "이익공유제의 주요 쟁점과 현실: 이익공유제 도입이 불가한 9가지 이유."

조덕희. 2007. "제조 중소기업 이윤율 장기 하락의 실태 및 원인 분석." 산업연구원.

한국경제연구원. 2011. "동반성장지수 및 초과이익공유제의 개념적 오류와 문제점." 연구보고서.

홍장표. 2010. "제조업 대-중소 기업 양극화에 관한 이중구조론적 검토." 안현효 편.『신자유주의시대 한국경제와 민주주의』. 선인.

_____. 2011a. "대·중소기업 양극화 해소방안과 이익공유제." "재벌 개혁, 왜 필요한가?" 주승용·조승수·김성식 의원 공동주최, 재벌 개혁과 대·중소기업 양극화 해소방안 정책토론회 자료집.

_____. 2011b. "하도급거래에서 구매업체의 기회주의가 공급업체의 연구개발 투자에 미치는 영향."『사회경제평론』제37(1)호, 한국사회경제학회.

Becker, B. E. & M. A. Huselid. 1998. "High performance work systems and firm performance: A synthesis of research and managerial implications." *Research in Personnel and Human Resources Journal* 16(1).

Gil, C. and D. Mayer. 2008. "High and Low Road Approaches to the Management of Human Resources." *International Journal of Employment Studies* 16(2).

Milberg, W. & E. Houston. 2008. "The High Road and the Low Road to International Competitiveness: Extending the Neo-Schumpeterian Trade Model Beyond Technology." *International Review of Applied Economics* 19(2).

Saez, E. 2004. "Income and Wealth Concentration in a Historical Perspective." NBER working paper.

Joe, P. and S-J. Lim. 2011. "Expanding CSR's Philosophical Foundation: Korea's Shared Growth Model." *The Korean Journal of Area Studies* 29(2).

04

강정민·이지수. 2011. "영국 'Stewardship Code'를 통해 본 바람직한 기관투자자의 역할." 경제개혁연구소. 이슈&분석. 5월. www.erri.or.kr/

경제개혁연대. 2007a. "법원의 화이트칼라범죄 양형분석." 경제개혁리포트. 8월 21일. www.erri.or.kr/

_____. 2007b. "화이트칼라 범죄 판결의 양형 사유 분석." 경제개혁리포트. 8월 28일. www.erri.or.kr/

_____. 2010. "제2금융권 대주주 자격심사 제도의 문제점." 경제개혁이슈. 10월 28일. www.ser.or.kr/

_____. 2011. "일감(물량) 몰아주기 거래에 대한 과세방안 검토." 경제개혁이슈. 4월 14일. www.ser.or.kr/

김상조. 2011a. "30대 재벌의 금융계열사 현황 분석(1986~2008사업연도)." 한국경제발전학회. 『경제발전연구』 제17-1호.

_____. 2011b. "재벌 개혁의 필요성과 정책방안." 『재벌 개혁, 왜 필요한가?』. 주승용·조승수·김성식 의원 공동 주최. "재벌개혁과 대·중소기업 양극화 해소방안 정책토론회" 자료집. 7월 22일.

참여연대. 2005. "삼성의 인적 네트워크를 해부한다." 삼성보고서 1호. 8월 3일. www.ser.or.kr/

채이배. 2011. "회사기회유용과 지원성거래를 통한 지배주주 일가의 부의 증식에 관한 보고서(2011년)." 경제개혁연구소. 경제개혁리포트. 6월 29일. www.erri.or.kr/

한국은행. 2011. "2009년 산업연관표 작성 결과." 보도자료. 4월 29일.

Black, B. S. 2001. "The Legal and Institutional Preconditions for Strong Securities Markets." *UCLA Law Review* Vol. 48

Wirth, G. & M. Arnold & M. Greene. 2004. *Corporate Law in Germany*. Verlag C.H. Beck Munchen.

05

김영순. 2011. "보편적 복지국가를 위한 복지동맹." 『시민과 세계』 제19호.

내가만드는복지국가. 2010. "발족 선언문: 복지국가를 내 손으로 만들자." 2012/02/29.

민주노동당. 2007. "대통령선거공약: 조세 재정 분야."

오건호. 2009. "한국의 사회 임금은 얼마인가?" 사회공공연구소. 이슈페이퍼. 5월.

_____. 2010. "사회 임금으로 복지국가 상상하기." 강수돌 외. 『리얼 진보』. 레디앙.

_____. 2011. "복지국가 실현을 위한 복지 재정전략." 사회공공연구소 연구보고서. 3월.

조승수. 2011. "우리나라 조세재정 현황과 사회복지세 도입 의의." 정동영·조승수 의원실 공동 주최 "복지세금이다" 토론회 발표문. 1월 20일.

홍기빈. 2011. 『비그포르스, 복지국가와 잠정적 유토피아』. 책세상.

Esping-Andersen, Gøsta. 1990. *The Three Worlds of Welfare Capitalism.* Princeton University Press.

Polanyi, Karl. 1994. *The Great Transformation: The Political and Economic Origin of Our Time.* Gallimard[『거대한 전환: 우리 시대의 정치경제적 기권』. 홍기빈 옮김. 도서출판 길. 2009].

06

국가인권위원회. 2007. "노동사건에 대한 형벌적용 실태조사(판결을 중심으로)" 보고서.

_____. 2008. "한국의 유엔 보편적 정례검토 보고에 대한 토론회" 자료집. 4월 23일.

_____. 2010. "유엔 경제적·사회적·문화적 권리 위원회 대한민국 제3차 최종견해 평가 및 이행전략 모색을 위한 토론회" 자료집. 2월 3일.

권정순. 2012. "집회·시위 참가자에 대한 검찰·법원의 대응과 문제점." "이명박 정부에서의 표현의 자유: 집회 시위의 자유를 중심으로" 자료집. 인권정책연구소·서울대학교공익인권법센터 주최. 5월.8일.

김순태. 1992. "업무방해죄 소고: 쟁의행위와 관련해." 『민주법학』 제5권, 민주주의법학연구회.

김옥신. 2012. "한국 표현의 자유에 대한 국제인권사회의 평가와 개선방안 모색." "이명박 정부에서의 표현의 자유: 집회 시위의 자유를 중심으로" 자료집. 인권정책연구소·서울대학교공익인권법센터 주최. 5월 8일.

김인재. 2010. "최근 공무원노사 관계의 법적 쟁점과 과제." 『노동법학』 제36호. 한국노동법학회.

_____. 2011. "유엔 사회권 권고 이행사항 검토." "유엔인권권고 분야별 이행사항 점검 심포지엄" 자료집. 대한변호사협회·유엔인권정책센터 주최. 12월 9일.

김종서. 2011. "집회의 자유에 대한 규제의 법리, 실태와 대안." "표현의 자유에 관한 법제도 및 담론의 재구성" 자료집. 민주주의법학연구회. 11월 5일.

김종철. 2012. "헌법적 관점에서 본 현행 집시법의 문제점." "이명박 정부에서의 표현의 자유: 집회 시위의 자유를 중심으로" 자료집. 인권정책연구소·서울대학교공익인권법센터. 5월 8일.

도재형. 2011. "업무방해죄 대법원 전원합의체 판결 평석." "'업무방해죄' 대법원 전원합의
　　체 판결에 대한 긴급토론회" 자료집. 민주노총·민변. 3월 24일.
라 뤼, 프랭크. 2011. "의사와 표현의 자유에 대한 특별보고관 한국 보고서." UN.
문병효. 2011. "방송 등 언론기관의 독립성과 표현의 자유." "표현의 자유에 관한 법제도
　　및 담론의 재구성" 자료집. 민주주의법학연구회. 11월 5일.
오동석. 2012. "제18대 국회 '집회 및 시위에 관한 법률' 개정안 분석." "이명박 정부에서의
　　표현의 자유: 집회 시위의 자유를 중심으로" 자료집. 인권정책연구소·서울대학교
　　공익인권법센터. 5월 8일.
이호중. 2011. "노동권과 소비자운동에 대한 규제의 실태와 대안." "표현의 자유에 관한
　　법제도 및 담론의 재구성" 자료집. 민주주의법학연구회. 11월 5일.
장여경. 2011. "인터넷 표현의 자유에 대한 규제의 쟁점과 대안." "표현의 자유에 관한 법
　　제도 및 담론의 재구성" 자료집. 민주주의법학연구회. 11월 5일.
채형복. 2011. "자유권규약 및 고문방지협약의 국내이행상황에 대한 검토." "유엔인권권
　　고 분야별 이행사항 점검 심포지엄" 자료집. 대한변호사협회·유엔인권정책센터.
　　12월 9일.
최관호. 2011. "표현의 자유의 규제도로서의 법 V. 보호장치로서의 법." "표현의 자유에
　　관한 법제도 및 담론의 재구성" 자료집. 민주주의법학연구회. 11월 5일.
하태훈. 2011. "사개특위 합의사항 평가 및 토론: 검찰분야." "국회 사개특위 합의사항 평
　　가토론회" 자료집. 참연대 등. 3월 29일.
한국비정규노동센터. 2011. "2011년 8월 비정규노동 통계 분석 결과." 11월 13일.
한상희. 2011. "사개특위 합의사항 평가 및 토론: 법원분야." "국회 사개특위 합의사항 평
　　가토론회" 자료집. 참연대 등. 3월 29일.

참여연대 사법감시센터. '사법 개혁' 관련 각종 보도자료·논평·토론회 자료집 등.

07

김용택·박성재·황의식·권오상·강혜정. 2000. 『농업생산성 제고방안』. 농촌경제연구원.
김종숙·민상기. 1994. 『농업에 대한 국민의식과 사회적 인식제고 방안』. 한국농촌경제연
　　구원 연구보고 R303.
농림부. 2006. "농업·농촌 대책 관련 농업인 설문조사 결과." 미간행.
_____. 2007. "농업농촌기본법을 여건변화에 맞게 농업농촌 및 식품기본법으로 전면개
　　정." 농림부 보도자료. 10월 23일.
농림수산식품부. 2009. "2009년 주요업무계획." 미간행.
_____. 각 연도. 『농림통계연보』. 농림부.
농림정책리모델링 T/F. 2007. "농림정책 리모델링 상반기 평가 및 개선방안." 농림부. 미
　　간행.

농수산물유통공사. 2010. "주요농산물유통실태." 농수산물유통공사.

농수산물유통공사·식품산업통계정보시스템 FIS. 각 연도. fis.foodinkorea.co.kr

농촌경제연구원. 2006. "농업경영체 활성화를 위한 제도혁신 방안." 농촌경제연구원. 미간행.

_____. 2007. 『농업부문 비전 2030 중장기 지표 개발』. 농촌경제연구원.

_____. 각 연도. "주요식품자급률표."
www.krei.re.kr/kor/statistics/submenu/sub_menu_07_06.php

류준걸. 2007. "농림부는 식품행정에 더 적극 나서라." 『농민신문』 데스크칼럼. 8월 24일.

이정환 외. 1991. 『경제사회 발전과 농림수산업의 역할변화』. 한국농촌경제연구원 연구보고 R236.

재경부 외. 2004. "농업경영체 활성화 방안, 경제장관간담회 안건." 6월 25일. 미간행.

최영찬. 2009. "한국농업의 비전과 과제: 농식품 산업의 리엔지니어링을 위하여." 『농정연구』. 농정연구센터. 12월.

최지현·강혜정. 2012. "식품제조업의 구조와 경영성과 분석." 『신유통 포커스』 5월, 신유통연구원.

통계청. 2009. "농림업생산지수." kosis.kr

_____. 2010. "2010년도 어업생산동향조사결과" 보도자료.

_____. 2011. "2010년 경지면적조사결과" 보도자료. 농어업통계과. 1월 20일.

_____. 각 연도. "농어업법인사업체통계조사."

한승희. 2010. "식자재 산업의 현주소: 식자재 시장, 새주인이 기다린다." 식품외식경제신문. 6월 4일.

08

김정훈. 2003. 『지방자치단체 순재정편익과 지역 간 균형발전에 관한 연구』. 한국조세연구원.

김종일. 2008. "지역경제력 격차에 관한 연구." 고영선 편. 『지역개발정책의 방향과 전략』. KDI.

박 경. 2011. "우리나라 지역 간 소득의 역외 유출 현상: 충남을 중심으로." 『공간과 사회』 제38호.

박상훈. 2009. 『만들어진 현실: 한국의 지역주의, 무엇이 문제이고, 무엇이 문제가 아닌가』. 후마니타스.

정준호. 2010. "지역문제의 담론지형에 대한 비판적 검토." 『동향과 전망』 제78호.

_____. 2011a. "21세기, 좋은 도시의 조건." 한국공간환경학회. 『저성장시대의 도시정책: 더 좋은 도시, 더 행복한 시민』. 한울.

_____. 2011b. "수도권 집중에 따른 순재정 편익 추정." 『수도권집중에 따른 파급효과와 충남의 대응방안』. 충남발전연구원.

지역균형발전협의체. 2008.『수도권정책의 대응 및 지역균형발전방안 연구』.
통계청. 2009. "지역소득 개요." 통계청.
헨더슨, 그레고리. 2000.『소용돌이의 한국정치』. 박행웅·이종삼 옮김. 한울.

Albouy, D. 2010. "Evaluating the Efficiency and Equity of Federal Fiscal Equaliza-
    tion." mimeo, Department of Economics, University of Michigan and NBER.
Blanchard, O. J. and L. F. Katz. 1992. "Regional evolutions." *Brookings Papers on
    Economic Activity* 1.
Department for Communities and Local Government. 2008. "Why Place Matters
    and Implications for the Role of Central, Regional and Local Govern-
    ment." *Economic Paper* 2, Communities and Local Government Publications.
    London.
Massey, D. 1979. "In what sense a regional problem." *Regional Studies* 13.
OECD. 2006. *Territorial Reviews: Competitive Cities in the Global Economy*. Paris:
    OECD.
Schrank, A. and J. Whitford. 2011. "The Anatomy of Network Failure." *Sociological
    Theory* 29(3).
Smith, G. 1999. "Area-based Initiatives: The rationale and options for area
    targeting." London School of Economics.
World Bank. 2009. *World Development Report 2009: Reshaping Economic Geography*.
    Washington D. C.: World Bank.

09

곽태원. 1995. "우리나라 토지세제의 변천과 향후의 정책 과제."『광복 후 50년간의 조세
    및 금융정책의 발전과 정책방향』(제1권). 한국조세연구원.
국정브리핑 특별기획팀. 2007.『대한민국 부동산 40년』. 한스미디어.
김배원. 2005. "한국 헌법상 토지 재산권의 보장과 제한."『토지법학』 제20호.
김수현. 2008.『주택정책의 원칙과 쟁점』. 한울.
_____. 2011.『부동산은 끝났다』. 오월의 봄.
김윤상. 2009.『지공주의』. 경북대학교출판부.
노영훈. 2004.『토지세 강화 정책의 경제적 효과』. 한국조세연구원.
노영훈 외. 1996.『한국의 토지세제』. 한국조세연구원.
안균오·변창흠. 2010. "개발이익 환수 규모 추정과 개발부담금제도 개선 방안 연구."『공
    간과 사회』 제33호.
이상영. 1996. "헌법재판소는 토지 재산권을 어떻게 보았는가?"『민주법학』 제11호.
이정우. 2007. "한국 부동산 문제의 진단 - 토지공개념 접근 방법."『응용경제』 제9-2호.

이정전. 2009. 『토지경제학』. 박영사.

이진순. 1995. 『경제개혁론』. 비봉출판사.

이태경. 2009. "좌절된 보유세 혁명, 종부세." 이정전 외. 『위기의 부동산』. 후마니타스.

임주영 외. 2005. 『자율과 책임 원리 하의 지방세제 혁신 방안』. 서울시립대지방세연구소.

전강수. 2007. "부동산 정책의 역사와 시장친화적 토지공개념." 『사회경제평론』 제29(1)호.

_____. 2009. "이명박 정부의 시장 만능주의적 부동산 정책." 『사회경제평론』 제32호.

_____. 2011. "공공성의 관점에서 본 한국 토지보유세의 역사와 의미." 『역사비평』 제94호.

_____. 2012. 『토지의 경제학: 경제학자도 모르는 부동산의 비밀』. 돌베개.

전강수 외. 2008. 『부동산 신화는 없다』. 후마니타스.

조지, 헨리. 1997. 『진보와 빈곤』. 김윤상 옮김. 비봉출판사.

최광·현진권 편. 1997. 『한국 조세정책 50년』(제1권). 한국조세연구원.

10

강남훈·곽노완·이수봉. 2009. 『즉각적이고 무조건적인 기본 소득을 위하여』. 민주노총.

김상겸. 2006. 『바람직한 환경세 도입방안에 관한 연구: 최적환경세율과 이중배당가설에 대한 논의를 중심으로』. 한국경제연구원.

김승래·김지영. 2010. 『녹색성장 세제의 설계와 그 경제적 효과』. 한국조세연구원.

김승래·박상원·김형준. 2008. 『세제의 친환경적 개편에 관한 연구』. 한국조세연구원

나성린·최광. 1995. "환경세의 도입가능성과 그 경제적 효과." 『한국조세연구』 제10권, 한국조세학회.

백승호. 2010. "기본 소득제도의 소득재분배 효과 분석." 민주노총정책연구원. 『1등만 기억하는 더러운 세상을 뒤집어라』. 매일노동뉴스.

조영탁. 2011. "환경세 도입을 위한 에너지세제의 개편방향과 과제." 유일호·이용섭·경실련(사)갈등해소센터 공동주최 국회토론회 발제문. 2월 24일.

하나금융경제연구소. 2011. "호주, 탄소세 법안 초안발표." 『주간하나금융포커스』 제1-18호.

Achtenberg, Emily. 2011. "Gasolinazo Challenges Bolivia's 'Process of Change'." 하상섭 옮김. nacla.org/node/6903.

European Commission. 2003. *Integrated Environmental and Economic Accounting.*

IMF. 2011. *Islamic Republic of Iran: 2011 Article IV Consultation—Staff Report; Public Information Notice on the Executive Board Discussion; and Statement by the Executive Director for Iran.*

Kolstad, Charles D. 2000. *Environmental Economics.* Oxford University Press.

Korpi, Walter and Joakim Palme. 1998. "The Paradox of Redistribution and Strategies of Equality: Welfare State Institutions, Inequality and Poverty in the Western Countries", *American Sociological Review* Vol. 63.

Raven, P. & L. Berg & G. Johnson. 2001. *Environment*, Harcourt Brcace & Company[『환경학』. 안동만 옮김. 보문당. 2001].

Tietenberg, Tom and Lynne Lewis. 2009. *Enviromental and Natural Resource Economics*, Pearson Education.

11

KDI북한경제연구협의회. 2011. "2000년대 북한사회의 변화." KDI. 『KDI 북한경제리뷰』. 11월.

고일동 편. 1997. 『남북한 경제통합의 새로운 접근방법』. KDI.

곽노현. 1995. "통일국가의 바람직한 기업상." 『한반도 통일국가의 체제구상』. 한겨레신문사·학술단체협의회 공동 주최 해방 50주년 기념 학술대회 논문집. 한겨레신문사.

구성열. 1997. "북한주민의 인구이동문제와 고용 및 생화보장대책." 전홍택·이영선 편. 『한반도 통일시의 경제통합전략』. KDI.

권구훈. 1997. "각국의 통화통합사례와 한반도 통일에 대한 교훈." 전홍택·이영선 편. 『한반도 통일시의 경제통합전략』. KDI.

권태진. 2011. "북한 농업법제의 최근 동향과 평가." 북한법연구 월례발표회. 북한법연구회. 6월 30일.

김대환. 1995. "통일경제체제와 국가의 역할." 『한반도 통일국가의 체제구상』. 한겨레신문사·학술단체협의회 공동 주최 해방 50주년 기념 학술대회 논문집. 한겨레신문사.

김병연. 2009. "북한의 붕괴와 재건." 『시대정신』 겨울호.

김완배 외. 2004. 『통일한국의 농업』. 서울대학교출판부.

김은영. 2010. "통일비용 관련 기존 연구 자료." KDI. 『KDI 북한경제리뷰』. 8월.

김현철. 2004. "1970년대 초 박정희의 한반도 평화구상과 자주·통일외교의 모색." 통일연구원. 『통일정책연구』 제13-1호.

나희승. 2007. "북한의 철도 인프라 실태와 한반도 칠도(TKR) 구축방향." 한국해양수산개발원. 『남북한 물류협력과 발전을 위한 세미나』.

란코프, 안드레이. 2009. 『북한 워크아웃』. 시대정신.

문정인·노정호. 2003. "한반도 통일과 헌법적 기초의 구상." 좌승희·문정인·노정호 편. 『한반도 통일핸드북(I)』. 한국경제연구원.

박관용 외. 2007. 『북한의 급변사태와 우리의 대응』. 한울.

박명서. 1999. 『통일시대의 북한학 강의』. 돌베개.

박성조 외. 2005. 『남과 북 뭉치면 죽는다』. 랜덤하우스중앙.

박종철 외. 2004. 『통일 이후 갈등 해소를 위한 국민통합 방안』. 통일연구원.

박 진. 1994. "통일한국의 소득보장정책과 사회보장제도 통합." 한국 사회보장학회. 『사회보장연구』 제10-2호.

_____. 1997. "북한인력 재배치 방안." 전홍택·이영선 편. 『한반도 통일시의 경제통합전략』. KDI.

박태규. 1997. "한반도 통일에 따른 소요비용의 추계와 재원조달방안." 전홍택·이영선 편. 『한반도 통일시의 경제통합전략』. KDI.

박형중 외. 2009. 『북한 '변화'의 재평가와 대북정책 방향』. 통일연구원.

배정호 외. 2011. 『전환기의 북한과 통일담론』. 늘품플러스.

서울대학교 통일평화연구소. 각 연도. 『통일의식조사』.

신동진. 2011. "통일비용에 대한 기존연구 검토." 국회예산정책처. 8월.

신창민. 2007. 『통일비용 및 통일편익』. 국회예산결산특별위원회. 8월 31일.

안예홍·문성민. 2007. "통일 이후 남북한 경제통합방식에 관한 연구." 한국은행 금융경제연구원. 1월 26일.

양문수. 2011. "남북경협과 대북정책: 평가와 전망." KDI. 『KDI 북한경제리뷰』. 7월.

여인곤 외. 2009. 『비핵·개방·3000 구상: 추진전략과 실행계획(총괄보고서)』. 통일연구원.

오승렬. 2005. "북한경제에 대한 중국 경제발전모델의 시사점." 『수은북한경제』 여름호.

우리민족서로돕기운동본부 외. 2011. "2011 International Conference on Humanitarian and Development Assistance to DPRK." 2~4월.

윤건영. 1997. "북한경제의 사유화." 전홍택·이영선 편. 『한반도 통일시의 경제통합전략』. KDI.

이 근. 1994. "참여시장경제와 통일한국의 새 경제체제." 이근 편저. 『발전·개혁 통일의 제모델』. 21세기북스.

이 석. 2009. 『북한의 시장: 규모 추정과 구조 분석』. KDI.

_____. 2011. "대북지원과 남북교류: 논란의 구조와 해법." KDI. 『KDI 북한경제리뷰』. 8월.

이웅준. 2009. 『국가의 사생활』. 민음사.

이종무. 2011. "대북지원 NGO의 현황과 평가." KDI. 『KDI 북한경제리뷰』. 7월.

이종원. 2003. 『통일실현시 경제안정화를 위한 주요 정책과제』. 한국노동연구원.

임강택. 2009. 『북한경제의 시장화 실태에 관한 연구』. 통일연구원.

_____. 2011. "남북경협에 대한 우리 사회의 인식 차이: 활성화를 위한 해법 찾기." KDI. 『KDI 북한경제리뷰』. 9월.

임동원. 2008. 『피스메이커』. 중앙북스.

임수호. 2008. 『계획과 시장의 공존』. 삼성경제연구소.

전홍택·이영선 편. 1997. 『한반도 통일시의 경제통합전략』. KDI.

정우진. 2009. "대북 전력증강의 경제적 추진방안." 수출입은행. 『수은북한경제』 가을호.

조 민 외. 2001. 『통일비전 개발』. 늘품플러스.

조동호. 1997. "통일에 따른 경제적 편익." 전홍택·이영선 편. 『한반도 통일시의 경제통합전략』. KDI.

_____. 2010. "통일비용 논의의 바람직한 접근." 제주평화연구원 JPI정책포럼. 3월.

_____. 2011. "통일: 돈은 들지만 이익이 더 크다." 『한국논단』 10월호.

진, 한스 베르너. 2007. 『독일 경제 어떻게 구할 수 있는가』. 이헌대 외 옮김. 까치.

쿼흘러, 만프레드(Manfred Kuechler). 2003. "정치문화와 대중정서."『한반도 통일핸드 북(II)』. 한국경제연구원.

통계청. 1993.『통계로 본 광복 전후의 경제·사회상』.

_____. 1996.『통계분석 자료모음』. 12월.

하성근. 1997. "통화통합과 통화신용정책의 과제." 전홍택·이영선 편.『한반도 통일시의 경제통합전략』. KDI.

허문영 외. 2007.『평화번영정책 추진성과와 향후과제』. 통일연구원.

홍성국. 2006.『평화경제론』. 다해.

홍순직. 2011. "남북 경협 확대와 통일비용 절감." 현대경제연구원.『통일경제』제1호.

황병덕 외. 2011.『사회주의 체제전환 이후 발전상과 한반도통일』. 늘품플러스.

Eberstadt, Nicholas. 2004. "The Persistence of North Korea." *Policy Review.* Oct/Nov.

Kim, Byung-Yeon & Dong-Ho Song. "Participation of North Korean Households in Informal Economy Activities." Experience of Transition Economies and Implications for North Korea(Dep't of Economics Seoul National University et. al.).

Kornai, János. 1992. *The Socialist System.* Oxford University Press.

Kwon, Goohoon. 2009. "A United Korea? Reassesing North Korea Risks(Part I)." Global Economics Paper No. 188. Goldman Sachs Global Economics, Commodities and Strategy Research. 09/21.

Rainer, Karlsch & Raymond Stokes. 2001. *The Chemistry Must Be Right.* Buna Sow Leuna Olefinverband.

Roland, Gérard. 2000. *Transition and Economics.* The MIT Press.

Sinn, Gerlinde & Hans-Werner Sinn. 1994[『새로운 출발을 위한 전환전략』. 박광작 외 옮김. 서울프레스].

Snyder, Scott. 1996. "A Coming Crisis on the Korean Peninsula?" United States Institute of Peace.

Stiglitz, Joseph E. 1994. *Whither Socialism?* The MIT Press.

Wolf, Charles Jr. & Kamil Akramov. 2005. *North Korean Paradoxes.* RAND National Defense Research Institute.

Xu, Chenggang. 2008. "Privatization in China: Corporate Governance and Performance." Experience of Transition Economies and Implications for North Korea(Dep't of Economics Seoul National University et. al.).

西村可明 編. 2004.『ロシア·東歐經濟』. 日本國際問題研究所.

『세계일보』. 2011/12/17.

12

김광호. 2008. "공무원 순환보직에 관한 연구." 『한국개발연구』 제30-2호. 한국개발연구원.

김득갑. 2009. "금융 위기로 명암이 엇갈리는 유럽 강소국 경제." 『SERI 경제포커스』 제264호. 삼성경제연구소.

김상곤. 1995. "공공 부문의 경영 합리화와 민영화에 대한 비판적 고찰." 산업노동학회. 『산업노동연구』 제1-1호.

_____. 2009. "사회공공성과 공공기관 선진화계획." 서경연. 『경제 위기와 현정부의 경제 정책 평가』. 한울.

김윤자. 1999. "공기업 민영화: 비판과 대안." 『진보평론』 제2호.

_____. 2001. "한국자본주의와 공기업 구조조정." 이병천·조원희 편. 『한국경제, 재생의 길은 있는가』. 당대.

_____. 2008. "이명박 정부의 공기업 민영화에 대하여." 『황해문화』 제60호.

_____. 2012. "경제민주주의란 무엇인가: 성장의 애로 경제 불평등, 문제는 교육이다." 민주화운동기념사업회. 『계간 민주』 제2호.

신창목 외. 2011. "2012년 한국경제의 당면과제." 『CEO Information』 제835호, 삼성경제연구소, 2011.12.21.

안병영·정무권·한상일. 2007. 『한국의 공공 부문: 이론, 규모와 성격, 개혁 방향』. 한림대학교출판부.

오건호. 2010. 『대한민국 금고를 열다』. 레디앙.

_____. 2011. "복지국가 실현을 위한 복지 재정 전략과 참여 재정 운동." 사회공공연구소.

이동원 외. 2007. "한국의 정부 규모 진단: 정부 지출과 규제." 삼성경제연구소 『CEO information』 제589호.

이상이. 2009. "역동적 복지국가의 논리와 전략." 사회경제학계 발제문.

이준구. 2011. 『재정학』. 다산출판사.

정세은. 2011. "보편적 복지국가를 실현하기 위한 세제 개혁 방안." 한국사회경제학회 『사회경제평론』 제37-1호.

Arrow, K. J. 1951. "An Extention of the Basic Theorems of Classical Welfare Economics." *Proceedings of the Second Berkeley Symposium on Methematical Ststistics and Probability.* J. Newman ed. Berkeley University of California Press.

Debreu, Gerard. 1959. *The Theory of Value.* Yale Univ. Press.

Greenwald, Bruce and J. E. Stieglitz. 1986. "Externalities in Economies with imperfect information and incomplete markets." *Quarterly Journal of Economics* Vol. 101, No. 2.

Kornai, Janos. 1992. *The Socialist System: The Political Economy of Communism.* Princeton University Press.

Stiglitz, Joseph E. 2008a. "Government Failure vs Market Failure: Principle of

Regulation, working paper for the Tobin Project's conference on "Government and Market: Towards a New Theory of Regulation"." held February 1-3, Yulee, Florida.

_____. 2008b. "The market can't rule themselves." *New York Times*. Dec. 31.

행정안전부. 2011/05/09. "국가공무원 정원 추이." 〈e-나라지표〉(통계청).

IMF. 2006. *Government Finance Statistics Yearbook*.

OECD. 2011/12. *Ecnomic Outlook* No. 90. Annual Projecctions.

13

국민경제자문회의. 2006. "동반성장을 위한 새로운 비전과 전략." 교보문고.

김상조. 2007. "대-중소기업 관계의 변화: 양극화의 심화 및 연관관계 약화."『사회경제평론』제29(1)호. 한국사회경제학회.

안현효·류동민. 2010. "한국에서 신자유주의의 전개와 이론적 대안에 관한 검토."『사회경제평론』제35호. 한국사회경제학회.

한국개발연구원 편. 2006. "양극화 극복과 사회통합을 위한 사회경제정책 제안."

홍장표 외. 2007.『영세중소기업 정책과 노동자 조직화 방안』. 민주노총.

15

김형기·김윤태. 2010.『새로운 진보의 길』. 한울아카데미.

홍장표 외. 2007. "영세중소기업 정책과 노동자조직화 방안." 민주노총.

이정우. 2005. "양극화냐 동반성장이냐?"『시민과 세계』제7호.